国家社科基金重大项目研究成果

精准扶贫思想

生成逻辑、理论体系和实践效果

蒋永穆　周宇晗　等　著

社会科学文献出版社
SOCIAL SCIENCES ACADEMIC PRESS (CHINA)

前　言

中国共产党自成立之日起，就把为人民谋幸福作为初心和使命，把消除绝对贫困作为践行初心和承担使命的重要内容。尤其是改革开放以来，党带领全国人民通过不懈奋斗，使贫困发生率不断降低，经济社会发展成果更好更多地惠及所有地区和人群。但在全面建成小康社会的过程中，曾经存在部分贫困地区和贫困人口，这既是当时实现消除绝对贫困需要啃下的"硬骨头"，也是全面建成小康社会需要补齐的"短板"。以习近平同志为核心的党中央坚持马克思主义的立场、观点和方法，基于我国扶贫的实际情况，以"精准"为着力点，聚焦"扶持谁""怎么扶""如何退"等问题，推动我国扶贫工作由"大水漫灌"向"精准滴灌"转变，形成了以"坚持精准方略""六个精准""五个一批"等为代表的精准扶贫思想。这不仅实现了马克思主义反贫困思想的重大理论创新，还为打赢脱贫攻坚战提供了行动指南。

精准扶贫思想实现了对中国共产党反贫困思想的丰富和发展，并在实践中创造了解决绝对贫困的历史性成就。如何理解精准扶贫思想与马克思主义反贫困思想的关系，如何看待精准扶贫思想在马克思主义反贫困思想发展史中的历史地位；如何认识精准扶贫思想的理论体系，如何把握精准扶贫思想的主要内容、理论特质和理论创新；如何评价精准扶贫思想的实践效果，如何总结精准扶贫思想的世界贡献；如何巩固精准扶贫思想的实践成果，实现精准扶贫思想的赓续发展：这一系列理论和实践问题，都需要我们深入研究。基于此，我们从精准扶贫思想的生成逻辑、理论体系、实践效果等方面展开了研究，并形成了本书。

本书主要分生成逻辑、理论体系、实践效果和赓续发展四篇共十二章对精准扶贫思想展开研究。

第一篇为精准扶贫思想的生成逻辑，包括理论逻辑、历史逻辑和实践逻辑三个方面。第二篇为精准扶贫思想的理论体系，包括精准扶贫思想的内容体系、理论特质和理论创新。第三篇为精准扶贫思想的实践效果，包括精准扶贫思想实践效果的总体分析、实证评估和典型实践案例分析，并研究了精准扶贫思想的世界贡献。第四篇为精准扶贫思想的赓续发展，研究精准扶贫思想如何指导推动巩固拓展脱贫攻坚成果同乡村振兴的有效衔接，以及精准扶贫思想在从消除绝对贫困到解决相对贫困转变过程中的发展。

本书是 2018 年度国家社会科学基金重大项目"精准扶贫思想：生成逻辑、内容体系和实践效果研究"（18ZDA035）的最终研究成果。在课题研究和专著编写过程中，课题组深入推进理论研究，广泛开展学术交流，同时赴四川、云南、贵州、河南、福建 5 省 11 县（区）20 乡镇 40 村开展了多次实地调研，获取了 1500 余份有效问卷。在此基础上，课题组总共取得 99 份相关研究成果，包括课题总报告 1 份、阶段性成果 98 份。其中《有关乡村振兴战略的舆情分析》于 2019 年 11 月被中宣部综合采用，并获习近平总书记批示。《新冠肺炎疫情对凉山彝区脱贫攻坚的影响》获时任四川省人民政府主要领导肯定性批示。《人类减贫的中国逻辑："制""治"结合》刊发于《国家社会科学基金项目成果要报》2022 年第 1 期。《新中国 70 年的减贫事业》刊登于《光明日报》，后被人民网、求是网、"学习强国"、人民论坛、中国社会科学网等主流媒体和理论频道全文转载。

本书是集体智慧的结晶，四川大学马克思主义学院、四川大学经济学院、四川大学公共管理学院、电子科技大学马克思主义学院、西南民族大学马克思主义学院、西南石油大学马克思主义学院、四川省社会科学院农村发展研究所等单位的师生参与了项目的研究和本书的编写。蒋永穆主持了项目的研究、全书内容的设计、书稿的撰写和统稿工作，周宇晗参与了书稿的写作和统稿工作，万腾、刘润秋、杨少垒、王瑞、杜婵、祝林林、赖珩瑗、豆小磊、何媛、郭晓鸣、朱方明、杨锦秀、涂裕春、纪志耿、马文武、赵苏丹、卢洋、张晓磊、谢强、亢勇杰、孟林、李明星、莫洁、戴中亮、廖浩君等参与了书稿的写作和协调工作，王运钊、李想、唐宇娣、赵灵林、叶紫、吴慧敏、李璇、薛蔚然、孙小嵛等参与了部分章节的修订工作。研究过程涉及大量工作且充满挑战，没有专家学者和相关单位的支持是无法圆满完成的，多位专家学者为课题研究和本书的编撰提供了宝贵意见，四川大学社会科学研究处、社会科学文献出版社等单位为我们提供了支持和帮助。在此对所有关心和支持本课题研究和成果出版的单位和有关人士表示最衷心的感谢！

精准扶贫思想内涵丰富、体系严整、与时俱进，本书的研究只是一次尝试和探索，研究过程中难免出现不足，恳请各位专家和读者予以批评。同时，希望本书的出版能够为学者们在研究精准扶贫思想与共同富裕问题时提供参考和借鉴。实现全体人民共同富裕是中国共产党孜孜不倦追求的目标，精准扶贫、精准脱贫是其中浓墨重彩的一笔，而共同富裕事业是不断向前推进和发展的。在未来，团队将继续关注乡村振兴和实现共同富裕过程中的理论和现实问题，不忘初心，严谨治学，力争沉淀出更丰硕的研究成果。

目录 CONTENTS

第一篇　精准扶贫思想的生成逻辑

第一章
精准扶贫思想生成的理论逻辑

第二章
精准扶贫思想生成的历史逻辑

第二篇　精准扶贫思想的理论体系

第三篇　精准扶贫思想的实践效果

第七章

精准扶贫思想实践效果的总体分析

第八章

精准扶贫思想实践效果的实证评估

第九章

精准扶贫思想的典型实践案例：贵州省消灭千年绝对贫困

第十章

精准扶贫思想的世界贡献

第四篇　精准扶贫思想的赓续发展

第十一章

巩固拓展脱贫攻坚成果同乡村振兴的有效衔接

第十二章

从消除绝对贫困到解决相对贫困

附　录

附录一

精准扶贫政策实施效果调查问卷

附录二

主要阶段性成果

绪　论

第一节　研究背景

人类社会受贫困问题困扰久矣。公元前 400 年左右的古希腊雅典，平均每六年就会发生一次粮食短缺。[①] 在几乎同一时期的中国，春秋战国时期的古人用"天有四殃，水旱饥荒"[②] "无衣无褐，何以卒岁"[③] 等词句记录当时中国农民的贫苦生活。两千余年过去，人类社会生产力突飞猛进，发展出多种社会形态，形成庞大的科学理论体系，种种文明成果似乎昭示着人类已经把贫困落后的世界远远抛在身后。但事实上，联合国《2021 年可持续发展目标报告》提出，全球贫困人口数量不减反增，2020 年全球陷入贫困的人口数量增加 1.2 亿左右。贫困就像持续困扰人类社会机体的"疾病"，无论社会如何进步，总是挥之不去。为解决这一"顽疾"，古典政治经济学从人口增长速度与物质生活资料生产速度不匹配、劳动者工资制度与人口增长之间的关系、国家财富分配不均等角度展开了研究，发展经济学形成了"贫困恶性循环陷阱"理论、"低水平均衡陷阱"理论、"贫困循环积累"理论等。这些贫困理论的探索，既让我们看到了贫困成因的多维性，也探索了贫困治理的多种方法，但始终没有指导实践彻底解决贫困这一难题。

在中国，中华民族始终有摆脱贫困的美好愿望，"一部中国史，就是一部中华民族同贫困作斗争的历史"[④]。从孔子"富与贵，是人之所欲也"[⑤] 的百姓求富观、墨子"贱人不强从事，即财用不足"[⑥] 的劳动致富观、孟子"若民，则

---

① 〔美〕史蒂芬·M. 博杜安：《世界历史上的贫困》，杜鹃译，商务印书馆，2015，第 18 页。
② 见《逸周书·文传解第二十五》。
③ 见《诗经·七月》。
④ 习近平：《在全国脱贫攻坚总结表彰大会上的讲话》，《人民日报》2021 年 2 月 26 日，第 2 版。
⑤ 见《论语·里仁》。
⑥ 见《墨子·非乐》。

无恒产，因无恒心"① 的农民土地论、荀子"裕民则民富"② 的富民观，到贾思勰"勤力可以不贫"③ 的致富之术、白居易"富在于富天下"④ 的天下共富观，再到孙中山"家给人足，四海之内无一夫不获其所"⑤ 的夙愿，都体现了中华民族消除贫困的迫切愿望，也展现了中华民族对过上幸福生活的艰辛探索。但中国传统减贫思想产生的基础是封建统治阶级的重民、养民思想，总体代表了封建统治阶级的立场。近代以后中国逐步形成了以发展实业、平均地权和普及教育等为主要内容的减贫思想，但由于资产阶级的局限性和当时政局动荡战乱持续的局面，中国的贫困问题不仅没有得到解决，反而进一步成为中国人民追求幸福生活的"拦路虎"。

中国共产党自成立之日起，就把为人民谋幸福作为初心和使命，把消除绝对贫困作为践行初心和承担使命的重要内容。以毛泽东同志为主要代表的中国共产党人对当时中国社会的贫困状况进行了分析。毛泽东在充分调研的基础上认为半殖地半封建社会的"中国人民的贫困和不自由的程度，是世界所少见的"⑥。尤其是数量庞大的佃农，受到多重剥削，难以维持生计。在这一社会条件下，中国共产党通过领导新民主主义革命击败了压迫中国人民的外来侵略者，摧毁了封建势力和官僚资本主义的经济基础。在新中国成立之后，中国共产党又领导战争后无力组织生产的农民展开了互助合作，显著提升了其生产力水平和生活水平。由于当时中国贫困状况的普遍存在，反贫困的方式主要包括整体性的生产资料所有制改革、国民经济体系的建立和发展等，这些举措使后来的组织化、制度化扶贫成为可能。改革开放以来，在全国生产力得到发展的基础上，邓小平提出："毕竟全国绝大多数地方好起来了，国家可以腾出手来帮助少数贫困地方发展起来。中央对此已有部署。"⑦ 在此之后，我国确立了大规模开发式扶贫的方针，建立起扶贫组织体系，并不断拓宽扶贫涉及领域，丰富扶贫方式，实现了从以特定区域为攻坚方向到以原贫困县为重点的转变，我国的贫困发生率不断下降，贫困人口不断减少，普遍贫困已不再符合中国的现实情况。

---

① 见《孟子·梁惠王上》。
② 见《荀子·富国》。
③ 见《齐民要术》。
④ 见《策林》。
⑤ 见《同盟会宣言》，翦伯赞、郑天挺主编《中国通史参考资料》（近代部分下册），中华书局，1980，第279页。
⑥ 《毛泽东选集》（第二卷），人民出版社，1991，第631页。
⑦ 《邓小平文选》（第三卷），人民出版社，1993，第84页。

至 2011 年，我国将贫困标准提高至农村居民家庭人均年纯收入 2300 元，在这一标准下，中国还有约 1.22 亿贫困人口。这些贫困人口或集中分布于自然环境相对较差的山区、高原等地区，或散见于整体发展较好的平原、沿海等地区，是全面建成小康社会需要啃下的"硬骨头"。面对这一情况，以习近平同志为核心的党中央坚持马克思主义的立场、观点和方法，基于我国扶贫的实际情况，以"精准"为着力点，聚焦"扶持谁""怎么扶""如何退"等问题，推动我国扶贫工作由"大水漫灌"向"精准滴灌"转变，形成了以"坚持精准方略""六个精准""五个一批"等为代表的精准扶贫思想。这不仅实现了马克思主义反贫困思想的重大理论创新，而且为打赢脱贫攻坚战提供了行动指南。

精准扶贫思想实现了中国共产党反贫困思想的丰富和发展，并在实践中创造了解决绝对贫困的历史性成就。如何理解精准扶贫思想与马克思主义反贫困思想的关系，如何看待精准扶贫思想在马克思主义反贫困思想发展史中的历史地位；如何认识精准扶贫思想的理论体系，如何把握精准扶贫思想的主要内容、理论特质和理论创新；如何评价精准扶贫思想的实践效果，如何总结精准扶贫思想的实践模式；如何巩固精准扶贫思想的实践成果；如何用好精准扶贫思想的宝贵经验；如何讲好精准扶贫思想的中国故事，如何提炼精准扶贫思想的中国方案：这一系列理论和实践问题都需要我们深入研究。基于此，我们从其生成逻辑、理论体系、实践效果和赓续发展等方面展开了研究，并形成了本书。

第二节　研究现状

为更好研究精准扶贫思想相关的研究热点和演进趋势，本书以中国知网、Web of Science 等数据库为例，将主题词设为"精准扶贫"与"精准扶贫思想"对文献进行了检索。在此基础上，利用 CiteSpace5.8.R1 对文献进行处理分析，以反映国内精准扶贫思想的研究整体情况。

一　研究发文量分析

本研究以"精准扶贫思想"为关键词在中国知网数据库进行检索，检索时段从不限至 2021 年，共检索得到 207 篇 CSSCI 来源期刊文献（检索时间截至 2021 年 8 月）。为提高文献的精确性和权威性，通过阅读标题、摘要、关键词筛掉不相关文献 42 篇，共获取有效性高的文献 165 篇。在此基础上，我们利用

CiteSpace5.8.R1 对以上 165 篇文献进行处理分析。

从图 0-1 的 2015—2021 年国内"精准扶贫思想"研究的发文量变化来看，国内关于"精准扶贫思想"的相关研究主要是从 2015 年开始的。2015—2018 年发文数量直线上升，在 2018 年达到峰值 50 篇后逐年下降。这说明有关"精准扶贫思想"的研究经历了从快速发展到趋于成熟的过程。

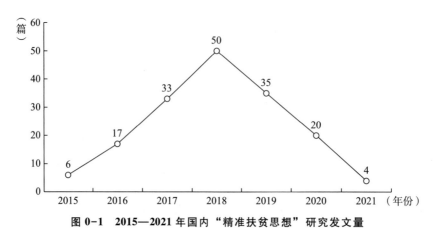

图 0-1　2015—2021 年国内"精准扶贫思想"研究发文量

资料来源：CNKI 检索数据，检索时间截至 2021 年 8 月。

若以"精准扶贫"为关键词进行检索，则可以得到有效文献 2878 篇，其发文量变化趋势如图 0-2 所示。从图 0-2 我们可以看出，国内关于"精准扶贫"的相关研究主要是从 2014 年开始的。根据发文数量的变化，可将国内关于"精准扶贫"研究的历程划分为初步萌芽期（2014 年至 2016 年）、快速发展期（2017 年至 2020 年）和总结收尾期（2020 年以后）三个阶段。其中在快速发

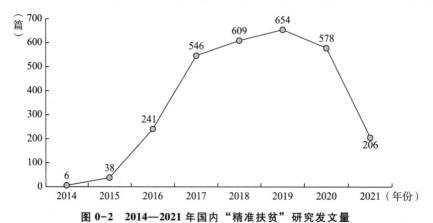

图 0-2　2014—2021 年国内"精准扶贫"研究发文量

资料来源：CNKI 检索数据，检索时间截至 2021 年 8 月。

展期，每一年的相关研究发文量均在 500 以上，充分反映了"精准扶贫"是这一阶段国内学者高度重视的研究话题。

国外"精准扶贫"研究时间跨度为 2002—2021 年，但 2002—2013 年，国外关于"精准扶贫"研究的发文量较少，除 2010 年以外，其余各年份发文量仅 1 篇；2014 年"精准扶贫"概念提出后，相关研究阶梯式增长，并在 2020 年达到发文量峰值，具体各年份发文量如图 0-3 所示。原因在于"精准扶贫"是中国特有的提法，国外文献也多为中国学者发表。

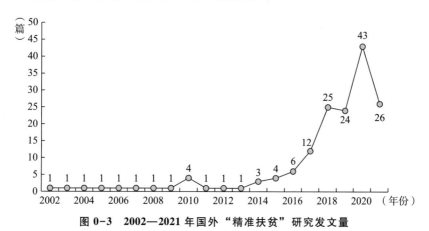

图 0-3　2002—2021 年国外"精准扶贫"研究发文量

资料来源：Web of Science 核心合集数据库，文献检索时间截至 2021 年 8 月。

通过以上的分析，我们可以看出，国内关于"精准扶贫"和"精准扶贫思想"的文献均在 2014 年左右集中涌现，并在 2018—2019 年达到发文量高峰；国外关于"精准扶贫"的文献的增长稍滞后，于 2020 年左右达到发文量高峰。

二　研究热点演进分析

第一，精准扶贫思想研究关键词分析。运用 CiteSpace5.8.R1 软件对知网数据库中检索出的 165 篇 CSSCI 期刊论文进行关键词共现分析，可以挖掘精准扶贫思想的研究热点。国内精准扶贫思想相关研究的时间跨度为 2015—2021 年，将时间切片设置为 1 年，节点类型设置为关键词，得到国内精准扶贫思想研究的关键词共现图谱（见图 0-4）。图中共有 205 个节点，480 条连线，网络密度为 0.023。若两篇文章有相同关键词，则节点之间由线连接，且节点大小与关键词出现频率正相关。从图中可以看出，国内学者多围绕"精准扶贫""脱贫攻坚""习近平扶贫相关理念""精准扶贫思想""全面建成小康社会""中国方案"等关键词对精准扶贫思想做出探索研究，形成了以"精准扶贫"

"习近平扶贫相关理念""脱贫攻坚"为核心关键词的圆形研究网络，各个关键词联系紧密，说明国内"精准扶贫思想"研究形成了较为完整的体系。

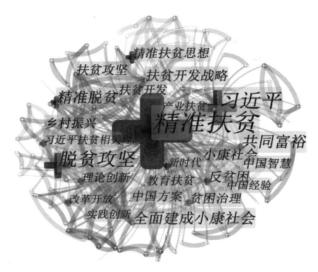

图 0-4　2015—2021 年国内"精准扶贫思想"研究关键词共现图谱

资料来源：CiteSpace5.8.R1 数据分析整理，文献检索时间截至 2021 年 8 月。

第二，精准扶贫思想研究演进分析。继续运用 CiteSpace5.8.R1 软件进行关键词聚类分析，得到关键词时间线图谱，以展现各聚类发展演变的时间跨度和研究进程。从图 0-5 可以看出，国内精准扶贫思想研究领域关键词有效聚类共 10 个类别，主要有"精准扶贫""习近平""脱贫攻坚""价值""农村""教育扶贫""乡村振兴""共享""新时代""民族地区"。上述聚类代表了我国精准扶贫思想研究领域的具体研究热点及研究演变过程。聚类模块值 Modularity Q = 0.6728，大于 0.3，平均轮廓值 Mean Silhouette = 0.953，本次聚类网络社团结构具有显著性，且内部相似度较高，说明聚类合理。具体而言，精准扶贫思想研究数量从 2015 年开始呈现爆发式上升，2015—2016 年，学者们主要关注"民族地区"的"扶贫工作"和"精准扶贫"；2017—2019 年，"多维贫困"、"减贫效应"以及"乡村振兴"成为新的研究热点；2020 年我国实现全面脱贫以后，精准扶贫思想的研究焦点转向对精准脱贫思想的"价值意蕴"等的总结，以及对"相对贫困""乡村发展"等问题的研究。

第三，精准扶贫思想研究突现关键词分析。分析关键词的突发性可知不同时间阶段精准扶贫思想研究热点传承和演化关系情况。图 0-6 显示了 2015—2021 年国内精准扶贫思想研究引文爆发最强的 5 个关键词突现情况，突现强度

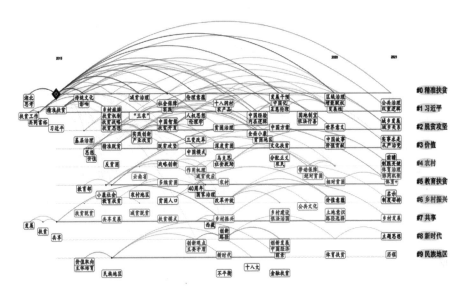

图 0-5　2015—2021 年国内"精准扶贫思想"研究关键词时间线图谱

资料来源：CiteSpace5.8.R1 数据，文献检索时间截至 2021 年 8 月。

最强的关键词是"新时代"，突现强度为 1.62，其余 4 个关键词突现强度也均大于 1。整体来看，国内关于精准扶贫思想的研究初期比较关注"扶贫开发战略"和"精准扶贫思想"两个方面，随着研究的不断深入，特别是在 2017 年党的十九大报告提出中国特色社会主义进入新时代后，精准扶贫思想研究逐渐走向成熟，并不断加强与"乡村振兴"的深度融合，向全世界脱贫事业贡献出凝聚中国智慧的"中国方案"。

关键词	最早起始年份	突现强度	起始年份	结束年份	2015—2021
扶贫开发战略	2015	1.31	2015	2017	
精准扶贫思想	2015	1.61	2017	2018	
新时代	2015	1.62	2018	2019	
中国方案	2015	1.59	2019	2021	
乡村振兴	2015	1.19	2019	2021	

图 0-6　2015—2021 年国内"精准扶贫思想"研究突现关键词图谱

资料来源：CiteSpace5.8.R1 数据，文献检索时间截至 2021 年 8 月。

三　精准扶贫思想研究的延展分析

除精准扶贫思想本身外，理论界对与精准扶贫思想紧密相关的一系列范畴进行了诸多分析，如扶贫思想、全面建成小康社会、乡村振兴、中国梦、中国减贫史等。本书对这些关键词进行了分析，以挖掘延展研究中精准扶贫思想的涉及情况。

我们以"扶贫思想"为关键词进行了文献检索，得到有效文献 1061 篇（文献检索时间截至 2021 年 9 月），并对关键词突现情况进行了分析，结果如图 0-7 所示。

关键词	最早起始年份	突现强度	起始年份	结束年份	2012—2021
扶贫开发	2012	4.57	2012	2015	
攻坚战	2012	2.44	2012	2017	
扶贫思想	2012	2.07	2012	2014	
扶贫路径	2012	1.7	2012	2016	
毛泽东	2012	2.07	2014	2017	
邓小平	2012	2.06	2014	2014	
扶贫对象	2012	1.85	2015	2016	
扶贫攻坚	2012	4.33	2016	2016	
中国梦	2012	1.77	2016	2016	
战略思想	2012	2.84	2017	2017	
精准脱贫	2012	4.22	2018	2018	
对策	2012	2.24	2018	2018	
扶贫工作	2012	1.96	2018	2019	
新时代	2012	3.27	2019	2019	
重要论述	2012	2.44	2019	2021	
扶智	2012	1.74	2019	2021	
民族地区	2012	1.74	2019	2021	
扶志	2012	1.74	2019	2021	
教育扶贫	2012	3.1	2020	2021	
脱贫攻坚	2012	3.05	2020	2021	
相对贫困	2012	2.12	2020	2021	

图 0-7 2012—2021 年国内"扶贫思想"研究突现关键词图谱

在扶贫思想研究领域，2015 年前，学者主要关注"扶贫开发"有关问题，并对毛泽东、邓小平等人的有关观点进行了研究。2015 年，与精准扶贫思想紧密相关的"扶贫对象"首先成为研究热点，标志着对扶贫思想的研究进入了精准扶贫阶段。之后，对于精准扶贫思想的研究大致可以分为三个阶段。2015—2017 年，学者主要针对精准扶贫的战略地位进行较宏观的研究。2018 年至 2020 年，随着脱贫攻坚进入冲刺阶段，理论界的研究也不断深入。不同学者在习近平关于精准扶贫的重要论述、教育扶贫、扶贫扶志、民族地区扶贫等具体领域深耕，形成了一批研究成果。2020 年后，在脱贫攻坚战即将取得胜利的背景下，理论界开始关注脱贫攻坚的收官工作、巩固拓展脱贫攻坚成果同乡村振兴有效衔接等内容。可以看出，2012 年后，对于"扶贫思想"的研究显示出明显的阶段性特征，"精准扶贫思想"成为这一时期的研究重点。

我们以"全面建成小康社会"为关键词进行了文献检索，得到有效文献 1547 篇（文献检索时间截至 2021 年 9 月），对其关键词时间线情况进行了分析，结果如图 0-8 所示。从关键词时间线图谱来看，"精准扶贫"、"共享发展"和"乡村振兴"是"全面建成小康社会"的重要研究主题，从关键词类聚排序看，"精准扶贫"是"全面建成小康社会"相关研究中的首要问题。

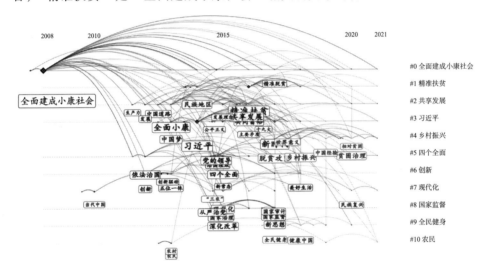

图 0-8　2008—2021 年国内"全面建成小康社会"研究关键词时间线图谱

资料来源：CiteSpace5.8.R1 数据，文献检索时间截至 2021 年 9 月。

从关键词突现来看，本书将时间切片设为 1 年（$\gamma=0.2$），获得了"全面建成小康社会"研究主题下的主要突现词（见图 0-9）。可以看出"乡村振兴""精准扶贫""民族地区"等均为"全面建成小康社会"主题下的热点。若将突现词按突现强度排列，则排在第三位的是"乡村振兴"，排在第四位的是"精准扶贫"。可以看出，"精准扶贫"自 2016 年作为关键词出现后，迅速成为"全面建成小康社会"相关问题的研究热点，且研究热度一直持续到 2021 年。

关键词	最早起始年份	突现强度	起始年份	结束年份	2008—2021
新时代	2017	15.93	2017	2019	
四个全面	2015	7.56	2015	2016	
乡村振兴	2018	5.14	2018	2021	
精准扶贫	2018	4.31	2018	2021	
依法治国	2012	4.15	2014	2016	
改革开放	2018	3.09	2018	2019	
十九大	2017	3.09	2017	2018	
从严治党	2015	2.8	2015	2016	
发展理念	2015	2.8	2015	2016	
治国理政	2015	2.58	2015	2016	
中国梦	2013	2.21	2013	2016	
小康社会	2008	2.17	2008	2014	
民族地区	2014	2.09	2014	2015	
美好生活	2018	2.06	2018	2019	
创新驱动	2013	1.98	2013	2015	
科学发展	2008	1.89	2008	2013	
和谐社会	2008	1.89	2008	2013	
新常态	2015	1.72	2015	2017	
发展	2012	1.46	2016	2017	
指标体系	2016	1.43	2016	2017	
当代中国	2010	1.43	2010	2015	
健康中国	2018	1.43	2018	2021	
创新	2012	1.16	2012	2013	

图 0-9 2008—2021 年国内"全面建成小康社会"研究突现关键词图谱

资料来源：CiteSpace5.8.R1 数据，文献检索时间截至 2021 年 9 月。

　　除了"扶贫思想"和"全面建成小康社会"，本书还以"乡村振兴"为关键词进行了检索。我们在中国知网数据库使用专业检索式：SU =（乡村振兴＋乡村振兴战略），检索时段设置为从不限至 2021 年，对 CSSCI 来源期刊文献进行检索，并通过阅读标题、摘要、关键词筛掉不相关文献，最终获取 2328 篇与"乡村振兴"直接相关的 CSSCI 来源期刊文献，由此进行关键词时间线和关键词突现分析，以探究精准扶贫相关研究在"乡村振兴"主题下的重要性。

从关键词时间线图谱（见图 0-10）来看，"脱贫攻坚"和"后脱贫时代"均是"乡村振兴"研究下的重要研究主题，其中，"脱贫攻坚"关键词聚类排序仅次于"乡村振兴战略"关键词聚类。这说明在"乡村振兴"研究主题下，学者们仍然对中国的脱贫问题给予了充分关注，并且随着脱贫攻坚任务的完成以及乡村振兴进入全面实施阶段，后脱贫时代下中国的贫困问题成为新的研究热点。

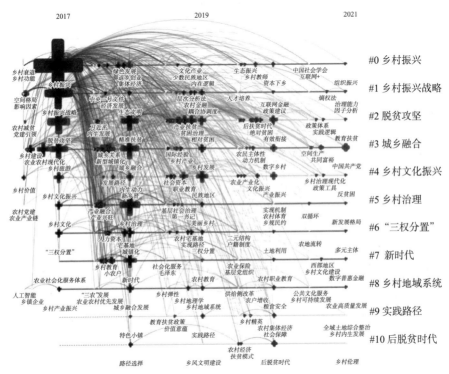

图 0-10　2017—2021 年国内"乡村振兴"研究关键词时间线图谱

资料来源：CiteSpace5.8.R1 数据，文献检索时间截至 2021 年 10 月。

从"乡村振兴"的突现词来看，本书将时间切片设为 1 年（$\gamma = 0.5$），截取前 35 个突现词（见图 0-11）。可以看出"精准脱贫""贫困地区""相对贫困""后脱贫时代"等词均为"乡村振兴"研究主题下的热点。这说明，在涉猎面广的乡村振兴研究主题下，学者们依然对贫困问题十分关注，并且随着后脱贫时代的到来，乡村振兴与脱贫攻坚的有效衔接也成为学者们的重要关注点之一。

关键词	最早起始年份	突现强度	起始年份	结束年份	2017—2021
三产融合	2017	1.79	2017	2017	
农业农村现代化	2017	1.74	2017	2018	
障碍因子	2017	1.67	2017	2018	
乡村振兴战略	2017	23.78	2018	2018	
"三农问题"	2017	3.65	2018	2019	
城镇化	2017	3.03	2018	2018	
农民工	2017	2.73	2018	2019	
生态文明	2017	2.38	2018	2019	
产业兴旺	2017	2.28	2018	2019	
城乡一体化	2017	2.07	2018	2018	
新时代	2017	1.76	2018	2018	
政府作为	2017	1.66	2018	2018	
文化转型	2017	1.66	2018	2018	
中央一号文件	2017	1.66	2018	2018	
乡村文明	2017	1.66	2018	2018	
十九大报告	2017	1.66	2018	2018	
农民分化	2017	1.66	2018	2018	
文化建设	2017	1.66	2018	2018	
"三农"问题	2017	1.66	2018	2018	
乡风文明	2017	1.66	2018	2018	
美丽乡村	2017	2.52	2019	2019	
农民增收	2017	2.4	2019	2019	
精准脱贫	2017	2.25	2019	2019	
文化治理	2017	1.92	2019	2019	
文化产业	2017	1.92	2019	2019	
农村金融	2017	1.85	2019	2021	
贫困地区	2017	1.77	2019	2019	
实现路径	2017	1.67	2019	2021	
三权分置	2017	1.61	2019	2019	
全面建成小康社会	2017	2.71	2020	2021	
相对贫困	2017	2.07	2020	2021	
有机衔接	2017	1.99	2020	2021	
农业产业化	2017	1.99	2020	2021	
后脱贫时代	2017	1.92	2020	2021	
农业发展	2017	1.59	2020	2021	

图 0-11 2017—2021 年国内"乡村振兴"研究突现关键词图谱

资料来源：CiteSpace5.8.R1 数据，文献检索时间截至 2021 年 10 月。

四　研究评述

关于精准扶贫思想的研究，总体上取得了诸多极富价值的成果，对于进一步丰富中国特色社会主义减贫理论，推进反贫困进程具有重要意义。但已有研究仍然存在一定局限性，主要表现有以下四点。

一是对精准扶贫思想生成逻辑的研究存在不平衡的问题。从对现有文献梳理的情况来看，已有关于精准扶贫思想生成逻辑的研究主要从理论、实践两个维度进行，对历史逻辑的研究较少，且对三大逻辑的综合分析较少。就研究关键词来看，出现频率最高的关键词仅"理论创新""实践创新"与生成逻辑关系较紧密，与历史逻辑相关的关键词出现频率较低。从研究的时间演进来看，可以得出类似结论。关于理论逻辑，2015 年就有部分文献开始研究精准扶贫思想与中国传统文化的理论联系，2017 年前后有文献开始研究精准扶贫思想在整个反贫困理论与在马克思主义反贫困理论演进中扮演的重要角色，2020 年就有相当一部分文献开始梳理精准扶贫思想的理论演进脉络。关于实践逻辑，2015 年起就有学者立足经济新常态与社会主义的本质要求分析精准扶贫思想产生的必然性，2017 年起有较多学者开始梳理精准扶贫思想相应的实践探索过程。但关于历史逻辑的分析还显得不够充分。

二是对精准扶贫思想理论体系的研究存在不系统的问题。其一，从现有文献来看，对精准扶贫思想理论体系的研究主要来源于领导人讲话与政策文件，深层次的理论挖掘较为缺乏。其二，对精准扶贫思想的概念和内涵界定不清，2020 年前后集中出现了分析精准扶贫思想内涵的文献，但学术界对这一问题尚未达成共识。其三，精准扶贫思想的理论体系有待系统构建。习近平总书记在对精准扶贫进行研究和论述时，对这一工作的目标、原则、主线、路径等都有明确表述，形成了一个逻辑严密、相互联系的理论整体。但从分析结果来看，仅 2017—2019 年出现了一批研究精准扶贫思想"七大体系"与内在逻辑的文献，对这一理论体系的梳理和构建略显不足。

三是对精准扶贫思想实践效果的研究存在不充分的问题。对精准扶贫实践效果的研究已有一定成果，但对其评价指标体系的构建多从宏观层面进行，对"精准"的测度有限，且缺乏对贫困对象是否真正实现脱贫及长效脱贫能力进行测度的指标，目前文献中以"实践效果"为关键词的还较少；在对精准扶贫政策评价的过程中，多以某一区域的政策实施效果评价为主，缺乏对同特征区域的比较研究及对全国区域总体效果的评价；而对作为我国脱贫攻坚的"重中之重"的深度贫困地区，学术界有一定研究，主要集中在深度贫困含义、特征、成因、对策分析，但对于精准扶贫思想在指导深度贫困地区脱贫发展过程中的作用和效果研究不足。

四是对精准扶贫思想贡献的研究存在不全面的问题。已有文献对精准扶贫思想世界贡献的研究集中在"发展中华民族共同体意识""实现全面小康""为发展中国家提供中国模式"等方面，不能完全概括精准扶贫思想的世界贡献，对于精准扶贫思想在归纳减贫规律、创新减贫路径、创造减贫方法以及推动构建人类命运共同体等方面的贡献研究还显不足。

第三节　研究框架和主要内容

本书主要分精准扶贫思想的生成逻辑、精准扶贫思想的理论体系、精准扶贫思想的实践效果、精准扶贫思想的赓续发展四篇共十二章对精准扶贫思想展开研究（见图0-12）。

第一篇为精准扶贫思想的生成逻辑（见图0-13），包括第一、二、三章。精准扶贫思想不是凭空而来的，它是以马克思主义原理指导中国脱贫攻坚实践而形成的科学成果，有着深厚的思想渊源、历史根基与现实基础。该部分内容从理论、历史、实践三个维度，研究精准扶贫思想的生成逻辑。其中，第一章研究精准扶贫思想生成的理论逻辑，提出精准扶贫思想遵循了马克思主义的立场、观点和方法，同时精准扶贫思想在发展过程中也对西方减贫思想及中国传统减贫思想进行了批判借鉴和合理吸收。第二章研究精准扶贫思想生成的历史逻辑，从我国脱贫攻坚实践历史演进以及党对减贫规律科学探索的实践与理论互动中，发现精准扶贫思想形成发展的历史根基，探寻这一思想形成、发展与创新的历史脉络。包括新中国成立前反贫困的初步探索、新中国成立到改革开放前反贫困的接续发展、改革开放以来反贫困的全面推进和精准扶贫思想生成历史逻辑的总体考察等内容。第三章研究精准扶贫思想生成的实践逻辑，认为在当代脱贫攻坚是全面建成小康社会的底线任务，而制约脱贫攻坚胜利的根本障碍就是原来的大水漫灌式扶贫方针，这一扶贫方针在消除绝对贫困的阶段容易造成扶贫对象识别的不精准、资金瞄准的偏差和项目安排的粗放等，这一情况体现了精准扶贫思想生成的实践逻辑。

第二篇为精准扶贫思想的理论体系，包括第四、五、六章。精准扶贫思想不是一些重要讲话的集合，其具有明确的内涵与属性、丰富的内容和严密的体

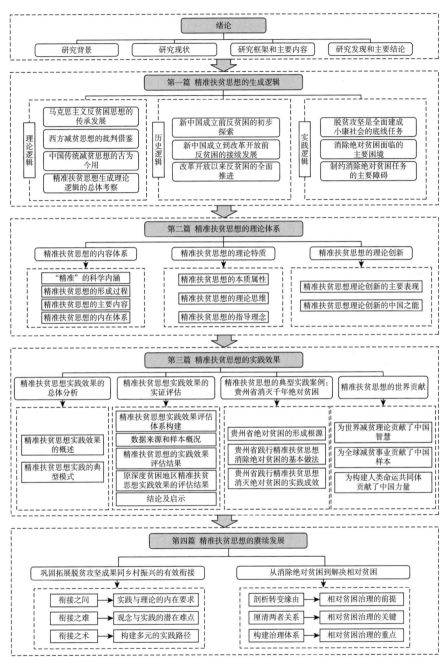

图 0-12　本书研究框架

系，与其他反贫困思想具有鲜明区别。该篇分三个方面集中研究精准扶贫思想的理论体系。其中，第四章研究精准扶贫思想的内容体系。包括"精准"的科学内涵、精准扶贫思想的形成过程、精准扶贫思想的核心内容和精准扶贫思想的内在体系。这一章明确了精准扶贫思想七个方面的主要内容，并在此基础上提出精准扶贫思想是以"精准"为出发点，以解放发展保护生产力为着力点，以发挥制度优势为根本点，以"减贫组合拳"为支撑点，以全面主动减贫为落脚点的减贫思想体系。第五章研究精准扶贫思想的理论特质。包括精准扶贫思想的本质属性、精准扶贫思想的理论思维和精准扶贫思想的指导理念等内容。第六章分析了精准扶贫思想的理论创新，主要包括四个方面：一是丰富了绝对贫困的基本内涵，二是形成了消除绝对贫困的基本路线，三是明确了消除绝对贫困的基本力量，四是健全了消除绝对贫困的体制机制。并在此基础上对中国精准扶贫能实现这一理论创新的能力和动力展开了分析。

第三篇为精准扶贫思想的实践效果，包括第七章至第十章。精准扶贫思想作为科学的减贫思想，其科学性是通过这一思想在中国脱贫攻坚实践中的效果来检验的。该部分运用辩证唯物主义与历史唯物主义的方法论，引入经济建模与实证分析手段，在实地调研和案例总结的基础上，分四章研究与评价党的十八大以来精准扶贫思想的实践效果。其中，第七章为精准扶贫思想实践效果的总体分析，一方面考察和提炼了精准扶贫思想实践的总体效果，另一方面归纳了精准扶贫思想实践的典型模式。第八章为精准扶贫思想实践效果的实证评估，主要包括评估体系的构建、数据来源和样本概括、精准扶贫思想的实践效果评估结果、原深度贫困地区精准扶贫思想的实践效果评估结果等内容。第九章为精准扶贫思想的典型实践案例，以贵州省为例，分析了精准扶贫思想在指导地区反贫困实践中的作用与效果。第十章为精准扶贫思想的世界贡献，指出精准扶贫思想为世界减贫理论贡献了中国智慧，为全球减贫事业贡献了中国样本，为构建人类命运共同体贡献了中国力量。

第四篇为精准扶贫思想的赓续发展，包括第十一章和第十二章。解决绝对贫困后，我国反贫困工作的两大任务为巩固拓展脱贫攻坚成果同乡村振兴有效衔接以及逐步解决相对贫困问题。该部分聚焦精准扶贫思想在这一现实背景下的赓续发展。其中第十一章研究精准扶贫思想如何指导推动巩固拓展脱贫攻坚成果同乡村振兴的有效衔接，从衔接之问、衔接之难、衔接之术三个层面探索了有效衔接的内在要求、潜在难点和实践路径。第十二章重点研究精准扶贫思想的当代发展，即基于从消除绝对贫困到解决相对贫困转变过程中的发展，从剖析转变缘由、厘清二者关系和构建治理体系三个方面，研究了在相对贫困治理的实践中用活"精准"的方法。

第四节　研究发现和主要结论

本书从马克思主义理论视角出发，在坚持辩证唯物主义和历史唯物主义方法论的基础上，运用多种具体研究方法，以人类历史上反贫困理论成果、不同时期中国反贫困思想的演进脉络与实践成效、当代精准扶贫的创新理论和历史性成就、解决相对贫困问题的初步探索等为研究对象，形成了多项研究发现和主要结论，具体如下。

其一，精准扶贫思想的生成体现了理论逻辑、历史逻辑、实践逻辑的有机统一，具有理论科学性、历史传承性和现实必然性。本书创新地从三重逻辑出发研究精准扶贫思想的生成，三重逻辑的分析体现了马克思主义的分析视角与分析方法。

第一，从理论逻辑来看，马克思主义反贫困思想是精准扶贫思想立场、观点、方法的源头，但同时精准扶贫思想的生成也来自对西方减贫思想的批判借鉴和对中国传统减贫思想的有益吸收。在这一部分，本书的研究创新性主要体现在三个方面。一是对先秦至今中外的主要减贫思想进行了梳理，对其思想发展和观点流变进行了考察。二是对各类减贫思想的核心观点与理论特质等进行了归纳，在此基础上，研究发现马克思主义反贫困思想与精准扶贫思想在立场、观点和方法上具有高度的一致性，二者是源与流的关系。三是对当代资本主义社会主要减贫思想的理论观点进行了考察，发现其未从基本制度上探寻贫困问题产生的根本原因，无力消除贫困问题产生的制度根源，同时部分减贫政策可能会触及资本主义基本制度的某些方面并与之产生冲突。提出中国精准扶贫思想坚持"制""治"结合，不断提升反贫困政策的实施效能和运行效率。第二，从历史逻辑来看，中国共产党进行的反贫困实践符合不同时期的社会主要矛盾和主要发展任务，在不同时期呈现出不同的特点和工作方式，但又在反贫困实践的传承发展中体现出历史与逻辑的统一。本书以总体性的视角，研究得出不同历史阶段中国反贫困一以贯之的历史逻辑，从对反贫困认识的深化、反贫困事业的推进、反贫困方式的创新、反贫困活力的增强四个方面对这一历史逻辑进行了阐发。第三，从实践逻辑来看，精准扶贫思想的生成回应了当代反贫困实践的现实需要。本书首先运用定量研究方法分析了2012年前后脱贫攻坚面临的显性挑战，基于MinDW模型、相关年份面板数据等对农村财政扶贫资金效率、减贫效益等进行了分析，得出脱贫攻坚面临严峻挑战的实证检验结果。在此基础上，本书提出带来严峻挑战的根本障碍是"大水漫灌"，即制约脱贫攻坚这一底线任务完成的根本障碍是过去粗放式的扶贫方式，并从扶贫对象不精准、资金瞄准有偏差、项目安排不精准、扶贫机制不完善几个方面，对这一论点进行了阐发。总体而言，本书认为精准扶贫思想生成遵循了理论逻辑、历史逻辑和实践逻辑，是中国反贫困理论和实践传承发展的最新成果。

图 0-13　精准扶贫思想生成逻辑示意

其二，精准扶贫思想是具备明确科学内涵、鲜明理论特质、创新核心观点的丰富理论集合，是人类反贫困历史上独特的创新成果。本书通过大量文献梳理和广泛调研座谈，对精准扶贫思想的形成过程、科学内涵和本质属性展开了研究，对精准扶贫思想涵盖的核心内容进行了全面梳理，并在此基础上提炼了精准扶贫思想的核心要义和主要理论创新。

第一，精准扶贫思想具有确切的内涵和内容。从其内涵来看，精准扶贫思想是以习近平同志为核心的党中央带领全国人民在当代形成的关于"精准扶贫、精准脱贫"的系统观点，围绕"扶持谁、谁来扶、怎么扶、如何退"的问题，形成了客体精准、主体精准、方式精准和退出精准的具体内涵，是对反贫困领域"精准"内涵的系统阐述。同时，本书根据精准扶贫实践中的重要着力点以及理论界前期成果，概括出了精准扶贫思想七个方面的主要内容——底线目标、核心要义、总体要求、基本路径、战略重点、支撑力量和体制机制。具体而言，精准扶贫以稳定实现"两不愁三保障"为底线目标，将战略重点集中在脱贫难度极大的深度贫困地区，切实做到了"真扶贫、扶真贫"，将"六个精准"贯穿扶贫工作始终，以"五个一批"为基础因地制宜、因人制宜制定具体脱贫举措，并以全社会参与的社会扶贫体系积聚力量，以严格的工作责任制和督查考核机制、强效的资源投入机制等为保障，全力推动减贫。第二，精准扶贫思想具有鲜明的理论特质。从其本质属性来看，精准扶贫思想的本质属性是科学性和人民性的统一。从理论思维来看，精准扶贫思想以马克思主义唯物辩证法为哲学基础，具有战略思维、系统思维、历史思维、辩证思维和底线思维。从指导理念来看，精准扶贫思想对新发展理念有充分体现，是新发展理念在反贫困领域的重大创新成果。第三，本书归纳了精准扶贫思想的主要理论创新，一是丰富了绝对贫困的基本内涵，二是形成了消除绝对贫困的基本路线，三是明确了消除绝对贫困的基本力量，四是健全了消除绝对贫困的体制机制。

其三，精准扶贫思想指导我国消除了绝对贫困、提升了发展能力、树立了典型模式，是反贫困实践最有力的行动指南。本书以大量数据和现实案例为支撑，对精准扶贫思想的实践效果进行了总体评价。一方面，本书在对统计数据进行搜集、整理和分析的基础上，提出了精准扶贫五个方面的总体效果。其中贫困人口全部脱贫和脱贫地区发展水平的提升是精准扶贫思想指导实践的最主要成效，群众精神面貌提升、党群关系的改善和中国减贫样本的创造是中国精准扶贫实践的独特成果。另一方面，我们在综合考虑东/中/西部、山地/丘陵/平原/高原、深度贫困地区/非深度贫困地区等情况后，在贵州、四川、河南、福建、云南等省份展开调研，搜集精准扶贫案例，在此基础上对精准扶贫思想实践的典型模式进行了归纳总结。按主体不同、手段不同两类对典型模式进行了划分，创新归纳出中央和国家机关定点扶贫模式、结对帮扶扶贫模式、电商扶贫模式、消费扶贫模式等诸多有创新性和典型性的扶贫模式，并对相关典型案例、运行机制、帮扶效果等进行了梳理和阐释。

其四，精准扶贫思想实践获得了极高的目标实现度、过程精准度、人民满意度，其实践效果能够在科学评估体系中得到实证检验。本书将科学性与人民性相统一的视角纳入精准扶贫思想实践效果的评估中，构建了基于过程、事实、价值三个维度的精准扶贫思想实践效果评估框架，并运用综合评价法，形成了精准扶贫思想实践效果评估指标体系。本书基于在全国5省11县（区）20乡镇40村实地调研获取的1590份有效问卷，分别对精准扶贫思想总体实践效果和深度贫困地区精准扶贫思想实践效果进行实证评估。同时，本书以贵州省脱贫攻坚实践为典型案例，分析了精准扶贫思想在地区脱贫攻坚中的践行方式和实践效果。在此基础上，本书创新得出如下具体结论。第一，脱贫攻坚"两个确保"目标顺利达成。到2020年，农村贫困人口已实现全部脱贫，贫困县已全部摘帽，中国历史性地解决了绝对贫困问题。第二，精准扶贫践行了"过程精准"。精准扶贫实质上完成了一次中国农村基层治理逻辑的转换。我国扶贫瞄准对象经历了从普遍化到区域化再到具体化的过程，扶贫对象精准锁定是本轮精准扶贫的突出特征，也取得了突出成效。第三，精准扶贫思想实践获得了极高的人民满意度。人民满意是精准扶贫思想实践的落脚点，调研结果表明，就总体满意度而言，分别有98.67%、94.84%、99.18%的建档立卡户、非贫困户和扶贫干部对精准扶贫思想总体实施效果表示"非常满意"或"比较满意"。第四，精准扶贫思想在原贫困地区得到了充分践行，指导原贫困地区脱贫攻坚取得了显著成果，形成了具有区域特征的典型模式。

其五，精准扶贫思想在未来将实现赓续发展、推动乡村振兴、解决相对贫困，是具有长久生命力的指导思想。精准扶贫思想是开放的理论体系，形成了具有方法论意义的精准要义，将在脱贫攻坚完成后继续指导反贫困事业的推进。本书从精准扶贫思想赓续发展的视角出发，对我国将来贫困治理工作的理论与实践进行了探讨。提出扎实推动巩固拓展脱贫攻坚成果同乡村振兴的有效衔接是精准扶贫思想的赓续；实现从解决绝对贫困到解决相对贫困的转变，并在相对贫困治理的实践中用活"精准"，是精准扶贫思想的发展。在巩固拓展脱贫攻坚成果同乡村振兴有效衔接的研究中，我们从衔接之问、衔接之难与衔接之术三个层面进行了分析研究。我们在已有研究的基础上，提出了用好脱贫攻坚战宝贵经验是回答衔接之问的重要出口；通过我们的实地调研，提出在衔接过程中需要注意的四大问题，即观念认识上的"脱白"、实践运作中的"脱节"、推进衔接中的"碎化"，以及考核标准上的"同质"等。在此基础上，我们提出实现两者有效衔接需要构建以坚持党的领导为根本、推动产业升级为核心、完善基础设施为依托等的多维路径。在相对贫困治理的研究中，我们依据精准扶贫思想的立场、观点和方法，构建了相对贫困治理前提、关键与重点的分析研究框架，并展开了相关分析。一是从理论、现实、目标和价值等四个维度剖析从绝对贫困治理转向相对贫困治理的缘由，明确相对贫困治理的思路。二是从绝对贫困和相对贫困的内涵和特征等方面精准厘清两者的关系，找准相对贫困治理的抓手。三是从识别、帮扶、保障、动力和退出等方面精准构建相对贫困治理的机制，这是相对贫困治理的重点。

第一篇

精准扶贫思想的生成逻辑

第一章　精准扶贫思想生成的理论逻辑

本书将在第一章至第三章分理论逻辑、历史逻辑和实践逻辑三个层面，对精准扶贫思想的生成逻辑进行研究。三大逻辑的研究视角体现了以唯物史观为基础的研究方法，三大逻辑的统一遵循了马克思主义的辩证思维，这一研究视角有助于呈现理论的多维来源和逻辑架构。本章将主要展开关于精准扶贫思想生成的理论逻辑的研究。

精准扶贫思想是对马克思主义反贫困思想的当代继承。"马克思的思想理论源于那个时代又超越了那个时代，既是那个时代精神的精华又是整个人类精神的精华"①，精准扶贫思想则是那个时代精神精华的当代体现，是整个人类精神精华的具体体现。明确精准扶贫思想的理论归属和特征，梳理其生成的理论逻辑，对于准确把握其生成的总体逻辑、归纳提炼其理论体系和科学评价其实践效果具有重要意义。

理论界关于精准扶贫思想生成的理论逻辑已有不少研究，并呈现出不同观点。有学者从马克思主义视角研究精准扶贫的理论来源。如黄承伟②、刘永富③、雷明及邹培④等学者认为，精准扶贫思想是对马克思主义的继承、创新和发展，同时体现了中华优秀传统文化与时代发展的有机结合。檀学文和李静认为，精准扶贫思想最根本的理论支撑在于中国特色社会主义理论。⑤ 郑瑞强和王英从西方经济学的视角对精准扶贫的理论进行了阐释，认为西方社会在财政

---

① 习近平：《在纪念马克思诞辰 200 周年大会上的讲话》，《人民日报》2018 年 5 月 5 日，第 2 版。
② 黄承伟：《中国减贫理论新发展对马克思主义反贫困理论的原创性贡献及其历史世界意义》，《西安交通大学学报》（社会科学版）2020 年第 1 期。
③ 刘永富：《以习近平总书记扶贫重要论述为指导坚决打赢脱贫攻坚战》，《行政管理改革》2019 年第 5 期。
④ 雷明、邹培：《精准扶贫的思想内涵、理论创新及价值贡献》，《马克思主义与现实》2020 年第 4 期。
⑤ 檀学文、李静：《习近平精准扶贫思想的实践深化研究》，《中国农村经济》2017 年第 9 期。

赤字严重的情况下，在扶贫过程中形成了对扶贫对象意愿进行瞄准、理顺扶贫资源作用体系并进行业务流程再造的观点，成为精准扶贫思想的理论来源。[1] 还有学者从多学科视角对精准扶贫的理论逻辑进行了解读，如左停等将思路扩展到公共管理学和社会学等多学科的理论层次，例如通过中央-地方关系、社会控制以及"社会成本"三种视角，对精准扶贫进行了理解与阐释。[2] 可以看出，目前研究成果多就精准扶贫思想的某一理论来源展开分析，缺乏对其整个理论来源的总体把握，且关于不同减贫思想对精准扶贫思想的具体启示研究还不够深入。

基于此，本书将前人减贫理论成果分为三类：马克思主义反贫困思想、西方减贫思想和中国传统减贫思想。精准扶贫思想的生成以马克思主义反贫困思想为指导，批判借鉴了西方减贫思想，去芜存菁地吸收了中国传统减贫思想。

第一节　马克思主义反贫困思想的传承发展

精准扶贫思想是马克思主义反贫困思想的组成部分。在精准扶贫思想生成前，马克思主义反贫困思想已经经历了一百余年的发展，所形成的前期成果，为精准扶贫思想的立场、观点和方法确立了框架，马克思主义反贫困思想与精准扶贫思想的关系恰似源与流。

一　理论开创：马克思恩格斯反贫困思想

（一）19 世纪初的"悖论性贫困"

18 世纪末的工业革命使得全球范围内的生产力水平得到大幅度提升，然而，贫困却没有随之消除，以无产阶级贫困为主的各类贫困的出现使得贫困问题更加复杂化、综合化。面对这一难题，马克思恩格斯开始同时关注资本主义社会中的贫困，并形成了与其他反贫困思想相比具有鲜明特征的反贫困思想。从这一意义来讲，在 18 世纪末 19 世纪初逐渐走向成熟的资本主义社会，是马克思恩格斯反贫困思想产生的土壤。这一土壤既包括物质条件和生产关系的成熟，也包括贫困愈演愈烈的现实状况和多种思潮针对贫困问题的冲突碰撞。

---

[1]　郑瑞强、王英：《精准扶贫政策初探》，《财政研究》2016 年第 2 期。
[2]　左停、杨雨鑫、钟玲：《精准扶贫：技术靶向、理论解析和现实挑战》，《贵州社会科学》2015
　　年第 8 期。

恩格斯在《英国工人阶级状况》中对资本家和工人的分化进行分析时指出，以蒸汽机的发明为代表的科技进步是撼动世界基础的杠杆。[①] 18 世纪 60 年代以来，随着资本主义社会资本原始积累的完成和地理大发现对世界市场的拓展，以英国为代表的欧洲资本主义国家开始大规模推动生产技术的革新，实现了工场手工业向机器大工业的转变。在这一过程中，技术的进步使得资本主义生产过程产生了巨大变化。第一，生产规模明显扩大，大量手工业者和农民成为无产阶级。第二，机器生产造成了机器对人的替代。第三，生产部门改造对其他生产部门技术改造带动能力的提升。第四，机器生产扩张能力的提高。第五，技术的发展带来了资本主义生产关系的扩大。

这些变化包含了 19 世纪"悖论性贫困"的来源和线索。科学技术的迅猛发展是资本主义生产关系在一定时间内对生产力解放的结果，整体上提升了社会生产力水平，为消除贫困提供了必要的物质基础，在客观上也提升了人类的整体生活水平。但资本主义生产关系下的科学技术运用表现出为资产阶级服务的明显特征，使得不断巩固的雇佣劳动制度激化了资本主义社会的基本矛盾，也使以无产阶级为代表的劳动人民陷入悖论性贫困。

无产阶级的贫困开始在多个方面出现苗头，既包括生活资料减少，也包括生活环境的恶化和精神生活的减少。一是生活资料减少。以 19 世纪初的英国纺织工人为例，1810 年英国纺织工人每周平均工资为 42 先令，1821 年下降为 32 先令，在 1825 年经济危机爆发、物价普遍上涨的情况下，下降为 25 先令 6 便士。[②] 除此之外，工厂还想方设法延长工人的工作时间，从而变相地降低工资，19 世纪上半叶，工人每天工作 16 小时至 18 小时成为资本主义工厂的普遍现象。[③] 很多工人基本生存所需的吃饭、睡眠的时间也遭到侵占。而工人微薄的工资还要负担繁重的赋税，使得多数家庭已经无法维持基本的生活，18 世纪末 19 世纪初，仅英国就爆发了多起抢夺面包的自发性暴动。[④] 二是生活环境的恶化。据英国官方公布的资料，在 19 世纪初，伦敦有 20 个贫民区，每个区有 10000 人左右，是多数产业工人的安家之所。[⑤] 狭窄拥挤、阴暗潮湿和疾病丛生的现象开始在贫民区不断出现。三是精神生活的减少。过高的工作强度使得产

---

① 《马克思恩格斯文集》（第一卷），人民出版社，2009，第 434 页。
② 樊亢等编著《主要资本主义国家经济简史》，人民出版社，1973，第 67 页。
③ 樊亢等编著《主要资本主义国家经济简史》，人民出版社，1973，第 66 页。
④ 樊亢主编《资本主义兴衰史》，北京出版社，1984，第 132 页。
⑤ 樊亢主编《资本主义兴衰史》，北京出版社，1984，第 131 页。

业工人无暇参与除工作以外的其他活动，工作和维持工作所需的身体条件成为其生活的全部内容；而居住环境的极端恶劣也使得工人的身心受到严重损伤，以致其精神沮丧。

（二）马克思恩格斯反贫困思想

1. 关于贫困成因

面对当时的贫困状况，马克思和恩格斯将资本主义的生产关系作为贫困的根源，但同时也分析了生产力和上层建筑对贫困生成的意义。

首先，马克思和恩格斯将资本主义的生产关系作为贫困的根源。在资本主义生产的扩张与发展过程中，资本主义的竞争和资本的逐利本性进一步导致资本积累和贫富分化，而周期性的经济危机则反过来危害生产力的发展，进而加剧了资本主义社会的贫困问题。马克思和恩格斯在多个场合对这一观点进行了阐述。比如，他们在《资本论》中谈到资本积累时就明确提出，资本主义条件下贫困的生成是具有必然性的，"在一极是财富的积累，同时在另一极……是贫困、劳动折磨、受奴役、无知、粗野和道德堕落的积累"[①]。再比如，马克思和恩格斯在对唯物史观基本规律的阐述过程中，描述了生产关系这一范畴与贫困的关系。唯物史观认为，生产力和生产关系的进步决定了社会的发展，生产力和生产关系的辩证关系是社会中最基本的关系，其他元素都受其制约。就资本主义社会的贫困问题而言，"资本主义生产方式的这种进步……首先也是以直接生产者的完全贫困化为代价而取得的"[②]。这就初步确定了资本主义生产方式是贫困的原因。马克思和恩格斯进一步指出，生产力的发展是持续性的，但人的生活状况却未得到持续改善，甚至出现了倒退。在资本主义社会，这一现象集中体现在无产阶级的贫困问题上，与历史上的其他时期相比，资本主义社会的生产力水平实现了持续进步，但劳动人民的生活水平却出现了明显下降和与资产阶级相比的明显差距，这就凸显了生产关系对贫困的最直接影响。对此，马克思阐述道："不论是机器的改进……在现代这种邪恶的基础上，劳动生产力的任何新的发展，都不可避免地要加深社会对比和加强社会对抗。"[③]

其次，马克思恩格斯认为落后的生产力构成了贫困的物质基础。生产力与贫困密切相关，较低的生产力水平是贫困生成的物质条件，对此可从三个层面

---

① 《马克思恩格斯文集》（第九卷），人民出版社，2009，第291页。
② 《马克思恩格斯文集》（第七卷），人民出版社，2009，第697页。
③ 《马克思恩格斯文集》（第三卷），人民出版社，2009，第10页。

加以理解。一是生产力落后本身可以纳入贫困的内涵。生产力包括劳动对象、劳动资料和劳动者三个要素，其中劳动者扮演了两重角色，一是作为生产力的一个要素，二是作为贫困现象的现实主体。就生产力的要素而言，生产力水平低下的一个重要表现，就是劳动者能力与素质的不足。就贫困现象的现实主体而言，这一能力的不足又表现为心智和体力的匮乏。如恩格斯在《英国工人阶级状况》中提出："如果一个人从童年起就每天有 12 小时或 12 小时以上从事制针头或锉齿轮的工作……那么，当他 30 岁的时候，还能保留多少人的感情和能力呢？"① 可以看出，劳动者体力和脑力等能力的不足，在不同的范畴中，扮演了生产力不足和劳动者贫困这两种不同角色。换句话说，生产力的落后本身在一定程度上就是贫困的代名词。二是生产力不足制约物质资料的生产。贫困的直接来源是物质资料的分配不公，产品的分配受生产过程的支配，而生产则直接与生产力水平紧密相关。只要生产力没有达到能满足所有人生活需要的水平，那么贫困就具备了生成的基本条件。三是落后的生产力为资产阶级的剥削提供了条件。关于这一问题，恩格斯在《共产主义原理》一文中进行了详细阐述，恩格斯将产生贫困的生产力水平概括为即将导致社会资本的增加，又不能满足全体成员的需要，即 "只要生产的规模还没有达到不仅可以满足所有人的需要，而且还有剩余产品去增加社会资本和进一步发展生产力，就总会有支配社会生产力的统治阶级和贫穷的被压迫阶级"②。即在资本主义条件下，生产力水平为剩余产品的产生提供了可能，也就为控制生产资料的阶级的产生提供了可能，但其发展程度又无法满足社会所有成员的需求，这就为特定阶级通过控制生产资料占有剩余价值提供了基础。

再次，马克思恩格斯认为庸俗的思想观念是贫困生成的社会氛围。除生产力和生产关系的作用外，资本主义社会的各种庸俗思潮也营造了促进贫困生成的社会氛围，其中最有代表性的是庸俗经济学，庸俗经济学通过否认资本主义生产是贫困的产生原因、否认无产阶级的贫困状况等，在当时的资本主义社会营造出一种社会富足和谐、资本主义生产合乎正义的假象，在资本主义社会形成了否认贫困、漠视贫困的资本主义意识形态。马克思和恩格斯对其主要观点和在贫困生成中的作用进行了充分研究，他们指出，在为资本主义进行辩护的过程中，庸俗经济学者产生了。"这些资产阶级生产的学术代表就越和他们自己

① 《马克思恩格斯文集》（第一卷），人民出版社，2009，第 432—433 页。
② 《马克思恩格斯选集》（第一卷），人民出版社，2012，第 303 页。

的理论发生分歧，于是在他们中间形成了各种学派。"① 而学派的分野正是庸俗经济学产生的基础，之后一部分经济学理论就不再关注客观的经济学原理，而只关注"它对资本有利还是有害，方便还是不方便，违背警章还是不违背警章"②，其由此彻底沦为资本主义的辩护者。在这一认识的基础上，马克思和恩格斯在《哲学的贫困》、《1857—1858 年经济学手稿》、《资本论》以及《反杜林论》中对庸俗经济学的主要流派和核心观点进行了介绍，并阐述了庸俗经济学对于贫困产生的影响。

最后，与贫困人口生活息息相关的政治法律制度能够对贫困产生一定影响。马克思恩格斯在对资本主义国家济贫制度进行研究和批判时，对这一观点进行了充分阐述。资本主义国家的济贫制度是国家多项制度的综合，资本主义国家济贫的主要方式为资本主义国家权力机关和暴力机关在有关法律的支持下，对贫困人口施以救济或强制劳动，这一过程的本质是政治上层建筑对经济基础的一种反作用。马克思和恩格斯曾经对当时资本主义国家的济贫历史进行梳理，认为其历史可以划分为三个阶段：1601 年《济贫法》作用下的教区救济阶段、1723 年《济贫法》作用下的习艺所救济阶段、1834 年《济贫法修正案》即"新济贫法"作用下的习艺所强制劳动阶段。其中，前两个阶段属于救济阶段，后一阶段属于贫困人口管制阶段，马克思和恩格斯认为，这三个阶段的济贫都无益于贫困人口生活水平的提升，甚至加深了其苦难程度。以习艺所救济制度为例。在有"济贫法巴士底狱"之称的习艺所内部，所有直接提供生活资料的救济手段都消失了，只保留了迫使贫困人口在最低生存条件下强制劳动的措施，这"足以吓退每一个还有一点希望可以不靠这种社会慈善事业过活的人"③；在习艺所外部，习艺所救济制度则成了资本家进一步降低工人工资的筹码，部分资本家会在经济危机时"把那些拒绝接受低工资的人的名字通知济贫所，说他们能够得到工作，但不愿工作，因而不应当得到救济，以此来迫使工人接受低工资"④。由此可见，习艺所救济是从资产阶级立场出发的济贫行为，其目的在于尽可能地消灭贫困人口而非帮助贫困人口，实际上加重了贫困人口的苦难。

2. 关于反贫困主体

马克思和恩格斯将劳动人民作为消灭资本主义生产关系的主要力量。他们

---

① 《马克思恩格斯选集》（第一卷），人民出版社，2012，第 234 页。
② 《马克思恩格斯文集》（第五卷），人民出版社，2009，第 17 页。
③ 《马克思恩格斯文集》（第一卷），人民出版社，2009，第 487 页。
④ 《马克思恩格斯选集》（第一卷），人民出版社，2012，第 112 页。

首先肯定了劳动人民是反贫困最重要的主体。一方面，消除贫困的基础是物质产品和精神产品的极大丰富，而唯物史观认为，人民群众是物质财富和精神财富的创造者。另一方面，消除贫困需要实现生产关系和上层建筑的变革，但资产阶级将尽力维护资本主义社会生产关系和上层建筑以获取剩余价值，因此实现反贫困社会变革的主体必然不会是资产阶级，而只能是以无产阶级为主的劳动人民。因此，马克思恩格斯将劳动人民作为反贫困的主体。具体而言，他们认为劳动人民需要以联合的形式对抗贫困，在当时的资本主义社会，劳动人民的联合主要包括两种方式：无产阶级的联合、无产阶级和中间等级的联合。

首先，无产阶级的联合。无产阶级的联合指无产阶级联合起来反抗资产者的组织形式，当其上升为统治阶级后则呈现为无产阶级政权的形式。无产阶级联合产生的原因有两方面。一方面，只有无产阶级内部才能产生对贫困人口的真正同情，恩格斯指出："在日常生活中，工人比资产者仁慈得多。"[1] 在日常生活中，往往只有工人才能对穷人和乞丐表露怜悯之情。因此，反贫困斗争需要无产阶级"联合起来保卫自己的工资"[2]，以集会运动甚至起义等方式反抗自身的贫困命运。另一方面，无产阶级只有以联盟的形式才能产生足够的力量以对抗资产阶级。资本主义社会中的资本扩张，使得资产者倾向于形成一种联合，这一联合使得无产阶级的贫困成为一种普遍现象，其受剥削程度也趋于相同。这一过程实际上是单个工人和单个资产者之间的冲突转变为资产阶级和无产阶级之间冲突的过程，因此独立的无产阶级个体难以对抗资产阶级的统治力量，也就难以阻止恶劣劳动环境和周期性经济危机对生产力的破坏。只有通过无产阶级的联合，才能实现对生产资料的夺取，进而开展其他反贫困实践。马克思和恩格斯还对无产阶级政权这一消除贫困的劳动人民联合的特殊形式进行了阐述。无产阶级政权的形成即无产阶级上升为统治阶级的过程，这一过程直接表现为劳动人民联合在无产阶级的领导下通过革命斗争掌握国家政权，这一国家政权将在反贫困中起到重要作用。其一，无产阶级政权的产生将带来社会主义制度，而公有制则是社会主义经济制度的最基本内容，实际上"无产阶级将利用自己的政治统治，一步一步地夺取资产阶级的全部资本"[3]，正是这一过程废除了资本主义生产资料私有制这一导致贫困的根源。其二，无产阶级政权将促进生产力的发展，这一政权"把一切生产工具集中在国家即组织成为统治阶级

---

[1] 《马克思恩格斯文集》（第一卷），人民出版社，2009，第438页。
[2] 《马克思恩格斯选集》（第一卷），人民出版社，2012，第409页。
[3] 《马克思恩格斯选集》（第一卷），人民出版社，2012，第421页。

的无产阶级手里，并且尽可能快地增加生产力的总量"①，从而为消除贫困提供物质基础。其三，无产阶级政权为有效济贫措施的施行提供了可能性。无产阶级政权的济贫与资产阶级政权济贫的区别在于其目的不再是维持另一阶级的剥削利益，而是维护无产阶级自身的利益，与其相应的国家机器、政策法律制度等能够为无产阶级的反贫困提供保障。

其次，无产阶级和中间等级的联合。理论界有观点认为，马克思和恩格斯用"中间等级""中等阶级"等称谓来界定"介于资产阶级和无产阶级之间的各种社会集团"②。本书认为，马克思和恩格斯曾提出过中间等级的范畴，并将其作为潜在的反贫困主体，马克思和恩格斯曾在《共产党宣言》中对"中间等级"进行界定，认为中间等级主要指"小工业家、小商人、手工业者、农民"等为免于灭亡而与资产阶级作斗争的集团③，并认为这一中间等级同样能够成为反贫困的主体，但需要形成无产阶级与中间等级的联合，且要始终坚持无产阶级的领导地位。无产阶级之所以能够与中间等级进行联合，主要由于中间等级在一定程度上也存在与资产阶级的对立，其自身利益受到来自资本主义生产关系的威胁，面临着转入无产阶级队伍、遭受贫困的境况。用马克思和恩格斯的话来说，"他们行将转入无产阶级的队伍"④，这样他们的立场就不再是中间等级的立场，他们要维护的也就不再是中间等级的利益，而是无产阶级的利益。就其联合的具体形式而言，马克思和恩格斯尤其强调了工农联盟的重要作用。他们最初是在研究法国农民的反贫困斗争的过程中提出这一观点的，恩格斯指出，"法国农民终于有了充分的觉悟，要去寻找长期贫困的真正原因和消灭贫困的实际办法了……即城市工人阶级，结成联盟"⑤。实际上工人阶级和农民阶级具有天然联系、易于相互转化，工人阶级的斗争需要农民阶级的支持，农民阶级的斗争则需要工人阶级的领导。

3. 关于反贫困方式

在贫困来源思想的基础上，马克思和恩格斯针对导致贫困的多种原因，从生产力、生产关系和上层建筑等方面提出了反贫困的具体方式。

首先，推动生产力的发展。生产力水平直接关系到物质资料的生产能力，

---

① 《马克思恩格斯选集》（第一卷），人民出版社，2012，第421页。
② 史为磊：《马克思恩格斯"中间阶级"思想及其当代价值——基于马克思主义经典文本的考察》，《求实》2014年第2期，第4页。
③ 《马克思恩格斯文集》（第五卷），人民出版社，2009，第875页。
④ 《马克思恩格斯文集》（第二卷），人民出版社，2009，第42页。
⑤ 《马克思恩格斯全集》（第二十五卷），人民出版社，2001，第180页。

马克思恩格斯反贫困思想一直将发展生产力作为反贫困的一个重要方式。马克思恩格斯将导致贫困的生产力水平概括为既不能满足社会全体需要，又将造成社会资本增加的一种生产力水平。那么，消除贫困的生产力水平则应该表述为：既可以满足社会全体成员的需要，且与之相适应的生产关系将不再带来资本主义的再生产。在满足这一条件之前，生产力的不断向前发展将成为消除贫困的重要途径。关于这一观点，马克思恩格斯在《德意志意识形态》中研究"异化"的消除问题时进行了充分论证。马克思恩格斯指出："生产力的这种发展……之所以是绝对必需的实际前提，还因为如果没有这种发展，那就只会有贫穷、极端贫困的普遍化；而在极端贫困的情况下，必须重新开始争取必需品的斗争，全部陈腐污浊的东西又要死灰复燃。"[①] 这里马克思恩格斯再次从两个层面说明了生产力发展对于贫困消除的必要性。第一，显而易见，生产力的不发达将带来生活资料的缺乏，因此必须通过生产力的发展实现物质资料的丰富。第二，极端贫困状况下，对必需品的争夺将带来人与人之间相互争夺、彼此剥削的社会关系，马克思恩格斯将其称为"陈腐污浊的东西"，要打破这一关系，就必须实现生产力的发展。正如马克思恩格斯在《德意志意识形态》中指出的那样："没有蒸汽机和珍妮走锭精纺机就不能消灭奴隶制；没有改良的农业就不能消灭农奴制……"[②] 关于如何发展生产力的问题，马克思首先提出了一个前提——"人们不能自由选择自己的生产力"[③]，即生产力变化的总体趋势是不断向前发展的。在这一前提的基础上，马克思和恩格斯阐述了促进生产力发展的途径，即通过教育培训、科技运用和工艺提升等方式提高生产力。马克思在《资本论》第一卷中讨论商品价值量时就曾探讨过劳动生产力的决定因素，他认为生产力水平由一些要素直接决定，这些要素包括"工人的平均熟练程度，科学的发展水平和它在工艺上应用的程度，生产过程的社会结合，生产资料的规模和效能，以及自然条件"[④]。可以看出，马克思已经将生产力发展相关的要素归纳为科技、技艺和物质投入等，认为除生产关系层面的变革外通过这种投入可以直接实现劳动生产力水平的提高。

其次，推动生产关系变革。关于如何改变资本主义的生产关系以消除贫困，马克思和恩格斯则给出了两条道路。一是通过暴力消除以私有制和雇佣劳动为

---

① 《马克思恩格斯选集》（第一卷），人民出版社，2012，第166页。
② 《马克思恩格斯选集》（第一卷），人民出版社，2012，第154页。
③ 《马克思恩格斯文集》（第十卷），人民出版社，2009，第43页。
④ 《马克思恩格斯文集》（第五卷），人民出版社，2009，第53页。

核心的资本主义生产关系，建立社会主义的生产关系。马克思和恩格斯在分析资本主义贫困问题时不仅看到了贫困的表现和来源，还得出了反贫困的革命性力量和具体方案，即依赖劳动人民的力量，以暴力革命的方式消除资本主义生产关系。马克思和恩格斯在《共产党宣言》和《共产主义原理》等著作中都对有关具体措施进行了介绍。他们指出，"必须对所有权和资产阶级生产关系实行强制性的干涉"①，这些措施具体包括剥夺地产、剥夺财产、按照国家计划增加生产资料、在国家农场工厂和作坊中组织劳动者就业等。可以看出，马克思和恩格斯在此提出了一条通过革命建立公有制进而建立新的分配和交换关系的减贫道路。这一反贫困方式使得雇佣劳动和剩余价值生产不再存在，打破资本不断积累的进程，从根本上杜绝了资本主义经济危机，阻止资本主义关系在世界的蔓延，进而从根本上消除了资本主义导致贫困的根源。二是在能实现革命目标的前提下，采用非暴力革命的斗争方式和平地实现生产资料为劳动者所有，变革资本主义制度，或者在资本主义所能容纳的全部生产力发挥出来以前尽可能地减轻贫困者的贫困状况。马克思和恩格斯并非抽象地、一般地肯定暴力革命，他们肯定的是革命的目标。从唯物史观出发，实现革命目标的手段则需要根据不同时期的历史条件变化。在《共产主义原理》中，恩格斯曾就"能不能用和平的办法废除私有制"的问题指出"革命不能故意地、随心所欲地制造"②，共产主义者并非无理由地崇尚暴力和反对和平。正是在这一观点的影响下，19世纪70—80年代的马克思和恩格斯在对当时生产力发展水平和全世界革命斗争形势进行研判后，提出了在部分地区将和平宣传、工会、议会等斗争途径作为缓解贫困状况甚至取得生产资料的新型策略。

再次，构建与反贫困相适应的上层建筑。马克思和恩格斯认为，法律、政权、军队等国家机器都是以国家为中介的体现某一阶级利益的工具，属于政治上层建筑的范畴。就贫困问题而言，资本主义社会的政治上层建筑是资本主义生产方式的结果，其存在是为了维护资产阶级的利益，在这一过程中其必然损害无产阶级的利益。同时，观念上层建筑作为上层建筑的组成部分，对反贫困事业将产生重要影响。马克思和恩格斯在资本主义社会条件下，提出要形成与反贫困相适应的观念上层建筑，其中尤其强调了无产阶级精神觉醒的重要性。前面已经提到，消除贫困需要形成联合的反贫困主体，这一过程解决了反贫困

---

① 《马克思恩格斯选集》（第一卷），人民出版社，2012，第421页。
② 《马克思恩格斯选集》（第一卷），人民出版社，2012，第304页。

主体组织形式问题。除此之外，马克思和恩格斯还非常重视反贫困主体的意识和思维，以及在此基础上产生的动力和意图。恩格斯指出，"在社会历史领域内进行活动的，是具有意识的、经过思虑或凭激情行动的、追求某种目的的人"①。反贫困实践作为一种社会历史行为，其主体的意识、思维以及主观能动性对于认识贫困，进而消除贫困具有重要作用。在反贫困过程中，贫困人口的意识、思维以及主观能动性的产生则需要贫困人口的精神觉醒。

最后，发展互助和救济。互助和救济能够改善穷人缺乏基本生产生活资料的状况，从封建社会到资本主义社会再到社会主义社会，人们都尝试通过互助和救济来消除贫困。马克思和恩格斯对资本主义社会的济贫进行了充分研究。他们认为来自资产阶级的济贫和慈善行为实际上是资本家为了对穷人进行进一步剥削的暂时让步，为的是平息穷人对资本主义生产关系的反抗，"英国资产阶级行善就是为了他们自己的利益；他们不会白白地施舍，他们把自己的施舍看做一笔买卖"②，而穷人之间的互相援助，较之资本家的假意济贫则实际得多，用他们的话来说，"穷人从他们的穷弟兄那里得到的帮助，比从资产阶级那里得到的要多得多"③。基于此，马克思对通过发展互助救济事业消除贫困提出了自己的方案。一方面，加强贫困人口之间的互相帮助。贫困人口之间的互相帮助具有一种天然的趋势，因为资本主义生产的残酷现实使得穷人不得不进行互助。正如恩格斯所说，"他们自己就是命途多舛的，所以能同情那些境况不好的人"④。需要鼓励这种无产阶级之间出于同情的互相帮助。另一方面，马克思和恩格斯对国家和国家工厂组织的社会主义济贫进行了设想。马克思和恩格斯认为，资本主义的生产方式决定了资产阶级济贫的虚假性。因此，必须在革命过程中与无产阶级政权确立后，由国家和国家工厂组织社会主义的济贫。

（三）精准扶贫思想是对马克思恩格斯反贫困思想的丰富与发展

马克思恩格斯的反贫困思想的科学观点，是精准扶贫思想的理论源头。遵循马克思恩格斯的贫困来源思想，精准扶贫思想将生产力和生产关系的矛盾作为贫困的核心来源；遵循马克思恩格斯的反贫困主体思想，精准扶贫思想形成了以劳动人民为主体构建大扶贫格局的观点；遵循马克思恩格斯的反贫困方式

---

① 《马克思恩格斯选集》（第四卷），人民出版社，2012，第253页。
② 《马克思恩格斯文集》（第一卷），人民出版社，2009，第479页。
③ 《马克思恩格斯文集》（第一卷），人民出版社，2009，第480页。
④ 《马克思恩格斯文集》（第一卷），人民出版社，2009，第438页。

思想，精准扶贫思想形成了通过"五个一批"等消除多维贫困的观点。

精准扶贫思想同样认为，生产力落后和生产关系待调整是贫困主要成因。具体而言，一方面，精准扶贫思想坚持将落后的社会生产或发展的不平衡不充分作为社会主要矛盾的一个方面，强调生产力落后是贫困的主要成因，从生产力的解放、保护和发展，生产关系的完善出发来思考贫困问题。习近平总书记指出："贫困是动荡的根源，和平是发展的保障，发展是解决一切问题的总钥匙。"① 要想甩掉贫困的帽子，就必须以发展为总办法，深化改革开放，推进创新驱动。另一方面，精准扶贫思想认为，生产力和生产关系对上层建筑等具有决定性作用，将对多维贫困的产生造成影响。同时，当代中国共产党人在研究贫困来源问题时，还坚持从社会基本结构的各个要素出发，认为贫困的来源不仅限于生产力发展的落后，也包括社会主义生产关系变革的不及时，"没有制定出为发展生产力创造良好条件的政策"②；不仅限于经济基础层面的因素，也包括上层建筑层面的诱因。在对这一观点和方法的坚持中，中国共产党人充分研究了现实社会各要素对贫困产生的综合影响，形成了针对贫困来源问题的科学观点。

精准扶贫思想认为，需要以劳动人民为主体构建大扶贫格局。马克思和恩格斯指出，无产阶级以及和无产阶级具有相同利益的劳动人民是反贫困的主要力量。在这一观点的影响下，中国共产党人自新中国成立伊始就提出，我国要以多种形式"把群众的力量组织成为一支劳动大军。这是人民群众得到解放的必由之路，由穷苦变富裕的必由之路"③，将无产阶级政权作为反贫困的领导力量，将广大劳动人民作为反贫困的主要力量。进入区域开发式反贫困时期后，我国进一步强调劳动人民自身在反贫困中的主体地位，形成了"坚持群众主体""激发内生动力"的有关思想观点，坚持了马克思和恩格斯将劳动人民的联合作为反贫困主体的思想。

精准扶贫思想认为，需要从社会基本结构出发研究反贫困的多维方式。前文已经提出，从社会基本结构出发是马克思和恩格斯研究贫困问题的重要方法，据此其形成了许多重要观点，其中就包括关于贫困成因和反贫困方式的有关思想，这二者又是紧密联系的。以习近平同志为核心的党中央坚持将发展生产力和变革生产关系作为反贫困的重点。由于物质资料生产对于反贫困具有重要意

---

① 《习近平谈治国理政》（第二卷），外文出版社，2017，第 457 页。
② 《邓小平文选》（第三卷），人民出版社，1993，第 134 页。
③ 《毛泽东选集》（第三卷），人民出版社，1991，第 932 页。

义，马克思和恩格斯将落后的生产力和滞后的生产关系作为贫困的主要来源，与此对应，马克思和恩格斯也将发展生产力和变革生产关系作为反贫困的重点。中国共产党人坚持了这一重要思想，尤其是在改革开放以后，我国进入了体制改革式反贫困时期和区域开发式反贫困时期，形成了以社会主义经济体制改革和贫困地区经济开发为重点的反贫方式思想。进入精准扶贫精准脱贫阶段后，我国又形成了"发展是甩掉贫困帽子的总办法"的观点，提出要通过社会主义经济制度的内部调整和生产力的发展来推动物质资料生产能力的提升，满足贫困人口的最基本需要，并在此基础上实现整个社会多个方面的发展，满足贫困人口自我发展的多方面需求，这与马克思恩格斯反贫困思想的要求是高度相符的。

二　社会主义反贫困的最初成果：苏联反贫困思想

（一）20世纪初不同社会制度下的贫困表现

第二次工业革命后，先发资本主义国家基本在这一时期完成了工业化进程。生产力的发展带动了生产关系的变革，在这一时期资本主义生产中的所有制形式、利益联结方式、利润分配方式、管理模式等都发生了极大变化。与此同时，资本主义生产所涉及的领域也发生了极大转变。例如，纺织业和采掘业是之前资本主义生产的代表性领域，而随着生产力的进步，当时已有的许多行业开始进行资本主义的机器大工业生产，一些新的工业制造行业也被创造出来。资本主义各类企业通过在市场上相互激烈角逐与残酷竞争，使整个社会范围内出现了生产与资本的集中和垄断。

资本主义进入垄断阶段的最显著特征即寡头的出现，垄断寡头的特征包括激烈的相互竞争、有机构成的明显提高、残酷的国内镇压、积极的海外殖民等。这些特征第一使得国内工人就业困难或工资水平快速下降，大量工人被机器所取代成为相对过剩人口；第二使得海外拓展和军事冲突的庞大成本被转嫁到普通劳动者身上；第三使得资本主义生产关系在全球范围内蔓延。这一系列事件导致的直接后果就是劳动者生活水平和发展条件的快速下降，以及贫困在全世界范围内扩散，并最终导致了阶级矛盾的不断激化。据学者统计，1890—1912年，德国工人生活成本增加了40%左右，但其工资增幅只有生活成本增幅的一半左右。[①] 这一状况同样存在于英国、法国和美国等资本主义生产蓬勃发展的西方国家。尤其是英国，其工人的工资水平在很长一段时间内都毫无增长。劳动者在生活水平每况愈下的同时，还要最大限度地承受经济衰退甚至经济危机带来的后果。在这一背景下，发达资本主义国家的阶级矛盾尖锐起来。以欧洲大陆为例，法国在 1890 年到 1899 年的 10 年间，罢工人数为 924000 人，而在 1900 年到 1905 年的 6 年时间内，罢工人数就高达 1107000 人。德国在 1895 年到 1899 年共爆发罢工 3609 次，平均每年 722 次，而在 1900 年到 1904 年则发生罢工 7235 次，平均每年高达 1447 次。[②] 且这一垄断资本主义的影响正在逐渐向全世界扩散。

19 世纪末至 20 世纪初的俄国受到垄断资本主义影响较重。主要体现在如下三个方面。第一，机器大生产快速发展。资源丰富而富有发展潜力的俄国在开始机器大工业生产后与西方先发资本主义国家工业生产的差距不断缩小。第二，无产阶级迅速壮大。19 世纪末俄国雇佣工人数量已超过 1000 万，成为一股迅速壮大的经济和政治力量。第三，劳动者的贫困状况严重。在城市中，资本主义生产伴随着城市贫民的激增，在乡村则依然存在部分农奴，农业生产力水平总体较低下，且大量的农村人口成为资本主义生产的产业后备军。在这一背景下，列宁等人在领导革命的同时，对当时广泛存在的贫困问题进行了积极思考。

（二）苏联反贫困思想

面对这一时期资本主义社会贫困的新表现和社会主义社会建设早期探索中的贫困问题，苏联共产党人进行了新的理论探索，形成了相应理论成果。

1. 资本主义贫困新表现

面对资本主义正在向帝国主义过渡这一重大变化，列宁提出了其垄断产生、金融资本和寡头的形成和统治、资本输出促进对外剥削、瓜分世界的垄断同盟的产生等特点。斯大林则在此基础上对资本主义的总危机、垄断资本主义的基本经济规律等进行了阐释。资本主义总体特征的变化将造成资本主义世界的贫困产生新的表现。列宁和斯大林在研究资本主义新变化的同时，也对贫困的新表现进行了阐述。可以归纳为以下几个方面。

---

① 李雪阳：《列宁"帝国主义论"与当代垄断资本主义》，广东人民出版社，2018，第 26 页。
② 李雪阳：《列宁"帝国主义论"与当代垄断资本主义》，广东人民出版社，2018，第 26 页。

一是垄断导致贫困程度加深。垄断的形成使得生产资料进一步地被少数人掌握。二是金融资本的形成创造出新的剥削方式。金融业对生产资料的分配产生着巨大影响，且这一影响主要导致生产资料向大资本家汇集，正如列宁对马克思论述的引用所言："银行制度同时也提供了社会范围的公共簿记和生产资料的公共分配的形式，但只是形式而已。"① 三是贫困在全球范围内扩大。在帝国主义阶段，随着传统资本主义大国国内平均利润率的降低，为提高利润率，其过剩资本开始寻求国外的投资机会。四是战争和环境破坏威胁贫困人口的基本生活条件。帝国主义大国的掠夺式开发必然导致资源的浪费和环境的破坏，导致当地平民因丧失生产资料和住所而陷入贫困。

2. 以无产阶级政权为核心的反贫困主体思想

以无产阶级政权为核心主体，是列宁和斯大林形成的一条重要经验，即"无产阶级在争取政权的斗争中，除了组织，没有别的武器。……它所以能够成为而且必然会成为不可战胜的力量，就是因为它根据马克思主义原则形成的思想一致是用组织的物质统一来巩固的，这个组织把千百万劳动者团结成一支工人阶级的大军"②。他们将无产阶级政权的领导和组织功能作为团结工人阶级进行革命和建设的重要力量。在反贫困问题上，无产阶级政权更是最主要的现实主体，列宁和斯大林对这一问题的论述可以分为四个方面。

第一，无产阶级政权是废除生产资料私有制的主体。苏俄的革命实践印证了农民、小资产阶级和分散的工人难以真正推翻资本主义的生产方式，只有通过革命和无产阶级政权的建立才能真正实现生产资料私有制的废除。用列宁的话来说，"苏维埃共和国把政权交给劳动人民，并且只交给劳动人民，它委托无产阶级领导劳动人民的解放事业，废除土地、工厂和其他生产资料的私有制"③，这一过程主要由无产阶级政权来完成，其重要目的之一就是"建立起没有土地私有制和工厂私有制的生活"④。这是劳动者摆脱贫困和雇佣奴隶地位的先决条件。第二，无产阶级政权是发展经济生产的主体。在私有制废除和公有制建立的基础上，无产阶级政党和政权是推动社会主义经济发展的主要力量。第三，无产阶级政权是援助贫困人口的主体。无产阶级政权在战后等极其困难情况下，采取了紧急的援助、支持措施，减轻了贫困人口的负担，实现了对贫困人口

---

① 《列宁选集》（第二卷），人民出版社，2012，第603页。
② 《列宁选集》（第一卷），人民出版社，2012，第526页。
③ 《列宁全集》（第三十七卷），人民出版社，2017，第112页。
④ 《列宁选集》（第四卷），人民出版社，2012，第46页。

的援助。第四，无产阶级政权是进行贫困群众教育的主体。列宁和斯大林认为，贫困人口的愚昧麻木是其处于贫困状况的重要原因，反贫困必须加强对贫困人口的教育工作，而无产阶级政权是当时对贫困群众展开教育的最主要力量。

3. 公有制与计划经济体制下反贫困路径思想

苏联作为社会主义国家，与资本主义的最大不同是生产资料的公有制和逐步形成的计划经济体制。历史上没有任何一种理论对如何在这样的社会主义国家开展反贫困实践进行过指导，在这样的背景下，列宁和斯大林就这一问题进行了理论和实践上的探索。

一方面，列宁对资本主义商品经济条件下贫困的必然性进行了论述。第一，列宁指出了资本主义大生产条件下劳动人民将处于被剥削地位，这是不言自明的。第二，列宁还提出了资本主义和商品经济条件下平均主义的小经济也将导致贫困的创见。

另一方面，列宁和斯大林提出了对公有制与计划经济体制下反贫困路径的初步设想。一是实现全部生产资料的公有。沿着平均土地的小经济无法消除贫困的思路，列宁继续寻找真正能消除贫困的生产资料所有制形式。他得出的结论为："贫苦农民只有同城市工人结成联盟，土地、铁路、银行和工厂才能统统转归全体劳动者所有，否则单靠土地转归人民所有是不能消除贫困的。"① 即从彻底消灭资本主义生产资料私有制的角度，实现生产资料的完全公有。二是实行集中统一的计划经济制度。斯大林提出要在单一的公有制条件下实现国民经济在国家统一计划下的运行。

4. 物质精神协同反贫困思想

列宁和斯大林在重视贫困人口物质利益的同时，也关注了贫困人口的精神生活。列宁指出："必须从社会意义上来理解贫困，而不能单从物质意义上来理解贫困。"② 贫困人口除物质资料贫乏外，往往还存在精神生活匮乏、生活习惯落后等状况。因此，在发展经济的同时，要通过加强教育等方式丰富贫困人口的精神生活。

第一，提升贫困人口的知识文化水平。面对贫困人民普遍文化程度较低的状况，列宁一直将扫除文盲作为帮助贫困劳动者的重要内容，认为"如果这个起码的任务还没有完成，那么谈新经济政策是可笑的"③。第二，营造无产阶级

---

① 《列宁全集》（第三十卷），人民出版社，2017，第42页。
② 《列宁全集》（第四卷），人民出版社，2013，第183页。
③ 《列宁全集》（第四十二卷），人民出版社，2017，第206页。

先进文化氛围。私有制条件下，劳动人民的思想受到资产阶级的压迫和影响，他们无暇进行高级的精神活动，无法参加、过问民主和政治，其精神生活要么无比空虚，要么被盲目的仇恨情绪和对资产阶级生活的觊觎所充斥。针对这一问题，社会主义社会要用思想的方法、教育的方法同资产阶级进行斗争。第三，摆脱落后的生活习惯。从资本主义私有制进入社会主义后，贫困人口容易保留资本主义生产方式下落后的生活习惯，如酗酒、不爱卫生等，一部分由原来的资产阶级变为的贫困者还保留了寄生腐朽、好逸恶劳的生活习惯。对此，党和教育工作者要培养和教育这部分群众，使他们克服旧制度遗留下来的旧习惯、旧风气。

（三）　苏联反贫困思想是社会主义反贫困的最初理论成果

苏联共产党人将马克思恩格斯反贫困一般规律运用于本国的反贫困实践，再从这一实践中产生、提炼出具有特色的苏联共产党人反贫困思想。这一过程既体现了列宁和斯大林在这一问题上对马克思恩格斯一般规律的坚持，如在反贫困中坚持消灭资本主义生产方式、坚持生产力的发展、坚持无产阶级政权的主导等，也又体现了对一般规律的部分偏离，如没有坚持人民的立场、没有形成全社会的反贫困同盟等。但总体而言，列宁和斯大林反贫困思想是社会主义反贫困的最初理论成果，对后来社会主义国家反贫困思想的发展起到重要借鉴作用。

第一，证实了贫困的社会历史性。列宁和斯大林领导苏维埃革命和建设的历史阶段，正是世界经济文化显著发展的历史阶段：资本主义世界进入以垄断为代表性特征的帝国主义阶段，苏俄也先后经过多次革命逐步建立起社会主义制度，成立了俄罗斯苏维埃联邦社会主义共和国这一历史上第一个社会主义国家。列宁和斯大林没有拘泥于马克思恩格斯对贫困现象在当时的具体描述，而是在实地考察的基础上，依据事实对贫困现象的变化做出充分论证，并形成科学理论。具体体现在两个方面。一是列宁对资本主义世界贫困新特征的描述，说明了帝国主义阶段垄断导致贫困程度加深、金融资本的形成创造出新的剥削方式、贫困在全球范围内扩大、战争和环境破坏威胁贫困人口的基本生活条件等贫困现象的新变化。二是列宁和斯大林对俄国和后来的苏联的贫困状况进行了总结。他们认为俄国贫困人口遭受着封建生产关系和资本主义生产关系的双重压迫，且生产力水平较为低下——这是自然条件和社会历史因素共同作用的结果，只有通过革命和建设手段才能消除；因此"无产阶级取得国家政权以后，它的最主要最根本的需要就是增加产品数量，大大提高社会生产力"①。

第二，论证了通过消灭资本主义生产关系以反贫困的可行性。苏联共产党人在十月革命前后及新经济政策后实现国家工业化和农业集体化的早期阶段，曾提出大量观点，认为应通过废除资本主义所有制和推动社会主义改造使广大贫困的劳动人民占有生产资料、以社会主义集体化的方式进行生产联合。比如，他们在论及苏维埃共和国的女工运动时提出，私有制导致"劳动者事实上处于贫困的、雇佣奴隶的地位"②，工人运动必须废除资本主义私有制。在谈到俄国资本主义的发展情况时，他们指出，在改变资本主义私有制的基础上，必须改变资本主义的雇佣劳动形式，因为"小生产者变成雇佣工人，以其丧失生产资料——土地、劳动工具、作坊等等为前提，就是说以其'贫困化''破产'为前提"③，而这一雇佣关系又加重了其贫困状况。这些观点都充分体现出列宁和斯大林在反贫困中对待资本主义生产关系的明确态度。

第三，明确了提高生产力水平在反贫困中的核心作用。列宁和斯大林在多数时间段都十分强调发展生产力在反贫困中的重要作用。十月革命胜利初期，列宁就曾提出要建立国营农场，由苏维埃政府向其提供新机械、普及新技术，"逐步教会农村居民自己来建立新秩序，建立共同劳动的秩序"④，以提升生产力水平。新经济政策时期，列宁指出苏维埃政权要"加强大生产来反对小生产，加强先进生产来反对落后生产，加强机器生产来反对手工生产，增加可由自己支配的大工业产品的数量"⑤，从而保障贫困人口拥有更多的生产工具和更高的生产能力。斯大林提出要"建立社会主义的经济基础"⑥，以国家为主体建立行政化、命令化的计划经济体制，通过统一的经济计划和集权的部门管理提高全社会的整体生产力水平。虽然他们对于发展生产力反贫困的观点有所不同，但就其价值目标而言，都是为了提升落后国家的物质资料生产水平，在其思想指导下当时的社会主义建设也的确明显提高了劳动生产率，为减轻贫困提供了物质基础。

第四，明确了坚持无产阶级政权在反贫困中的保障作用。马克思和恩格斯将无产阶级政权的建立作为构建与反贫困相适应的上层建筑的首要任务，这一

① 《列宁全集》（第四十二卷），人民出版社，2017，第380页。
② 《列宁全集》（第三十七卷），人民出版社，2017，第192页。
③ 《列宁选集》（第一卷），人民出版社，2012，第168页。
④ 《列宁全集》（第三十六卷），人民出版社，2017，第26页。
⑤ 《列宁全集》（第四十一卷），人民出版社，2017，第212页。
⑥ 《斯大林选集》（上卷），人民出版社，1979，第511页。

政权是推动生产力发展、消灭差别的生产关系的组织保障。苏俄的反贫困历程也正是遵循了这一路径。列宁和斯大林在多个场合都提出，要真正摆脱贫困，就要改变全国的现有制度，建立社会主义制度，这一过程体现了苏维埃政权消灭私有财产并将这些财产转交到全国工人手里的重要作用。正是这一无产阶级政权"竭力要使劳动者建立起没有土地私有制和工厂私有制的生活"[①]，才为进一步的反贫困提供了基础。

三　新中国反贫困的前期成果：精准扶贫前中国共产党人反贫困思想

我国贫困的基本面较大且贫困来源较复杂，对此，中国共产党在新中国成立初期就十分关注贫困人口的生活问题，并在马克思主义反贫困思想的基础上，形成了通过建立社会主义政权、开展土地革命等方式反贫困的有关观点，开启了共产党人对新中国贫困问题的探索。至精准扶贫思想产生之前，我国已针对中国的贫困状况形成了较丰富的反贫困思想，这是精准扶贫思想的直接理论基础。

（一）"贫困"是新中国持续聚焦的重要问题

在新中国成立之初，我国是世界上贫困人口最多的国家，总体呈"国穷民贫"的态势，且中国当时的贫困具有自身特点。一是贫困程度深。毛泽东曾经指出"由于帝国主义和封建主义的双重压迫，特别是由于日本帝国主义的大举进攻，中国的广大人民，尤其是农民，日益贫困化以至大批地破产，他们过着饥寒交迫的毫无政治权利的生活。中国人民的贫困和不自由的程度，是世界所少见的"[②]。二是贫困人口多。农村人口中贫困群体不仅包括极大数量的半自耕农和贫农，还包括将近200万的经济地位低下的产业工人、失业农民等。三是贫困类型多。中国经济长期处于落后状态，制约了人民生活水平，导致了人民的物质贫困和精神贫困。对此，以毛泽东同志为主要代表的中国共产党人在马克思主义的指导下开始了对中国贫困的早期思考，对中国的贫困状况进行了初步分析，提出了"共同富裕"的重要命题，展开了对公有制基础上反贫困方式的探索。

20世纪70年代中期，我国刚刚经历"文化大革命"，全国大量贫困人口的

---

① 《列宁选集》（第四卷），人民出版社，2012，第46页。

② 《毛泽东选集》（第二卷），人民出版社，1991，第631页。

命运正处在一个历史关口。第一，在以阶级斗争为纲的政治路线下，国民经济体系遭到重大创伤，生产力水平不升反降；第二，在一段时间内实行了与生产力水平不适应的单一计划经济体制，抑制了农村的生产活力；第三，不少人对于贫穷和社会主义的关系产生了疑惑，社会中甚至产生了"贫穷就是社会主义""越贫穷越社会主义"的论调。这些现实情况导致当时我们的贫困状况十分严峻。面对全国存在大量贫困人口，且贫困状况有所恶化的严峻形势，以邓小平同志为代表的中国共产党人以实事求是的态度，从什么是社会主义的角度出发重新审视了中国的贫困问题，实现了我国反贫困思想演进历史上的两个关键转变。一是实现了从以阶级斗争为纲到以经济建设为中心的转变，二是通过农村体制改革实现了我国农业经营主体和经营方式的转变。其思想成果对我国反贫困实践重新走上正轨起到了重要的指导作用。

经过农村改革，我国农村劳动生产率有了大幅提升，大多数人口的生活状况有了明显改善。但同时，全国还有大量贫困人口分布在农村地区特别是"老、少、边、穷"地区。面对当时的贫困状况，我国设立了专门的反贫困机构——国务院贫困地区经济开发领导小组，并开始围绕开发式扶贫，对反贫困的对象、主体、方式等问题进行专门研究，标志着中国化马克思主义反贫困思想的发展进入开发式反贫困阶段。1994 年"国家八七扶贫攻坚计划"的提出标志着我国进入了攻坚式反贫困阶段。经过十余年的改革开放，我国经济保持了高速增长，多数地区的贫困状况有了明显改观。但经济的快速发展伴随着发展不平衡的问题，比如东西部之间、城乡之间的发展差距仍十分明显，甚至有扩大趋势。这种发展的不平衡投射在贫困问题上，就体现为当时的近 8000 万贫困人口（1978年标准）较多地分布在农村、西部等落后地区。进入 21 世纪后，贫困人口的温饱问题得到了解决。但温饱问题的解决并不是扶贫的终点，不少贫困人口在暂时解决温饱后面临着返贫的风险，城乡之间差距扩大的趋势并未得到完全扭转，内生发展动力的不足、教育和医疗资源的匮乏成为贫困的最新体现，这些问题要求我国反贫困思想与实践必须进一步深化。2001 年我国提出要"巩固温饱成果，提高贫困人口的生活质量和综合素质，……为达到小康水平创造条件"①。进入新时代，中国化马克思主义反贫困思想的演变进入了精准扶贫精准脱贫阶段。我国数十年的扶贫开发取得了举世公认的成就，但扶贫实践中"大水漫灌"的问题开始显现，如贫困人口底数不清、扶贫措施针对性不强、扶贫资源

①　中共中央文献研究室编《十五大以来重要文献选编》（下），人民出版社，2003，第 1826 页。

指向不准等。同时，随着 2011 年中央大幅提高扶贫标准，当年农村贫困人口从 2688 万人增加到 1.28 亿人①，扶贫任务愈加艰巨，以往的粗放扶贫不再适用，需要以精准为核心进行反贫困思想和实践的全面创新。

（二）精准扶贫前中国共产党人反贫困思想

至精准扶贫思想产生之前，我国已针对中国的贫困状况，形成了较丰富的反贫困思想。尽管没能解决反贫困领域出现的最新问题，但关于中国贫困的来源和反贫困路径等问题已涉及较深。

1. 关于贫困成因

第一，生产力水平不高是贫困产生的主要原因。中国共产党人始终坚持马克思和恩格斯关于将生产力落后作为贫困来源之一的观点，并结合我国贫困生成的现实状况，提出落后的生产力是我国贫困的主要原因。

一方面，中国共产党人充分认识到，我国总体生产力水平在很长一段时间内处在较低水平，多数时间扮演追赶者的角色。经过新中国成立后的几十年发展，我国生产力水平有了明显提高，但仍是全世界最大的发展中国家，这一生产力水平总体较低的状况是近代以来复杂的社会历史环境的产物。我国作为传统的农耕国家，在很长一段时间内农村经济的主要形式仍是脆弱的小农经济，劳动生产率相对于机械化的农业集中生产较低。如毛泽东同志在新中国成立之初对我国农村基本情况进行"摸底"时指出，农村主要的经济形式仍是小农经济，"这个经济不好，但是个现实"②。此外，近代以来我国遭到帝国主义国家近百年的武装入侵，劳动对象和劳动工具遭到严重破坏，普通百姓流离失所而无力发展生产。这一历史现实决定了我国生产力发展基础较差，与发达国家相比有明显差距。邓小平同志对此评价道："落后国家建设社会主义，在开始的一段很长时间内生产力水平不如发达的资本主义国家，不可能完全消灭贫穷。"③ 在这一认识的基础上，以邓小平同志为主要代表的中国共产党人提出了社会主义本质的范畴，认为我国实现共同富裕的主要障碍，还是生产力没有得到充分的解放和发展。

另一方面，我国幅员辽阔，不同地区自然条件相差明显，而自然资源禀赋对生产力水平影响较大。这就决定了我国在发展生产力时难免出现滞后地区，

---

① 《扶贫标准大幅提高 上亿低收入人口受益》，《人民日报》2012 年 6 月 24 日，第 1 版。
② 《毛泽东文集》（第六卷），人民出版社，1999，第 296 页。
③ 《邓小平文选》（第三卷），人民出版社，1993，第 10 页。

出现发展不平衡的状况。比如在"八七扶贫"时期，党中央就曾作出判断："这些贫困人口，主要集中在深山区、石山区、荒漠区、高寒山区、黄土高原区、地方病高发区和水库移民区，地域偏远，交通闭塞，生态环境恶化，经济发展缓慢。"① 说明了我国一些自然环境恶劣地区在发展生产力方面的明显劣势。

总的来说，我国反贫困思想发源的现实生产力条件与被马克思恩格斯作为研究对象的发达资本主义国家有明显不同，体现为我国在新中国成立前长期为半殖民地半封建的农业国，生产力发展明显滞后。中国共产党清醒认识到，我国摆脱贫困的物质前提远未达到，生产力水平不高是我国贫困生成的最主要原因。

第二，相对落后的生产关系成为解决贫困问题的重要阻碍。我国对历史上封建生产关系和资本主义生产关系对贫困生成的作用进行了分析，同时对一定时间内社会主义生产关系调整不当对贫困生成的影响也有充分研究。与高度发达的资本主义国家不同，新中国成立后，资本主义生产关系对我国贫困人口的影响基本得到消除，生产关系不再是这一阶段贫困的根源。但中国共产党人并未忽视生产关系对贫困的影响，既对新中国成立前封建生产关系、资本主义生产关系的影响进行了分析，又对个别阶段中与生产力发展不适应的生产关系对消除贫困的制约进行了研究。

一方面，中国共产党人曾对封建生产关系、资本主义生产关系对于我经济的破坏作出重要判断。认为这种生产关系在两个方面严重影响了我国贫困人口的生活：一是直接攫取了贫困劳动者的生活资料，二是侵占了劳动者的生产资料导致生产力难以得到发展。如毛泽东同志在其名篇《寻乌调查》中就说，我国农村的贫困小农广受"谷利"和"钱利"等的盘剥，尤其是"谷利"，"乃富农及殷实中小地主剥削贫农的一种最毒辣的方法"。② 这种剥削关系实际上促使了农村无产阶级即长工、月工、零工等的产生。他们完全不占有土地和资本等生产资料，只得出卖自身的劳动力，"其劳动时间之长，工资之少，待遇之薄，职业之不安定，超过其他工人"③。随着社会主义改造的完成，这种剥削的生产关系已经被消灭，无法直接造成劳动者的贫困，但其对生产力发展则产生了长期影响。

---

① 《江泽民文选》（第一卷），人民出版社，2006，第 548 页。
② 《毛泽东文集》（第一卷），人民出版社，1993，第 213 页。
③ 《毛泽东选集》（第一卷），人民出版社，1991，第 8 页。

另一方面，中国共产党也认识到，我国在社会主义建设的过程中，也曾出现过生产关系不适应生产力的情况。如高度集中的经济管理体制和平均主义的分配方式等，这种生产关系与当时的生产力水平是不相适应的，同样在一定程度上影响了农业生产，在一定时期内造成了劳动人民的贫困。对此，邓小平同志就曾指出，我国在社会主义制度建立后，"多年来没有制定出为发展生产力创造良好条件的政策"①。总的来说，由于我国社会主义改造的完成，封建生产关系和资本主义生产关系并非贫困问题的主要原因，但生产力和生产关系的矛盾在社会主义社会同样是存在的，中国共产党人对这一矛盾产生了清醒认识，并承认了与生产力水平不适应的生产关系在反贫困中的负面作用。

第三，社会事业不发达制约贫困消除。社会主义反贫困的过程也是一个社会事业不断发展的过程，在这一过程中，社会事业的不完善在一定程度上阻碍了贫困的消除。中国共产党人对这一问题具有清醒的认识，承认在一段时间内国家社会保障制度和保障体系不够完善，社会公共服务水平相对较低。

具体而言，贫困人口温饱问题的解决离不开社会保障，同时，随着劳动人民生活水平的总体提高，贫困人口脱贫的标准不只限于满足温饱，而是要满足贫困人口在医疗、教育、文化体育等多方面的综合需求。进入综合开发式反贫困阶段后，中国共产党人更加明确了贫困人口的综合需求，并认识到我国社会保障体系和社会事业的相对滞后，而这种滞后将导致因病、因灾等多种贫困诱发方式。我国社会保障体系还不够完善。如江泽民同志就曾提出我国医疗保障制度的不尽完善，使得疾病成为"农民脱贫致富的重要制约因素"②。胡锦涛同志在对社保体系建设提出要求时就曾指出："我国社会保障体系还不完善……养老保险、医疗保险等社会保障基金承载着巨大支付压力。"③

第四，观念上层建筑影响贫困的生成。中国共产党人同样十分重视观念上层建筑在贫困生成中的重要作用。历史上，我国社会中曾出现过"贫穷的社会主义"的观点，一部分贫困人口也曾怀有安于贫困的思想，这种精神或思想的贫困削弱了贫困人口摆脱贫困的动力。中国共产党人敏锐地察觉到了社会中类似的消极思想，并清醒地认清了这种思想对贫困的助长作用。20世纪六七十年代，我国曾出现"贫穷是否等于社会主义"的争论，以"四人帮"为代表的反动派提出"宁要贫穷的社会主义"的观点，在一定程度上营造了一种忽略经济

---

① 《邓小平文选》（第三卷），人民出版社，1993，第134页。
② 《江泽民文选》（第一卷），人民出版社，2006，第601页。
③ 《胡锦涛文选》（第三卷），人民出版社，2016，第211页。

建设、忽视人民生活的思想氛围。党中央在改革开放初期就明确地指出了这种思想的错误和危害，邓小平同志在《社会主义也可以搞市场经济》中鲜明地提出："过去'四人帮'提出宁要贫穷的社会主义，也不要富裕的资本主义，那是荒谬的。"①

除此之外，各个时期我国都有一部分贫困人口在脱贫过程中受到当地落后风俗和自身消极思想的不利影响。一类情况是不良的农村风俗增加了脱贫难度。如毛泽东在研究我国农村的"打会"风俗时就说，农村人在婚丧嫁娶时会进行"打会"，其本意是农户间的互相扶持帮助，但打会的名目过多，数额过大，就会成为一种剥削的形式。② 与此类似的人情消费风俗在农村地区与贫困地区具有深厚的基础，且改革开放后，人情消费在家庭总收入中的占比增长明显，人情消费支出的增长速度甚至快于经济增长的总体速度，使得这种本意为传递祝福的观念与风俗实际上却增加了农村人口的生活成本，给农村贫困人口带来了较大负担。另一类情况是一些贫困地区在长期救济式扶贫影响下形成了依赖思想。由于我国历史上曾出现过大面积的总体贫困，党和政府在一段时间内选择用救济式扶贫的方式缓解社会中的极端贫困状况，解决百姓的基本生存问题，这一措施导致一部分贫困人口产生了对政府的依赖心理。

2. 关于反贫困主体

马克思和恩格斯将劳动人民的联合作为反贫困的主体，并针对当时的社会历史条件提出了无产阶级的联合以及无产阶级和中等阶级的联合两种劳动人民的联合形式。在这一思想的指导下，我国同样将劳动人民的联合作为反贫困的主体，但针对反贫困现实条件的变化，对联合的具体形式进行了发展。我国与反贫困主体相关的现实条件的变化主要为：人民民主专政的形成和社会阶级矛盾的消除。人民民主专政是中国共产党领导下的国家政权，是劳动人民联合在国家政权层面的体现，能够在国家职能发挥中体现劳动人民的意志，而阶级矛盾的消除使全社会各阶层的劳动人民产生了共同利益，站在了同一立场，使全社会劳动人民的普遍联合成为可能。在这样的条件下，我国认识到劳动人民联合在反贫困中的三种形式，提出了反贫困的三大主体：党和政府、贫困人口自身和社会力量。

第一，中国化马克思主义反贫困思想一直将党和政府作为反贫困的主导力

① 《邓小平文选》（第二卷），人民出版社，1994，第231页。
② 《毛泽东文集》（第一卷），人民出版社，1993，第218页。

量。早在新中国成立之初，毛泽东在《中国人民大团结万岁》的讲话中就明确了中央政府领导对抗贫困的职责，即中国的中央政府将"领导全国人民克服一切困难，进行大规模的经济建设和文化建设，扫除旧中国所留下来的贫困和愚昧"①。时任中央人民政府副主席的刘少奇同志也提出，当时人民政府在反贫困中起到了三方面的重要作用，一是将官僚资产阶级和地主阶级的财产转交给贫困的农民，二是"禁止了投机家的大量掠夺"，三是"出了大量的款项救济灾民、失业工人及其他无以维持生活的人"②。

改革开放后，中国化马克思主义反贫困思想进入关键转变和体系形成阶段，对关于政府的反贫主体地位进行了新的思想创新。一方面更加强调了国家机关各部门的职责，如邓小平同志提出，我国要想摆脱贫困落后，就必须使党内更多肯动脑筋、肯想问题的人投入反贫困事业。③ 之后我国与反贫困相关的一些重要文献中体现了重视中央和地方各部门在反贫困中的职责的思想。如1987年国务院《关于加强贫困地区经济开发工作的通知》就明确提出："中央和地方各部门，都要把贫困地区的经济开发纳入工作计划。"④ 另一方面，在这一时期，我国形成了成立专门反贫困机构的有关思想，在1986年，国务院就提出，"为了加强对贫困地区经济开发工作的指导，尽快改变这些地区的贫困面貌"⑤，需要在国家机关中建立专门的反贫困相关机构，并在各省市县等各级行政单元设立相应的扶贫开发办公室，这一观点标志着我国开始重视作为专门反贫困主体的政府的力量。

进入攻坚式反贫困阶段后，我国就党和政府作为反贫困主体的问题再次进行了两方面的思想发展。一方面，强调了党对于扶贫工作的组织领导作用。强调要落实扶贫工作责任制，提出"要坚持中央统筹、省负总责、县抓落实的扶贫开发管理体制，……实行党政一把手负总责的扶贫开发工作责任制"⑥，还提出要通过加强扶贫干部队伍建设、加强贫困地区基层组织建设、加强审计部门作用、加强扶贫开发专门机构作用等不断增强党在反贫困中的领导作用。另一

---

① 《毛泽东文集》（第六卷），人民出版社，1996，第348页。
② 《刘少奇选集》（下卷），人民出版社，1985，第3页。
③ 《邓小平文选》（第二卷），人民出版社，1994，第143页。
④ 中共中央文献研究室、国务院发展研究中心编《新时期农业和农村工作重要文献选编》，中央文献出版社，1992，第485页。
⑤ 《国务院办公厅关于成立国务院贫困地区经济开发领导小组的通知》，中华人民共和国国务院办公厅，2012年7月24日，http://www.gov.cn/xxgk/pub/govpublic/mrlm/201207/t20120724_65387.html。
⑥ 《胡锦涛文选》（第三卷），人民出版社，2016，第569页。

方面，形成了将各部门的职责进行具体化的有关思想，如胡锦涛同志在多个场合曾提出，各级扶贫开发领导小组或办公室主要负责组织实施、项目和资金管理等工作；同时提出，与反贫困密切相关的计划部门、内贸和外贸部门、农林水部门、科教部门等具体职能部门需要负责与本部门相关的具体扶贫工作。

第二，中国共产党人也高度重视贫困人口自身在反贫困中的作用。新中国成立之前，毛泽东同志对群众力量在反贫困中的重要性就有明确认识，提出"把群众的力量组织成为一支劳动大军。这是人民群众得到解放的必由之路，由穷苦变富裕的必由之路"[1]。之后，面对新中国成立之初农村的普遍贫困，党中央认识到广大农民在反贫困中发挥的帮助筹措生产资金和救济互助等重要作用。举例而言，当时通过互助合作推动公有制经济发展是反贫困的重要手段，而合作社资金的筹措就有赖于普通农户的支持。毛泽东同志对此指出要充分估计农民的潜在力量，重视其在筹集农业合作社资金中的重要作用。[2] 关于这一问题，刘少奇同志也曾指出，我国农村地区生产关系的变革和农村居民生活水平的提高没有依靠过多的行政命令，而是"充分地启发农民特别是贫农的阶级觉悟"[3]，依靠贫困人口自身完成了这些任务。

改革开放后，我国反贫困事业经历了从救济式扶贫到开发式扶贫的转变，党中央清楚认识到，开发式扶贫的方针下，贫困人口的自身努力将起到更关键的作用。如邓小平同志在多个场合提出要在经济政策上进行改革，激发贫困人口自身的发展动力，要让一部分人"由于辛勤努力成绩大而收入先多一些，生活先好起来"[4]。之后，江泽民同志在20世纪90年代论及"八七扶贫"的有关问题时同样指出，在开发式扶贫方针得到确立的背景下，要更加注重贫困地区发展的内生动力，要重视贫困地区资源优势和发展潜力，"改善生产条件，增强自我积累、自我发展的能力，这是摆脱贫困的根本出路"[5]。

第三，明确了社会力量在反贫困中的地位。在改革开放的最初几年，我国就对社会各界对贫困地区的帮助进行了肯定，如1987年国务院在提出要加强贫困地区经济开发工作时，就指出改革开放以来贫困地区的经济开发事业

---

① 《毛泽东选集》（第三卷），人民出版社，1991，第932页。
② 《毛泽东文集》（第六卷），人民出版社，1999，第452页。
③ 《刘少奇选集》（下卷），人民出版社，1985，第209页。
④ 《邓小平文选》（第二卷），人民出版社，1994，第152页。
⑤ 《江泽民文选》（第一卷），人民出版社，2006，第552页。

得到了群众团体、人民解放军、民主党派、科研教育单位、工商企业等的广泛支持①，这些社会力量帮助扶贫事业快速发展，取得了较好效果。但这一时期我国未形成社会力量的具体扶贫责任的有关思想，在理论上认为社会扶贫仍带有明显的公益性质。到了攻坚式反贫困阶段，面对脱贫攻坚的严峻形势，中国共产党人开始逐渐认识到制度化社会扶贫的重要意义。江泽民同志对此明确提出："帮助贫困地区群众解决温饱问题……也是全社会的共同责任。"② 这一观点在"国家八七扶贫攻坚计划"中也有所体现，计划在开篇就提出"动员社会各界力量……基本解决目前全国农村八千万贫困人口的温饱问题"③。之后胡锦涛同志在《新阶段扶贫开发的总体要求和重点工作》一文中对这一问题也进行了阐述，重申了反贫困是全党全社会的共同责任，并指出要结合自身本职工作，采取适宜的反贫困形式。④

3. 关于反贫困方式

在马克思恩格斯反贫困方式思想的基础上，中国共产党人结合我国实际，从生产力、生产关系和上层建筑等层面提出了关于反贫困方式的系列观点。

第一，推动生产力的发展。中国共产党人一直将发展生产力作为反贫困的核心手段。周恩来同志在第一届全国人民代表大会第一次会议上发表《政府工作报告》时，就明确提出，不把我国建设为现代化的工业国家，不发展现代化的农业，我们就难以摆脱贫困，"只有生产不断地增加，不断地扩大，才能逐步地克服我们人民的贫困"⑤。改革开放后，以邓小平同志为主要代表的中国共产党人从社会主义的本质出发，提出实现共同富裕需要解放生产力、发展生产力的观点，作出"一定要致力于发展生产力"⑥ 的重要论断。

关于如何提升生产力水平的问题，马克思曾将影响生产力发展的要素归纳为"工人的平均熟练程度，科学的发展水平和它在工艺上应用的程度"，以及"生产资料的规模和效能，以及自然条件"，⑦ 并提出通过加强这些要素保障提升生产力水平的观点。在这一思想的指导下，我国在加强基础设施建设、资金

---

① 国务院贫困地区经济开发领导小组办公室编《贫困地区经济开发文件汇编》，人民出版社，1989，第7页。
② 《江泽民文选》（第一卷），人民出版社，2006，第555页。
③ 中共中央文献研究室编《十四大以来重要文献选编》（上），人民出版社，1996，第774页。
④ 《胡锦涛文选》（第三卷），人民出版社，2016，第570页。
⑤ 《周恩来经济文选》（下卷），人民出版社，1984，第144页。
⑥ 《邓小平文选》（第三卷），人民出版社，1993，第28页。
⑦ 《马克思恩格斯文集》（第五卷），人民出版社，2009，第53页。

支持、科技支持和人才支持四个方面形成了通过发展贫困地区生产力实现脱贫的反贫困方式思想。

第二，调整社会主义生产关系。一方面，我国在新中国成立初期形成了要消灭旧的生产关系的观点，如毛泽东指出要通过社会主义改造"在农村中消灭富农经济制度和个体经济制度，使全体农村人民共同富裕起来"[①]。另一方面，我国在旧的生产关系被消除后，仍然十分重视社会主义生产关系调整对反贫困的重要作用。我国首先形成了坚持社会主义生产关系的思想，如邓小平同志在改革开放后就对资本主义道路和社会主义道路的取舍进行了研究，提出资本主义生产方式可能使少数中国人走向富裕，但无法解决大多数中国人的贫困问题，但只要坚持社会主义的生产方式，"就不会产生贫富过大的差距"[②]。在此基础上，我国针对一定时间内社会主义生产关系中不利于生产力发展的部分进行了反思，在巩固社会主义基本经济制度的基础上，在改善贫困地区的土地制度、经营方式、产业业态等方面，形成了通过完善社会主义生产关系来消除贫困的思想。

第三，积极发展各项社会事业。中国共产党人在马克思和恩格斯互助和救济有关观点的基础上，提出了以社会保障体系为贫困人口兜底的思想，对其参与主体、保障形式、覆盖范围等进行了拓展。另外，我国面对贫困人口在住房安全、医疗卫生等方面的综合需求，提出要积极发展住房、医疗和教育等各项社会事业的观点。

一是加强社会救助与社会保障。对于丧失生产资料及劳动能力的贫困人口，我国提出要对其施以社会救助，保障其基本生活。新中国成立之初，我国就针对灾民与失业人口等困难群体提出了社会救助思想。毛泽东同志在新中国成立之初就高度关注旧社会经济结构下失业人员的生存问题，强调要充分考虑这些"失业工人的救济问题"[③]，多措并举对其进行救济和安置。改革开放后，我国主要将五保户和没有生产能力的救济户作为直接救济的对象，同时形成了将对这类贫困人口的救济纳入国家社会保障体系的观点。[④] 在"八七扶贫"阶段，江泽民同志进一步提出要维护劳动人民利益，以"效率优先、兼顾公平"[⑤] 的

---

① 《毛泽东文集》（第六卷），人民出版社，1999，第437页。
② 《邓小平文选》（第三卷），人民出版社，1993，第64页。
③ 《毛泽东年谱（1949—1976）》（第一卷），中央文献出版社，2013，第187页。
④ 国务院贫困地区经济开发领导小组办公室编《贫困地区经济开发文件汇编》，人民出版社，1989，第8页。
⑤ 《江泽民文选》（第一卷），人民出版社，2006，第376页。

要求完善收入分配制度和社会保障制度，为贫困人口提供基本生活条件。胡锦涛同志曾在主持十七届中央政治局第十三次集体学习时专门就社会保障体系的建设发表意见，提出要建立覆盖城乡的社会保障体系，并针对农村贫困人口提出尤其要提高农村五保户等的待遇水平。①

二是加强住房安全保障。进入综合开发反贫困阶段后，中国共产党人开始逐渐重视贫困人口的住房安全保障问题，形成了相关思想成果。江泽民同志在2001年谈到我国二元经济社会结构问题时，提出要完善农村地区住房保障的有关政策。② 在这一精神的指导下，我国形成了保障贫困地区人口住房安全的观点。如国务院在同年发布的扶贫开发纲要中就提出，对于居住在条件恶劣、资源匮乏地区的困难群众，"要结合退耕还林还草实行搬迁扶贫"③。

三是发展医疗卫生事业。医疗卫生水平决定了贫困人口是否能够享有最基本的生存权利，对其生活水平有较大影响。我国加强农村地区医疗卫生工作的观点由来已久，但针对贫困地区医疗卫生事业建设的强调主要是在攻坚式反贫困时期之后。江泽民同志在这一时期提出，医疗卫生条件的滞后已经成为农村居民脱贫致富的主要制约，"要把扶贫开发和卫生工作结合起来"④。在这一思想的指导下，我国逐步形成了在贫困地区建立预防保健网络和医疗机构网络的观点。如江泽民同志在"国家八七扶贫攻坚计划"实施过程中进一步提出建立和完善贫困地区三级医疗预防保健网，具有重要意义。⑤ 胡锦涛同志在提到新阶段扶贫开发的总体要求和重点工作时也提出，应将"三级医疗卫生服务网"的健全作为扶贫开发的目标。⑥ 这些观点充分体现了要对贫困地区开展针对性医疗卫生服务的思想。

四是发展教育事业。教育是阻断贫困代际传递的最好途径，在进入攻坚式反贫困阶段后，党中央对贫困地区教育的重视程度提到了新的高度。"八七扶贫"时期，我国就提出要改变贫困地区教育文化落后的状况，形成了通过专项财政和教育信贷支持贫困地区教育事业的观点。如朱镕基同志在"八七扶贫"阶段就曾提出，一些贫困家庭的困难体现在子女上学难，"为此要开展教育信

---

① 《胡锦涛文选》（第三卷），人民出版社，2016，第213页。
② 《江泽民文选》（第三卷），人民出版社，2006，第409页。
③ 中共中央文献研究室编《十五大以来重要文献选编》（下），人民出版社，2003，第1882页。
④ 《江泽民文选》（第一卷），人民出版社，2006，第601页。
⑤ 《江泽民文选》（第一卷），人民出版社，2006，第600页。
⑥ 《胡锦涛文选》（第三卷），人民出版社，2016，第568页。

贷，让他们工作以后再还钱"①。进入综合开发反贫困时期后，我国对贫困地区的教育支持思想已经基本形成，提出了"实行农科教结合，普通教育、职业教育、成人教育统筹"② 等观点，明确了教育扶贫覆盖的主要领域。

第四，构建与反贫困适应的上层建筑。一是提出要坚持社会主义政权在反贫困中的重要作用。毛泽东同志早在《中国人民大团结万岁》的讲话中就提出中央政府领导对抗贫困的职责，他认为中央政府代表了中国人民的意志和利益，中央政府将带领全国人民"扫除旧中国所留下来的贫困和愚昧"③。邓小平同志在南方谈话中也提出，只有坚持社会主义初级阶段的基本路线才能发展经济、改善人民的生活，而这一基本路线的坚持离不开国家政权对其的维护④，明确了社会主义国家政权对于提升百姓生活水平的重要性。进入精准扶贫精准脱贫阶段后，我国进一步形成了国家政权在反贫困中起到主导作用的有关思想。

二是要提升相关制度建设水平与反贫困法治化水平。在反贫困事业不断推进的过程中，中国共产党人形成了要不断提升各项制度建设水平与反贫困法治化水平的观点，提出要建立健全保障反贫困工作正常推进的各项体制机制。改革开放后，我国对体制机制改革的重视达到新的高度，邓小平同志就在多个场合提出要促进国家的机构改革和领导机制改革等，以保障国家机关更好地发挥作用。具体到反贫困领域，习近平总书记则专门提出要取得实在的脱贫效果，"关键是要找准路子、构建好的体制机制"⑤。进一步地，中国共产党人还明确了多项体制机制改革的重要意义。比如，提出要建立健全统计和监测制度，习近平总书记就曾提出，要"把扶贫对象摸清搞准"⑥，在这一思想的指导下，我国逐渐建立起扶贫开发信息系统和相应的统计监测制度。再比如，提出要完善监督和考核机制。早在 1984 年我国就产生了要"严格扶贫资金的审计制度"⑦ 的观点。在之后的各个阶段，我国坚持对这一制度进行持续强化。同时还提出要提升反贫困的法治化水平。法律制度和维护这一制度的设施是上层建筑的重要范畴，在全面依法治国的宏观背景下，我国对扶贫开发中的反贫困建设进行了思想创新，提出了要推进扶贫立法、推进反贫困法治化进程等观点。

---

① 《朱镕基讲话实录》（第三卷），人民出版社，2011，第 341 页。
② 中共中央文献研究室编《十五大以来重要文献选编》（下），人民出版社，2003，第 1881 页。
③ 《毛泽东文集》（第五卷），人民出版社，1996，第 348 页。
④ 《邓小平文选》（第三卷），人民出版社，1993，第 371 页。
⑤ 中共中央党史和文献研究院编《习近平扶贫论述摘编》，中央文献出版社，2018，第 62 页。
⑥ 中共中央党史和文献研究院编《习近平扶贫论述摘编》，中央文献出版社，2018，第 59 页。
⑦ 中共中央文献研究室编《十四大以来重要文献选编》（上），人民出版社，1996，第 781 页。

在 2011 年我国就形成了要"加快扶贫立法"[1] 的观点。

三是激发贫困人口的思想动力。反贫困主体主观能动性的提升有助于其更加积极地认识和改造贫困。在体制改革反贫困时期，我国通过推行家庭联产承包责任制极大地提升了农村地区的生产力水平，从总体上改善了贫困地区的贫困情况，而家庭联产承包责任制的一个亮点就是激发了农户参与生产的主观能动性。正如邓小平同志所指出的"农村改革的内容总的说就是搞责任制，抛弃吃大锅饭的办法，调动农民的积极性"[2]。之后，我国提出了开发式扶贫方针，标志着"已经初步完成了从单纯救济向经济开发的根本转变"[3]，我国反贫困思想开始高度关注贫困人口反贫困积极性的提升。

四是形成有利于反贫困的社会氛围。在新中国成立前夕，以毛泽东同志为代表的中国共产党人就认识到进行思想文化建设的重要性，提出我国将迎来一个文化建设的高潮。毛泽东同志在《中国人民大团结万岁》一文中还讲要"扫除旧中国所留下来的贫困和愚昧"[4]。而中国共产党人明确提出加强贫困地区的文化建设和精神文明建设，形成有利于反贫困的社会氛围则是在综合开发反贫困时期之后。江泽民同志在这一时期提出了改变贫困地区文化落后状态的观点。[5] 在不久后发布的扶贫开发纲要中同样提出，要"反对封建迷信，引导群众自觉移风易俗，革除落后生活习俗，不断发展社会主义精神文明"[6]。

(三) 精准扶贫前中国共产党人反贫困思想的重要意义

1. 促进了贫困地区生产力的提升

从生产力发展的角度来看待中国的反贫困历史则可以发现，我国的反贫困目标是与全社会的生产力水平相符的。新中国成立至改革开放之前的这一阶段，我国未摆脱经济发展水平较低的境遇，面对全国总体性的大面积贫困，为支持工业体系的建设，我国总体采取了保障基本生存、重点提高社会生产力水平的反贫困政策。改革开放后，我国多个行业的生产能力进步迅速。就农业生产而言，我国农业设施化、科技化、产业化水平明显提高，人均生活资料占有情况

---

[1]　中共中央文献研究室编《十七大以来重要文献选编》（下），中央文献出版社，2013，第 371 页。

[2]　《邓小平文选》（第三卷），人民出版社，1993，第 117 页。

[3]　中共中央文献研究室、国务院发展研究中心编《新时期农业和农村工作重要文献选编》，中央文献出版社，1992，第 473 页。

[4]　《毛泽东文集》（第五卷），人民出版社，1996，第 348 页。

[5]　《江泽民文选》（第三卷），人民出版社，2006，第 249 页。

[6]　中共中央文献研究室编《十五大以来重要文献选编》（下），人民出版社，2003，第 1882 页。

有了明显改善，肉类、乳制品等占有量更是在 30 年间提升了 7—10 倍。[①] 在这样的生产能力支撑下，我国将基本解决温饱问题和提升贫困人口生活质量作为反贫困的目标。可以认为，我国提出的反贫困阶段性目标符合国家当时的生产力发展水平，为后来我国进一步提出消除绝对贫困的目标打下了坚实的基础。

2. 逐步实现了反贫困的精准化

马克思恩格斯反贫困思想认为，反贫困事业需要解决的是所有贫困者的共同利益问题，首先要解决大多数人的整体贫困问题，在此基础上再解决其中的难点问题。我国的反贫困实践同样符合这一规律，可以认为我国反贫困事业的前期成果是脱贫事业精准化发展的基础。

这里将从两个方面对这一前期成果进行归纳，即整体贫困状况的改善和贫困地区发展基础的补齐。一方面，我国整体贫困状况得到改善。新中国成立之初，全国较大比例的农村居民处于贫困状态。国家以人民公社集体经济为依托，保证了多数贫困农民较低水平的基本生活需要。改革开放启动时期，我国仍然面临大面积的贫困，贫困发生率达到 97.5%。[②] 面对这一状况，我国开始在全国范围内确定贫困较集中的贫困县，并开始尝试区域性综合扶贫开发。进入 21 世纪后，我国总体贫困状况明显缓解，国家重点扶持贫困县的贫困人口从 1994 年的 5858 万人减少到 2000 年的 1710 万人。[③] 整县贫困的状况有所改善，大量剩余贫困人口集中于生活条件恶劣的村级区域，使得我国反贫困工作能够进一步细化。2001 年，我国将 14.81 万个贫困村作为反贫困重点，全面开展了"整村推进扶贫"，继续在村一级缩小贫困面。至 2010 年底，农村贫困人口占农村人口的比重从 2000 年的 10.2% 下降到 2.8%[④]，按照 1.9 美元/天的标准，贫困发生率下降至 11.2%[⑤]，全国贫困程度得到很大程度的改善，大面积贫困与集中贫困得到缓解。另一方面，我国贫困地区发展基础得到补齐。贫困地区的发展需要生产资料的保障。在我国反贫困的早期阶段，农村贫困地区面临生产资料不足、基础设施状况较差等问题。对此，我国坚持通过农业经营制度的改革和农业基础设施大规模建设对贫困地区的发展基础进行了补齐。总的来说，在

① 蒋永穆等：《中国农村改革四十年：回顾与经验》，四川大学出版社，2018，第 136 页。
② 国家统计局住户调查办公室编《中国农村贫困监测报告 2019》，中国统计出版社，2019，第 2 页。
③ 《中国的农村扶贫开发》，《人民日报》2001 年 10 月 15 日，第 5 版。
④ 中华人民共和国国务院新闻办公室：《中国农村扶贫开发的新进展》，人民出版社，2011，第 10 页。
⑤ 蒋永穆等：《中国农村改革四十年：回顾与经验》，四川大学出版社，2018，第 210 页。

反贫困的早期阶段，我国贫困的总体状况呈现出贫困面广、发展基础差、贫困相对集中、致贫因素一致等特点。这些特点决定了我国必须采用面向大多数贫困人口的集中式反贫困措施。事实证明，这些反贫困措施在当时具有节约成本、见效明显的优势，缩减了贫困面，补齐了发展基础。

3. 推动了反贫困实践的多主体化

改革开放以来，由于市场机制与社会力量的发展，我国参与扶贫的主体不断扩充，社会力量参与扶贫的形式得到拓展，帮扶双方能够在发展中实现共同利益，这为新时代以来全国大扶贫格局的形成提供了可能。

改革开放前，我国的反贫困主体主要为以人民公社为代表的农村集体经济组织、公立医疗及社会保障机构，社会力量参与较少。改革开放后，我国各级党政机关和企事业单位开始更多地参与扶贫工作。尤其是 1986 年国务院贫困地区经济开发领导小组成立之后，我国将国家专门扶贫和社会扶贫进行了区分。之后我国又明确提出要动员科研院所、人民解放军和武警部队参与扶贫。可以认为，改革开放后我国实现了社会对扶贫工作的广泛参与。但当时我国的社会扶贫具有两个显著特点：参与方式单一和参与程度不高。而随着农村市场化改革的深化，我国在 20 世纪末逐步取消了农产品的统购派购制度，并产生了新的农产品价格形成机制，极大地推动了农村市场化进程。之后，市场经济体制在农村得到建立，我国农业实现了从半自给自足农业到商品农业的转变。至 2012 年，我国农业市场化程度已经明显提高，蔬菜商品率达 98%，猪牛羊肉商品率达 83%，水产品商品率达 94%。[①] 贫困地区和外界市场的打通丰富了社会扶贫的形式，使全社会参与扶贫成为可能。在精准脱贫阶段，我国创新了消费扶贫、电商扶贫等扶贫方式，将其作为社会力量参与脱贫攻坚的重要途径。这类扶贫方式的核心内容就是依托发达的市场，鼓励以单个消费者为最小单位的社会力量扩大对贫困地区产品和服务的消费，调动贫困人口依靠自身努力实现脱贫致富的积极性，促进贫困人口稳定脱贫和贫困地区产业持续发展。除农村市场化程度的不断提高外，我国社会组织也实现了快速发展。截至 2012 年底，全国共有社会组织 49.9 万个，远远超过改革开放之初的一千余个。在此基础上，我国解决了社会力量在扶贫中参与程度低、参与方式单一的问题，构建起多方力量参与、多种举措有机结合和互为支撑的大扶贫格局。

---

① 蒋永穆等：《中国农村改革四十年：回顾与经验》，四川大学出版社，2018，第 144 页。

第二节　西方减贫思想的批判借鉴

从古典政治经济学的诞生开始，西方学者对贫困问题的研究逐步系统化，其所研究的贫困问题有的来自生产不足，更多的则与资本主义社会的基本矛盾紧密相关。随着资本主义的对外扩张、垄断资本主义的形成、世界大战的爆发、第三世界的形成，西方的贫困问题日益加剧分化。在这一过程中西方形成了立场不同、观点各异的减贫思想。这些思想有的成为精准扶贫思想批判的对象，有的则为精准扶贫思想的生成提供了有益借鉴。

一　古典政治经济学的减贫思想

（一）封建制度下的西欧贫困

17 世纪后的一百余年里，英法资本主义经济得到了长足的发展，资本主义处于上升时期。在这一时期，落后的生产力、封建的生产关系和重商主义思想的流行均对贫困的生成起到了推动作用，其中起主要作用的是封建的生产关系。首先，17 世纪处于工业革命前夕，产业技术探索基本未启动。如在农业生产领域，17 世纪时不少西方国家的农业技术还停留在比较原始的阶段，"死板地按惯例划分土地和处理土地仍然是十七世纪农业的特征"[①]。不仅技术运用比较原始，农业科技理论也停留在口口相传和科学性有较大提升空间的阶段。在 18 世纪之前，西方原始的农业耕种方法有诸多体现，如播种基本使用撒播法，这种播种方法会造成大量种子浪费，西方中世纪末期，"撒播法不仅要浪费大量的种子和人力，而且还妨碍种子播下后有效地进行中耕"[②]。农业技术总体仍处于较初级的水平。其次，西欧基于土地关系的封建等级制度形成了等级森严且明确的附庸关系，封建主对普通劳动人民的剥削无孔不入，贫民几乎承担着整个社会的沉重劳动，却经常衣不蔽体，食不果腹。最后，贫困人口以农民为主，但部分国家的重商主义政策加重了农民的贫困程度。如法国曾推行了一整套重商主义政策，禁止粮食出口等措施在推动工商业发展的同时损害了农业的发展。

[①] 〔英〕亚·沃尔夫：《十六、十七世纪科学、技术和哲学史》，周昌忠等译，商务印书馆，1985，第 522 页。

[②] 〔英〕亚·沃尔夫：《十六、十七世纪科学、技术和哲学史》，周昌忠等译，商务印书馆，1985，第 525 页。

在这一背景下，饥荒席卷了 17 世纪的欧洲。法国在这一百年间发生了大灾荒 11 次，且还有学者认为这一统计数据过于"乐观"，忽略了很多局部性饥荒，如法国西南地区于 1628 年、1631 年、1643 年等都曾发生灾荒。[①] 1597 年英国南部、1623 年和 1649 年英国北部以及 17 世纪 90 年代一些地区都遭受了不同程度的饥荒。有学者指出意大利的"饥荒已经司空见惯"，1628—1638 年、1648—1655 年、1674—1675 年等都曾发生严重饥荒，气候异常引发了农业产量下降，歉收和灾荒频发。据统计，这一时期西欧流民数量激增，仅英国 1631—1639 年，37 个郡的档案中就载有被捕流民 2.6 万之多。[②] 可见贫困在当时的西欧已经成为较普遍的社会现象。

（二）古典政治经济学的减贫思想

17 世纪中叶到 19 世纪最初二十年，英法古典政治经济学者开始关注资本主义的生产关系，对资本主义社会的财富和贫困现象进行了研究。他们以劳动价值论为主要研究工具，通过对剩余价值产生、产品分配、剩余劳动力产生等问题的研究，对资本主义生产方式下的贫困进行了描绘。同时，法国古典政治经济学家通过提出"人的全部享受"丰富了财富的内涵。这些为马克思恩格斯研究贫困与反贫困问题提供了工具、方法与视角上的借鉴。

威廉·配第被认为是英国资产阶级古典政治经济学的创始人。在贫困问题上，威廉·配第在研究劳动价值理论的过程中开始了对劳动、剩余价值、工资等范畴内部联系的探索，实际上分析了不同阶级之间的经济利益关系，开始了政治经济学对贫困来源问题的研究。他在提供一种劳动价值论的分析方法的同时，从资本主义生产中价值分配的角度为贫富的分化提供了一定解释。威廉·配第首先阐述了"商品的价值是由等量劳动（equallabour）来计量的"[③] 这一价值规律。他在将这一规律具体运用于分析地租时提出，地租是生产者本人超出他的工资和他自己的资本的补偿额之上的剩余价值的余额。这一观点说明了农业雇佣劳动中，农业雇佣工人创造的价值与付出的劳动间存在一个差额。进而他在分析工资时提出，工资规律为工资应以最低限度的生活资

---

① 〔法〕费尔南·布罗代尔：《15 至 18 世纪的物质文明、经济和资本主义》（第一卷），顾良、施康强译，生活·读书·新知三联书店，1992，第 82 页。

② L. Beier, *The Problem of the Poor in Tudor and Early Stuart England* (London: Methuen, 1983), p. 32.

③ 《马克思恩格斯文集》（第九卷），人民出版社，2009，第 244—245 页。

料为限。① 这一论述实际指出了资本主义生产保持这一导致贫困的"差额"的动力——获得剩余价值。亚当·斯密延续了配第关于价值分配的观点，他将财富划分为地租、利息和工资，其中土地所有者获得地租，资本所有者获得利息，一般劳动者则获得工资。斯密还提出了"最低工资"的概念，最低工资即"稍稍超过维持他俩自身生活所需要的费用"②，这一费用和其创造价值的差额是配第口中造成贫困的原因。

除此之外，斯密还开始尝试从生产力水平、社会法律制度等层面分析贫困问题。比如他在探讨原始社会贫困和资本主义社会贫困的区别时，指出原始社会的贫困主要来自生产力的落后。再比如他研究欧洲劳动和资本自由活动政策时，指出当时英国的济贫法要求确定每个辖区境内的贫民，随之产生的户籍制度极易造成舞弊，导致济贫法是以济贫之名行限制劳动力流动和欺诈之实，"英格兰的乱政，恐以此为最"③。说明斯密已经开始意识到社会制度和法律法规对于贫困的重要影响。

布阿吉尔贝尔开创了法国古典政治经济学，他主要从社会生产尤其是农业生产的角度对财富和贫困问题进行了分析。在对重商主义的批判过程中，布阿吉尔贝尔首先对财富的内涵形成了新的认识：不只限于货币，而是将人的全部享受纳入财富的范围。他提出："真正的财富……是剩余物品和一切足以引起快感的东西的充分享受。"④

（三）英法资产阶级古典政治经济学减贫思想的进步意义

尽管由于没能清晰地分析商品的价值构成，英国古典政治经济学家未能触及贫困产生的根本原因，也没有对贫富差距的扩大进行进一步解释，但他们开创了从价值入手研究财富与贫困问题的分析方法，阐述了生产力和政治法律制度对贫困问题的影响，启迪了马克思主义经典作家对贫困问题进一步研究。正如列宁在研究马克思主义的来源时提到的："马克思继续了他们的事业。他严密

---

① 〔苏〕弗·谢·阿法纳西耶夫：《资产阶级古典政治经济学的产生》，张奇方、黄连璧译，商务印书馆，1984，第59页。

② 〔英〕亚当·斯密：《国民财富的性质和原因的研究》，郭大力、王亚南译，商务印书馆，1972，第62页。

③ 〔英〕亚当·斯密：《国民财富的性质和原因的研究》，郭大力、王亚南译，商务印书馆，1972，第129页。

④ 《马克思恩格斯全集》（第三十一卷），人民出版社，1998，第337页。

地论证了并且彻底地发展了这个理论。"① 法国古典政治经济学的有关观点同样是马克思恩格斯反贫困思想的重要理论来源。正如马克思所说，现代政治经济学"在 17 世纪末是以配第和布阿吉尔贝尔开始的"②。法国古典政治经济学以布阿吉尔贝尔为代表人物，他们对财富的内涵进行了新的探索，并针对资本主义机器大生产提出了加强农业生产、加强国家调控等减贫举措。

二　19 世纪初至二战前的西方减贫思想

19 世纪初，资本主义生产关系得到了长足发展，资本主义社会阶级分化严重，且矛盾突出，资本主义社会的基本矛盾带来了垄断、滞胀和周期性经济危机，给资本主义社会带来了严重的贫困问题。本书依据其发展脉络，将这一时期的减贫思想划分为小资产阶级的减贫思想、资产阶级庸俗政治经济学的减贫思想、凯恩斯学派和供给学派的减贫思想。

（一）小资产阶级的减贫思想

1. 城市贫困和小资产阶级的产生

18 世纪和 19 世纪之交，资本主义生产方式从工场手工业转向机器大工业，机器大生产替代了手工业小生产。在这一过程中，农民和小手工业者的生产资料被不断剥夺，有的成了无产阶级工人，其生产生活状况不断恶化。进一步地，资本主义机器大工业对于促进生产力的发展具有重要作用，但同时机器的运用伴随着资本有机构成的提高和剥削程度的加深。机器大工业的发展，带来了工人的工资下降甚至失业，贫穷和富有开始在社会的两头集聚。在这一趋势下，社会中的大量小资产阶级面临失业和破产。正是在这一背景下，以蒲鲁东和西斯蒙第为代表的学者试图分析小资产阶级贫困的成因，并尝试提出消除小资产阶级贫困的方法，形成了小资产阶级政治经济学。

2. 小资产阶级政治经济学的减贫思想的主要内容

蒲鲁东等将货币和借贷作为资本主义贫困的来源，认为它阻碍工人得到自己的十足的劳动所得，并且认为解决这一问题的办法是用强制性的法律把利率降低，直至最后降到零。③ 没有货币的人在进行生产和销售时，通过商品把利益转嫁给消费者，这样消费者在购买商品时就事实上间接遭受了剥削从而一步

---

① 《列宁全集》（第二十三卷），人民出版社，2017，第 46 页。
② 《马克思恩格斯全集》（第三十卷），人民出版社，1995，第 3 页。
③ 《马克思恩格斯选集》（第三卷），人民出版社，2012，第 207 页。

步陷入贫困。同时，蒲鲁东还坚持将平均分配作为解决贫困的方法。

西斯蒙第是小资产阶级经济浪漫主义的奠基人，其财富观体现了当时小资产阶级对于分配的态度。西斯蒙第首先在布阿吉尔贝尔财富观的基础上对财富的内涵进行了发展，认为财富的主体应为人而非国家，并且强调国民的福利和享受，认为只有增加了国民享受，国民财富才算增加。① 这一观点与英国古典政治经济学的观点形成鲜明对比。基于此，西斯蒙第展开了对资本主义社会贫困产生原因的探讨，认为资本主义生产中的分配和竞争是导致贫困的主要原因。进而指出，消除贫困的手段为限制完全自由的竞争，加强国家调控，他为此曾专门呼吁政府对经济进行干预。②

3. 小资产阶级减贫思想的局限性

小资产阶级政治经济学减贫思想的提出是为了实现小资产阶级的现实利益，其思想不可能触及贫困的根源，且带有明显的空想性。比如，蒲鲁东将剩余劳动被他人占有归咎于货币，认为是货币导致了商品不能完全地作为所消耗劳动的体现。因此，蒲鲁东提出消除贫困的主要方式为取消货币，认为没有货币的商品直接交换能够使得商品成为一般等价物进而可以实现商品在交换过程中完全体现相应耗费的劳动，这样贫困人口的劳动就不会被其他人无偿占有。

资产阶级政治经济学的局限性遭到了马克思和恩格斯的充分批判，也是在这一批判过程中，马克思和恩格斯距离发现贫困的根源更近了一步。马克思指出，"蒲鲁东先生是把以下两种衡量的方法混为一谈了：一种是用生产某种商品所必要的劳动时间来衡量，另一种是用劳动价值来衡量"③。而在马克思看来，"用劳动价值来确定商品的相对价值是和经济事实相抵触的。这是在循环论证中打转，这是用本身还需要确定的相对价值来确定相对价值"④。在此基础上，马克思提出要将"劳动价值"和"劳动的价值产品"进行区分，并在此基础上逐步发现了剩余价值的秘密和贫困的根源。

（二）资产阶级庸俗政治经济学的减贫思想

1. 资本主义贫困在欧洲的扩散

19 世纪以来，随着资本主义发展，资产阶级和无产阶级的矛盾也不断激化

① 〔瑞士〕西斯蒙第：《政治经济学新原理》，何钦译，商务印书馆，1964，第 23 页。
② 〔瑞士〕西斯蒙第：《政治经济学新原理》，何钦译，商务印书馆，1964，第 460 页。
③ 《马克思恩格斯全集》（第四卷），人民出版社，1958，第 120 页。
④ 《马克思恩格斯全集》（第四卷），人民出版社，1958，第 120 页。

和外化。以三大工人运动为代表，西欧主要资本主义国家都发生了大规模的工人运动，无产阶级作为独立政治力量开始登上历史舞台。为维护封建贵族或资产阶级的利益，资产阶级庸俗政治经济学家对贫困问题进行了庸俗化的解释。在英国资本主义生产不断扩大的情况下，新兴资产阶级与传统封建贵族之间不可避免地产生了激烈矛盾。在这一背景下，一部分经济学家选择为封建贵族辩护，其理论观点成了英国庸俗政治经济学的雏形。在法国，1789 年法国资产阶级革命使得封建统治者、资产阶级和普通劳动者的矛盾爆发出来，但同时法国资产阶级也在这一场革命中看到了威胁其自身的反抗力量。在这一背景下部分法国经济学家开始庸俗化地解释资本主义生产的一些弊端，形成了法国庸俗政治经济学的最初观点。

19 世纪中叶后，原有的封建贵族与新兴资产阶级之间的矛盾逐步被资产阶级和无产阶级之间的矛盾所取代，而这一矛盾集中体现为此起彼伏的工人运动。这一情况为资产阶级庸俗政治经济学的诞生提供了现实需要。在这一时期，庸俗政治经济学者真正成了资产阶级的辩护士，极尽粉饰之能事，代表人物包括西尼尔、约翰·穆勒和巴斯夏等。

与英法不同，美国和德国的资本主义发展相对较晚，但其国内同样形成了资产阶级庸俗政治经济学派。美国与德国资本主义生产的蓬勃发展均发生在 19 世纪末。在 19 世纪末，美国资本主义蓬勃发展，至 20 世纪初，美国已经成为全球工业产值最高的资本主义国家。同时，美国也进入了垄断资本主义阶段，大量财富由少量垄断资本家控制。德国的快速崛起开始于德意志帝国的崛起，在国家统一后，德国快速实现了工业化和资本主义的发展，一举成为当时的资本主义强国。在这一时期的美国与德国，自由竞争逐步向垄断过渡，贫富两极分化情况极其严重，大量财富集中在社会一极，而在另一极劳动者大量失业，生活状况急转直下，伴随着生产力发展的"怪异的"贫困开始出现。与英法类似，这一时期美国与德国同样出现了比较尖锐的阶级矛盾。19 世纪末，西方世界爆发了严重经济危机，造成了美国 15000 余家企业倒闭和全社会 17% 的劳动者失业，社会矛盾激化严重。在这一条件下，美国与德国也形成了为垄断资产阶级辩护的庸俗政治经济学者。

2. 资产阶级庸俗政治经济学的贫困思想

第一，马尔萨斯和萨伊的贫困思想。庸俗政治经济学发展的早期阶段，以萨伊、马尔萨斯为代表。这个时期庸俗政治经济学主要把古典政治经济学的庸俗成分分离出来，并形成了与古典政治经济学中科学观点相对立的庸俗理论体系。

马尔萨斯的贫困观源于其人口理论。马尔萨斯秉承"人口生育致贫论"，其人口理论具有两条著名"公理"：食物为人类生存所必需；两性之间的性欲是必然的，且几乎会保持现状。依据这两条"公理"，马尔萨斯得出结论——社会人口按几何数列增加，而生活资料因土地有限而只能按算术数列增加，人口增长速度快于食物供应的增长速度，必然导致贫困出现。在此基础上，马尔萨斯自然地得出了消除贫困的方式——抑制人口增长。

萨伊则通过其"三位一体公式"企图掩饰贫困的根源。萨伊认为，价值是由劳动、资本和土地三要素共同创造的。在这一观点的基础上，萨伊进一步得出结论：劳动得到它创造的价值——工资，资本得到它创造的价值——利润，土地得到它创造的价值——地租。这一过程实际没能说明资本和土地在价值形成中的作用，庸俗地割裂了工资、利润和地租之间的关系。

第二，19 世纪 30—60 年代资产阶级庸俗政治经济学的贫困思想。在萨伊"三位一体公式"的基础上，19 世纪 30—60 年代的部分学者对资产阶级庸俗政治经济学进行了发展。其代表人物包括西尼尔、约翰·穆勒和巴斯夏等。

西尼尔是 19 世纪 30 年代资产阶级庸俗经济学家，其代表性观点为"节欲论"。和萨伊类似，西尼尔也从价值的形成入手来掩饰剥削的实质。西尼尔认为，决定生产成本的主要因素就是工资和利润，用他的话来说，"所谓生产成本，我们的意思说的是生产所必要的劳动与节制的总和"①，节制得到利润，劳动得到工资。由此可以得到，资本家和工人貌似不再是雇佣和剥削的关系，而是互相合作，资本家进行节制而工人付出劳动。西尼尔在这一过程中通过虚构资本家的节制在价值创造中的作用，对剥削进行了粉饰。

约翰·穆勒是 19 世纪中叶的英国资产阶级经济学家。其关于贫困工人工资的观点与西尼尔比较类似，认为资本主义的分配方式不存在剥削，在这一前提下，穆勒提出了在资本主义框架内通过法律制度调整缓解贫困的方式。穆勒的经济理论将工人工资纳入了生产成本，他吸收了萨伊、西尼尔等人的庸俗见解，认为生产成本的主要部分是工资和利润。他认为生产成本的主要因素是劳动，包括在生产中直接投入的劳动和已消耗的生产资料中包含的过去的劳动。生产成本的另一主要因素是利润，利润是资本家预付资本应得的报酬。在此基础上，穆勒提出分配规律决定于人们的意志，不具有自然规律的性质。分配规律由谁的意志来决定呢？穆勒认为，是由该社会中占统治地位的人们的意志决定的。

---

① 〔英〕西尼尔：《政治经济学大纲》，蔡受百译，商务印书馆，1977，第 155 页。

那么很显然，在资本主义社会中分配规律就是由资产阶级的意志决定的。由此，穆勒幻想在不触动现存资本主义制度的条件下改善分配，通过资产阶级改良主义缓解贫困和缓冲矛盾。如果说西尼尔和穆勒关于贫困问题的观点是萨伊"三位一体公式"的翻版，巴斯夏则在其观点上进行了发展，通过提出"阶级利益调和论"，以一种臆断的方式得出了资本主义经济发展会自动缓解贫困的观点。

第三，德国和美国资产阶级庸俗政治经济学派的贫困思想。德国新历史学派是旧历史学派在19世纪70年代以后的德国的发展产物，是当时的德国资产阶级庸俗政治经济学，其代表人物为古斯塔夫·施穆勒。施穆勒是新历史学派的创始人，其在研究贫困与财富问题时，将心理、道德等因素作为核心，认为诸如生产、交换和分配等的经济行为均为心理或道德的体现。与此相应，施穆勒在考察贫困问题时同样是从心理因素出发的。他认为工资决定于所谓"习俗的稳定性"。按施穆勒的说法，工人的罢工、闹事和工人组织工会都不是常规的稳定性因素。施穆勒的这一观点，把工资和劳动力价值的经济关系割断了，把贫困看成完全是心理、道德因素作用的结果。他从这一观点出发，认为解决贫困问题需要依靠对工人加强教育，稳定他们的性格，培养他们所需要的道德等。这是对资本主义工资制度剥削本质的歪曲和辩解。

美国制度学派则是19世纪末20世纪初的美国资产阶级庸俗政治经济学派。其代表人物为托尔斯坦·凡勃仑。凡勃仑受德国新历史学派和达尔文主义的影响较深，其观点的特点在于分析经济问题时，将诸多范畴与现象归为"制度"，其中就包括贫困问题，并且认为这些制度经历了类似生物进化的过程。凡勃伦认为，包括贫困在内的"制度"是由"历史胚胎"进化而来的，这一观点虽然承认了贫困的存在，却提出了贫困人口应对贫困的另一种态度——尊重而非抗争，就像人类对于自然界中进化规律的尊重一样。这种观点同样是对资本主义剥削的积极否定，其目的在于麻痹当时贫困人口的斗争意志。

第四，奥地利学派和马歇尔的贫困思想。奥地利学派是边际效用学派的一个主要分支，其创始人是卡尔·门格尔，经过维塞尔和庞巴维克等人的继承发展，至20世纪初，奥地利学派关于价值论和资本主义贫困问题已经形成了一套自己的解释。

关于价值形成的问题，奥地利学派强调"主观价值"。奥地利学派的经济学家认为产品或者服务本身并不包含价值，产品的价值只有在被人需要的时候才能体现，即商品价值在客观上是不存在的，只是具有所谓"主观价值"。这一判断实际上否定了价值的真实来源。在否定了劳动价值论后，奥地利学派的代表人物之一门格尔开始通过"时差利息论"对分配和贫困问题进行解释。而庞巴维克则把剩余价值作为利息的表现形式，并指出，利息的产生来自不同主体对于某一商品主观评价的差别。按照这一逻辑，剩余价值就成了主观判断的差额的产物。在这一过程中，庞巴维克实际上掩盖了对剩余价值的剥削造成贫困这一事实。

3. 资产阶级庸俗政治经济学对反贫困的消极影响

从18世纪末到20世纪初，资产阶级庸俗政治经济学在不同国家不同时期均于理论界有一席之地。资产阶级庸俗政治经济学家纷纷通过否认资本主义生产是贫困的产生原因、否认无产阶级的贫困状况等，在当时的资本主义社会营造出一种社会富足和谐、资本主义生产合乎正义的假象，在资本主义社会形成了否认贫困、漠视贫困的资本主义意识形态。其对反贫困的消极影响主要可以分为三个方面。

一是掩饰资本家对剩余价值的无偿占有。庸俗政治经济学的一个最大特点就是否认科学的劳动价值论，进而在剩余价值的产生和分配上作出错误判断，否认了贫困产生的真正原因。其代表观点包括生产服务论、节欲论、交换论等。如萨伊是生产服务论的拥趸，他认为生产资料在生产过程中提供了生产服务因而应该参与分配，这实际是资本创造价值理论的一个变种。西尼尔等将剩余价值的产生和资本的积累归于资本家的"节俭"或"节欲"等。

二是提出资本主义的幸福观。在马克思那里，贫困的消除建立在资本主义生产方式消除的基础之上，这一过程看似是人对物质资料的占有发生了变化，但核心内容是其背后人与人之间关系的变化。与马克思的观点不同，一些庸俗政治经济学家虽然也对普通百姓的生活水平进行了关注，但将其幸福定义为资本主义生产关系下的满足或自由，这实际是一种空中楼阁式的资本主义的幸福观。

三是营造漠视贫困的社会氛围。这种观点拒绝把贫困现象作为资本主义经济生活的内容之一，意图营造一种资本主义生产中和谐平等的假象。其观点主要包括两类。一类是对贫困人口采取蔑视态度，他们清楚认识到贫困人口正在经历苦难，但将苦难作为这些人理应承受的宿命。另一类则选择性地对贫困现象进行了忽视。比较有代表性的就是巴斯夏提出的和谐论。巴斯夏认为，在资本主义社会自由竞争和自由交换的条件下，资本主义生产达到了一种劳动平等交换的和谐状态，"人人彼此为他人劳动。我们提供的劳务多，我们提供的劳务受好评、需要大、报酬高，我们得到的回报也就多"[①]。显然，这一理论忽视了

---

① 〔法〕巴斯夏：《和谐经济论》，王家宝等译，中国社会科学出版社，1995，第132页。

无产阶级贫困的事实，加剧了社会对贫困问题的漠视。

（三）凯恩斯学派和供给学派的减贫思想

1. 资本主义经济危机的加剧和变化

随着工业革命的推进，世界主要资本主义国家进入了垄断资本主义阶段，随之而来的还有欧洲国家实力对比的原有格局被彻底颠覆。一方面，第一次世界大战之前德国的工业生产蓬勃发展，带动了整个西方世界工业生产的快速增长。另一方面，第一次世界大战后，部分欧洲国家百废待兴，为资本主义世界的生产提供了庞大市场，这一庞大市场形成了世界性的大量需求。在这一背景下，美国等受战争影响较小且保持有较强生产能力的国家迅速开足马力进行生产。再加上战后欧洲经济的总体复苏，以美国为代表的一部分资本主义国家经历了一个经济发展的高涨期，远高于市场需求的大量产品被生产出来。但同时，普通百姓的收入水平远没有提升至战前水平。在这一矛盾的作用下，严重的资本主义经济危机爆发了。

在多数资本主义国家恢复生产后不久，1920 年至 1921 年西方世界便爆发了战后的第一次经济危机。紧接着，在 1929 年美国又爆发出新一轮的经济危机，这次危机后来以"大萧条"为人们所知。在"大萧条"之前，资本主义世界生产快速膨胀，但收入的增长没有赶上商品的生产。矛盾爆发后，资本主义生产又快速陷入了停滞，使得原来就收入不高的普通劳动者雪上加霜，大量家庭濒临破产。整个资本主义世界的失业人员数以千万计，有些国家的失业率达到 30% 至 50%。[①] 到 20 世纪 70 年代，由于石油危机引发的输入性通货膨胀等原因，以美国为代表的资本主义国家又爆发出新一轮的经济危机，大量贫困问题再次出现，且这一轮经济危机呈现出停滞伴随膨胀的新特征，使得原有的经济政策不再适用。在这一系列严重经济危机的影响下，资本主义发达国家开始对资本主义生产方式进行反思和调整，并先后产生了凯恩斯学派和供给学派，二者均对当时资本主义国家的贫困问题进行了分析并给出了对策。

2. 凯恩斯学派和供给学派的减贫思想

面对 1929 年开始的"大萧条"，约翰·梅纳德·凯恩斯认为社会总需求的不足是造成危机和贫困的重要原因，他从人们的消费心理出发，对影响消费倾向的相关因素进行深入分析。具体而言，他将资本主义社会"非自愿性失业"

---

① 〔法〕巴斯夏：《和谐经济论》，王家宝等译，中国社会科学出版社，1995，第 130 页。

主要归因于社会有效需求的不足。所谓有效需求，是指商品总供给价格与总需求价格达到平衡状态时的社会总需求。当总需求价格大于总供给价格时，资本家就会扩大生产，增雇工人；相反，当总需求价格小于总供给价格时，资本家就会缩小生产，解雇工人。① 而有效需求主要受到收入水平和消费心理的影响。当收入较高、消费意愿较强时，社会的有效需求增加，当收入较低、消费意愿较弱时，有效需求减少。除此之外，凯恩斯还认为资本主义的经济运行模式存在降低总需求的固有问题，他认为："由于资本主义经济运行过程中必然伴随有效需求不足和资本边际效率递减，所以政府必须改变自由放任的市场运行模式。"② 因此，面对经济萧条造成的贫困问题，凯恩斯提出应该通过积极的财政政策和主动贬值等货币政策，增加投资和出口，增加就业并提高工资水平，以此提高当时贫困人口的生活水平和消费水平，并进一步提升社会的总需求，使得整个社会度过危机。

凯恩斯的减贫思想在一定时期内缓解了资本主义世界的失业问题和悖论性贫困，但没有解决资本主义生产方式的基本矛盾，当 20 世纪 70 年代主要资本主义国家遭受新一轮经济危机时，人们发现"滞胀"条件下凯恩斯的经济思想不再有效。此次经济危机是二战后世界范围内最严重的经济危机之一，且呈现出与之前数次经济危机截然不同的新特征。在这一背景下，部分经济学家开始反思凯恩斯的需求侧经济政策，开始从供给侧寻找改善当时贫困状况的方法。

其中比较有代表性的为供给学派。供给学派认为，凯恩斯主义是应对经济停滞的有效手段，但可能带来通货膨胀的副作用，在停滞伴随膨胀的新型经济危机下，原有的调控手段将造成通货膨胀进一步加剧的严重后果。因此，供给学派不再从投资等需求侧寻求答案，而是转向供给侧，希望通过加强对生产主体的支持，增加企业的投资与生产，并由此带动整个社会的经济增长，"水涨船高"地提升贫困人口的收入水平。因此，供应学派主张削减社会福利，减少税收，激励投资和创新。

受供给学派思想启发的"涓滴效应"思想在这一时期影响较广泛。"涓滴效应"最初是由美国经济学家赫希曼提出的，赫希曼认为，在社会经济运行和发展中，优先发展起来的增长极将会给周边地区的发展带来"涓滴效应"，发展红利像水浸过土壤一样流向后发地区。与此类似，赫希曼认为在减贫领域同

---

① 金钰：《公共部门规模、效率与区域经济增长关系研究》，人民出版社，2014，第 3 页。
② 陈勇勤、杨丽丽：《从经典文献看资本主义的发展阶段——基于马克思、凯恩斯和马尔库塞著作的文献梳理》，《科学·经济·社会》2016 年第 3 期。

样存在这种"涓滴效应"，即先富起来的群体将会带动贫困人口致富。

3. 凯恩斯学派和供给学派减贫思想的局限性

凯恩斯学派在承认资本主义制度存在缺陷的情况下丰富和发展了减贫思想，对当代经济学的发展所起到的作用是重要的。供给学派的经济思想是 20 世纪 80 年代美国缓解当时经济危机的重要指导思想。里根在供给学派经济理论指导下提出了"经济复兴计划"，通过供给侧的一系列改革使国家度过了危机，且贫困人口的收入也得到了一定程度的提升。

但诸如这样的减贫思想也存在一定的局限性，如凯恩斯学派的减贫观点无法解决资本主义滞胀下的贫困问题；而供给学派的有关观点未能解决国内的社会财富分配问题，甚至被称为"富人的经济学"。高度自由化、市场化且对富人更有利的政策主张，推动了当时社会的两极分化，"水涨船高"的现象固然存在，但经济增加带来的福利更多地被富人占有，在比较极端的情况下甚至出现了"反向涓滴"。因此，凯恩斯学派和供给学派的减贫思想，在短期内提升了贫困人口的收入水平，但没有解决贫困的根源。作为经济发展的指导思想，其观点指导当时的西方世界度过了经济萧条阶段，但作为减贫相关理论，却无法长期有力地指导解决贫困问题。

三　二战后的西方减贫思想

二战后，全球爆发了民族运动和民主运动，大量的发展中国家在这一时期产生。发展经济学在这一时期诞生，以研究发展中国家的经济社会发展问题为重心，形成了有关贫困治理的系列观点。

（一）二战后发展中国家的贫困

除资本主义国家人民饱受经济危机的苦难外，世界相对落后地区开始承受资本主义在全球蔓延的后果。到 20 世纪初，世界上落后地区和国家几乎全部成了几个大国的殖民地。两次世界大战后，殖民地民族独立斗争高涨，殖民体系瓦解，在此基础上，陆续出现了许多新独立的发展中国家，形成了遍及亚、非、拉美的第三世界。第三世界国家生产力、科学技术、经营管理水平较低，劳动生产率水平低，与发达国家相比，经济处于较低发展阶段。发展中国家的产业结构与发达国家相比，仍处于低级阶段。发展中国家人民群众生活贫困，城乡大量劳动人民处于赤贫状态，社会两极分化严重。进入 20 世纪 50 年代，战后出现的大量发展中国家纷纷开始研究自身的民生与贫困问题。同时，国际社会也越来越多地关注发展中国家的命运。

（二）发展经济学的减贫思想

发展经济学发源于第二次世界大战后的 20 世纪五六十年代，主要围绕发展中国家的经济发展问题展开。发展经济学形成了诸多差异化的观点，为发展中国家实现工业化和现代化等提供了有益指导，在这一过程中，发展经济学不可避免地考察了发展中国家的贫困问题，并从不同视角为解决贫困问题提供了思路。

1. 二元经济理论

20 世纪 50 年代中期，诺贝尔经济学奖获得者刘易斯提出了二元经济理论。此后，该理论又由迈因特、费景汉、古斯塔夫·拉尼斯等人扩充、完善。二元经济理论认为，发展中国家贫困的原因是大量劳动力处于传统农业部门之中。一方面，传统农业部门伴随着落后的生产生活条件，本身就是贫困的表现之一。另一方面，发展中国家最重要的资源禀赋就是劳动力，但不少落后的发展中国家的劳动力资源主要集中于传统农业部门，就业严重不充分、劳动生产率较低是后发国家难以利用优势资源禀赋、实现工业化和解决贫困问题的症结所在。因此，二元经济学家提出，大量劳动力处于传统农业部门是贫困的主要原因，而解决贫困的主要方式，则是推动剩余劳动力从传统农业部门向现代工业部门进行转移。

2. 权利贫困理论

二元经济理论从发展中国家利用自身资源禀赋实现快速发展的角度研究了贫困问题。但事实上，国家经济的发展并不一定意味着贫困状况的改善。部分国家的发展成果没有被贫困人口共享，反而导致了贫富的分化。在这一背景下，阿马蒂亚·森等学者对贫困来源进行了另一个角度的思考，认为贫困不仅来自生产落后，还来自分配的不合理。而导致贫困人口不能公平地参与分配的原因是什么呢？持能力贫困理论的学者认为，能力的匮乏和权利的缺失是贫困人口在分配中处于劣势地位的主要原因。针对这一问题，发展经济学家从"权利"入手分析了贫困的来源，提出了解决贫困的措施。

阿马蒂亚·森是权利贫困理论的代表人物。森在研究中发现，贫困不仅发生于经济衰退时期，也发生于经济快速发展时期，不仅发生于发展中国家，也发生于发达国家。因此，他认为提出了"权利的贫困"这一命题，认为发达国家或地区的贫困说明贫困除了与发展水平有关外，还与权利享有状况有关。阿马蒂亚·森提到，相当一部分贫困与饥荒的产生，与其说直接来自食物的供给不足，不如说是这部分贫困人口未获得充分的食物权利。[①] 这也解释了为什么经济快速发展时期，或经济较发达的国家与地区同样存在贫困的问题。在这一分析的基础上，森提出了解决贫困问题的方法，他指出，解决贫困问题要做的事情不是保证食物供给，而是保护食物权利，但鉴于权利关系又决定于法律、经济、政治等的社会特性，因此解决贫困问题不仅要关注物质资料的生产，更需要从法律、经济、政策的层面出发，保障贫困人口的权利。由此，森提出了"赋权"这一范畴，指通过基本公共服务的供给、法律政治权利的保障等，使贫困人口能够获得权利、提升能力，进而从根本上解决贫困问题。[②]

3. 人力资本反贫困理论

在权利贫困理论的基础上，阿马蒂亚·森等学者更进一步分析了贫困人口能力的提升对于解决贫困问题的重要意义。权利贫困理论将权利的缺失作为贫困的主要来源，在此基础上有学者认为，权利缺失的一个重要体现就是反贫能力的低下，而反贫能力的低下是催生贫困的主要原因。以此为代表性观点的反贫理论体系，被称为人力资本反贫困理论。人力资本反贫困理论的核心观点是将能力提升作为反贫的手段，其理论研究思路是将"人力资本"与传统的"物质资本"进行区分，认为劳动者的健康、学识、技能等是反贫中最重要的人力资本。具体而言，人力资本反贫困理论认为，贫困的产生主要是由于贫困人口健康状况不良、教育程度低、专业知识与技能不足等，可以统称为人力资本的缺乏。相应的，解决贫困问题的方式为提高人力资本投入，即通过医疗条件改善、教育培训等手段，增强贫困人口脱贫的内生动力。

4. 新发展经济学理论

张培刚被国内外学者誉为"发展经济学的创始人"之一，其代表作为《农业与工业化》。在《农业与工业化》一书中，张培刚研究了后发国家实现工业化、缓解贫困等问题，形成了"农业国工业化"的相关理论。之后，张培刚在《新发展经济学》一书中建立了比较全面的、独具特色的新型发展经济学理论体系，阐述了农业国如何实现工业化、摆脱贫困的问题。与传统发展经济学相比，张培刚认为，发展经济学同样需要研究发展中的社会主义大国，并认为大

[①]　〔印度〕阿马蒂亚·森：《贫困与饥荒——论权利与剥夺》，王宇、王文玉译，商务印书馆，2001，第14—40页。

[②]　〔印度〕阿马蒂亚·森：《贫困与饥荒——论权利与剥夺》，王宇、王文玉译，商务印书馆，2001，第14—40页。

国除了所谓"历史包袱"外，还存在沉重的人口压力、严峻的就业形势和低下的经济效率等问题。为解决这些问题，张培刚提出了"农业国工业化"的命题，他认为，这里的工业化既包括传统的工业部门产业的现代化等，也包括另一个国民经济部门即农业的机械化和现代化。张培刚进而提出，对于落后大国的农业现代化，工业化应为必要条件，只有实现工业和农业的平衡，才能改善其落后状况。总体而言，新发展经济学还是从落后国家实现经济快速发展的角度对贫困问题进行了研究。

5. "贫困恶性循环"理论

美国发展经济学家罗格纳·纳克斯于20世纪50年代提出了"贫困恶性循环理论"。纳克斯认为，贫困的国家与地区正在经历一种贫困的恶性循环。具体而言，纳克斯认为贫困的直接原因是社会产出的低下，社会产出的低下来自整体较低的劳动生产率。劳动生产率的提高有赖于高额资本的投入和技术的进步等。但事实上，贫困的国家与地区却往往资本形成不足。资本形成不足主要有两方面原因，一是较低的储蓄，二是低消费带来的低投资引诱。而低储蓄和低消费又是贫困的直接结果。这样纳克斯就描绘了贫困人口经历着的一个恶性循环。针对此问题，纳克斯认为可以从贫困恶性循环中的投资一环进行施策，在多个领域、多个部门同时进行大量的投资，使得经济增长突破原有闭环，进而提高劳动生产率，最后解决贫困问题。

（三）发展经济学减贫思想的积极意义

发展经济学的观点十分丰富，提出了解决贫困问题的多维路径。发展经济学家更多地站在后发国家与贫困人口的角度研究贫困问题，正视了贫困问题，并且提出要通过国民经济的发展来缓解贫困而非把减贫作为维护资本主义生产的权宜之计。从这一角度出发，发展经济学相比于小资产阶级政治经济学、资产阶级庸俗政治经济学、供给学派相关理论等已经具有了明显的进步性。同时，发展经济学也为发展中国家实现快速发展、提高人民生活水平提供了有力的实践指导。

然而，发展经济学的反贫观点仍存在一定的局限性，其中最明显的一点在于缺乏唯物史观作为方法论指导，使得有关学者在分析贫困问题时多从某一具体方面入手，没能对贫困来源的复杂性进行周延的研究。比如，发展经济学的有关观点没能解决后发国家的经济发展不均衡问题，进入20世纪70年代，由于产业结构不均衡等原因，以非洲和拉丁美洲部分国家为代表的发展中国家，遭遇了发展动力不足、经济增速放缓等问题，由此引发了各种金融危机与债务危机。到 20 世纪末期，由于经济的停滞和人口的增长，不少发展中国家重新进入困境，这些发展中国家的人民生活水平也明显下降，贫困问题十分突出。再比如，能力贫困理论强调了贫困人口的能力问题，但没有充分研究赋能的经济成本问题，研究了人力资本的投入和劳动力资源的微观供给，但没有充分研究整个社会的市场化问题、社会对劳动力的总需求、产业结构的均衡发展问题等。使得一部分观点在小范围或短期内能够取得效果，但缺乏发展的可持续性，部分发展中国家在经历了一段时间的快速发展后未能跳出中等收入陷阱，其国内劳动人民再次面临严峻的贫困问题。

第三节　中国传统减贫思想的古为今用

理论界认为中国最早从西周开始进入封建社会，随着土地的兼并和阶级的形成，中国社会开始出现具有明显分化特征的贫困人口。从西周至清代，中国社会出现了大量关于贫困治理的观点，且大多出自以士大夫为代表的封建地主阶级。鸦片战争后，中国沦为半殖民地半封建社会，部分地主阶级和资产阶级在当时的社会历史条件下，对中国的贫困问题进行了思考。本书认为，古代和近代中国的传统减贫思想，既具有来自非劳动阶级的空想色彩，也难摆脱既得利益者的阶级局限性，未能科学地指导贫困治理实践，但其中部分具体观点具有一定的先进性，中国传统减贫思想也在精准扶贫思想的生成过程中起到了不可替代的作用。本部分以中国封建制度的产生、兴盛和消亡为线索，分四阶段对中国传统减贫思想进行了梳理，分析了精准扶贫思想对其的批判吸收状况。

一　先秦诸子百家减贫思想

部分学者认为先秦时期我国形成了非中央集权的领主封建制，而这一时期的中国恰好经历了学术思想的百家争鸣。诸子百家多数认识到了当时的贫困问题，对于消除贫困的方式展开了激烈争论。

（一）领主制封建社会下的农民贫困

西周社会存在大量奴隶，但总体而言理论界将这一段时期中国的社会形态称为领主制封建社会。在这一时期，农业是社会生产的主要部分，农奴是社会的主要贫困群体。相传夏禹将有关于农奴的劳作状况描述为："土广无守，可袭伐。土狭无食，可围竭。二祸之来，不称之灾。天有四殃，水旱饥荒。其至无时，非务积聚，何以备之……"又："小人无兼年之食，遇天饥，妻子非其有也。"① 在重农社会中，由于生产力的落后和统治者的剥削，农民在进行繁重农业劳动的同时还经历着沉重的贫困。如《诗经·国风·七月》显示了农民一年四季终日耕种劳累，还要进行其他劳动，却过着"无衣无褐（粗麻布），何以卒岁"② 的贫困生活。春秋战国时期地主封建制的产生改变了"溥天之下，莫非王土"③ 的状况，底层劳动者的贫困状况并没有明显改变。在这一背景下，当时的百姓提出了"小康"的愿望，百家诸子也对贫困状况的改善形成了部分观点。

（二）先秦诸子百家减贫思想

《诗经》对"小康"的记载最早见于《诗经·大雅·民劳》："民亦劳止，汔可小康。"④ 意为百姓已够辛苦，应该可以稍享安康。表达了劳动人民对于摆脱贫困的愿望。相应的，诸子百家对在这一时期如何实现"小康"形成了诸多观点。

一是肯定消除贫困但希望维持贫困差距的义利论。孔子即是义以生利的主张者。"义以生利，利以平民"⑤ 是说讲义能够产生利，利在社会成员中的合理分配可以安定民心，使人民拥护统治者，保持统治秩序的稳定。但同时，孔子也提出一定贫困差距的存在具有合理性。他提出了"均"的思想，"均"是指按等级身份占有财富。孔子曾说："盖均无贫，和无寡，安无倾。"⑥ 据此，一个人的富或贫应和他的等级身份相称。他希望人们做到"贫而乐道，富而好礼"⑦，认为富人不胡作非为，穷人能安贫乐道，社会就稳定了。

二是利民和养民思想。利民和养民是中国经济思想史的重要范畴之一。这一时期思想家普遍主张政府有养民的责任。养民不是说由政府来养活人民，而是指给人民以适宜的生存条件，实行使人民有适当生活手段养活自己的政策。在古代中国，最早提出养民观点的是春秋时的郑文公，其提出在处理"利于民

---

① 见《逸周书·文传解》。
② 见《诗经·国风》。
③ 见《诗经·小雅》。
④ 见《诗经·大雅》。
⑤ 见《左传·成公二年》。
⑥ 见《论语·季氏》。
⑦ 见《论语·学而》。

而不利于君"的事情时，选择"苟利于民，孤之利也"①。同样，管子由于担心财用不足，也希望有尽可能多的人从事衣食之财的生产，因此很重视增加和保护人力资源。而"民"的意义主要在于其是重要劳动力。如《侈靡》说："百姓无宝，以利为首。一上一下，唯利所处。利然后能通，通然后成国。"② 百姓把对利益的追求放在首位，因此统治者必须实行对他们有利的政策，才能治理好国家。

三是重农思想。农业是古代社会决定性的生产部门，重农自然是最早出现的最普遍的减贫思想，《吕氏春秋·爱类》引"神农之教"说："士有当年而不耕者，则天下或受其饥矣；女有当年而不绩者，则天下或受其寒矣。"③ 商鞅极端重农，他说："圣人知治国之要，故令民归心于农。……惟圣人之治国作壹，抟之于农而已矣。"④ 商鞅以包括家庭纺织业在内的农业为社会发展之本，以农为本思想的产生，表明了对农业的认识有了新的发展。

除此之外，道家"道法自然"基础上的幸福观具有鲜明的特征。其中最具代表性的即老子"小国寡民"的有关思想，在贫困治理上，老子具有"为而不争""无为而无不为"⑤ 的主张。即认为顺应自然的过程才是和谐的过程，不应以满足物质需要为追求，要在顺应自然的情况下，引导人们安居乐业。在老子看来，只有不"尚贤"，不"贵难得之货"，才能"使民不争"，才能"使民不为盗"。也只有这样，社会才能富足，人民才"不为物役"。⑥

但在具体减贫措施层面，百家诸子则产生了争论，主要集中于是否应直接平均社会财富以减贫。孟子和荀子提出了"恒产""井田"等思想，主张对生产资料进行平均分配。随着战国时土地私有制度的发展，有些农民丧失了土地。孟子主张给农民以恒产，把它作为实现王道、仁政的首要目标。他的理想是使农民稳定地保有基本的生产资料以维持一家的生活。但是战国时期土地买卖盛行，土地占有不均的结果已无可挽回。商鞅在秦国就用鼓励竞争的办法大力发展地主经济，而不考虑土地占有是否均平。

二　封建集权前期的减贫思想

关于中国封建集权社会内部的阶段划分，有相当一部分学者支持"二分

---

① 见《左传·文公十三年》。
② 见《管子·侈靡》。
③ 见《吕氏春秋·爱类》
④ 见《商君书·农战》。
⑤ 见《道德经》。
⑥ 见《道德经》。

法"。即以宋代为分界，宋以前为封建社会的上升阶段，至唐代达到封建社会发展的顶峰，宋以后则逐渐衰落，至清末封建社会结束。本书遵循这一划分方式，在这一部分主要分析封建集权前期，即宋代以前中国古代的减贫思想。

（一）封建集权制度产生后的社会贫困

统一封建国家秦建立后，秦王政自号始皇帝，标志着我国封建集权制度的诞生。秦始皇三十一年令人民呈报自己的土地，从法律上确定土地的所有权。同时，秦代统治阶级滥用民力建造长城和阿房宫等，既破坏了生产，又给人民造成了极大祸害。从这一时期开始，封建地主与百姓间的矛盾成为导致贫困的主要矛盾，而这一矛盾集中体现于田制、战乱和灾患，其中最本质的是田制，即封建土地制度中蕴含的激烈矛盾。

封建集权制度下土地兼并十分严重，土地制度以及随之而来的剥削关系成为贫困的主要来源。《盐铁论》中说："交币通施，民事不及，物有所并也。计本量委，民有饥者，谷有所藏也。"[1]

与土地制度相适应的税赋制度等则进一步加重了封建制度下的贫困问题。如《盐铁论》揭露了官营工商业的种种弊端：实行均输，官府向百姓征收的不一定是当地的土特产。"释其所有，责其所无"，百姓只得贱卖货物以满足官府的征收要求；官吏"行奸卖平，农民重苦，女工再税，未见输之均也"。[2]

除此之外，战乱和灾患也造成了一定程度的贫困。在唐朝建立之初，由于战争的破坏，唐初户口从隋盛时的将近900万户降到200多万户。"自伊、洛以东，暨乎海岱，灌莽巨泽，苍茫千里，人烟断绝，鸡犬不闻，道路萧条，进退艰阻。"[3]

（二）封建集权前期减贫思想的内容

封建集权制度建立后，当时学者普遍承认农业生产是缓解贫困最重要的方法。贾谊继承和发展了战国以来的重农理论，提出驱民归农的主张。[4] 同一时期的晁错也很重视粮食的生产和储备。他说："粟者，王者大用，政之本务。"[5]

---

① 见桓宽《盐铁论·错币》。
② 见桓宽《盐铁论·本议》。
③ 见刘昫《旧唐书》。
④ 见贾谊《论积贮疏》。
⑤ 见晁错《论贵粟疏》。

而现在蓄积未备，是因为"地有余利，民有余力，生谷之土未尽垦，山泽之利未尽出……游食之民未尽归农"①，因此"明主"需懂得只有务民于农桑才能减少饥困，使人民拥护自己。北魏贾思勰在《齐民要术》中对农业之于民生的重要意义也有充分表述，认为"夫治生之道，不仕则农。若昧于田畴，则多匮乏"②。明代刘基也主张以农为本，提出"耕，国之本也，其可废乎"③，并进一步将农事的重要性与兵事相并列。

而发展农业生产的障碍在哪里呢？多数学者还是将其归于封建的土地制度。认为封建的土地兼并使农民离开了土地，破坏了农业生产，导致了大规模的贫困。

为解决这一问题，当时的人们提出了不同观点。

第一类是主张改良土地制度的观点。主要分为较为理想主义的"均田论"和有相当程度实践价值的"限田论"。"均田论"代表了一部分学者希望回到"井田制"的美好愿望。北魏学者李安世有《均田疏》传世，他认为井田制是使人们平均地占有土地、能够抑制兼并、解决贫富不均问题的理想的土地制度。董仲舒和王莽提出限制私人占有土地的数量，"限民名田，以澹不足，塞并兼之路"④，从而"使富者足以示贵而不至于骄，贫者足以养生而不至于忧"⑤，但没有提出具体方案和措施。西汉末年，师丹重提限田，汉哀帝据之颁布了限田诏书，因遭大臣、贵族反对，搁置未行。以后，东汉荀悦提出过"宜以口数占田，为之立限，人得耕种，不得卖买，以赡贫弱，以防兼并"⑥。唐朝陆贽、杜佑、李翱、白居易等均反复提出过"均田论"，但同样具有明显的空想色彩。

第二类是主张调整经济结构的观点。如贾谊提出要减少手工业奢侈品的生产而鼓励农业生产。他指出："生之者甚少，而靡之者甚多，天下财产何得不蹶。"⑦ 这是在运用《大学》的生财之道分析当时的实际情况。他所说"背本而趋末"的"末"是指"末技"，即奢侈品的生产。贾谊的奢侈品指"雕文刻镂"等，他认为生产这些既费工又不能促进财富增长，制作者还要食用粮食，因此其实为当时贫困的来源。他进一步分析奢侈品生产的危害性说："夫百人作

---

① 见晁错《论贵粟疏》。
② 见贾思勰《齐民要术·杂说》。
③ 见刘基《郁离子》。
④ 见班固《汉书·食货志》。
⑤ 见董仲舒《春秋繁露》。
⑥ 见马端临《文献通考·田赋考》。
⑦ 见贾谊《论积贮疏》。

之不能衣一人，欲天下亡寒，胡可得也？一人耕之，十人聚而食之，欲天下亡饥，不可得也。饥寒切于民之肌肤，欲其亡为奸邪，不可得也。"[1] 为了改变这种情况，他提出了驱民归农的建议。

第三类是主张改良与土地制度紧密相关的税赋徭役制度。《盐铁论》对当时的封建征收制度进行了批评，认为官府向百姓征收的对象脱离实际。官吏"行奸卖平（操纵物价），农民重苦，女工再税，未见输之均也"[2]，买不起铁器的农民只好用木犁来耕地，用手来除草，用土块来碎土，如此等等，"故百姓疾苦之"[3]。宋代欧阳修所谓"力役之弊"是指自耕农和有一二百亩田的中小地主的繁重的差役负担。有些人因此而"贱卖其田，或逃而去"[4]。《通典》对于当时的减税思想也有明确记载，如关于轻税制度就记载"其新附客户，则免其六年赋调"[5]，体现出当时针对"客户"这一生计困难群体的减税政策。

除此之外，当时学者也对灾患时对贫困人口的赈济问题进行了分析。"赈济"一般指国家或富人对贫民的无偿救济，有时也包括有偿的赈贷。《管子·轻重甲》说："饥者得食，寒者得衣，死者得葬，不资者得振，则天下之归我者若流水。"[6]《管子·轻重丁》说"以赈贫病"[7]。这里的"振"和"赈"都是指赈济。

三　封建集权后期的减贫思想

（一）统治阶级土地兼并的发展

唐代之后，封建集权制度走向鼎盛，其带来的一个严重后果即封建统治阶级开始进行大规模土地兼并。北宋初年荒地较多，土地兼并还不是很激烈。到仁宗时就比较严重了，不少地主"一户之田及百顷"[8]。南宋土地集中的程度远远超过北宋。理宗六年谢方叔说："今百姓膏腴皆归贵势之家，租米有及百万石者。"[9] 且宋代税赋逐渐加重，据南宋叶适记载："祖宗之盛时所入之财，比于

① 见贾谊《治安策》。
② 见桓宽《盐铁论·本议》。
③ 见桓宽《盐铁论·水旱》。
④ 见欧阳修《原弊》。
⑤ 见杜佑《通典》。
⑥ 见《管子·轻重甲》。
⑦ 见《管子·轻重丁》。
⑧ 见欧阳修《原弊》。
⑨ 见陈邦瞻《宋史纪事本末·公田之置》。

汉、唐盛时一再倍。"① 土地兼并给当时的平民造成了沉重的负担。同时，又出现了"民困于外"的现象，即对外纳贡和对内庞大的军务开支使得民间积贫。经过元末的战争，人口减少，荒地很多。明英宗至武宗的80多年间，由宦官掌握朝政，这一时期的土地兼并和农民流亡现象已很严重。如英宗天顺八年（1464）开始设立皇庄。后来皇庄增加至三百余处，共占地三万余顷，由于土地兼并的加剧，明中叶百姓贫困状况已十分严重。明清之际的战争使中国的社会经济又遭到了一次严重的破坏。清初还实行圈地政策，被圈占的耕地又达到之前数倍。②

统治阶级土地兼并的加剧对当时人们的思想形成了一定影响。与前一时期对土地政策的集中思考不同，这一时期人们开始怀疑调整土地制度以减贫的可能性。在这一怀疑中，明清的减贫思想较之前发生了明显变化。

（二）封建集权后期减贫思想的内容

这一时期学者在逐步认清土地兼并严峻形势后，开始对调整土地政策以减贫的传统路径进行再次思考。这种思考带来了当时减贫思想向四个方向的分化和转变。

第一，仍坚信"井田"与"均田"的可行，并对其具体施行方式进行了想象。宋仁宗下过限田诏，规定"公卿以下毋过三十顷，衙前将吏应复役者毋过十五顷"③。宋朝的李觏、苏洵，元朝的赵天麟、郑介夫和明朝的丘濬也都提出过类似主张。明代刘基也曾写诗表达过对均田制的向往："我闻在昔兮，有虞夏商。一夫百亩兮，家有稻与粱，生不饿殍兮死有藏。"④ 并认为在有"大德"之人掌政的条件下，井田制可以恢复。"限田论"则更追求实践运用。明代方孝孺最突出的经济思想是主张恢复井田。他认为"井田废而天下无善俗"，只有井田能"定天下之争"。⑤ 黄宗羲则用屯田的可行来证明井田的可复，幻想在不侵犯地主土地所有权的条件下解决农民的土地问题和生计问题。

第二，意识到"井田"与"均田"已无可能，进而尝试从税赋等与土地政策紧密相关的经济政策入手改善经济和百姓生计。如宋代王安石提出了"免

---

① 见《叶适集·财总论二》。
② 邓庆平：《清代直隶的旗地圈补与地方社会结构的变动——以清代卫所变革为中心》，《清史研究》2017年第4期。
③ 见马端临《文献通考·田赋考》。
④ 见刘基《麦舟图歌》。
⑤ 见方孝孺《逊志斋集》。

役"的主张，尝试将差役变为雇役。① 王夫之也说："为均田之说者，王者所必诛而不赦。"② 其思想包含着对地主土地所有制是封建生产关系的基础的认识，认为剧烈的土地兼并又会加剧封建社会的矛盾。因此地主阶级中经常会有人提出限制土地兼并的主张和方案，但它们大多没有付诸实施，即使有实施的，或者只能见效于一时，或者立即造成混乱，最后都走向彻底的失败。

第三，同样意识到"井田"与"均田"已无可能，进而将减贫的重心放到除土地政策外的另一个重要领域——荒政上，并在前人基础上对"荒政"进行了系统研究。南宋流传下来的《救荒活民书》是中国古代关于赈济的重要文献，提出了以常平、义仓、劝分、禁遏籴、不抑价为主的一系列救荒措施。明代刘定之将荒政分为"备荒"和"救荒"两个概念。这两个概念并非他首创，但是他创新地提出把备荒和救荒分别置于荒政中的两个等级，把备荒放在救荒之上。所谓备荒，就是指国家在灾害未来之时加强粮食储备，备荒应该是整个国家的战略性举措。救荒则是指在灾害来临后通过各项手段赈济灾民，救荒主要应该由地方政府负责，是一种应急性举措。嘉靖八年，林希元对以往的荒政观点进行了总结，上论荒政的万言书——《荒政丛言疏》，经世宗诏告有司施行。他说疏中所谈的都是他对"往哲成规，昔贤遗论"作的"斟酌损益，或已行而有效，或欲行而未得，或得行而未及，谓可施行于今日者"。③ 其将中国历来的荒政归纳为二难、三便、六急、三权、六禁和三戒共 6 纲 23 目。

第四，开始关注教育、货币政策、人口变化等与贫困的关系。如明代开始出现教育养民，减缓贫困的思想。养民本来只是一个经济问题，可是丘濬把伦理道德教育也包含在内。他说："有心知之性，不可以无所养。"④ 实际讲的就是教育的问题。因此他把"设学校，明伦理，以正其德"⑤ 作为养民的措施。

除此之外，部分学者开始研究货币政策与贫困的关系，并认为明代以来中国以银为主要流通货币是造成贫困的原因。如唐甄说："自明以来，乃专以银。至于今，银日益少，不充世用。有千金之产者，尝旬月不见铢两。"⑥ 他提出了一种比较特殊的观点："财之害在聚"，而银却是"易聚之物"。⑦ 即钱财的集聚

---

① 见《临川先生集》。
② 见王夫之《读通鉴论》。
③ 见林希元《荒政丛言疏》。
④ 见邱濬《正朝廷·总论朝廷之政》。
⑤ 见邱濬《正朝廷·总论朝廷之政》。
⑥ 见唐甄《潜书·更币》。
⑦ 见唐甄《潜书·更币》。

容易导致贫困，而银作为一种贵金属，又天然易于实现财富的集聚。这使得大量财富有可能集中在少数人手中，而这是贫困最主要的来源。

再有，这一时期的中国出现了与马尔萨斯人口理论相类似的人口论，将人口的增长作为贫困的来源。清代学者洪亮吉分析人口增长造成人们生活困难的情况时说：假定高、曾祖时有屋十间、田一顷，夫妻二人生活宽然有余；以一对夫妇生三子计算，到儿子一代娶妇后就有八人，加上佣仆超过了十人，"以十人而居屋十间，食田一顷，吾知其居仅仅足，食亦仅仅足也"[1]；到孙子一代娶妇后，即使有人死去，家庭成员仍会达到二十人，"以二十余人而居屋十间，食田一顷，即量腹而食，度足而居，吾以知其必不敷矣"[2]；而到曾孙、玄孙一代，人口还要增加到五六十倍。因此基于有限的生产生活资料，快速增长的人口就成为当时贫困的重要来源。

四　民国时期的减贫思想

鸦片战争后，中国进入半殖民地半封建社会。一方面，外敌入侵、自然灾害、政府弊政和其他社会危机使得当时的贫困问题尤其突出，"终岁勤劳，难图一饱"已是当时社会的普遍图景。另一方面，这一过程伴随着民族资产阶级和小资产阶级的快速发展，而这一阶级又与封建势力有所联系或身份直接重叠，一时间中国传统思想与现代多种社会思潮碰撞，关于当时社会的贫困问题，也形成了诸多观点。

（一）民国时期农民贫困情况

民国时期，尤其是20世纪20年代以来，政府部门、专家学者、社会组织、研究机构等运用社会学、经济学与统计学方法，进行了诸多农村社会经济调查，通过农民的衣食状况更为具体清晰地描述农民贫困的现象。很多学者都对当时不同地区的贫困状况进行了描绘甚至测度。如1935年言心哲就对当时中国17个县市的286户农家的恩格尔系数进行了统计，得出恩格尔系数平均值为59.77%。[3] 还有部分调查显示，当时的农户负债情况较为普遍，据1935年上海俞塘省立民众教育馆的调查，即使是在当时相对发达的上海，负债在50元以内者占19.5%，51—100元者占49.7%，101—150元者占12.8%，平均下来无论

---

[1]　见洪亮吉《意言·治平篇》。
[2]　见洪亮吉《意言·治平篇》。
[3]　言心哲编《农村家庭调查》，商务印书馆，1935，第109页。

自耕农、半自耕农还是佃农，俱不能维持收支之平衡。[1] 而借款的用途以"家用最多，婚丧次之，土地、房屋、肥料、农具及赌博又次之，种子最少"[2]，可见当时部分农民的基本生存已存在问题，且贫困状况已经严重影响到当时的农业生产经营。

（二）民国时期的减贫思想

民国时期的减贫思想与封建时期的减贫思想在具体内容上有相似之处，均强调自上而下地发展生产、土地制度改革和灾情赈济。但二者也有明显区别，在封建集权时期，国家行政力量难以深入乡村社会，封建地主与农民的矛盾也更集中于土地，因此当时诸如"均田""减税"等观点具有明显的空想性，甚至没能被施政者采纳。但晚清至民国时，国家力量日益深入社会生活，如杜赞奇所提出的，20世纪上半叶中国社会的基本发展趋势之一便是国家力量深入并控制乡村社会。[3] 因此，这时期生成的减贫思想被赋予了更多的实践意味，并指导了部分政策的制定。

第一，主张改良农业生产。民国时期存在严重的农业生产不足，当时政府部门与专家学者中不少人意识到了这一问题，并提出要通过改良农业生产而改变农村的贫困状况。如曾担任民国北京政府农林部总长的张謇就以"棉铁主义"闻名，他提出棉、铁工业中要以发展棉纺织业为先，主张以资本主义股份公司的方式，集资发展棉花生产，以租佃制进行经营。[4] 孙中山在民国之初就曾提出"振兴实业"的观点，而在发展实业中，孙中山认为与解决中国"贫患"最紧密相关的，就是加强农业生产。孙中山认为以落后的手工劳动为主的生产方式是造成普遍贫困的主要因素，他说："我中华之弱，由于民贫。余观列强致富之原，在于实业。"孙中山进一步指出农业机械的运用是增加农业生产的关键，他说："中国几千年来耕田都是用人工，没有用过机器。……若是用机器生产，便可以养八万万人。"[5] 因此孙中山说："机器可以富国。"[6] 而当时中国面临的现实状况为机器制造能力相对落后，要提高机器制造能力又需要广泛地

---

① 周中建：《二三十年代苏南农家收支状况研究》，《中国农史》1999年第4期。
② 冯和法编《中国农村经济资料》，黎明书局，1933，第602页。
③ 〔美〕杜赞奇：《文化、权力与国家：1900—1942年的华北农村》，王福明译，江苏人民出版社，2008，第4页。
④ 章开沅、田彤：《张謇与近代社会》，华中师范大学出版社，2001，第256页。
⑤ 黄彦编《孙文选集》（上册），广东人民出版社，2006，第641—642页。
⑥ 黄彦编《孙文选集》（中册），广东人民出版社，2006，第383页。

振兴第二产业。可以说，孙中山从农业生产出发，提出了通过振兴实体经济缓解贫困的观点。

第二，主张土地制度与赋税制度的改革。其中，最著名的当数孙中山"平均地权"的思想。从19世纪末开始，"平均地权"就是孙中山的重要革命和政治主张。孙中山认识到，当时中国各类矛盾的集中体现就是人地矛盾，土地兼并使得大量农民流离失所陷入贫困，而农业生产资源要素的不均衡配置又对农业生产造成不良影响，由此形成了一种恶性循环。因此，孙中山在各个时期都秉承"平均地权"的思想。其核心观点体现于《中国国民党第一次全国代表大会宣言》中关于民生主义的部分。宣言指出："盖酿成经济组织之不平均者，莫大于土地权之为少数人所操纵。……私人所有土地，由地主估价呈报政府，国家就价征税，并于必要时依报价收买之，此则平均地权之要旨也。"[1] 除"平均地权"外，民国时期也形成了"土地陈报""征收地价税"等主张，且国民政府还对"土地陈报"进行了实践尝试，但由于经费不足和矛盾集中，多数未能完成。

第三，主张抗灾救灾。抗灾救灾思想由来已久，民国时期又出现了盛宣怀、郑观应、张謇等一批慈善家，并随之产生了一系列新的慈善思想。如这一时期形成了突破单纯衣食救助的慈善思想，主张设立借钱局，以鼓励安分守己的贫民发展生产。相关思想还在实践中得到了相应的运用。比如，这一时期的中国已经形成了地区性甚至全国性的慈善组织，如红十字会等。有的慈善组织已经有了如捐助和拨款等比较稳定的资金来源，具有一定的济贫功能，且已经具有比较完备的组织架构和规章制度。有部分慈善机构甚至还能为农民提供一定的社会化服务，为农业发展条件的改善提供了帮助。

第四，主张普及教育。以孙中山为代表的诸多有识之士都意识到教育是从长远消除贫困的重要手段。孙中山尤其认为教育是实现公平的最主要途径。其在1912年关于社会主义的演讲中，曾经对教育的公平作过经典的阐述，他说："圆颅方趾，同为社会之人，生于富贵之家即能受教育，生于贫贱之家即不能受教育，此不平之甚也。"[2] 也就是说，不同人的家庭出身本身是不公平的。如何在可能的范围内消除这一不公，尽量实现公平呢？孙中山认为，国家政府要承担教育的基本责任，要为教育投入经济资源。[3] 要通过教育实现人与人之间的

---

[1]　尚明轩主编《孙中山全集》（第一卷），人民出版社，2015，第321页。
[2]　黄彦编《孙文选集》（中册），广东人民出版社，2006，第363页。
[3]　黄彦编《孙文选集》（中册），广东人民出版社，2006，第363页。

公平发展。晏阳初则指出贫困问题的解决还需要从"人"自身寻找办法，具体而言就是要通过教育增强公民尤其是乡村公民的"知识力""生产力""强健力"等。为此他提出了以乡村改造运动培养现代公民的主张，提出贫困和落后"一是愚，二是穷，三是弱，四是私"①，对于这四大病症还需通过"开脑矿——作新民"的路径去解决，即对农民进行文艺、生计、卫生和公民教育，最终"养成有知识、有生产力和公德心的'整个的人'"②。

第四节　精准扶贫思想生成理论逻辑的总体考察

前文对精准扶贫思想生成的总体理论来源及这一思想与之前减贫思想的关系进行了研究。基于此，本书形成了关于精准扶贫思想生成理论逻辑总体考察的结论。即精准扶贫思想是马克思主义反贫困思想在新时代的继承和发展，其理论观点遵循了马克思主义的立场、观点和方法，同时精准扶贫思想在发展过程中也对西方减贫思想及中国传统减贫思想进行了批判借鉴和合理吸收。

一　精准扶贫思想立场观点方法的源头是马克思主义反贫困思想

（一）价值立场的鲜明确立

减贫思想按照其立场可以划分为三类。一是无明显立场的减贫思想，一些思想家认为科学是不具有阶级性的，不存在只为某一部分人、某一阶级利益服务的科学，减贫思想也是如此。二是为资产阶级服务的减贫思想，其思想观点主要关照资产阶级的现实利益。如资产阶级庸俗经济学家马尔萨斯提出的"马尔萨斯人口论"，认为贫困的主要成因是以算术级数增长的食物不能满足以几何级数增长的人口的需要，主张通过抑制人口增长以消除贫困。这一理论意图通过消除贫困人口来解决贫困问题，侵犯了贫困人口的基本生存权和繁衍权，与侵占贫困人口的生活资料相比有过之而无不及。三是站在劳动者立场上的反贫困思想，如马克思恩格斯反贫困思想及中国化马克思主义反贫困思想。马克思主义反贫困思想的创始人公开承认自身学说性质是无产阶级的，是指导无产阶级争取自身和全人类彻底解放的科学理论，马克思主义的立场就是"无产阶级

---

① 宋恩荣主编《晏阳初全集》（第一卷），天津教育出版社，2013，第145页。
② 宋恩荣主编《晏阳初全集》（第一卷），天津教育出版社，2013，第83页。

的立场，或人民大众的立场，或全人类的立场"①。具体到贫困问题上，彻底的解放包括生活资料的丰富以及多维贫困的消除，即马克思主义者在研究反贫困时持有这三重立场。这一反贫困的立场在《共产党宣言》中得到了集中的阐发，即既追求无产阶级享受公平、富裕的生活，实现对资产阶级资本的夺取，又力图实现"一切人的自由发展"②，追求构建自由人的联合体。

马克思和恩格斯的反贫困思想首先追求的是无产阶级现实利益的实现，是其摆脱贫困命运的理论武器。中国共产党在其反贫困思想形成和发展的过程中一直坚持无产阶级立场，同时在社会主义条件下进一步明确了反贫困的目的是维护全体劳动者的利益，实现全体人民的共同富裕。中国共产党自成立之初就明确了自身代表工人阶级和整个中华民族的利益，将"为中国人民谋幸福，为中华民族谋复兴"③作为自身的使命和初心。尤其是进入精准扶贫精准脱贫阶段后，我国进入全面建成小康社会的历史时期，以习近平同志为核心的党中央在新的历史方位提出了"小康路上一个都不能掉队"④的观点，进一步明确了中国化马克思主义反贫困思想实现全体人民共同富裕的价值追求。在此基础上，精准扶贫思想也具备在社会主义初级阶段反贫困事业中实现人尽可能自由发展的价值立场。习近平在2006年指出，面对人民的多样化愿望和诉求，要追求"人的权利、人的利益、人的安全、人的自由、人的平等、人的发展等"⑤。聚焦到反贫困问题，习近平则提出，我们的奋斗目标，就是让群众拥有"更好的教育、更稳定的工作、更满意的收入……更舒适的居住条件、更优美的环境"⑥等。这一立场贯穿整个中国化马克思主义反贫困思想，充分体现出马克思和恩格斯对让每个社会成员完全自由地发展才能和力量的价值追求。

（二）理论观点的源流继承

1. 坚持和发展了马克思恩格斯关于贫困来源和表征的观点⑦

一方面，厘清贫困的来源是破解贫困难题的前提。马克思恩格斯阐明了造

① 孙鏖、郝立新主编《唯物史观与中国问题》，中国社会科学出版社，2015，第435页。
② 《马克思恩格斯选集》（第一卷），人民出版社，2012，第422页。
③ 中共中央党史和文献研究院、中央"不忘初心、牢记使命"主题教育领导小组办公室编《习近平关于"不忘初心、牢记使命"论述摘编》，党建读物出版社、中央文献出版社，2019，第11页。
④ 中共中央党史研究院编《习近平扶贫论述摘编》，中央文献出版社，2018，第19页。
⑤ 习近平：《干在实处 走在前列——推进浙江新发展的思考与实践》，中共中央党校出版社，2006，第355页。
⑥ 《习近平谈治国理政》（第一卷），外文出版社，2018，第4页。
⑦ 详见蒋永穆《中国为什么有能力消除绝对贫困》，《理论动态》2020年第34期。

成贫困的主要原因，指出以私有制为核心的资本主义生产关系是造成资本主义贫困的根源，不平衡的生产力发展是贫困生成的物质条件。中国共产党人在分析贫困的来源时，从马克思主义的生产力和生产关系视角出发，结合中国实际进行了剖析。在生产力方面，始终认为生产力发展不平衡不充分是导致社会主义社会存在贫困的主要原因。在生产关系方面，中国共产党人认为不适应生产力发展的生产关系阻碍了贫困问题的解决，应深刻把握生产力与生产关系的矛盾运动规律，着力破除不合理的生产关系对生产力发展的束缚。另一方面，识别贫困的表征是破解贫困难题的基础。马克思恩格斯根据贫困的状态和表现，将贫困划分为不同的范畴。从贫困的状态来看，贫困可分为绝对贫困和相对贫困。精准扶贫思想结合中国实际确定了绝对贫困标准，党的十九届四中全会又首次明确要"建立解决相对贫困的长效机制"。从贫困的表现来看，贫困可分为物质贫困和精神贫困。中国共产党人最初对贫困问题的关注主要集中于物质贫困。党的十八大以来，精神贫困的表现进一步延伸，物质贫困与精神贫困均属于贫困的重要表现的观念得以明确。

2. 坚持将物质资料生产作为研究贫困问题的主要场域

马克思和恩格斯认为生产力和生产关系直接决定物质资料的生产水平和劳动者在分配中所处的地位，进而直接影响其物质资料的占有情况。当生产力水平不高或生产关系导致剥削时，劳动者只能占有较少的物质资料，这是贫困最直接也是最主要的表现。马克思和恩格斯认为经济基础对上层建筑起到决定作用，则资本主义社会的上层建筑与剥削的生产关系是高度匹配的，这一上层建筑又对贫困人口的精神生活条件、社会交往条件等带来不利影响，因此生产力和生产关系同样对多维贫困的产生具有重要影响。中国共产党人在从社会基本结构的视角出发研究贫困来源问题时，同样形成了生产力落后和生产关系待调整是贫困主要来源的观点。精准扶贫思想将落后的社会生产或发展的不平衡不充分作为社会主要矛盾的一个方面，强调生产力落后是贫困的主要来源，从生产力的解放、保护和发展以及生产关系的完善出发来思考贫困问题。如习近平总书记在分析深度贫困地区致贫原因时指出："很多深度贫困村发展产业欠基础、少条件、没项目，少有的产业项目结构单一、抗风险能力不足，对贫困户的带动作用有限。"[①] 另一方面，当代中国共产党人同样提出，生产力和生产关系状况能够影响人的思想，导致多维贫困的产生，表现为一些贫困群众由于长

---

① 习近平：《在深度贫困地区脱贫攻坚座谈会上的讲话》，人民出版社，2017，第9页。

期贫困形成了等靠要的消极心态，缺乏反贫困的动力，难以发挥自身反贫困的主观能动性。如习近平总书记在分析打赢脱贫攻坚战面临的矛盾和问题时指出："没有脱贫志向，再多扶贫资金也只能管一时、不能管长久。"[①]

3. 坚持以劳动人民的联合作为反贫困的主体

马克思和恩格斯认为，无产阶级以及和无产阶级具有相同利益的劳动人民是反贫困的主要力量。唯物史观认为，人民群众作为推动历史发展的绝大多数社会成员的总和，是历史的创造者，也是反贫困这一实践的承担者。一方面，人民群众作为物质资料生产的主要承担者，具有反贫困的能力；另一方面，人民群众深受贫困的苦难，最具有反贫困的动力。正如马克思用资本主义社会举例指出，随着资本主义生产关系的扩大和无产阶级贫困状况的加深，"日益壮大的、由资本主义生产机制本身所训练、联合和组织起来的工人阶级的反抗也不断增长"[②]。因此，在反贫困过程中，摆脱贫困将成为人民群众自己的事，受到压迫的劳动人民将成为反贫困的主要承担者。在这一观点的影响下，中国共产党人自新中国成立伊始就提出，我国要以多种形式"把群众的力量组织成为一支劳动大军。这是人民群众得到解放的必由之路，由穷苦变富裕的必由之路"[③]，将无产阶级政权作为反贫困的领导力量，将广大劳动人民作为反贫困的主要力量。进入精准扶贫阶段后，我国进一步强调劳动人民自身在反贫困实践中的主体地位，形成了"坚持群众主体""激发内生动力""构建社会大扶贫格局"等思想观点，坚持了马克思和恩格斯将劳动人民的联合作为反贫困主体的思想。

4. 坚持将发展生产力和变革生产关系作为反贫困的重点

基于物质资料生产对于反贫困的重要意义，马克思和恩格斯将落后的生产力和滞后的生产关系作为贫困的主要来源，与此对应，马克思和恩格斯也将发展生产力和变革生产关系作为反贫困的重点。马克思和恩格斯对生产关系变革的重视不言而喻，一直将消灭资本主义生产关系作为当时反贫困的最核心手段，与此同时，马克思和恩格斯并未忽视生产力发展在反贫困中的重要地位，对生产力和生产关系的矛盾运动给予了充分重视，将生产力的发展作为消除贫困的前提条件。如马克思恩格斯在《德意志意识形态》中就提出，要避免贫穷和极

---

① 中共中央党史和文献研究院编《十八大以来重要文献选编》（下），中央文献出版社，2018，第38页。

② 《马克思恩格斯全集》（第四十三卷），人民出版社，2016，第827页。

③ 《毛泽东选集》（第三卷），人民出版社，1991，第932页。

端贫困的普遍化，生产力的发展将是"绝对必需的实际前提"①。可以看出，马克思和恩格斯在社会基本结构各要素层面思考反贫方式的同时，认为生产力和生产关系层面的反贫困是重点内容。中国共产党人坚持了这一重要思想。尤其是在改革开放以后，我国进入了体制改革式反贫困时期和区域开发式反贫困时期，形成了以社会主义经济体制改革和贫困地区经济开发为重点的反贫方式思想。进入精准扶贫精准脱贫阶段后，我国又形成了"发展是甩掉贫困帽子的总办法"的观点，提出要通过社会主义经济制度的内部调整和生产力的发展来加强物质资料生产能力的提升，满足贫困人口的最基本需要，并在此基础上实现整个社会多个方面的发展，满足贫困人口自我发展的多方面需求，这与马克思恩格斯反贫困思想的要求是高度相符的。

（三）研究方法的开创运用

1. 坚持辩证唯物主义和历史唯物主义的方法论

一方面，马克思、恩格斯和中国共产党人在研究贫困问题时坚持了辩证唯物主义的方法论。一是明确了世界统一于物质，在研究贫困问题时坚持了物质决定意识的原理。马克思和恩格斯及中国共产党人坚持"世界的真正的统一性在于它的物质性"②，坚持从客观现实，而非理论抽象出发研究贫困。中国共产党人对贫困问题的研究同样是基于现实材料展开的，尤其是进入精准扶贫精准脱贫阶段后，我国对贫困现实进行了多层次的具体认识。既在时间场域对我国贫困所处的历史阶段进行研判，也在空间场域对我国不同地区的贫困现象进行了分析，既在宏观上对总体贫困状况进行了把握，也在微观上通过建档立卡和统计监测制度的完善摸清了每个建档立卡户的具体贫困状况。习近平总书记对此也提出，我国在研究反贫困问题时，要坚持搜集一手资料，"派大量干部下去，一家一家摸底"③，将各项客观事实作为反贫困思想的形成依据。二是坚持具体问题具体分析。如马克思和恩格斯将人自身发展受到束缚作为贫困的本质，同时又关注到这一本质在资本主义社会的具体表现，即无产阶级遭到资本主义生产关系的束缚和剥削。在此基础上，中国共产党人针对中国贫困的具体状况，主要针对中国农村地区的绝对贫困问题提出了一系列反贫困观点。三是运用辩证思维研究贫困问题。马克思、恩格斯和中国共产党人在研究贫困问题时，都

① 《马克思恩格斯选集》（第一卷），人民出版社，2012，第166页。
② 《马克思恩格斯选集》（第三卷），人民出版社，2012，第419页。
③ 中共中央党史和文献研究院编《习近平扶贫论述摘编》，中央文献出版社，2018，第78页。

注重运用辩证思维来处理反贫困实践中当前与长远、重点与非重点的关系。中国共产党人站在社会主义初级阶段的历史方位，在追求反贫困最终目标的同时，清醒认识到社会主义初级阶段消灭绝对贫困和解决相对贫困问题的重要意义。

另一方面，马克思、恩格斯和中国共产党人在研究贫困问题时坚持了历史唯物主义的方法论。一是从社会历史发展的角度来研究贫困问题。马克思和恩格斯认为人类的一切活动都是在一定的历史条件下进行的，而贫困作为人类活动的内容和结果之一，同样受到社会历史条件的影响和制约。因此二者充分承认贫困的社会历史性，认为贫困的具体表现随社会历史条件变化而变化，贫困随着社会的发展而发展，并将在一定的发展水平下得到消除。二是坚持经济基础决定上层建筑，上层建筑反作用于经济基础的基本原理。无论是马克思、恩格斯还是中国共产党人都坚持经济基础层面的变革对贫困具有决定性影响，同时又认识到思想观念和政治法律制度等要素又会对经济基础产生反作用，从而影响贫困的消除。三是坚持生产力决定生产关系，生产关系反作用于生产力的基本原理。马克思和恩格斯在研究资本主义贫困时，首先肯定了资本主义带来的生产力大发展，并在此基础上提出资本主义的贫困是一种建立在发达生产力基础上的"悖论性贫困"，进而研究了资本主义生产关系对生产力发展的约束，并提出了消除资本主义生产关系这一直接反贫困手段。中国共产党人则提出，我国的生产力水平较社会主义生产关系而言相对滞后，生产力发展不足决定了我国的贫困状况，形成了以解放、发展和保护生产力为主的反贫困方式，并在生产力水平明显提升后，更加强调优化分配方式等生产关系的调整对于反贫困的重要作用。

2. 运用社会基本结构分析的具体方法

马克思主义者在研究贫困的来源和反贫困方式等重要问题时，使用了社会基本结构的分析方法，从生产力、生产关系、观念上层建筑和政治上层建筑四个要素出发，对相关问题展开具体研究。从社会基本结构出发是马克思和恩格斯研究贫困问题的重要方法，二者据此形成了许多重要观点，其中就包括关于贫困成因和反贫困方式的思想，这二者又是紧密联系的。马克思和恩格斯认为，贫困源自社会基本结构各要素的共同作用，与此相应，反贫困也需要从社会基本结构各要素的层面展开。因此，马克思和恩格斯提出了消灭资本主义生产关系、推动生产力发展、发展互助与救济、构建与反贫困相适应的政治上层建筑和观念上层建筑等反贫困方式。中国共产党人坚持了从社会基本结构出发的研究方法和有关观点，同样在发展生产力、调整生产关系、构建与反贫困相适应的上层建筑等几个层面形成了反贫困方式的相关观点，提出反贫困是一项涉及多个领域的系统工程，需要多维方式的构建。

3. 运用矛盾分析法的具体方法

"事物的矛盾法则，即对立统一的法则，是唯物辩证法的最根本的法则"[①]，矛盾分析法是马克思主义理论最基本的分析方法之一。马克思恩格斯反贫困思想和中国化马克思主义反贫困思想对这一分析方法进行了充分运用。一是在社会基本矛盾中分析贫困问题。马克思和恩格斯将生产力与生产关系的矛盾、经济基础和上层建筑的矛盾作为无数社会矛盾中起总制动作用的基本矛盾。二是在矛盾的同一性和斗争性中分析消除贫困的方式。矛盾的同一性指矛盾的两个方面处于一个统一体中，且能够"在一定条件之下互相转化"[②]，矛盾的斗争性则指矛盾的两个方面具有相互斗争的运动规律，通过斗争运动发展进而使其自身实现质变，"变到相反的状态"[③]。贫困的产生和消除过程中，包含了许多对矛盾，包括生产力发展和生产关系滞后的矛盾、贫困人口对物质资料的需要和生产力发展不足的矛盾等。马克思主义者在研究反贫困问题时充分研究了这些矛盾的同一性和斗争性，进而提出了多种科学的反贫困方式。中国共产党人则运用分析方法研究了贫困人口对物质资料的需要和生产力发展不足的矛盾，提出了发展生产力的反贫途径。一方面，中国共产党人认为这一对矛盾的两个方面统一于不断发展生产力从而满足劳动者需要的过程中，在这一过程中二者"互相联结、互相贯通、互相渗透、互相依赖"[④]。另一方面，中国共产党人也从矛盾斗争性的角度提出生产力将在这个过程中不断实现发展，直至其从不能满足劳动者需要的状态变化为能够满足劳动者需要的状态，并带来旧的需要的满足和新的需要的产生。

二 精准扶贫思想对西方减贫思想的批判借鉴

经过以上分析可以看出，西方减贫思想不是一个经济学流派的反贫困思想，而是立场和观点迥异的西方国家不同学者大量反贫困思想的总称。精准扶贫思想在生成过程中对这些思想的有益部分进行了汲取和借鉴，对其不当部分则采取摒弃态度。

---

① 《毛泽东选集》（第一卷），人民出版社，1991，第 299 页。
② 《毛泽东选集》（第一卷），人民出版社，1991，第 330 页。
③ 《毛泽东选集》（第一卷），人民出版社，1991，第 333 页。
④ 《毛泽东选集》（第一卷），人民出版社，1991，第 328 页。

（一）对减贫立场的批判

西方经济学者在研究贫困问题时，总体遵循了资产阶级的立场，将坚持资本主义制度和维护资产阶级利益作为逻辑前提，将资本主义生产关系中抽象的人作为逻辑起点。

一方面，坚持资本主义生产关系，即坚持在资本主义生产关系的框架内讨论减贫问题，认为破除资本主义私有制不属于减贫的路径选择。如"收入再分配"理论力图在不改变生产资料所有制的条件下，通过"分配"的调整以实现减贫。福利经济学者在研究生产要素配置问题时曾经产生了对生产资料所有制进行改革的倾向，但最终停留于改善劳动者生活福利条件以优化生产要素配置。"涓滴效应"减贫思想涵盖了这样的观点：虽然穷人只是间接地从中获得较小份额的收益，但随着经济不断增长，收益从上而下如水之"涓滴"不断渗透，形成水涨船高的局面。持该观念者实际上承认了资本主义私有制条件下穷人始终处于被剥削地位，但其并未试图改变这种"剥削"事实，而是期望通过"水涨船高"来实现减贫。总而言之，多数西方减贫思想具有一个逻辑前提——以私有制为核心的资本主义生产关系。

另一方面，认为贫困人口是抽象个体，是经济行为的抽象符号，而非现实的、实践的、具有自身发展需要的"人"。如"收入再分配"减贫理论将贫困人口直接作为抽象的经济学符号，在其诸多观点中，贫困人口仅扮演生产者、参与分配者和消费者的角色，在整个减贫过程中处于被支配地位，丧失了自身的发展需求、情感需求。比较接近将贫困人口作为现实的人的西方减贫思想当数"赋权"反贫困理论，"赋权"反贫困理论将保护贫困人口的权利作为反贫困的主要内容，但其权利不包括贫困人口依据自身意愿实现自身发展的全部权利。

精准扶贫思想则对资本主义的减贫立场进行了批判，并形成了在反贫困中坚持社会主义政权、维护劳动人民利益的观点。一是提出要坚持社会主义政权在反贫困中的重要作用。进入精准扶贫精准脱贫阶段后，我国形成了国家政权在反贫困中起到主导作用的有关思想。二是将增进贫困人口权益作为反贫困的直接目标。精准扶贫思想没有将经济增长速度等指标的增长作为核心目标，而是高度关注贫困人口的获得感，从其生活水平和发展能力出发，提出了以"两不愁三保障"为核心的综合目标；就反贫困的方式而言，我国围绕"五个一批"等内容提出了使贫困人口能够直接受益的减贫路径。

（二）对减贫实践的批判

西方学者围绕贫困的丰富内涵、生成机理和治理方式等问题，形成了纷繁复杂的减贫理论体系。对于贫困的成因，西方学者从多视角和多层面进行了检视。其中，较有影响力的是森的"个体权能丧失"理论和班纳吉的"个体认知偏差"理论，均将贫困的源头指向社会政治经济制度、自然环境、个体状况等多元因素。但是，西方学者普遍忽视了森提到的"在我们的贫困概念中存在着一个不可缩减的绝对贫困的内核"① 以及产生这一"内核"的基本社会制度，反映了西方学术界对贫困问题产生根源的回避态度。在解释贫困问题时，西方学者都有意无意地忽略资本主义制度本身，仅关注从复杂社会关系抽离出来的个体与具体制度。对于贫困的治理，西方学者倾向于通过某些具体制度的变革和设计来实现对抽象个体的"赋权"或者"纠偏"。如多维主义越来越倾向于在不同的社会经济环境中制定类目多样的贫困指标来衡量和解决贫困问题，但始终无法触及贫困问题的本质，难以避免研究的"内卷化"问题。

西方国家的减贫研究和实践具有两方面的弊端。一方面，不从基本制度上探寻贫困问题产生的根本原因，必然无力消除贫困问题产生的制度根源，无法从源头上阻断贫困的持续再生，降低了减贫政策的外部实施效能。另一方面，部分减贫政策可能会触及资本主义基本制度的某些方面并与之产生冲突，缺乏兼容性，降低了减贫政策的内部运行效率。减贫"制""治"的无法结合，致使西方发达国家依然存在贫困人口，盲目采用西方减贫模式的部分发展中国家贫困问题越发严重。

中国精准扶贫始终坚持"制""治"结合，不断提升反贫困政策的实施效能和运行效率。具体而言，一是坚持中国共产党领导，党的领导保证了反贫困"制""治"结合的科学性和协同性。在科学性上，中国共产党能够始终遵循马克思主义的基本原理，在不同的历史阶段准确判断贫困产生的根本原因和具体原因，做出合理的制度安排，从源头消除绝对贫困。在协同性上，中国共产党能够总揽全局、协调各方，推动贫困治理方式与社会主义制度相互契合、协同运转，持续发挥社会主义制度集中力量办大事的政治优势。二是不断创新扶贫方式方法，激发"制""治"结合反贫困的强劲动力。针对不同阶段的反贫困

---

① 〔印度〕阿马蒂亚·森：《贫困与饥荒——论权利与剥夺》，王宇、王文玉译，商务印书馆，2001，第26页。

的目标和任务，党和国家制定和实施了具有中国特色的减贫政策和减贫方案。三是坚持以人民为中心，夯实"制""治"结合反贫困的内在依托。中国共产党是反贫困"制""治"结合的谋划者和设计者，广大人民则是"制""治"结合的受益者和执行者。四是坚持社会主义性质，确保"制""治"结合反贫困的正确方向。脱贫攻坚战取得全面胜利，证明了社会主义制度能够从根本上消除绝对贫困。"制""治"结合反贫困，是社会主义的内在要求。打赢脱贫攻坚战之后，建立解决相对贫困问题的机制，仍需坚持走"制""治"结合反贫困之路，进一步发挥中国特色社会主义制度的优越性，持续提升国家治理体系和治理能力现代化水平。[①]

（三）对有益观点的完善和吸收

部分西方经济学者尤其是庸俗资产阶级政治经济学者形成了不少非科学的减贫观点。但总体而言，西方减贫困思想在其一百余年的发展历程中形成了一些值得借鉴的思想观点。精准扶贫思想对这些观点采取了部分吸收的态度。比如，精准扶贫思想清晰认识到城乡二元结构对于扶贫的不利影响，并将城乡之间基础设施、公共权益等的均衡发展作为反贫困的方式。再比如，精准扶贫思想承认贫困人口的"能力贫困"是主要的致贫原因之一，并将教育扶贫放到了优先发展的位置。

除此之外，部分西方减贫思想的观点兼具科学性与局限性，精准扶贫思想对这一类观点进行了相应完善。如二元经济理论将贫困人口从"落后部门"到"先进部门"的转移作为反贫困的重要方式，确定了乡村的从属地位。精准扶贫思想则提出要在乡村振兴的背景下积极推动贫困人口在第二产业、第三产业就业，对二元经济理论进行了积极扬弃。

（四）对具体分析方法的借鉴

西方减贫思想在寻求减贫路径时总体坚持了在以资本主义生产关系中抽象的人为逻辑起点的基础上，寻求经济增长、分配调整和权利保障路径的方法论。比如，在坚持资本主义生产关系的框架内，依据资本的逻辑推动生产力的发展，在资本主义生产关系内部对分配关系进行调整。与此不同的是，精准扶贫思想

---

① 详见蒋永穆《人类减贫的中国逻辑："制""治"结合》，《国家社会科学基金项目成果要报》2022 年第 1 期。

坚持辩证唯物主义和历史唯物主义的方法论。但在一些具体分析方法上，精准扶贫思想对西方减贫思想尤其是发展经济学的部分分析方法进行了借鉴。如对发展经济学的动态研究方法进行了借鉴。再比如，发展经济学家常用经验分析法对若干发展中国家的发展历程进行研究。精准扶贫思想同样多运用这一经验分析法，选择若干落后地区，获取有关发展的详细实际资料，通过案例研究，具体分析其社会经济条件，对其发展进程进行实证性分析。

三 精准扶贫思想对中国传统减贫思想的有益吸收

（一）树立重民生奔小康的目标追求

中国传统减贫思想与精准扶贫思想的阶级立场明显不同，但其重视民生，重视农业生产，并将实现小康作为目标的观点为精准扶贫思想提供了借鉴。

中国传统减贫思想总体代表了封建统治阶级的立场，其逻辑起点是封建统治阶级在维护统治中所受的君民依存关系约束。中国传统减贫思想产生的基础在于封建统治阶级的重民、养民思想。而中国传统减贫思想的产生离不开君民依存关系的约束。在传统的君民关系中，君具有绝对权威，但另一方面，要维护这种绝对权威就要求统治阶级注重人民的生活状况，并对人民的生活提供必要的保障，"从民所欲，去民所恶"，并在这一过程中缓解人民的贫困状况。

当代我国反贫立场与封建社会"民本"的减贫立场有本质区别，但在部分具体观点上对其有所借鉴。习近平在对精准扶贫思想进行阐述时，曾多次使用中国传统减贫思想的有关表述。比如，他参加河南省兰考县委常委班子的专题民主生活会的时候说："衙斋卧听萧萧竹，疑是民间疾苦声。些小吾曹州县吏，一枝一叶总关情。"再比如，习近平曾说："利民之事，丝发必兴；厉民之事，毫末必去。"这两句话出自清代著名的经学家万斯大的《周官辨非》。即有利于百姓的事，再小也是大事；危害百姓的事，再小也是大事。这些都是中国传统减贫思想中的有益部分。

（二）对减贫具体观点的去芜存菁

精准扶贫思想在研究反贫困具体路径时，广泛吸收了中国传统减贫思想中关于促进农业生产、重视道德规范约束、强调救灾赈济等具体的思想观点。比如，吸收了中国传统减贫思想通过土地和税收政策调整减贫的观点。中国传统减贫思想提出了以"开田"、"均田"和税赋减免为代表的农业生产干预，即封建阶级运用统治力量，对农业生产要素和农业生产产品进行重新分配。精准扶贫思想同样重视土地制度改革对于贫困地区农业发展的促进作用。进入精准扶贫精准脱贫阶段后，我国在坚持稳定农地承包关系的基础上，提出承包权和经营权分离即农地"'三权'分置"的思想。农地"'三权'分置"是乡村振兴和脱贫攻坚的一个重要手段。

再比如，精准扶贫思想吸收了中国传统减贫思想中重视道德规范约束的有关思想。自古代统治阶级罢黜百家、独尊儒术后，儒家思想中的仁爱孝悌逐渐成为中国乡村管理尤其是贫困治理的道德规范。这一规范在减贫的过程中有益于激发人们的"善心"，有利于引导人们对贫困人口采取"慷慨"的态度。进入精准扶贫精准脱贫阶段后，以习近平同志为核心的党中央高度重视良好社会氛围的重要性，对如何在更广范围内营造与反贫困相适应的社会氛围作出了一系列决策部署。一是培育和践行社会主义核心价值观；二是在全社会范围内构建起支持扶贫、参与扶贫的良好氛围；三是加强对外宣传，"讲好减贫的中国故事，传播好减贫的中国声音，阐述好减贫的中国理念"①，让我国的反贫困事业引起更多观念共鸣。

除此之外，精准扶贫思想还吸收了中国传统减贫思想中开展赈济保障弱势群体生活的有关思想。中国古代不少朝代形成了由政府对特殊弱势群体提供基本生活保障的观点，其中最具有代表性的就是赈灾备荒思想。比如宋代就是我国古代赈济思想发展的一个高峰，王安石变法中有"农田水利法"一条，指的就是国家通过补助等方式帮助农业生产条件不足的农民开办水利的政策，具有明显的"以工代赈"色彩。至清代，中国已经形成了包括明确的"以工代赈"思想在内的系统的赈济思想。进入精准扶贫精准脱贫阶段后，随着我国社会保障体系的不断健全，我国关于贫困人口救济与保障问题也形成了更为完整的思想观点。以习近平同志为核心的党中央坚持精准扶贫精准脱贫基本方略，对兜底保障工作做出系列重大决策部署。一是提出要建立农村最低生活保障制度；二是提出要加强对残疾人、留守人群、孤儿和未成年人等人群的关爱与救助；三是提出要完善各类灾害的应急救助体系，明确提出要用社会保障体系为贫困人口织密筑牢民生保障网。

---

① 《中共中央 国务院关于打赢脱贫攻坚战的决定》，人民出版社，2015，第28页。

第二章　精准扶贫思想生成的
历史逻辑

　　"中国共产党从成立之日起，就坚持把为中国人民谋幸福、为中华民族谋复兴作为初心使命，团结带领中国人民为创造自己的美好生活进行了长期艰辛奋斗。"[1] 因此，中国共产党的历史也是不断与贫困作斗争的历史。中国共产党进行的反贫困实践结合了不同时期不同的社会主要矛盾和主要发展任务，在不同时期呈现出不同的特点和具体工作方式。在不断深入认识反贫困事业重要性的过程中，中国共产党带领人民以土地革命和改革为中心构筑起反贫困的物质基础。扶贫方式伴随经济社会的发展从粗放走向精准，为精准扶贫思想的产生提供了历史依据，为精准扶贫思想的完善和发展打下了坚实的历史基础。对精准扶贫思想产生的历史逻辑进行深入研究将有利于我们全面理解精准扶贫思想产生的来源和基础，更加准确地把握其具体内容。

　　近年来，我国学界对于中国共产党成立以来我国反贫困事业发展历程的研究有着较为丰富的成果。在中国共产党成立百年之际，程恩富及吕晓凤[2]、燕连福及李晓利[3]、杨俊[4]等学者都对中国共产党的百年反贫困历程及经验进行了总结。学者们从不同的角度将中国共产党反贫困的百年历程划分为多个阶段，其中大部分学者都将其分为了四个主要的阶段。第一个阶段是 1921—1949 年，第二个阶段是 1949—1978 年，第三个阶段是 1978—2012 年，第四个阶段是2012—2020 年。对这四个阶段的研究分别体现了中国共产党在民主革命时期、新中国成立后、改革开放后以及进入新时代以来在反贫困事业上采取的措施和

---

[1]　习近平：《在全国脱贫攻坚总结表彰大会上的讲话》，《人民日报》2021 年 2 月 26 日，第 2 版。

[2]　参见程恩富、吕晓凤《中国共产党反贫困的百年探索——历程、成就、经验与展望》，《北京理工大学学报》（社会科学版）2021 年第 4 期。

[3]　燕连福、李晓利：《从"饥寒交迫"到"全面小康"——中国共产党百年贫困治理的历程与经验》，《南京大学学报》（哲学·人文科学·社会科学）2021 年第 3 期。

[4]　杨俊：《百年来中国共产党贫困治理的历程、经验与启示》，《西北农林科技大学学报》（社会科学版）2021 年第 3 期。

取得的成就。在对中国共产党反贫困历史经验的总结中，多数学者谈到了坚持党的领导、凝聚群众力量、发挥制度优势等是中国共产党带领人民消除绝对贫困的宝贵经验。也有不少学者聚焦于新中国成立后我国的反贫困实践，如白增博、程承坪、邹迪、郝志景等学者对1949年以后我国的反贫困实践进行了更加细致的阶段划分，对各个阶段和整体的实践特点进行了总结。① 总的来看，学者们对我国的反贫困历史进程已经有了较为全面的把握。目前基本未有文献从精准扶贫思想的产生这一角度对2012年及以前的扶贫历史进行深入的梳理和总结。

本章依据学者们已有的研究，将中国共产党领导的反贫困实践分为新中国成立前、新中国成立到改革开放前、改革开放以来三个阶段。着重说明每个阶段的反贫困工作是如何与当时的主要社会矛盾和主要发展任务紧密结合的。总结精准扶贫思想提出前我国反贫困实践的主要特点及经验，说明精准扶贫思想产生的历史基础。

第一节　新中国成立前反贫困的初步探索

新中国成立前，中国共产党带领广大人民群众在革命战争的背景下进行了反贫困斗争的初步探索。这一时期的反贫困工作的开展以团结人民取得革命胜利为目标，以土地革命为重要方式，在社会主要矛盾不断变换的过程中逐步推进。这一时期，人民贫困的"病根子"在于土地问题，中国共产党准确地找到了这一症结并对症下药，这体现出我国在新中国成立前的反贫困工作中就已有了精准施策的思想萌芽。为了改善人民生活，中国共产党不断调整以土地制度为核心的生产关系，释放潜在生产力，保证革命战争物质供给的同时，减少劳动人民的负担。同时，我国在建立救济体系等方面也做出了有益的探索。

一　在争取革命胜利中推动反贫困斗争

中国共产党从成立之初，就坚定了推翻资产阶级政权、消灭私有制的奋斗目标，将带领人民走向解放作为自身任务。《中国共产党的第一个纲领》明确提出要"消灭阶级"，恩格斯指出"消灭阶级"的手段就是"无产阶级的政治

---

① 参见白增博《新中国70年扶贫开发基本历程、经验启示与取向选择》，《改革》2019年第12期；程承坪、邹迪《新中国70年扶贫历程、特色、意义与挑战》，《当代经济管理》2019年第9期；郝志景《新中国70年的扶贫工作：历史演变、基本特征和前景展望》，《毛泽东邓小平理论研究》2019年第5期。

统治"，而"革命是政治的最高行动"，是"天下最权威的东西"，中共二大明确指出，农民普遍贫苦潦倒，只有进行革命才能带领农民摆脱穷苦环境。可见，中国共产党成立之初，就将革命理想同领导人民摆脱贫困高度融合，将广大人民群众的愿望写进中国共产党的行动纲领之中。[①]

在帝国主义的压迫和北洋军阀的反动统治下，人民生活在苦难之中。城市工人生活在社会的最底层，生活境遇十分悲惨。从近代工业出现开始，工人每天劳动时间就超过 8 小时。如上海纱厂，原来工人每天劳动时间为 11 小时，到 1905 年左右，改为双班，每班 12 小时。上海织布厂没有夜班，白天劳动 14—16 小时。[②] 工人阶级劳动时间不断延长，劳动强度不断增加，工人的实际收入却并没有增加。1919 年全国纺织业和面粉业工人工资平均在 0.3 元上下。1920 年，上海纱厂的工资为每天 0.27—0.3 元，每月合 7.3—8.1 元。[③]

在物价飞涨的情况下，工人们越来越难以维持生计。如 1912 年至 1919 年，上海、天津、广州三大城市，生活必需品价格上涨了 33%—59%，1915 年至 1919 年，铜圆贬值 25%。而资本家又大多用铜圆支付工资，使工人实际收入降低了许多。[④] 微薄的工资导致工人营养不良，身体健康状况极差，一些工人甚至贫困到难以生存。

在农村，广大农民的生活也困苦不堪。一方面，在 20 世纪初，中国的农业生产是极其落后的。仍然是由封建地主阶级占有大量土地，除个别地主（经营地主）自行雇工经营外，一般是把土地分为若干小块租佃给无地和少地的农民（佃农）耕种。广大农民群众因为既缺乏生产资料又缺乏发展生产所需的资金，所以只能采取传统的、落后的手工劳动方式。农业生产力十分低下，使用机器生产的资本主义农场没有建立起来。[⑤] 另一方面，封建土地所有制的存在意味着农民仍然饱受剥削。当时的实物地租一般都占收获量的五成左右，甚至高达六成、七成甚至八成以上。货币地租一般都超过地价的十分之一。[⑥] 农民不仅要承受地主的压迫，还要受到商业资本和高利贷的盘剥。一些商业资本通过对农产品贱买贵卖，使得农民的生活状况不断恶化。除国内的军阀、官僚、地主、

---

① 详见蒋永穆、何媛《中国共产党百年反贫困的历程、特征与展望》，《人文杂志》2022 年第 1 期。

② 王建初、孙茂生主编《中国工人运动史》，辽宁人民出版社，1987，第 18 页。

③ 凌耀伦等：《中国近代经济史》，重庆出版社，1982，第 363 页。

④ 王建初、孙茂生主编《中国工人运动史》，辽宁人民出版社，1987，第 22 页。

⑤ 中共中央党史研究室：《中国共产党历史》（上卷），人民出版社，1991，第 13 页。

⑥ 吴申元主编《中国近代经济史》，上海人民出版社，2003，第 65 页。

商人等大肆兼并土地外，帝国主义也凭借其特权，在中国大肆抢占土地。[①] 农民占有土地越来越少，而当时发展并不充分的工业也不能吸收大量的劳动力，导致农民的基本生活物质需求越来越无法满足。

面对这一现状，中国共产党集中力量领导了工人运动、农民运动，帮助人民摆脱压迫和生存危机，激发人民的反抗精神，赢得人民广泛支持，凝聚了广大人民群众的力量。从中国共产党成立前后到第一次国内革命战争结束，中国共产党为取得革命的胜利，采取了多种方式带领人民进行反贫困探索。

（一）广泛宣传，激发人民群众反贫困主动性

五四运动后，工人的罢工斗争继续发展，工人斗争水平、觉悟程度不断提高，逐渐形成了以东北、上海、华南几个地区为中心的罢工浪潮。1920 年 8 月以后，上海、北京等地的共产主义小组相继成立。各地共产主义小组采取多种形式，有组织、有计划地在工人群众中宣传马克思主义，进一步促进了马列主义与工人运动的结合。[②] 中国共产党小组通过大量的报刊文章反映工人的生活状况，向工人宣传马克思主义（见表 2-1）。通过多种途径的宣传，中国工人反对贫困的内在意识被不断唤醒，与贫困斗争的决心不断增强。同时，在中国共产党的领导下，各级工会组织不断发展壮大，为工人阶级争取自身利益提供了支持，工人群体反贫困的主观愿望有了付诸实践的客观条件。在工会的领导下，一系列经济斗争取得的胜利让工人们的生活得到了一定的改善。

表 2-1　1920—1921 年部分重要工人刊物和文章

时间	工人刊物和相关文章发表情况
1920 年 8 月	上海出版了《劳动界》《伙友》
1920 年 9 月	《新青年》发表文章《武昌五局工人状况》《汉口苦力状况》
1920 年 10 月	广东出版了《劳动者》
1920 年 11 月	北京出版了《劳动音》《工人胜利》
1920 年 12 月	《时事新报》发表文章《劳动运动究竟怎样下手》
1921 年 5 月	济南出版了《济南劳动周刊》《晨钟报》

资料来源：王建初、孙茂生主编《中国工人运动史》，辽宁人民出版社，1987，第 52—55 页。

正如中国共产党第二次全国代表大会宣言中所强调的："中国三万万的农

---

① 赵金鹏等编著《中国近代经济史》，西南交通大学出版社，1996，第 120 页。
② 王建初、孙茂生主编《中国工人运动史》，辽宁人民出版社，1987，第 54 页。

民，乃是革命运动中的最大要素。"[1] 只有中国贫困农民和工人联合起来革命，才能保证中国革命的成功。因此，在中国共产党的组织下，农民协会也逐渐建立起来。1921 年中国共产党创建的第一个农民协会在浙江萧山县衙前村成立。1923 年 6 月中国共产党第三次全国代表大会通过了《关于农民问题的决议案》，指出了中国的广大农民缺乏土地和资金，又背负沉重的高利贷，备受苦楚。国家应该为农民提供土地，建立农民银行，在农民缺乏资金的时候给予支持，这样才能实现"农民得享人生应有之乐"[2]。由此可见，中国共产党已经认识到了农民的贫困问题并力求解决。第一次国共合作期间，中共中央执行委员会扩大会议通过了《农民兵士间的工作问题议决案》，要求选派宣传员到乡村里去。为解决农民运动干部缺乏的问题，党带领农村群众创办了农民运动讲习所，为农民运动培养了一批中坚力量。农民运动讲习所的毕业生奔赴全国各地开展动员宣传活动，将全国各地的农民团结起来，提高农民觉悟，让农民群体主动参与革命，参与反贫困的斗争。在此基础上，广大农民积极地参与了各级农会组织的减税抗捐的经济斗争，形成了广东、湖南、江西等多个农民运动的中心地区。中国共产党通过多形式的宣传工作，建立工会组织、农会组织，充分凝聚起了工人和农民的力量，为革命胜利提供了基础。

（二）领导斗争，争取工农合理权益，改善工农生活

在中国共产党领导下开展的工人、农民的争取合理权益的斗争是中国共产党革命事业的重要内容。自工会组织成立后，中国的工人运动得到迅速的发展，1922 年 5 月 1 日第一次全国劳动大会在广州召开。"这是中国工人阶级第一次全国性的盛会。是中国共产党领导的新型工人运动由分散转为集中，由局部走向全国的开端。"[3] 第一次全国劳动大会的主要任务是纪念五一劳动节，联络全国工界的感情，讨论改良生活问题以及各代表提议事件。[4] 此后，中国共产党不断集中力量发动和组织工人运动，反抗资本家的压迫，提出提高工资、减少工时、改善劳动条件等要求（见表 2-2）。工人运动的胜利让工人的生活得到了一定的改善。

---

① 中国社会科学院经济研究所中国现代经济史组：《第一、二次国内革命战争时期土地斗争史料选编》，新华书店，1981，第 3 页。
② 《第一次国内革命战争时期的农民运动资料》，人民出版社，1983，第 16 页。
③ 沙健孙主编《中国共产党史稿（1921—1949）》（第一卷），中央文献出版社，2006，第 363 页。
④ 王建初、孙茂生主编《中国工人运动史》，辽宁人民出版社，1987，第 507 页。

表 2-2　1922—1927 年部分工人运动中关于改善工人贫困生活的要求

时间	工人运动	要求
1922 年 1 月	香港海员大罢工	增加工资、改善生活待遇
1922 年 7 月	汉阳钢铁厂工人大罢工	偿还停工时的工资、赔偿俱乐部的损失、增加工资等
1922 年 9 月	安源路矿工人大罢工	保护工会、每月发给工会补贴、立即发还全部拖欠的工资等
1922 年 10 月	开滦五矿工人大罢工	增加工资、改良待遇等
1925 年 2 月	上海小沙渡日本纱厂大罢工	严定最少工资及工作时间的限度、夜工工资应格外增多、供给工人住宅医药等[1]
1925 年 4 月	青岛日商纱厂工人大罢工	增加工资，免收房费，延长吃饭时间，不得打骂工人，每年给假一月并发工资，女工每月给假两日不扣工资，平等对待工人等[2]

注：[1]《上海小沙渡日本纱厂之大罢工》，《向导周报》1925 年 2 月 14 日。
[2]刘明逵、唐玉良主编《中国工人运动史》（第 3 卷），广东人民出版社，1998，第 89 页。
资料来源：刘引泉主编《中国民主革命时期通史》（下卷），东方出版社，1990，第 26—30 页。

　　中国共产党在革命过程中也逐渐意识到农民群体的重要性，通过农会组织农民发动新型农民运动，引导农民与地主等封建势力展开斗争，争取农民自身权益，改善农民生活。在中国共产党农民运动先锋彭湃领导下，广东海丰成为全国农民运动最先兴起的地区之一。在海丰农民运动中，改善农民生活、帮助农民群体摆脱贫困是第一任务。因此，彭湃在 1923 年 7 月起草的《广东农会章程》中明确广东农会纲领的第一条便是"谋农民生活之改造"，其次才是"谋农业之发展、谋农村之自治、谋农民教育之普及"。[1] 在第一次国内革命时期，中国共产党多次发布关于农民运动的议决案，指导农民运动的开展，充分重视农民在运动中争取的经济利益，保障农民的生活（见表 2-3）。全国各地各级农会处处维护农民利益，威望日益提高，农民切实体会到加入农会后生活状况有所改善，因此要求加入农会的人越来越多，据统计，到 1927 年 6 月全国农民协会会员数量达到 9153093 人。[2]

表 2-3　1924—1927 年部分中国共产党发布的关于农民运动的议决案情况

时间	文件名	关于改善农民贫困生活的措施
1925 年 1 月	《对于农民运动之决议案》——中国共产党第四次全国代表大会通过	特别宣传取消普遍的苛捐杂税

[1]《彭湃文集》，人民出版社，2013，第 36 页。
[2]《第一次国内革命战争时期的农民运动资料》，人民出版社，1983，第 66 页。

时间	文件名	关于改善农民贫困生活的措施
1925 年 11 月	《中国共产党告农民书》	农民协会有会同乡村自治机关议定最高租额及最低谷价之权；反对各种苛捐杂税及预征钱粮；应征之钱粮，无论地丁或糟米，均只按照实际市价缴纳
1926 年 9 月	《农民运动议决案》——中共第四届中央执行委员会第三次扩大会议通过	限定最高租额和禁止高利盘剥；保障农民所得至少要占收获的 50%；反对苛捐杂税、免除陋规、统一度量衡、禁止囤积居奇

资料来源：《第一次国内革命战争时期的农民运动资料》，人民出版社，1983。

这一时期的经济斗争为工人和农民争取到了一些权益，虽然有限，但是也在一定程度上阻止了人民生活的进一步恶化。由此，中国共产党通过不断地凝聚革命力量改善了广大工农群体的生活，进行了反贫困斗争的尝试。

（三）建设根据地，保障革命斗争物质供给

在新民主主义革命时期，毛泽东强调要加强经济方面的建设，保障战争所需的供给。与此同时，也要改善人民群众的生活，加强工农在经济上的联合。通过无产阶级对农民的领导、国营经济对私人经济的领导，"造成将来发展到社会主义的前提"[1]。为了保证革命事业的顺利进行，解放区根据地开展了多次生产运动，提高农业生产率，在保证战争前线的物质供给的同时，缓解了根据地农民的贫困。在战争时期，中国共产党在根据地推行减租减息政策，深化土地改革，发展根据地农业生产。为团结各方力量，中国共产党对地主、富农的政策不断调整。中共中央政治局在抗日战争时期通过了《关于抗日根据地土地政策的决定》，确立了土地政策的三项基本原则。中国共产党首先承认了农民是抗日与生产的基本力量，认识到实行减租减息扶持农民、改善农民生活、提高农民的抗日积极性对于争取抗日战争的胜利具有重要意义。其次，中国共产党承认了大多数地主是有抗日要求的，要与支持民主革命的开明绅士联合起来，增强抗日力量。中国共产党还强调了富农是"抗日与生产的一个不可缺少的力量"[2]，承认了资本主义生产方式的进步性，这极大地调动了当时根据地农民的生产积极性。党通过在根据地兴修水利、推广优良品种、开设农业常识课等方

---

[1] 《毛泽东选集》（第一卷），人民出版社，1991，第 130 页。

[2] 中共中央文献研究室、中央档案馆编《建党以来重要文献选编（1921—1949）》（第十九册），中央文献出版社，2011，第 20 页。

式，改良了根据地农业生产技术。同时，在根据地实施休养生息、移民、农贷、奖励开荒、推广植棉、农业累进税等政策。[1]

为进一步提高生产效率，中国共产党在根据地领导了农民互助合作和军民大生产运动。农业生产互助合作的主要形式是变工队、扎工队和劳动互助组。变工即换工，是农户相互调剂劳动力的一种方法，参加变工队的农民各以自己的劳动力和畜力，轮流为本队各家集体耕种。扎工队由土地不足的农民组成，集体成员出雇于需要劳力的农户，以取得工资。劳动互助组是农民在个体经济基础上组织的带有社会主义萌芽的集体劳动组织。一般由几户或十几户农民按照自愿互利的原则组织起来，共同劳动，换工互助，以解决组员们缺少劳力、耕畜和农具的困难。[2] 在陕甘宁边区，边区政府为了解决耕牛、农具、种子短缺等问题，发动农民互相调剂，即以行政村为单位，粮种春借秋还，不加利息等。例如，1940 年延安县就给难民调剂了 10220 亩土地、279 头耕牛、49.43 石粮食、6.5 石种子。此外，政府还通过各种合作社帮助农民解决困难。这种调剂工作既帮助了贫农，也不影响生产的发展。[3]

为推动边区根据地进一步发展，中国共产党还提倡边区军队进行工业、农业、运输各方面的生产工作，以丰富的劳动力投入有用的活动，以减轻人民负担，改善部队生活，密切军民关系，帮助边区建设。1941 年，由于日本侵略者的进攻和国民党反动派的包围封锁，抗日根据地在经济和财政方面遭遇了极大的困难，一些士兵没有衣穿、没有油吃、没有菜，部分工作人员冬天没有被盖。为了克服困难，突破封锁，保障军民所需物资的供应，减轻人民的负担，夺取抗战的胜利，党和边区政府提出了"发展经济，保障供给"的总方针，号召军民自力更生，及时地开展了生产自给的军民大生产运动。[4] 其中最有代表性的是 359 旅开发南泥湾。1941 年 3 月至 1942 年，359 旅分四批开进南泥湾。部队在"一把镢头一支枪，生产自给保卫党中央"的口号下，披荆斩棘，开荒种植，经过两年的辛勤劳动，把荒凉的南泥湾变成了"陕北江南"。

在抗日战争最艰苦的岁月，各抗日根据地普遍开展的大生产运动取得了很大的成就。陕甘宁边区部队 1939 年开荒 23136 亩，1940 年开荒 20680 亩，1941

---

[1]　赵凌云主编《中国共产党经济工作史（1921—2011 年）》，中国财政经济出版社，2011，第124—125 页。

[2]　乔培华、杜本礼主编《中国近代经济史》，九州出版社，2003，第 206 页。

[3]　星光、张杨主编《抗日战争时期陕甘宁边区财政经济史稿》，西北大学出版社，1988，第 48 页。

[4]　乔培华、杜本礼主编《中国近代经济史》，九州出版社，2003，第 207 页。

年开荒 14794 亩，粮食产量逐年增加，部队粮食、办公费大部分自给，蔬菜全部自给。冀鲁豫边区部队 1940 年开始进行农业生产，1943 年每人种地 3 亩，自给一季粮食。晋绥边区 1944 年全军开荒 166000 亩，打粮 20000 石，蔬菜基本上自给。晋察冀边区部队种地 70000 多亩，收获粮食 150000 石，蔬菜基本上自给。[①] 这一时期的根据地建设提高了农业产量，让人民的温饱状况得到了一定的改善，同时保障了革命斗争的进行。

"农业生产是我们经济建设工作的第一位"[②]，但是仅仅促进农业发展是难以保障战争物资的供给的。由于侵略者和反动派的封锁，根据地生活必需工业品极为缺乏，造成了严重的工农产品剪刀差（以 1930 年前后赣西南根据地为例，详见表 2-4）。谷贱伤农，严重的工农产品剪刀差无疑是对贫困农民的又一重打击。

表 2-4　1930 年前后赣西南根据地部分工农产品价格情况

产品		单位	价格（文）		物价指数（%）	
			1928—1929 年	1930 年后	1928—1929 年	1930 年后
工业品	盐	斤	500	1200	100	240
	洋油	瓶	12000	30000—36000	100	250—300
	竹布	尺	2300	2400	100	200
	洋火	盒	10	20	100	200
农产品	谷	担	15000	8000	100	12
	米	担	30000	9000—12000	100	30—40
	茶油	斤	800—1000	500	100	50—62.5
	猪肉	斤	3600	360—400	100	10—11.1
	木	码	14500	1000	100	69
	纸	刀	6000	相差不远	100	100

资料来源：赵效民《中国革命根据地经济史》，人民出版社，1990，第 193 页。

因此，中国共产党对根据地的建设还包括发展工业生产和商贸，并建立银行、发行货币。中国共产党在保障工农群众的基本利益的前提下，按照劳资两利、公私兼顾、合理负担的原则，调节各抗日阶层的利益。[③] 在军事上敌强我

---

① 赵凌云主编《中国共产党经济工作史（1921—2011 年）》，中国财政经济出版社，2011，第154 页。
② 《毛泽东选集》（第一卷），人民出版社，1991，第 131 页。
③ 《中国共产党历史》（上卷），人民出版社，1991，第 563 页。

弱这个形势没有根本改变以前，根据地没有任何地方是敌人不能达到的。这就决定了敌后根据地既不能建造规模稍大的工厂，也无法扩大工业生产的规模。[1]但是，根据地政府还是引领人民通过合作社的方式发展工业，为保障工业品的供给做出努力（见表 2-5）。

表 2-5　部分根据地合作经济发展情况

根据地	合作经济发展情况
山东根据地	1940 年至 1942 年，合作社发展到 1000 多个。1946 年，全区共有纺织合作社 8000 个，纺车发展到 250 万辆，织机 52 万架，年产土布 500 匹（每匹宽一码，长四十码）。其次是制粉、制盐及酿酒业，都在合作经营中占有重要地位
晋察冀边区	1944 年有生产合作社 3841 个，1946 年增至 9362 个。合作社涉及多种行业。其中纺织、制革等行业整体经营情况较好，具有较大规模
晋绥地区	1945 年，有经过整顿的巩固的合作社 300 个。到 1946 年，组织起来的纺织业拥有铁梭织机 6000 台，年产土布 50 万匹，可以满足全区 60% 的用布需求

资料来源：齐武《抗日战争时期中国工人运动史稿》，人民出版社，1986，第 85 页。

二　在土地革命中推行反贫困运动

中国共产党成立之初，我国农民还饱受封建土地制度的压迫。在北洋军阀统治时期，土地集中在少数人手中。国民党中央农民部土地委员会 1927 年 6 月公布的调查材料显示，仅占全国农村人口 14% 的地主和富农拥有 81% 的耕地，广大的贫农、雇农和中农却仅仅拥有 19% 的耕地。[2]

要进行农民阶级的反贫困，首先要将他们从土地制度的压迫中解救出来。土地改革是中国共产党自成立之初到 1953 年经济建设的重要内容，同时也是中国共产党组织农民开展农民运动的核心内容，更是中国共产党带领农民反贫困的伟大实践。因此，这一阶段反贫困工作就是围绕着土地革命来展开，从变革广大农村的生产关系出发，解放农村的生产力，使农民摆脱贫困。

1921 年至 1927 年，中国共产党人在领导农民运动的实践中，逐渐认识到农民贫困的根源在于土地制度。1922 年，彭湃在领导海丰农民运动的过程中，已经认识到佃耕农在将来的斗争中，必定会提出"占领田地"的要求。[3] 在之后中国共产党领导的农民运动中也反映了农民对于土地的愿望。广东高要农民运

---

[1]　齐武：《抗日战争时期中国工人运动史稿》，人民出版社，1986，第 84 页。

[2]　赵效民：《中国土地改革史（1921—1949）》，人民出版社，1990，第 2 页。

[3]　黎永泰：《毛泽东与大革命》，四川人民出版社，1991，第 402 页。

动爆发的重要原因之一就是农民要争夺田权。1925 年，五卅运动以后，中国共产党第一次提出没收大地主土地的主张。同年 10 月，中国共产党在北京召开的扩大会议提出"没收土地问题是革命的重要问题"，党引导农民进行斗争提出的一切要求，必须最终过渡到满足农民的土地要求。[①] 毛泽东在总结海丰、广宁、普宁农民运动经验时，注意到农民的经济斗争就是政治斗争这个事实，农民的任何经济要求都会遭到地主政权的镇压。[②] 因此，在毛泽东看来，要摆脱地主政权的镇压，就要改变地主政权存在的基础，就要改变现有的土地制度。但关于如何解决土地问题，毛泽东认为并不是直接进行革命，而是应该首先开展减租减息的运动，他指出："我们现在还不是打倒地主的时候，我们要让他一步，在国民革命中是打倒帝国主义军阀土豪劣绅，减少租额，减少利息，增加雇农工资的时候。"[③]

由此可见，这一时期中国共产党人对于土地问题重要性的认识越来越深入。因此，在第一次国内革命的战争时期，伴随着农民减租减息运动的开展，关于土地的斗争也拉开序幕。虽然这一时期关于土地革命怎么搞、依靠谁、联合谁、打击谁，以及地主阶级的土地被没收后如何进行分配的问题都不是很明确，[④]但为我国后续土地革命的展开积累了经验。

1927 年 8 月 1 日党领导的南昌起义，从一开始就是在土地革命的旗帜下进行的。它实际上是一次党独立领导的武装斗争与土地革命相结合的演习。[⑤] 1927 年 8 月 7 日，中共中央在武汉紧急召开会议，纠正了党在过去的右倾机会主义错误，确定了实行土地革命和武装起义的总方针。"八七"会议召开后，中国革命进入了以土地革命为中心内容的阶段。此后，中国共产党不断深化土地改革，主要从以下三个方面降低了贫困的发生率，一定程度上提高了农民的生活水平。

（一）没收土地，实行土地国有

"打土豪，分田地"是土地革命的重要内容。关于没收哪些人的土地，没收来的土地如何分配的问题，中国共产党不断进行探索。"八七"会议通过的

---

① 黎永泰：《毛泽东与大革命》，四川人民出版社，1991，第 402—403 页。
② 黎永泰：《毛泽东与大革命》，四川人民出版社，1991，第 404 页。
③ 中国革命博物馆、湖南省博物馆编《湖南农民运动资料选编》，人民出版社，1988，第 446 页。
④ 中共中央党史研究室编《土地革命纪事（1927—1937）》，求实出版社，1982，第 4 页。
⑤ 赵效民：《中国土地改革史（1921—1949）》，人民出版社，1990，第 117 页。

《最近农民斗争的议决案》提出了"没收大地主和中地主的土地，分这些土地给佃农及无地的农民"①的政策，会议中说明了没收大、中地主的土地，但对于小地主应该采取怎样的态度，尚未有合适的政策。根据革命实践情况，1928年6月召开的中国共产党第六次全国代表大会上制定的《土地问题议决案》分析了雇农、贫农、中农、富农、地主等阶级，规定了土地革命的阶级路线——依靠雇农贫农、团结中农、中立富农、消灭地主阶级，还将"没收一切土地"政策改为了"无代价地立即没收豪绅地主阶级的财产土地"的政策。1924年4月，毛泽东领导制定了《兴国土地法》，把"没收一切土地"改为"没收公共土地及地主阶级土地",②这一原则性的改变，既保护了中农的利益，又打击了地主阶级，真正消灭了封建土地所有制，使得土地革命蓬勃发展起来，农民阶级成了革命的主要力量。"九一八"事变后，中国共产党转变了土地政策。党对富农、地主的政策发生转变，改变了"富农分坏田"的政策；规定了在没收土地之后仍然给地主份地和必要的生产资料和生产工具；对于富农，不再没收土地和生产资料、工具等。同时，给予地主生活出路。1936年7月，《中央关于土地政策的指示》中强调要对现有的土地政策进行必要的改变，"一切汉奸卖国贼的土地财产等全部没收"③。没收地主阶级的土地财产后，要分给他们耕种所需要的土地、生产工具和生活资料。由此，才能既对封建残余势力进行全面的清算又能巩固抗日力量。在内战开始后，中国共产党根据新形势将土地政策调整为"从地主手中获得土地，施行耕者有其田"④。

中国共产党在土地革命中不断摸索科学的土地所有权和分配的相关制度，终于在1947年9月13日中国共产党土地会议上通过了《中国土地法大纲》，该文件中明确指出"废除封建性及半封建性剥削的土地制度，实行耕者有其田的土地制度"⑤。对土地的没收和国有化，以及农民对土地使用权的占有，是将农民从地主阶级的压迫中解放出来的重要路径。通过调整人与土地之间的生产关系，让农民的生产潜力得到较好的释放，为广大农民摆脱贫困提供了基础。

① 中国社会科学经济研究所中国现代经济史组：《第一、二次国内革命战争时期土地斗争史料选编》，新华书店，1981，第161页。
② 胡伯项、武宏阳主编《井冈山精神与中国马克思主义理论创新》，人民出版社，2014，第138页。
③ 中国社会科学经济研究所中国现代经济史组：《第一、二次国内革命战争时期土地斗争史料选编》，新华书店，1981，第852页。
④ 刘英博：《当代中国农民土地权利的实现机制研究》，人民出版社，2017，第82—83页。
⑤ 中共中央文献研究室、中央档案馆编《建党以来重要文献选编（1921—1949）》（第二十四册），中央文献出版社，2011，第417页。

（二）废除所有封建债务

中国共产党人认识到了在重重债务的压迫下，农民难有积粮，生活不会得到改善，农民难以得到真的解放。因为贫困农民就是中国农村的主要负债者。在旧中国，占农村人口90%以上的农民是债务人的大多数，据1933年22省的统计，借钱的农家占农家总数的56%；借粮的农家占农家总数的48%，即半数以上的农民负担债务。按人口比例来看，负债者主要不是占人口百分之几的地主，而是广大的农民。① 因此，在土地革命的最开始，中国共产党就带领农民反抗高利贷的压迫，提出了废除债务的革命目标。闽西一些地区在土地改革之初就尝试推行了废除债务的政策，农民生活境况明显好转，给当地农民带来了极大的革命信心。在抗日战争时期，中共中央一些文件也提及了整理农民的债务、减低利息、禁止高利贷、规定最高利率的问题。《关于抗日根据地土地政策的决定》的附件对农民的债务问题进行了阐释，说明了减息清债的具体内容。1947年颁布的《中国土地法大纲》明确指出了要废除乡村中土地制度改革以前的债务，这一政策将农民从沉重的债务中解放了出来，让农民免受高利贷和资本的盘剥，可以有更多的条件扩大生产，提高产量和生产效率。这一政策也为农村减贫提供了基础。

（三）在根据地、解放区实行减租减息

减租减息是农民运动的重要内容。中国共产党在建党初期，就以广东为中心开展了减租减息运动。在党的领导下，农民向地主提出了减租条件，虽然在过程中也遭到了地主的联合镇压，但是在国民革命军和农民自卫军的支持和帮助下，农民还是取得了一定的胜利。第一次国共合作时期以湖南为中心的农民土地斗争的主要经济斗争内容就是减租减息。湖南省第一次农民代表大会通过的《地租问题决议案》和《取缔高利贷决议案》规定：将原来占产量50%至80%的地租减低5%至30%，另外再减2%至8%作为"农民教育经费"；同时，禁止高利贷剥削，规定年"利率不得超过20%"。② 在第二次国内革命时期，党的土地政策逐步完善，土地革命经验进一步积累。一直到抗日战争爆发，为了改善农民的生活，减租减息政策正式提出。陕甘宁边区和抗日敌后根据地相继

---

① 赵效民：《中国土地改革史（1921—1949）》，人民出版社，1990，第45页。
② 赵效民：《中国土地改革史（1921—1949）》，人民出版社，1990，第91页。

推行了减租减息政策，根据地区差异其减少的租额各有不同。但是由于战争的客观原因，这一政策并未在抗日战争前期广泛推行开来。直到 1942 年《关于抗日根据地土地政策的决定》通过后，才在对减租减息的政策推行经验进行深入总结的基础上对地租等问题做了明确的规定，提出了"二五减租"的政策，明确了无论何种租地形式都按照抗战前的租额减少 25%。[1] 为减轻广大农民的债务负担，该文件还规定抗战前成立的借贷关系以一分半为计息标准。这既在一定程度上维护了债权人的权益，又减轻了借债人的负担。随着该政策的推行和完善，我国的减租减息政策经验不断丰富。新中国成立之前，减租减息政策在新解放区得到广泛推行，各地因地制宜执行了减租减息政策，取得了巨大的成就。农民积极投入生产，减贫的内在动力得到了较好的激发。

三　在主要矛盾变化中推进反贫困事业

鸦片战争后，随着外国资本主义的入侵，中国逐渐沦为半殖民地半封建社会。1840 年至 1949 年，帝国主义对中国的侵略及中国封建势力的状况在不同时期呈现出不同的特点。近代中国社会的主要矛盾也跟随这一历程不断变换，呈现出多个矛盾交织、主要矛盾不断变化的情况。当时中国社会面临的矛盾主要包括了中华民族与帝国主义的矛盾、农民阶级与地主阶级的矛盾、资产阶级与地主阶级的矛盾、无产阶级与资产阶级的矛盾、封建统治阶级内部各集团派系的矛盾、各帝国主义国家在中国争夺权利的矛盾等。因此，中国共产党成立后，带领广大无产阶级进行的反贫困斗争是在这些复杂的社会矛盾交织在一起的背景下展开的，主要矛盾的变换导致不同的历史阶段和不同的地区反贫困斗争的方式不同。

五四运动后，中国人民继续受到外国帝国主义、本国封建主义的压迫，后来又增加了官僚资本主义的压迫。这三者就是压在中国人民身上的"三座大山"，是中国社会主要矛盾的集中体现，也是广大人民群众摆脱贫困的阻碍。推翻这"三座大山"的过程，也是我国社会主要矛盾交织变换的过程，也是中国共产党带领广大人民群众在不同社会背景下不断探索反贫困道路的过程。

（一）在反对帝国主义侵略中进行反贫困斗争

中华民族和帝国主义之间的矛盾是近代中国社会的主要矛盾之一，中国成

---

[1]　中共中央文献研究室、中央档案馆编《建党以来重要文献选编（1921—1949）》（第十九卷），中央文献出版社，2011，第 23—24 页。

了美国、英国、日本等帝国主义国家争夺的对象，帝国主义的经济势力逐步控制了中国的经济命脉。1937 年，日本发动全面侵华战争，给中国人民带来了更加深重的灾难。

在帝国主义的侵略下，中国的反贫困道路更加曲折。中国共产党带领人民团结各个阶级，组成抗日民族统一战线，摸索出在战争背景下进行反贫困斗争的方式。其中减租减息的政策最充分地展现了在帝国主义侵略下中国共产党团结各方力量的智慧。一方面，要求地主、债主减息，让农民能有积粮，生活得到改善，能够积极地参与到生产中为反侵略战争提供物质保障。另一方面，又不能太苛刻地对待地主，还要保证他们一定的利益以吸纳他们加入抗日民族统一战线。因此，在游击区及敌占点线附近的减租减息政策以能发动农民抗日的积极性及团结各阶层抗战为目标。[①] 由此可见，我国的土地政策的转变是与我国主要矛盾变化紧密相关的，反贫困斗争方式也是围绕着主要矛盾变换而变换的。

（二）在反对封建势力剥削中进行反贫困斗争

封建剥削制度是以地主剥削农民的剩余劳动力为基础的。少数的地主占有大量的土地，向广大的农民群众收取高额的地租。此外，农民还受到商业资本的盘剥，背负高利贷的农民群体负担日益加重。一些农民基本的生存需要都得不到满足，过着吃糠咽菜甚至卖儿鬻女的极端贫困的生活。封建剥削制度不但严重影响我国农业的发展，也限制我国工业的发展。落后的农业生产无法为工业生产提供足够的原料，广大群众贫困潦倒的生活状况也无法为工业产品提供广阔的市场。土地革命中喊出的"打土豪、分田地"口号是备受压迫的农民最重要、最直接的利益诉求，也充分地表达了中国共产党带领人民反封建制度的决心。党的六大进一步明确了开展土地运动的任务就是要推翻封建地主的封建式的剥削和统治。1927 年后，在毛泽东等中国共产党人的带领下，中国革命走上农村包围城市、武装夺取政权的道路。选择这一道路的重要原因之一，就是占人口大多数的中国农民是封建势力的主要压榨对象和帝国主义的主要掠夺对象，中国农民是反帝反封建民主革命的主力军。这就是说，中国革命的最深厚的力量源泉，不是在若干近代工商业都市，而是在广大的农村。中国的民主革

---

① 中共中央文献研究室、中央档案馆编《建党以来重要文献选编（1921—1949）》（第十九卷），中央文献出版社，2011，第 23—24 页。

命实质上就是农民革命。中国的武装斗争实质上就是农民战争。[①] 在解决农民阶级与地主阶级的矛盾的过程中，在推翻封建势力的压迫的过程中，我国农民争取到了一定的经济权益，贫困的生活得到了改善。

（三）在反对官僚资本主义压迫中进行反贫困斗争

中国人民在受到封建地主阶级压迫的同时，还受到官僚资本主义的压迫。中国资产阶级是由官僚资产阶级和民族资产阶级组成的。19世纪20年代到30年代国民党在全国的统治建立后，官僚资产阶级勾结帝国主义和封建势力逐步壮大起来，控制了国家政权，垄断国家经济命脉，进一步加强对民众的剥削和压迫，进一步加剧了民间的贫困状况。官僚资产阶级还利用特权兼并民族工商业，阻碍民族资产阶级的发展。备受帝国主义和封建势力压迫的民族资本主义因为规模较小、发展能力弱，在国民党政府的统治下日渐衰落。在新中国成立前夕，在帝国主义和封建主义被推翻后，如何推翻官僚资本主义成为亟待解决的问题。官僚资本集中于城市，解放战争后期随着城市的陆续解放，人民政府已经接管了一些官僚资本。社会主义性质的国营经济也在这一过程中建立起来，对官僚主义的改造也进一步解放了生产力，劳动人民的生活境况逐渐好转。

四 反贫困初步探索的其他方面

回顾新民主主义革命时期，为了推进反贫困事业，中国共产党除了采取不断调整生产关系让之适应生产力发展的方式以外，还进行了其他方面的尝试。中国共产党加强对相关经济工作的宏观调控，帮助人民尽快摆脱贫困。例如，尝试建立救济体制，改善底层人民的生活；加强对财政、金融业的领导，增加反贫困工作的投入；恢复城市经济，改善城市人口的生活环境；等等。

（一）尝试建立救济体制

在推进土地运动的过程中，中国共产党逐渐意识到救济制度的重要性，在革命时期做了初步的尝试。对没收的土地，中国共产党将其用于救济贫苦的农民。1927年"八七"会议后，中共中央在《复湖南省委函》中还提及了救济贫困基金的问题。对城市中的贫困人群，党的六大通过的《政治决议案》中规定

---

① 沙健孙主编《中国共产党史稿（1921—1949）》（第三卷），中央文献出版社，2006，第181页。

的民主革命十大纲领之一就是"实行八小时工作制，增加工资，失业救济与社会保险等"。在解放区的反奸清算斗争中，经过没收和分配日伪土地的斗争，党广泛地发动和组织了新解放区的群众，迅猛打击了日伪残余势力，初步安置和救济了极端困难户。① 对于失业工人，一些地区采取了拨贷救济等方式。例如，1946 年焦作市有 180 余名道清失业工人；道清失业工人与其家属共 500 余人因转业困难而陷入了极其贫困的境地。为缓解这一问题，专署、焦作市政府和道清工会采取了系列救济措施，组织工人进行生产自救。一是通过银行向每个失业工人贷款 2000 元，作为其生产资金。二是合作社通过贷给失业工人家属棉花，让失业工人家属可以参与到纺织生产中以谋生。三是向特别贫苦的技术工人发放救济粮。② 1947 年毛泽东为中国人民解放军起草的《双十宣言》，宣布了中国共产党的八项基本政策中也包括了"发展民族工商业，改善职工生活，救济灾民贫民"③ 等内容。这一时期中国共产党建立救济体制的尝试虽然因为受到革命战争的影响未建立起较为完整的体系，但是也在一定程度上帮助了人民反贫困。

（二）对财政、金融业的领导

中国共产党通过不断完善在根据地的财政政策和对金融业的领导来减少人民的负担。1934 年毛泽东在于江西瑞金召开的第二次全国工农兵代表大会上强调，通过发展国民经济来增加我们财政的收入，是我们财政政策的基本方针。财政的支出，应该遵循节省的方针。节省每一个铜板为着战争和革命事业，为着我们的经济建设，是我们的会计制度的原则。④ 在革命战争时期，应既做到保证革命事业的进行，又尽量减少人民的负担。例如，在根据地的农业税收政策的制定方面，逐渐形成较为合理农业累进税政策。新的税收办法受到农民的欢迎，人们的负担减轻了，政府的税款上来了，生产也得到了发展。⑤ 且财政收入的绝大部分用于当时革命事业急需的方面，用于人民事业方面。在抗日战争期间，各根据地的民主政府以 90% 的力量帮助农民增加生产，发展经济，然

---

① 沙健孙主编《中国共产党史稿（1921—1949）》（第五卷），中央文献出版社，2006，第 329 页。
② 宋克勤：《救济道清失业工人政府拨贷救济粮款棉花工会积极组织工人生产》，《人民日报》1946 年 7 月 17 日，第 2 版。
③ 《毛泽东选集》（第四卷），人民出版社，1991，第 1238 页。
④ 《毛泽东选集》（第一卷），人民出版社，1991，第 134 页。
⑤ 赵凌云主编《中国共产党经济工作史（1921—2011 年）》，中国财政经济出版社，2011，第 139 页。

后再从农民那里取得税收，贯彻了"取之于民，用之得当"的原则。[①]

（三）城市经济恢复工作的开展

中国共产党的反贫困工作不仅仅局限在农村。伴随中国共产党在解放战争中不断取得胜利，一些城市被占领和接管，中国共产党的城市反贫困工作逐渐展开。1949年3月党的七届二中全会阐明党的工作重心转移到城市，强调了要处理好城乡关系、城市工作要依靠工人阶级、城市工作要以经济建设为中心、城市其他工作要为生产服务等。这一时期城市经济工作的主要内容是恢复和发展生产、没收和接管官僚资本以及保护民族工商业的发展。毛泽东把发展社会生产力、改善人民生活当作党在新时期工作的中心环节。[②] 毛泽东强调要使工人和一般人民的生活有所改善，政权才能站住脚跟。一方面，要保障新解放城市中职工的原有工资和福利，尽量维持干部的原有的供给和待遇。另一方面，中共中央要把握好全国的财政问题，尤其是货币的发行；同时利用经济手段适当地抛出物资，特别是国营工厂的物资，以稳定物价。[③] 在此政策下，城市工人的工资得到了一定的保障，物价得到了有效的控制，城市居民的生活有了一定的改善。

第二节　新中国成立到改革开放前反贫困的
接续发展

新中国成立后，中国共产党领导人民发挥社会主义制度的独特优势，确立了以制度为基础的国家减贫模式。在探索建立社会主义制度的过程中，经过社会主义三大改造，社会主义公有制的主体地位得以确立，社会主义基本制度得以确立，奠定了国家动员减贫的坚实制度基础；通过土地制度改革，人民群众掌握了社会生产资料，享有了平等的土地权利，建立了农业增产和解决温饱进而摆脱贫困的有力制度保障；通过实行人民民主专政制度，团结各族人民和各个阶级开展社会主义建设，形成了集中力量解决贫困问题的强大组织合力。[④]基于新中国成立前中国共产党领导的反贫困工作的经验，在新中国成立到改

---

① 凌耀伦等：《中国近代经济史》，重庆出版社，1982，第555页。
② 金冲及：《五十年变迁》，中央文献出版社，2004，第732页。
③ 王炳林：《党的历史与党的建设研究》，中央文献出版社，2016，第75页。
④ 详见蒋永穆、卢洋《新中国70年的减贫事业》，《光明日报》2019年7月5日，第11版。

开放前的 30 年间，我国的反贫困事业依托农村集体所有制的建立和完善有了一定的发展。这一时期的扶贫工作主要面向农村人口，扶贫方式以提高农业生产效率、增加农民收入为主。体现了我国扶贫工作逐步聚焦于主要的贫困人群，扶贫方式也越来越有针对性，我国扶贫工作的"精准"性得到加强和提高。我国农业机械化水平的提高和农业基础设施的建设大幅提升了我国农村的生产力。我国农村的生产力和生产关系的适应度不断提高，促进了我国经济社会的进步，为我国初步建立起救济式的扶贫体制提供了基础。加之中国共产党建立起无产阶级政权后统一领导财经工作，稳定了市场，我国的贫困状况得到了一定的改善。

一 依托农村集体所有制构建反贫困基础

新中国成立后，我国继续推进土地所有制的改革。在 1950 年召开的中共七届三中全会上通过了《中华人民共和国土地改革法》。实行农民的土地所有制让大多数农民的生活得到了改善。但是我国农村中两极分化现象严重，仍然有许多分散的小农生产力落后，收入微薄，长期处于贫困之中。同时，工业化快速发展造成农产品需求不断提高，而我国的农业生产水平还较低，工农业之间的矛盾增加。基于此情况，中国共产党带领广大农民开始了农业社会主义改造，开展农业合作化运动。农业合作化是通过各种互助合作的形式，把以生产资料私有制为基础的个体农业经济，改造为以生产资料公有制为基础的农业合作经济的过程。在第二次国内革命战争时期的革命根据地就已经有了农业生产互助合作的实践，可以说是农业互助合作运动的起步，后来在抗日战争和解放战争中广泛组织了互助组，这些早期的互助合作实践，为我国后来的互助合作运动发展提供了很多宝贵的经验。[①] 基于这些实践经验，中国共产党在新中国成立初期不断探索农业合作的方案，动员广大农民参与进来。这一过程充分激发了农民的生产积极性，推动农业生产水平的提高，逐步构筑起了我国反贫困斗争的物质基础。

(一) 探索农业合作方案，凝聚劳动力量和经济力量

1951 年 12 月中共中央发布了《关于农业生产互助合作的决议（草案）》，该草案分析了将农民组织起来开展农业合作的必要性，并肯定了农村个体经济

---

① 蒋永穆等：《中国农村改革四十年：回顾与经验》，四川大学出版社，2018，第 4 页。

和劳动互助的重要意义。该草案提出："必须提倡'组织起来'，按照自愿和互利的原则，发展农民劳动互助的积极性。"[1] 为了更好地吸引农民参与到农业互助组和生产合作社中来，该草案提出要以典型示范的方式进行推广。通过真正提高生产率、提高粮食产量以实现农民增收的典型示范，吸引广大农民，动员广大农民。农业互助组和农业生产合作社只有真正帮助农民增产、增收，才能被农民群体所欢迎，才能影响周围更多的农民，进而将农民逐步组织起来。[2]

1953年12月，在总结我国农业互助合作经验的基础上，我国制定了《关于发展农业生产合作社的决议》，强调了农村工作的中心任务是发展互助合作，提高农村的生产力。该文件详细阐述了农业合作社的优越性，指明了农业合作社的建立将有益于土地统一经营，合理统一使用劳动力，更好地利用新技术，扩大农业生产。集体经营的好处和大家生活的日趋改善，使农业生产合作社能够成为农民在经济上、在生活的相互关系上得到集体主义和爱国主义教育的很好的学校。[3] 从1956年春起，农业合作化运动转入建立高级农业生产合作社的阶段。1956年6月，第一届全国人民代表大会第三次会议通过并公布了《高级农业生产合作社示范章程》，各地根据这个章程对已经建立的高级社进行整顿和巩固，并继续发展高级社。[4] 从1950年起我国参与到农业合作社中的农户数逐年增长，初级合作社逐渐向高级合作社发展。到1956年，我国参与到高级农业生产合作社中的农户的数量已经占总农户数的62.6%（见表2-6）。

表2-6　1950—1956年高级、初级农业合作社组织情况

年份	高级农业生产合作社农户数量（户）	占总农户比例（%）	初级农业生产合作社农户数量（户）	占总农户的比例（%）
1950	32	0.00003	187	0.0002
1951	30	0.00003	1588	0.0015
1952	1840	0.002	57188	0.050
1953	2059	0.002	272793	0.235

---

[1] 中央档案馆、中共中央文献研究室编《中共中央文件选集（1949年10月—1966年5月）》（第七册），人民出版社，2013，第412页。

[2] 中央档案馆、中共中央文献研究室编《中共中央文件选集（1949年10月—1966年5月）》（第七册），人民出版社，2013，第418页。

[3] 中共中央文献研究室编《建国以来重要文献选编》（第四册），中央文献出版社，1993，第665—666页。

[4] 赵凌云主编《中国共产党经济工作史（1921—2011年）》，中国财政经济出版社，2011，第248页。

续表

年份	高级农业生产合作社 农户数量（户）	占总农户比例 （%）	初级农业生产合作社 农户数量（户）	占总农户的比例 （%）
1954	11774	0.010	2285246	1.948
1955	40080	0.033	16880928	14.162
1956	75407021	62.6	35108688	29.1

资料来源：史敬棠等编《中国农业合作化运动史料》（下册）（生活·读书·新知三联书店，1959，第1006—1019页）一书中相关数据。

（二）动员广大农民参与集体经济，激发农民自主脱贫的内生动力

我国农村开展的农业合作化运动，遵循自愿互利、典型示范和国家帮助的原则。我国的农业合作化形式从临时互助组和常年互助组发展成为初级农业生产合作社，再发展到高级农业生产合作社。农业合作组织的社会主义性质在此过程中逐步明确。在农业合作化运动中，政府引导勤劳的农民群体走上更加高效的生产道路，帮助他们增产增收。对于一些不愿好好经营生产的落后农民群体，政府予以了公开的批评。对已经不感劳动力和畜力等缺乏的农民，政府就号召他们"参加互助，富了更富"。[①] 因此，依托农村集体所有制度的建立，中国共产党将广大农民群体团结起来，与贫困作斗争，使得这一时期我国的反贫困事业得到了一定的发展。

到1956年，社会主义制度在我国已经基本确立。社会主义改造完成后我国开始了全面建设社会主义的十年。"大跃进"运动和农村人民公社化运动让我国经济发展遭受了严重的挫折；但在这十年，我国还是为反贫困事业积累了物质技术基础。从1956年到1966年，我国的工业固定资产增加了三倍。原油、棉纱等重要的工业产品产量大幅提高，1965年我国实现了石油的自给。工业的发展也推动了农业的机械化，农业基础设施建设大规模展开。农村的用电量、农业的拖拉机用量、农业种植的化肥用量都增长迅速。[②]

总的来看，从新中国成立到改革开放前的这一历史阶段里，我国依托农村集体所有制的改革，保障了农业和工业的发展。1949年我国粮食产量2264亿斤，人均粮食产量209公斤，无法满足人们的温饱需求。20世纪50—70年

---

① 《经过土地改革的华北老区农村 绝大部分农民摆脱贫困 各地注意宣传了奖励生产政策，大力组织了合作互助。》，《人民日报》1950年7月9日，第2版。

② 《中国共产党中央委员会关于建国以来党的若干历史问题的决议》，人民出版社，1981，第16页。

代粮食生产有了一定发展，1978 年粮食产量 6095 亿斤。[①] 我国在建设社会主义的道路上曲折前进，构筑起了一定的物质基础，人民群众的生活得到明显的改善。

二　伴随农业现代化进程推进反贫困事业

"新中国成立之初，连年战乱使当时中国的农业生产遭到严重破坏，农业生产水平极低，主要农产品较战前年平均水平有大幅减产。在传统农业社会上建立起来的新生政权，面临的一大考验就是快速恢复农业生产和解决全国人民的温饱问题。"[②] 伴随城乡经济恢复和建设工作的开展，中国共产党人越来越清晰地认识到农业的基础性地位和农业现代化建设的重要性。同时，农业合作化运动为更好地运用农业现代化的科学技术、经营方式提供了一定的条件。中国共产党在这一时期大力推进农业现代化进程，借鉴苏联经验，推进农业机械化、电气化、化肥化和水利化，提高农业生产力，城乡人民的生活伴随农业的发展得到一定的改善。新中国成立后我国反贫困事业的推进与我国农业现代化的进程是紧密相连的。

（一）大力推进农业基础设施建设，提高农业生产力

在农业生产中，自然灾害的发生往往让农民整年的辛苦劳作付诸东流。新中国成立初期，旱涝灾害的发生让许多农户的贫困加重（见表 2-7）。在实践中，中央政府认识到加强基础设施建设的重要性，认识到水利工程等农业基础设施的建设关系着我国农业生产的产量和效率。

表 2-7　新中国成立初期旱涝灾害发生情况

年份	成灾面积（万亩）			受灾人口（万人）			减产情况（亿公斤）
	合计	水灾	旱灾	合计	水灾	旱灾	
1949	12787	12787	0	4555	4555	0	57
1950	7686	7068	618	3384	3205	179	26

---

① 《农村经济持续发展乡村振兴迈出大步——新中国成立 70 周年经济社会发展成就系列报告之十三》，中华人民共和国中央人民政府，2019 年 8 月 7 日，https://www.gov.cn/xinwen/2019-08/07/content_5419492.htm。

② 蒋永穆、卢洋、张晓磊：《新中国成立 70 年来中国特色农业现代化内涵演进特征探析》，《当代经济研究》2019 年第 8 期。

续表

年份	成灾面积（万亩）			受灾人口（万人）			减产情况（亿公斤）
	合计	水灾	旱灾	合计	水灾	旱灾	
1951	5663	2214	3449	3034	1044	1990	31.5
1952	6649	2766	3883	2760	1071	1689	—
1953	5809	4797	1012	1725	1476	249	75
1954	17764	17275	489	6315	6223	92	88.5
1955	10810	4609	6201	2495	1353	1142	—

资料来源：王兴国主编《惠农富农强农之策——改革开放以来涉农中央一号文件政策梳理与理论分析》，人民出版社，2018，第 186 页。

改革开放以前，农业基础设施主要依靠合作社筹集资金和组织群众进行建设。1953 年 2 月正式通过的《中国共产党中央委员会关于农业生产互助合作的决议》指出农业互助组和农业生产合作社要实行精耕细作，兴修水利，改良土壤，在可能的地区把旱地变成水地，有计划地种植各种农作物，改良品种。[①] 1955 年 7 月，经第一届全国人大第二次会议审议通过的中国国民经济发展的第一个五年计划（以下简称"一五"计划）提出要注意兴修水利，植树造林，广泛开展保持水土工作。[②] 这一时期，我国开始兴建黄河三门峡水利枢纽工程，并且修建了其他一些大型的和很多中、小型的水利工程，对于防御洪水和灌溉田地发挥了一定的作用。我国农业机耕和灌溉面积不断增加。机耕面积从 1952 年的 13.6 万公顷增长至 1978 年的 4067 万公顷，灌溉面积从 1995.9 万公顷（其中机电灌溉面积为 31.7 万公顷，占 1.6%）增加到 4496.5 万公顷（其中机电灌溉面积为 2489.5 万公顷，占 55.4%）。[③]

新中国成立后，国家财政在农业基本建设上的支出整体呈上升趋势。国家财政支农资金中的农业基本建设拨款占财政基本建设总支出的比重从"一五"时期到"五五"时期的各个阶段分别为 8.1%、12%、18.8%、11.1% 和 11.1%。[④] 我国在河流整治、农田水利和农用工业上投入了大量的资金，这为我国农业的稳定发展奠定了一定的基础。

---

① 史敬棠等编《中国农业合作化运动史料》（下册），生活·读书·新知三联书店，1959，第 9 页。
② 中共中央文献研究室编《建国以来重要文献选编》（第六册），中央文献出版社，1993，第 412 页。
③ 国家统计局编《中国统计年鉴（1983）》，中国统计出版社，1983，第 197 页。
④ 王兴国主编《惠农富农强农之策——改革开放以来涉农中央一号政策梳理与理论分析》，人民出版社，2018，第 188 页。

（二）不断加强农业技术的运用与推广，提高农业生产效率

这一时期中央政府实行了以机械化为核心的农业技术政策。在强大的行政力量推动下，我国农业机械化有了相当快的发展，农业物质技术装备水平有了很大的提高。[①] 在这一时期，各地陆续开展了农业技术培训班，大批农业技术人员深入农村指导，在推广优良品种、防治病虫害及农场建设等方面加强了对农民的技术培训。同时，伴随农业机械技术培训的展开，我国的农业机械化取得了重大进步。到 1978 年，我国的农业机械拥有量、化肥使用量都有较大的增长。大中型拖拉机达到 557000 台，手扶拖拉机达到 137 万台，农用排灌动力机械达到 6558 万马力。[②] 我国的农业机械总动力从 1952 年的 25 万马力增加到了 1978 年的 15975 万马力。[③] 在农业水利建设、机械化生产、生产资料供应不断发展和增加的基础上，我国的农业生产总值自然而然就有了明显的变化。我国农业生产总值从 1949 年的 326 亿元增至 1978 年的 1567 亿元。[④]

农业快速发展让农民生活水平有了显著的提高。一方面工农业产品价格的剪刀差缩小，农民收入提高；另一方面农民的人均纯收入和消费水平不断提高。这一时期中国共产党在推进农业现代化的进程中，明显地改善了农民的生活，帮助了一部分农民逐渐摆脱贫困。

三　建立救济式扶贫体制提供反贫困保障

基于革命战争时期中国共产党建立救济体制的一些探索，新中国成立后，我国逐渐建立起救济式扶贫体制。中国共产党借鉴了苏联实行国家保障性社会保障的制度，主要通过发放暂时性和补偿性的补贴来帮助生活困难的群体。1950 年，我国成立了中国人民救济总会，领导救济工作的广泛开展。

在城市，党和政府从保障基本生活的要求出发，采取区别对待的办法。针对不同贫困人群的具体状况分别发放了经常性救助金、医药费救助金、临时救助金、生产资金和御寒衣被等。由此缓解了孤老病残人员、无力就医患者、失业人员等不同人群的贫困状况。此外，为了帮助城市贫民从根本上解决生活问

---

① 蒋永穆、张晓磊：《中国特色农业现代化道路的演进动力探析》，《农村经济》2017 年第 4 期。

② 《中华人民共和国国家统计局关于一九七八年国民经济计划执行结果的公报》，国家统计局，2002 年 1 月 21 日，https://www.stats.gov.cn/sj/tjgb/ndtjgb/qgndtjgb/202302/t20230206_1901921.html。

③ 国家统计局编《中国统计年鉴（1983）》，中国统计出版社，1983，第 186 页。

④ 国家统计局编《中国统计年鉴（1983）》，中国统计出版社，1983，第 16 页。

题，党和政府把"生产自救"摆在一个非常重要的位置。

◉ 专栏 2-1

《人民日报》对 20 世纪四五十年代我国救济工作开展情况的部分报道

（1）《救济道清失业工人 政府拨贷救济粮款棉花 工会积极组织工人生产》
（宋克勤，1946 年 7 月 17 日第 2 版）

【本报焦作讯】本市现有道清失业工人一百八十余名，连其家属共五百余口，因交通不能恢复，转业又不易，以致生活陷于极端困难的境地。专署、市府及道清路工会，已决定了三项救济办法：

①由冀南银行四分行贷给每个失业工人二千元，作为工人从事生产的资金。

②由合作总社贷给每个失业工人家属棉花二斤，把整个道清失业工人家属都组织到纺织生产中来。

③照顾特别贫苦的技术工人，每个特别贫苦的技术工人，由焦作市政府发给救济粮两大斗。这些粮款棉花，都由道清工会统一领发，现道清工人正在积极组织工人，进行生产自救。太行行署为救济道清铁路失业工人，特决定拨公粮小米一百石，款二十万元，从各方面扶植工人从事生产或转业，使失业工人及死难工人家属得以维持最低限度的生活标准。焦作市府及道清工会亦决心在交通没有恢复，铁路工人不能复业前，要组织道清铁路失业工人的生产自救。

（2）《各地人民政府和工会组织 用多种方式救济失业工人》
（1950 年 6 月 19 日第 2 版）

【本报讯】各地人民政府和工会通过各种办法，解决失业工人的生活和工作问题。现各地已先后由临时性的紧急救济走向有组织有计划的长期救济，成立了失业工人救济委员会，专门负责这方面的工作。各地普遍采取以工代赈的方式来救济失业工人。武汉市的救济计划即系以此为主，该市行将有三万四千多失业工人参加浚河、修堤、修路和公共建筑工程。上海市亦组织失业工人参加市政建设工作。青岛市有三千多失业工人参加疏河、修筑码头等市政工程。杭州市截至目前为止，经该市劳动局和总工会介绍参加筑路工程的亦有一千余人。在可能的条件下，各地也因时因地因人制宜地取了多种多样的形式与办法，组织工人进行生产自救。上海五金工会组织流动分会，解决了八百人的失业问题。该市衣着业工会设立了四个生产合作工场，解决了该业三分之一的失业问题，四百多工人日夜赶工，工作非常积极。武汉市组织了十五个手工业生产合作社和四个联营工厂，参加生产的社员有九千人，每人每月所得工资，一般能维持三口人的生活。根据中央人民政府劳动部所颁布的《市劳动介绍所组织通则》和《失业技术员工介绍办法》，各地人民政府已在或即将普遍进行失业技术员工的登记、组织学习和介绍就业的工作。截至五月底为止，青岛市已有两千三百余失业工人经政府介绍就业；另有一百余人已于五月下旬前往东北工作；最近还要有六百名工人继续去东北参加生产。上海总工会介绍转业的失业工人，截至本月七日为止，已有八千七百余人（包括参加东北工业建设及支前工作）。在组织学习方面，上海各产业工会普遍组织了失业工人学习班，一方面进行政治与时事教育，一方面进行文化与技术教育。上海总工会举办了八百人的失业工人干部学习班，更将利用各学校暑假期间，大规模的发动与组织学习。在自愿原则下，各地也有很多失业工人回乡参加生产。南京搬运工人，自动申请回乡生产的就有一千多人，连家属有三千多人。安庆已组织一千余失业工人回乡生产。对回乡生产者，各地政府均给予一定的路费和救济金。

（3）《邢台政府拨粮款救济城界村灾荒》

（云选、云亭，1948 年 3 月 13 日第 1 版）

【邢台消息】邢台城界村灾荒严重（详情见本报二月九号一版），政府了解后，便拨发一笔粮款，派人前往组织救济生产。在发放办法上是：将全村划分六个小组，选出评议员，然后结合干部，从正面访问侧面调查，将所有灾民了解登记出后，又经群众大会选出八个评议员评议发放，并教育群众回忆灾荒：过去受罪谁管咱？启发了群众的阶级觉悟，有好多妇女便落下泪来。经四、五天的公平评议，又经群众讨论，该减的减，该加的加，六十二户贫雇，共二百一十五口，分到粮食五千四百零五斤；三十户中农，一百一十三口人，分粮一千八百七十五斤。另有糠菜不足三千斤，按分粮比例分配。贷款四十万元，贷给贫雇农三十七万六千元，中农二万四千元，主要解决牲口困难，及纺织资本。并号召群众省吃俭用，渡过春灾闹好养种。分到粮食后，贫农贾德祥说：政府救济了咱，在未大闹养种前，吃赖点才对。现在群众有的拉粪，有的耙地都在计划生产中。

（4）《东北救济上海失业工人　捐东北币七百余亿　河南拨麦二百万斤救济失业工人》（1950 年 5 月 30 日第 1 版）

【新华社沈阳二十九日电】东北各地救济上海失业工人的运动已近结束，大批捐款正在向银行汇交中。据东北银行统计：至本月二十六日止，已收到的捐款共为东北币七百八十三亿零五十万七千余元（按东北币十二元折合人民币一元）。其中五百亿元已于二十日汇至上海；余额亦将于最近汇去。自四月中旬上海总工会向全国各工会发出救济沪失业工人的呼吁后，东北工人即踊跃展开献工、捐款运动。各界人民也以不同方式进行援助：公教人员捐出工薪，荣誉军人捐出津贴，文艺界举行义演，均有很大成绩。此外，东北军区所属部队也捐出节约所得的粮食二十余万斤。

【新华社开封二十九日电】河南省已展开救济失业工人和贫苦市民的工作。省人民政府已拨发小麦二百万斤，有重点地救济开封、郑州、许昌、洛阳、信阳等主要城市的失业工人。开封、郑州两市和许昌、信阳、淮阳等专区，已分别成立了救济失业工人委员会或生产度荒委员会，开始进行以工代赈，组织工人生产自救，动员工人回乡生产和发放救济粮等工作。许昌专区的许昌市和鲁山县，已有一千一百三十七人经过动员后，自愿回乡参加生产。襄城县已有七百五十六人，参加运粮工作，得到了工资三千五百七十九万元，可解决二十一天的生活。淮阳专区周口市八百多个失业或半失业工人分别参加了修堤、运砖等工作。工人家属也在工会和妇联领导下，参加了打麻线、纺织等生产，因而基本上解决了生活问题。此外，有些困难严重的地区，还开始发放救济粮进行紧急救济。如鲁山县城关区有一百六十七人得到了紧急救济。

在农村，随着土地改革的进行，贫困农民得到了土地，大多数人的生活得到了改善。但由于自然灾害和生产力低下，仍有群众的生活处于贫困境地。为了解决这些人的生活困难，各级政府采取了多种救济措施。针对贫困农民发放了救济款，帮助他们缓解生存压力，发展生产。对于军烈属和贫困农民适当减免农业税。同时呼吁群众互相帮助和救济，开展捐献"一把米""一件衣""一元钱"活动。[①]

新中国成立之初，面对人口数量庞大和社会经济发展薄弱的现实状况，我国逐步建立起了救济式扶贫体制。1954 年，新中国第一部宪法明确规定"劳动者在年老、疾病或者丧失劳动能力的时候，有获得物质帮助的权利。国家举办社会保险、社会救济和群众卫生事业，并逐步扩大这些设施，以保证劳动者享受这种权利"，成为这一时期农村社会保障工作的纲领性文件和指示。从 1952年至 1978 年，国家财政用于抚恤和救济的支出明显增加（见表 2-8），解决了一些人的基本生存问题。

---

① 曹立前主编《社会救助与社会福利》，中国海洋大学出版社，2006，第 50 页。

表 2-8 1952—1978 年部分年份国家财政用于抚恤和社会福利支出

单位：亿元

年份	合计	抚恤资金	离退休费	社会福利救济费	自然灾害救济费
1952	2.95	1.23	—	0.66	1.06
1957	5.29	1.52	—	1.36	2.41
1962	8.14	1.73	—	2.39	4.02
1965	10.94	2.31	—	2.92	5.71
1970	6.53	2.67	—	3.86	—
1975	12.88	3.75	—	3.47	5.66
1978	18.91	2.93	2.34	4.62	9.02

资料来源：《中国统计年鉴（1999）》，国家统计局，http://www.stats.gov.cn/yearbook/indexC.htm。

失业救济和统一调配的劳动就业体制的建立与运行，让我国的劳动者基本实现了普遍就业，为许多居民摆脱贫困提供了基础。同时，我国以社会救济为主要特征的农村社会保障体系逐步建立起来。我国形成了以基本医疗保障政策、"五保"供养政策、救济救灾为核心的农村社会保障政策体系，这些政策和举措都为改善贫困群众生活提供了有益帮助。[①]

总的来看，这一时期的救济式扶贫整体上取得了济贫的预期效果，满足了救济对象的需求，基本达到了国家救济工作的预期目标。[②] 在国家经济发展水平较低的情况下，人民处于普遍贫困的状态。救济式扶贫方式可以在一定程度上改善极端贫困人群的生活状况，满足其基本的生活需要，为后续的农村扶贫工作奠定一定的基础。

四 反贫困接续发展的其他方面

新中国成立后，中国社会的经济形势并不稳定。北京、上海等地一些商家囤积居奇，导致物价飞涨；纸币的过度发行又导致通货膨胀严重。在这样的经济环境中，城市的居民生活无法得到保障，越来越多的人处于贫困边缘。基于此背景，中国共产党开始了统一全国财经的工作。

1950 年，由陈云起草的《关于统一国家财政经济工作的决定》经政务院第二十二次政务会议通过，该文件中指出"全国人民经过了十二年战争和通货膨

[①] 张元如、周昌：《新中国成立以来中国共产党贫困治理的历程、经验与展望》，《中共郑州市委党校学报》2020 年第 3 期。

[②] 韩喜平、张梦菲：《新中国救济式扶贫的经验及展望》，《党政研究》2020 年第 3 期。

胀之后，生活已极困难，需要我们努力制止通货膨胀"[①]。经过全国范围内统一编制、清查物资、厉行节约，财政部统一确定税收、财政收支等制度，中央政府的财政迅速走向收支平衡，金融和物价逐渐稳定下来。为了进一步提高经济活力，我国在国营经济的领导下推进多种经济成分的发展，公私合营逐步发展起来。这些经济建设工作都在一定程度上促进了我国整体经济水平的提高。其中，1970—1979 年，我国支援农村生产支出和各项农业事业费在国家财政支出中的比例不断上升，国家对于科教文卫事业的投入也逐年增加（见表 2-9），直接改善了我国人民生活水平，减少了我国农村贫困的发生率。

表 2-9　1970—1979 年部分年份国家财政用于农业和科教文卫事业的支出

单位：亿元

年份	农业支出	支援农村生产支出和农林水利气象等部门的事业费	农村救济费	文教科学卫生事业费
1970	49.40	15.91	3.14	43.65
1975	98.96	42.43	7.42	81.29
1976	110.49	46.01	10.48	85.49
1977	108.12	50.68	8.40	90.20
1978	150.66	76.95	6.88	112.66
1979	174.33	90.11	9.80	132.07

资料来源：《中国统计年鉴（1999）》，国家统计局，http://www.stats.gov.cn/yearbook/indexC.htm。

第三节　改革开放以来反贫困的全面推进

改革开放后，伴随农村经济体制的改革，我国农业生产力进一步得到解放和发展。生产力的快速发展为我国构建完善的扶贫体制提供了基础。针对在经济社会发展过程中贫困问题的新特点，我国政府在不同的历史时期根据贫困具体特征的变化适时调整和转变扶贫思路和政策，保证了扶贫政策的科学性和针对性，扶贫工作的"精准度"进一步提高。改革开放开始之后，社会主义制度的优势进一步凸显和发挥，常态化的减贫工作机制逐步建立。党和国家从这一时期的具体实际出发，科学制定和实施扶贫方略，第六届全国人大第四次会议将"老、少、边、穷"地区脱贫列入"七五"计划，减贫工作上升为国家战略行动；扶贫攻坚计划和扶贫开发纲要相继出台，减贫工作进一步落到实处；国

[①]　中共中央文献研究室编《建国以来重要文献选编》（第一册），中央文献出版社，1992，第 130 页。

务院成立贫困地区经济开发领导小组，减贫责任和领导机制正式确立；针对贫困地区的专项扶贫资金得以设立，国家级贫困县的扶贫标准正式明确，贫困地区脱贫步伐加快，减贫重心实现了从救济式到参与式的转变。[①] 在此基础上，我国逐步识别了重点贫困片区、贫困县、贫困村，明确了"扶持谁"的问题。同时，根据各地区的实际情况制定了相应的扶贫规划，在产业、教育、金融等重点领域开展了扶贫工作。我国的反贫困斗争这一时期取得的巨大成就说明了我国逐步找对了"穷根"，并开对了"药方"。

一 以农村经济体制为改革重心

农村是反贫困斗争的主要阵地，对农村经济体制进行改革是帮助广大农民摆脱贫困的最重要的方式。新中国成立初期，为尽快改变农业生产力的落后面貌，我国照搬照抄苏联模式，形成了高度集中的计划经济体制，在农业上集中表现为农产品统购统销制度和人民公社体制。但由国家命令和政治运动强制推行的生产关系严重超越了生产力的发展水平，造成农业生产的低效率和农民生活的贫困化。[②] 十一届三中全会后，农村经济体制改革逐步展开。为了快速恢复经济发展，农村改革将我国的反贫困事业推向了快速发展的阶段，改革极大地激发了农民生产的积极性，农村的生产力潜力得到了极大的释放。我国这一时期的农村改革主要包括农业经营体制、乡镇企业改革和农村金融改革三个方面。

（一）农业经营体制改革

"文化大革命"结束后，中国经济开始悄然发生变化。"包产到户"的积极探索在全国范围内"多点开花"。1976 年至 1978 年，四川省广汉市、四川省蓬溪县、安徽省肥西县山南区、安徽省凤阳县小岗村都做出了尝试。事实证明，"包产到组""包产到户""大包干"的生产责任制能够解决人民公社体制下生产积极性低、产量低的问题，能够充分调动农户的生产积极性，实现增产增收。很快，家庭联产承包责任制得到了全面普及和正式的确立。1982 年 1 月 1 日，中央以一号文件的高规格，向全国各地转发了《全国农村工作会议纪要》。该纪要肯定了过去几年全国各地实行生产责任制的积极成效。认为其"克服了集体经济中长期存在的'吃大锅饭'的弊病"，"带动了生产关系的部分调整"。

① 此部分内容详见蒋永穆、卢洋《新中国 70 年的减贫事业》，《光明日报》2019 年 7 月 5 日，第 11 版。
② 蒋永穆、张晓磊：《中国特色农业现代化道路的演进动力探析》，《农村经济》2017 年第 4 期。

同时，该纪要对生产责任制的各种形式予以充分肯定，将小段包工定额计酬、专业承包联产计酬、联产到劳、包产到户（到组）、包干到户（到组）等均定义为社会主义集体经济的生产责任制，并强调："不论采取什么形式，只要群众不要求改变，就不要变动。"① 这种在生产队体制不变、生产资料所有制不变的前提下，农户以家庭为单位向集体组织承包土地等生产资料和生产任务的农业生产责任制形式，为生产力的极大发展创造了条件，我国农业在家庭联产承包责任制实行后的几年出现了井喷式的发展，农业总产值大幅提升（见图 2-1）。

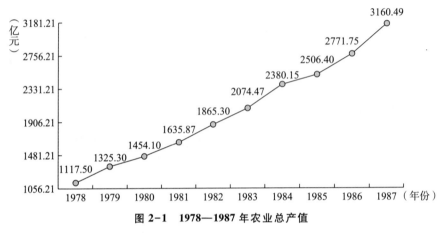

图 2-1　1978—1987 年农业总产值

资料来源：国家统计局网站。

农业总产值不断上升的同时，又产生可以转向二、三产业的许多富余劳动力，为乡镇企业的发展提供基础。这一农村经营体制改革对我国反贫困事业产生的最直接的积极作用还在于为解决农民的温饱问题破除了制度障碍。与此同时，以市场化为导向的农产品交易制度也随着改革逐步确立，农产品购销政策得到放宽，农产品收购价格有所提高，农产品市场逐步解禁。加上农村分配制度的改革，推动了农民收入水平的明显提升，增强了农民从事农业生产的自身实力。

（二）乡镇企业改革

伴随着农村经济的发展，自主经营的乡镇企业逐渐形成。我国鼓励农村劳动力向非农产业流动，离开农村进入城镇务工。邓小平说过："农村改革中，我们完全没有预料到最大收获，就是乡镇企业发展起来了。"② 我国乡镇企业是由

---

① 蒋永穆等：《中国农村改革四十年：回顾与经验》，四川大学出版社，2018，第 49 页。
② 洪名勇等：《扶贫开发战略、政策演变及实施研究》，中国社会科学出版社，2017，第 22 页。

人民公社时期的"社队企业"发展而来的。在家庭联产承包责任制实施后,我国的一些基层干部注重发挥"社队企业"的优势,将其逐步发展为乡镇企业。而成了乡镇企业工人的农民,在获得良好的收益后,也成为这项改革的支持者。改革开放以后,我国乡镇企业的发展大致经历了第一个高峰期(1978—1988年)、治理整顿阶段(1989—1991年)、第二个高峰期(1992—1994年)和稳步发展期(1995年及以后)四个时期。乡镇企业逐步成为农村经济的主体力量和国民经济的重要组成部分。乡镇企业的发展对我国经济发展的多个方面起到了巨大的推动作用。例如,乡镇企业数量的逐步增加解决了农村剩余劳动力的就业问题,增加了农民的收入,改善了农民的生活。再如,乡镇企业的发展对于农村社会的发展有着重要意义,农业生产力的提高和农村整体建设的进步也推动着城镇化的进程。[①]

同时,在这一时期我国开放了城镇就业市场,允许农村剩余劳动力转移至城镇就业和创业。1949年后,造成农村整体性贫困的主要原因之一是国家实施严格的城乡二元管理制度,让农村大量剩余劳动力固定在农村,成为隐性失业者。大量农村成年劳动力就业严重不足,无法获得发展机会,无法增加收入,于是成为贫困者。乡镇企业的发展,让我国一、二、三产业的就业情况也发生了改变。尤其是在乡镇企业快速发展的1978年至1988年,我国第二产业就业人数增加了近一倍(见表2-10)。1978年至1985年,国家开始从控制农村劳动力流动转向允许流动。1981年国家在城市实行合同工、临时工、固定工相结合的多种就业形式;1984年国家允许农民自筹资金、自理口粮进城镇务工经商;1985年允许农民进城开店设坊,兴办服务业,提供各种劳务。这些政策措施既为城镇发展提供了充足的劳动力,又为农村过剩劳动力提供了就业市场,让全国城镇得到发展的同时,也让农民获得增收,摆脱贫困。[②]

表2-10　1978—1988年部分年份我国第一、二、三产业就业人数

单位:万人

年份	第一产业就业人数	第二产业就业人数	第三产业就业人数
1978	28318	6945	4890
1980	29122	7707	5532
1985	31130	10384	8359

---

① 《新中国50年系列分析报告之六:乡镇企业异军突起》,国家统计局,1999年9月18日,https://www.stats.gov.cn/zt_18555/ztfx/xzg50nxlfxbg/202303/t20230301_1920444.html。

② 胡兴东、杨林:《中国扶贫模式研究》,人民出版社,2018,第53页。

年份	第一产业就业人数	第二产业就业人数	第三产业就业人数
1986	31254	11216	8811
1987	31663	11726	9395
1988	32249	12152	9936

资料来源：《中国统计年鉴（1999）》，国家统计局，http://www.stats.gov.cn/yearbook/indexC.htm。

（三）农村金融改革

农村金融改革体现在逐渐建立起的专门针对农村、农业金融信贷的新型农村金融体系。党的十一届三中全会以后，随着以家庭联产承包责任制为主要内容的农村改革不断推进，农村合作金融需求愈见旺盛。然而，走上"官办"道路的农村合作金融却难以满足这一需要。在此背景下，政府意识到要把信用社"真正办成群众性的合作金融组织"。为此，我国农村信用社开启了以恢复合作金融属性为核心的改革。[①] 1979 年恢复了中国农业银行。农业银行的恢复提高了资金使用效益，开办专项贷款也促进了家庭承包经营、乡镇企业和国有农业企业的发展。1993 年 12 月，国务院《关于金融体制改革的决定》确立了"建立政策性金融与商业性金融分离，以国有商业银行为主体、多种金融机构并存的金融组织体系"[②] 的金融体制改革目标，奠定了农村政策性、商业性、合作性金融分工协作的框架基础。1996 年 8 月国务院发布的《关于农村金融体制改革的决定》强调农村信用社管理体制改革是农村金融体制改革的重点，农村信用社与中国农业银行脱离行政隶属关系。至此，我国农业金融体制改革进入分工协作阶段，逐步建立起以农业银行、农业发展银行和农村信用社为主体的农村正规金融体制格局和组织体系。21 世纪初，在一系列农村金融政策的指导下，我国进入建立现代农村金融体系的阶段，不断创新金融产品、优化金融组织体系。我国的农村金融改革始终坚持为"三农"服务，出台了一系列政策（见表 2-11），为农业的发展和农民收入的稳定增长作出了重要贡献。

---

① 详见蒋永穆、王丽程《新中国成立 70 年来农村合作金融：变迁、主线及方向》，《政治经济学评论》2019 年第 6 期。

② 中共中央文献研究室编《十四大以来重要文献选编》（上），人民出版社，1996，第 593 页。

表 2-11　1979—2012 年部分农村金融改革的相关政策

年份	文件	政策内容
1979	《关于恢复农业银行的通知》	中国农业银行直属于国务院，自上而下设立遍及全国农村的各级机构，具体是县设支行，农村设营业所。农业银行开展的业务是承担涉及农村农业的开发性贷款、星火计划贷款、商品粮棉基地贷款、农业综合开发贷款、林业贷款、丰收计划贷款、山区综合开发贷款、扶贫贷款、节水灌溉贷款等以及与农村扶贫有关的业务[1]
1991	《中共中央关于进一步加强农业和农村工作的决定》	国家银行要继续把支持农业发展放在信贷工作的首位，确保农业贷款略高于全国银行贷款增长幅度。要扩大专项农业中长期低息贷款，安排好农副产品收购资金，适当增加乡镇企业流动资金和技术改造贷款。信用合作社在交足准备金、留足业务备付金后，适当多存多贷，支持农业生产[2]
1996	《国务院关于农村金融体制改革的决定》	农村信用社管理体制改革，是农村金融体制改革的重点。改革的核心是把农村信用社逐步改为由农民入股、由社员民主管理、主要为入股社员服务的合作性金融组织。农村合作基金会自试办以来，对于增加农业投入，缓解农民生产资金短缺发挥了一定的作用。要按国家的有关规定对农村合作基金会进行清理整顿[3]
2004	《中共中央 国务院关于进一步加强农村工作提高农业综合生产能力若干政策的意见》	继续深化农村信用社改革，要在完善治理结构、强化约束机制、增强支农服务能力等方面取得成效，进一步发挥其农村金融的主力军作用[4]
2010	《关于全面推进农村金融产品和服务方式创新的指导意见》	农村金融服务是党和政府联系农村、农民的重要纽带。突出创新重点，着力满足符合"三农"实际特点的金融服务需求。大力发展农户小额信用贷款和农村微型金融。有效满足发展现代农业和扩大农村消费的资金需求。切实加强对农业农村基础设施建设的信贷支持。探索开展农村土地承包经营权和宅基地使用权抵押贷款业务。积极推动和做好集体林权制度改革与林业发展金融服务工作。加快推进农村金融服务方式创新[5]

注：[1]胡兴东、杨林：《中国扶贫模式研究》，人民出版社，2018，第53页。

[2]《中共中央关于进一步加强农业和农村工作的决定》，人民出版社，1991，第20页。

[3]《国务院关于农村金融体制改革的决定》，中国人民银行，1996年8月23日，http://www.pbc.gov.cn/bangongting/135485/135495/135499/2833759/index.html。

[4]蒋永穆：《中国农村金融改革40年：历史进程与基本经验》，《农村经济》2018年第12期。

[5]《关于全面推进农村金融产品和服务方式创新的指导意见》，中华人民共和国中央人民政府，2010年7月28日，http://www.gov.cn/gzdt/2010-07/28/content_1666008.htm。

资料来源：文件相关内容。

二　以大规模开发式扶贫为方针

改革开放带来的经济快速发展使得大部分农村人口的生活状况有了一定的

改善，但是仍然有一些农村地区受到自然因素和社会因素的影响，发展受到一定的限制。贫困地区与其他地区，特别是与东部沿海发达地区在经济、社会、文化等方面的差距逐步扩大。中国农村发展不平衡的问题凸显出来，低收入人口中有相当一部分经济收入不能维持其生存的基本需要。[①] 基于我国之前反贫困斗争的一些经验，结合 20 世纪 80 年代我国经济社会发展状况，在中国共产党的领导下，我国逐渐从救济式的扶贫转向大规模开发式扶贫，我国的反贫困事业进入了更加系统的、有计划的、大规模的阶段。这一转变主要体现在以下四个方面。

（一）扶贫组织体系的系统建立

国务院于 1986 年成立了贫困地区经济开发领导小组，规定了领导小组的基本任务是：组织调查研究；拟定贫困地区经济开发的方针、政策和规划；协调解决开发建设中的重要问题；督促、检查和总结交流经验。各贫困面较大的地区也相继成立了类似机构，配备了专职人员，形成了比较完备的工作体系，逐步落实了扶贫开发工作的责任。[②]

（二）扶贫方针的制定

我国有了明确的扶贫方针，变救济式扶贫为开发式扶贫。以前的扶贫大多依靠直接给贫困人群资金和物资的方式，可以解决贫困人群一时的生存问题，但无法保障他们长期的温饱。因此，需要充分激发贫困人群的自我积累和发展能力。从单纯依靠政府行政系统扶贫向主要依靠经济组织扶贫转变，从资金单向输入向资金、技术、物资、培训相结合输入转变。[③] 1986 年，我国开始了科技扶贫，标志着我国由单纯救济式扶贫向依靠科学技术开发式扶贫转变。[④] 1991 年党的第十三届中央委员会第八次全体会议通过的《中共中央关于进一步加强农业和农村工作的决定》再次强调坚持以经济开发为主的方针，做好扶贫工作。首先要加强对不发达地区的物资支持，发放专项物资的同时还要在税收、信贷等方面给予适当的优惠政策。其次，要从实际出发选择扶贫开发项目，促

---

① 《中国的农村扶贫开发》，中国发展门户网，2001 年 10 月 15 日，http://cn.chinagate.cn/news/2001-10/15/content_2300588.htm。

② 王曙光：《中国扶贫——制度创新与理论演变（1949—2020）》，商务印书馆，2020，第 21 页。

③ 王曙光：《中国扶贫——制度创新与理论演变（1949—2020）》，商务印书馆，2020，第 20 页。

④ 蒋永穆等：《基于政府集成的中国特色减贫道路（1978—2018）：历史进程和逻辑主线》，《当代经济研究》2018 年第 12 期。

进贫困县的长期发展。最后是要重视基础设施建设,改善生产生活条件。总的来看,开发式扶贫方式更加注重贫困地区内在发展动力,提高贫困人群的自我发展和致富的能力。

(三) 扶贫对象和标准的界定

为提高扶贫效率,我国政府在 1986 年对扶贫对象和标准进行了界定。依据农村人均年收入和县级单位的财政状况,贫困县标准第一次划出:按 1985 年农民人均纯收入计算,农区县低于 150 元,牧区县低于 200 元,革命老区县低于 300 元,即列入国家扶持范围。在此标准下陆续确定了 331 个国家重点扶持贫困县。1994 年,颁布实施《国家八七扶贫攻坚计划 (1994—2000 年)》,对贫困县进行了一次调整。按照 1992 年农民人均纯收入超过 700 元的县一律退出,低于 400 元的县全部纳入的方法,在全国范围内确定了 592 个国家重点扶持贫困县。[1] 扶贫组织体系的建立、扶贫方针的制定和扶贫标准的界定是我国扶贫工作的重大进步,也是我国反贫困斗争历史中的重要里程碑。它体现着我国已经将反贫困工作放在社会发展的重要位置上,标志着我国扶贫工作方略的重大调整与升级。

(四) 扶贫开发模式的不断探索

在救济式的扶贫转向大规模开发式扶贫的过程中,我国的扶贫开发模式在探索中逐步定型和优化。第一,从贫困识别的角度,我国形成了对象识别逐步精准化的扶贫开发模式。1986 年我国识别出最初的 331 个贫困县,之后经过多次调整,《中国农村扶贫开发纲要 (2001—2010 年)》将国家扶贫开发工作重点县最终确定为 592 个,同时大量扶贫政策与项目开始以贫困县为单位得到推进。在此基础上,2001 年,我国将 14.8 万个贫困村作为反贫困重点,全面开展了“整村推进扶贫”,继续在村一级缩小贫困面。在这一阶段,我国从解决区域性扶贫,再到以国家扶贫开发工作重点县和贫困村为扶贫对象,已经逐步形成了对象识别精准化的扶贫开发模式。第二,从扶贫主体的角度,我国在这一时期逐步形成了多主体协同的扶贫开发模式,在扶贫组织体系建立的基础上,1994 年的“八七扶贫攻坚计划”开始加强各类社会组织在扶贫开发中的作用,

---

[1] 《扶贫办发布重点扶贫县和连片特困地区县认定历史》,中华人民共和国中央人民政府,2013 年 3 月 4 日,http://www.gov.cn/gzdt/2013-03/04/content_2344631.htm。

1996 年我国开始了东西部协作扶贫，21 世纪初我国又在扶贫开发中引入了市场主体和市场机制。可以看出，在精准扶贫精准脱贫之前，我国已经开始了多主体协同扶贫的探索。第三，从扶贫开发内容的角度，我国在这一时期逐步形成了多领域推进的扶贫开发模式。1984 我国研究深度贫困地区专项扶贫时，还主要聚焦于此类地区贫困人口基本的生存和发展条件。"八七扶贫攻坚计划"时，我国已经发现扶贫开发与"三农"发展的多个领域有交叉，在科技发展、交通运输、乡镇企业培育、劳务输出、开发式移民等多个领域进行了相关部署。尤其是 2005 年，党的十六届五中全会将建设社会主义新农村作为重大历史任务。紧接着在 2006 年通过《中华人民共和国国民经济和社会发展第十一个五年规划纲要》，在社会主义新农村建设的背景下，对扶贫开发进行全面部署。在这一背景下，扶贫开发与社会主义新农村建设的领域不断叠加，扶贫开发涉及的领域不断拓展，并在相关政策中有集中体现（见表 2-12）。2006 年中央一号文件《中共中央 国务院关于推进社会主义新农村建设的若干意见》就明确提出要围绕社会主义新农村建设加强扶贫开发工作，促进农民持续增收。2007 年中央一号文件则强调了社会主义新农村建设和扶贫开发的结合，如在部署农村清洁能源发展时，强调要加大对贫困地区农村水电开发的投入和信贷支持；在部署推动农村和谐发展时，强调要实行整村推进扶贫方式，分户制定更有针对性的扶贫措施。之后数年，我国一直将社会主义新农村建设的相关领域与扶贫工作紧密结合，逐步形成了多领域共同推进的扶贫开发模式。需要说明的是，一方面，在多领域共同推进的扶贫开发模式的形成过程中，社会主义新农村建设为精准扶贫理论和实践的发展奠定了基础。社会主义新农村建设提出的诸多要求，如大力发展特色农业、加强村庄规划和人居环境治理、建立和完善生态补偿机制、发展农村义务教育和技能培训、建立农村最低生活保障制度等，为发展生产脱贫一批、易地搬迁脱贫一批、生态补偿脱贫一批、发展教育脱贫一批、社会保障兜底一批等脱贫措施的形成奠定了基础，做好了实践准备。另一方面，社会主义新农村建设是我国现代化进程中的重大历史任务，具有鲜明的时代背景和具体目标，是一项涉及产业支撑、物质条件准备、体制机制健全的系统工程，与精准扶贫事业有紧密联系又有明确区别。

表 2-12　部分社会主义新农村建设与扶贫开发结合的相关政策

时间	文件	政策内容
2006 年	《中共中央 国务院关于推进社会主义新农村建设的若干意见》	要因地制宜地实行整村推进的扶贫开发方式，加大力度改善贫困地区的生产生活条件，抓好贫困地区劳动力的转移培训，扶持龙头企业带动贫困地区调整结构，拓宽贫困农户增收渠道。对缺乏生存条件地区的贫困人口实行易地扶贫。继续增加扶贫投入，完善管理机制，提高使用效益。继续动员中央和国家机关、沿海发达地区和社会各界参与扶贫开发事业。切实做好贫困缺粮地区的粮食供应工作
2006 年	《中华人民共和国国民经济和社会发展第十一个五年规划纲要》	统筹规划、分步实施，政府引导、群众自愿，因地制宜、注重实效，改善农民生产生活条件。对具备基本生存条件的贫困地区，继续实行就地扶贫，改善基本生产生活条件，开辟增收途径；对生存条件恶劣的贫困地区，实行易地扶贫。对有劳动能力的贫困人口，实行技能培训、技术扶贫和劳务输出扶贫，增强其增收能力；对不具备劳动能力的贫困人口，实行救济和救助。更加注重对贫困家庭子女的扶助，通过寄宿学习、家庭寄养、社会托养、免费职业教育等，改善其成长环境，防止贫困代际传递
2007 年	《中共中央 国务院关于积极发展现代农业扎实推进社会主义新农村建设的若干意见》	加大对中西部地区特别是老少边穷地区发展社会事业、改善生产生活条件的支持力度。继续搞好开发式扶贫，实行整村推进扶贫方式，分户制定更有针对性的扶贫措施，提高扶贫开发成效
2008 年	《中共中央 国务院关于切实加强农业基础建设进一步促进农业发展农民增收的若干意见》	继续坚持开发式扶贫的方针，增加扶贫开发投入，逐步提高扶贫标准，加大对农村贫困人口和贫困地区的扶持力度。继续做好整村推进、培训转移和产业化扶贫工作。加大移民扶贫力度

资料来源：文件相关内容。

三　以重点领域重点地区为攻坚方向

经过大规模开发式扶贫，我国农村生产生活条件总体上得到了一定的改善，贫困问题得到一定的缓解。但是，在一些高山荒漠区仍然存在极端贫困的现象。国家重点扶持的 592 个贫困县大多处于环境恶劣、资源严重匮乏的地区，其发展条件受到自然环境的诸多限制，导致其经济文化方面也处于落后状态。因此，这些区域成为我国下一阶段减贫工作的主战场。由此，我国开始了重点式的攻坚扶贫，主要包括重点地区的扶贫攻坚和重点领域的扶贫攻坚两个方面。

（一）重点地区的扶贫攻坚

改革开放后，全国不同地区连片贫困的现象逐渐凸显，并且集中连片贫困地区在贫困形成和扶贫需求上呈现出区域上的差异。2001 年，中国颁布实施了《中国农村扶贫开发纲要（2001—2010 年）》，对扶贫工作重点与瞄准对象做了重大调整，中国的扶贫开发工作进入了一个新阶段——集中连片扶贫开发阶段。《中国农村扶贫开发纲要（2001—2010 年）》强调要以乡、村为基础，开展扶贫规划的制定。以贫困乡、村为单位，加强基本农田、基础设施、环境改造和公共服务设施建设。从中央到地方的各级党政机关及企事业单位选派干部蹲点扶贫，直接帮扶到乡、到村。由此，整村推进成为扶贫的主要形式。我国重点关注集中连片地区，在西部民族地区、革命老区、边疆地区和特困地区确立了扶贫开发的重点县。各级地方政府以县为基本单位、以贫困乡村为基础制定了本地区的贫困开发规划。对于重点的片区、县、村国家给予了更多的政策倾斜，根据各重点扶贫地区的特点制定了具有针对性的扶贫计划。此外，我国还在改革开放后提出和实施了"三西"定点专项扶贫计划、西部大开发等重点地区的扶贫专项计划。中共中央、国务院在 2011 年印发了《中国农村扶贫开发纲要（2011—2020 年）》。再次明确了"突出重点，分类指导"是开发式扶贫工作开展的重要原则。该纲要明确了六盘山区等 11 个集中连片特殊困难地区和已明确实施特殊扶持政策的西藏、四省涉藏州县、新疆南疆三地州（亦合称"14 个集中连片特困区"）（见表 2-13）。强调对于这些地区的扶贫工作要加大投入和支持力度，加强对跨省片区规划的指导和协调，集中力量，分批实施。国务院各部门和地方各级单位要发挥好统筹协调的作用，通过实施一系列民生工程改善人民的生产生活条件。以县为基础制定和实施扶贫规划，重点突破地方发展的瓶颈，各省（自治区、直辖市）根据实际情况给予重点支持和帮扶。[①]

表 2-13　11 个集中连片特殊困难地区和已明确实施特殊扶持政策的三地州概况

地区	概况
六盘山区	六盘山集中连片特困地区面积 15.27 万平方公里，涵盖我国西北腹地的宁夏西海固地区、陕西桥山西部地区、甘肃中东部地区及青海海东地区，共 61 个县、2000 多万人口，是国家扶贫攻坚的主战场。其中，西海固地区包括宁夏中南部 8 个国家级贫困县，自然条件恶劣，素有"苦瘠甲天下"之称，1972 年被联合国粮食开发署确定为最不适宜人类生存的地区之一
秦巴山区	秦巴山区地跨多个省、市，是多年来陕西贫困人口最集中的地区。内部差异显著、致贫因素复杂

---

① 《〈中国农村扶贫开发纲要（2011—2020 年）〉印发》，中华人民共和国中央人民政府，2011 年 12 月 1 日，http://www.gov.cn/jrzg/2011-12/01/content_2008462.htm。

续表

地区	概况
武陵山区	跨湖北、湖南、重庆、贵州4省市的武陵山片区，是我国少数民族聚居多、贫困人口分布广的连片特困地区。《中国农村扶贫开发纲要（2001—2010年）》实施期间，武陵山片区共确定11303个贫困村，占全国的7.64%。片区71个县（市、区）中有42个国家扶贫开发工作重点县，13个省级重点县。部分贫困群众还存在就医难、上学难、饮用水不安全、社会保障水平低等困难
乌蒙山区	乌蒙山区横跨云、贵、川三省，巍峨连绵，集革命老区、民族地区、边远山区于一体。千百年来，大山环绕，贫困深锁，难以稼穑，水贵如油。人口资源环境矛盾突出，贫困程度深；住房困难突出；经济社会发展滞后，社会发展程度低；资源性、工程性缺水问题突出
滇桂黔石漠化区	滇桂黔石漠化集中连片特殊困难地区跨广西、贵州、云南三省区，集民族地区、革命老区和边境地区于一体。区域范围包括广西、贵州、云南三省区的集中连片特殊困难地区县（市、区）80个，其他县（市、区）11个，共91个。区域内有民族自治地方县（市、区）83个、老区县（市、区）34个、边境县8个。贫困面广、程度深，石漠化问题严重。资源开发利用水平低，县域经济薄弱。基础设施落后，水利和交通瓶颈制约问题突出
滇西边境山区	滇西地区包括云南省保山、丽江、普洱、临沧、楚雄、红河、西双版纳、大理、德宏、怒江10市州，共56个县，其中五分之四的县是国家扶贫开发工作重点县，农民人均受教育年限仅5.2年。滇西地区少数民族众多，有26个民族的少数民族人民生活于此，民族文化多彩纷呈，历史悠久，但由于经济发展落后，很多特有文化面临失传
大兴安岭南麓山区	大兴安岭南麓山区范围包括内蒙古、吉林、黑龙江三省区集中连片特殊困难地区县（市、区、旗）19个，其他市（区）3个，共22个。该区域农田水利等设施薄弱，农业支撑体系乏力。土地退化明显，自然灾害频发。农户收入来源单一，增收困难
燕山-太行山区	燕山-太行山区区域范围包括河北、山西、内蒙古三省区的33个县，其中有25个革命老区县、5个民族自治地方县和25个国家扶贫开发工作重点县。2010年，1274元扶贫标准以下的农村人口有70.9万，贫困发生率为7.7%，高于全国平均水平
吕梁山区	吕梁片区内20个县全部为国家扶贫开发工作重点县和革命老区县，其中有17个黄土高原丘陵沟壑水土保持生态功能区县。该区域内沟壑纵横，生态脆弱，水土流失严重。人均可利用水资源量少，仅相当于全国平均水平的29.4%，28.2%的农村人口尚未解决饮水安全问题，基本农田有效灌溉面积占比仅为8%。29.4%的行政村不通沥青（水泥）路，1.65%的行政村不通公路。2.9%的自然村不通电，13%的行政村未完成农网改造。卫生等公共服务能力不足
大别山区	大别山区区域范围包括安徽、河南、湖北三省的36个县（市），其中有29个国家扶贫开发工作重点县、27个革命老区县、23个国家粮食生产核心区重点县。该区域扶贫对象规模大，农户增收渠道单一。人地矛盾突出，矿产资源匮乏。洪涝干旱危害大，水利等基础设施薄弱
罗霄山区	罗霄山区域范围包括江西、湖南两省24个县（市、区），其中有23个集中连片特殊困难地区县（市），有16个国家扶贫开发工作重点县，有23个革命老区县（市）。该区域农户收入水平低，老区振兴任务重。基础设施薄弱，瓶颈制约明显。社会事业发展滞后，基本公共服务能力不足。山洪地质自然灾害突出，生态环境保护任务重

续表

地区	概况
西藏	由于自然条件和历史原因，西藏是中国贫困发生率最高、贫困程度最深、扶贫成本最高、脱贫难度最大的区域，是中国"三区三州"中唯一省级集中连片深度贫困地区。在西藏自治区大部分农牧民群众依靠党的各项富民政策致富的同时，按 2010 年不变价，仍有 59 万贫困人口年收入低于 2300 元，亟待脱贫，这个人数占全区农牧区人口的 25.2%
四省涉藏州县	四省涉藏州县贫困面广，贫困程度深，返贫率高。同时，自然条件恶劣、气候异常等导致的地质灾害易造成更大的人员和财产损失。与这些问题相比，扶贫投入与实际需求差距较大，扶贫工作机构力量相对薄弱
新疆南疆	新疆南疆区域内，巍峨雄壮的昆仑山千里绵延，在千山万壑的阻隔下，南疆一度成为中国版图上的"口袋底"。这里毗邻塔克拉玛干大沙漠，资源匮乏，环境恶劣，穷根在贫瘠的土地上越扎越深。该区域人多地少，工业基础薄弱

资料来源：中国发展门户网及相关文件对各地区的介绍。

（二）重点领域的扶贫攻坚

在扶贫攻坚阶段，中央在教育、金融等方面采取了一系列针对性措施。在教育方面，1995—2000 年，国家投入 39 亿元中央专款，实施了第一期"国家贫困地区义务教育工程"，其中 28.4 亿元用于西部地区。工程实施范围集中在852 个贫困县，其中国家扶贫开发工作重点县有 568 个。一期工程加快了中西部地区"两基"（即基本普及九年义务教育和基本扫除青壮年文盲）进程，改善了贫困地区义务教育办学条件，提高了教育资源利用率。[①] 2003 年 9 月，国务院印发了《关于进一步加强农村教育工作的决定》。该文件进一步强调将农村教育作为教育工作的重中之重。2004 年，我国进一步确定了"重点推进农村教育发展与改革""重点推进高水平大学和重点学科建设"两大战略重点。在产业发展方面，我国从 2004 年开始实行了产业化扶贫项目和国家西部地区"两基"攻坚计划。为解决贫困人群缺少生产资金的问题，我国在 1996 年开始推行针对贫困地区的小额信贷项目，1997 年开始实施相关单位定点扶贫工作。此后我国不断积极推动贫困地区金融产品和服务方式创新，鼓励开展小额信用贷款，努力满足扶贫对象发展生产的资金需求。[②] 同时我国还积极发展农村保险事业，加强贫困地区农村信用体系建设。

---

① 《实施国家贫困地区义务教育工程》，中华人民共和国中央人民政府，2006 年 9 月 23 日，http：//www. gov. cn/ztzl/fupin/content_396671. htm。

② 《〈中国农村扶贫开发纲要（2011-2020 年）〉印发》，中华人民共和国中央人民政府，2011 年12 月 1 日，http：//www. gov. cn/jrzg/2011-12/01/content_2008462. htm。

中共中央、国务院印发的《中国农村扶贫开发纲要（2011—2020年）》明确了我国扶贫开发的重点任务，对扶贫工作的重点领域的发展进行了规划。在教育方面，推进边远贫困地区适当集中办学，加快寄宿制学校建设，加大对边远贫困地区学前教育的扶持力度，逐步提高农村义务教育家庭经济困难寄宿生生活补助标准，等等。在基础设施建设方面，推进贫困地区土地整治，加快中低产田改造，开展土地平整工作，提高耕地质量。积极实施农村饮水安全工程。继续推进水电新农村电气化县建设、小水电代燃料工程建设和农村电网改造升级等。在生态建设方面，加快贫困地区可再生能源开发利用，带动改水、改厨、改厕、改圈和秸秆综合利用等。金融、教育、生态、基础设施等重点领域扶贫工作直接涉及贫困群体生活的方方面面，通过重点领域的扶贫措施，我国直接解决了贫困人群面临的发展产业缺资金、缺乏良好的教育、生活环境差、基础设施落后的问题。

四　改革开放以来反贫困全面推进的其他方面

改革开放以来，除了上文提到的教育、金融等方面的发展外，我国社会其他方面的发展也为扶贫工作的开展提供了一定的保障。主要体现在以下四个方面。

（一）收入分配制度的改革提高了人民收入

改革开放以来，我国收入分配制度的改革对我国人民收入水平的提高有明显的促进作用。我国改变了原来平均主义的分配方式，建立起按劳分配为主体、多种分配方式并存的分配制度。同时，我国通过税收、社会保障等方式进行再分配，进一步调节了我国的收入差距。逐步建立和完善的收入分配制度兼顾了效率与公平，既促进了国民经济的快速发展又保障了人民公平地享有发展成果。人民生活水平伴随社会经济的发展不断提高，贫困问题在社会经济的整体发展中得到了一定的缓解。

（二）医疗卫生体系的完善减轻了人民医疗支出的负担

改革开放后随着医疗卫生体制改革的深化，居民健康水平不断提升，全面医保的目标基本实现，公共卫生防御能力显著提高。我国用较短的时间建立起世界上规模最大的基本医疗保障网。我国的新型农村合作医疗实现全覆盖。到2010年底，国家扶贫开发工作重点县参加新农合的农户比例达到93.3%，有病能及时就医的比重达到 91.4%。① 同时，我国的基层医疗卫生服务水平也不断提高，实现了乡乡建有卫生院。贫困地区人口工作也得到进一步加强。

（三）社会保障制度的建立和完善解决了大部分人的养老问题

改革开放后，我国逐步建立并完善起社会保障体系，保障和救济的质量也不断提高。党的十六大以来，我国始终把社会保障体系的建设视为社会建设的重要内容，持续扩大资金投入，出台政策措施。我国社会保障体系的覆盖面逐年扩大，质量稳步提升，抗风险能力显著增强。截至 2012 年末，全国参加城镇职工基本养老保险人数为 30379 万人，比上年末增加 1988 万人。其中，参保职工 22978 万人，参保离退休人员 7401 万人。全国参加城乡居民社会养老保险人数为 48370 万人，比上年末增加 15187 万人。其中享受待遇人数为 13075 万人。②

（四）社会救济、救助体系的完善，保障了底层人民最基本的温饱

我国对共同生活的家庭成员人均收入低于当地最低生活保障标准，且符合当地最低生活保障家庭财产状况规定的家庭，给予最低生活保障。将没有生活来源且无抚养义务人的老年人、残疾人和未成年人列为特困人员，给予特困人员供养。对基本生活受到自然灾害严重影响的人员，提供生活救助。还对最低生活保障家庭成员、特困人员等群体提供医疗、教育、就业、住房等多方面的救助。

我国收入分配制度的改革、医疗卫生体系的完善、社会保障制度和社会救济、救助体系的完善为我国反贫困斗争的胜利提供了坚实的制度保障。人民的收入增加了，在医疗、教育、养老方面的支出又相对减少了，对于困难群体有较好的救济、救助方式，我国的贫困发生率和返贫率得到了有效的控制。

第四节　精准扶贫思想生成历史逻辑的总体考察

"中国共产党干革命、搞建设、谋发展，都是为了让人民过上幸福生活。"③

---

① 《中国十年扶贫开发成绩突出 贫困人口减至 2688 万人》，中华人民共和国中央人民政府，2011 年 11 月 16 日，http://www.gov.cn/jrzg/2011-11/16/content_1994713.htm。
② 《中华人民共和国 2012 年国民经济和社会发展统计公报》，中华人民共和国中央人民政府，2013 年 2 月 22 日，https://www.gov.cn/gzdt/2013-02/22/content_2338098.htm。
③ 中共中央宣传部：《中国共产党的历史使命与行动价值》，《人民日报》2021 年 8 月 27 日，第 1 版。

以中国共产党为领导核心的反贫困实践过程，是不断深入理解消除绝对贫困重要意义的过程，是不断通过土地革命与改革构筑起强大物质基础的过程，也是扶贫工作逐步从粗放走向精准的过程。这一过程有明确的演进主线和动力，具备鲜明的演进特征（见图 2-2），从反贫困思想历史演进的角度体现了精准扶贫思想生成的历史必然性。

一　中国反贫困思想的演进主线①

中国反贫困思想的演进主线包括两个层次：根本主线和具体主线。首先是根本主线，即始终坚持以人民为中心实现脱贫致富。在根本主线基础上，体现出三条具体主线，即对象演进从"普惠式"到"特惠式"、方式演进从"输血式"到"造血式"、主体演进由"单一化"到"多元化"。

（一）根本主线：始终坚持以人民为中心实现脱贫致富

中国特色减贫思想的演进，始终是围绕着人民这个中心来进行的。减贫的目标是实现全体人民的共同富裕，减贫的主体力量是人民群众。

坚持以人民为中心实现脱贫致富是马克思主义唯物史观的根本要求。马克思主义唯物史观主张人民群众是历史的创造者，是推动社会进步的决定力量。新中国成立后，中国共产党人一直重视和坚持人民群众在减贫事业中的决定作用。面对新中国成立初期薄弱的经济基础和贫困人口大量存在的现实，毛泽东指出，"人民，只有人民，才是创造世界历史的动力"②。改革开放后，要从根本上解决贫困问题，邓小平指出，"我们党同广大群众的联系，对中国社会主义事业的领导，是六十年的斗争历史形成的，党离不开人民，人民也离不开党，这不是任何力量所能够改变的"③。进入 21 世纪，胡锦涛从以人为本的角度出发，阐述了减贫对于建设中国特色社会主义的重要意义。他指出："要着力解决人民群众最关心、最直接、最现实的利益问题，完善社会保障体系，加强扶贫开发工作，使人民群众不断得到实实在在的利益，使各阶层群众特别是城乡困难群众都感受到社会主义大家庭的温暖。"④ 以科学发展观为指导的减贫实践，

---

① 此部分内容详见蒋永穆、江玮、万腾《中国特色减贫思想：演进主线与动力机制》，《财经科学》2019 年第 1 期。
② 《毛泽东选集》（第三卷），人民出版社，1991，第 1031 页。
③ 《邓小平文选》（第二卷），人民出版社，1994，第 266 页。
④ 中共中央文献研究室编《十六大以来重要文献选编》（下），中央文献出版社，2008，第 559 页。

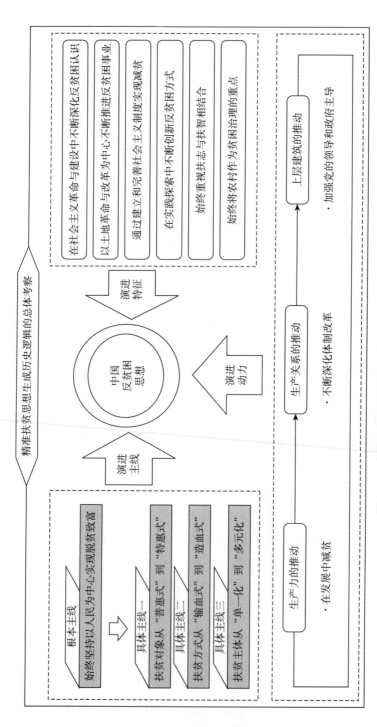

图 2-2 中国反贫困思想的演进主线、演进动力和演进特征

突出了"人"在减贫事业中的重要地位和作用。

中国特色社会主义进入新时代，面对新形势新要求，推进中国减贫事业，必须首先树立以人民为中心的发展思想。发展为了人民，这是马克思主义政治经济学的根本立场。习近平新时代中国特色社会主义思想的价值属性，就是以人民为中心。"人民是历史的创造者，群众是真正的英雄。人民群众是我们力量的源泉。"[①]人民既是中国特色社会主义建设的主体力量，又是脱贫致富的根本力量。党的十八届五中全会鲜明提出要坚持以人民为中心的发展思想，把增进人民福祉、促进人的全面发展、朝着共同富裕方向稳步前进作为经济发展的出发点和落脚点。"这一点，我们任何时候都不能忘记，部署经济工作、制定经济政策、推动经济发展都要牢牢坚持这个根本立场。"[②]习近平总书记指出："以人民为中心的发展思想，不是一个抽象的、玄奥的概念，不能只停留在口头上、止步于思想环节，而要体现在经济社会发展各个环节。"[③]因此，新时代背景下推进减贫事业，必须将以人民为中心的发展思想贯穿精准脱贫的各个阶段、各个环节，发挥贫困人口的主观能动性，让贫困人口自身成为减贫主体，增强其脱贫致富的能力；同时，要充分重视发挥社会主义分配制度对实现脱贫致富目标的推动作用，在分配制度改革中坚持以人民为中心，不断完善以税收和社会保障等为主要手段的再分配机制，让贫困人民共享发展成果，实现全面小康。

（二）具体主线一：扶贫对象从"普惠式"到"特惠式"

从新中国成立之初的制度式减贫阶段，到现在的精准靶向式减贫阶段，减贫思想中关于减贫对象的认识不断深化，从普惠到特惠，逐步精准集中。新中国成立之初，百废待兴，经济发展水平落后，贫困是全国的普遍现象。这一阶段通过制度变革减贫，减贫对象具有普遍性，以解决温饱问题为主，减贫带有强烈普惠式特征。在此阶段，毛泽东提出了共同富裕的减贫目标，通过社会主义制度的建立和完善去实现人民的共同富裕。随着计划经济体制弊端在生产力尚不发达的阶段日益显露，1978年后，我国主要通过推进经济体制改革尤其是农村改革减少贫困人口。随着经济体制改革的深入，邓小平深化了共同富裕的减贫思想，提出应该允许一部分人先富起来，先富带动后富，最后实现共同富裕。20世纪80年代中期，我国农村贫困状况得到缓解，但主要的贫困问题没

---

①　《习近平谈治国理政》，外文出版社，2014，第5页。
②　中共中央党史和文献研究院编《习近平扶贫论述摘编》，中央文献出版社，2018，第11页。
③　《习近平著作选读》（第一卷），人民出版社，2023，第438页。

有得到解决，一些特殊区域的贫困问题仍十分严峻，农村发展不平衡问题开始出现。邓小平曾指出"西北、西南一些地区以及其他一些革命老根据地、偏远山区、少数民族地区和边境地区，长期低产缺粮，群众生活贫困"[①]。1986 年，国务院成立贫困地区经济开发领导小组，安排专项资金、制定专项政策，开始了有计划、有组织、大规模的开发式扶贫工作。进入开发式减贫阶段之后，减贫对象开始集中，从全国"普惠式"的减贫转变为以贫困区域为重点的"特惠式"减贫。

进入开发式扶贫以后的"特惠式"减贫有两个突出特征。一是区域"特惠"。前期以体制改革为主的制度式减贫已经取得了很好的成效，从宏观层面而言，国家整体贫困已经得到初步缓解，局部贫困问题开始凸显，区域之间的贫富差距开始增大。因此，这个阶段的中国减贫实践必须从经济上着手，首先解决好区域性的贫困问题。二是"特惠"中有"普惠"。为了深入推进扶贫开发工作，国家划分了重点扶持贫困县，把扶贫工作重点放到中西部贫困地区，并通过区域瞄准来确定扶贫对象。减贫对象重点是局部"特惠"的特殊区域，但在这些"特惠"区域内部又呈现出典型的"普惠"特征。

我国开发式扶贫取得了举世公认的成就，但"特惠"中的"普惠"使得扶贫实践中"大水漫灌"问题开始显现。针对这一情况，习近平总书记提出了"精准扶贫"的重要思想。"精准扶贫"首先必须做到"扶贫对象精准"。习近平曾说过："扶贫必先识贫。建档立卡在一定程度上摸清了贫困人口底数，但这项工作要进一步做实做细，确保把真正的贫困人口弄清楚。只有这样，才能做到扶真贫、真扶贫。"[②]通过建档立卡等各种方式将减贫对象精准到户、到人，并根据不同的人不同的家庭状况，来实施不同的减贫手段。这一时期，减贫对象才真正实现了从"普惠"到"特惠"的根本性转变，做到了扶贫对象的精准识别。

（三）具体主线二：扶贫方式从"输血式"到"造血式"

随着减贫模式的变迁，减贫方式也在不断演进，从最开始的"输血式"的解决温饱，到"造血式"的全面小康。改革开放以前的扶贫是由制度变革推动的，这种自上而下的改革（改造），其主导力量是政府，因而，减贫的主导力

---

① 中共中央文献研究室编《三中全会以来重要文献选编》（上），中央文献出版社，1982，第 192 页。
② 中共中央党史和文献研究院编《十八大以来重要文献选编》（下），中央文献出版社，2018，第 38 页。

量也是政府。这种扶贫方式被称作"输血式"扶贫或"外生输血式"扶贫。以救济为主的"输血式"扶贫，只能增强对"贫困病"的抵抗力，缓解贫困户暂时的生活困难，却不能使他们真正摆脱贫困，许多脱贫户因为"输血"中断而再度陷入贫困状态。要彻底治愈"贫困病"，最根本的还是靠恢复贫困户自身"造血"功能，增强其生机与活力。为此，必须提高贫困户的科学文化知识水平，多途径地给贫困户送技术、送信息、送管理知识，帮助他们更新观念、变革思维方式，开拓新的生产门路。

进入开发式扶贫阶段后，我们在扶贫开发工作中逐渐摸索出许多变"输血"式扶贫为"造血"式扶贫的新方式。一是大力发展区域经济，通过多种行之有效的方法进行扶贫开发工作，尤其是建立救灾扶贫周转金和兴办扶贫经济实体两项带有全局性的重要方法，以此来为贫困地区的贫困人口提供更多的就业机会，实现其自我提升、自我脱贫。二是不同贫困地区根据自身条件，因地制宜地实行不同形式的开发式减贫手段，确保减贫效果。三是重视脱贫后又返贫的现象，重视贫困人口的教育问题和技能培训，通过"扶智"增强贫困人口的自身"造血"能力来脱离贫困，重视贫困人口的社会保障，构建可持续发展的减贫方式。

中国特色社会主义进入新时代，减贫事业进入精准扶贫阶段。在精准扶贫阶段如何进一步推进和完善"造血式"扶贫？习近平认为，关键是要做到"扶贫必先扶志"①。首先，精准扶贫一定要"扶志"，要解决好精神面貌问题。让贫困的人们树立起自立自强、积极进取的精神，以及同各种困难作顽强斗争的决心和信心。不少贫困地区和贫困家庭在摆脱贫困的道路上还存在许多困难，因而，以各种方式向这些地区和家庭提供帮助是非常必要的，也是完全应该的。但是，各种外部的减贫因素，最终的效果都应该是提升贫困人口自身的脱贫能力，这样才能建立贫困人口脱贫的良性循环机制。实际上，过多的、单纯的救济式物质援助，不仅不能从根本上消除贫困，反而会产生某些副作用，这已是不争的事实。"扶贫先扶志"，已成为国内外关注扶贫人士的共识。其次，应当树立正确的减贫援助观，处理好外部援助和自身努力的关系。习近平总书记指出："脱贫必须摆脱思想意识上的贫困。"② 除了那些因丧失了劳动能力而无法劳动的人以外，对于大部分的贫困人群都不能只采取救济式的"输血"扶贫方

① 中共中央党史和文献研究院编《十八大以来重要文献选编》（下），中央文献出版社，2018，第49页。
② 《习近平著作选读》（第二卷），人民出版社，2023，第440页。

式。所有减贫手段的运用，立足点都应当是提升贫困人口的脱贫能力。对于贫困人口来说，要有"志气"实现自我脱贫，不能产生等靠要的思想，要有最终脱贫还是要靠自身努力的意识，认识到外部的援助也只是帮助自己具备脱贫的能力。

（四）具体主线三：扶贫主体从"单一化"到"多元化"

随着扶贫方式的不断创新和演进，扶贫主体也从单纯依靠政府，发展到以政府为主导的多元主体并进。改革开放以前我国的扶贫主要依靠制度变革，国家一直是减贫的单一主体，这是由当时的现实状况所决定的。一方面，当时的中国处于整体贫困阶段，只有政府有能力主导扶贫；另一方面，1956年后，我国建立起了高度集中的计划经济体制，一直到我国实行经济体制改革，其间我国实际存在的"主体"数量和实力皆十分有限。

进入开发式扶贫阶段以后，扶贫对象经历了从区域瞄准到整村推进再到以户为单位的精细化过程。开发式扶贫本质上是一种能力建设，目的在于让贫困地区和贫困群众具备自我发展的能力。因此，政府首先开始积极引导多元主体参与，通过市场化手段吸引社会资本参与扶贫开发。这一时期我国在实行定点扶贫的基础上，推进东西部扶贫协作，这是邓小平"两个大局"战略思想的生动实践，1996年起我国便开始了东部经济较发达的地区对西部经济欠发达的地区的对口帮扶，自此建立起了东西部扶贫协作关系，既包括政府间的协作，也包括企业间的合作和社会帮扶等。其次是推进社会组织参与扶贫工作。社会组织参与扶贫可追溯到20世纪80年代，这一时期，我国成立了中国扶贫基金会、中国扶贫开发协会等社会组织，这些社会组织随着改革的深入不断壮大，成为我国减贫的重要力量之一。

广泛动员社会力量参与扶贫是我们党和国家反贫困治理的重要方针。在开发式减贫阶段，党明确指出："帮助贫困地区群众解决温饱问题，是党和政府的重要任务，也是全社会的共同责任。广泛动员全社会力量参与扶贫，是扶贫工作的一个重要方针。"[①] 但由于此阶段各类社会组织还未充分成长起来，政府对社会力量的动员力度、政策支持不足，实际效果并不明显。随着中国社会转型和政府扶贫力度与动员力度的加强，社会力量在扶贫中的作用逐渐增大。到了

---

① 中共中央文献研究室编《改革开放三十年重要文献选编》（上），中央文献出版社，2008，第863页。

精准扶贫阶段，习近平总书记指出："让贫困人口和贫困地区同全国一道进入全面小康社会是我们党的庄严承诺。要动员全党全国全社会力量，坚持精准扶贫、精准脱贫，坚持中央统筹省负总责市县抓落实的工作机制，强化党政一把手负总责的责任制，坚持大扶贫格局。"[①] 坚持大扶贫格局必须推动专项扶贫、行业扶贫、社会扶贫互为补充，形成多元主体"三位一体"的扶贫合力。一是专项扶贫持续巩固，为扶贫开发提供持续的、大规模的资金支持和健全高效的政策保障机制。二是充分发挥行业优势，教育扶贫、医疗扶贫、科技扶贫等成效显著。三是形成脱贫攻坚统一战线，共同战胜贫困。

我国在贫困治理实践中，对"多元主体"的范畴有一个逐步扩大的过程。从最初局限于具有正式编制的单位，到非政府组织、企业和社会组织等共同参与，再到如今将民营企业、个人等纳入"多元主体"范畴，这是我国扶贫机制和扶贫模式不断创新和发展的体现。

二　中国反贫困思想的演进动力[②]

深入剖析我国反贫困思想的演进轨迹，可以发现这一思想演进的动力系统中诸多的动力因素按照一定的逻辑关系、以强大的合力推动中国特色减贫思想不断演进，进而指导中国的减贫实践，走出了一条具有中国特色的减贫道路。根据马克思主义唯物史观，减贫思想历史演进的根本动力是生产力和生产关系、经济基础和上层建筑的辩证运动，由此产生了三大动力机制，即生产力——在发展中减贫，生产关系——不断深化体制改革以及上层建筑——加强党的领导和政府主导。

（一）生产力的推动：在发展中减贫

生产力是社会发展的最终决定力量。由于中国人口基数大，贫困人口多，要彻底消除绝对贫困，全面建成小康社会，最终实现共同富裕，必须让生产力发挥更大的助推力量。只有创造出更高的生产力，才能证明社会主义制度的绝对优越性，让全国人民共享经济社会发展成果，实现共同富裕的目标。

按照马克思的贫困理论，贫困产生的制度根源在新中国成立之后随着社会主义制度的建立被一同消除了。但是由于当时的中国是在经济极为落后的基础

---

① 《习近平著作选读》（第二卷），人民出版社，2023，第39页。

② 此部分内容详见蒋永穆、江玮、万腾《中国特色减贫思想：演进主线与动力机制》，《财经科学》2019年第1期。

上建立的社会主义制度，生产力发展水平还比较低，无法通过制度变革的方式一蹴而就地消除贫困。所以，从当时的国情出发，毛泽东减贫思想的基础就是发展生产力，要走工业化道路打下减贫的物质基础。完成社会主义改造，基本确立社会主义制度后，我国当时的根本任务就是在新的生产关系之下发展生产力。改革开放后，邓小平延续了毛泽东的减贫思想，坚持发展生产力。邓小平指出："社会主义的根本任务是发展生产力，逐步摆脱贫穷，使国家富强起来，使人民生活得到改善。"① 因此，邓小平在很多场合都强调了生产力对于减贫的巨大作用，提出了"贫穷不是社会主义"、"三个有利于"以及社会主义本质理论等经典观点，为中国发展生产力、摆脱落后、消除贫困、实现共同富裕开辟了一条崭新的道路。

其后，在马克思贫困理论的指导下，江泽民继承和发扬了毛泽东和邓小平的减贫思想，进一步强调了生产力发展对减贫的巨大作用。江泽民指出，"解决中国的所有问题，最根本的要靠发展。解决贫困地区的问题，最根本的也靠发展"②。西部大开发战略便是以江泽民同志为主要代表的中国共产党人以邓小平"两个大局"战略思想为指导，推动中西部地区生产力发展的重大战略决策。"中国共产党始终代表中国先进生产力的发展要求"也为中国减贫思想的演进和践行指明了方向。以胡锦涛同志为主要代表的中国共产党人继续深化发展内涵，提出科学发展观，并在此基础上构建起了基于统筹发展的减贫路径。

新时代我国要处理好解放生产力、发展生产力和保护生产力三者之间的关系。习近平指出，"人民对美好生活的向往，就是我们的奋斗目标。我们的责任，就是要团结带领全党全国各族人民，继续解放思想，坚持改革开放，不断解放和发展社会生产力，努力解决群众的生产生活困难，坚定不移走共同富裕的道路"③。"全面建成小康社会，实现社会主义现代化，实现中华民族伟大复兴，最根本最紧迫的任务还是进一步解放和发展社会生产力"④。他还创造性地从经济建设和生态文明建设的结合上，提出了"发展生产力"和"保护生产力"，在科学技术是第一生产力的基础上，提出了"最大限度解放和激发科技作为第一生产力所蕴藏的巨大潜能"等一系列减贫构想。⑤

---

① 《邓小平文选》（第三卷），人民出版社，1993 第 264—265 页。
② 《江泽民文选》（第三卷），人民出版社，2006，第 251 页。
③ 《习近平谈治国理政》，外文出版社，2014，第 4 页。
④ 《习近平谈治国理政》，外文出版社，2014，第 92 页。
⑤ 中共中央文献研究室编《习近平关于科技创新论述摘编》，中央文献出版社，2016，第 16 页。

（二）生产关系的推动：不断深化体制改革

生产关系作为推动减贫的重要力量，贯穿于中国经济社会发展的全过程和减贫实践的各方面。在社会主义条件下，剥削阶级已经被消灭，此时社会基本矛盾为先进的生产力与落后的生产关系之间的矛盾。这种矛盾是非对抗性的矛盾，可以通过改革和发展得以解决。所以，在社会主义制度条件下，随着减贫实践的不断深入，减贫思想演进的动力之一在于生产关系的不断调整，生产力在不断向前发展的同时，迫切要求生产关系发生变革与之相适应，并促进其发展。

中国的减贫实践证明，生产关系变革和调整下有效的制度安排以及受此影响的减贫策略安排与行为选择对减贫起到了重大作用。综观中国特色减贫思想的演进历程，以毛泽东同志为主要代表的中国共产党人认识到近代中国贫穷落后的总根源是帝国主义、封建主义和官僚资本主义，因而带领中国人民推翻旧制度，建立新制度，创造了脱贫的制度基础。新中国成立后，在过渡时期实行"一化三改"，坚持发展生产力与变革生产关系并举，实现了中国历史上最伟大最深刻的社会变革，消灭了贫困的制度根源。其后，邓小平认识到，在社会主义条件下，仍然有解放生产力的任务。"过去，只讲在社会主义条件下发展生产力，没有讲还要通过改革解放生产力，不完全。应该把解放生产力和发展生产力两个讲全了。"[①] 1979 年，以党的十一届四中全会通过《中共中央关于加快农业发展若干问题的决定》为标志，开启了中国体制改革推动扶贫的伟大历程，实行家庭联产承包责任制，打破平均分配，生产关系的变革极大地解放了农村生产力，减贫成效卓著。2001 年，江泽民在中央扶贫工作会议上的讲话中指出，"没有党在农村实行改革开放的新政策，没有农村经济体制、经营方式、科技兴农等方面的变革，没有广大农民积极性、主动性、创造性的充分发挥，要在短短二十多年的时间内使两亿多农民摆脱贫困，走上致富奔小康的道路，是不可能的"，并强调"要继续坚持通过改革推进发展的路子"。[②] 而事实上，当时的中国在经济、政治等各方面的改革仍在不断推进，成为我国减贫的重要推手。

随着生产力的发展和生产关系改革的不断深入，减贫取得了实实在在的成

① 《邓小平文选》（第三卷），人民出版社，1993，第 370 页。
② 《江泽民文选》（第三卷），人民出版社，2006，第 250 页。

效，但同时也出现了区域发展不平衡、贫富差距拉大等问题。通过梳理分配制度的调整脉络可以窥见生产关系变革对减贫的重要作用。从党的十三大"在促进效率提高的前提下体现社会公平"到党的十四大"兼顾效率与公平"，再到党的十五大的"效率优先，兼顾公平"、党的十六大"初次分配注重效率……再分配注重公平"、党的十七大"初次分配和再分配都要处理好效率和公平的关系，再分配要更加注重公平"，再到党的十八大提出的"初次分配和再分配都要兼顾效率和公平，再分配更加注重公平"以及党的十九大"两个同步"的思想，体现出了党和政府通过收入分配制度改革促进社会公平、缩小收入差距的目标。效率与公平的辩证统一不仅关乎资源配置，也关乎政策激励与保障兜底。习近平多次强调完善社会主义分配制度，尤其重视社会保障在减贫中的作用，提出"社会保障兜底一批"[①] 的脱贫措施。同时，返贫问题的解决也依靠社会保障制度的完善。城市居民最低生活保障制度、农村居民最低生活保障制度、农村五保供给制度、城乡医疗救助等制度是中国从底线消除贫困的重要制度创新。

（三）上层建筑的推动：加强党的领导和政府主导

马克思主义认为，经济基础决定上层建筑，上层建筑对经济基础具有能动的反作用。上层建筑的反作用集中体现在为自己的经济基础服务。经济基础与上层建筑的矛盾运动对中国减贫的积极作用主要体现为党对减贫工作的领导和政治法律制度对于减贫的支持。

在新中国成立之初，贫困是一种普遍存在的现象。当时的政治语境和经济基础都决定了中国减贫的目标是全民共同富裕。这一目标实现的前提在于上层建筑的改变，通过制度变革实现整体脱贫。上层建筑对经济基础的反作用的性质取决于其经济基础的性质，归根结底取决于经济基础是否有利于生产力的发展。因此，中国共产党领导人民进行斗争的第一步便是消灭阻碍生产力发展的"经济基础"。以毛泽东为主要代表的中国共产党人领导中国人民取得了新民主主义革命的胜利，推翻旧制度，继而通过"三大改造"，确立了社会主义基本制度，实现了中国历史上最伟大的社会变革，为减贫奠定了坚实的制度基础。一方面，必须肯定"我国现在的社会制度比较旧时代的社会制度要优胜得多。

---

① 《习近平谈治国理政》（第二卷），外文出版社，2017，第85页。

如果不优胜，旧制度就不会被推翻，新制度就不可能建立"[1]。另一方面，社会主义制度还有不完善的地方，在社会主义条件下仍然存在生产力与生产关系、经济基础与上层建筑之间的矛盾。"除了生产关系和生产力发展的这种又相适应又相矛盾的情况以外，还有上层建筑和经济基础的又相适应又相矛盾的情况"[2]。因而，在社会主义制度建立以后，仍然需要进一步完善上层建筑，以适应经济基础和生产力发展的要求。这一要求在我国减贫实践中集中体现为两点：一是坚持党的领导，二是坚持政府主导。

无产阶级政党是社会主义国家上层建筑中的核心政治力量，其先进性集中体现为代表先进生产力的发展要求。中国共产党从成立之初就代表着先进的生产力，改变了建立在落后经济基础之上的腐朽的上层建筑，建立起为社会主义经济基础服务的崭新的上层建筑，继续推动生产力的发展。中国的减贫事业能够取得举世瞩目的成就，离不开中国共产党这一坚强领导核心。一方面，中国共产党的性质与价值追求决定了中国共产党一直以来便将消除贫困作为自己的历史使命，将扶贫开发纳入国家总体发展战略，以前所未有的力度和投入确保减贫目标的实现。另一方面，中国共产党人将扶贫开发提升到全局高度，分阶段分步骤制定连续、专门的减贫规划，严格目标管理，建立健全从中央到地方的扶贫工作领导机构，各级党委签订脱贫责任书，层层压实责任，确保脱贫目标的实现。党委领导、政府主导、全社会参与是中国减贫的一大特色，也是中国减贫的优势所在。

实践在不断向前发展，新情况新问题也在不断产生。生产力不断向前发展，必将带来建立在其之上的经济基础的变革，继而要求上层建筑与之相适应。这就对我们党的领导能力和政府的治理能力提出了新的更高的要求。事实证明，马克思主义是在实践中不断丰富和发展的理论，中国共产党也是善于发现问题、解决问题的无产阶级政党。从1978年到2017年，中国农村贫困人口累计减少7.4亿人的成果背后，是党和政府以巨大的政治勇气和智慧推进制度创新、不断自我扬弃、力图以更加先进的上层建筑来匹配经济基础的变革和生产力发展的客观要求。

三　中国反贫困思想的演进特征

（一）在社会主义革命与建设中不断深化反贫困认识

在中国漫长的历史岁月中，虽然各个历史时期在反贫困方面作出的探索和

---

[1]　《毛泽东文集》（第七卷），人民出版社，1999，第214页。
[2]　《毛泽东文集》（第七卷），人民出版社，1999，第215页。

斗争让民众生活有一定程度的改善，但在封建专制制度下，底层人民的生活依旧苦不堪言。近代以来，帝国主义的侵略和资本主义的剥削不断加剧，造成了我国贫困的普遍化。在多次尝试资本主义道路失败后，中国共产党人选择了马克思列宁主义，带领中国人民走上了社会主义的道路。马克思恩格斯认为社会主义社会是以生产力高度发展为前提、消灭了剥削、真正实现社会平等的社会。因此，与以前的革命和斗争不同，社会主义革命与建设是为了维护最广大无产阶级的利益，反抗压迫和剥削，而不是为了某一个特殊阶级的特殊利益。因此，中国共产党人在实践中越来越认识到解决广大人民群众的贫困问题是革命与建设的重要内容。发展生产力、消灭剥削、改善人民生活是革命与建设的重要目的。

在新民主主义革命时期，中国共产党人认识到了反贫困是凝聚各民族力量的基础。一方面，在各类思潮活跃、各类斗争交织的时期，中国共产党需要团结起广大人民群众的力量才能完成反对帝国主义和封建主义的历史任务。而只有帮助底层人民改善生活、缓解贫困，才能让社会主义道路得到更多群众的认同。另一方面，满足人民生活需求是革命取得胜利的前提。采取各类措施帮助群众发展生产力，满足群众生活所需的同时为战争前线提供更多的物资，才能保障长时间革命斗争的物资供应。在社会主义革命和建设中，中国共产党人认识到反贫困是社会主义制度确立和完善过程中的重中之重。新中国成立初期，我国对农业、手工业和资本主义工商业进行了社会主义改造。通过将发展生产力和变革生产关系结合起来，我国快速地构建起了反贫困的物质基础，彰显了社会主义国家的制度优势。改革开放后，我国经济的快速发展让人民生活发生了翻天覆地的变化。社会主义经济建设的成果深刻地改变了人们的生活方式，减少了贫困的发生。进入新时代，中国共产党人进一步认识到反贫困是全面建成社会主义现代化强国的必经之路，脱贫攻坚成为全面建成小康社会的底线任务。

伴随社会主义革命和建设，减贫、扶贫工作被放在了越来越重要的位置，精准扶贫思想在这样的历史背景下应运而生。精准扶贫思想充分体现了社会主义本质属性，彰显了中国特色社会主义的独特优势，让几千年来中华民族摆脱贫困、丰衣足食的愿望有实现的可能。

（二）以土地革命与改革为中心不断推进反贫困事业

无论是在新民主主义时期，还是在社会主义革命与建设时期，中国共产党始终高度重视农民问题。面对一个农业人口占绝大多数的中国，中国共产党开创的中国革命道路是把工作重点放在农村、走农村包围城市的道路。1936 年毛泽东在陕北保安同斯诺谈话时指出，在中国谁赢得了农民，谁就赢得了革命。[①] 要在农村集中力量，就要解决农民的贫困问题。而解决农民贫困的问题，首先就是要解决土地的问题。只有解决好土地问题，才能为农村的反贫困事业积累经济基础。因此，我国的反贫困斗争史与我国的土地革命史紧密相连。土地革命的历史是打破不合理生产关系对生产力的束缚的历史，也是农民争取自身基本生存权益的历史。

为了维护农民的利益，最大限度地满足农民对土地的要求，中国共产党领导农民在根据地内进行了土地制度改革。在土地革命运动中，以毛泽东同志为主要代表的中国共产党人，通过不断总结井冈山、赣南，特别是闽西的土地革命斗争实践经验，逐渐确立并完善了党的土地革命政纲。[②] 从减租减息政策到土地国有政策，中国的农民逐步摆脱了封建地主阶级的剥削，农村的生产关系得到了合理的调整。土地这一重要的生产资料与农民的结合越来越紧密，为革命时期生产力的发展提供了基础。要进一步发展农村经济和解决农村的贫困问题还需要提高土地资源的利用效率，提高农业生产率。因此，我国的农村土地政策的改革在土地革命取得成功后持续深入地开展。新中国成立后，中国共产党带领广大农民开展了农业合作化运动，将农业个体经济逐步转变为社会主义经济。改革开放后，家庭联产承包责任制的确立让农村的生产关系又发生了翻天覆地的变化。农村经营体制的改革充分激发了农业的生产潜力，农民投入生产的热情高涨，农业生产效率提高。一些劳动力逐步从土地上解放出来，投入非农行业，农民的收入水平得到较大的提升，生活从而得到了明显的改善。我国在实践中不断地调整农村的生产关系，不断提高生产力和生产关系之间的适应度，通过发展生产力的方式，让农民可以通过自身的劳动得到足够的物质保障，满足自身的生活和发展需求。

精准扶贫思想充分吸收了扶贫实践中的经验，坚持以发展生产力为根本着力点，重视通过生产力发展构筑扶贫的物质基础。通过不断调整以土地为核心的生产关系，解放、发展和保护生产力。通过调整以土地制度为核心的制度体系，打破制度对生产力发展的束缚，实现有效、稳步的减贫。

---

① 张奇才等：《中国的马克思主义——毛泽东思想》，人民出版社，2004，第 74 页。
② 黄宏等主编《古田精神》，人民出版社，2007，第 117 页。

（三）通过建立和完善社会主义制度实现减贫[①]

中国在减贫实践中博采众长，不断深化马克思主义的制度式减贫思想，形成了基于制度集成的减贫理论。在这一过程中，建立了中国特色社会主义减贫制度体系，遵循"温饱—致富—共富"的目标逻辑，通过建立和完善社会主义制度来减贫。

第一，制度式减贫的起点是通过建立和完善社会主义制度来减贫。新中国成立之初，我国面临普遍贫困和特殊贫困群体并存的特殊局面。一方面，面对贫困广泛存在且国家经济发展能力差的现实，中国共产党提出通过工业化和合作化反贫困的战略构想，实质上是通过发展生产力和变革生产关系消除贫困。1956年，社会主义公有制在我国国民经济中占据主导地位，标志着我国社会主义制度的基本建立。当年我国国内生产总值1030.7亿元，相比1952年增长51.8%；农林牧渔总产值610亿元，比1949年增长87.1%。[②] 人民生活水平得到较大提升。另一方面，对旧社会遗留下来的社会性弱势群体、自然灾害导致的灾害性弱势群体和生理性弱势群体等，党和政府高度重视，为保障其最低物质生活需求，新中国初步建立起了一套社会救济制度。在机构设置方面，1950年，党中央专门成立中央救灾委员会。在政策法规方面，分别于1950年和1951年颁布《救济失业工人暂行办法》和《中华人民共和国劳动保险条例（草案）》。在资金安排上，将失业工人救济费和范围较大的灾荒救济费列入中央预算。1978年，改革开放拉开序幕，通过推进改革和完善社会主义制度体系，我国开始了真正意义上的农村反贫困。一是改革农村土地制度，实行家庭联产承包责任制，明确指出包产到户、包干到户都是社会主义集体经济的生产责任制，极大地解放了农村劳动力。二是改革农产品统派统购制度、积极发展多种经营，赋予农民更多的经营自主权。三是积极支持乡镇企业发展，推进国企改革，释放大量就业机会，拓宽了农民增收渠道。农村经济体制改革既建立起国家对农业农村发展的支持保护体系，也保证了农村各生产要素的自由流动。1986年，国务院成立贫困地区经济开发领导小组，在制度设计和政策安排上作出专门部署，开始进行有计划、有组织、大规模的开发式扶贫。一方面，组织机构的建立、扶贫开发纲要和各专项规划相继出台，减贫工作上升为国家战略，

[①] 此部分内容详见蒋永穆、万腾、卢洋《中国消除绝对贫困的政治经济学分析——基于马克思主义制度减贫理论》，《社会科学战线》2020年第9期。

[②] 资料来源：国家统计局。

计划性和组织性得以保证。可以看出，中国的减贫是从制度着眼并依靠制度解决贫困问题的典范。另一方面，中国的扶贫制度和政策也体现出明显的层次性特点和精细化趋势，这也表明我国的贫困治理过程不仅是消除贫困、追求富裕的过程，也是制度不断完善的过程。

第二，制度式减贫的主线是通过政府集成、构建大扶贫格局来减贫。从新时代之前六十余年的减贫实践来看，我国坚持辩证唯物主义和历史唯物主义，坚持变革生产关系以促进生产力的发展，坚持完善上层建筑以保护和促进经济基础的巩固和发展，走出了一条以政府集成为逻辑主线的减贫道路。一是始终在生产力与生产关系、经济基础与上层建筑的良性互动中减贫。新中国成立后到改革开放前的一段时期，基于普遍贫困的现实，我国致力于调整生产关系、发展生产力以消除整体贫困和以救济的方式缓解特殊贫困。一方面，我国于1956年完成了历史上最深刻的社会变革，确立起社会主义的生产关系，消除了贫困的制度根源；另一方面，政府开始统筹安排减贫事宜，实现了机构的从无到有。1978年后，一方面，改革开放进一步打破生产关系对生产力的束缚，一系列改革举措极大地解放和发展了农村生产力，农业农村的快速发展成为减贫的直接推动力量；另一方面，减贫机构从有到专，党和政府将扶贫上升为国家战略，逐渐规范化和专门化。进入精准扶贫阶段，党和政府以更大的力度推进农村改革，涉及领域更多，触及程度更深，进一步激发了农业农村发展的新动能；党和政府发挥集成优势，专项扶贫、行业扶贫、社会扶贫互为补充，形成了跨地区、跨单位、全社会共同参与的多元主体的社会扶贫体系。二是坚持以"大格局"推动"大扶贫"。扶贫的"大格局"主要体现为各扶贫主体功能明晰、互为支撑、优势互补的运作机制。改革开放前，我国减贫主要由政府统揽，社会力量作为有益补充。改革开放后，市场逐步发育壮大，公共产品供给主体开始呈现多样化趋势，市场开始成为反贫困的重要力量。此外，部分民主党派、工商联开展"智力支边"活动，支援贫困地区发展。在开发式扶贫阶段，政府成立了从中央到地方的扶贫机构，各级组织机构协同发力，同时利用市场机制参与扶贫开发，培育贫困地区市场主体，灵活发展商品经济，惠及贫困人口，政府与市场良性互动的局面基本形成。

第三，制度式减贫的手段是保障性与开发性扶贫相结合、扶贫与扶志和扶智相结合。依托独特的政治优势和制度优势，我国始终坚持双轨并行，将保障性扶贫与开发性扶贫相结合、扶贫与扶志和扶智相结合，探索形成了针对不同贫困类型、覆盖全部贫困群体的扶贫干预体系。我国坚持保障性扶贫与开发性扶贫相结合，但在不同阶段各有侧重。新中国成立伊始，我国依靠中央政府拨付和地方政府筹措资金，针对弱势群体开展救济式帮扶，但在具体救济措施上，也体现出因人而异的原则和开发性扶贫的雏形。如针对失业人员，采取救济失业和促进就业相结合的办法，对失业人员进行转业训练。除发放救济物资以解燃眉之急外，还开展社会互济和以工代赈，仅在 1950 年，参加以工代赈兴修水利工程的灾民超过 300 万人，连其家属计算约有 1000 万人赖以生活。在体制改革推动扶贫阶段，针对困难群体的帮扶虽然仍以救济保障为主，但开发性扶贫措施进一步落实。1980 年，政府专门设立"支援经济不发达地区发展资金"；1983 年，实施"三西"农业建设计划，开始进行区域性开发。从新中国成立初到改革开放初期，我国以"保障为主，开发为辅"的原则开展减贫工作。此后，扶贫进入以经济开发为主、社会保障为辅的阶段，实现了从"输血式"到"造血式"的转变。

（四）在实践探索中不断创新反贫困方式

贫困问题是世界性的问题，是历史长河中一直存在的问题。从空间范围看，世界性的贫困是当今全球面临的巨大挑战，不同地区面临的贫困问题呈现出不同的特点。从时间跨度看，贫困问题是历史性问题，不是某个特殊的时间段存在的特殊问题。在不同的历史时期，贫困原因、程度和影响是不同的。贫困问题的时空变换要求反贫困事业的开展要因地制宜、因时而变。中国共产党人坚持和运用马克思主义唯物辩证法，根据我国实际和所处时代，客观认识不同时期贫困问题的发展变化，持续探寻消除贫困的中国方案。[1]

实践是检验真理的唯一标准，在新的实践下催生出新的理论，运用新的理论指导反贫困实践，才能使反贫困进程在实践和理论的良好互动中不断推进。在不同时期，反贫困面临的突出矛盾是不断变化的，中国共产党坚持一切从实际出发，不断探索创新反贫困方法。[2] 新民主主义革命时期和新中国成立初期，我国的反贫困工作以较低水平的救济为主。由于生产力的落后，人民生活水平普遍较低，生存困难的人口大量存在。针对一些贫困到严重缺衣少食的家庭，国家给予救济物资。虽然当时只是小规模、低水平的救济，还是对保障人民的基本生存和帮助人民度过困难时期起到了一定的作用。改革开放后，我国生产

---

[1] 此部分内容详见蒋永穆、卢洋《消除绝对贫困的中国之能探赜》，《马克思主义与现实》2020年第 5 期。

[2] 此部分内容详见蒋永穆《坚持开拓创新的百年反贫困之路》，《中国西部》2022 年第 1 期。

力发展迅速，为反贫困工作的深入开展提供了基础。针对当时我国一些农村受到自然条件和社会历史因素影响贫困问题依旧严峻和地区间经济发展差异不断扩大的情况，1986 年我国成立了贫困地区经济开发领导小组，逐渐展开了有体系、有计划的大规模扶贫。扶贫组织体系的建立、扶贫方针的制定和扶贫标准的界定是这一时期中国共产党在扶贫实践中不断探索形成的创新性成果。而后，针对一些深山高山区、荒漠地区等自然环境恶劣、资源匮乏的地区表现出的特殊贫困状况，我国又因地制宜地逐步采取重点式的扶贫开发工作。无论是救济式的扶贫、大规模的扶贫还是重点式的扶贫，都是中国共产党在推动减贫事业的发展中摸索出来的工作开展方式，是中国共产党在认真研究解决减贫过程中的新问题的基础上，结合当时社会经济发展状况实行的创新举措。

精准扶贫思想是我国反贫困实践的又一重大创新。在精准扶贫思想产生之前的实践过程中，我国扶贫工作取得一系列成就的同时也暴露出一些新的问题，例如扶贫对象不精准、扶贫资金使用有偏差、扶贫项目安排粗放以及帮扶机制不完备等。在全面建成小康社会决胜阶段，面对艰巨的脱贫任务，中国共产党在充分总结扶贫工作的历史经验和不足的基础上，对反贫困方式进行了又一创新，提出精准扶贫思想。

（五）始终重视扶志与扶智相结合[1]

按贫困的不同表现，可以将其划分为物质贫困和精神贫困。恩格斯在描述英国广大人民群众的贫困生活状态时指出，"伦敦的东头是一个日益扩大的泥塘，在失业时期那里充满了无穷的贫困、绝望和饥饿，在有工作做的时候又到处是肉体和精神的堕落"[2]。他还指出，资产阶级对无产阶级的剥削不仅体现在物质财富的占有，还表现为精神产品的占有，即"所有这些对共产主义的物质产品的占有方式和生产方式的责备，也被扩展到精神产品的占有和生产方面"[3]，资产阶级不仅害怕共产主义消灭私有制，还唯恐失去阶级教育，不能再把人训练成机器。中国共产党在带领全体人民反贫困期间，始终重视扶贫与扶志和扶智的结合。一方面，依靠扶志增强人民摆脱贫困的主观能动性。早期共产党人在分析中国农民的贫苦生活情况后，积极号召农民组织起来，依靠自己

---

① 此部分内容详见蒋永穆、何媛《中国共产党百年反贫困的历程、特征与展望》，《人文杂志》2022 年第 1 期。
② 《马克思恩格斯文集》（第一卷），人民出版社，2009，第 375 页。
③ 《马克思恩格斯文集》（第二卷），人民出版社，2009，第 48 页。

的力量，争取翻身解放，增强农民通过自我奋斗摆脱贫苦的意识。中国共产党成立以后，广泛领导农民运动，鼓励农民为自己解除困苦，争谋利益。新中国成立后，中国共产党为改善贫农经济地位，提出走合作化道路，毛泽东分析了农民群众参与合作社运动的热情和积极性，指出："面临着农村合作化运动日益高涨的形势，党的任务就是要大胆地和有计划地领导运动前进。"① 1984 年，中共中央、国务院发布《关于帮助贫困地区尽快改变面貌的通知》，强调不能单纯依靠救济扶贫，必须"纠正依赖思想"。习近平反复强调激发贫困人口内生动力的重要性，重视扶贫与扶志相结合，强调贫困地区群众应当依靠自身努力，发挥优势，将"事事求诸于人转为事事先求诸于己"②。另一方面，通过扶智提升人民摆脱贫困的思维能力。中国共产党成立之初就十分重视农村教育问题。1921 年 9 月 26 日，作为上海共产主义小组创建人之一的沈玄庐在萧山开办了衙前农村小学，培养农民子弟，他指出，要通过教育来改变有产阶级训练爪牙的教育性质。新中国成立后，中国共产党更加重视反贫困过程中的扶智。一是加大贫困地区教育投入。1984 年发布的《关于帮助贫困地区尽快改变面貌的通知》指出，要增加对贫困地区的智力投资，发展初等教育和职业教育，为农村地区培养各种人才。二是降低贫困人口受教育成本。2004 年，国家启动西部地区"两基"攻坚计划，将基本普及九年义务教育和基本扫除青壮年文盲作为西部大开发的重要任务，并开始实施"两免一补"政策：免除学杂费、书本费，补助寄宿生生活费。到 2010 年，我国实现了高质量的全面基本普及的九年义务教育。中国共产党始终坚持扶志与扶智相结合推动反贫困事业发展，激发了贫困群众摆脱贫困的主观能动性，提高了贫困群众自我发展的能力。

（六）始终将农村作为贫困治理的重点③

百年以来，中国共产党始终将农村作为反贫困的主战场。其一，中国农民的贫困问题决定了中国革命的走向。建党初期，中国共产党始终坚持改善农民生产生活条件，发动农民进行革命运动。《中国共产党第二次全国代表大会宣言》指出，农民是革命运动最重要的部分，只有团结农民和工人一起革命，才能保证革命成功。在革命过程中，中国共产党始终不忘农民贫困问题，制定了

---

① 中共中央文献研究室编《建国以来重要文献选编》（第七册），中央文献出版社，1993，第 285 页。
② 习近平：《摆脱贫困》，福建人民出版社，1992，第 2 页。
③ 此部分内容详见蒋永穆、何媛《中国共产党百年反贫困的历程、特征与展望》，《人文杂志》2022 年第 1 期。

一系列保护农民利益的政策，《中国共产党关于农民政纲草案》强调，只有为农民谋利益才能争取解放战争的胜利，只有实施满足农民群众要求的农业政策，才能维持政权长治久安。大革命失败后，中国共产党深刻认识到，解决农民贫困问题，首先要解决农民土地问题。1927 年，贺龙在《告国民革命军第二方面军全体官兵书》中对"八一"南昌起义的目的进行了说明，即为解决农民土地问题而奋斗。其二，中国农民的贫困问题关乎中国的长治久安。农村稳定是我国政局稳定的基础，农民摆脱贫困是我国摆脱贫困的必要条件。2015 年 11 月 29 日，《中共中央 国务院关于打赢脱贫攻坚战的决定》对扶贫事业的重要性进行了着重强调，指出"扶贫开发事关全面建成小康社会，事关人民福祉，事关巩固党的执政基础，事关国家长治久安，事关我国国际形象"[1]。其三，解决农民的贫困问题是实现国家富强和"四个现代化"的必然要求和基本前提。1984 年，《中共中央关于一九八四年农村工作的通知》指出，只有实现了农民富裕，才能谈国家富强，进而实现现代化。2005 年，党的十六届五中全会提出建设社会主义新农村，不仅要促进农村产业发展、农民增收，还对提高农民素质、改善农村人居环境作了要求，站在科学发展观的高度对农村反贫困事业作了部署。农业、农村是"短腿""短板"，也是脱贫攻坚的难点和重点。习近平多次强调，"小康不小康，关键看老乡"，他指出，"农业还是'四化同步'的短腿，农村还是全面建成小康社会的短板。中国要强，农业必须强；中国要美，农村必须美；中国要富，农民必须富"[2]。

① 《习近平著作选读》（第一卷），人民出版社，2023，第 396 页。
② 中共中央文献研究室编《十八大以来重要文献选编》（上），中央文献出版社，2014，第 658 页。

第三章　精准扶贫思想生成的
实践逻辑

　　离开时代和现实世界的要求，思想便只是空洞的遐想。正如马克思恩格斯所说："一切划时代的体系的真正的内容都是由于产生这些体系的那个时期的需要而形成起来的。"[①] 精准扶贫思想是在特定的现实背景下得以生成的，符合时代进步的要求和解决现实问题的需要。一方面，脱贫攻坚是全面建成小康社会的底线任务，转变扶贫方式是确保底线任务完成的必然要求；另一方面，消除绝对贫困面临贫困基数大、程度深，减贫效益递减、扶贫资金使用效率低等困境，转变扶贫方式、推动扶贫开发进程具有其紧迫性。为全面建成小康社会，习近平总书记多次深入农村进行大量调研，并针对"大水漫灌"式扶贫存在的问题，适时提出精准扶贫这一重大方略。

　　目前理论界对精准扶贫思想生成的实践逻辑进行了深入探讨。有学者从现实要求角度出发，认为脱贫攻坚是全面建成小康社会的底线任务。从"小康"内涵来看，肖贵清和白云翔指出"小康"本身包括了"丰足、富裕"之意[②]，白显良也强调其内涵要求解放生产力、发展生产力，提高人民生活水平，摆脱贫困[③]；从"全面"的角度看，张晖认为全面建成小康社会的核心在"全面"[④]，辛向阳[⑤]、白显良[⑥]等学者强调全面建成小康社会中蕴含的"全面"，是包含人口、区域、领域等全方位的覆盖，因此必须解决贫困人口脱贫问题，尤其是农村贫困问题这一突出的短板。有学者对消除绝对贫困任务面临的现实困

---

①　《马克思恩格斯全集》（第三卷），人民出版社，1960，第544页。

②　肖贵清、白云翔：《实现中华民族伟大复兴的关键一步——习近平关于全面建成小康社会的重要论述探析》，《当代世界与社会主义》2020年第5期。

③　白显良：《论全面建成小康社会的逻辑必然性》，《思想理论教育导刊》2020年第11期。

④　张晖：《试论全面建成小康社会的战略目标》，《山东社会科学》2015年第7期。

⑤　辛向阳：《破解制约全面建成小康社会的发展短板和问题》，《中国特色社会主义研究》2017年第1期。

⑥　白显良：《论全面建成小康社会的逻辑必然性》，《思想理论教育导刊》2020年第11期。

境进行了分析，认为主要困境包括返贫问题严重[1]、贫困程度深[2]、减贫边际效益递减[3]等。总的来说，学者们对精准扶贫思想产生的背景和减贫面临的困境进行了大量研究，但对其产生的实践逻辑仍需进一步深入研究。

本章在前人研究的基础上，从全面建成小康社会的底线任务、消除绝对贫困面临的主要困境以及制约消除绝对贫困任务的主要障碍三个方面对精准扶贫思想生成的实践逻辑进行分析。

第一节　脱贫攻坚是全面建成小康社会的底线任务[4]

实现小康社会是中华民族上千年孜孜以求的理想，在中国共产党的领导下，"小康"从一个美好愿望走向现实。为实现从改革开放之初的"中国式的现代化"到十八大以来的"全面建成小康社会"目标（见表3-1），必须下更大的决心，采用更有效的手段，做更大的努力。而精准扶贫思想的诞生为打赢脱贫攻坚战提供了思想指导，从而为实现全面建成小康社会的目标奠定了坚实的基础。

一　小康社会发展历程

"小康"是从古至今人民对摆脱贫困、丰衣足食的美好愿望，是中华民族千百年来孜孜不倦的追求。早在《诗经》中就曾出现对"小康"一词的论述："民亦劳止，汔可小康。惠此中国，以绥四方。"意思是，老百姓终日辛劳不止，该让他们稍稍得到安康，体现了对劳苦大众的同情，以及人民追求丰衣足食的愿望。《礼记·礼运》中对大同社会和小康社会分别进行了描述，将天下安定、城池稳固、君臣有序、亲人和睦、赏罚分明的社会概述为"小康"。长期以来，"小康"虽散见于各个时代的历史卷轴中，承载着中华民族对美好生活的无尽期盼和畅想，却未能真正付诸实践，犹如空中明月，遥不可及。中国

---

[1]　孙文中：《创新中国农村扶贫模式的路径选择——基于新发展主义的视角》，《广东社会科学》2013年第6期。
[2]　牛胜强：《多维视角下深度贫困地区脱贫攻坚困境及战略路径选择》，《理论月刊》2017年第12期。
[3]　张伟宾、汪三贵：《扶贫政策、收入分配与中国农村减贫》，《农业经济问题》2013年第2期。
[4]　此部分内容详见蒋永穆等《全面建成小康社会的中国经验》，光明日报出版社，2022，第7—22页。

共产党的诞生，不仅让千年小康梦有了实现的可能，还通过不懈的努力让理想化为了触手可及的现实。新中国成立前，人民面临政治压迫和经济落后的双重困境，中国共产党诞生后坚持带领人民奋力抗争，最终实现了民族独立，人民生活得以改善。新中国成立之后，中国共产党坚持推进全面建成小康社会目标，并做出"到 2020 年全面建成小康社会"① 的庄严承诺。

（一）"中国式的现代化"目标的提出

改革开放后，邓小平对小康社会进行了构想，将"小康"理解为"中国式的现代化"的目标。中国式现代化同资本主义国家现代化有着显著区别，中国式的现代化的内涵和特征都是与"小康"紧密相连的。1979 年 12 月 6 日，邓小平在回答日本首相大平正芳关于如何构思中国现代化的蓝图时，提出我们力图实现的现代化，"是中国式的四个现代化"，也即"小康之家"。② 1984 年 3 月 25 日，邓小平在会见日本首相中曾根康弘时再次强调中国要建立一个小康社会，"这个小康社会，叫做中国式的现代化"③。他还指出，"我们社会主义制度是以公有制为基础的，是共同富裕，那时候我们叫小康社会，是人民生活普遍提高的小康社会"④。由此，"小康"就和现代化目标相联系了，将"小康"作为"中国式的现代化"目标提出，是小康社会建设的起始。

（二）从"基本温饱"到"总体小康"

进入 20 世纪 90 年代，根据"三步走"战略部署，中国解决了温饱问题。1990 年，党从生活资料、住房、文化、健康以及社会服务等多个方面对小康目标作了更详尽的阐述："人民生活从温饱达到小康，生活资料更加丰裕，居住条件明显改善，文化生活进一步丰富，健康水平继续提高，社会服务设施不断完善。"⑤ 同时，正式作出了"奔小康"的战略决策，要求用十年时间实现第二步战略目标，即从温饱社会过渡到小康社会。小康社会的标准，在党的十三届七中全会中有较为详细的阐释："所谓小康水平，是指在温饱的基础上，生活质量进一步提高，达到丰衣足食。这个要求既包括物质生活的改善，也包括精神生活的

---

① 《习近平谈治国理政》（第二卷），外文出版社，2017，第 71 页。
② 《邓小平年谱（1975—1997）》（上卷），中央文献出版社，2004，第 582 页。
③ 《邓小平文选》（第三卷），人民出版社，1993，第 54 页。
④ 《邓小平文选》（第三卷），人民出版社，1993，第 216 页。
⑤ 中共中央文献研究室编《十三大以来重要文献选编》（中），人民出版社，1991，第 1421 页。

充实；既包括居民个人消费水平的提高，也包括社会福利和劳动环境的改善。"[1]

在追求小康的实践探索中，中国共产党关于"小康"的概念也随着实践的深入不断丰富，小康社会思想也逐渐深化和完善。在邓小平"三步走"战略的指导下，中国在探索小康社会的道路上取得了显著成效。国内生产总值不断攀升，2000年，我国国内生产总值达到89404亿元。我国人均GDP从1980年的460元增加到2000年的7078元，超额完成了人均国内生产总值比1980年翻两番的任务。居民生活水平显著提高，城镇居民家庭人均可支配收入从1980年的478元增长到2000年的6280元，超过小康社会标准。居民人口素质持续提高，据第三次和第五次人口普查数据，1982年文盲率为22.8%，到2000年文盲率下降到6.72%。[2]

（三）从"总体小康"到"全面小康"

2000年召开的党的十五届五中全会指出，前两步目标的顺利实现，预示着我们要开启新的发展进程。2001年，根据国家有关单位的统计数据，中国人民实现了总体小康水平目标，这意味着我们进入了全面建设小康社会阶段。2001年，江泽民在庆祝中国共产党成立80周年讲话中指出我国已经进入全面建设小康社会阶段。[3] 党的十六大报告对全面建设小康社会的目标进行了阐释，全面建设小康社会不只事关经济发展，还涉及政治、文化等多个方面内容，即综合国力和国际竞争力明显增强、建设更加完善的社会主义民主和法制、提高全民综合素质、增强可持续发展能力等。[4] 我们要建成的小康社会不能是"低水平的、不全面的、发展很不平衡的"小康，全面建设小康社会必须解决人均收入水平较低、发展不全面、片面注重物质财富积累、忽视社会保障、环境污染等问题，此外，总体小康建设过程中，发展不平衡问题较突出，区域之间、城乡之间差距逐渐拉大。

（四）从"全面建设小康社会"到"全面建成小康社会"

党的十八大作出以"坚定不移沿着中国特色社会主义道路前进，为全面建

---

①　中共中央文献研究室编《十三大以来重要文献选编》（中），人民出版社，1991，第1401页。

②　中华人民共和国国家统计局编《中国统计年鉴（2001）》，中国统计出版社，2001，第49、93、304页。

③　江泽民：《在庆祝中国共产党成立八十周年大会上的讲话》，《求是》2001年第13期。

④　中共中央文献研究室编《十六大以来重要文献选编》（上），中央文献出版社，2005，第15—16页。

成小康社会而奋斗"为主题的报告。该报告以全面建成小康社会目标为基础，科学研判国际金融危机以来国际国内形势的新变化，不仅从经济方面对全面建成小康社会提出新要求，还对其政治、文化、社会和生态文明等多个不同方面的要求作了阐述，即经济持续健康发展，人民民主不断扩大，文化软实力显著增强，人民生活水平全面提高，资源节约型、环境友好型社会建设取得重大进展。[1] 党的十八届五中全会通过的《中共中央关于制定国民经济和社会发展第十三个五年规划的建议》对全面建成小康社会提出了更加具体的新目标，即经济保持中高速增长，人民生活水平和质量普遍提高，国民素质和社会文明程度显著提高，生态环境质量总体改善，各方面制度更加成熟更加定型，等等。[2]

随着小康社会建设的持续推进，全面建成小康社会目标也仅剩一步之遥，目标越接近，实现小康社会的愿望越发迫切，面临的困难也愈加艰巨。"全面建成小康社会"要求人民生活水平普遍提高，因而解决贫困问题成了"全面建成小康社会"的紧迫任务，正如党的十八届五中全会所提出的全面建成小康社会的目标任务一样，必须实现农村人口全部脱贫、贫困县全部摘帽，解决区域性整体贫困。

表 3-1　小康社会发展历程

时间	内容	代表性讲话或会议
1978 年至 1990 年	中国式的现代化	1979 年 3 月 21 日，邓小平会见马尔科姆·麦克唐纳为团长的英中文化协会执行委员会代表团
1990 年至 2000 年	从"基本温饱"到"总体小康"	1990 年，党的十三届七中全会
2000 年至 2012 年	从"总体小康"到"全面小康"	2000 年，党的十五届五中全会
2012 年至 2020 年	从"全面建设小康社会"到"全面建成小康社会"	2012 年，党的十八大

资料来源：相关文件。

二　脱贫攻坚是全面建成小康社会的底线任务

全面建成小康社会必须脱贫攻坚，消除绝对贫困，一方面，消除绝对贫困

---

[1] 胡锦涛：《坚定不移沿着中国特色社会主义道路前进为全面建成小康社会而奋斗——在中国共产党第十八次全国代表大会上的报告》，《求是》2012 年第 22 期。

[2] 《中国共产党第十八届中央委员会第五次全体会议文件汇编》，人民出版社，2015，第 28—31 页。

是全面建成小康社会的题中应有之义；另一方面，贫困地区是全面建成小康社会的短板和重点，没有实现贫困地区全面发展，没有实现贫困人口脱贫奔小康，就不能实现全面建成小康社会的目标。[①]

消除绝对贫困是全面建成小康社会的题中应有之义，也是中国共产党成立以来的不懈追求。在古代，"小康"一词表达了穷苦民众对丰衣足食的美好愿望，本身就有摆脱贫困的含义。中国共产党自诞生以来，就十分关心人民贫困问题。1925 年 11 月，中国共产党发布《告农民书》，指出，"最苦的只有劳动阶级的工人和农民"，并指明了当时为人民解除贫苦的办法是发动革命，推翻帝国主义和封建主义压迫。[②] 新中国成立以后，中国共产党对扶贫问题给予高度重视，致力于为人民创造美好生活。1950 年 7 月 21 日，邓小平在欢迎赴西南地区的中央民族访问团大会上强调："不搞改革，少数民族的贫困就不能消灭，不消灭贫困，就不能消灭落后。"[③] 改革开放以后，摆脱贫困、改善人民生活依然是我国社会主义建设的主线。1985 年 3 月 7 日，邓小平在全国科技工作会议上指出："我们奋斗了几十年，就是为了消灭贫困。"[④] 共同富裕是全面建成小康社会的根本目标，邓小平于 1992 年的"南方谈话"中提出社会主义的本质最终是要实现共同富裕，习近平也强调"消除贫困、改善民生、逐步实现共同富裕，是社会主义的本质要求，是我们党的重要使命"[⑤]。为顺利推进全面建成小康社会的历史进程，"农村贫困人口全部脱贫是一个标志性指标"[⑥]。党的十五大提出了 2010 年、建党一百年和建国一百年的目标，即"第一个十年实现国民生产总值比二〇〇〇年翻一番，使人民的小康生活更加宽裕，形成比较完善的社会主义市场经济体制；再经过十年的努力，到建党一百年时，使国民经济更加发展，各项制度更加完善；到世纪中叶建国一百年时，基本实现现代化，建成富强民主文明的社会主义国家"[⑦]。党的十六大进一步指出，要建成更高水平的小康社会必须在人民生活方面取得更为突出的进展。[⑧]

---

① 《习近平谈治国理政》（第一卷），外文出版社，2018，第 189 页。
② 《第一次国内革命战争时期的农民运动资料》，人民出版社，1983，第 24 页。
③ 《邓小平文选》（第一卷），人民出版社，1994，第 164 页。
④ 《邓小平文选》（第三卷），人民出版社，1993，第 109 页。
⑤ 中共中央文献研究室编《习近平关于全面建成小康社会论述摘编》，中央文献出版社，2016，第 155 页。
⑥ 中共中央文献研究室编《习近平关于全面建成小康社会论述摘编》，中央文献出版社，2016，第 154 页。
⑦ 《中国共产党第十五次全国代表大会文件汇编》，人民出版社，1997，第 4 页。
⑧ 中共中央文献研究室编《十六大以来重要文献选编》（上），中央文献出版社，2005，第 14 页。

消除绝对贫困是全面建成小康社会的最低门槛和最基本要求。① 全面小康的核心在于"全面"，既包括了领域的覆盖做到全面，也包括区域的覆盖要全面，同时还包括人群的覆盖达到全面，而贫困人口、贫困地区脱贫问题是全面建成小康社会必须解决的重点和难点。② 第一，覆盖的领域要全面。全面建成小康社会是"五位一体"全面进步，不仅要求生产力进步，经济水平提高，还要求政治文明建设取得进步，精神文明同物质文明建设协同推进，社会建设和生态文明建设取得显著发展。实现"五位一体"的全面发展，农村发展仍是短板，农村经济水平较为落后，制度保障尚不健全，精神文明相对落后，民生保障仍然滞后，为发展经济而破坏生态的现象突出，不解决农村贫困问题这一短板，就不能说实现了"全面"发展。第二，覆盖的区域要全面。新中国成立以来，尤其是改革开放以来，中国经济总量实现跨越式发展，居民收入总体大幅提升。但城乡区域间、东中西部以及南北方之间经济发展差异较大。与城市相比，农村地区经济较为落后，农村居民生活水平相对低下，公共服务相对滞后；中西部地区发展同东部地区相比仍然较为落后；此外，经济重心南移，北方经济发展放缓等问题日益凸显。习近平强调："没有农村的小康，特别是没有贫困地区的小康，就没有全面建成小康社会。"③ 因此，全面建成小康社会，必须缩小地区差距、城乡差距，为此必须解决贫困地区、贫困人口脱贫问题。第三，覆盖的人群要全面。全面小康是全体人民的小康，没有贫困地区、贫困人口、贫困家庭的小康，就不能说是全面的小康。正如习近平总书记强调的，小康的关键在于贫困的老乡能不能脱贫。④ "我们不能一边宣布全面建成了小康社会，另一边还有几千万人口的生活水平处在扶贫标准线以下，这既影响人民群众对全面建成小康社会的满意度，也影响国际社会对我国全面建成小康社会的认可度。"⑤ 从全面小康的成色看，到2020年全面建成小康社会，如果还有一批人生活在贫困线以下，全面小康的成色就会受到影响和质疑。从以人民利益为中心出发，解决贫困问题，是最紧要的民生问题，脱贫攻坚战是最大的民心工

① 国家发展和改革委员会编《人类减贫史上伟大壮举——"十三五"千万贫困人口易地扶贫搬迁纪实》，人民出版社，2021，第130页。
② 《中华人民共和国简史》，人民出版社、当代中国出版社，2021，第362页。
③ 《习近平谈治国理政》（第一卷），外文出版社，2014，第189页。
④ 中共中央文献研究室编《习近平关于全面建成小康社会论述摘编》，中央文献出版社，2016，第154页。
⑤ 中共中央文献研究室编《十八大以来重要文献选编》（中），中央文献出版社，2016，第775页。

程。① 因此，全面建成小康社会要求必须消除绝对贫困。

三　新时代消除绝对贫困已具备坚实基础

生产决定分配，只有先做大蛋糕才能谈将蛋糕分好。新中国成立之后，为解决普遍贫困问题，举国大力发展生产力，"做大蛋糕"是消除绝对贫困的前提和基础。新中国成立以来，尤其是改革开放以来，在中国特色社会主义思想指导下，在中国共产党的带领下，我国综合实力大幅提升，改革开放成效突出，政治建设迈出重大步伐，文化建设取得明显进展，保障和改善民生事业进展显著，为消除绝对贫困奠定了坚实的基础。

第一，反贫困思想不断成熟。十一届三中全会以后，党和国家工作重心转移到经济建设上来，作出实行改革开放的历史性决策，开创了中国特色社会主义，为党和国家事业发展提供了根本遵循。在反贫困斗争实践中，中国共产党不断总结经验，持续创新和发展扶贫机制和模式，形成了独具中国特色的反贫困思想，遵循生产力和生产关系、经济基础和上层建筑的辩证运动规律，坚持在经济发展中减贫，在不断深化体制改革中减贫，在党和政府的领导下减贫，为消灭绝对贫困提供思想指引。②

第二，经济实力大幅提升。其一，经济总量增加，2013 年我国国内生产总值 592963.2 亿元，约为 1978 年国内生产总值的 156 倍，2013 年人均国内生产总值 41908 元，约为 1978 年的 110 倍，其中 2013 年第一产业增加值 56957 亿元，约为 1978 年的 55 倍。③ 其二，粮食产量提升，随着粮食不断增产，人民温饱问题得以解决，粮食产量从 1978 年的 30476.5 万吨增加到 2013 年的 60193.8 万吨。④ 其三，科技进步突出，改革开放以来，我国经济实力、科技实力大幅提升，在载人航天、超级计算机、高速铁路等方面实现重大突破。其四，对外贸易持续发展。1978 年我国进出口贸易总额为 355 亿元，到 2013 年，我国进出口贸易总额为 258168.9 亿元。⑤ 其五，就业持续增加，全国就业人员从 1978 年的 40152 万人增加到 2013 年的 76977 万人，其中城镇就业人员从 1978 年的 9514 万人增加到 2013 年的 38240 万人，乡村就业人员从 1978 年的 30638 万人

---

① 陈锡文：《坚决打赢脱贫攻坚战，如期实现全面小康目标》，《中国人大》2016 年第 7 期。
② 蒋永穆、江玮、万腾：《中国特色减贫思想：演进主线与动力机制》，《财经科学》2019 年第 1 期。
③ 中华人民共和国国家统计局编《中国统计年鉴（2014）》，中国统计出版社，2014，第 50 页。
④ 中华人民共和国国家统计局编《中国统计年鉴（2014）》，中国统计出版社，2014，第 379 页。
⑤ 中华人民共和国国家统计局编《中国统计年鉴（2014）》，中国统计出版社，2014，第 329 页。

增加到 2013 年的 38737 万人。[①]

第三，政治建设迈出重大步伐。一是全面实施依法治国战略。自党的十五大报告提出"政治建设"以来，我国坚持依法治国基本方略，持续推进政治体制改革，社会法治观念进一步增强。公民政治参与有效扩大，城乡按相同人口比例选举人大代表。基层民主制度不断完善，法治政府建设进展明显。全面实施依法治国战略，为消除绝对贫困提供了法治保障。二是深化行政机制改革。改革开放以来，我国持续深化行政体制、司法体制和工作机制改革，增强党的领导力、政府执行力，促进国民经济有序发展。在反贫困过程中，政府始终发挥着主导作用，扶贫机构不断深化改革，建立起从中央到地方各级层面的扶贫机构职能部门，建立并完善扶贫政府组织机构，为消除绝对贫困提供稳固支撑。

第四，文化建设取得明显进展。加强文化建设，提高全民族的科学文化素质，丰富人民的精神文化生活，既是消除绝对贫困的内容，也为消除绝对贫困提供精神支撑和人才支持。新中国成立以来，尤其是改革开放以来，我国文化建设取得了显著成效。一是公共文化服务水平不断提升，公共图书馆从 1978 年的 1218 个，增加到 2013 年的 3112 个，文化馆从 1978 年的 6893 个，增加到 2013 年的 44260 个，其中乡镇（街道）文化站从 1978 年的 4053 个，增加到 2013 年的 40945 个，博物馆由 1978 年的 349 个，增加到 2013 年的 3473 个。[②]二是文化产品种类和数量均不断增加，其中 2013 年图书种数为 444427 种，约为 1978 年的 30 倍，2013 年图书总印数为 83.1 亿册，约为 1978 年的 2 倍；期刊总数从 1978 年的 930 种增加到 2013 年的 9877 种，总印数从 1978 年的 7.6 亿册增加到 2013 年的 32.7 亿册。[③]

第五，保障和改善民生事业取得明显进展。人民生活水平显著提高。全国人均可支配收入从 1978 年的 171 元上涨到 2013 年的 18310.8 元[④]，其中农村居民人均纯收入从 1978 年的 133.6 元上涨到 8895.9 元[⑤]。农村居民恩格尔系数从

[①] 中华人民共和国国家统计局编《中国统计年鉴（2014）》，中国统计出版社，2014，第 90 页。

[②] 中华人民共和国国家统计局编《中国统计年鉴（2014）》，中国统计出版社，2014，第 745 页。

[③] 中华人民共和国国家统计局编《中国统计年鉴（2014）》，中国统计出版社，2014，第 730 页。

[④] 中华人民共和国国家统计局编《中国统计年鉴（2014）》，中国统计出版社，2014，第 156 页。

[⑤] 中华人民共和国国家统计局编《中国统计年鉴（2014）》，中国统计出版社，2014，第 158 页。
    注：从 2013 年起，国家统计局开展了城乡一体化住户收支与生活状况调查，统计口径发生变化，这里的农村居民人均纯收入采用旧统计口径，全国人均可支配收入采用新口径。

1978 年的 67.7%下降到 37.7%[①]。贫困发生率大幅降低，按 2010 年贫困标准，1978 年贫困人口达 77039 万人，贫困发生率为 97.5%，到 2013 年，贫困人口为 8249 万人，贫困发生率降至 8.5%。[②] 教育事业全面发展，2013 年九年义务教育巩固率达 92.3%，小学学龄儿童净入学率达 99.7%，小学升学率达 98.3%。[③] 医疗保障体系更加完善，新型农村合作医疗参合率从 2004 年的 75.2%提高到 2013 年的 98.7%，补偿受益人次从 2004 年的 0.75 亿人提高到 19.42 亿人。[④] 社会保障体系日益健全，2013 年参加基本养老保险人数为 81968.4 万人，城乡居民社会养老保险参保人数达 49750.1 万人。工伤医疗保险参保人数从 1994 年的 1822.1 万人增加到 2013 年的 19917.2 万人。[⑤] 就业规模不断扩大，2013 年就业人员合计 76977 万人，其中第一产业就业人员 24171 万人，占总就业人员比重约 31.4%。[⑥]

总体而言，精准扶贫前，我国反贫困事业的一项重要内容就是尽可能地"做大蛋糕"。同时，做大蛋糕的目的是分好蛋糕，让人民共享发展成果，为继续做大蛋糕提供不竭动力。在这一过程中，随着我国经济快速发展，人民生活水平极大提高，在着力发展生产做大蛋糕的同时，更加注重分好蛋糕。充裕的资金支持是减贫工作得以正常开展和持续推进的重要保障。财政对减贫的支持主要集中在直接的资金投入、资金引导作用的发挥和税收减免三个方面。1983 年，我国开始设立"三西"专项建设资金；1984 年，设立以工代赈资金，用于贫困地区产业发展和基础设施建设；1985 年，开始对贫困地区分情况减免农业税，切实减轻贫困地区负担；1997 年，《国家扶贫资金管理办法》发布并实施，明确规定扶贫资金的使用范围、扶持对象和分配依据等内容。进入 21 世纪以来，伴随国家财力的增强，我国财政扶贫资金投入力度持续增大。2000 年中央各项扶贫专项资金达 248 亿元，比 1980 年增加了 30 倍。2001—2010 年，中央

---

① 中华人民共和国国家统计局编《中国统计年鉴（2014）》，中国统计出版社，2014，第 158 页。
注：从 2013 年起，国家统计局开展了城乡一体化住户收支与生活状况调查，统计口径发生变化，这里的农村居民人均纯收入采用旧统计口径，全国人均可支配收入采用新口径。
② 国家统计局住户调查办公室编《中国农村贫困监测报告（2016）》，中国统计出版社，2016，第 182 页。
③ 《〈中国儿童发展纲要（2011—2020 年）〉终期统计监测报告》，国家统计局，2021 年 12 月 21 日，http://www.stats.gov.cn/xxgk/sjfb/zxfb2020/202112/t20211221_1825527.html。
④ 中华人民共和国国家统计局编《中国统计年鉴（2014）》，中国统计出版社，2014，第 701 页。
⑤ 中华人民共和国国家统计局编《中国统计年鉴（2014）》，中国统计出版社，2014，第 786 页。
⑥ 中华人民共和国国家统计局编《中国统计年鉴（2014）》，中国统计出版社，2014，第 89 页。

和地方各级政府扶贫财政投入累计达 2043.8 亿元[①]。党的十八大以来，各级财政的扶贫开发投入进一步增加，财政专项扶贫资金规模增幅较大。从扶贫资金投入总体情况来看，1980 年至 2013 年，我国国内生产总值从 4587.6 亿元增长到 592963.2 亿元，增长约 129 倍，与此同时，我国中央财政专项扶贫资金投入从 8 亿元增加到 394 亿元，增长约 49 倍。2001 年至 2013 年，我国省级财政扶贫资金投入也不断增加，从 21.31 亿元增加到 208.43 亿元，尤其是从 2011 年以来大幅增加（见表 3-2）。

表 3-2　1980—2013 年财政扶贫资金投入情况

单位：亿元

年份	国内生产总值	中央财政专项扶贫资金	省级财政扶贫资金
1980	4587.6	8	—
1981	4935.8	8	—
1982	5373.4	8	—
1983	6020.9	10	—
1984	7278.5	10	—
1985	9098.9	19	—
1986	10376.2	19	—
1987	12174.6	19	—
1988	15180.4	10	—
1989	17179.7	11	—
1990	18872.9	16	—
1991	22005.6	28	—
1992	27194.5	26.6	—
1993	35673.2	41.2	—
1994	48637.5	52.35	—
1995	61339.9	53	—
1996	71813.6	53	—
1997	79715.0	68.15	—
1998	85195.5	73.15	—
1999	90564.4	78.15	—
2000	100280.1	88.15	—

① 蒋永穆：《中国为什么有能力消除绝对贫困》，《理论动态》2020 年第 34 期。

年份	国内生产总值	中央财政专项扶贫资金	省级财政扶贫资金
2001	110863.1	100.02	21.31
2002	121717.4	106.02	23.09
2003	137422.0	114.02	24.15
2004	161840.2	122.01	27.22
2005	187318.9	129.93	30.24
2006	219438.5	137.01	34.13
2007	270092.3	144.04	42.09
2008	319244.6	167.34	52.58
2009	348517.7	197.30	64.3
2010	412119.3	222.68	80
2011	487940.2	272	101.31
2012	538580.0	332.05	164.52
2013	592963.2	394	208.43

资料来源：中华人民共和国国家统计局编《中国统计年鉴（2022）》，中国统计出版社，2022，第56页；《中国扶贫开发年鉴·2021》，知识产权出版社，2021，第1025—1027页。

第二节　消除绝对贫困面临的主要困境

改革开放以来，我国大规模扶贫开发取得了显著成就，农村贫困人口大规模减少，农村基础设施得到改善，但消除绝对贫困任务仍然面临诸多问题。脱贫任务仍然艰巨、减贫效益递减明显、扶贫资金效益降低等问题给全面建成小康社会带来了艰难挑战。

一　脱贫任务仍然艰巨

自20世纪80年代以来，我国开始实施有组织、有计划、大规模的农村扶贫开发，制订了一系列扶贫开发计划，包括《国家八七扶贫攻坚计划（1994—2000年）》《中国农村扶贫开发纲要（2001—2010年）》《中国农村扶贫开发纲要（2011—2020年）》等。在中国共产党和全体人民的不懈努力下，扶贫取得了显著成效。改革开放以来，我国贫困人口的温饱问题基本解决，贫困人口数量大幅减少。国家统计局依据历年全国农村住户调查数据、农村物价和人口变化情况，对1978年以来按现行农村贫困标准（当年价）衡量的农村贫困人口

规模进行了测算。1978 年农村贫困人口达 7.7 亿，农村居民贫困发生率约
97.5%。从 1978 年到 2013 年，贫困人口数量减少近 7 亿，年均减贫人口规模
1965 万人，贫困发生率下降 89%，年均下降 2.5 个百分点。其中，21 世纪以来
农村贫困人口减少规模占减贫总规模一半以上。2000 年到 2013 年，贫困人口减
少约 3.8 亿，占减贫总规模的 55.2%，贫困发生率下降 41.3%，年均下降
3.2%。2010 年到 2013 年，农村贫困人口减少 8318 万人，年均减贫人口规模
2773 万人，贫困发生率下降 8.7%，年均下降 2.9%（见表 3-3）。[1] 可以看出，
改革开放以来，我国农村贫困人口规模显著下降，反贫困工作成效显著。

表 3-3　1978—2013 年部分年份按当年价农村贫困标准衡量的农村贫困状况

年份	当年贫困标准 （元/人）	贫困发生率 （%）	贫困人口规模 （万人）
1978	366	97.5	77039
1985	482	78.3	66101
1990	807	73.5	65849
1995	1511	60.5	55463
2000	1528	49.8	46224
2005	1742	30.2	28662
2010	2300	17.2	16567
2011	2300	12.7	12238
2013	2300	8.5	8249

注：其中 2010—2013 年贫困标准均采用 2010 年价格水平计算。
资料来源：国家统计局住户调查办公室编《中国农村贫困监测报告（2015）》，中国统计出版社，
2015，第 98、112 页。

　　但不可忽视的是脱贫任务仍然十分艰巨，贫困人口基数大，贫困程度深，
返贫现象突出等问题是消除绝对贫困面临的巨大挑战。
　　第一，我国仍然存在较大数量的贫困人口。我国减贫工作仍然面临着十分
艰巨的任务，贫困状况还没有彻底解决，贫困问题依然严峻。按照 2011 年新设
定的扶贫标准，2011 年仍有 1.22 亿农村扶贫对象，贫困发生率为 12.7%，到
2013 年贫困人口达 8249 万，贫困发生率为 8.5%，可见，贫困地区发展滞后的
问题并没有完全解决。到 2012 年，仍然有接近 1 亿的贫困人口，占同期世界贫

---

[1]　国家统计局住户调查办公室编《中国农村贫困监测报告（2015）》，中国统计出版社，2015，
　　第 98 页。

困人口的 11.2%。[1] 2012 年，贫困地区（包含扶贫重点县和片区县）的贫困发生率高达 23.2%，全国 6 个省份贫困发生率高于 20%，甚至有的贫困县贫困发生率超过 40%。[2] 据统计，到 2012 年底，扶贫重点县农民人均收入和医疗水平远低于全国平均水平，农民人均纯收入和农民医疗支出均只占全国平均水平的 60%，劳动力文盲、半文盲率均高于全国水平，电力、饮水安全、交通等问题仍然没有得到解决。[3]

第二，贫困程度深增加脱贫难度。开展大规模扶贫开发后，我国贫困人口主要分布在全国 14 个集中连片特困区，这些地区由于生存环境恶劣、生态脆弱、基础设施落后、收入差距大等特点，扶贫难度大，扶贫成本高。全面建成小康社会的目标不仅仅体现在经济方面收入增加，还包括改善贫困人口生存居住环境、贫困人口可持续性脱贫能力提升、医疗服务保障水平提高等。传统大规模漫灌式的扶贫方式不能很好地解决这些问题，需要向精准扶贫的贫困治理机制转型。因此，脱贫攻坚是扶贫难啃的硬骨头，要在 2020 年全面建成小康社会，必须攻下这坚中之坚、难中之难。打赢脱贫攻坚战，解决绝对贫困问题，必须转变扶贫方式，加大扶贫力度。因此，从全面建成小康社会的任务来看，由大水漫灌式扶贫转向精准扶贫具有强烈的必要性和紧迫性。

第三，返贫比例较高。从自然条件看，农村贫困地区大多地处偏远、自然环境恶劣、资源质量较低的地区，生产经营边际效益较低，例如集中连片特殊困难地区大多位于偏远深山和高寒地带，山地和丘陵占比超过 85%，剩余零散耕地多数土层浅薄，产量较低，导致耕地生产能力较低、土地承载力较弱。[4] 从社会条件看，农村贫困地区社会医疗卫生服务体系尚不健全，导致农村贫困人口抗风险能力较差。从农民受教育程度看，贫困地区农民受教育程度整体偏低，据统计，2010 年扶贫重点县文盲、半文盲比例达 10.3%，小学文化程度占 32.1%，初中文化程度占 45.8%。从劳动力从事的主要行业看，2010 年，扶贫重点县第一产业劳动力占全部劳动力的比重为 76.2%（见表 3-4、表 3-5）。[5] 因此，农村脱贫具有脆弱性，容易受自然灾害或社会经济环境的波动而出现大规模返贫现象，

---

① 檀学文、李静：《习近平精准扶贫思想的实践深化研究》，《中国农村经济》2017 年第 9 期。

② 檀学文、李静：《习近平精准扶贫思想的实践深化研究》，《中国农村经济》2017 年第 9 期。

③ 刘永富：《打赢全面建成小康社会的扶贫攻坚战——深入学习贯彻习近平同志关于扶贫开发的重要讲话精神》，《农产品加工》2014 年第 5 期。

④ 饶华敏：《乌蒙山集中连片少数民族困难地区贫困的脆弱性探讨》，《经济研究导刊》2012 年第 18 期。

⑤ 国家统计局住户调查办公室编《2011 中国农村贫困监测报告》，中国统计出版社，2012，第 83 页。

有学者研究表明，贫困的脆弱性是普遍存在的，"在一个计算年里，脆弱性贫困人口的数目比实际贫困人口的数目多一倍左右"，其中三年里至少有一年总人口的三分之一处于贫困状态。[①]

统计资料显示，扶贫重点县因灾因病返贫比例高。2004 年，扶贫重点县有40% 的行政村因自然灾害减产三成以上，在当年返贫农户中，遭受严重自然灾害的户占 42.2%，有残疾人或重病、大病患者的户占 26%。[②] 据不完全统计，2010 年末，民族自治地方因灾因病返贫人口为 226.4 万人，返贫率为 15.3%，比 2009 年上升 1.2 个百分点，有 1870.8 万人未解决饮水安全问题，缺乏基本生存条件需易地搬迁的对象有 71.4 万户、266.8 万人（除广西、贵州）。[③] 2009年贵州省民族地区因病返贫人口占已脱贫人数的 10% 以上，因教返贫人口占已脱贫人数的 5% 以上。学者们通过调研统计发现，被调查者中有 63.2% 有脱贫后又返贫的情况，其中因病返贫的有 24.3%，因教返贫的有 16.4%，因突发事件返贫的有 14.2%，因自然灾害返贫的有 8.9%。[④]

表 3-4　2005 年与 2010 年扶贫重点县和老区扶贫县劳动力文化程度构成

单位：%

指标名称	扶贫重点县劳动力文化程度构成比例	老区扶贫县劳动力文化程度构成比例	
	2010 年	2005 年	2010 年
文盲、半文盲	10.3	7.9	6.4
小学	32.1	32.5	29.1
初中	45.8	49.4	50.6
高中	8.5	7.9	10.0
中专	2.0	1.7	2.2
大专及以上	1.3	0.6	1.7

资料来源：国家统计局住户调查办公室编《2011 中国农村贫困监测报告》，中国统计出版社，2012，第 83 页。

---

① 段应碧：《中国农村扶贫开发：回顾与展望》，《老区建设》2010 年第 5 期。
② 《2004 年中国农村贫困状况监测公报》，国家统计局，2005 年 4 月 21 日，https://www.stats.gov.cn/sj/tjgb/qttjgb/qgqttjgb/202302/t20230218_1913255.html。
③ 国家统计局住户调查办公室编《2011 中国农村贫困监测报告》，中国统计出版社，2012，第60 页。
④ 肖云、严茉：《我国农村贫困人口对扶贫政策满意度影响因素研究》，《贵州社会科学》2012 年第 5 期。

表 3-5　2005 年与 2010 年扶贫重点县和老区扶贫县劳动力就业结构

单位：%

指标名称	扶贫重点县	老区扶贫县	
	2010 年	2005 年	2010 年
第一产业劳动力比重	76.2	76.0	71.8
第二产业劳动力比重	13.8	12.4	16.5
第三产业劳动力比重	10.0	11.6	11.7

资料来源：国家统计局住户调查办公室编《2011 中国农村贫困监测报告》，中国统计出版社，2012，第 84 页。

　　第四，贫困地区内部收入差距扩大，相对贫困问题不容忽视。在以区域开发为重点的开发式扶贫推动下，贫困人口数量大幅减少，但贫困人口之间逐渐出现了分化，有的人已经实现富裕，有的人成功达到小康，也有人始终在贫困标准线以下。消除贫困除了关注绝对贫困问题，还必须重视相对贫困问题。持续推进大规模的扶贫开发在推动贫困地区经济增长的同时，也使得贫困地区内部的收入分配差距不断扩大，收入分配不平等现象加剧，农村绝对贫困得到有效缓解的同时，相对贫困状况日趋严重。[1] 从《2011 中国贫困监测报告》中对扶贫重点县农村居民人均纯收入五等分组数据得出，最低收入组占最高收入组比重整体呈下降趋势，从 2002 年的 21.6% 下降到 2010 年的 17.4%（见表 3-6），同时，收入最低的 20% 人口只拥有全部纯收入的 5.8%，收入最高的 20% 人口拥有全部纯收入的 43.9%。从收入增长率来看，最低收入组年均增长率为 17.1%，最高收入组年均增长率为 19.5%（见表 3-6）。[2]

表 3-6　扶贫重点县农村居民人均纯收入五等分组

单位：元/人，%

年份	低收入组	次低收入组	中等收入组	次高收入组	高收入组	低收入组占高收入组比重
2002	519.3	903.4	1174.9	1522.5	2405.8	21.6
2003	501.4	934.2	1278.4	1725.4	2930.4	17.1
2004	567.4	1050.8	1446.2	1958.8	3354.4	16.9
2005	649.4	1172.1	1589.6	2106.1	3506.6	18.5

---

① 汪三贵、刘未：《"六个精准"是精准扶贫的本质要求——习近平精准扶贫系列论述探析》，《毛泽东邓小平理论研究》2016 年第 1 期。

② 国家统计局住户调查办公室编《2011 中国农村贫困监测报告》，中国统计出版社，2012，第 148 页。

续表

年份	低收入组	次低收入组	中等收入组	次高收入组	高收入组	低收入组占高收入组比重
2006	734.4	1284.9	1746.8	2359.2	4048.0	18.1
2007	813.2	1507.0	2069.1	2788.1	4834.5	16.8
2008	1007.5	1761.4	2392.0	3218.2	5421.7	18.6
2009	1081.5	1894.3	2590.2	3502.5	5984.5	18.1
2010	1203.7	2193.3	2999.4	4073.9	6927.1	17.4

资料来源：国家统计局住户调查办公室编《2011 中国农村贫困监测报告》，中国统计出版社，2012，第 148 页。

二 减贫效益递减问题严重

改革开放以来，我国扶贫工作成效显著，贫困人口大幅减少，但宏观经济增长和扶贫政策投入带来的减贫效益递减。一方面，经济增长对减贫的涓滴效应降低，贫富差距有所扩大。一是经济增长对减贫的作用有所降低。有学者研究表明，"2001 和 2002 年的年均扶贫投入分别为'八五'和'九五'时期的3.7 倍和 2 倍，而每年减贫的效果不到这两个时期的一半和三分之一"[1]，在"六五"计划期间，经济每增长 1%，就能使贫困率下降 2 个百分点，而"十五"期间，贫困率对经济增长的弹性系数下降到 1 左右。[2] 二是贫富差距拉大。汪三贵等指出，1978 年至 2011 年农村基尼系数从 0.2124 提高到 0.3897，我国收入分配不平等程度不断加深，意味着贫困人口越来越难以享受经济增长带来的成果，"即经济增长的减贫效应下降"，表明经济增长在带动贫困人口脱贫方面的效果日益减弱，同时经济增长速度下降和农业在 GDP 中的比重下降将进一步弱化经济增长的减贫效应。[3]

另一方面，贫困人口减少的变化率递减。改革开放以来的减贫数据显示，尽管贫困发生率和贫困人口规模逐年下降，但下降的绝对数在逐年递减，"单纯依赖扶贫资源的投入效益已出现递减趋势"[4]，通过观察全国农村贫困人口和扶贫重点县贫困人口之间的差异可以看出，自 2007 年开始，二者的差异几乎维持在同一水平，显示出通过区域经济增长的方式瞄准贫困群体的难度越来越大，

---

① 都阳、蔡昉：《中国农村贫困性质的变化与扶贫战略调整》，《中国农村观察》2005 年第 5 期。
② 段应碧：《中国农村扶贫开发：回顾与展望》，《老区建设》2010 年第 5 期。
③ 汪三贵、郭子豪：《论中国的精准扶贫》，《贵州社会科学》2015 年第 5 期。
④ 胡敏华：《论中国农业新合作化的本质内涵与现实逻辑》，《财贸研究》2004 年第 5 期。

减贫边际效益递减（见图 3-1）。按 1978 年标准，1978 年至 1999 年全国农村贫困人口以平均每年约 1000 万的速度减少，此后减贫速度骤然放缓，2000 年至

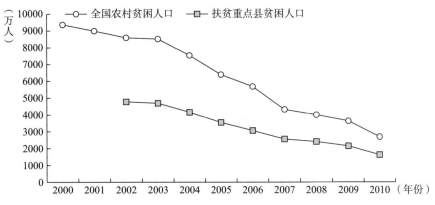

图 3-1　2000—2010 年全国农村贫困人口和扶贫重点县贫困人口

注：图中全国贫困人口和扶贫重点县贫困人口总数按低收入标准计算。统计数据采用 1978 年贫困标准，由于 2010 年后扶贫标准变更，统计口径不一致，因此这里的数据截至 2010 年。

资料来源：国家统计局住户调查办公室编《2011 中国农村贫困监测报告》，中国统计出版社，2012，第 124 页。

2007 年全国农村贫困人口平均每年减少大约 240 万，共减少 1730 万。[1] 减贫幅度从 2010 年的 26.1% 下降到 2014 年的 14.9%。[2] 因此，大规模推进的区域减贫已经不能满足当时的减贫任务要求，减贫工作需要转变思路，从区域开发转向精准扶贫。

三　扶贫资金效益降低

我国扶贫工作采用以政府为主导、辅以其他扶贫主体的模式，扶贫资金分为政府扶贫资金和社会扶贫资金，而政府扶贫资金占主要地位。其中，政府扶贫资金包括两部分，一是财政转移支付，直接弥补贫困地区财政收支缺口，或者直接用于惠及穷人的社会福利支出；二是专项扶贫资金，即财政发展资金、以工代赈资金、扶贫专项贷款等，分别用于国家老少边穷及革命老根据地的经济和社会发展、改善国家贫困县基础设施建设、基本农田水利建设等。从历年扶贫重点县扶贫资金投入情况来看，2010 年扶贫资金比 2002 年增加了 264.9 亿元。其中中央扶

---

[1]　国家统计局住户调查办公室编《中国农村贫困监测报告（2015）》，中国统计出版社，2015，第 98、112 页。

[2]　左停：《精准扶贫战略的多层面解读》，《国家治理》2015 年第 36 期。

贫贴息贷款累计发放额增加了 13.6 亿元；中央财政扶贫资金增加 84.1 亿元；以工代赈扶贫资金增幅不大，共增加 0.5 亿元；中央专项退耕还林还草工程补助增加 29.5 亿元；省级财政安排的扶贫资金增加 15.5 亿元；利用外资（实际投资额）增加 2.5 亿元；其他资金共增加 119 亿元（见表 3-7）。社会扶贫包括众多参与主体和多种扶贫方式，其中国家定点帮扶单位占重要地位，从 2002 年到 2010 年各定点帮扶扶贫主体派遣帮扶人员达 3559 人，共提供扶贫资金（含物资折算款）90.9 亿元，引进资金 339.1 亿元，为 168.4 万人提供就业培训。[①] 扶贫资金在扶贫工作中起了十分重要的作用，但在区域性的开发式扶贫方式下，扶贫资金效益降低问题突出。

表 3-7　2002—2010 年扶贫重点县农村扶贫资金投入情况

单位：亿元

年份	资金合计	中央扶贫贴息贷款累计发放额	中央财政扶贫资金	以工代赈	中央专项退耕还林还草工程补助	省级财政安排的扶贫资金	利用外资（实际投资额）	其他资金
2002	250.2	102.5	35.8	39.9	22.6	9.9	17.6	22.0
2003	277.6	87.5	39.6	41.8	37.4	10.4	31.5	29.4
2004	292.0	79.2	45.9	47.5	45.2	11.6	34.5	28.0
2005	264.0	58.4	47.9	43.3	44.0	9.6	29.0	31.8
2006	278.3	55.6	54.0	38.5	46.1	10.8	30.9	42.5
2007	316.7	70.5	60.3	35.4	63.2	14.2	19.1	54.0
2008	367.7	84.0	78.5	39.3	51.5	18.2	14.1	81.4
2009	456.7	108.7	99.5	39.4	64.2	23.4	21.3	100.2
2010	515.1	116.1	119.9	40.4	52.1	25.4	20.1	141.0

资料来源：国家统计局住户调查办公室编《2011 中国农村贫困监测报告》，中国统计出版社，2012，第 132 页。

扶贫资金在提高贫困人员收入、促进贫困地区经济发展方面起到了积极作用，但也存在管理体制不完善、使用效益不高的问题。一是现行体制下扶贫资金管理成本高。李含琳等指出，我国管理组织庞大，审批环节众多，手续繁杂，造成扶贫资金运作效率低，扶贫资金截留问题严重。[②] 二是资金管理分散，缺乏统一规划。叶兴庆指出，扶贫资金由于种类不同受不同部门管理，难以协调使用，同时，资金投放也存在不好的倾向，如"重工轻农、重大轻小、重富县

---

① 范永忠：《中国农村扶贫资金效率研究》，博士学位论文，湖南农业大学，2013，第 42 页。
② 李含琳、韩坚：《中国扶贫资金来源结构及使用方式研究》，《农业经济问题》1998 年第 4 期。

轻富民、与民争利"等，容易造成资金浪费，真正困难的地区和产业无法得到相应扶持和帮助。[①] 以云南省为例，2005 年云南各级财政对农业的人均投入为26.1 元，仅为农民人均总收入的 0.8%，为农民人均纯收入的 1.3%，只占农户对农业投入的 2.7%。[②]

本书选取 MinDW 模型对 1981 年至 2013 年中国农村财政扶贫资金综合技术效率进行了评估。[③] 计算得到，1981 年至 2013 年中国农村财政扶贫资金综合技术效率的均值为 0.925，总体上并未达到有效。计算结果反映出部分年份中国农村财政扶贫资金综合技术效率比较低，农村财政扶贫资金存在利用不充分的情况。2000 年以来，农村财政扶贫政策不断调整，扶贫资金投入随之加大，但农村财政扶贫资金综合技术效率呈现明显的下滑趋势。[④] 其中，2001 年至 2003年农村财政扶贫资金综合技术效率降幅较大，效率值由 1 大幅降至 0.847，农村财政扶贫资金的利用状况急转直下。2003 年至 2013 年效率值都低于均值水平，整体呈现缓慢下降趋势，2003 年至 2005 年略微回升，2005 年后效率值持续下滑，一直降至 2013 年的 0.789，反映了农村财政扶贫资金利用不充分、处于低效率状态（见图 3-2）。

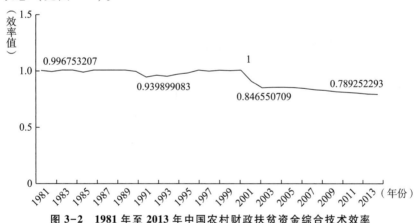

图 3-2 1981 年至 2013 年中国农村财政扶贫资金综合技术效率

资料来源：笔者根据计算结果绘制。

---

① 叶兴庆：《中国的反贫困政策》，《经济研究参考》1996 年第 191 期。
② 《云南：从抽样农户家庭收支情况看农业投入》，搜狐财经，2006 年 6 月 22 日，https://business.sohu.com/20060622/n243883843.shtml。
③ 农村财政扶贫资金综合技术效率是对决策单元的财政资金配置能力、资源使用效率等多方面能力的综合衡量与评价。综合技术效率等于 1，表示该决策单元的投入产出是综合有效的，综合技术效率小于 1，表示该决策单元的投入产出是无效的，存在资源浪费现象。
④ 蒋永穆、任泰山、刘涛：《改革开放以来中国农村财政扶贫资金使用效率评估研究》，《海派经济学》2018 年第 4 期。

由此可见，21世纪以来中国农村财政扶贫资金综合技术效率状况不佳，除2000年外其余年份都处于无效状态，尤其是2004年以来的效率下降更加明显，反映出我国农村财政扶贫资金利用并不充分，存在财政扶贫资金闲置浪费的问题，农村财政扶贫资金利用效率亟待提升。

第三节　制约消除绝对贫困任务的主要障碍

制约脱贫攻坚这一底线任务完成的主要障碍是过去粗放式的扶贫方式，即"大水漫灌"式扶贫。这一扶贫方式容易造成扶贫对象不精准、资金瞄准有偏差、项目安排粗放和帮扶机制不完备等问题。

一　扶贫对象不精准

"大水漫灌"式扶贫最常遇到的问题就是扶贫对象识别困难，一方面，建档立卡指标逐级分配的方式可能导致部分建档立卡户被排斥在外；另一方面，贫困标准单一容易漏评或错评建档立卡户，导致扶贫对象认定不精准。

（一）逐级指标分配导致部分建档立卡户被排斥在外

各个地方为了争夺扶贫资源，可能虚报、多报建档立卡户数量，为防止这种现象，多数地方采取自上而下、逐级分配指标的方法来识别建档立卡户。即由省里根据贫困监测数据，结合总体贫困发生率以及当时贫困标准，对省和各县的贫困人口规模进行测算，再由各县、乡镇、行政村逐级分配贫困人口指标。确定建档立卡名单的具体实践中，村级干部起到重要作用，一般情况是由村民小组长自行确定该组建档立卡户名单，或者由小组内不同家族推选建档立卡户，如果村庄农户比较少，可由村干部或代表选取建档立卡户。[①] 由此，在实际确定建档立卡户时，无法进行贫困程度比较，因为评价标准和方法具有主观性，建档立卡户之间没有横向可比性，可能导致一些建档立卡户被排斥在外。[②]

（二）单一的贫困标准造成建档立卡人员识别困难

贫困标准的确定是准确识别建档立卡人员的关键。关于绝对贫困人口的划

[①]　唐丽霞、罗江月、李小云：《精准扶贫机制实施的政策和实践困境》，《贵州社会科学》2015年第5期。

[②]　唐丽霞、罗江月、李小云：《精准扶贫机制实施的政策和实践困境》，《贵州社会科学》2015年第5期。

分，长期以来，我国以贫困标准线划分贫困人口，处于贫困标准线以下的就是绝对贫困人口，并依据这样的划分制定扶贫政策。这样的划分有一定的局限性，仅用收入水平作为判定贫困的指标，忽略了资产负债问题。而针对收入划分的局限性和测量难度大的问题，不少地方提出了多元评价标准，例如，宁夏一个村干部介绍，"一看房、二看粮、三看劳动力强不强、四看家里有没有读书郎"就是他们确定建档立卡户的标准。还有的地方以有无劳动力、有无重病或残疾成员、有无小孩上学等标准识别建档立卡户，还有的地方采用道德标准，将因懒惰或者由不良嗜好致贫的人排除在外。这些衡量标准较符合各地方实际情况，但对建档立卡户识别的精度则较低，可对比性也不强。[①] 除了绝对贫困户识别困难，相对贫困户的识别难度更大。学者们对如何确定相对贫困线进行了研究。李实等以收入中位数的 40%、50%、60% 为相对贫困标准，对 2002 年、2013 年、2018 年中国农村地区相对贫困状况进行评估。[②] 席雪红将贫困线确定为农村居民收入中位数的二分之一，即以农村居民收入的 25% 为相对贫困线。[③] 程永宏等采用拟合收入分布函数的方法计算出改革开放以来中国城乡以及全国的相对贫困线和相对贫困率，他们发现"改革开放以来，全国相对贫困线从 1981 年的 149.87 元升高到 2008 年的 5737.47 元"，相对贫困线的增长速度明显高于绝对贫困线增长速度。他们指出，这是由于相对贫困线是直接按照平均收入的二分之一确定的，经济持续高速增长，必然会使相对贫困线随之提高，这也说明改革开放以来，中国收入差距持续扩大。[④] 2013 年 9 月 28 日，香港特区政府首次公布运用"相对贫困"概念而制定的"贫困线"。根据新制定的"贫困线"标准，香港 2012 年"贫困户"为 54.1 万户，涉及 131.2 万人，贫穷率为 19.6%。林郑月娥指出"贫穷线"并不是制定扶贫政策的门槛，部分处于这条"贫穷线"之下的人口未必一定贫穷，可能属于"高资产低收入"的组群。因此，她认为，不仅仅是生活在"贫穷线"下的人需要帮助，"贫穷线稍上"的人也需要帮助。[⑤] 因此，扶贫政策不能一概而论，不仅要考虑绝对贫困问题，

① 唐丽霞、罗江月、李小云：《精准扶贫机制实施的政策和实践困境》，《贵州社会科学》2015 年第 5 期。

② 沈扬扬、李实：《如何确定相对贫困标准？——兼论"城乡统筹"相对贫困的可行方案》，《华南师范大学学报》（社会科学版）2020 年第 2 期。

③ 席雪红：《河南省农村居民相对贫困动态演化的实证研究》，《安徽农业科学》2012 年第 18 期。

④ 程永宏、高庆昆、张翼：《改革以来中国贫困指数的测度与分析》，《当代经济研究》2013 年第 6 期。

⑤ 《香港特区政府首次公布"贫穷线"》，中国新闻网，2013 年 10 月 8 日，https://www.chinanews.com.cn/cj/2013/10-08/5349477.shtml。

还要针对相对贫困作出努力，这对传统的扶贫开发方式提出了挑战，亟须精准扶贫方略实施，实行针对性政策。

二　资金瞄准有偏差

扶贫资金综合技术效率降低主要归因于资金瞄准精准度低，主要体现在以下三个方面。

第一，扶贫资金投向和结构有偏颇性。康晓光指出，扶贫资金使用参与部门众多，使得项目分散，资金难以到达建档立卡户手中，而种植业和养殖业项目由于还贷周期长、比较效益低等问题难以获得资助，造成阶层性贫困突出的问题。[①] 李含琳等指出，扶贫资金使用具有重工轻农、重短期轻长期的倾向。[②] 2013 年 12 月 28 日，审计署公告指出，包括广西在内的 6 省区 19 个国家扶贫开发工作重点县 2010 年至 2012 年财政扶贫资金分配管理和使用存在虚报冒领、挤占挪用、损失浪费等问题。面对扶贫资金管理使用上出现的问题，如何才能看住建档立卡群众的"保命钱"成了决策层面临的新课题。精准扶贫正是针对扶贫资金收效减弱、扶贫项目指向不准的问题提出的解决方案。

第二，政策偏差影响扶贫资金使用效果。都阳等虽然肯定了扶贫资金的作用，指出"政府的扶贫努力在政策实施的前期取得了较为突出的减贫效果"，但后期，他们认为依靠资金和项目投入带来的减贫效果不再明显，加上扶贫资金是中央拨付给贫困县，就容易出现贫困县选择存在偏差，从而降低扶贫资金使用效率的问题。[③] 吴国宝指出，地方政府和中央政府所确立的扶贫战略目标很可能相抵触，从而导致扶贫资金流向发生偏离，不能惠及穷人。[④] 王介勇等也认为，"大水漫灌粗放式扶贫方式，使得资金和政策已经很难渗透到剩下的贫困人口，新村建设、产业扶贫等受益多的往往是贫困地区中高收入农户，而建档立卡户由于其个人能力和环境条件等限制很难得到真正帮扶"[⑤]。大多数深度贫困地区经济总量小，财政困难问题突出，以贵州省为例，"吃饭财政"现象较为普遍，大多数贫困县乡主要依靠上级财政转移支付保运转，缺乏资金投入农村建设和扶贫开发。在缺乏财政支农投入支持和农民自我发展能力较弱的情

---

① 康晓光：《90 年代我国的贫困与反贫困问题分析》，《战略与管理》1995 年第 4 期。
② 李含琳、韩坚：《中国扶贫资金来源结构及使用方式研究》，《农业经济问题》1998 年第 4 期。
③ 都阳、蔡昉：《中国农村贫困性质的变化与扶贫战略调整》，《中国农村观察》2005 年第 5 期。
④ 吴国宝：《对中国扶贫战略的简评》，《中国农村经济》1996 年第 9 期。
⑤ 王介勇、陈玉福、严茂超：《我国精准扶贫政策及其创新路径研究》，《中国科学院院刊》2016 年第 3 期。

况下，农村各项建设面临着较大困难。[①]

第三，扶贫监督机制不健全造成扶贫资金使用效率降低。有学者指出，农村扶贫项目涉及的部门较多，农村扶贫组织系统庞大，加之监督机制方面存在缺陷，使得农村扶贫资金使用效率逐渐下降，扶贫项目出现外漏的现象。[②] 段应碧指出，由于并未形成完善的行政体系检察、社会公共监督和受益人群参与三位一体的监督体系，部分扶贫资源投入和扶贫目标规划相偏离。[③] 汪三贵等通过入户调查对扶贫项目对农户的覆盖率做了研究，发现扶贫项目对农户的覆盖率是30%，这个覆盖率范围比较广，只要沾边就算，例如修路，而这些扶贫项目能直接给建档立卡户带来好处的只有15%。同时，他们还发现，在整村推进扶贫之后，被整村推进项目覆盖的贫困村，非建档立卡户的收入和消费的增长要比还没有被项目覆盖的贫困村的非建档立卡户高9%，但是两类贫困村的建档立卡户情况却没有差别，他们从而得出结论，不管以村扶贫还是以县扶贫，平均生活水平会上升，但是受益更大的是非建档立卡户，真正的穷人却只能"被平均"，这些扶贫项目是"系统排除穷人"的。[④]

三　项目安排粗放

对贫困人口的帮扶应根据建档立卡户和建档立卡人员的需要有针对性地进行，才能做到因户因人施策。不同地区贫困情况具有差异，不同贫困家庭致贫原因存在区别，大水漫灌式扶贫可能导致项目安排不合理，不能有效解决贫困问题。

(一)　扶贫项目瞄准偏离

乡镇之间、贫困村之间、建档立卡户之间，贫困程度、贫困原因不同，受关注度不同，项目资金帮扶措施差异大，扶贫工作难以均衡开展，脱贫成效受影响。贫困县之间项目申请不平等，有的县有很多名额，有的县却拿不到指标，经济条件好的县更容易获得项目，而越贫穷的县就越没有机会，造

[①] 《2006年贵州农村总体小康建设取得实质性进展》，中国统计信息网，2007年8月31日，http://www.stats.gov.cn/ztjc/ztfx/dfxx/200708/t20070831_33625.html。

[②] 康晓光：《90年代我国的贫困与反贫困问题分析》，《战略与管理》1995年第4期；李小云、唐丽霞、张雪梅：《我国财政扶贫资金投入机制分析》，《农业经济问题》2007年第10期。

[③] 段应碧：《中国农村扶贫开发：回顾与展望》，《老区建设》2010年第5期。

[④] 汪三贵等：《连片特困地区扶贫项目到户问题研究——基于乌蒙山片区三省六县的调研》，《中州学刊》2015年第3期。

成"马太效应"。① 有学者指出，在实施"整村推进"的贫困村中，扶贫项目中中等户与富裕户的受益比重分别为 51% 和 33%，而贫困户的受益比重只有16%，项目瞄准出现偏差，他们还进一步指出，贫困村中的穷人所占比例往往仅有 20%，这种情况下即便是瞄准到村也不能保证扶贫资源准确到户。②

（二）扶贫项目实施不精准

不同地区的贫困状况不同，对扶贫项目实施的精准化程度要求更高。党和国家在推进减贫工作上作出的不懈努力使贫困地区总体面貌得到改善，但区域发展不平衡现象突出，不同地区贫困情况存在较大差异，东中西部地区收入差距扩大，同一区域内部差异也在扩大。不同地区贫困情况具有差异，项目安排应该具有针对性，因地施策。

东中西部地区贫困情况差异明显。从贫困发生率来看，2000 年至 2010 年西部地区贫困发生率明显高于中部和东部，西部地区的农村贫困人口占比达到总贫困人口的三分之二。2010 年全国农村贫困人口 2688 万，其中，东部地区 124万，中部地区 813 万，西部地区 1751 万，贫困发生率分别为 0.4%、2.5% 和6.1%，占全国农村贫困人口的比重分别为 4.6%、30.3% 和 65.1%。2000 年至2010 年，东部地区贫困人口占全国贫困人口的比重由 10.2% 下降至 4.6%，西部地区贫困人口占全国贫困人口的比重由 60.8% 上升至 65.1%，贫困人口进一步向西部地区集中（见表 3-8）。③ 从扶贫质量来看，斯丽娟等通过构建平均夜间灯光指数和扶贫质量指数进行回归，建立基于夜间灯光数据的区域扶贫质量测算模型，对 2000 年到 2018 年中国贫困县扶贫质量进行测度，结果表明，东中西以及东北各区域间贫困县的扶贫质量存在显著差异，扶贫质量总体呈"东部>中部>东北>西部"的特征，增长速率呈"东北>中部>东部>西部"的特征。④ 从返贫率来看，西部地区，尤其是民族贫困地区的返贫率最高。有学者指出，农村低收入农户的收入波动比较大，西部贫困地区的低收入农户的返贫

① 许汉泽、李小云：《精准扶贫视角下扶贫项目的运作困境及其解释——以华北 W 县的竞争性项目为例》，《中国农业大学学报》（社会科学版）2016 年第 4 期。
② 唐丽霞、罗江月、李小云：《精准扶贫机制实施的政策和实践困境》，《贵州社会科学》2015 年第 5 期。
③ 国家统计局住户调查办公室编《2011 中国农村贫困监测报告》，中国统计出版社，2012，第 13 页。
④ 斯丽娟、王超群：《区域扶贫质量测度及其时空演变——基于贫困县夜间灯光数据的研究》，《宏观质量研究》2020 年第 6 期。

率一般在 30% 左右。[①] 2013 年，西部地区贫困人口占总贫困人口的 76%，比 2012 年上升了 6%，从侧面说明西部地区返贫率"极高"。[②]

表 3-8　2000—2010 年全国及东、中、西部农村贫困人口分布变化

单位：万人，%

指标	地区	2000 年	2005 年	2010 年
贫困人口规模	全国	9422	6432	2688
	东部	962	545	124
	中部	2729	2081	813
	西部	5731	3805	1751
贫困发生率	全国	10.2	6.8	2.8
	东部	2.9	1.6	0.4
	中部	8.8	6.6	2.5
	西部	20.6	13.3	6.1
占农村贫困人口比重	东部	10.2	8.5	4.6
	中部	29.0	32.3	30.3
	西部	60.8	59.2	65.1

注：东部包括北京、天津、河北、辽宁、上海、江苏、浙江、福建、山东、广东、海南；中部包括山西、吉林、黑龙江、安徽、江西、河南、湖北、湖南；西部包括内蒙古、广西、重庆、四川、贵州、云南、西藏、陕西、甘肃、青海、宁夏、新疆。

资料来源：国家统计局住户调查办公室编《2011 中国农村贫困监测报告》，中国统计出版社，2012，第 13 页。

不同地势地区贫困情况存在差别，贫困与地形地势因素关系密切。有研究表明，地形因素如地形高程、地形破碎度、平均坡度与区域贫困程度关系密切。[③] 中国自然致贫指数最高的区域分布在中国西部地区，主要集中在新疆、西藏、内蒙古 3 个自治区和青海省，这些地区地表干旱、生态环境脆弱；处于自然致贫指数中高程度的是西南喀斯特地区、大巴山地、秦岭山地、太行山地，以及北方农牧交错带地区，这些地区或山高坡陡，或干旱沙化；东部的浙闽山地、东北的长白山地的自然致贫指数为中等，这些地区地势陡峭，耕地资源匮乏；其他地区自然致贫指数较低，尤其是东北平原、辽河下游平原、成都平原、

---

① 伍艳：《中国农村金融发展的减贫效应研究——基于全国和分区域的分析》，《湖北农业科学》2013 年第 1 期。

② 程联涛：《我国贫困地区区域特征及扶贫对策》，《贵州社会科学》2014 年第 10 期。

③ 李双成、许月卿、傅小锋：《基于 GIS 和 ANN 的中国区域贫困化空间模拟分析》，《资源科学》2005 年第 4 期。

长江中下游平原等地区。① 从贫困状况来看，贫困人口主要集中在山区。2000年以来，虽然山区农户的贫困发生率下降比平原和丘陵地区快，但贫困人口仍然集中在山区。2000年全部农村贫困人口中山区贫困人口占比达48.7%，此后这一比重仍不断上升，2005年、2010年这一比重分别增至49.1%、52.7%，远高于山区人口在农村人口中的比重。山区的贫困发生率从2000年的23.2%降到2010年的4.9%，共下降18.3个百分点；平原和丘陵地区的贫困发生率从2000年的17.4%下降到2010年的1.6%，共下降15.8个百分点。②

　　虽然集中连片的贫困地区拥有很多共性，例如生产力水平低、自然条件差、社会发育程度低等，但每个地区所具备的自然、社会、历史、文化等条件是不同的，脱贫政策必须因地制宜，寻找适合当地的开发模式。东西部地区、平原和山地等不同地区、不同地势，项目安排是不一样的，是发展生态脱贫还是易地搬迁脱贫，抑或其他扶贫项目，必须根据当地具体情况进行安排，才能发挥扶贫项目的最大效果。从村级扶贫整体情况来看，参与扶贫项目的村比例虽然逐渐提高，从2002年的29.6%提高到2010年的52.2%，但总体参与程度仍然有待提升，到2010年，参与项目的村仅占一半多的比例。另外，从参与项目的形式看，主要是现金扶持，2010年占接近一半比例，相比较来说，实物扶持和技术援助比例偏低，其中2010年技术援助仅占14.3%，实物扶持仅占不到20%（见表3-9）。按整村推进扶贫的方式安排项目，不能有针对性地区分开每个贫困村需要的资金和技术比重，村一级统一接受项目安排，不利于资金合理有效使用，不能使扶贫效益落实到建档立卡户头上。

表 3-9　2002—2010 年扶贫重点县到村扶贫项目情况

单位：%

年份	当年参与项目的村比例	参与项目形式		
		现金扶持	实物扶持	技术援助
2002	29.6	19.9	18.4	10.0
2003	33.2	21.8	22.2	11.8
2004	39.9	28.8	22.8	12.9

---

① 李双成、许月卿、傅小锋：《基于 GIS 和 ANN 的中国区域贫困化空间模拟分析》，《资源科学》2005 年第 4 期。

② 国家统计局住户调查办公室编《2011 中国农村贫困监测报告》，中国统计出版社，2012，第13—14 页。

续表

年份	当年参与项目的村比例	参与项目形式		
		现金扶持	实物扶持	技术援助
2005	37.3	29.2	18.5	10.3
2006	43.0	34.7	19.3	12.5
2007	51.0	43.6	18.0	12.6
2008	48.3	41.8	18.2	13.1
2009	50.7	44.1	18.3	14.8
2010	52.2	46.8	19.0	14.3

资料来源：国家统计局住户调查办公室编《2011 中国农村贫困监测报告》，中国统计出版社，2012，第 135 页。

四 帮扶机制不完备

扶贫开发工作复杂且艰巨，扶贫工作各个链条环环相扣，如果缺乏组织领导，在实施过程中效果必然会打折扣。干部驻村工作帮扶机制的建立是发挥基层扶贫力量的关键。地方政府在扶贫过程中对扶贫工作认识是否到位，在实施过程中是否严谨对待烦琐的日常扶贫工作，此外，扶贫机构工作人员素质高低，都对帮扶机制能否发挥应有作用具有不可忽视的重要影响。帮扶机制不完备主要体现在三个方面：一是扶贫干部选派不精准，二是驻村干部派遣的目标识别不精准，三是因村派人管理考核不精准。

（一）扶贫干部选派不精准

扶贫干部是扶贫工作的实际操作者，也是扶贫政策的具体落实者。大规模开发式扶贫机制下，驻村干部选派不能和贫困地区当地贫困程度和贫困原因相对应，导致驻村干部不能很好胜任扶贫工作。有的扶贫干部没有农村工作经验，不具备涉农方面专业技术特长，不了解农村发展规律和特点，导致出现"挂名式"、"表演式"、"走读式"或者"滥竽充数类"的情况，形式主义严重。扶贫干部能力的高低、责任意识的强弱都会对扶贫工作的成效与质量产生重要影响。干部能力强、责任意识强将有力推动扶贫工作进展，反之，干部能力不足、缺乏责任感则会对扶贫工作的推进产生消极影响。地方扶贫工作者能力较弱、文化程度较低，容易出现上级政府大包大揽瞎指挥、下级政府盲目依赖上级政府决策而逃避责任的现象，尤其是非贫困区域的扶贫考核机制不完善，扶贫违规违纪问题相对突出。国家和地区之间的委托代理关系也使得扶贫责任不明确，扶贫工作自国家、省（市）、地区、县层层下达，形成多层委托-代理关系，并没有形成规范的合同契约进行强有力的约束，在运行过程中，责任的归属不清晰，谁都有责任，却又找不到真正负责的人。在扶贫过程中，部分村干部存"私心"，还有一些干部对扶贫"不走心"、不负责任，损害群众切身利益。

（二）驻村干部派遣的目标识别不精准

不同贫困地区贫困人口和贫困程度不一样，需要的扶贫干部数量和质量也不一样。从体制改革推动的普惠式扶贫，到"大水漫灌"式以县为重点的目标瞄准单元，再到整村推进，扶贫瞄准对象随着实际情况适时调整。中国农村贫困地区的分布呈现出区域集中的特点，1986年统计数据表明，农村贫困人口主要分布在22个省（自治区）的664个贫困县，其中有430个贫困县分布在18个集中连片的贫困地区，并且这些贫困地区大多位于中西部地区，[①] 因此以区域为瞄准对象有利于提升扶贫效率。区域扶贫开发使得有的贫困地区发展迅速，短期内达到脱贫目标并持续发展，部分地区的整体贫困问题虽然得到了解决，但仍有特殊类型的贫困群体贫根深重，难以彻底摆脱贫困。虽然少数扶贫重点县发展迅速，但有的边远地区基础设施和居民生活还未得到有效改善，边远地区交通、饮水、上学等问题依然突出。[②] 因此，因村派人不能一概而论，分配的指标和人员选择需要根据贫困地区的具体情况调整，对于定位为贫困村、软弱涣散村的村庄和一些革命老区及灾后重建村，只有投入更多资源才能帮助这些村庄及贫困人口有效脱贫。

（三）因村派人管理考核不精准

扶贫是一个复杂的工程，工作链长、环节多，扶贫效果与每一个环节息息相关。管理学中有个名词叫"责任链"效应，即在一个工作流程上，每个环节的责任心为成功系数，所有人的责任心构成一条责任链。工作成效就取决于每个环节责任心乘积的大小，就像5个90%相乘就等于59%一样，一个环节不认真、不负责，最终效果就会大打折扣。在扶贫工作中，如果有一两个人缺乏责任心，就容易导致大面积问题，从而使"潜规则""微腐败"横行。因此，必须建立精准扶贫工作机制，把扶贫责任一层一层落实到位，形成环环相扣的

① 叶兴庆：《中国的反贫困政策》，《经济研究参考》1996年第191期。
② 范小建：《新阶段扶贫开发形势及总体思路》，《农村工作通讯》2010年第3期。

"责任链"。扶贫责任管理是指"通过对各级领导干部明确责任、严格考核，全面落实脱贫攻坚责任制，从组织上确保精准扶贫各项措施落到实处，帮助贫困群众脱贫致富"①。我国在长期的扶贫开发过程中，对组织领导工作高度重视，不断强化扶贫开发责任。《国家八七扶贫攻坚计划（1994—2000 年）》明确指出要坚持分级负责，确立以省为主的省长（自治区主席、直辖市市长）负责制，省长要亲自抓，负总责，以及及时协调解决重要问题。《中国农村扶贫开发纲要（2001—2010 年）》再次强调要切实落实扶贫工作责任制，坚持省负总责，并提出"四个到省"，即扶贫开发工作责任到省、任务到省、资金到省、权力到省。坚持县抓落实，扶贫开发工作重点县负责把扶贫开发的政策措施真正落实到贫困村、贫困户。此外，还明确要把扶贫开发的效果作为考核地方党政主要负责人政绩的重要依据。2011 年，《中国农村扶贫开发纲要（2011—2020 年）》也对扶贫开发责任作了强调，指出，坚持中央统筹、省（自治区、直辖市）负总责、市（地）县抓落实的管理体制，建立片为重点、工作到村、扶贫到户的工作机制，实行党政一把手负总责的扶贫开发工作责任制，并指出，要进一步完善对有关党政领导干部、工作部门和重点县的扶贫开发工作考核激励机制。2013 年，《关于创新机制扎实推进农村扶贫开发工作的意见》提出要完善"中央统筹、省负总责、县抓落实"的责任管理体制，并提出，国务院有关部门负责统筹协调、分类指导，各省（自治区、直辖市）党委和政府要对本区域内贫困地区的扶贫脱贫负总责，各县（市、区、旗）党委和政府要把扶贫开发任务和政策逐项落到实处，并强调，要加大扶贫开发工作考核力度，做到有目标、有计划、有措施、有检查、有奖惩。应该看到，虽然国家一直重视扶贫工作责任机制，但在扶贫实践中仍存在因为责任落实不到位而带来的各种问题。

---

① 王海燕：《大国脱贫之路》，人民出版社，2018，第 215 页。

第二篇

精准扶贫思想的理论体系

第四章　精准扶贫思想的内容体系

将"精准"概念应用于扶贫领域并最终形成指导扶贫实践的精准扶贫思想，是中国减贫的创新，也是中国为世界减贫作出的重大贡献。习近平在全国脱贫攻坚总结表彰大会上提出，"我们立足我国国情，把握减贫规律，出台一系列超常规政策举措，构建了一整套行之有效的政策体系、工作体系、制度体系，走出了一条中国特色减贫道路，形成了中国特色反贫困理论"①。这一思想的形成具有历史必然性，是中国减贫实践不断向前推进的产物，经历了从孕育、形成、深化到不断完善的过程，最终形成了一个逻辑严密的理论体系。

学术界对这一理论体系的论证和概括已经形成了大量研究。一方面，精准扶贫思想的主要内容是学术界研究的一大热点，虽然学术界还未有定论，但都认同精准扶贫思想包括诸如内源扶贫、精准理念、合力扶贫等重要思想。如雷明、邹培从"准""精准""可持续""扩权赋能""全员式扶贫""共生共建共享""反贫困命运共同体"七个方面阐释了精准扶贫的思想内涵。② 另一方面，学者们从不同维度对精准扶贫思想的逻辑体系进行了推演和建构，分别有三维度说、四维度说、五维度说等。如唐任伍从核心要义、基础工具、战略重点三个层面进行了概述。③ 曾维伦、谢卓芝认为习近平关于扶贫开发的相关论述形成了包括战略定位、战略目标、战略内核、战略重点、战略保障在内的严密逻辑体系。④ 虽然已有研究众多，但学者们对精准扶贫思想主要内容的概括仍存在不够全面的问题，对其逻辑结构的研究因各自研究侧重点的不同也呈现出较大差别，因而缺乏足够的说服力。

本章在已有的研究基础上，进一步挖掘相关材料，从"精准"这一概念入

---

① 习近平：《在全国脱贫攻坚总结表彰大会上的讲话》，《人民日报》2021年2月26日，第2版。
② 雷明、邹培：《精准扶贫的思想内涵、理论创新及价值贡献》，《马克思主义与现实》2020年第4期。
③ 唐任伍：《习近平精准扶贫思想阐释》，《人民论坛》2015年第30期。
④ 曾维伦、谢卓芝：《习近平扶贫开发战略思想的丰富内涵》，《红旗文稿》2018年第6期。

手，阐释了经济学及精准扶贫中"精准"的内涵，梳理了精准扶贫思想的形成过程，并对精准扶贫思想的主要内容进行了梳理，说明了其内在体系架构，论证了精准扶贫思想并非碎片化的扶贫理念或扶贫政策，而是一个逻辑严密的理论体系——以稳定实现"两不愁三保障"为底线目标，将战略重点集中在深度贫困地区，始终坚持"扶真贫、真扶贫"，将"六个精准"贯穿扶贫工作始终，以"五个一批"为基础因地制宜、因人制宜制定具体脱贫举措，并以全社会参与的社会扶贫体系积聚力量，以严格的工作责任制和督查考核机制、强效的资源投入机制等为保障，全力推动减贫。因而可将精准扶贫思想概括为以"精准"为出发点，以解放、发展、保护生产力为着力点，以发挥制度优势为根本点，以"减贫组合拳"为支撑点，以全面主动减贫为落脚点的减贫思想体系。

第一节 "精准"的科学内涵

"精准"这一范畴最初并非出现在反贫困理论中，而是在诸多其他学科中被赋予了相应内涵，具备以基本构成单元为对象、强调个体特殊性、强调实践可操作性、强调精确和降低误差等属性。在此基础上"精准"被纳入我国反贫困领域，在反贫困中获得了科学内涵。

一 经济学中的"精准"内涵

在"精准扶贫思想"诞生之前，经济学以及与其紧密联系的统计学等学科中已经有一些范畴能够体现"精准"内涵。

经济学领域与"精准"类似的范畴较多，最能体现精准内涵的即"微观经济学"。微观经济学从资源稀缺这个基本概念出发，认为所有个体的行为准则在于设法利用有限资源取得最大收获，并由此来考察个体取得最大收获的条件。从研究对象来看，微观经济学研究对象是个体经济单位，涉及个人如何支配收入、效用最大化如何实现、利润最大化如何实现等微观问题。美国经济学家萨缪尔森说过，微观经济学是关于经济中单个因素——诸如一种产品价格的决定或单个消费者或企业的行为的分析。具体而言，从微观经济学的角度来讲，其研究对象为具有单个经济单位特征的一系列经济行为。具体而言，可以从微观经济学与宏观经济学的对比中看出其"精准"内涵。微观经济学研究的一项重要内容即为微观主体的经济行为，通过研究经济主体在有限的资源下的经济行为得出资源配置的最优方式。在这一过程中，经济个体的决策、资源具体配置情况等都需要具体的定量分析。宏观经济学研究微观主体构成一个整体后的经济行为及其后果，研究整个国民收入变动的原因和对策。相比而言，二者虽然都以经济个体的行为作为逻辑出发点，但微观经济学首先研究单个消费者和单个生产者的最优决策，在此基础上再分析单个市场的均衡价格和所有单个市场均衡价格的同时决定，最能体现精确到每个经济学个体的特征。有人把微观经济学称为"精准的经济学"，其"精准"内涵可以概括为以基本构成单元为对象、强调个体特殊性等。

除此之外，统计学与经济学联系非常紧密，并形成了与"精准"类似的一组范畴，包括精密度、正确度和精确度。其中，精密度主要表征不同规定条件下度量的重复性和再现性，其核心内涵是随机误差较小。其中重复性表征相同条件下测量的最小差异，而再现性则表征完全不同条件下测量的最大差异，如标准差或方差就可以用于度量精密度。正确度主要表征测量值与实际值的偏差程度。而精确度则可以近似地看作正确度和精密度的综合。这一组概念与"精准"概念较类似，其核心内涵是降低测量中的误差，增强可操作性。

二　精准扶贫中的"精准"内涵

从以上梳理可以看出，"精准"内涵在经济学与统计学的许多概念中均有充分体现，其内涵可以大体概括为：以基本构成单元为对象、强调个体特殊性、强调实践可操作性、强调精确和降低误差等。

以此为基础，精准扶贫中的"精准"内涵可以概括为在扶贫过程中强调建档立卡户识别的精确、建档立卡户的个体差异、施策的可操作性和精确性等。而"精准扶贫"的内涵可以概括为扶贫方式从"大水漫灌"到"精准滴灌"的转变，其外延可以归结为四个问题，即"扶持谁、谁来扶、怎么扶、如何退"。

具体而言，第一，"精准扶贫"要回答扶持谁的问题，要实现客体精准。2015年11月，习近平总书记在中央扶贫开发工作会议上以"六个精准"对精准扶贫的具体内涵作了科学表述，即"扶持对象精准、项目安排精准、资金使用精准、措施到户精准、因村派人精准、脱贫成效精准"[1]。其中"扶持对象精准"讲的就是要明确"扶持谁"的问题。通过设置科学的标准、形成统一的规范和流程，找出具体的建档立卡户，对其致贫原因进行分类，并建档立卡。扶持对象的精准，是精准扶贫政策得以施行的基本条件。

---

[1]　《习近平著作选读》（第一卷），人民出版社，2023，第396页。

第二，"精准扶贫"要回答谁来扶的问题，要实现主体精准。要确保建档立卡户到2020年如期脱贫，扶贫工作具有相当的艰巨性和复杂性，需要社会合力在多个领域共同推动。习近平总书记指出："加快推进深度贫困地区脱贫攻坚，要按照党中央统一部署，坚持精准扶贫精准脱贫基本方略，坚持中央统筹、省负总责、市县抓落实的管理体制，坚持党政一把手负总责的工作责任制，坚持专项扶贫、行业扶贫、社会扶贫等多方力量、多种举措有机结合和互为支撑的'三位一体'大扶贫格局。"① 在明确主体范围的同时，还要将主体责任精准化，落实扶贫工作责任制。2015年，习近平总书记在部分省区市扶贫攻坚与"十三五"时期经济社会发展座谈会上对不同扶贫主体的职责作出了明确要求，强调"中央要抓好统筹，做好政策制定、项目规划、资金筹备、考核评价、总体运筹等工作。省级要负起总责，做好目标确定、项目下达、资金投放、组织动员、检查指导等工作。市（地）县要抓好落实，做好进度安排、项目落地、资金使用、人力调配、推进实施等工作"②。

第三，"精准扶贫"要回答怎么扶的问题，要实现方式精准。2015年10月16日，习近平首次提出了"五个一批"的脱贫措施，是对"怎么扶"问题的科学解答，回答了精准扶贫"最后一公里"如何打通的问题。随后，"五个一批"的脱贫措施被写入《中共中央 国务院关于打赢脱贫攻坚战的决定》，经中共中央政治局会议审议通过。在此基础上，我国学者对"精准扶贫"实现方式进行了许多阐释。如刘永富指出，精准扶贫的重点工作包括开展建档立卡、选派驻村干部、坚持分类实施、严格贫困退出、建立防贫机制、加强扶贫资金管理、动员各方力量参与、全方位监督检查、严格考核评估、营造浓厚氛围和克服疫情影响等十一个方面。③

第四，"精准扶贫"要回答如何退的问题，要实现精准退出。2015年6月，习近平总书记在贵州召开部分省区市党委主要负责同志座谈会时提出了"精准滴灌"概念，在对其进行阐述时，习近平指出，"贫困县摘帽要和全面建成小康社会进程对表，早建机制、早作规划，每年退出多少要心中有数。这件事情，既要防止拖延病，又要防止急躁症"④。2015年11月，习近平总书记又在中央扶贫开发工作会议上指出："鼓励贫困县摘帽，但不能弄虚作假、蒙混过关，或

① 《习近平谈治国理政》（第二卷），外文出版社，2017，第87页。
② 中共中央党史和文献研究院编《习近平扶贫论述摘编》，中央文献出版社，2018，第36页。
③ 刘永富：《世界减贫史上的中国奇迹》，《旗帜》2020年第12期。
④ 中共中央党史和文献研究院编《习近平扶贫论述摘编》，中央文献出版社，2018，第71页。

者降低扶贫标准、为摘帽而摘帽。要严格脱贫验收办法，明确摘帽标准和程序，确保摘帽结果经得起检验。"① 总体而言，精准扶贫思想形成了关于"精准扶贫精准脱贫"的系统观点，围绕"扶持谁、谁来扶、怎么扶、如何退"的问题，形成了客体精准、主体精准、方式精准和退出精准的科学内涵，是对反贫困领域"精准"内涵的系统阐述。

第二节　精准扶贫思想的形成过程

精准扶贫思想是以习近平同志为核心的党中央根据我国贫困形势与贫困特征提出的贫困治理策略，凝聚着中国共产党人的智慧结晶，蕴含着全面小康和民族复兴的伟大理想。但这一思想的形成并非一蹴而就，本节将精准扶贫思想的形成过程分为孕育期、形成期、深化期和完善期，以 2013 年"精准扶贫"的提出，2015 年精准扶贫、精准脱贫上升为基本方略，2017 年深度贫困地区脱贫攻坚座谈会的召开以及 2020 年新时代脱贫攻坚目标任务的完成为时间节点。任何的思想或理论都来源于实践，习近平在梁家河、河北、福建、浙江等地方的工作实践成为孕育和催生精准扶贫思想的沃土，这一阶段是精准扶贫思想的孕育期。2013 年习近平在湘西考察时正式提出"精准扶贫"，作出"实事求是、因地制宜、分类指导、精准扶贫"② 的重要指示，精准扶贫工作随即展开，习近平也多次就如何开展精准扶贫工作作出指示，并对精准扶贫的内涵、意义、重点、路径等进行阐释。2015 年《中共中央 国务院关于打赢脱贫攻坚战的决定》（后称 2015 年《决定》）将"精准扶贫、精准脱贫"上升为基本方略，这也标志着精准扶贫思想的基本形成。因而从 2013 年的正式提出到 2015 年上升为基本方略这一阶段为精准扶贫思想的形成期。此后，精准扶贫实践进一步推进，顶层设计不断完善，习近平也不断在实践的基础上进行总结和反思，阐明了贫困群众主体、以党建促扶贫、可持续脱贫等思想，进一步拓展了精准扶贫思想的内涵和外延。直到 2017 年深度贫困地区脱贫攻坚座谈会召开，这一时期为精准扶贫思想的深化期。以深度贫困地区脱贫攻坚座谈会的召开为标志，我国扶贫进入攻克深度贫困堡垒的攻坚拔寨期，攻克深度贫困是脱贫攻坚"硬仗中的硬仗"，习近平对深度贫困的形成原因、特点及解决之道进行了详细论述，

---

① 《习近平著作选读》（第一卷），人民出版社，2023，第 404 页。
② 张神根、张倔：《百年党史——决定中国命运的关键抉择》，人民出版社，2021，第 270 页。

实践的深入也伴随着思想的不断完善，精准扶贫思想在消除绝对贫困的最后实践中逐渐趋于完善。

一 精准扶贫思想的孕育期：1969 年至 2013 年

习近平的扶贫理念和实践可以追溯到其 1969 年到陕北农村插队的经历。习近平从 16 岁开始，先后在梁家河插队，在正定、宁德等地工作，在长期的实践中，逐步形成了内涵丰富、逻辑严密的扶贫思想。从 1969 年梁家河插队到 2013 年精准扶贫思想正式提出，这一阶段是精准扶贫思想的孕育期。

1969 年，习近平来到延川县文安驿公社梁家河大队。梁家河的插队经历是习近平扶贫相关理念和为人民奉献理念的来源。在回忆这段经历时，习近平谈道："我们如果说有什么真知灼见，如果说我们是走向成熟、获得成功，如果说我们谙熟民情或者说贴近实际，那么都是感觉源于此、获于此。"[1] 他多次谈及梁家河的插队经历带给他的积淀，"我现在所形成的很多基本的观念，形成的很多基本的特点，也是在延安形成的"[2]。在插队期间，从城市来到农村的习近平深切感受到了贫困——"山顶洞人的生活""三月不知肉味""寻吃"……与理想中的革命圣地延安不同，现实中的延安原始、贫穷。为增产增收，习近平组织基建队打坝造田，打好坝后，玉米亩产翻一番。为解决煮饭、照明问题，习近平组织沼气学习团队到四川考察学习，建起了陕西省第一座沼气池，使"沼气不过秦岭"成为历史。习近平还为村里办了许多实事，办缝纫社、磨坊、菜园，打井，办夜校等。梁家河的插队经历使习近平认识和感受了"贫困"，形成了"要为人民做实事"的信念，"从那时起就下定决心，今后有条件有机会，要做一些为百姓办好事的工作"。艰苦的环境和丰富的基层实践经验磨炼了他吃苦耐劳、坚忍不拔的优秀品质，练就了他一身过硬的本领，"我并不觉得农村七年时光被荒废了，很多知识的基础是那时候打下来的"[3]。从带领村里人增收致富的过程中也能看出习近平精准扶贫思想的萌芽，比如为发挥铁匠特长而成立的铁业社，为组织年轻人学习创办的扫盲班，等等。可以说，梁家河的插队经历是习近平扶贫相关理念的起点。

从 1982 年起，习近平先后在河北、福建、浙江工作。在地方工作期间，习近平尤为关注人民群众的生活问题，带领群众脱贫致富，取得了极为不俗的

---

① 梁家河编写组编《梁家河》，陕西人民出版社，2018，第 37 页。

② 梁家河编写组编《梁家河》，陕西人民出版社，2018，第 37 页。

③ 梁家河编写组编《梁家河》，陕西人民出版社，2018，第 39 页。

成绩，随着扶贫实践的推进，习近平关于扶贫的理念、政策举措等逐渐系统化。1982 年到 1985 年，习近平先后担任河北省正定县委副书记和书记。在任期间，习近平兴起调查研究的新作风，三年多时间内，习近平走遍全县 200 多个村庄，充分听取群众意见、调研实际情况，带领全县人民大胆改革，结合正定的实际情况，习近平提出走"半城郊型"经济发展之路，并总结出"投其所好，供其所需，取其所长，补齐所短，应其所变"① 的二十字方针，带领正定甩掉了"高产穷县"的帽子。1983 年正定的工农业总产值比 1981 年增长 56%，人均收入比 1981 年增长 75%，粮食单产和总产都超过历史最高水平。② 同时，习近平也尤为关注当地生态问题，"农业经济早已超出自为一体的范围，只有在生态系统协调的基础上，才有可能获得稳定而迅速的发展"③。此外，习近平十分注重村干部素质问题，"火车跑得快，全靠车头带"，致富带头人尤为重要。但正定村干部普遍年龄偏大、文化偏低，不具备带领群众迅速致富的知识和能力，截至 1983 年底，220 名村支部书记平均年龄为 42.7 岁。针对这一问题，1984 年 3 月，正定开始对村两委领导班子进行大规模调整，调整后，班子年龄结构、学历结构等均有较大改善，班子平均年龄降到 33.1 岁，高中和初中毕业干部占到 86.5%。④

1985 年，习近平来到福建工作。在宁德的两年，习近平对贫困的闽东如何实现脱贫致富进行了深入思考和调研，并在此基础上进行扶贫开发，实施了一系列脱贫致富的举措，1990 年，宁德脱贫率达到 96%。习近平这一时期的脱贫理念、经验和构想集中体现在其《摆脱贫困》一书中，精准扶贫思想中的扶志和扶智、精准化、内生脱贫、党建扶贫等理念都可从中找到雏形。其一，"弱鸟可望先飞，至贫可能先富"⑤。习近平将闽东比喻成一只"弱鸟"，"弱鸟"能否实现"先飞""先富"，首先要看有无"先飞"意识，能否摆脱"安贫乐道""穷自在"等观念，应当明白"弱鸟可望先飞，至贫可能先富"的辩证法。而"先飞"意识的第一要义则是自力更生，"我们有必要摆正一个位置：把解决原材料、资金短缺的关键，放到我们自己身上来，这个位置的转变，是'先飞'

---

① 《人民日报》（海外版）编著《习近平扶贫故事》，商务印书馆，2020，第 108 页。
② 《正定翻身记》，《人民日报》1984 年 6 月 17 日，第 2 版。
③ 《习近平的改革足迹——正定》，人民网，2015 年 12 月 11 日，http：//politics.people.cn/n1/2018/1211/c1001-30460001.html。
④ 《习近平的改革足迹——正定》，人民网，2015 年 12 月 11 日，http：//politics.people.cn/n1/2018/1211/c1001-30460001.html。
⑤ 习近平：《摆脱贫困》，福建人民出版社，1992，第 1 页。

意识的第一要义"①。除此之外，商品观念、市场观念、竞争观念也是"先飞"意识的组成部分。其二，提倡"经济大合唱"。针对基层工作主次不分的问题，习近平提倡同心协力搞"经济大合唱"，发挥"整体功能效益"。"挂了那么多锦旗，少了经济建设这一面就不风光"②。其三，"扶贫资金不搞撒胡椒粉"③。习近平在肯定闽东脱贫成绩的同时，也提出扶贫工作应迈上新台阶。扶贫资金的使用不能面面俱到、平均用力，应当集中大多数资金优先发展经济实体，增强其"造血"功能，"努力地创建经济小开发区，把扶贫与区域经济开发结合起来"④。其四，"越穷的地方越需要办教育"，否则会陷入"穷"和"愚"互为因果的恶性循环。现实中往往存在脱贫致富决心坚定与科学文化素养缺乏、工业企业亟待发展与人才资源匮乏的矛盾。对此，习近平着重强调教育对于摆脱贫困的重要意义，"我们必须站在经济、社会发展战略的高度来思考教育问题"⑤。其五，"要想脱贫致富，必须有个好支部"。农村党组织是农村发展的主心骨，是农村脱贫第一线的核心力量，这种核心作用能否很好地发挥，"直接关系到脱贫致富事业的凝聚力的强弱"⑥。"打铁还需自身硬"，"脱贫越深入，农村第一线党组织的力量越要增强"⑦。

经过宁德的扶贫实践，习近平在浙江等地工作时结合当地实际，对如何推进经济社会发展和摆脱贫困进行了更进一步的思考，深入实施欠发达乡镇奔小康、山海协作等扶贫工程，提出"把帮扶困难群众放到更突出的位置""要拎着'乌纱帽'为民干事""跳出'三农'抓'三农'""绿水青山也是金山银山"⑧等重要思想。其一，习近平始终挂怀贫困群众，把帮扶困难群众放到更突出的位置。对于一些地方低保金未到位的做法，习近平予以严厉批评，"有的县每年从省里拿到的财政转移支付有几千万元，却拿不出几十万元的低保金。如果对群众有感情的话，这些钱是拿得出来的，也是应该拿出来的"⑨。其二，针对浙江省内发展不均衡的问题，习近平提出推进"山海协作工程"，实现山

① 习近平：《摆脱贫困》，福建人民出版社，1992，第 20 页。
② 习近平：《摆脱贫困》，福建人民出版社，1992，第 8 页。
③ 习近平：《摆脱贫困》，福建人民出版社，1992，第 73 页。
④ 习近平：《摆脱贫困》，福建人民出版社，1992，第 73—74 页。
⑤ 习近平：《摆脱贫困》，福建人民出版社，1992，第 129 页。
⑥ 习近平：《摆脱贫困》，福建人民出版社，1992，第 119 页。
⑦ 习近平：《摆脱贫困》，福建人民出版社，1992，第 121 页。
⑧ 习近平：《之江新语》，浙江人民出版社，2007，第 50、43、153 页。
⑨ 习近平：《之江新语》，浙江人民出版社，2007，第 4 页。

海特色优势资源互补，使山区实现跨越式发展，"做长欠发达地区这块'短板'"①。其三，在平衡经济发展与生态建设上，习近平此时就已经提出了"绿水青山也是金山银山"的重要思想，"要看 GDP，但不能唯 GDP。GDP 快速增长是政绩，生态保护和建设也是政绩"②。"绿水青山可带来金山银山，但金山银山却买不到绿水青山"③。

在地方工作实践中得出的"真知"构成了习近平早期的扶贫思想，对后来我国精准扶贫实践的推进和精准扶贫思想的形成具有重要意义，从这一意义上说，福建、浙江是精准扶贫思想最初的试验田与实践地。

二　精准扶贫思想的形成期：2013 年至 2015 年

从 2013 年习近平正式提出"精准扶贫"到 2015 年《决定》明确将精准扶贫、精准脱贫作为基本方略，这一时期为精准扶贫的形成期。但在 2013 年以前，习近平就已经阐明了一系列的精准扶贫理念。2012 年 12 月 29—30 日，习近平担任总书记后第二次外出考察专程前往河北阜平县看望老区困难群众，考察扶贫开发工作。此次考察，习近平重申了社会主义的本质要求——消除贫困、改善民生、实现共同富裕，并提出要以更强的责任感与使命感做好扶贫开发工作，"把帮助困难群众特别是革命老区、贫困地区的困难群众脱贫致富列入重要议事日程，摆在更加突出的位置"④。在如何推进扶贫开发这一问题上，习近平提出了"要坚持从实际出发，因地制宜，理清思路、完善规划、找准突破口"⑤ 和"脱贫致富要有针对性，要一家一户摸情况"⑥ 等思路，并指出"贫困地区发展要靠内生动力"、教育是根本的扶贫之策，要求"凝聚全党全社会力量，形成扶贫开发工作强大合力"⑦。虽然习近平此时未明确提出"精准扶贫"，但其提出的扶贫开发要因地制宜、具有针对性等思想可看作精准扶贫思想的萌芽。

2013 年 11 月，习近平到湘西考察时正式提出精准扶贫思想。习近平在讲话中指出，"要精准扶贫，切忌喊口号，也不要定好高骛远的目标"⑧。并指出

① 习近平：《之江新语》，浙江人民出版社，2007，第 92 页。
② 习近平：《之江新语》，浙江人民出版社，2007，第 30 页。
③ 习近平：《之江新语》，浙江人民出版社，2007，第 153 页。
④ 习近平：《做焦裕禄式的县委书记》，中央文献出版社，2015，第 19 页。
⑤ 习近平：《做焦裕禄式的县委书记》，中央文献出版社，2015，第 17 页。
⑥ 习近平：《做焦裕禄式的县委书记》，中央文献出版社，2015，第 21 页。
⑦ 习近平：《做焦裕禄式的县委书记》，中央文献出版社，2015，第 17—19 页。
⑧ 《习近平赴湘西调研扶贫攻坚》，中国共产党新闻网，2013 年 11 月 4 日，http://cpc.people.com.cn/n/2013/1104/c64094-23421342-8.html。

扶贫开发既要整体联动，又要突出重点。习近平总书记提出了一系列践行精准扶贫思想的举措："增强扶贫对象和贫困地区自我发展能力"①"高度重视农村义务教育"②"脱贫致富贵在立志"③。这些成为产业扶贫、教育扶贫、文化扶贫等扶贫实践的理论指导，初步回答了"扶持谁""谁来扶""怎么扶"的重要问题。2013年12月，中共中央办公厅、国务院办公厅印发《关于创新机制扎实推进农村扶贫开发工作的意见》（以下简称2013年《意见》），提出创新六大机制，其中之一便是要求建立精准扶贫工作机制，对每个贫困村、贫困户建档立卡。随后，国务院扶贫办相继出台《关于印发〈建立精准扶贫工作机制实施方案〉的通知》及《关于印发〈扶贫开发建档立卡工作方案〉的通知》，正式启动精准扶贫工作。2013年《意见》和两个通知的发布，标志着精准扶贫思想落地，拉开了精准扶贫实践的序幕。

2014年3月，习近平参加十二届全国人大二次会议贵州代表团审议，第一次就精准扶贫的内涵作出解释，将精准扶贫归纳为三个方面——"对扶贫对象实行精细化管理，对扶贫资源实行精确化配置，对扶贫对象实行精准化扶持"④。随后，习近平多次就推进精准扶贫作出要求。一是要求党员干部要有不懈奋斗的意识，花大工夫、下大力气抓好扶贫工作。具体而言，贫困地区各级领导干部要立下脱贫军令状，形成倒逼机制；广大党员干部要以深厚的感情投入扶贫工作，要深入农村、深入一线了解真实情况、接受磨炼。二是多次重申实施精准扶贫的战略意义，并反复强调扶贫开发工作的紧迫性，要求加大扶贫力度，提升扶贫精准度。一方面，阐明了"完整的"全面小康的理念。习近平在2015年2月召开的陕甘宁革命老区脱贫致富座谈会上强调，"没有老区的全面小康，特别是没有老区贫困人口脱贫致富，那是不完整的"⑤。决不能让一个民族、一个地区掉队。另一方面，强调扶贫开发必须真抓实干，提高精准度。"要以时不我待的担当精神，创新工作思路，加大扶持力度，因地制宜，精准发力"⑥。习近平在2015年6月部分省区市党委主要负责同志座谈会上又强调，扶贫开发工作"形势逼人，形势不等人"，必须"采取力度更大、针对性更强、

① 《习近平著作选读》（第一卷），人民出版社，2023，第73页。
② 《习近平著作选读》（第二卷），人民出版社，2023，第37页。
③ 中共中央党史和文献研究院编《习近平扶贫论述摘编》，中央文献出版社，2018，第132页。
④ 中共中央党史和文献研究院编《习近平扶贫论述摘编》，中央文献出版社，2018，第58页。
⑤ 中共中央党史和文献研究院编《习近平扶贫论述摘编》，中央文献出版社，2018，第7页。
⑥ 中共中央党史和文献研究院编《习近平扶贫论述摘编》，中央文献出版社，2018，第6页。

作用更直接、效果更可持续的措施"。① 三是围绕"造血"能力提升的目标，要求优化转移支付和对口支援的体制机制，加大贫困地区交通、电力、网络等建设力度，改善贫困地区的教育、医疗等公共服务，增强其自身"造血"能力，加大对农村地区、民族地区、贫困地区职业教育的支持力度。

2015 年 6 月，在贵州召开的部分省区市党委主要负责同志座谈会上，习近平第一次系统阐述精准扶贫思想，对如何推进精准扶贫作出了重要安排。具体而言，主要包括六个方面的内容。第一，精准扶贫的前提是明确帮扶对象，"心中有数才能工作有方"②。只有在精确识别扶贫对象的基础上，才能做到规范化、精细化的帮扶和管理。第二，精准扶贫一定要找准"贫根"③，继而精准施策。扶贫开发进行到这一阶段，结构性致贫因素及共性的致贫因素如区域经济发展滞后、交通不便、自然条件恶劣等因素影响逐步减弱，致贫原因逐渐分化为自我发展意识或发展能力不足、缺资金缺劳动力、因学因病致贫等个体性因素，因而必须坚持因人因地施策、因贫困原因施策、因贫困类型施策。第三，精准扶贫要做到"六个精准"，在识别扶持对象、项目安排、资金使用、帮扶措施到户、干部派驻和脱贫成效检验上都要做到精准。第四，精准扶贫要强化社会合力。脱贫任务艰巨性的克服与高质量、可持续脱贫多元目标体系的实现，需要广泛调动社会各界积极性，需要多元主体互为支撑。第五，精准扶贫要加强基层党组织建设，基层是做好扶贫开发的基础，精准扶贫要求每个贫困村均要配备第一书记和驻村工作队，并鼓励和选派优秀年轻干部、退伍军人等赴贫困村工作。第六，要建立健全科学化的管理体制和常态化的工作机制，严格落实一把手责任。

2015 年 10 月，习近平在参加 2015 减贫与发展高层论坛时提出，"未来五年，我们将使中国现有标准下 7000 多万贫困人口全部脱贫"④，并再次强调实施精准扶贫方略，坚持省市县乡村五级一起抓扶贫，注重抓"六个精准"，实施"五个一批"工程，广泛动员社会力量参与扶贫。随后，党的十八届五中全会将"扶贫攻坚"改为"脱贫攻坚"，重申到 2020 年消除绝对贫困的承诺。同年 11 月，习近平在中央扶贫开发工作会议上发表长篇重要讲话，围绕如何做到

---

① 中共中央文献研究室编《习近平关于社会主义经济建设论述摘编》，中央文献出版社，2017，第 211 页。
② 中共中央党史和文献研究院编《习近平扶贫论述摘编》，中央文献出版社，2018，第 59 页。
③ 中共中央党史和文献研究院编《习近平扶贫论述摘编》，中央文献出版社，2018，第 60 页。
④ 中共中央文献研究室编《十八大以来重要文献选编》（中），中央文献出版社，2016，第 720 页。

"六个精准"、如何实施"五个一批"、如何激发内生动力、如何做好金融扶贫等问题，进一步系统阐述了精准扶贫思想。随后，2015 年《决定》颁布，明确把精准扶贫、精准脱贫作为基本方略。至此，精准扶贫思想基本形成。

三 精准扶贫思想的深化期：2015 年至 2017 年

从 2015 年精准扶贫、精准脱贫正式上升为基本方略到 2017 年深度贫困地区脱贫攻坚座谈会召开，这一时期为精准扶贫思想的深化期。这一时期，精准扶贫的顶层设计与具体举措不断出台和完善，精准扶贫实践进一步推进，精准扶贫思想在实践与理论碰撞交流中不断深化。

2016 年上半年，习近平先后前往重庆、江西、安徽调研考察，进一步明确"精准"的内在要求，强调"扶贫开发成败系于精准"[1]，找准"穷根"才能对症下药。"扶贫、脱贫的措施和工作一定要精准，要因户施策、因人施策，扶到点上、扶到根上，不能大而化之"[2]。同时第一次提出"稳定脱贫"，习近平2016 年 4 月在安徽调研时指出，"要采取稳定脱贫措施，建立长效扶贫机制"[3]。

随着精准扶贫实践的纵深推进，贫中之贫、困中之困成为最后堡垒。2016年 7 月，习近平在东西部扶贫协作座谈会上发表讲话，进一步拓展了精准扶贫思想的内涵和外延。习近平总书记首先谈及了加强东西部协作的重要性与急迫性："西部地区特别是民族地区、边疆地区、革命老区、集中连片特困地区贫困程度深、扶贫成本高、脱贫难度大，是脱贫攻坚的短板。"[4] 因此，必须加大对西部地区的扶持和支援力度，继续完善省际结对帮扶，还要探索和推动东西部县与县之间、乡镇之间、行政村之间的结对帮扶，使各类资源对接更加精准，也将帮扶责任进一步下沉。其次，强调重视市场力量，明确提出在产业转移过程中应以市场为导向。"推进东部产业向西部梯度转移，要把握好供需关系，让市场说话，实现互利双赢、共同发展。"[5] 再次，"以脱贫攻坚统揽经济社会发展全局"的思想初见雏形，指出脱贫攻坚合作领域不断拓展，从经济层面的合作逐步拓展到教育、卫生、文化等领域。复次，习近平还深入阐释了扶贫必须

---

① 中共中央党史和文献研究院编《习近平扶贫论述摘编》，中央文献出版社，2018，第 72 页。

② 《习近平春节前夕赴江西看望慰问广大干部群众》，《人民日报》2016 年 2 月 4 日，第 1 版。

③ 《回访安徽干部群众，总书记来到我们身边》，《人民日报》2016 年 4 月 28 日，第 2 版。

④ 习近平：《在深度贫困地区脱贫攻坚座谈会上的讲话》，人民出版社，2017，第 3 页。

⑤ 《习近平：认清形势聚焦精准深化帮扶确保实效 切实做好新形势下东西部扶贫协作工作》，中国共产党新闻网，2016 年 7 月 22 日，http://cpc.people.com.cn/n1/2016/0722/c64094-28574926.html。

"志智双扶"的思想，"贫穷并不可怕，怕的是智力不足、头脑空空，怕的是知识匮乏、精神委顿"①。一方面，治贫先治愚，精神上或思想上的贫困属于内生型贫困，严重制约着贫困群众主体作用的发挥，与物质贫困互为因果；另一方面，扶贫必扶智，科学文化素养的提高对于个体来说兼具内在价值和工具性价值，不仅是贫困群众自力更生的重要手段，也是其自我完善和发展的重要途径。最后，习近平还初步阐明了高质量脱贫的思想，扶贫开发"要坚持时间服从质量"②，要让脱贫的成果经得起历史和人民的检验。2016年8月，习近平到青海考察，面对艰巨的脱贫任务，提出打好脱贫攻坚组合拳。"要综合施策、打好组合拳，做到多政策、多途径、多方式综合发力"③。

2017年1月，习近平在河北张家口看望慰问基层干部时重申了社会主义的本质要求和中国共产党矢志不渝的奋斗目标，要求在帮扶过程中做到"四个精准"——"扶贫对象精准、扶贫产业精准、扶贫方式精准、扶贫成效精准"，提出可持续脱贫的思想，坚持因地制宜，为贫困群众培育"可持续发展的产业""可持续脱贫的机制""可持续致富的动力"。④ 同时，习近平再次强调主动脱贫的重要性，"着力激发贫困群众发展生产、脱贫致富的主动性……引导广大群众依靠勤劳双手和顽强意志实现脱贫致富"⑤。之后，习近平在十八届中央政治局第三十九次集体学习时发表讲话，指出"四梁八柱的顶层设计基本形成"⑥，在充分总结脱贫攻坚经验教训、部署脱贫攻坚任务中进一步深化了精准扶贫思想。其一，阐明了高质量脱贫的思想。一方面，脱贫必须保质保量完成，决不能急躁冒进，"要防止急躁症，警惕'大跃进'，确保脱贫质量"⑦；另一方面，脱贫必须客观真实、实事求是，决不能弄虚作假，"脱贫结果必须真实，让脱贫成效真正获得群众认可、经得起实践和历史检验"⑧。其二，阐明了贫困群

① 中共中央文献研究室编《习近平关于社会主义经济建设论述摘编》，中央文献出版社，2017，第232页。
② 中共中央党史和文献研究院编《习近平扶贫论述摘编》，中央文献出版社，2018，第113页。
③《习近平在青海考察时强调：尊重自然顺应自然保护自然，坚决筑牢国家生态安全屏障》，《人民日报》2016年8月25日，第1版。
④ 特约调研组：《习近平调研指导过的贫困村脱贫纪实》，人民出版社，2021，第104—105页。
⑤ 中共中央党史和文献研究院编《习近平扶贫论述摘编》，中央文献出版社，2018，第140页。
⑥ 中共中央文献研究室编《习近平关于社会主义经济建设论述摘编》，中央文献出版社，2017，第235页。
⑦ 中共中央文献研究室编《习近平关于社会主义经济建设论述摘编》，中央文献出版社，2017，第238页。
⑧ 中共中央文献研究室编《习近平关于社会主义经济建设论述摘编》，中央文献出版社，2017，第239页。

众主体思想，强调脱贫攻坚必须依靠人民群众，"要注重扶贫同扶志、扶智相结合"，变"要我脱贫"为"我要脱贫"①。其三，阐明了党建促扶贫的思想，要求加强贫困村"两委"建设，打造一支"不走的扶贫工作队"②。其四，精准扶贫的要义是精准，"要提高扶贫措施有效性，核心是因地制宜、因人因户因村施策"③。在2017年两会期间又提出"绣花"功夫的思想，指出脱贫攻坚越往后越是要精细，而后指出"不同的地方、不同的贫困户有不同的扶法，新疆南疆是一种扶法，石漠化地区是一种扶法……大小凉山又是一种扶法"④。其五，开始对特困地区发起攻坚，指出对于特困地区和特困群体要有特殊的举措，"必要时采取一些超常规的办法推动脱贫"⑤。

四 精准扶贫思想的完善期：2017年至2020年

从2017年6月深度贫困地区脱贫攻坚座谈会的召开到2020年12月习近平宣布如期完成新时代脱贫攻坚目标任务，这一时期是精准扶贫思想的完善期。这一时期，精准扶贫思想经过实践检验，并在实践中不断升华，逐渐趋于完善。

随着脱贫攻坚的不断深入，我国精准扶贫工作进入攻克深度贫困的阶段。2017年6月，习近平在山西太原主持召开深度贫困地区脱贫攻坚座谈会，会上精密部署了攻克深度贫困堡垒的任务，阐明了其破解深度贫困的思路。深度贫困地区脱贫攻坚座谈会的召开，标志着脱贫攻坚进入深度贫困攻坚期，表明精准扶贫思想走向成熟。会上，习近平分析了深度贫困地区脱贫形势，具体分析了深度贫困的主要成因，并在此基础上规划部署深度贫困地区脱贫攻坚战。其一，阐明了深度贫困为"坚中之坚"的思想。深度贫困地区贫困人口占比高、贫困发生率高，人均可支配收入低，基础设施和住房条件差，是脱贫攻坚这场硬仗中的硬仗。其二，习近平阐明了深度贫困地区脱贫攻坚尤其需要"标本"兼治的思想。深度贫困地区在致贫原因、贫困表征和脱贫难点上有许多共同之处，如基础设施建设明显落后，教育事业发展与其他地区有明显差距。对此，习近平指出："推进深度贫困地区脱贫攻坚，需要找准导致深度贫困的主要原

---

① 中共中央党史和文献研究院编《习近平扶贫论述摘编》，中央文献出版社，2018，第141页。
② 中共中央文献研究室编《习近平关于社会主义经济建设论述摘编》，中央文献出版社，2017，第237页。
③ 中共中央文献研究室编《习近平关于社会主义经济建设论述摘编》，中央文献出版社，2017，第236页。
④ 中共中央党史和文献研究院编《习近平扶贫论述摘编》，中央文献出版社，2018，第79页。
⑤ 中共中央党史和文献研究院编《习近平扶贫论述摘编》，中央文献出版社，2018，第115页。

因，采取有针对性的脱贫攻坚举措。"① 其三，阐明了深度贫困的破解之道。要以唯物主义的态度对待深度贫困地区的脱贫问题，合理确定脱贫目标。深度贫困攻坚需要发挥制度优势，加大各方面支持力度，集中优势兵力打攻坚战。深度贫困地区的攻坚尤其需要加强内生动力培育，习近平再次强调"弱鸟先飞"思想，如果仅靠外力扶持，不可能从根本上解决贫困问题，返贫是必然。"没有内在动力，仅靠外部帮扶，帮扶再多，你不愿意'飞'，也不能从根本上解决问题"②。深度贫困攻坚要加大组织领导力度，做到"四个到位"——人员、责任、工作、效果到位。同时，深度贫困攻坚要加强检查督查，确保脱贫质量。

随后，习近平在党的十九大上重申了让贫困人口和贫困地区同全国一道进入小康社会的庄严承诺，阐明了以人民为中心的扶贫思想——以脱贫攻坚促进人的全面发展，"深入开展脱贫攻坚，保证全体人民在共建共享发展中有更多获得感，不断促进人的全面发展、全体人民共同富裕"③；并系统总结了我国脱贫攻坚的政策体系，包括基本方略、工作机制、工作责任制、大扶贫格局、扶贫与扶志和扶智相结合等。习近平在随后的十九届中共中央政治局常委同中外记者见面时讲话强调，"全面建成小康社会，一个也不能少；共同富裕路上，一个也不能掉队"④。其在 2017 年 11 月亚太经合组织工商领导人峰会上再次强调，"让人民过上好日子，是我们一切工作的出发点和落脚点"，"全面建成小康社会，十三亿多中国人，一个都不能少"。⑤

这一阶段，精准扶贫思想的全球视野逐渐拓展，体现出精准扶贫思想着眼于全球全人类的深厚的世界情怀和广阔的世界格局。习近平在 2015 减贫与发展高层论坛中发表的讲话便已体现出精准扶贫思想着眼于全人类的视野和格局，习近平在会上总结了中国消除贫困这一全球性难题所取得的成效以及为之做出的努力，提出经济社会包容性增长的理念，并表明中国愿与广大发展中国家共同努力的立场，呼吁"为共建一个没有贫困、共同发展的人类命运共同体而不懈奋斗"⑥。2017 年 12 月，习近平在中国共产党与世界政党高层对话开幕式上

---

① 习近平：《在深度贫困地区脱贫攻坚座谈会上的讲话》，人民出版社，2017，第 8 页。
② 习近平：《在深度贫困地区脱贫攻坚座谈会上的讲话》，人民出版社，2017，第 16 页。
③ 习近平：《决胜全面建成小康社会 夺取新时代中国特色社会主义伟大胜利——在中国共产党第十九次全国代表大会上的报告》，人民出版社，2017，第 23 页。
④ 《习近平谈治国理政》（第三卷），外文出版社，2020，第 66 页。
⑤ 中共中央党史和文献研究院编《习近平扶贫论述摘编》，中央文献出版社，2018，第 24 页。
⑥ 习近平：《携手消除贫困 促进共同发展：在 2015 减贫与发展高层论坛的主旨演讲》，人民出版社，2015，第 11 页。

继续表明立场，"要努力建设一个远离贫困、共同繁荣的世界"①，中国共产党"不仅愿意为中国人民造福，也愿意为世界各国人民造福"②，"共同推动世界各国发展繁荣，共同消除许多国家民众依然面临的贫穷落后，共同为全球的孩子们营造衣食无忧的生活，让发展成果惠及世界各国，让人人享有富足安康"③。

这一阶段，习近平进一步明晰了精准扶贫的任务，阐明了实事求是脱贫的思想。在 2017 年中央经济工作会议上，习近平指出，脱贫攻坚就是"解决传统意义上讲的'绝对贫困'"，"既不能降低标准，也不能吊高胃口"④。随后在当年中央农村工作会议上再次强调，脱贫攻坚要坚持实事求是，不能提不切实际的目标。习近平指出："现行扶贫标准能够达到全面小康生活的基本要求，在国际上也是一个高的标准。实现这个标准下的脱贫是一项了不起的成就，也是不容易的。不能做超越发展阶段的事，那样贫困农民就可能会陷入'福利陷阱'，对非贫困人口就会造成'悬崖效应'，不仅难以做到，而且还会留下后遗症。"⑤ 在 2019 年两会期间又指出，"脱贫攻坚的标准，就是稳定实现贫困人口'两不愁三保障'，不愁吃不愁穿，义务教育、基本医疗、住房安全有保障。在脱贫标准上，既不能脱离实际、拔高标准、吊高胃口，也不能虚假脱贫、降低标准、影响成色"⑥。此外，习近平将稳定脱贫和高质量脱贫摆在了更重要的位置，进一步深化了可持续脱贫和高质量脱贫的思想。救急纾困和短平快的项目只能解一时之需、脱一时之贫，要实现可持续脱贫和高质量脱贫，必须着眼长远。习近平在 2017 年中央经济工作会议上强调："把救急纾困和内生脱贫结合起来，把发展短平快项目和培育特色产业结合起来，变输血为造血，实现可持续稳固脱贫。"⑦ 在中央农村工作会议上又指出"把提高脱贫质量放在首位"⑧。

2018 年 2 月，习近平在成都召开了党的十九大后的第一次脱贫攻坚座谈

---

① 习近平：《携手建设更加美好的世界——在中国共产党与世界政党高层对话会上的主旨讲话》，人民出版社，2017，第 5 页。
② 习近平：《携手建设更加美好的世界——在中国共产党与世界政党高层对话会上的主旨讲话》，人民出版社，2017，第 9 页。
③ 习近平：《携手建设更加美好的世界——在中国共产党与世界政党高层对话会上的主旨讲话》，人民出版社，2017，第 5 页。
④ 中共中央党史和文献研究院编《习近平扶贫论述摘编》，中央文献出版社，2018，第 24—25 页。
⑤ 《习近平著作选读》（第二卷），人民出版社，2023，第 98 页。
⑥ 《习近平、李克强、栗战书、汪洋、王沪宁、赵乐际、韩正分别参加全国人大会议一些代表团审议》，《人民日报》2019 年 3 月 8 日，第 1 版。
⑦ 中共中央党史和文献研究院编《习近平扶贫论述摘编》，中央文献出版社，2018，第 142 页。
⑧ 中共中央党史和文献研究院编《习近平扶贫论述摘编》，中央文献出版社，2018，第 143 页。

会，会上指出我国脱贫攻坚已取得决定性进展，但"面临的困难挑战也同样巨大，需要解决的突出问题依然不少"①，需要"把提高脱贫质量放在首位，聚焦深度贫困地区，扎实推进各项工作，全面打好脱贫攻坚战"②。座谈会上，习近平在总结脱贫攻坚的宝贵经验和部署脱贫攻坚任务中论述了精准脱贫、制度减贫、主动脱贫、合力攻坚、高质量脱贫等思想。2019 年 4 月，习近平在重庆召开解决"两不愁三保障"突出问题座谈会，重申了实事求是脱贫、高质量脱贫、稳定脱贫等思想，明确了脱贫攻坚决胜期的主要任务是在普遍实现"两不愁"的基础上，重点攻克"三保障"面临的最后堡垒。

这一阶段，习近平多次强调脱贫攻坚和乡村振兴有机结合，"打好脱贫攻坚战是实施乡村振兴战略的优先任务"③。2020 年在决战决胜脱贫攻坚座谈会上又强调要实现脱贫攻坚与乡村振兴的有效衔接，"推动减贫战略和工作体系平稳转型，统筹纳入乡村振兴战略"④。4 月在陕西考察时再次强调"脱贫摘帽不是终点，而是新生活、新奋斗的起点。接下来要做好乡村振兴这篇大文章"⑤。2020年 9 月在第三次中央新疆工作座谈会上又作出指示："接续推进全面脱贫与乡村振兴有机衔接，着重增强内生发展动力和发展活力，确保脱贫后能发展、可持续。"⑥ 此外，习近平还阐明了"绿水青山就是金山银山"的生态脱贫思想，"人不负青山，青山定不负人。绿水青山既是自然财富，又是经济财富"⑦。要将"生态文明建设、脱贫攻坚、乡村振兴协同推进"，将绿水青山变为金山银山。

这一阶段，精准扶贫实践着重解决深度贫困问题和高质量脱贫并巩固脱贫成果的问题。随着实践的推进，精准扶贫思想不断丰富和完善。

第三节　精准扶贫思想的主要内容

精准扶贫思想是党的十八大以来我国脱贫实践的理论结晶，具有丰富的内

---

① 习近平：《在打好精准脱贫攻坚战座谈会上的讲话》，人民出版社，2020，第 11 页。
② 习近平：《在打好精准脱贫攻坚战座谈会上的讲话》，人民出版社，2020，第 19 页。
③ 《习近平谈治国理政》（第三卷），外文出版社，2020，第 260 页。
④ 习近平：《在决战决胜脱贫攻坚座谈会上的讲话》，人民出版社，2020，第 12 页。
⑤ 《习近平在陕西考察时强调 扎实做好"六稳"工作落实"六保"任务 奋力谱写陕西新时代追赶超越新篇章》，《人民日报》2020 年 4 月 24 日，第 1 版。
⑥ 《习近平在第三次中央新疆工作座谈会上强调 坚持依法治疆团结稳疆文化润疆富民兴疆长期建疆 努力建设新时代中国特色社会主义新疆》，《人民日报》2020 年 9 月 27 日，第 1 版。
⑦ 《习近平在陕西考察时强调 扎实做好"六稳"工作落实"六保"任务 奋力谱写陕西新时代追赶超越新篇章》，《人民日报》2020 年 4 月 24 日，第 1 版。

涵，深刻回答了"为何扶""扶持谁""谁来扶""怎么扶""如何退""扶持重点"等一系列重要问题。本书根据脱贫攻坚实践中的重要着力点，将精准扶贫思想的主要内容概括为七个方面：精准扶贫思想明确了脱贫攻坚的底线目标是稳定实现"两不愁三保障"，核心要义是"扶真贫、真扶贫"，总体要求是要做到"六个精准"，脱贫的基本路径和政策体系按照"五个一批"进行设计，战略重点集中在深度贫困地区，"多元一体"的社会扶贫体系是脱贫攻坚的支撑力量，"七个强化"集中体现了脱贫攻坚的各项体制机制。

一 底线目标："两不愁三保障"

贫困具有动态性和历史性特征，随着经济社会发展，贫困也呈现出不同形态和特点。一方面，贫困标准具有动态性和历史性。不同的历史阶段，由于生产力发展水平变化，贫困标准必然处于不断调整之中。另一方面，贫困成因呈现出复合化、镶嵌化特点，由最初相对单一的经济因素致贫裂变为经济、社会、文化等多因素导致且相互掣肘的复合型贫困，贫困的表现形式也更加多元。基于此，我国反贫困的目标也在不断演进和深化，但无论如何调整，我国扶贫的底线目标始终是实现"两不愁三保障"，精准扶贫的目标是彻底消灭绝对贫困，全面建成小康社会，蕴含着从生存到发展再到人的全面发展的目标递进，但其底线目标仍然是稳定实现"两不愁三保障"。

稳定实现"两不愁三保障"即"稳定实现贫困人口不愁吃、不愁穿，义务教育、基本医疗和住房安全有保障"，是精准扶贫的核心指标，也是其底线目标。"两不愁三保障"是贫困人口的基本稳定温饱标准，具有两个方面的规定性。

一方面，稳定实现"两不愁三保障"就是解决传统意义上的绝对贫困问题，是判断精准扶贫成功与否的基本标志。"扶贫标准不能随意降低"，中国农村扶贫标准随着客观实际变化不断调整，从最初低水平的生存标准逐步发展为精准扶贫的基本稳定温饱标准。中国共产党自成立之日起就将消除绝对贫困作为其初心和使命，但各个时期"消除绝对贫困"的内涵和标准各有不同。在救济式扶贫和体制改革推动扶贫阶段，我国扶贫的主要目标是缓解极端贫困，保障最困难人群的基本生存需要。在开发式扶贫阶段，我国提出了第一条量化标准——"1984年标准"，即"1984年价格农民年人均收入200元"，这一标准以每人每天2100大卡的食物支出为基本测定标准，但由于食物支出比重较高，占比85%，且食物质量较差，粗粮占比高，这一标准仍是一条低水平的生存标准。进入21世纪，在适当增加非食物支出的基础上，形成了一条基本满足温饱的低收入标准，即"2008 年标准"。在精准扶贫阶段，基本温饱标准发展为基本稳定温饱标准，即根据稳定实现"两不愁三保障"测定得出的"2010 年标准"，不仅要求实现温饱，更要有维持温饱的条件。因此，"稳定"是关键，这也决定了精准扶贫不是简单依靠收入标准或支出标准测量的数字脱贫，而是稳定脱贫和可持续脱贫。可见，温饱始终是解决绝对贫困问题的基本范畴，但在不同时期，这一范畴的基本含义有所不同，从生存到基本温饱再到基本稳定温饱，折射出生产力水平的发展和经济社会的变迁，也反映出中国共产党不遗余力消除贫困、改善民生的决心。

另一方面，"两不愁三保障"是符合中国国情的脱贫标准，不能随意拔高或盲目加码。2015 年《决定》明确提出，到 2020 年要稳定实现农村贫困人口"两不愁"——不愁吃、不愁穿与"三保障"——义务教育、基本医疗、住房安全有保障，贫困地区基本公共服务主要领域的指标要接近全国平均水平。稳定实现"两不愁三保障"这一标准并非无源之水、无本之木，是经过大量调研、符合中国实际和承受能力并经过世界银行专家组评估的脱贫标准。世界银行认为这一标准在国际上也是较高的标准。但在扶贫工作中，仍然出现了拔高标准，甚至攀比标准的情况，一些地方性考核指标明显超过"两不愁三保障"的标准和范畴，不仅不可持续，也容易导致新的社会不公。尤其在"义务教育、基本医疗、住房安全有保障"中，出现将"义务教育有保障"理解为教育费用全包全免，将"基本医疗有保障"理解为看病不花钱，将"住房安全有保障"拓展为盖大房盖好房。在实际工作中也导致诸多问题，如骗保现象时有发生，国家医保局数据显示，2018 年至 2020 年全国共检查定点医药机构 171 万家次，查处 86 万家次，追回医保基金 348.75 亿元。[1] 针对这些问题，习近平也多次强调和重申"两不愁三保障"是既符合我国实际、在国际上也属较高的脱贫标准，在脱贫过程中不能做超越阶段的事，"现行扶贫标准能够达到全面小康生活的基本要求，在国际上也是一个高的标准。实现这个标准下的脱贫是一项了不起的成就，也是不容易的"[2]。

二　核心要义："扶真贫、真扶贫"

"扶真贫、真扶贫"是精准扶贫的基本要求，也是精准扶贫思想的核心要

---

① 《2018 年至 2020 年——全国追回医保基金 348.75 亿元》，《人民日报》2021 年 10 月 14 日，第 12 版。

② 中共中央党史和文献研究院编《习近平扶贫论述摘编》，中央文献出版社，2018，第 124 页。

义。这也是习近平多次叮嘱和强调的思维和理念。习近平早在福建任职时就提出了这一概念。1999 年，时任福建省委副书记的习近平深入福建省三明市农村调研，在调研中充分了解群众意见，反复提出了"真扶贫、扶真贫"的要求："要啃骨头，打歼灭战，真扶贫、扶真贫，要雪中送炭，而不是锦上添花。"① 2015 年，习近平在陕甘宁革命老区脱贫致富座谈会上指出："加快老区脱贫致富步伐，必须真抓实干，贯彻精准扶贫要求，做到目标明确、任务明确、责任明确、举措明确，精准发力，扶真贫、真扶贫，把钱真正用到刀刃上，真正发挥拔穷根的作用。"② 2016 年，在东西部扶贫协作座谈会上，习近平强调"打赢脱贫攻坚战不是搞运动、一阵风，要真扶贫、扶真贫、真脱贫。要经得起历史检验"③。在十八届中央政治局第三十九次集体学习时，习近平再次强调要"扶真贫、真扶贫"，要让脱贫成果经得起检验。习近平之所以数次强调"扶真贫、真扶贫"，是因为能否做到这一点决定了脱贫攻坚战能否打得准、干得实，直接关系到扶贫工作是否务实、脱贫过程是否扎实、脱贫结果是否真实，关系到脱贫成效能否经得起检验。

一方面，坚持实事求是的原则，做到扶真贫。"扶真贫"指明了精准扶贫的第一要义，即提升扶贫针对性、避免资源浪费，这决定了精准扶贫的有效性，也是对实践中"扶假贫"现象的回应。首先，"扶真贫"要求各类资源要真正集中于"关键少数"，区分"真贫"和"假贫"，帮助到真正需要帮扶的人。在扶贫实践中，一些地方存在人情扶贫、平均主义现象，"贫困户轮流当""扶农不扶贫""扶富不扶贫"，更有干部优亲厚友的现象；一些已经成为"经济强县"的贫困县，为了继续享受优惠政策，不舍得摘下"穷帽"，甚至哭穷喊穷。这一系列的问题既浪费了国家资源，又没有让真正需要帮助的人得到帮助。其次，"扶真贫"要建立在真实的实地调研基础之上，不能主观臆断或道听途说。要深入考察，真正到基层一线看实况，听实话，掌握第一手资料，为识别出真正的贫困、掌握真实的贫困程度、找准真正的致贫原因奠定坚实基础。再次，"扶真贫"要及时把握贫困的动态变化。贫困具有动态性特征，一些已经达到脱贫标准的贫困户、贫困村和贫困县，应当有序退出。而对具有返贫风险或因意外陷入贫困的情况应当及时跟进，确保贫困的识别不漏一人。最后，"扶真贫"还需要防止精英捕获。在扶贫工作中出现的精英捕获现象不仅干扰了扶贫

---

① 《人民日报》（海外版）编著《习近平扶贫故事》，商务印书馆，2020，第 199 页。
② 中共中央党史和文献研究院编《习近平扶贫论述摘编》，中央文献出版社，2018，第 111 页。
③ 中共中央党史和文献研究院编《习近平扶贫论述摘编》，中央文献出版社，2018，第 113 页。

的针对性，导致资源流向富裕村或富裕的村民，也对国家和政府形象造成消极影响。因而"扶真贫"还需要有效的纠偏机制，对资源、项目的流向进行严格把关。

另一方面，坚持从严要求的标准，做到"真扶贫"。与"真扶贫"相对应的是"假扶贫"，以往的扶贫工作中常有将扶贫资金挪作他用、将扶贫工作搞成政绩工程或面子工程的问题，也有将扶贫简单化为"输血"的现象。因而，习近平多次强调要真扶贫，"坚持从严要求，促进真抓实干"。[1] 我国精准扶贫实践中的诸多要求都体现了"真扶贫"这一重要理念。一是要将扶贫看作战略性问题、政治性问题，坚决杜绝扶贫资金挪用、乱用，坚决杜绝"政绩扶贫""面子扶贫"。习近平将截留挪用扶贫款看作犯罪行为，要求"集中整治和查处"[2]。二是"真扶贫"要真正做到"扶贫"，而不是"输血式"的"济贫"。对于无劳动能力的贫困人口应当用社会保障兜底，但一些地方扶贫却存在"低保兜底、一兜了之"的做法。精准扶贫本质上是"授人以渔"，经济开发与人力开发并重，要求给予建档立卡户切实有效的帮扶，从根源上识别建档立卡户的致贫原因，进行源头治理，将"穷根"拔起。三是要坚持因地制宜，不能搞"一刀切"，中国幅员辽阔，"十里不同风，百里不同俗"，贫困地区的实际情况千差万别，要做到具体问题具体分析，宜农则农、宜林则林、宜迁则迁。四是要高质高效扶贫，发扬锲而不舍的精神、坚持真抓实干的态度，杜绝各类形式主义。对于扶贫的进展和面临的困难要做到实事求是，防止"数字脱贫""虚假脱贫"等有损脱贫攻坚成色的形式主义表演。五是要严格考核，确保脱贫成效。既要防止急功近利、违背规律的"大跃进"式的脱贫，也要防止敷衍了事、工作被动的表面"扶贫"，以最严格的监督和考核评估倒逼出扎实的脱贫过程和经得起实践、历史检验的脱贫成果。对这一问题，习近平一直强调，"要实施最严格的考核评估制度，而且要较真、叫板"[3]。

三 总体要求："六个精准"

"精准"是中国现阶段扶贫区别于以往粗放扶贫的基本标志，也是中国扶贫进入扶贫攻坚期的必然要求。2015年11月，习近平总书记在中央扶贫开发工作会议上以"六个精准"对精准扶贫的具体内涵作了科学表述，即"扶持对

---

[1] 中共中央党史和文献研究院编《习近平扶贫论述摘编》，中央文献出版社，2018，第109—128页。
[2] 中共中央党史和文献研究院编《习近平扶贫论述摘编》，中央文献出版社，2018，第92页。
[3] 中共中央党史和文献研究院编《习近平扶贫论述摘编》，中央文献出版社，2018，第126页。

象精准、项目安排精准、资金使用精准、措施到户精准、因村派人精准、脱贫成效精准"①。自此，"六个精准"成为精准扶贫的本质要求，全过程精准也成为中国扶贫的特色与为世界减贫作出的重要贡献。

我国的扶贫经历了救济式扶贫阶段、体制改革推动缓解整体贫困的阶段、县域瞄准和村级瞄准的开发式扶贫阶段，取得了巨大的成效，也暴露出了许多短板，减贫效应也逐渐降低，因此，"精准"成为历史趋势，也是必然选择。而根据精准理念进行的扶贫设计是减贫成功的关键，"六个精准"囊括了扶贫全过程的各个环节，每个环节相互衔接，共同构建起全过程精准的扶贫框架。

确定帮扶对象是扶贫的前提，而扶贫对象识别的精准度直接关系到扶贫资源是否被有效利用以及是否存在扶贫对象漏出现象，因此，"把真正的贫困人口弄清楚"是精准扶贫的首要任务。我国在根据全国大样本居民收支抽样调查数据推算的基础上，采用定性、定量加民主评议的方式，自上而下与自下而上相结合，确定了第一轮建档立卡对象，但由于人情选评、缺乏监督等原因，贫困人口漏评错评现象时有发生。为保证扶持对象精准，我国采用"回头看"的办法破解精准识别的难题。2015 年 8 月至 2016 年 6 月，全国共补录贫困人口 807 万，剔除识别不准人口 929 万。② 这是我国、也是世界历史上首次如此大规模的贫困人口识别和信息统计工作，为精准扶贫的开展奠定了重要基础。帮扶对象确定后，需要进行有针对性的帮扶，因此需要精准识别致贫原因，以此为依据确定帮扶项目、制定帮扶措施，我国创新实行了产业扶贫、电商扶贫、生态扶贫、光伏扶贫等多种扶贫方式，对"贫困"进行"靶向治疗"。扶贫项目需要资源保障，狭义的扶贫资源即扶贫资金。资金使用精准即需要高效运作扶贫资金，精准滴灌，将扶贫资金及时、有效地传递到贫困人口，发挥最大的扶贫效益。以往涉农资金因无法整合而导致的资金使用效率低、扶贫资金"天女散花"、扶农不扶贫、管理方式不够灵活等问题制约了扶贫资金效用的发挥。精准扶贫工作中，逐渐形成了"多个渠道引水、一个龙头放水"的扶贫投入新格局，并下放资金项目审批权，最大限度地提高了扶贫资金的使用效率。

措施到户精准即要求对建档立卡户要逐村逐户制定帮扶计划，进一步将"精准"延伸到扶贫主客体相互作用的终端，是进一步推动精准扶贫工作提质增效的重要环节。在扶贫过程中，实现扶贫项目、扶贫资金与建档立卡户的精

---

① 《习近平著作选读》（第一卷），人民出版社，2023，第 396 页。
② 曹普：《中国改革开放全景录·中央卷》（下），人民出版社，2018，第 153 页。

准对接后，仍然可能存在项目运行效果较差、脱贫成效不稳等问题，因此，必须做到一户一个脱贫计划。因村派人精准则要求选派优秀干部到农村基层担任第一书记。第一书记不仅是扶贫资源下乡的载体，也是基层党组织这一战斗堡垒的领头人。由于贫困地区经济社会发展较为落后，贫困村的村级治理能力长期较弱，难以带领村民脱贫致富，选派第一书记和驻村工作队一方面可提高贫困村治理能力，加强党支部和村委会队伍能力建设，为精准扶贫工作提供基层组织保障；另一方面在带"资"下乡的同时，还可以对农村熟人社会的人情秩序起到稀释和监督的作用。最后，精准扶贫需要有效、严格的监测和评估，对扶持对象精准、项目安排精准、资金使用精准、措施到户精准、因村派人精准五个方面进行激励和评估，保证精准扶贫真正取得实效。为此，我国构建起专项巡视、督查巡查和民主监督相结合的严密的监督体系、过程考核与结果考核并重的严格的考核评估体系①，及时监测脱贫进程，发现和整改问题，确保脱贫过程和脱贫成果都能经得起历史和人民检验。

四　基本路径："五个一批"

贫困成因的复杂性决定了脱贫路径的多元性。中国幅员辽阔，不同地区、不同人群主要致贫因素各异，"五个一批"——发展生产脱贫一批、易地搬迁脱贫一批、生态补偿脱贫一批、发展教育脱贫一批、社会保障兜底一批，是适应不同类型贫困、体现分批分类理念的制度设计，是我国精准扶贫的基本路径。

"五个一批"针对不同类型的贫困，具体回答了"怎么扶"的问题。第一，发展生产脱贫一批是一种典型的内生发展机制，注重激发有劳动能力的建档立卡户的内生动力，引导和支持其自力更生，结合当地资源禀赋发展特色农业、服务业等，实现就地脱贫和稳定脱贫。发展生产脱贫一批既能有效增加建档立卡户收入，也能促进贫困地区发展，使其更加融入市场经济。第二，易地搬迁脱贫一批针对"一方水土无法养一方人"的情况，将建档立卡户有计划有组织地搬迁至具有更好脱贫环境和条件的地方，为建档立卡户提供更好的发展机遇和更多的就业创业机会。第三，生态补偿脱贫一批则针对生态脆弱区和生态功能区内的建档立卡户，通过提供生态保护员等就业岗位实现脱贫，是实现生态保护和生活保障的双赢之策。第四，发展教育脱贫一批是立足教育这一百年大

---

① 蒋永穆、万腾、卢洋：《中国消除绝对贫困的政治经济学分析——基于马克思主义制度减贫理论》，《社会科学战线》2020 年第 9 期。

计的治本之策，既为建档立卡户提供改变命运、人生出彩的机会，也增加贫困地区人力资本，增加扶贫的长期效应，同时阻断贫困的代际传递。第五，社会保障兜底一批则是针对无劳动能力或部分丧失劳动能力的群体的兜底性保障，通过低保、社会救助等措施保障这一群体的基本生活，实现应保尽保应救尽救，是我国扶贫的基本防线。

"五个一批"的脱贫路径具有三个鲜明的特征。首先，强调"造血"与"输血"的协同，兼顾生产发展脱贫和社会保障兜底，实现了"开发"与"保障"在政策上的统筹衔接和对贫困群体的全员覆盖。① 中国于1986年就明确提出坚持"开发式"扶贫的方针，事实上，在此之前，中国就一直坚持"生产自救基础上的国家必要救济"原则。但即便是坚持"开发式"和"造血式"的扶贫，社会保障网仍然是不可或缺的。社会保障制度是社会文明进步的重要标志，社会保障有着良好的托底作用，能够在一定程度上预防贫困和减轻贫困，防止个人或家庭因疾病、因意外等原因突然深陷贫困。一个社会不可避免地存在暂时或永久性丧失劳动能力以及因意外、疾病、年老等原因导致生活困难的人群，因而需要开发与保障"两轮驱动"。其次，强调保障生存权与保障发展权并进。一方面，低保兜底"兜"牢了建档立卡户的生命权和健康权；另一方面，教育扶贫使贫困群众拥有更好的发展能力和更大的发展空间。对于个体来说，教育具有社会基本价值和工具性价值双重属性，教育形成的综合素质具有内在性价值，其本身就代表一种更美好的生命状态，教育培育的人力资本具有工具性属性功能，意味着更好的表现、更高的收入。② 最后，强调发展生产力与保护生产力相统一。生产力的不断发展是我国减贫事业的坚实基础，"发展生产脱贫一批"与"教育扶贫脱贫一批"可以盘活贫困地区的各类资源，提高贫困地区资源开发水平和劳动生产率。同时，"自然环境先天脆弱和资源不合理利用所导致的生态贫困，极易衍生出其他贫困，如收入贫困、人类贫困、信息贫困，严重影响着区域的可持续发展"③。"易地搬迁脱贫一批"和"生态保护脱贫一批"则筑牢了保护生产力的可持续发展机制。

① 蒋永穆、万腾、卢洋：《中国消除绝对贫困的政治经济学分析——基于马克思主义制度减贫理论》，《社会科学战线》2020年第9期。
② 李培林、魏后凯、吴国宝主编《中国扶贫开发报告（2017）》，社会科学文献出版社，2017，第225页。
③ 王艳慧等：《生态贫困视角下的贫困县多维贫困综合度量》，《应用生态学报》2017年第8期。

五　战略重点："深度贫困"

"深度贫困"在我国扶贫史上的政策性含义是指连片的深度贫困地区、深度贫困县和贫困村。深度贫困地区脱贫问题始终是党和国家关注的重点问题。学术界多以 1986 年国务院贫困地区经济开发领导小组①的成立为中国开始有计划、有组织扶贫开发的标志，但也有学者认为，1982 年，"三西"建设领导小组第一次会议的召开，标志着我国大规模的有计划、有目标和有组织的农村扶贫工作的开始。因而，从严格意义上讲，中国的扶贫工作首先是从深度贫困地区开始的。② 但由于资源禀赋、交通条件、国力状况等诸多因素限制，深度贫困地区脱贫问题始终未得到根本解决，发展差距甚至愈加增大。在这种情况下，深度贫困地区脱贫攻坚成为消除绝对贫困、全面建成小康社会的"最后一场硬仗"，是精准扶贫的难点和战略重点。

从"三西"建设起，我国开始了对特困地区的扶持与资源倾斜，《中国农村扶贫开发纲要（2011—2020 年）》将六盘山区、秦巴山区、武陵山区等 14 个片区确定为扶贫攻坚主战场。精准扶贫工作展开后，扶贫重心持续向深度贫困地区聚焦。2015 年 2 月，习近平在陕甘宁革命老区脱贫致富座谈会上强调："在顶层设计上，要采取更加倾斜的政策，加大对老区发展的支持，增加扶贫开发的财政资金投入和项目布局，增加金融支持和服务，鼓励引导社会资金投向老区建设，鼓励引导企事业单位到老区兴办各类事业和提供服务，形成支持老区发展的强大社会合力。"③ 2016 年 7 月，习近平在东西部扶贫协作座谈会上指出："要搞好政策设计，坚持精准扶贫、精准脱贫，科学编制帮扶规划，细化帮扶举措，把帮扶资金和项目重点向贫困村、贫困群众倾斜，扶到点上、扶到根上。"④ 2017 年 6 月，习近平在深度贫困地区脱贫攻坚座谈会上分析了深度贫困的主要成因，并在此基础上明确指出："脱贫攻坚本来就是一场硬仗，而深度贫困地区脱贫攻坚是这场硬仗中的硬仗。我们务必深刻认识深度贫困地区如期完成脱贫攻坚任务的艰巨性、重要性、紧迫性，采取更加集中的支持、更加有效的举措、更加有力的工作，扎实推进深度贫困地区脱贫攻坚。"⑤

---

① 1993 年改为国务院扶贫开发领导小组。
② 李小云：《冲破"贫困陷阱"：深度贫困地区的脱贫攻坚》，《人民论坛·学术前沿》2018 年第 14 期。
③ 中共中央党史和文献研究院编《习近平扶贫论述摘编》，中央文献出版社，2018，第 88 页。
④ 中共中央党史和文献研究院编《习近平扶贫论述摘编》，中央文献出版社，2018，第 102 页。
⑤ 习近平：《在深度贫困地区脱贫攻坚座谈会上的讲话》，人民出版社，2017，第 7—8 页。

　　然而，深度贫困地区致贫因素的复杂性决定了攻克深度贫困这一任务的艰巨性。深度贫困地区普遍具有整体贫困程度极深、致贫原因错综复杂、地缘性贫困突出、基础设施脆弱、公共服务滞后等特征。第一，总体来看，深度贫困地区未完全摆脱靠天吃饭的命运，资源贫乏且生态脆弱，涸泽而渔的短期逐利行为不仅无法持续保障生活，过度开发也对生产力造成巨大破坏。第二，深度贫困地区基础设施建设和社会事业发展十分缓慢，深度贫困地区主要分布在远离交通主干道和市场中心的偏远地区，交通信息闭塞，严重影响生产与生活，但由于其自然条件复杂，基础设施建设成本十分高昂，教育、医疗等社会事业发展长期滞后，2016 年四省涉藏州县 41.92 万贫困人口中，仅有不到 3% 的贫困人口达到高中及以上学历。第三，深度贫困地区经济发展水平低、基础差。农产品结构单一、产业链短，农业技术普及率和农产品商品化程度低，农民增收难度大。第四，深度贫困地区的社会文化价值与主流文化价值存在错位和断层。从文化素质来看，建档立卡户大多受教育程度偏低且存在"读书无用"的思维定式；从思想观念来看，在民族文化的传承与发展中，某些糟粕一直裹挟其中，如"安于现状"的生活观、懒散怠惰的劳动观、婚丧嫁娶大操大办的不良消费观等，一些地方传统陋习根深蒂固，甚至演化为重大社会问题。因循守旧的思想观念和生产生活方式不仅使得深度贫困地区无法融入主流价值圈层，在现代市场观念和市场竞争下，也陷入了"弱者愈弱"的贫困陷阱。

　　可见，解决深度贫困地区脱贫问题具有艰巨性，也具有特殊意义。主要体现在四个方面。第一，瞄准深度贫困地区是深化精准扶贫精准脱贫战略的必然要求。精准扶贫精准脱贫战略是一项系统工程，扶贫观念上，要求将建档立卡户置于中心位置，转变以往区域瞄准为主、"大水漫灌"式的传统观念，将贫困人口作为扶贫资源瞄准和干预的目标群体，根据建档立卡户发展需要实施针对性强的扶贫举措。随着扶贫攻坚工作的推进，全国建档立卡户分布呈现出显著的向山区、高原地区和民族地区等特殊区域集中的态势，为适应贫困分布区域的变化，彰显精准扶贫特征，2017 年 6 月 23 日，习近平总书记在山西太原主持召开了深度贫困地区脱贫攻坚座谈会，指出："深度贫困地区的区域发展是精准扶贫的基础，也是精准扶贫的重要组成部分……在深度贫困地区促进区域发展的措施必须围绕如何减贫来进行。"[①] 因此，在强调贫困特殊性和个体性的同

――――――――――

　　① 习近平：《在深度贫困地区脱贫攻坚座谈会上的讲话》，人民出版社，2017，第14—15页。

时，不能就此忽略了贫困的一般性和整体性，特别是在贫困人口集中度仍然较高的区域，尤其要把解决区域性整体贫困作为一个重要的政策目标，在保证有限的扶贫资源真正用于帮助贫困农户的同时，还应根据建立健全利于解决区域性和整体性贫困的制度体系，促进贫困地区的共同发展和全面提高。① 把握整体与个体的辩证关系是有效落实精准扶贫战略的基础和前提，瞄准深度贫困地区是深化精准扶贫精准脱贫战略的必然要求。

第二，深度贫困地区稳定脱贫是影响脱贫攻坚综合效果的决定因素。打赢脱贫攻坚战，如期实现脱贫攻坚目标，是我们党对全国人民的庄严承诺，是全面建成小康社会的底线任务。随着脱贫攻坚战的深入推进，剩余建档立卡户减贫难度持续加大，深度贫困地区面临着脱贫难度大、脱贫成效持续巩固难等挑战性问题。据统计，截至 2017 年底，我国仍有 3046 万农村贫困人口，尚未脱离贫困的地区大都生态环境脆弱、经济基础薄弱、基础设施和公共服务滞后，这些地区要素流动不畅、信息不灵、交通不便，与其他地区社会经济联系弱，发展能力被"剥夺"，难以共享我国社会改革和经济发展成果，深度贫困问题突出。此外，在扶贫工作中已经脱贫的人口可能会因病、因残、因学等问题重新返贫，有学者做过统计，中国农村返贫率最高可达 30%，且随着贫困标准的提高返贫率会逐步上升，深度贫困地区的个别贫困县甚至会出现返贫人口数量超过脱贫人口的现象，脱贫人口的返贫问题成为蚕食扶贫开发工作成果和阻碍扶贫目标顺利实现的顽疾。从以上情况来看，深度贫困地区稳定脱贫是影响和决定实现 2020 年脱贫目标的关键因素，只有妥善解决深度贫困地区脱贫问题，才能保证所有建档立卡户如期脱贫。

第三，重点攻克深度贫困地区是实现民族团结、边防巩固的战略需要。深度贫困地区既是我国民族集中聚居的地区，也是我国贫困人口最集中的地区之一。同时，"三区三州"地区是国家特困连片地区覆盖面最广，贫困深度、强度最高的地区。民族地区和边疆地区在"三区三州"中所占比重较大，这两类地区由于历史问题和现实因素较多，扶贫开发面临着更多的现实困难，需要国家投入更多的精力来推动。② 因此，重点攻克深度贫困地区，实现民族地区与全国同步建成小康社会，对于实现民族团结与边防巩固具有重要意义。

第四，深度贫困地区脱贫样本有利于为世界贫困治理贡献中国智慧。长期

---

① 郭晓鸣、高杰：《实施精准扶贫战略的四大重要关系》，《天府新论》2016 年第 4 期。

② 孙久文、李星：《攻坚深度贫困与 2020 年后扶贫战略研究》，《中州学刊》2019 年第 9 期。

以来，贫困是困扰全球发展与全球治理的一大难题。在 2000 年联合国确定的千年发展目标中，消除极端贫困和饥饿居于首位。2015 年联合国大会通过 2030 年可持续发展议程，提出了 17 个可持续发展目标，"在全世界消除一切形式的贫困"仍然居首位。① 深入研究中国深度贫困地区的扶贫样本，可以为发展中国家更有效地解决贫困问题提供借鉴。作为人类命运共同体的主要推动者和建设者，解决深度贫困地区脱贫问题，是我国为实现联合国提出的"到 2030 年，在世界所有人口中消除极端贫困"这一目标提供基础性支撑的大国担当的体现。探索深度贫困地区的脱贫样本，是为世界解决极端贫困和区域性整体贫困提供中国方案和智慧的客观要求，也是彰显新时代大国担当的客观要求。

面对深度贫困地区艰巨的脱贫任务，习近平一再强调，"小康路上一个都不能少"，要"确保深度贫困地区和贫困群众同全国人民一道进入全面小康社会"。② 为实现这一承诺，党和国家构建起针对深度贫困的独特投入体系、动员体系和治理体系。2021 年 2 月，习近平在全国脱贫攻坚总结表彰大会郑重宣布所有深度贫困地区的最后堡垒被全部攻克。

六 支撑力量："多元一体"

支持和鼓励多元主体参与扶贫一直是我国扶贫的一个重要理念和重要经验。尤其是在改革开放后，市场主体逐渐发育成熟，成为反贫困的重要力量。党的十八大以来，精准扶贫主体集成的思想愈加完善，在实践中发挥我国的制度优势，积极动员全社会参与，构建起大扶贫格局，"形成了跨地区、跨部门、跨单位、全社会共同参与的多元主体的社会扶贫体系"③。

精准扶贫主体集成的思想和多元主体的大扶贫格局的形成是由中国的社会主义国家性质和贫困形势所决定的。其一，中国是社会主义国家，实行社会主义市场经济体制，在社会主义市场经济条件下推进扶贫工作必须坚持政府主导，精准扶贫在贫困识别、资金使用、项目安排、措施到户等各个核心环节，都需要强大的行政力量推动和协调。其二，中国贫困形势严峻，2012 年末，中国农村贫困人口尚有 9899 万人，其中有相当部分分布在"老、少、边、穷"的深度贫困地区，贫困人口多、贫困程度深，2020 年消除绝对贫困的任务艰巨、紧迫，亟须形成社会合力攻坚克难。因此，为了更好地完成脱贫攻坚的任务，国

---

① 李向阳：《为世界减贫贡献中国智慧》，《理论导报》2020 年第 12 期。
② 习近平：《在深度贫困地区脱贫攻坚座谈会上的讲话》，人民出版社，2017，第 12 页。
③ 中共中央文献研究室编《十八大以来重要文献选编》（中），中央文献出版社，2016，第 719 页。

家在新时期陆续出台了一系列关于扶贫开发体制机制创新的指导性文件，中国政府正在以更为开放的姿态，鼓励市场主体参与扶贫开发事业。[1] 其三，多元主体协同不仅可以带来资金、技术等资源的集成，减轻政府压力，也能破解单纯依靠行政力量扶贫的监督缺位和低效率难题。习近平也多次强调，"脱贫致富不仅仅是贫困地区的事，也是全社会的事"[2]。要"鼓励、支持、帮助各类非公有制企业、社会组织、个人自愿采取包干方式参与扶贫"[3]。

多元主体扶贫的"大扶贫"理念和大扶贫格局在实践中显现出强大的集成属性，专项扶贫、行业扶贫、社会扶贫相互配合，综合效应显著增强。一是专项扶贫持续发力。政府是扶贫开发的组织者和实施者，制定专项政策，安排专项资金，是扶贫开发事业的组织保障。进入精准扶贫阶段以来，我国中央及地方财政专项扶贫资金大幅增长。2013 年，中央财政投入专项资金 394 亿元，到2020 年，增长至 1461 亿元，为精准扶贫事业的推进提供了资金保障。二是借力行业扶贫补齐短板。进一步引导各行业部门精准对接，发挥行业优势，创新扶贫方式，开展科技扶贫、健康扶贫、教育扶贫等，为贫困地区创造更好的发展条件。三是释放社会扶贫潜力。早在国家政策动员之前，就有社会力量参与到反贫困实践中。1994 年，国务院印发《国家八七扶贫攻坚计划（1994—2000年）》，提出"充分发挥中国扶贫基金会和其他种类民间扶贫团体的作用"，在《中国农村扶贫开发纲要（2001—2010 年）》与《中国农村扶贫开发纲要（2011—2020 年）》中均强调要广泛动员社会各界参与贫困地区开发和建设。在精准扶贫精准脱贫阶段，面对贫中之贫、困中之困的局面，更加需要整合全社会资源。这一阶段，政府积极搭建帮扶平台，动员了大量的资金、技术、人才等参与扶贫，党政机关和企事业单位定点扶贫、东西部扶贫协作、军队武警、非政府组织和民营企业等构成了中国特色的社会扶贫体系。

实践证明，社会扶贫力量在发展生产、善用市场、公益帮扶等方面具有较大优势，是政府扶贫力量的重要补充。扶贫主体多元化和集成化的大扶贫理念及在这一理念引导下形成的大扶贫格局构成了精准扶贫思想的重要内容，也是我国社会主义制度优势转化为扶贫优势和发展优势的重要体现。

---

[1]　向德平、黄承伟主编《中国反贫困发展报告（2015）——市场主体参与扶贫专题》，华中科技大学出版社，2015，第 3 页。

[2]　中共中央党史和文献研究院编《十八大以来重要文献选编》（下），中央文献出版社，2018，第50 页。

[3]　中共中央党史和文献研究院编《习近平扶贫论述摘编》，中央文献出版社，2018，第 100 页。

七 体制机制："七个强化"

2017年2月，习近平在主持中共中央政治局第三十九次集体学习时强调，为完成脱贫攻坚这一全面建成小康社会的底线任务、实现中国共产党的庄严承诺，必须"强化领导责任、强化资金投入、强化部门协同、强化东西协作、强化社会合力、强化基层活力、强化任务落实"[①]。"七个强化"不仅是我国脱贫攻坚决战期的重要方法论指导，也是对中国以往扶贫经验的总结——系统总结了精准扶贫的各项体制机制。

首先，强化领导责任和强化任务落实指明了精准扶贫的工作责任制和督查考核机制。在精准扶贫实践中，中央制定了严格的考核和问责机制，加强扶贫治理制度建设，以此保障扶贫政策和扶贫计划的有效执行。一是确立了"中央统筹，省负总责，市县落实"的扶贫工作机制。中办、国办印发《脱贫攻坚责任制实施办法》，对各级党委和政府的扶贫责任作出明确规定。二是实行严格的问责机制，要求"省级党委和政府主要负责人向中央签署脱贫责任书"，以此作为追责问责依据。三是实行党政一把手负总责的责任制，"县级党委和政府主要负责人是第一责任人"，并且保持贫困县党政正职稳定，不脱贫不调整、不摘帽不调离，以责任捆绑的形式强化任务落实。四是实行扶贫督查巡查机制，加强扶贫领域的督查巡查、专业监督、民主监督和社会监督。中央制定《脱贫攻坚督查巡查工作办法》，加强对扶贫有关单位任务落实情况的监督巡查，并委托民主党派进行民主监督，同时，加强纪检部门和审计部门的专业监督，设立扶贫监督举报专线电话接受社会监督，建立起较为完善的监督体系。五是实行严格的脱贫成效考核机制，以此强化责任、倒逼任务落实。一方面，开展严格的内部考核，将扶贫绩效作为干部考核的硬性指标，并作为干部选拔的重要参考；另一方面，引入第三方评估机制，委托高校、专业机构等第三方开展专业评估，进行有效的外部制衡。

其次，强化资金投入指明了精准扶贫的资源投入保障机制。精准扶贫面对全国最后也是最困难的几千万人的脱贫，需要强大的人力物力财力支撑。我国在精准扶贫实践中构筑起多渠道的扶贫资金投入体系。一是加大财政投入力度，并以财政资金撬动金融资源和社会资源。中央财政每年投入的专项扶贫资金从

[①] 何毅亭主编《以习近平同志为核心的党中央治国理政新理念新思想新战略》，人民出版社，2017，第104页。

2013 年的 394 亿元增加到 2020 年的 1461 亿元[①]。二是改革财政专项扶贫资金的管理体制，资金到村到户，并整合相关涉农资金，增加了可用资金，也增强了资金使用的针对性。三是完善金融服务机制，通过金融创新和机构延伸扩大了特惠金融覆盖面和惠及人群，通过扶贫农业保险、小额信用贷款等创新型金融产品和服务拓展了扶贫资金来源渠道。

再次，强化部门协同、强化东西协作与强化社会合力指明了精准扶贫的社会参与机制和协同机制。跨地区、跨部门、跨单位、全社会共同参与的多元主体扶贫体系是中国扶贫开发的一条重要经验。我国社会主义制度具有集中力量办大事的显著优势，依托这种政治优势和制度优势，我国确立起大规模的社会动员机制。一是健全党政机关定点扶贫机制。2012 年，国家开展新一轮的定点扶贫工作，全面覆盖 592 个国家扶贫开发工作重点县。2015 年，针对定点扶贫中出现的新情况新问题，国开办发布《关于进一步完善定点扶贫工作的通知》，要求建立定点扶贫工作机制、健全牵头联系机制，认真落实帮扶责任要求。精准扶贫以来，定点扶贫点连成线、线动成面，为贫困地区发展作出了重要贡献。二是健全东西部扶贫协作机制。党和国家从区域协调发展的战略高度出发，不断深化东西部扶贫协作的有效帮扶，不仅为贫困地区带来了大量资源，在产业对接、劳务对接等方面也实现了互促双赢。三是创新参与机制。一方面，为充分发挥贫困群众脱贫主体地位，建立健全贫困群众参与机制，保障贫困群众的知情权、决策权和监督权；另一方面，广泛动员各类企业、社会组织和个人以多种形式参与扶贫。四是建立起协同机制，以诸如中国社会扶贫网等整合多方资源的各类信息化平台加强各部门间的协调和协作。

最后，强化基层活力指明了基层扶贫的机制创新。精准扶贫，基层先行。基层是精准扶贫的前沿阵地，充满活力的基层是提升扶贫效率的关键。为强化基层活力，党中央从激发内在活力与注入外部活力两个方面着手。一方面，建立健全以党建促扶贫的机制。一是充分发挥基层党组织的堡垒作用和引领作用，建立支部引领机制，以"支部+企业/合作社+贫困户"等模式强化支部的带头作用；二是充分发挥党员的先锋模范作用，开展党员结对帮扶行动，发挥党员在产业发展、技术培训、产品销售等方面的"领头雁"作用。另一方面，建立健全干部驻村帮扶机制，为贫困村注入新鲜活力。在精准扶贫工作中，所有贫困村均配备了第一书记和驻村工作队，这既是锻炼和培养干部的重要渠道，也

---

① 《2020 年中央财政专项扶贫资金达 1461 亿元》，《光明日报》2020 年 12 月 3 日，第 10 版。

是为贫困村带来新观念、新技术、新资源的重要举措。

第四节　精准扶贫思想的内在体系

精准扶贫思想是党的十八大以来我国减贫实践的理论结晶，是中国特色反贫困理论体系的最新成果，具有系统完整的逻辑体系。理论界关于这一问题形成了部分成果，如黄承伟曾指出，精准扶贫思想的内容具备本质要求、艰巨任务、具体路径（内源扶贫和社会扶贫等）、长期目标（共建人类命运共同体）等逻辑层次。[①] 雷明将十八大以来习近平总书记有关扶贫攻坚系列重要讲话归结为一个核心、五个基本点，即以人民为中心，以创新、协调、绿色、开放、共享为五个基本点。[②] 邓金钱则从组织保障、方法遵循、物质基础、扶贫参与和内生动力等方面对精准扶贫的内容体系进行了概括。[③] 但总体而言理论界对这一问题的研究还不够充分，本书在前人研究基础上进一步概括精准扶贫思想的内在体系——以坚持精准方略为出发点，以坚持解放、发展、保护生产力为着力点，以坚持发挥制度优势为根本点，以坚持以"减贫组合拳"综合治理贫困为支撑点，以坚持全面主动减贫为落脚点的减贫思想体系。

一　出发点：坚持精准方略

"精准"是脱贫攻坚成败的关键所在，也是精准扶贫思想的逻辑出发点。中国在扶贫开发事业中遵循按规律办事、实事求是的认识论精髓，不断提高精准纵深度、拓宽精准覆盖面，极大地提高了扶贫效率和扶贫质量。可以说，"精准"是精准扶贫思想的核心和灵魂，是区别于传统扶贫方式和国外扶贫的重要标志，在实践中表现为进入新时期后解决剩余建档立卡户的一系列制度安排。从"对象的精细化管理、资源的精确化配置以及对象的精准化扶持"三大要求到"精准识别、精准帮扶、精准管理和精准考核"四项工作机制，再到"六个精准"基本要求，精准扶贫思想具象化为全过程精准的扶贫政策体系，坚持具体问题具体分析，创新了可包容多种贫困类型的扶贫方式：以股权、产品和就

---

① 黄承伟：《习近平扶贫思想体系及其丰富内涵》，《中南民族大学学报》（人文社会科学版）2016 年第 6 期。

② 雷明：《论习近平扶贫攻坚战略思想》，《南京农业大学学报》（社会科学版）2018 年第 1 期。

③ 邓金钱：《习近平扶贫重要论述的生成逻辑、理论内涵与价值意蕴》，《财经问题研究》2021 年第 1 期。

业连接为主的产业扶贫；需求导向的就业扶贫；结合国家产业政策和地方资源优势发展的扶贫方式；治病和减负结合的健康扶贫；生态环境保护补偿与公益岗位就业结合的生态保护扶贫；移民安置和生计安排相结合的易地移民扶贫；差异化的社会保障兜底扶贫。[①] 以坚持精准方略为出发点有以下三方面的必要性。第一，只有做到"精准"，才能保证扶贫各个环节的准确性、真实性。精准扶贫通过建立扶贫对象识别和退出的公示和认定制度以及扶贫工作督查、巡查等制度安排，精准确定符合条件的目标人群，降低建档立卡户的漏评率、错评率，保证了扶贫对象的准确性，也保证了精准扶贫各个环节的真实性，做到扶真贫、真扶贫。第二，只有做到"精准"，才能提高扶贫效率，实现高效扶贫。中国发挥社会主义制度的优势，集中人力物力财力扶贫攻坚，最大限度地发挥稀缺扶贫资源的扶贫效益，是遵循经济发展规律的必然要求。精准扶贫保证扶贫资源精确聚焦于扶贫对象，降低了扶贫资源的漏出率与扶贫对象的漏出率。[②] 第三，只有做到"精准"，才能实现高质量脱贫和可持续脱贫。扶贫资源的准确传递和利用可以提高扶贫资源的使用效率，但扶贫质量的提升还有赖于合理的扶贫方式和严格的评估检查。精准扶贫创新实施多种类型的扶贫方式，运用系统的监测评估体系，确保了高质量、可持续的脱贫基本要求。

在扶贫实践中，精准方略的要求具体化为精准度的提高和精准覆盖面的拓宽。一方面，不断提高精准度，强调精准聚焦靶向发力。改革开放之初，中国主要依靠农村经济体制改革缓解贫困，这是在当时农村普遍贫困的形势下，着眼于农村全局的普惠性政策。同时，也辅之以对落后地区的资金扶持、专项扶贫工程等特惠性政策。改革的深入使得农村整体受益，但由于区位、资源、个体能力的差异，区域间差距和个体间差距逐渐显现。因此，针对一些地区发展缓慢、部分群众生产生活十分困难的现状，中国开始实行区域扶贫开发战略，明确了开发式扶贫的方针和以县为单位的主要扶持对象。随着扶贫开发事业的推进，县级瞄准的弊端也逐渐显现出来，如区域扶贫开发无法覆盖非贫困县的建档立卡户。2000 年生活在贫困县的绝对贫困人口占全国总贫困人口的54.3%；有大约一半的贫困人口生活在非贫困县。[③] 因此，我国贫困对象瞄准从

[①] 李培林、魏后凯、吴国宝主编《中国扶贫开发报告（2017）》，社会科学文献出版社，2017，第22—25 页。

[②] 李培林、魏后凯、吴国宝主编《中国扶贫开发报告（2017）》，社会科学文献出版社，2017，第7 页。

[③] 汪三贵等：《中国新时期农村扶贫与村级贫困瞄准》，《管理世界》2007 年第1 期。

县级瞄准过渡到村级瞄准，开始进行整村推进扶贫。但进入新时期，我国的贫困呈现出建档立卡户分布碎片化、致贫因素多样化等特点，传统扶贫方式低质低效问题普遍存在，如出现贫困人口数量不清、扶贫资金"天女散花"、扶农不扶贫等现象。在这种情况下，脱贫攻坚精准到户、精准到人成为必然选择。总体来看，我国扶贫开发呈现出扶贫对象瞄准愈加精准、扶贫资源对接愈加精准、扶贫政策愈加精细化的趋势。

另一方面，不断拓宽精准覆盖面，强调全过程精准。与福利国家利用福利政策达到"全民保障"以削减贫困不同，中国的扶贫强调全过程的精准。从扶贫对象的识别、致贫原因的分析、帮扶举措的制定到资金的精准滴灌，各个环节均强调精准度与精细化，并注重过程管理和动态管理，逐渐形成了涵盖精准识别、精准施策、精准管理、精准考核等扶贫开发全过程的精准扶贫精准脱贫工作机制。具体而言，从"谁来扶"这一问题上看，扶贫开发主体分工明确、责任清晰、任务到人；从"扶持谁"这一问题上看，对贫困程度、致贫原因等进行准确衡量和深度剖析，为资源精准对接提供基础；从"怎么扶"这一问题上看，针对贫困地区和贫困群众不同的发展短板和诉求，精准施策；从"怎么退"这一问题上看，建立起一套兼顾过程评价和效果评估的考核评估体系。

二　着力点：坚持解放、发展、保护生产力[①]

中国共产党在推进减贫事业的过程中，始终将历史唯物主义中生产力决定生产关系的理论作为基本依据，力求从根本手段上破解贫困难题。这一着力点，就是不断发挥生产力在减贫工作中的助推作用，持续夯实减贫的物质基础。党和国家不断探索和丰富"生产力"的内涵，注重依靠发展来减贫，并根据不同时期的贫困问题，实施符合国情和发展实际的减贫政策，采取有计划有差别的减贫方式，不断提升减贫实效。党的十八大以后，习近平提出了"保护环境就是保护生产力"[②] 这一命题，从"解放生产力、发展生产力"到"保护生产力"，强调三者的辩证统一，既是精准扶贫思想的着力点，也是推动我国减贫的根本动力。

在发展生产力中积极减贫。进入新时代，党中央明确把发展作为解决贫困的根本途径，着力在构建大农业发展格局、促进农村一二三产业融合发展中加

---

① 此部分内容详见蒋永穆、卢洋《新中国 70 年的减贫事业》，《光明日报》2019 年 7 月 5 日，第 11 版。
② 《习近平著作选读》（第一卷），人民出版社，2023，第 434 页。

大产业扶贫力度，贫困地区的生产力水平得以提升。新中国成立70余年来的减贫历程，不仅是贫困地区的生产力获得发展的过程，也是我国现代农业稳步发展的过程，我国的农业生产能力不断得到提升，粮食安全和重要农产品供给得到切实保障。1949年，全国粮食产量仅为11318万吨；1978年，全国粮食产量增长到30477万吨；2000年，全国粮食产量增加到46218万吨，两亿多农村贫困人口的温饱问题得到了根本解决；2020年，全国粮食产量跃升为66949万吨，中国人民成功将饭碗牢牢端在自己手中，实现了用较少土地养活较多人口的中国奇迹。

在解放生产力中有效减贫。解放生产力是发展生产力的重要前提。邓小平同志指出："生产力方面的革命也是革命，而且是很重要的革命，从历史的发展来讲是最根本的革命。"[1] 改革开放新时期，农村改革等各项改革有序推进，不合理的生产关系对生产力发展的束缚不断得到破除，在整体实现解放生产力和推进体制改革的过程中，贫困地区的生产力水平也得到快速提升。进入新时代，在全面深化改革的过程中，束缚贫困地区生产力发展的各种弊端被进一步破除，贫困地区的生产力水平进一步提升。城乡发展一体化体制机制加快健全，新型城镇化和农业现代化对脱贫的辐射带动作用逐步发挥，户籍制度改革深入推进，农民工同工同酬等权益得到保障，建档立卡户增收渠道进一步拓宽。2019年，全国贫困地区农村居民人均可支配收入11567元，其中，人均工资性收入4082元，工资性收入对贫困地区农村居民增收的贡献率为38.0%，已成为贫困地区农村居民增收的主要来源。

在保护生产力中稳步减贫。保护生产力是发展生产力的重要保障和重要内容。在贫困地区生产力水平和建档立卡户收入水平稳步提升的同时，党和国家注重将发展生产力与保护生产力相结合，明确生态环境也是生产力，充分发挥扶贫的生态效益。特别是改革开放以来，党和国家将扶贫开发与生态保护相结合，积极推动贫困地区生态建设和资源环境保护，贫困地区生态恶化问题逐步缓解；积极发展生态农业和环保农业，贫困地区可持续发展能力不断提高。党的十八大以来，党和国家大力推进生态文明建设。习近平总书记强调："要正确处理经济发展同生态环境保护的关系，牢固树立保护生态环境就是保护生产力、改善生态环境就是发展生产力的理念。"[2] 我国开始树立绿色减贫的发展理念，

---

[1]　《邓小平文选》（第二卷），人民出版社，1994，第311页。
[2]　中共中央文献研究室编《十八大以来重要文献选编》（上），中央文献出版社，2014，第629页。

走上了可持续的绿色减贫道路。在保证一定脱贫速度的同时，着重提升扶贫开发的持久性和稳定性，减贫的重心转变为在发展中促进保护、在保护中寻求发展。在扶贫开发中，坚持精准扶贫与生态保护相结合，尊重自然、顺应自然、保护自然，着力于实现扶贫开发和生态改善的双赢；坚持精准扶贫与绿色发展相结合，合理利用贫困地区的自然资源和生态资源，加快推动贫困地区生态优势转化为经济优势，着力于实现扶贫开发过程中经济、社会、生态效益的统一。

三　根本点：坚持发挥制度优势[①]

马克思认为，资本主义私有制是贫困问题的总根源。资本主义制度不仅不能解决贫困问题，反而会导致贫困问题不断深化直至矛盾的爆发。要根治贫困，必须建立社会主义制度。邓小平同志指出："只有社会主义制度才能从根本上解决摆脱贫穷的问题。"[②] 新中国成立以后，我国建立了社会主义制度，奠定了减贫的制度基础，并坚持依靠和完善社会主义制度，筑牢减贫事业的根本制度保障，实现了有效减贫，彰显出社会主义制度的巨大优越性。党的十八大以来，党和国家高度重视扶贫开发工作，通过不断的制度创新和制度优势发挥加快推进脱贫攻坚，社会主义制度优势的发挥，是精准扶贫思想产生及实践的根本点。

首先，党的统一领导是最大的优势。"中国共产党领导是中国特色社会主义最本质的特征，是中国特色社会主义制度的最大优势。"[③] 中国共产党的领导是减贫工作得以顺利推进以及消除绝对贫困目标得以逐步实现的根本保证。一方面，党的领导确保了扶贫工作的突出位置和正确方向。中国共产党历来高度重视贫困问题，党的十八大以来，以习近平同志为核心的党中央更是将脱贫攻坚工作置于治国理政的突出位置，并要求脱贫任务重的地区将脱贫攻坚作为"十三五"期间头等大事和第一民生工程来抓。同时，党的领导确保了减贫的正确方向，精准扶贫精准脱贫方略的提出，就是中国共产党遵循实事求是的思想路线，科学研判新时期贫困形势和特点后作出的战略调整，保证了扶贫策略的科学性。另一方面，中国共产党的领导具有独特的组织优势。通过不断加强农村基层党组织建设，将党建优势转化为扶贫优势。行政村是脱贫"一线"，村级

---

① 此部分内容详见蒋永穆、卢洋《新中国 70 年的减贫事业》，《光明日报》2019 年 7 月 5 日，第 11 版。

② 《邓小平文选》（第三卷），人民出版社，1993，第 208 页。

③ 《中共中央关于坚持和完善中国特色社会主义制度 推进国家治理体系和治理能力现代化若干重大问题的决定》，《人民日报》2019 年 11 月 6 日，第 1 版。

党组织建设质量直接关系到组织的战斗力和执行力，关系到减贫成效和脱贫质量。精准扶贫实施以来，所有贫困村均配备驻村第一书记和驻村工作队，驻村第一书记制度不仅是加强村级党组织建设、提高乡村治理水平的重要途径，同时也是将扶贫外力转化为内力的关键一环。

其次，中国特色社会主义制度具有集中力量办大事的显著优势。这一显著优势集中体现在对扶贫工作的资金投入与社会动员上。在资金投入上，党的十八大以来，各级财政的扶贫开发投入进一步增加，支持减贫的税收优惠政策持续丰富，支持范围涵盖促进贫困地区发展和扶持贫困群众就业创业等各个方面，确保了扶贫资金投入与脱贫攻坚目标相适应。同时，创新财政资金的投入方式，通过贴息、奖补、政府和社会资本合作等方式撬动了大量金融信贷资金及社会资本投入扶贫开发。在社会动员上，精准扶贫方略实施以来，全社会扶贫的积极性被持续调动，大扶贫格局得以巩固。东西部扶贫协作和对口支援持续推进，协作与支援领域不断拓展，派出干部担任贫困村第一书记等定点扶贫效果明显，企业和社会组织参与扶贫的积极性不断提高，参与的领域也进一步拓宽。

最后，中国特色社会主义制度是具有强大自我完善能力和创新能力的制度，体现出制度的创新发展优势。精准扶贫实践中，一系列的制度创新集中体现了社会主义的制度优势。党和国家根据工作进展及时调整扶贫方略，出台打赢脱贫攻坚战的相关政策，实施精准扶贫、精准脱贫基本方略，扶贫方向实现了从广泛到精准的转变；中央统筹、省负总责、市县抓落实的减贫责任体系正式建立，省市县乡村五级书记一起抓扶贫的减贫责任机制开始运行，确保了层层落实和扶贫责任履行；考核贫困地区扶贫开发工作成效的考核机制开始建立，改变了传统以考核贫困区域地区生产总值为导向的考核方式，明确了贫困地区扶贫开发的工作重点；"回头看"和省际交叉考核等考核方式开始运用，保证了扶贫开发成果的真实有效；第三方评估机制正式引入，确保了扶贫评估结果的客观公正，在很大程度上预防了脱贫人口返贫。

四　支撑点：坚持以"减贫组合拳"综合治理贫困①

中国共产党始终将辩证唯物主义作为基本遵循，探寻治理贫困的科学方法。这一科学方法，就是运用发展的眼光认识和分析贫困问题，将贫困问题视为多

---

①　此部分内容详见蒋永穆、卢洋《新中国 70 年的减贫事业》，《光明日报》2019 年 7 月 5 日，第 11 版。

元化、动态化的复合问题，综合治理贫困。在精准扶贫思想中，这种系统思维和集成思维更加凸显，针对新情况新形势新问题，及时调整、创新和完善贫困治理体系，在政策设计、措施选择、主体培育等多个方面，多措并举、多管齐下、多方发力，打出了贫困治理的"组合拳"，减贫的质量、效率和动力显著提升。

顶层设计与具体举措相结合。在贫困治理中，党和国家从宏观、中观和微观层面对减贫方案进行了科学设计，不仅在战略上明确了扶贫开发的基本方向，而且在路径上促进了减贫举措的落地实施。其中，明确外部帮扶与内生发展相结合，外在"输血式"扶贫与内部"造血式"扶贫相结合，保障了贫困群众的生存权和发展权。重视扶贫开发与区域发展相结合，在区域整体联动中聚焦深度贫困地区，在不同时期确立了脱贫攻坚克难的关键区域，着力重点突破。重视扶贫开发与农业农村发展相结合，党的十八大以来，党和国家尤为注重脱贫攻坚与新型工业化、信息化、城镇化、农业现代化相统筹，党的十九大后，重视脱贫攻坚与乡村振兴相衔接，在坚持"三农"重中之重地位、推进农业农村现代化中，逐步推进减贫工作。

开发式扶贫与保障性扶贫相结合。在减贫过程中，党和国家逐步确定了开发与保障的双重目标，既将扶贫开发作为脱贫致富的主要手段，又将政策兜底作为摆脱贫困的根本保障。实行产业扶贫与专项扶贫一起抓，从新中国成立后的物资救济，到改革开放后的产业帮扶，再到新时代的"六个精准""五个一批"系统性举措，在推动贫困地区产业发展的同时，开展教育、医疗、社会保障等公共服务方面的综合扶贫，实现了多维度、多领域的扶贫协同。物质帮扶与精神帮扶一起抓，从新中国成立后的物质帮扶，到改革开放后的坚持开发式扶贫，提倡贫困群众自力更生、树立艰苦奋斗的精神，再到新时代的扶贫与扶志和扶智相结合，增强贫困群众依靠自力更生实现脱贫致富的意识，在保障不同时期扶贫对象基本生活的同时，强化了贫困群众在扶贫开发中的主体作用，提升了贫困群众脱贫致富的动力和持续发展的能力。

构建多元主体的社会扶贫体系。面对不同的减贫主体，中国共产党始终重视各主体间的协调，充分调动一切积极因素为减贫事业服务，不但保证了各主体各自发挥作用，而且凝聚形成了协同减贫的重要力量。这一过程中，坚持共建共治共享的减贫理念，积极发挥专项扶贫、行业扶贫、社会扶贫等多方优势，引导各方在资金、技术、人才等方面向贫困地区投入和倾斜，推进各类各项扶贫精确对接和共同发力。坚持党的领导，逐步建立政府主导、全社会共同参与的减贫体系，发挥了各级党委和政府的主导作用，动员了全社会力量的广泛参与，发挥了各参与主体的主观能动性，实现了扶贫主体间的高度集成和良性互动。

五 落脚点：坚持全面主动减贫①

面对严峻的贫困形势，我国以空前的资源投入主动脱贫、全面整体脱贫。从 1986 年我国开始大规模有计划、有组织地开发式扶贫，到 2012 年，中央财政扶贫资金累计投入约 2700 亿元（未考虑通胀因素）。② 精准扶贫以来，由于经济增长的减贫效应减弱，加之剩余建档立卡户脱贫难度和脱贫成本大，我国投入到减贫领域的人力、物力、财力空前增加。从扶贫资金投入上看，2013 年到 2020 年，中央财政专项扶贫资金累计投入 6605.59 亿元。地方财政资金也大幅增加，并通过整合贫困地区涉农专项资金及金融扶贫等方式，推动大量资金进入扶贫领域。从人员投入上看，"全国累计选派 25.5 万个驻村工作队、300 多万名第一书记和驻村干部，同近 200 万名乡镇干部和数百万村干部一道奋战在扶贫一线"③。加之各类组织及个人提供的物资、技术、机会等，精准扶贫可谓举全党全国全社会之力。坚持大规模投入全面主动脱贫体现了社会主义的本质要求和以人民为中心的价值导向，体现了我国的国际担当，是精准扶贫思想的落脚点。

在减贫范围上，我们追求的是全面整体脱贫，而不是西方国家的短期内缓解贫困。习近平总书记指出："消除贫困、改善民生、逐步实现共同富裕，是社会主义的本质要求，是我们党的重要使命。"④ 全面建成小康社会，一个也不能少；共同富裕路上，一个也不能掉队。在减贫立场上，我们坚持积极主动脱贫，而不是西方国家的被动被迫减贫。抓好扶贫工作，打赢脱贫攻坚战，解决好建档立卡户生产生活问题，满足建档立卡户追求幸福的基本要求，这是我们的目标，也是我们的庄严承诺，是国内外皆知的庄严承诺。党和国家牢牢将消除贫困作为重要使命，力求顺利实现到 2020 年我国现行标准下农村建档立卡户全部脱贫的攻坚目标。

---

① 此部分内容详见蒋永穆、卢洋《新中国 70 年的减贫事业》，《光明日报》2019 年 7 月 5 日，第 11 版。

② 《中国扶贫开发年鉴·2021》，知识产权出版社，2021，第 1025 页。

③ 习近平：《在全国脱贫攻坚总结表彰大会上的讲话》，《人民日报》2021 年 2 月 26 日，第 2 版。

④ 中共中央党史和文献研究院编《十八大以来重要文献选编》（下），中央文献出版社，2018，第 31 页。

　　全面主动减贫体现了社会主义的本质要求。对于减贫事业，党和国家坚持从战略高度进行总体设计，在解放和发展生产力、消灭剥削和消除两极分化、逐步实现共同富裕的过程中，有力地推动了减贫工作。新中国成立初期，党和国家着力解决普遍性贫困问题，在发展工农业生产的过程中，坚持建档立卡户不掉队，抓住解决温饱问题不放松。改革开放以来，社会主义的本质得以明确，先富带动后富的思想得以确立。邓小平同志指出："社会主义的本质，是解放生产力，发展生产力，消灭剥削，消除两极分化，最终达到共同富裕。"[①] "我们的政策是让一部分人、一部分地区先富起来，以带动和帮助落后的地区，先进地区帮助落后地区是一个义务。"[②] 在从解决温饱到实现总体小康的过程中，贫富差距持续缩小。中国特色社会主义新时代，党和国家致力于解决区域性整体贫困，明确将农村贫困人口脱贫作为发展中的突出短板，着力带动所有贫困人口实现全面小康。

　　全面主动减贫体现了以人民为中心的价值导向。在减贫工作中，党和国家始终坚持以贫困人口为中心，从贫困群众的根本利益出发，根据各个时期贫困户的现实需要适时制定和完善扶贫政策。新中国成立以来，从初期救济农村鳏寡孤独和虽有劳动力但生活上十分困难的贫困户，到改革开放后确定贫困人口标准保证农村贫困人口生存需要，再到新时代精准识别贫困对象开展精准帮扶，对贫困人口的帮扶力度不断加大，帮扶范围持续拓展；从初期帮助贫困群众解决温饱，到改革开放后保障贫困群众收入增加，再到新时代确保贫困群众"两不愁三保障"，贫困群众的生产生活水平显著提升，自我发展能力稳步提高。这一过程中，不仅减贫直接效果明显，保证了贫困群众直接受益，而且减贫间接效果凸显，确保了全体人民一道共享减贫和发展成果，从而持续增强了人民的获得感、幸福感、安全感。

　　全面主动减贫体现了我国的国际责任和国际担当。消除贫困是全人类共同面临的世界性难题。作为最大的发展中国家，我国在奋力消除自身贫困的同时，主动承担国际减贫责任，履行国际减贫承诺，参与和推动全球减贫合作，为全球减贫作出了重大贡献。中国是世界上减贫人口最多的国家，也是世界上率先完成联合国千年发展目标的国家。通过积极开展南南合作、倡导共建人类命运共同体，我国支持和帮助了广大发展中国家特别是最不发达国家消除贫困，推

---

① 《邓小平文选》（第三卷），人民出版社，1993，第373页。
② 《邓小平文选》（第三卷），人民出版社，1993，第155页。

动建立了合作共赢的新型国际减贫交流合作关系，有效促进了全球范围内的减贫合作与共同发展。其中，我国不仅在消除饥饿与贫困等领域取得了巨大成就，而且先后为 120 多个发展中国家完成联合国千年发展目标提供了极大帮助。世界银行前行长金墉曾指出："过去五年中国的减贫成就是人类历史上最伟大的事件之一，世界极端贫困人口从 40% 下降至 10%，主要贡献来自中国。"① 综上，中国减贫提振了全球减贫信心，让仍身处贫困泥潭的人们看到了现实的希望；加速了全球减贫进程，显著缩小了世界贫困人口分布的版图；为广大发展中国家和欠发达国家提供了大量直接援助，并致力于与其他发展中国家开展互利减贫合作，展现了中国的大国风范与大国担当。

---

① 《世界瞩目！中国式脱贫减贫创造全球奇迹》，人民网，2018 年 10 月 17 日，http://world.people.com.cn/n1/2018/1017/c1002-30345844.html。

第五章　精准扶贫思想的理论特质

习近平在全国脱贫攻坚总结表彰大会上提出，"事实充分证明，精准扶贫是打赢脱贫攻坚战的制胜法宝，开发式扶贫方针是中国特色减贫道路的鲜明特征"[1]。多数减贫实践与思想的特征来自其本质属性、理论思维与指导理念。如中国传统的多数减贫思想具备明显的封建统治阶级经济属性，以诸子哲学、宋明理学等为方法论基础，以均地权、强赈济等为指导理念。西方经济学中的减贫思想在指导理念上差异较明显，但基本保持了资产阶级的阶级属性，以历史唯心主义的人性论为方法论基础。这些内容构成了不同减贫思想的理论特质，将不同减贫思想区分开来。

目前理论界对精准扶贫思想理论特质的研究还不够充分，已有研究成果大多从三个视角出发来研究精准扶贫思想作为马克思主义反贫困思想的组成部分的鲜明特质。一是试图归纳出精准扶贫思想最核心的精神实质，如唐任伍认为整个精准扶贫思想正是围绕追求共同富裕的精神实质这一问题展开。[2] 燕连福和马亚军认为习近平关于扶贫重要论述的精神实质主要包括坚持以思想脱贫为前提，坚持扶贫工作的人民性、精准性、有效性、可持续性，坚持以党的领导为根本保证等六个方面。[3] 二是对精准扶贫思想的理论特质进行多方面总结。如有学者从思想来源、动力来源和参与主体等层面对精准扶贫思想的特质进行总结，吴振磊和张可欣提出精准扶贫思想的思想来源为马克思主义反贫困理论，动力来源是始终坚持党的坚强领导，参与主体实现了单一主体向多元主体的转变，战略实施上坚持了区域发展带动战略贯彻，机制上构建了完善的扶贫治理体系，实施方式上提出要持续推进贫困瞄准对象的精准化。[4] 三是聚焦精准扶

---

[1]　习近平：《在全国脱贫攻坚总结表彰大会上的讲话》，《人民日报》2021年2月26日，第2版。

[2]　唐任伍：《习近平精准扶贫思想研究》，《人民论坛·学术前沿》2017年第23期。

[3]　燕连福、马亚军：《习近平扶贫重要论述的理论渊源、精神实质及时代意义》，《马克思主义与现实》2019年第1期。

[4]　吴振磊、张可欣：《改革开放40年中国特色扶贫道路的演进、特征与展望》，《西北大学学报》（哲学社会科学版）2018年第5期。

贫思想的具体内容。如左停等学者认为精准扶贫思想的关键特质就是精准性。①

　　本书在前人研究的基础上，从本质属性、理论思维与指导理念三个层面对精准扶贫思想的精神特质进行了分析。提出精准扶贫思想的理论特质是科学性与人民性的统一。精准扶贫思想以马克思主义唯物辩证法为哲学基础，具有战略思维、系统思维、历史思维、辩证思维和底线思维。精准扶贫思想对新发展理念有充分体现。发展是解决贫困问题的总办法，而新发展理念指明了落后地区的发展路径。精准扶贫思想同样围绕着贫困地区的发展展开，对于新发展理念有充分体现，是反贫困领域的重大创新成果，为全社会、各地区协调发展提供了科学指导，是相对落后地区发挥自身优势实现绿色发展的理论依据，赋予了脱贫地区快速发展的开放性思维，是追求贫困地区和贫困人口精准共享改革开放成果的理论体现。

第一节　精准扶贫思想的本质属性

　　精准扶贫思想与其他反贫困思想的本质区别，在于精准扶贫思想实现了科学性与人民性的统一，既是关于反贫困的科学理论，又充分体现了人民立场。

一　精准扶贫思想的科学性

　　精准扶贫思想是对前人理论的批判继承，是基于事实对人类社会发展规律的科学洞察，且其思想观点已经得到实践的验证，这使其能够在不同的时代条件下保持自身的科学性。

　　第一，精准扶贫思想是在批判继承人类科学思想优秀文明成果的基础上产生和发展的。

　　一方面，精准扶贫思想不是凭空产生的，其在各演进阶段都具有深厚的理论基础。马克思和恩格斯的反贫困思想充分汲取了英国古典政治经济学的财富观和贫困观、空想社会主义反贫困思想以及德国古典哲学中的反贫困思想。其一，马克思和恩格斯汲取了英国古典政治经济学关于资本主义财富产生的相关理论，尤其是劳动价值论的观点和方法，找到了认识资本主义社会贫困问题的理论工具。其二，吸收了空想社会主义对反贫困社会制度的设计理念，尽管前

―――――――――――

　　①　左停、杨雨鑫、钟玲：《精准扶贫：技术靶向、理论解析和现实挑战》，《贵州社会科学》2015
　　　　年第 8 期。

文分析了空想社会主义脱离现实的特点，但其思想内容不乏重新建立公平的生产资料占有制度和生活资料分配制度等先进理念，这些先进理念被马克思和恩格斯广泛运用于未来社会主义制度的设计中。其三，批判吸收了德国古典哲学的唯物论和辩证法，并将其作为研究贫困问题的哲学语言和哲学工具。

精准扶贫思想与马克思恩格斯反贫困思想一脉相承，还从中华民族传统反贫思想和世界反贫困思想等先进思想中汲取了营养。其一，坚持了马克思恩格斯反贫困思想的核心内容。马克思恩格斯反贫困思想中对于贫困的系列观点是中国化马克思主义反贫困思想最直接的理论基础。其二，吸收了中国古典文化和相关思想中的精华。中国化马克思主义反贫困思想在"美政""足食为先""小康"等思想的基础上树立了追求生活富足、重视民生和重视生产的反贫理念。同时从前人的具体反贫困实践中汲取了治理智慧，从中国古代关于赈济的思想中获得反贫措施的启发。如我国自清代起，就出现了"以工代赈"的反贫实践，"以工代赈"一词在《清史稿》中曾多次出现，这对我国后来的开发式扶贫起到了重要的启迪作用。其三，吸收了当代世界反贫困思想中的科学观点。20世纪40年代以来，世界范围内曾出现过以发展经济学为代表的多种反贫困思想，其中一些思想观点具有科学性，能够为我国反贫困思想所用，如国民福利观点、能力贫困观点、多维贫困观点等，这些观点得到了中国化马克思主义反贫困思想的广泛吸收。

另一方面，精准扶贫思想并不是对前人思想的简单继承和综合，而是对其进行了积极的扬弃。精准扶贫思想之前的马克思主义反贫困思想同样是对前人反贫思想的积极扬弃。举例而言，马克思和恩格斯汲取了古典哲学、古典政治经济学、空想社会主义中科学的思想观点和思想方法并将其用于分析贫困问题，同时去除了其对物质和精神相互关系的颠倒、对商品的价值构成的浅显分析、对未来社会的空想等内容。精准扶贫思想则继续扬弃，继承了列宁和斯大林通过建设消除社会主义贫困的思想、中国传统的"富民""小康"思想，同时对被历史验证为不利于反贫困实现的思想进行了摒弃，如强调劳动人民对封建关系的人身依附、单纯追求生产发展而忽视劳动人民生活等。这一批判继承的过程也是思想发展的过程，是对被人类长期实践反复证明的优秀文明的积极继承，体现了马克思主义者对"贫困"这一客观事物认识的不断加深，这一认识的过程正是科学性不断提升的过程。

第二，精准扶贫思想是基于事实对人类社会发展规律的科学洞察。

一方面，精准扶贫思想及马克思恩格斯反贫困思想具有深厚的现实基础。

马克思和恩格斯的反贫困思想诞生于 19 世纪 40 年代的资本主义世界，高度发展的自由竞争资本主义社会成为马克思和恩格斯研究贫困问题的现实基础。其具体思想观点的形成都是建立在这一现实基础之上的，如根据生产力高度发达和生产关系抑制生产力发展的现实状况，提出了以用新的生产关系代替资本主义生产关系为核心的反贫观点；根据阶级矛盾激化的现实状况，提出以无产阶级的联合为主体进行革命以打破资本主义生产关系；针对庸俗的思想氛围提出要促进无产阶级的精神觉醒；等等。这些思想观点作为马克思恩格斯反贫困思想的重要内容，与当时的现实背景联系紧密，提出了现实的实践方式，消除了前人思想的空想性。而当新中国成为马克思恩格斯反贫困思想新的发展土壤时，现实基础的明显变化推动了思想的进一步演进。中国反贫困实践的现实基础与马克思恩格斯所处的环境有显著差异，主要表现为：社会主义制度在国家成立后迅速得到建立，除公有制外的多种所有制经济不占主导，阶级矛盾非社会的主要矛盾，与社会制度的领先相比，生产力水平不高，改革开放后国家综合经济实力有明显提升，但不同地区发展程度不平衡，贫困地区经济发展明显滞后。在这样的现实背景下，我国没有拘泥于马克思恩格斯强调阶级对抗和社会革命的反贫困思路，形成了以发展生产和社会主义生产关系内部调整为主要内容的精准扶贫思想，对解决我国特有的贫困问题具有很强的针对性。另外，中国化马克思主义反贫困思想演进的过程就是其思想内容随着现实条件的变化而不断发展的过程。如随着生产力水平和市场化程度的不断提高，我国反贫困思想经历了以救济式反贫困为方针到以开发式反贫困为方针的转变；随着阶级对立的消除，我国逐步形成构建"大扶贫格局"的观点；随着贫困面的不断减小和深层次贫困问题的凸显，我国形成了精准扶贫精准脱贫的方略。

另一方面，精准扶贫思想是在现实基础上对贫困发展客观规律的科学洞察。理论界的反贫困观点或多或少都对现实问题有所关注，但精准扶贫思想与其相比的一个显著特点是不局限于梳理客观事实本身，而是充分运用归纳与演绎等科学方法，研究客观事实背后的科学规律，并将其用于分析不同历史条件下的现实问题。在充分掌握事实的基础上，精准扶贫思想运用辩证唯物主义和历史唯物主义的方法，对贫困发展的客观规律以及反贫困事业的发展趋势进行了分析，得出了贫困具有社会历史性和反贫困需要以追求人的自由全面发展为主线的规律性结论。这一规律性结论使马克思恩格斯反贫困思想在不同时期的具体观点有了科学遵循，使其思想的发展能够始终体现事物发展的客观规律并保持自身的科学属性。

第三，精准扶贫思想的科学性已经得到反贫困实践的充分验证。

马克思主义认为，实践是检验真理的唯一标准，精准扶贫思想及马克思恩格斯反贫困思想的反贫目标在其指导的实践下正被逐渐实现，充分证明了其思想科学性。马克思恩格斯反贫困思想及其在中国发展的目标包括消除资本主义生产方式、消灭绝对贫困、消灭相对贫困和实现人的自由全面发展四个层次。其中，消除资本主义生产方式的目标已经在社会主义的中国实现。我国在马克思恩格斯反贫困思想的指导下，曾将夺取生产资料作为反贫困的重要手段，并先后通过新民主主义革命和社会主义改造建立起生产资料的公有制，消灭了资本主义生产方式带来的剥削，证明了马克思恩格斯反贫困思想的科学指导意义。此外，2021年2月习近平在全国脱贫攻坚总结表彰大会上庄严宣告："经过全党全国各族人民共同努力，在迎来中国共产党成立一百周年的重要时刻，我国脱贫攻坚战取得了全面胜利，现行标准下9899万农村贫困人口全部脱贫，832个贫困县全部摘帽，12.8万个贫困村全部出列，区域性整体贫困得到解决，完成了消除绝对贫困的艰巨任务。"[①] 这一现实成就正是在马克思恩格斯反贫困思想的指导下完成的，是其科学性的有力证明。

● **专栏 5-1**

习近平关于精准扶贫思想科学性的重要论述

这些重要经验和认识，是我国脱贫攻坚的理论结晶，是马克思主义反贫困理论中国化最新成果，必须长期坚持并不断发展。

——习近平 2021 年 2 月 25 日在全国脱贫攻坚总结表彰大会上的讲话

要深化农业农村改革，激活乡村振兴内生动力。要落实"四个不摘"，建立健全防止返贫长效机制，深入研究接续推进全面脱贫与乡村振兴有效衔接。

——习近平 2020 年 9 月 16 日至 18 日在湖南考察时的讲话

决胜全面建成小康社会、决战脱贫攻坚，需要凝聚起包括各民主党派、工商联和无党派人士在内的全体中国人民的智慧和力量。

——习近平 2020 年 1 月 14 日同党外人士共迎新春时的讲话

---

① 《习近平谈治国理政》（第四卷），外文出版社，2022，第125页。

中国减贫方案和减贫成就得到国际社会普遍认可。今年脱贫攻坚任务完成后，我国将有 1 亿左右贫困人口实现脱贫，提前 10 年实现联合国 2030 年可持续发展议程的减贫目标，世界上没有哪一个国家能在这么短的时间内帮助这么多人脱贫，这对中国和世界都具有重大意义。

——习近平 2020 年 3 月 6 日在决战决胜脱贫攻坚座谈会上的讲话

抓工作，要有雄心壮志，更要有科学态度。

——习近平 2016 年 7 月 20 日在东西部扶贫协作座谈会上的讲话

精准识别贫困人口是精准施策的前提，只有扶贫对象清楚了，才能因户施策、因人施策。

——习近平 2015 年 11 月 27 日在中央扶贫开发工作会议上的讲话

二　精准扶贫思想的人民性

第一，精准扶贫思想以人民解放为反贫困的价值追求。

一方面，马克思恩格斯反贫困思想和精准扶贫思想从人类解放的角度研究贫困问题，而非单纯追求落后地区经济的发展或统治阶级的利益。在马克思早期成果中，他就坚持从人的角度来思考贫困问题，提出反贫困要实现人的本质的复归。如在《1844 年经济学哲学手稿》中，马克思从人的异化的角度来分析贫困，认为旧的分工使"工人陷于贫困直到变为机器"[①]，进而提出人的异化的四种表现形式，其中包括产品和劳动者的异化、劳动和劳动者的异化等，马克思在当时指出这种异化将带来产品数量占有减少、劳动者遭到肉体折磨和精神摧残等。进而从消除人的异化的角度出发，提出了消除贫困要实现人的本质的全面复归和实现的观点。尽管这一时期马克思的观点还带有人本主义色彩，具有一定的不成熟性，但其已经开始从劳动者的视角来分析贫困问题，并将消除由异化带给劳动者的痛苦作为其追求。随着其思想的进一步发展，在其历史唯物主义的基本观点得到确立后，马克思恩格斯将贫困问题的解决归于人的自由而全面的发展，而不仅为人的本质的复归。在这一观点得到确立的基础上，马

---

① 《马克思恩格斯文集》（第一卷），人民出版社，2009，第 123 页。

克思和恩格斯实现了从人的解放的角度来思考贫困问题，并坚持维护人民利益、将实现人的解放作为其思想的价值追求。

另一方面，从反贫困思想的具体观点来看，精准扶贫思想也充分体现了这一特征，即从"以人为本""以人民为中心的发展"的视角来思考贫困问题，将反贫困作为实现人民利益、满足人民对美好生活需要的事业。就反贫困目标而言，我国没有将经济增长速度等指标作为核心目标，而是高度关注建档立卡户的获得感，从其生活水平和发展能力出发，提出了以"两不愁三保障"为核心的综合目标；就反贫困的方式而言，我国围绕"五个一批"等内容提出了使建档立卡户能够直接受益，且最大限度摆脱自身发展束缚的反贫困手段。

第二，精准扶贫思想以劳动人民为反贫困的主体力量。

马克思恩格斯反贫困思想和精准扶贫思想将人民群众作为反贫困的最主要力量。马克思和恩格斯曾对人民群众的范畴进行了分析，并将无产阶级的贫困状况作为普通群众在资本主义社会生存状况的一个缩影。同时马克思和恩格斯又指出人民群众不仅限于"无产阶级"，而是代表劳动者利益的无产阶级和无产阶级的追随者。在此基础上，马克思和恩格斯明确了人民群众在反贫困中的重要地位。其一，唯物史观认为历史不过是追求着自己目的的人的活动而已，其中人民群众又是社会物质财富的创造者，其生产实践构成了推动历史发展的物质前提，其社会活动变更了人与人之间的现实关系，即人民群众是创造生活资料和变革生产关系的主体，是反贫困事业的实践承担者。其二，马克思和恩格斯从现实社会生活出发，得出了劳动人民是反贫困实践承担者的有关观点。他们指出，以无产阶级为代表的劳动人民具有三个特点：人数众多，是社会生产的主要力量；贫困程度最深，具有反贫困的明显意愿；人民群众内部才能产生对贫困者的真正同情。由此，马克思和恩格斯得出劳动人民是反贫困主体的结论，如在《共产党宣言》中，他们就提到，夺取资产阶级资本和增加生产力总量的任务将由无产阶级来完成。[①] 中国化马克思主义反贫困思想同样坚持将人民群众作为反贫困的最主要力量。如毛泽东同志在新中国成立前就提出要实现人民群众的富裕必须将群众的力量组成为一支劳动大军。改革开放后，中国共产党围绕开发式扶贫方针形成了通过建档立卡户内生动力提升以反贫困的系列观点。

进入精准扶贫精准脱贫阶段后，以习近平同志为主要代表的中国共产党人

---

① 《马克思恩格斯文集》（第二卷），人民出版社，2009，第52页。

更进一步坚定了人民群众在反贫困中的主体地位，作出贫困群众"是脱贫致富的主体"这一论断。从辩证唯物主义和历史唯物主义的角度出发，人民群众是历史的创造者，理应成为脱贫攻坚成果的创造者。从现实实践来看，依赖政府和社会不能实现稳定长效脱贫，真正的"脱贫"离不开人民群众为追求美好生活的不懈奋斗。习近平总书记提醒，要"防止忽视贫困群众主体作用。干部和群众是脱贫攻坚的重要力量，贫困群众既是脱贫攻坚的对象，更是脱贫致富的主体"[1]。而使贫困群众成为脱贫致富主体最重要的就是"立志"。习近平总书记曾经强调："贫穷不是不可改变的宿命。人穷志不能短，扶贫必先扶志。没有比人更高的山，没有比脚更长的路。要做好对贫困地区干部群众的宣传、教育、培训、组织工作，让他们的心热起来、行动起来，引导他们树立'宁愿苦干、不愿苦熬'的观念，自力更生、艰苦奋斗，靠辛勤劳动改变贫困落后面貌。"[2]

● 专栏 5-2

习近平关于精准扶贫思想人民性的重要论述

坚持以人民为中心的发展思想，坚定不移走共同富裕道路。"治国之道，富民为始。"我们始终坚定人民立场，强调消除贫困、改善民生、实现共同富裕是社会主义的本质要求，是我们党坚持全心全意为人民服务根本宗旨的重要体现，是党和政府的重大责任。

——习近平 2021 年 2 月 25 日在全国脱贫攻坚总结表彰大会上的讲话

事实充分证明，人民是真正的英雄，激励人民群众自力更生、艰苦奋斗的内生动力，对人民群众创造自己的美好生活至关重要。只要我们始终坚持为了人民、依靠人民，尊重人民群众主体地位和首创精神，把人民群众中蕴藏着的智慧和力量充分激发出来，就一定能够不断创造出更多令人刮目相看的人间奇迹！

——习近平 2021 年 2 月 25 日在全国脱贫攻坚总结表彰大会上的讲话

新中国成立 70 年来，中国共产党坚持全心全意为人民服务的根本宗旨，坚

---

[1] 中共中央文献研究室编《习近平关于社会主义经济建设论述摘编》，中央文献出版社，2017，第 240 页。
[2] 中共中央文献研究室编《习近平关于社会主义经济建设论述摘编》，中央文献出版社，2017，第 229 页。

持以人民为中心的发展思想，带领全国各族人民持续向贫困宣战，取得了显著成就。党的十八大以来，党中央把脱贫攻坚摆到更加突出的位置，打响脱贫攻坚战，全党全国上下同心、顽强奋战，取得了重大进展。困扰中华民族几千年的绝对贫困问题即将历史性地得到解决，这将为全球减贫事业作出重大贡献。

——习近平 2019 年 10 月 17 日对脱贫攻坚工作作出的重要指示

脱贫攻坚，群众动力是基础。必须坚持依靠人民群众，充分调动贫困群众积极性、主动性、创造性，坚持扶贫和扶志、扶智相结合，正确处理外部帮扶和贫困群众自身努力关系，培育贫困群众依靠自力更生实现脱贫致富意识，培养贫困群众发展生产和务工经商技能，组织、引导、支持贫困群众用自己辛勤劳动实现脱贫致富，用人民群众的内生动力支撑脱贫攻坚。

——习近平 2018 年 2 月 12 日在打好精准脱贫攻坚战座谈会上的讲话

贫穷不是社会主义。如果贫困地区长期贫困，面貌长期得不到改变，群众生活长期得不到明显提高，那就没有体现我国社会主义制度的优越性，那也不是社会主义。

——习近平 2013 年 2 月 28 日在党的十八届二中全会第二次全体会议上的讲话

三　精准扶贫思想科学性和人民性的统一

科学性与人民性是精准扶贫思想的两个本质属性，精准扶贫思想的这两个属性是高度统一的。

一方面，精准扶贫思想科学性和人民性的统一，实质是科学性、阶级性和人民性的统一。资产阶级学者认为，科学应该是无阶级性的。这种观点宣称，马克思主义理论是代表无产阶级利益的学说，而不是具有普适性的，因而不是一种科学理论。但实际上，马克思主义理论的两大科学发现——剩余价值学说和唯物史观恰好能够体现马克思主义阶级性与科学性的统一。历史唯物主义揭露了社会化大生产与资本主义私有制之间的矛盾，并且找到了实现社会主义的路径。这使科学社会主义与空想社会主义得到了明确区分，凸显了马克思主义的科学性。这一科学性在实践中的体现是什么呢？是马克思主义能够指导无产阶级革命取得胜利，而这一过程就不可避免地体现了马克思主义的阶级性。因此，马克思主义的阶级性和科学性高度统一。在此基础上，马克思主义追求的是全体劳动人民利益的实现，在资本主义社会和社会主义社会，人民利益的实现方式不同，在这一过程中，马克思主义的阶级性（以追求劳动人民的利益为重要特征）就在社会主义社会中实现了与人民性的统一。在反贫困思想领域，精准扶贫思想具有充分科学性，中国共产党是中国工人阶级的先锋队，精准扶贫的前提和基础是坚持人民民主专政，精准扶贫的目标与部分西方反贫困思想缓解社会矛盾或促进资本主义经济发展的目标有明显区别，可以体现出精准扶贫思想科学性和阶级性的统一。同时，精准扶贫思想也体现了阶级性和人民性的统一。在保持阶级立场的同时，精准扶贫思想追求的是全体劳动人民尤其是困难群众利益的实现，强调要通过精准扶贫使全体人民同步进入小康社会。科学处理了阶级立场和广大人民利益之间的关系。综上，精准扶贫思想以阶级性为纽带，充分体现了科学性和人民性的统一。

另一方面，科学性是精准扶贫思想形成的基础和前提，人民性是精准扶贫思想的出发点和落脚点。其一，科学性是精准扶贫思想最基本的属性，没有科学的理论基础和具体内容，就无法对以往的反贫困思想在继承的基础上进行发展和创新，正确把握贫困现象产生以及贫困问题治理的一般规律。其二，人民性是精准扶贫思想重要的属性。精准扶贫思想把人民的利益作为实践活动的目标，并以实现人的全面发展为最终目标。同时，人也是价值评估的主体。中国共产党始终以人民的利益为根本要求，坚持人民至上的主要思想，通过精准扶贫措施最终消除了绝对贫困。因此，精准扶贫思想以为中国人民谋幸福为出发点，形成了一系列指导实践的科学观点，并最终实现了中国人民摆脱贫困的梦想，这一过程体现了精准扶贫思想科学性和人民性的统一。

第二节　精准扶贫思想的理论思维

精准扶贫思想是在马克思主义指导下，根据中国贫困实际形成的指导新时代中国减贫实践的重要理论成果，遵循了辩证唯物主义和历史唯物主义的世界观和方法论，具体体现为马克思主义的理论思维。

一　坚持战略思维

不谋万世者，不足谋一时；不谋全局者，不足谋一域。战略问题是根本性问题，反映出人们思考问题的高度、深度和广度，决定了事物的根本方向和总体趋势。中国共产党历来就极具战略思维和战略眼光，革命年代自不必多言，

《论持久战》是毛泽东战略眼光的集中体现，邓小平也多次告诫全党"小局必须服从大局"。党的十八大以来，习近平更是将具备战略思维作为对各级领导干部的基本要求。早在浙江任职时习近平就多次强调要具备战略思维，"我们必须具有战略思维和世界眼光，跳出浙江看浙江"①，"要努力增强总揽全局的能力，放眼全局谋一域，把握形势谋大事……始终把全局作为观察和处理问题的出发点和落脚点"②。要将"本地、本部门的工作放到国际国内大背景和全党全国全省的工作大局中去思考、去研究、去把握"③。党的十八大以来，面对复杂的国际国内环境，习近平反复强调战略思维，"战略"和"战略思维"是其使用的高频词，"战略问题是一个政党、一个国家的根本性问题。战略上判断得准确，战略上谋划得科学，战略上赢得主动，党和人民事业就大有希望"，战略思维是"中国共产党人应该树立的思维方式"。④ 在改革和各项工作实践中，中国梦、"一带一路"倡议、"四个全面"战略布局、精准扶贫精准脱贫方略、"两步走"的现代化国家战略安排等无不体现着以习近平同志为核心的党中央的战略眼光。其中，扶贫是习近平花精力最多的工作，这项工作也集中体现着其高远的战略智慧。

首先，"以脱贫攻坚统揽经济社会发展全局"体现出战略能力和大局意识。20世纪80年代以来，中国政府将扶贫开发纳入国民经济和社会发展总体规划，先后发布了《国家八七扶贫攻坚计划（1994—2000年）》《中国农村扶贫开发纲要（2001—2010年）》《中国农村扶贫开发纲要（2011—2020年）》等规划文件。党的十八大以来，以习近平同志为核心的党中央将扶贫摆在了前所未有的战略高度，以全党全国全社会之力推进精准扶贫精准脱贫。一是从全面建成小康社会要求出发，把扶贫开发工作作为实现第一个百年奋斗目标的重点任务，将脱贫攻坚作为全面建成小康社会的底线目标和标志性指标，进一步强调了扶贫工作的全局意义。习近平也多次在不同场合强调了脱贫攻坚的重要意义，全面小康是全体人民的小康，"我们不能一边宣布全面建成了小康社会，另一边还有几千万人口的生活水平处在扶贫标准线以下"⑤。"没有农村的小康，特别是

---

① 习近平：《干在实处 走在前列——推进浙江新发展的思考与实践》，中共中央党校出版社，2006，第73页。

② 习近平：《之江新语》，浙江人民出版社，2007，第20页。

③ 习近平：《干在实处 走在前列——推进浙江新发展的思考与实践》，中共中央党校出版社，2006，第420页。

④ 中共中央文献研究室编《十八大以来重要文献选编》（中），中央文献出版社，2016，第45—46页。

⑤ 《中国共产党第十八届中央委员会第五次全体会议公报》，人民出版社，2015，第25页。

没有贫困地区的小康，就没有全面建成小康社会"①。二是要求贫困地区要以脱贫攻坚统揽经济社会发展全局。为此，尤其是脱贫任务重的地区将脱贫攻坚的过程作为补齐自身"短板"和促进各项事业发展的过程，将各项工作与脱贫攻坚工作融合并为脱贫攻坚服务，同时也将脱贫攻坚作为推动其他各项工作发展的契机，在脱贫攻坚的过程中完善基础设施和公共服务、促进产业结构调整、改善生态环境，突破地区发展的薄弱环节。

其次，"打赢脱贫攻坚战"体现出机遇意识。一方面，精准扶贫思想的产生和精准扶贫精准脱贫方略的提出是因势而为。一是我国已经具备打赢脱贫攻坚战的坚实物质基础。我国已成为世界经济第二大国、货物贸易第一大国、外汇储备第一大国，也是世界经济增长的第一引擎。2006 年以来，中国对世界经济增长贡献率已经连续 13 年居世界首位。二是新中国成立以来尤其是改革开放以来我国的扶贫开发取得了巨大的成效，精准扶贫精准脱贫方略的提出是紧抓机遇、适时推动量变到质变的重要举措。另一方面，精准扶贫本身就是巨大的发展机遇，对于贫困人口和贫困地区来说，各类资源的涌入和在教育、医疗等方面全方位的帮扶为其创造了发展机会；对于各类帮扶主体来讲，参与扶贫也为其自身发展创造了机遇，如企业参与扶贫是其开拓市场、提升形象的重要机遇。这也要求各方具备高度的机遇意识，进行科学谋划，乘势而上。

再次，稳定脱贫、绿色脱贫的思想体现出长远眼光。精准扶贫是一项长期工程，这种长期性体现为过程的长期性和脱贫成效的稳定性及可持续性，要求在扶贫过程中不搞运动式或"大跃进"式的扶贫，处理好短期利益与长远利益间的关系。其一，精准扶贫本质上是开发式扶贫，既注重经济开发，也注重人力开发。人力开发的目的在于赋予贫困人口摆脱贫困的能力。对于无劳动能力的贫困人口，除了以社会保障兜底之外，还创新出资源变资产、扶贫资金变股金的资产收益扶贫模式，一定程度上保证了其长远收益。对于有劳动能力的贫困人口，则加大开发力度，以产业扶贫、技能培训、就业指导等方式帮助其可持续脱贫。其二，精准扶贫尤其重视教育。教育扶贫是摆脱贫困的釜底抽薪之策，习近平多次强调教育扶贫的重要意义："把贫困地区孩子培养出来，这才是根本的扶贫之策。"② "让贫困地区的孩子们接受良好教育，是扶贫开发的重要任务，也是阻

---

① 《习近平谈治国理政》（第一卷），外文出版社，2018，第 189 页。
② 习近平：《做焦裕禄式的县委书记》，中央文献出版社，2015，第 24 页。

断贫困代际传递的重要途径"，"不能让贫困人口的子女输在起跑线上"。① 可以说，从国家意志和政策层面，在精准扶贫视域下推进教育扶贫工作的意志是坚定的，规划和部署也是全面细致的。② 其三，精准扶贫强调绿色扶贫理念，不搞竭泽而渔，创新出生态扶贫的有效路径，开展退耕还林还草、水土保持等生态工程扶贫，发展生态农业、生态旅游等生态产业，对生活在生态脆弱地区的贫困群众则开展生态搬迁扶贫或给予生态补偿，实现生态文明建设与脱贫攻坚的"双赢"。

最后，建立"新型国际减贫交流合作关系"体现出精准扶贫思想的全球视野。精准扶贫是人类减贫史上的一场伟大试验，"携手消除贫困，共建人类命运共同体"是精准扶贫的题中应有之义。一方面，消除贫困是人类的共同使命，中国一直在为其他国家减贫提供力所能及且不附加任何政治条件的帮助，"支持和帮助广大发展中国家特别是最不发达国家消除贫困"③。习近平还多次表达了对贫困人群的担忧，"我们既为十一亿人脱贫而深受鼓舞，也为八亿多人仍然在挨饿而深为担忧"④。另一方面，面对贫困这一最大的全球性挑战，精准扶贫为全球减贫贡献了中国智慧和中国方案。我国在经验累积的基础上提出致力于国际减贫的思路——"推动建立以合作共赢为核心的新型国际减贫交流合作关系"，并承诺"中国将发挥好中国国际扶贫中心等国际减贫交流平台作用，提出中国方案，贡献中国智慧，更加有效地促进广大发展中国家交流分享减贫经验"⑤。

● 专栏 5-3

习近平关于精准扶贫坚持战略思维的重要论述

要做好巩固拓展脱贫攻坚成果同乡村振兴有效衔接，加强动态监测帮扶，落实"四个不摘"要求，跟踪收入变化和"两不愁三保障"巩固情况，定期核查，动态清零。要发展壮大扶贫产业，拓展销售渠道，加强对易地搬迁群众的

---

① 中共中央文献研究室编《十八大以来重要文献选编》（中），中央文献出版社，2016，第720—721页。
② 金久仁：《教育扶贫内涵指涉与路径转型》，《教育与经济》2020年第2期。
③ 中共中央文献研究室编《十八大以来重要文献选编》（中），中央文献出版社，2016，第721页。
④ 中共中央文献研究室编《十八大以来重要文献选编》（中），中央文献出版社，2016，第718页。
⑤ 中共中央文献研究室编《十八大以来重要文献选编》（中），中央文献出版社，2016，第722页。

后续扶持。要推动城乡融合发展,推动乡村产业、人才、文化、生态、组织等全面振兴。要继续选派驻村第一书记和农村工作队。

——习近平 2021 年 2 月 3 日至 5 日赴贵州看望慰问各族干部群众时的讲话

2015 年以来,我就打赢脱贫攻坚战召开了 7 个专题会议。2015 年在延安召开革命老区脱贫致富座谈会、在贵阳召开部分省区市扶贫攻坚与"十三五"时期经济社会发展座谈会,2016 年在银川召开东西部扶贫协作座谈会,2017 年在太原召开深度贫困地区脱贫攻坚座谈会,2018 年在成都召开打好精准脱贫攻坚战座谈会,2019 年在重庆召开解决"两不愁三保障"突出问题座谈会,每次围绕一个主题,同时也提出面上的工作要求。每次座谈会前,我都先到贫困地区调研,实地了解情况,听听基层干部群众意见,根据了解到的情况,召集相关省份负责同志进行工作部署。

——习近平 2020 年 3 月 6 日在决战决胜脱贫攻坚座谈会上的讲话

2020 年是决胜全面建成小康社会、决战脱贫攻坚之年,也是"十三五"规划收官之年。希望大家全面贯彻中共十九大和十九届二中、三中、四中全会精神,紧扣全面建成小康社会目标任务,坚持稳中求进工作总基调,全面贯彻新发展理念,全面做好稳增长、促改革、调结构、惠民生、防风险、保稳定工作,为决胜全面建成小康社会、决战脱贫攻坚作出新的贡献。

——习近平 2020 年 1 月 14 日同党外人士共迎新春时的讲话

要深化脱贫攻坚,坚持靶心不偏、焦点不散、标准不变……

——习近平 2019 年 8 月 22 日在听取甘肃省委和省政府工作汇报时的讲话

党的十八大以来,党中央从全面建成小康社会要求出发,把扶贫开发工作纳入"五位一体"总体布局、"四个全面"战略布局,作为实现第一个百年奋斗目标的重点任务,作出一系列重大部署和安排,全面打响脱贫攻坚战。脱贫攻坚力度之大、规模之广、影响之深,前所未有,取得了决定性进展,显著改善了贫困地区和贫困群众生产生活条件,谱写了人类反贫困历史新篇章。

——习近平 2018 年 2 月 12 日在打好精准脱贫攻坚战座谈会上的讲话

二 坚持系统思维

中国共产党领导的中国社会主义建设道路没有现成的经验可以借鉴，最初有"摸着石头过河"的色彩，在探索之初也出现了一些失误。随着实践经验的累积，党和国家对社会主义建设的规律的把握愈加明晰，逐步强调和重视顶层设计。尤其是习近平在党的十八届三中全会上明确提出要"加强顶层设计和摸着石头过河相结合"①，对社会主义建设和改革的顶层设计提出了更高要求。作为社会主义建设的重要方面，在消除绝对贫困的道路上，最初也是"摸着石头过河"，进行了诸多有益的尝试，从"三西"建设聚焦深度贫困，到精准扶贫要求全面整体脱贫，从救济式扶贫到开发保障"两轮驱动"，从政府统揽到全社会协同推进减贫事业，我国在减贫领域的整体性和系统性逐步加强，体现出科学性和预见性。

第一，精准扶贫既是贫困地区和贫困人口内部结构优化的需要，也是整个国民经济结构优化的需要。一方面，精准扶贫是全面的整体的脱贫。从扶持范围上来看，精准扶贫全面覆盖了贫困人口，并建立健全了防止贫困人口漏出的动态识别机制，目的就是要做到"全面建成小康社会，一个也不能少；共同富裕路上，一个也不能掉队"②。从扶持方式上看，精准扶贫强调多个领域的综合开发。精准扶贫以经济开发为基础，全面发展贫困地区的教育、卫生、科技等事业，集中力量和资源实施教育扶贫、科技扶贫、文化扶贫、健康扶贫，推动贫困地区各项社会事业的发展，目的就是要通过结构优化，使得哪怕在要素不变的情况下，也能实现"贫困地区"和"贫困人口"两大"系统"的最佳功能。另一方面，精准扶贫实现了现行标准下农村贫困人口全部脱贫，贫困县全部摘帽，解决了区域性整体贫困问题，实现了贫困人口和贫困地区内生发展动力和发展能力的提升。农村地区和贫困地区"子系统"功能的强化，对我国城乡结构的优化和经济社会"大系统"的优化起到了重要作用。

第二，精准扶贫尤其注重整体布局和顶层设计，完整的制度体系和科学的顶层设计是精准扶贫的重要保障。精准扶贫强调制度和政策的集成，在实践中逐步完善了脱贫攻坚的责任体系、政策体系、投入体系、帮扶体系、监督体系、考核体系。一是强调宏观政策与微观政策的集成，中央政府保证科学有效的宏

---

① 中共中央文献研究室编《十八大以来重要文献选编》（上），中央文献出版社，2014，第514页。
② 中共中央党史和文献研究院编《习近平扶贫论述摘编》，中央文献出版社，2018，第23页。

观政策供给，地方政府因地制宜，根据当地优势资源和具体情况，细化目标任务，创新执行方式方法。二是强调普惠政策和特惠政策的集成，针对经济发展全局及"三农"发展的普惠政策与针对贫困地区和贫困群体的特惠政策叠加，释放出巨大的减贫效应。如在金融扶贫中，除了有基于市场运作的普惠金融，还有专为建档立卡户提供的特惠金融，如扶贫小额信用贴息贷款、特色农业保险等。三是强调贫困治理政策的组合集成，打出了"五个一批"的政策组合拳，实现了"开发"与"保障"在政策上的统筹衔接、发展生产力与保护生产力的有机统一。

第三，精准扶贫强调多元主体间的协同。党的十八大以来，以习近平同志为核心的党中央高度重视扶贫开发工作，以超常规的举措和前所未有的力度推进减贫工作。其中，广泛动员全社会力量参与扶贫是精准扶贫的重要经验。政府、社会组织、各类企业与人民群众等都参与到精准扶贫实践中，但各主体间也存在利益分歧、沟通不畅、供需不匹配等问题，抑制了多元主体协同效能的发挥。为最大限度地发挥多元主体间的协同效应，一方面，在明晰各主体功能的前提下，以各项体制机制规范和约束主体行为，如以严厉的责任制和监管机制规范政府行为，以扶贫对象的分类管理和奖惩机制规范建档立卡户行为，以多元化的监督体系确保主体行为规范化；另一方面，依托互联网建立信息协同机制，通过打造各类信息化平台解决信息不对称、供需不匹配等问题。

● 专栏 5-4

习近平关于精准扶贫坚持系统思维的重要论述

我们坚持党中央对脱贫攻坚的集中统一领导，把脱贫攻坚纳入"五位一体"总体布局、"四个全面"战略布局，统筹谋划，强力推进。我们强化中央统筹、省负总责、市县抓落实的工作机制，构建五级书记抓扶贫、全党动员促攻坚的局面。

——习近平 2021 年 2 月 25 日在全国脱贫攻坚总结表彰大会上的讲话

发挥我国社会主义制度能够集中力量办大事的政治优势，形成脱贫攻坚的共同意志、共同行动。我们广泛动员全党全国各族人民以及社会各方面力量共同向贫困宣战，举国同心，合力攻坚，党政军民学劲往一处使，东西南北中拧成一股绳。我们强化东西部扶贫协作，推动省市县各层面结对帮扶，促进人才、资金、技术向贫困地区流动。我们组织开展定点扶贫，中央和国家机关各部门、民主党派、人民团体、国有企业和人民军队等都积极行动，所有的国家扶贫开发工作重点县都有帮扶单位。各行各业发挥专业优势，开展产业扶贫、科技扶贫、教育扶贫、文化扶贫、健康扶贫、消费扶贫。民营企业、社会组织和公民个人热情参与，"万企帮万村"行动蓬勃开展。我们构建专项扶贫、行业扶贫、社会扶贫互为补充的大扶贫格局，形成跨地区、跨部门、跨单位、全社会共同参与的社会扶贫体系。千千万万的扶贫善举彰显了社会大爱，汇聚起排山倒海的磅礴力量。

——习近平 2021 年 2 月 25 日在全国脱贫攻坚总结表彰大会上的讲话

党的十八大以来，党中央从全面建成小康社会全局出发，把扶贫开发工作摆在治国理政的突出位置，全面打响脱贫攻坚战。党的十九大之后，党中央又把打好脱贫攻坚战作为全面建成小康社会的三大攻坚战之一。这些年来，脱贫攻坚力度之大、规模之广、影响之深前所未有，取得了决定性进展。

——习近平 2019 年 3 月 7 日参加十三届全国人大二次会议
甘肃代表团审议时的讲话

我们加强党对脱贫攻坚工作的全面领导，建立各负其责、各司其职的责任体系，精准识别、精准脱贫的工作体系，上下联动、统一协调的政策体系，保障资金、强化人力的投入体系，因地制宜、因村因户因人施策的帮扶体系，广泛参与、合力攻坚的社会动员体系，多渠道全方位的监督体系和最严格的考核评估体系，为脱贫攻坚提供了有力制度保障。这个制度体系中，根本的是中央统筹、省负总责、市县抓落实的管理体制，从中央到地方逐级签订责任书，明确目标，增强责任，强化落实。

——习近平 2018 年 2 月 12 日在打好精准脱贫攻坚战座谈会上的讲话

脱贫攻坚，各方参与是合力。必须坚持充分发挥政府和社会两方面力量作用，构建专项扶贫、行业扶贫、社会扶贫互为补充的大扶贫格局，调动各方面积极性，引领市场、社会协同发力，形成全社会广泛参与脱贫攻坚格局。

——习近平 2018 年 2 月 12 日在打好精准脱贫攻坚战座谈会上的讲话

三　坚持历史思维

历史思维是人类的基本思维方法之一，是把人类过去、现在和未来贯通起来思考问题的根本方法和总的视野，可以为总结历史规律、理性分析现实、探寻未来发展提供科学的思想武器。[1] 这一思维方法是我们认识客观世界与主观世界、把握当下续写未来的重要方法。马克思恩格斯曾有著名的论断，"我们仅仅知道一门唯一的科学，即历史科学"[2]。习近平也强调，"历史研究是一切社会科学的基础"[3]。历史思维之所以能支撑起如此宏大的格局，在于我们能够在认识历史、尊重历史、借鉴历史的过程中认识规律、利用规律，从历史走到现实，从现实走向未来，因而具有"究天人之际，通古今之变"的强大力量。中国共产党历来坚持以历史思维指导实践，尊重历史规律，勇担历史责任，尊重人民群众的主体地位和首创精神，站在全人类的视角不断促进人的自由全面发展，并在不断的自我批判和反思中永葆活力。党的十八大以来，习近平高度重视历史思维方法，多次告诫全党，"历史是最好的老师"[4]，"是一个民族安身立命的基础"[5]，"只有回看走过的路、比较别人的路、远眺前行的路，弄清楚我们从哪儿来、往哪儿去，很多问题才能看得深、把得准"[6]。其治国理政的观念和举措中无不体现着这一思维方法。精准扶贫思想既是习近平运用历史思维方法治理贫困的重要成果，其本身也蕴含着丰富的历史思维。

其一，精准扶贫思想的形成具有历史必然性，是对历史规律的遵循。"中国特色社会主义不是从天上掉下来的"[7]，同样，精准扶贫思想也不是凭空产生的，其生成具有深刻的历史逻辑。新中国成立以来，中国共产党一直致力于反贫困事业，中国的减贫历程分别经历了新中国成立初期以救济式扶贫为主的减贫阶段，改革开放初期以体制改革推动减贫的阶段，专门扶贫机构成立后的规模化、开发式扶贫阶段，以八千万人温饱问题及整村推进为重点的重点式扶贫阶段。在全党全国各族人民的努力下，中国的反贫困事业取得了显著的成效，

① 李正义：《历史思维的方法论意义》，《学习时报》2020 年 6 月 15 日，第 2 版。

② 梁树发、丰子义主编《马克思主义哲学史研究（2016）》，人民出版社，2017，第 87 页。

③ 《习近平致第二十二届国际历史科学大会的贺信》，《人民日报》2015 年 8 月 24 日，第 1 版。

④ 《习近平谈治国理政》（第二卷），外文出版社，2017，第 508 页。

⑤ 中共中央文献研究室编《十八大以来重要文献选编》（上），中央文献出版社，2014，第 694 页。

⑥ 《论学习贯彻习近平总书记"1·5"重要讲话》，人民出版社，2018，第 23 页。

⑦ 中共中央党史和文献研究院编《十八大以来重要文献选编》（下），中央文献出版社，2018，第348 页。

普遍贫困、整体贫困的局面得到根本扭转，中国也成为全球首个实现联合国千年发展目标、贫困人口减半的国家。但在精准扶贫初期，中国仍然面临着严峻的贫困形势，并且建档立卡户的分布呈现出新的特征——"宏观分散、微观集中"①，过去较为粗放的瞄准方式不再具备优势，反而存在浪费资源、效率降低的问题，因而随着扶贫工作的推进，过去粗放的扶贫方式也暴露出贫困人口底数不清、资金滥用、项目随意、目标偏离等诸多问题。这就决定了扶贫的瞄准方式必须更加具有针对性。同时，剩余的建档立卡户都属于贫困程度深、脱贫难度大的"贫中之贫"，需要动员各方力量和资源以攻坚的方式扶贫。可以看出，无论是精准化的理念还是大扶贫格局的形成，抑或扶志扶智的重要策略，都是中国扶贫进行到这一阶段的必然选择，是顺应历史发展大势的选择。

其二，在尊重规律的前提下需要充分发挥主观能动性。"历史发展有其规律，但人在其中不是完全消极被动的。"② 人民群众是历史的创造者——"人们总是通过每一个人追求他自己的、自觉预期的目的来创造他们的历史"③。精准扶贫实践充分践行了这一历史观。在扶贫工作中，不断完善各项体制机制激发扶贫主体与脱贫主体的主观能动性。一方面，尊重和突出贫困群众的主体地位，充分尊重贫困群众的话语权、决策权，使其主动且充分地参与到脱贫实践中。另一方面，发挥广大人民群众的主体力量。习近平早在1989年就指出，贫困地区发展依靠的"一是党的领导；二是人民群众的力量"④。精准扶贫凝聚了全社会力量，党政机关、社会组织、各类企事业单位、个人广泛参与到扶贫实践中，汇聚起改造世界的强大动能。

其三，历史思维是一种整体性思维和未来性思维，精准扶贫思想并不仅仅着眼于中国和当下，而是面向世界和未来的。一方面，精准扶贫思想体现了对人类发展这一目标的追求和坚守。精准扶贫的巨大成功宣告中国全面消除了绝对贫困，意味着我国提前10年实现了联合国2030年可持续发展议程的减贫目标。我国不仅加速了全球减贫进程，走在全球减贫前列，为其他国家减贫提供了可参考的方案，在实践中也没有停止对其他国家减贫事业的帮助，目的就在于推动共建没有贫困的人类命运共同体，实现全人类的共同发展。另一方面，

---

① 汪三贵主编《当代中国扶贫》，中国人民大学出版社，2019，第49页。
② 习近平：《在庆祝改革开放40周年大会上的讲话》，人民出版社，2018，第3页。
③ 《马克思恩格斯文集》（第四卷），人民出版社，2009，第302页。
④ 习近平：《摆脱贫困》，福建人民出版社，1992，第10页。

精准扶贫思想在经验沉淀的基础上也蕴含着对未来减贫的指引。我国绝对贫困问题的解决并不意味着贫困问题的彻底解决，历史性消除绝对贫困，不是终点，而是起点。无论是应对返贫问题，还是解决相对贫困问题，都需要在积累经验和反思现实的基础上继续前进。从这一角度上讲，精准扶贫思想及其实践是未来减贫的"教科书"和"营养剂"。

● **专栏 5-5**

习近平关于精准扶贫坚持历史思维的重要论述

贫困是人类社会的顽疾。反贫困始终是古今中外治国安邦的一件大事。一部中国史，就是一部中华民族同贫困作斗争的历史。从屈原"长太息以掩涕兮，哀民生之多艰"的感慨，到杜甫"安得广厦千万间，大庇天下寒士俱欢颜"的憧憬，再到孙中山"家给人足，四海之内无一夫不获其所"的夙愿，都反映了中华民族对摆脱贫困、丰衣足食的深深渴望。近代以后，由于封建统治的腐朽和西方列强的入侵，中国政局动荡、战乱不已、民不聊生，贫困的梦魇更为严重地困扰着中国人民。摆脱贫困，成了中国人民孜孜以求的梦想，也是实现中华民族伟大复兴中国梦的重要内容。

——习近平 2021 年 2 月 25 日在全国脱贫攻坚总结表彰大会上的讲话

中国共产党从成立之日起，就坚持把为中国人民谋幸福、为中华民族谋复兴作为初心使命，团结带领中国人民为创造自己的美好生活进行了长期艰辛奋斗。新民主主义革命时期，党团结带领广大农民"打土豪、分田地"，实行"耕者有其田"，帮助穷苦人翻身得解放，赢得了最广大人民广泛支持和拥护，夺取了中国革命胜利，建立了新中国，为摆脱贫困创造了根本政治条件。新中国成立后，党团结带领人民完成社会主义革命，确立社会主义基本制度，推进社会主义建设，组织人民自力更生、发愤图强、重整山河，为摆脱贫困、改善人民生活打下了坚实基础。改革开放以来，党团结带领人民实施了大规模、有计划、有组织的扶贫开发，着力解放和发展社会生产力，着力保障和改善民生，取得了前所未有的伟大成就。

——习近平 2021 年 2 月 25 日在全国脱贫攻坚总结表彰大会上的讲话

脱贫攻坚取得举世瞩目的成就，靠的是党的坚强领导，靠的是中华民族自力更生、艰苦奋斗的精神品质，靠的是新中国成立以来特别是改革开放以来积累的坚实物质基础，靠的是一任接着一任干的坚守执着，靠的是全党全国各族人民的团结奋斗。我们立足我国国情，把握减贫规律，出台一系列超常规政策举措，构建了一整套行之有效的政策体系、工作体系、制度体系，走出了一条中国特色减贫道路，形成了中国特色反贫困理论。

——习近平 2021 年 2 月 25 日在全国脱贫攻坚总结表彰大会上的讲话

回首过去，我们在解决困扰中华民族几千年的绝对贫困问题上取得了伟大历史性成就，创造了人类减贫史上的奇迹。展望未来，我们正在为全面建设社会主义现代化国家的历史宏愿而奋斗。征途漫漫，惟有奋斗。全党全国各族人民要更加紧密地团结在党中央周围，坚定信心决心，以永不懈怠的精神状态、一往无前的奋斗姿态，真抓实干、埋头苦干，向着实现第二个百年奋斗目标奋勇前进！

——习近平 2021 年 2 月 25 日在全国脱贫攻坚总结表彰大会上的讲话

改革开放 30 多年来，我国经济社会发展取得很大成就，人民生活水平总体上发生很大变化，与过去不能同日而语了。同时，我们也要清醒地看到，由于我国还处在社会主义初级阶段，由于我们国家大、各地发展条件不同，我国还有为数不少的困难群众。按照人均年收入 2300 元的国家扶贫标准，全国农村扶贫对象还有 1.2 亿多人。我们在国际场合说我国是发展中国家、所承担的国际义务要适当，就是这个道理。城镇各类困难群众也为数不少。怎样支持和帮助他们过上好日子，是我经常想的一个问题。消除贫困、改善民生、实现共同富裕，是社会主义的本质要求。现在，我国大部分群众生活水平有了很大提高，出现了中等收入群体，也出现了高收入群体，但还存在大量低收入群众。真正要帮助的，还是低收入群众。

——习近平 2012 年 12 月 29 日至 30 日在河北省阜平县
考察扶贫开发工作时的讲话

四 坚持辩证思维

坚持辩证思维，就是要用好矛盾分析法，善于抓住矛盾、分析矛盾、解决矛盾。马克思主义认为，矛盾无处不在，无时不有，是推动事物发展的源泉和动力。但不同事物的矛盾以及同一事物在发展的不同过程和不同阶段的矛盾各有不同，任何现存事物都是共性和个性的有机统一。矛盾的共性和个性辩证统一的关系，既是客观事物固有的辩证法，也是科学的认识方法。中国特色社会主义的理论和实践就是在这一原理的指导下、由中国共产党人将马克思主义的普遍原理同中国的具体实际相结合的产物。我国在减贫领域始终坚持这一思维方法，根据我国实际和所处时代，客观认识不同时期贫困问题的发展变化，持续探寻消除贫困的中国方案。"我们的事业越是向纵深发展，就越要不断增强辩证思维能力"①，我国的减贫事业越是向前发展，也越需要辩证思维能力。精准扶贫思想深刻地体现了这一思维方法。

其一，矛盾是普遍存在的，承认矛盾的普遍性是一切科学认识的首要前提。精准扶贫方略正是在正确认识我国社会现存矛盾的基础之上提出的。生产力与生产关系之间的矛盾、经济基础与上层建筑之间的矛盾仍然是我国社会主义初级阶段的基本矛盾，人民日益增长的美好生活需要和不平衡不充分的发展之间的矛盾是现阶段我国社会的主要矛盾。精准扶贫是解决城乡发展不平衡和农村发展不充分的有效举措。同样，精准扶贫内部也存在诸多矛盾，如资源集聚与资源分散的矛盾、"输血"与"造血"的矛盾、政府主导与群众主体的矛盾等，承认这些矛盾的存在并正确认识它们是化解矛盾、取得成功的首要前提。

其二，矛盾及每一矛盾的各个方面都有其特点，必须做到具体问题具体分析。"马克思主义的最本质的东西，马克思主义的活的灵魂，就在于具体地分析具体的情况。"② 贫困的成因和特点因地区而异、因户而异，帮扶的举措和资金的使用也不尽相同，精准扶贫强调全过程的精准，就是要精准地认识和解决矛盾。习近平指出："扶贫、脱贫的措施和工作一定要精准，要因户施策、因人施策，扶到点上、扶到根上，不能大而化之。"③ 也要做到区别不同贫困类型的不同致贫原因，靶向治疗，"不搞大水漫灌、走马观花"④。具体到"怎么扶"这一问题上，还提出了"五个一批"的具体实施办法。

其三，矛盾具有不平衡性。事物矛盾群中的多个矛盾以及矛盾的各个方面在事物发展中的地位和作用是不同的，有主要矛盾和次要矛盾、矛盾的主要方面和次要方面。这要求我们要做到坚持"两点论"和"重点论"的统一，不能

① 中共中央文献研究室编《习近平关于全面建成小康社会论述摘编》，中央文献出版社，2016，第195页。
② 《毛泽东选集》（第一卷），人民出版社，1991，第312页。
③ 《习近平春节前夕赴江西看望慰问广大干部群众》，《人民日报》2016年2月4日，第1版。
④ 《习近平在部分省区市党委主要负责同志座谈会上强调：谋划好"十三五"时期扶贫开发工作 确保农村贫困人口到2020年如期脱贫》，《人民日报》2015年6月20日，第1版。

等量齐观，也不能主次颠倒。习近平曾指出："在任何工作中，我们既要讲两点论，又要讲重点论，没有主次，不加区别，眉毛胡子一把抓，是做不好工作的。"[①] 一方面，我们坚持普惠政策和特惠政策相结合，在加大对农村、农业、农民普惠政策支持的基础上，对贫困人口实行特惠政策，体现出统筹兼顾的原则。另一方面，变大水漫灌为精准滴灌，突出重点。我国从 1986 年开始了大规模的扶贫开发，区域瞄准取得了重大成效，但也凸显出许多问题，部分地方出现"扶农不扶贫"甚至"扶富不扶贫"的扶贫异化现象，导致扶贫资源浪费、扶贫效率低下。相较于以往的扶贫举措，精准扶贫强调包括扶贫资金在内的各类资源从大水漫灌转变为精准滴灌，突出了重点和关键。

● **专栏 5-6**

习近平关于精准扶贫坚持辩证思维的重要论述

坚持调动广大贫困群众积极性、主动性、创造性，激发脱贫内生动力。"志之难也，不在胜人，在自胜。"脱贫必须摆脱思想意识上的贫困。我们注重把人民群众对美好生活的向往转化成脱贫攻坚的强大动能，实行扶贫和扶志扶智相结合，既富口袋也富脑袋，引导贫困群众依靠勤劳双手和顽强意志摆脱贫困、改变命运。我们引导贫困群众树立"宁愿苦干、不愿苦熬"的观念，鼓足"只要有信心，黄土变成金"的干劲，增强"弱鸟先飞、滴水穿石"的韧性，让他们心热起来、行动起来。脱贫群众说："现在国家政策好了，只要我们不等待、不观望，发扬'让我来'的精神，一定能过上好日子。""生活改变了我，我也改变了生活。"

——习近平 2021 年 2 月 25 日在全国脱贫攻坚总结表彰大会上的讲话

要坚持用全面、辩证、长远的眼光分析当前经济形势，努力在危机中育新机、于变局中开新局，发挥我国作为世界最大市场的潜力和作用，明确供给侧结构性改革战略方向，巩固我国经济稳中向好、长期向好的基本趋势，巩固农业基础性地位，落实"六稳""六保"任务，确保各项决策部署落地生根，确保完成决胜全面建成小康社会、决战脱贫攻坚目标任务，推动我国经济乘风破

---

① 中共中央文献研究室编《习近平关于全面建成小康社会论述摘编》，中央文献出版社，2016，第 195 页。

浪、行稳致远。

——习近平 2020 年 5 月 23 日看望参加全国政协十三届三次会议的

经济界委员时的讲话

攻坚克难完成任务。要继续聚焦"三区三州"等深度贫困地区，落实脱贫攻坚方案，瞄准突出问题和薄弱环节狠抓政策落实。确保剩余建档立卡贫困人口如期脱贫，对 52 个未摘帽贫困县和 1113 个贫困村实施挂牌督战，国务院扶贫开发领导小组要较真碰硬"督"，各省区市要凝心聚力"战"，啃下最后的硬骨头。

——习近平 2020 年 3 月 6 日在决战决胜脱贫攻坚座谈会上的讲话

"分则力散，专则力全。"造成各地深度贫困的原因各不相同，集中优势兵力打歼灭战要从各地实际出发，充分发挥我们集中力量办大事的制度优势。只要我们集中力量，找对路子，对居住在自然条件特别恶劣地区的群众加大易地扶贫搬迁力度，对生态环境脆弱的禁止开发区和限制开发区群众增加护林员等公益岗位，对因病致贫群众加大医疗救助、临时救助、慈善救助等帮扶力度，对无法依靠产业扶持和就业帮助脱贫的家庭实行政策性保障兜底，就完全有能力啃下这些硬骨头。

——习近平 2017 年 6 月 23 日在山西省太原市主持召开深度贫困地区脱贫攻坚座谈会上的讲话

我们完全有能力在一些未受制约的领域，在贫困地区中具备独特优势的地方搞超常发展。也就是说，贫困地区完全可能依靠自身的努力、政策、长处、优势在特定领域"先飞"，以弥补贫困带来的劣势。

——习近平：《弱鸟如何先飞——闽东九县调查随感》

五 坚持底线思维

底线思维，是以底线为导向的一种思维方法和心态，估算可能出现的最坏情况，并且接受这种情况，对可预见事物发展作出调整，体现了"有守"和"有为"的有机统一。[1] 底线思维绝不仅仅是要求守住底线，而是要做到"防

---

[1] 人民日报海外版"学习小组"：《学习关键词》，人民出版社，2016，第 190 页。

守"和"进攻"的辩证统一——不仅要做到守住底线，防范风险，还要做到积极出击，把握主动权。习近平多次强调要坚持底线思维："要善于运用'底线思维'的方法，凡事从坏处准备，努力争取最好的结果，这样才能有备无患、遇事不慌，牢牢把握主动权。"① "要坚持底线思维，保持如临深渊、如履薄冰的态度，尽可能把各种可能的情况想全想透，把各项措施制定得周详完善，确保安全、顺畅、可靠、稳固。"② 我国的精准扶贫实践也处处体现着这一思维方法。

从"有守"的角度上看，精准扶贫要求严格守住目标底线和纪律底线。一方面，必须守住稳定实现"两不愁三保障"的目标底线。在精准扶贫阶段，解决传统意义上的绝对贫困就是稳定实现"两不愁三保障"，这一扶贫标准不能随意降低。精准扶贫对贫困群众和贫困地区的帮扶是全方位的，目标也是成体系的，一些地方根据自己的实际情况在这一标准上稍有提升或脱贫速度稍有加快，但无论如何，稳定实现"两不愁三保障"这一最低的标准是不可逾越的红线。此外，对于因病、因残或因年老等原因完全或部分丧失劳动能力的贫困人口，必须用社会保障为其兜牢生存底线。另一方面，必须守住纪律底线。领导干部应当用底线思维规范和约束自身行为。精准扶贫是一项集中全国资源、循序渐进长期实践的重大工程，涉及项目众多、投入资金密集，在扶贫领域的职务犯罪案件也时有发生，如骗取国家扶贫资金、权力寻租、挪用扶贫资金等。习近平要求对此类行为进行严惩："集中整治和查处扶贫领域的职务犯罪，对挤占挪用、层层截留、虚报冒领、挥霍浪费扶贫资金的，要从严惩处。"③ 此外，在扶贫领域还存在数字脱贫、虚假脱贫等弄虚作假、不严不实的问题。为创造廉洁阳光的扶贫环境，各级纪检监察机关对扶贫领域的腐败问题和不正之风进行坚决查处，强化执纪问责，出台责任追究办法，开展集中检查和明察暗访；各级党委政府也出台脱贫攻坚问责办法，为精准扶贫工作提供了有力的纪律保障。

从"有为"的角度上看，精准扶贫要求在"有守"的基础上奋发有为、争取达到最大期望值，同时要具备风险意识、忧患意识和斗争精神。在精准扶贫工作中，虽然要求不能随意拔高脱贫标准，但贫困群众和贫困地区的发展仍应

---

① 《习近平总书记系列重要讲话读本》（2016 年版），人民出版社，2016，第 288 页。
② 习近平：《办公厅工作要做到"五个坚持"》，《思想政治工作研究》2014 年第 8 期。
③ 中共中央党史和文献研究院编《十八大以来重要文献选编》（下），中央文献出版社，2018，第 49 页。

当积极向高线进军，积极引导贫困群众在满足稳定温饱的前提下追求富裕的生活，向最好处努力，满足人民群众对美好生活的向往。此外，底线思维还要求我们在扶贫工作中增强预见性和前瞻性，要有强烈的风险意识和忧患意识，能够避免或及时应对可能出现的问题，并从根本上避免出现全局性错误。底线思维是一种可以预见风险、抵御风险的智慧。[①] 首先，精准扶贫要求对扶贫工作的难度有清醒的认知。其次，要求对扶贫领域可能出现的各类矛盾和问题保持敏感度和预见性，并周详地制定应对方案，打有准备之战。如对返贫、形式主义、效率低下、短期行为等问题要有前瞻性，最大限度防止问题出现。最后，要求充分发挥主观能动性，以砥砺奋进的斗争精神应对扶贫路上的艰难险阻，打好化险为夷的战略主动战。

◉ 专栏 5-7

习近平关于精准扶贫坚持底线思维的重要论述

8 年来，党中央把脱贫攻坚摆在治国理政的突出位置，把脱贫攻坚作为全面建成小康社会的底线任务，组织开展了声势浩大的脱贫攻坚人民战争。党和人民披荆斩棘、栉风沐雨，发扬钉钉子精神，敢于啃硬骨头，攻克了一个又一个贫中之贫、坚中之坚，脱贫攻坚取得了重大历史性成就。

——习近平 2021 年 2 月 25 日在全国脱贫攻坚总结表彰大会上的讲话

要切实做好"六保"工作，做好高校毕业生、农民工等重点群体就业，做好保基本民生工作，帮助群众解决社保、医保、就学等方面的实际困难，落实好特殊困难群众兜底保障工作，坚决完成剩余贫困人口脱贫任务，防止因疫致贫或返贫。

——习近平 2020 年 5 月 24 日在参加十三届全国人大三次会议
湖北代表团审议时的讲话

要巩固"两不愁三保障"成果，防止反弹。对没有劳动能力的特殊贫困人口要强化社会保障兜底，实现应保尽保。

——习近平 2020 年 3 月 6 日在决战决胜脱贫攻坚座谈会上的讲话

---

① 孙国栋：《准确把握底线思维的思想内涵》，《人民论坛》2019 年第 34 期。

基本医保、大病保险、医疗救助是防止老百姓因病返贫的重要保障。这个兜底作用很关键。脱贫攻坚明年就要收官，要把工作往深里做、往实里做，重点做好那些尚未脱贫或因病因伤返贫群众的工作，加快完善低保、医保、医疗救助等相关扶持和保障措施，用制度体系保障贫困群众真脱贫、稳脱贫。

——习近平 2019 年 4 月 15 日在重庆考察石柱土家族自治县
脱贫攻坚工作情况时的讲话

全面建成小康社会，最艰巨最繁重的任务在农村，特别是在贫困地区。没有农村的小康，特别是没有贫困地区的小康，就没有全面建成小康社会。大家要深刻理解这句话的含义。因此，要提高对做好扶贫开发工作重要性的认识，增强做好扶贫开发工作的责任感和使命感。

——习近平 2012 年 12 月 29 日至 30 日在河北省阜平县
考察扶贫开发工作时的讲话

第三节　精准扶贫思想的指导理念

发展是解决贫困问题的总办法，而新发展理念指明了落后地区的发展路径。精准扶贫思想同样围绕着贫困地区的发展展开，对新发展理念的有机统一有充分体现。

一　实现多维创新，培育发展动能

精准扶贫思想对创新发展理念的体现主要有两个方面。一方面，总体而言，精准扶贫思想是对马克思恩格斯反贫困思想的创新性扩充。"我们的理论是发展着的理论，而不是必须背得烂熟并机械地加以重复的教条"[1]，马克思和恩格斯的反贫困思想是以当时资本主义世界的雇佣劳动为主要研究对象而得出的，既包含关于贫困问题的规律性观点或基本观点，也包括针对资本主义世界反贫困的具体观点。马克思和恩格斯关于贫困的社会历史性，以及反贫困的立场、目标等问题提出了符合其一般发展趋势的广泛适用的规律性观点，同时将这些基本规律性观点运用于分析当时的具体贫困问题，得出了适用于当时的反贫困具

---

[1] 《马克思恩格斯文集》（第十卷），人民出版社，2009，第 562 页。

体方式。规律性观点的得出使得马克思主义反贫困思想的扩充具有基本原则和一般遵循，而现实条件的发展又对思想的发展提出了需求，使思想的扩充具有可能性和必要性。精准扶贫思想遵循了马克思恩格斯反贫困思想最基本的立场、观点和方法，而在具体观点、具体研究方法上进行了全面的创新，明确了社会主义条件下消除贫困的内涵，形成了社会主义制度下消除贫困的成功范式。

另一方面，针对当代减贫的现实问题，精准扶贫思想形成了极具创新性的发展方案。比如，精准扶贫思想对脱贫攻坚方式进行了极大创新。在开发式扶贫方针下，在原有扶贫开发的基础上，精准扶贫思想形成了诸如"消费扶贫""'互联网+'扶贫""科技帮扶""新型金融帮扶"等符合发展实际又行之有效的反贫方式，突破了原有反贫困方式在空间资源上的多重瓶颈，避免了不同资源禀赋下贫困地区扶贫的"一刀切"问题。再比如，精准扶贫思想对脱贫攻坚相关的体制机制进行了极大创新。形成了与反贫困方式相配套的诸多体制机制，如"扶贫开发工作责任制""扶贫瞄准机制""东西部扶贫协作机制""一对一帮扶机制""动态管理机制""考核评估机制"等，为精准脱贫的实现提供了体制机制支持。

◉ 专栏 5-8

习近平关于精准扶贫坚持创新发展理念的重要论述

伟大事业孕育伟大精神，伟大精神引领伟大事业。脱贫攻坚伟大斗争，锻造形成了"上下同心、尽锐出战、精准务实、开拓创新、攻坚克难、不负人民"的脱贫攻坚精神。

　　　　——习近平 2021 年 2 月 25 日在全国脱贫攻坚总结表彰大会上的讲话

努力克服疫情影响。要落实分区分级精准防控策略。疫情严重的地区，在重点搞好疫情防控的同时，可以创新工作方式，统筹推进疫情防控和脱贫攻坚。

　　　　——习近平 2021 年 2 月 25 日在全国脱贫攻坚总结表彰大会上的讲话

创新是乡村全面振兴的重要支撑。要坚持把科技特派员制度作为科技创新人才服务乡村振兴的重要工作进一步抓实抓好。

　　　　——习近平 2019 年 10 月对科技特派员制度推行 20 周年作出的
　　　　重要指示，据新华社北京 2019 年 10 月 21 日电要通过改革创新，让贫困地区的土地、劳动力、资产、自然风光等要素活起来，让资源变资产、资金变股金、农民变股东，让绿水青山变金山银山，带动贫困人口增收。

——习近平在 2015 年 11 月 27 日至 28 日召开的中央扶贫
开发工作会议上的讲话

各级党委、政府和领导干部对贫困地区和贫困群众要格外关注、格外关爱，履行领导职责，创新思路方法，加大扶持力度，善于因地制宜，注重精准发力，充分发挥贫困地区广大干部群众能动作用，扎扎实实做好新形势下扶贫开发工作，推动贫困地区和贫困群众加快脱贫致富奔小康的步伐。

——习近平 2014 年 10 月 17 日在首个"扶贫日"之际作出重要批示

二　深化协调机制，带动后发发展

精准扶贫思想对协调发展理念的体现主要在两个方面。一方面是协调不同地区之间的发展。东西部之间、发达地区与相对落后地区之间的发展差距投射在贫困问题上，就体现为建档立卡户较多地分布在农村、西部等落后地区。在发达地区面貌快速变化的背景下，落后地区的贫困问题显得更加突出。而精准扶贫思想的一项重要内容就是发展的协同性，提出发达地区支持相对落后地区发展的要求，指出发达地区参与东西部协作扶贫的各省，参与定点扶贫的各级党政机关和中央企业，民主党派、工商联民营企业、社会组织和个人等社会扶贫力量均是脱贫攻坚的重要力量，并且总结了这三类社会力量参与扶贫的方式。提出第一类社会力量主要参与东西部协作扶贫，以财政投入为依托，通过企业合作等方式推动人、财、物和科技等生产要素进入贫困地区，通过这一帮扶机制实现不同地区间的协调发展。

另一方面是协调脱贫攻坚中不同力量之间的关系。既包括不同反贫困主体之间的关系，也包括建档立卡户与边缘户的关系等。第一，精准扶贫思想进入精准扶贫精准脱贫阶段后，以习近平同志为核心的党中央对社会扶贫问题进行了系统研究，创新提出了构建"大扶贫格局"①的观点，构建"大扶贫格局"的有关思想明确了劳动人民联合反贫困的具体形式，提出党和政府、社会力量和建档立卡户自身都是反贫困的现实力量，需要团结一切可以团结的力量推进

---

① 《习近平谈治国理政》（第三卷），外文出版社，2020，第 37 页。

反贫困事业。面对消除绝对贫困的艰巨任务，以习近平同志为核心的党中央始终坚持凝聚各方力量，并对反贫困主体的具体形式、覆盖范围、责任义务等进行了具体设计。第二，协调好建档立卡户与边缘户之间的关系。在精准脱贫及拓展脱贫攻坚成果的过程中，通过政策扶持、基层党建、产业带动等方式带动边缘户、悬崖户等的发展。

◉ 专栏 5-9

习近平关于精准扶贫坚持协调发展理念的重要论述

开展东西部协作和定点帮扶，是党中央着眼推动区域协调发展、促进共同富裕作出的重大决策。要适应形势任务变化，聚焦巩固拓展脱贫攻坚成果、全面推进乡村振兴，深化东西部协作和定点帮扶工作。

　　　　　——习近平对深化东西部协作和定点帮扶工作作出的重要指示，
　　　　　　　据新华社北京 2021 年 4 月 8 日电

在科学评估进展状况的基础上，我们要对全面建成小康社会存在的突出短板和必须完成的硬任务进行认真梳理。

　　　　　——习近平 2019 年 4 月 22 日在中央财经委员会第四次会议上的讲话

脱贫攻坚，各方参与是合力。必须坚持充分发挥政府和社会两方面力量作用，构建专项扶贫、行业扶贫、社会扶贫互为补充的大扶贫格局，调动各方面积极性，引领市场、社会协同发力，形成全社会广泛参与脱贫攻坚格局。

　　　　　——习近平 2018 年 2 月 12 日在打好精准脱贫攻坚战座谈会上的讲话

各方参与是合力，坚持专项扶贫、行业扶贫、社会扶贫等多方力量有机结合的"三位一体"大扶贫格局，发挥各方面积极性。

　　　　　——习近平 2017 年 2 月 21 日在十八届中央政治局
　　　　　　　第三十九次集体学习时的讲话

我们主张，各国和各国人民应该共同享受发展成果。每个国家在谋求自身发展的同时，要积极促进其他各国共同发展。世界长期发展不可能建立在一批国家越来越富裕而另一批国家却长期贫穷落后的基础之上。只有各国共同发展了，世界才能更好发展。

——习近平 2013 年 3 月 23 日在莫斯科国际关系学院的演讲

三 探索绿色路径，激活发展资源

精准扶贫思想对绿色发展理念的体现主要有三个方面。一是处理好"绿水青山"和"金山银山"的关系。习近平总书记明确强调了生态资源转化为经济财富的可能性。部分贫困地区拥有比较丰富的生态资源，精准扶贫、精准脱贫的一个重要方向，就是要使其能够凭借良好的生态环境发展生态产业，将这些生态资源转化为经济财富。

二是推动扶贫产业的集约化发展。在一段时间内，贫困地区产业发展呈现出比较明显的粗放特征。习近平曾在多个场合提出要提高农业综合生产能力和整体素质。在扶贫过程中增强农业综合生产能力的重要要求，就是通过基础设施补齐、技术革新、管理提升等提高资源配置效率，减少单位产品劳动消耗，在产业发展的同时减少资源的浪费。

三是在脱贫攻坚过程中尊重自然、保护自然。对绿色资源转化能力较强的地区推动绿色发展，对生态基础薄弱、生态环境的承受力差的地区则加强保护。对居住在生存条件恶劣、生态环境脆弱、自然灾害频发等地区的农村贫困人口实施易地扶贫搬迁工程。

● 专栏 5-10

习近平关于精准扶贫坚持绿色发展理念的重要论述

人不负青山，青山定不负人。绿水青山既是自然财富，又是经济财富。希望乡亲们坚定不移走生态优先、绿色发展之路，因茶致富、因茶兴业，脱贫奔小康。

——习近平 2020 年 4 月 20 日至 23 日在陕西考察时的讲话

只要我们集中力量，找对路子，对居住在自然条件特别恶劣地区的群众加大易地扶贫搬迁力度，对生态环境脆弱的禁止开发区和限制开发区群众增加护林员等公益岗位，对因病致贫群众加大医疗救助、临时救助、慈善救助等帮扶力度，对无法依靠产业扶持和就业帮助脱贫的家庭实行政策性保障兜底，就完全有能力啃下这些硬骨头。

——习近平 2017 年 6 月 23 日在山西省太原市主持召开
深度贫困地区脱贫攻坚座谈会上的讲话

要通过改变生存环境、提高生活水平、提高生产能力实现脱贫，还要有巩固脱贫的后续计划、措施、保障。

——习近平 2016 年 8 月 22 日至 24 日在青海考察时的讲话

扶贫开发要同做好农业农村农民工作结合起来，同发展基本公共服务结合起来，同保护生态环境结合起来，向增强农业综合生产能力和整体素质要效益。

——习近平 2013 年 11 月 3 日至 5 日在湖南考察时的讲话

我们完全有能力在一些未受制约的领域，在贫困地区中具备独特优势的地方搞超常发展。也就是说，贫困地区完全可能依靠自身的努力、政策、长处、优势在特定领域"先飞"，以弥补贫困带来的劣势。

——习近平：《弱鸟如何先飞——闽东九县调查随感》

四 融入开放格局，突破发展制约

精准扶贫思想对开放发展理念的体现主要有三个方面。一是加强扶贫产业的开放性。对外开放是一段时间以来我国经济增长的重要动力来源，部分贫困地区具备发展外向型经济的区位优势和劳动力价格优势。在这一条件下，精准扶贫思想将扶贫产业的对外开放作为脱贫攻坚的重要方式，形成了突破区域发展制约、加强贫困地区"走出去"和"引进来"结合、抓住"一带一路"建设和以向西向南开放机遇推动贫困地区发展等理论观点。

二是为国际减贫事业贡献力量。中国减贫与世界发展息息相关，在"人类命运共同体"意识逐步形成的背景下，精准扶贫思想同样关注全球减贫事业的发展，形成了通过国家援助、援建减贫项目、培养减贫人才、分享减贫方案和减贫经验等路径解决全球贫困问题的有关观点。

三是运用国际减贫力量。精准扶贫思想认为，减贫中的对外开放应包括对国际减贫力量的支持和运用，包括接受联合国机构援助、与联合国相关机构配合完成减贫重点项目、合理运用国内国外资源和市场等观点。

● 专栏 5-11

习近平关于精准扶贫坚持开放发展理念的重要论述

要聚焦补齐全面建成小康社会短板，推进供给侧结构性改革，加快构建覆盖城乡、功能完备、支撑有力的基础设施体系，加快改造传统产业，培育新兴产业，加大改革攻坚力度，加快构建开放新格局，积极发展高附加值特色农业，统筹旅游资源保护和开发，不断夯实高质量发展基础。

——习近平 2019 年 8 月 22 日在听取甘肃省委和省政府工作汇报时的讲话

加强同发展中国家和国际机构在减贫领域的交流合作，是我国对外开放大局的重要组成部分。

——习近平在 2015 年 11 月 27 日至 28 日召开的
中央扶贫开发工作会议上的讲话

维护和发展开放型世界经济，推动建设公平公正、包容有序的国际经济金融体系，为发展中国家发展营造良好外部环境，是消除贫困的重要条件。中国提出共建丝绸之路经济带和 21 世纪海上丝绸之路，倡议筹建亚洲基础设施投资银行，设立丝路基金，就是要支持发展中国家开展基础设施互联互通建设，帮助他们增强自身发展能力，更好融入全球供应链、产业链、价值链，为国际减贫事业注入新活力。

——习近平 2015 年 10 月 16 日在 2015 减贫与发展高层论坛上的主旨演讲

大家一起发展才是真发展，可持续发展才是好发展。要实现这一目标，就应该秉承开放精神，推进互帮互助、互惠互利。当今世界仍有八亿人生活在极端贫困之中，每年近六百万孩子在五岁前夭折，近六千万儿童未能接受教育。刚刚闭幕的联合国发展峰会制定了 2015 年后发展议程。我们要将承诺变为行动，共同营造人人免于匮乏、获得发展、享有尊严的光明前景。

——习近平 2015 年 9 月 28 日在第 70 届联合国大会上的讲话

五　坚持共享目标，分享发展红利

精准扶贫思想对共享发展理念的体现主要有两个方面。一方面，贫困人口共享改革发展成果。精准扶贫思想的落脚点是全面主动减贫，其中一个重要体现就是在减贫范围上寻求全面整体脱贫。全面建成小康社会，一个也不能少；共同富裕路上，一个也不能掉队。在这一观点的指导下，到 2020 年，我国农村贫困人口全部脱贫，贫困县全部摘帽，精准扶贫使得每一个贫困人口能够共享改革成果，取得了举世公认的成就。

另一方面，精准扶贫要充分调动人民群众的积极性、主动性、创造性。中国共产党人自新中国成立伊始就提出，我国要以多种形式把群众的力量组织成为一支劳动大军，并将其作为贫困人口由穷苦变富裕的必由之路。精准扶贫思想形成了构建"大扶贫格局"的有关观点，明确了劳动人民联合反贫困的具体形式，指出党和政府、社会力量和建档立卡户自身都是反贫困的现实力量，需要团结一切可以团结的力量推进反贫困事业。面对消除绝对贫困的艰巨任务，以习近平同志为核心的党中央始终坚持"凝聚各方力量"作为反贫困主体的观点，并对反贫困主体的具体形式、覆盖范围、责任义务等进行了具体设计。

◉ **专栏 5-12**

习近平关于精准扶贫坚持共享发展理念的重要论述

要围绕立足新发展阶段、贯彻新发展理念、构建新发展格局带来的新形势、提出的新要求，坚持把解决好"三农"问题作为全党工作重中之重，坚持农业农村优先发展，走中国特色社会主义乡村振兴道路，持续缩小城乡区域发展差距，让低收入人口和欠发达地区共享发展成果，在现代化进程中不掉队、赶上来。

——习近平 2021 年 2 月 25 日在全国脱贫攻坚总结表彰大会上的讲话

在发展中国家中，只有中国实现了快速发展和大规模减贫同步，贫困人口共享改革发展成果，这是一个了不起的人间奇迹。

——习近平 2019 年 4 月 16 日在解决"两不愁三保障"
突出问题座谈会上的讲话

落实共享发展理念，"十三五"时期的任务和措施有很多，归结起来就是两个层面的事。一是充分调动人民群众的积极性、主动性、创造性，举全民之力推进中国特色社会主义事业，不断把蛋糕做大。二是把不断做大的蛋糕分好，让社会主义制度的优越性得到更充分体现，让人民群众有更多获得感。要扩大中等收入阶层，逐步形成橄榄型分配格局。特别要加大对困难群众的帮扶力度，坚决打赢农村贫困人口脱贫攻坚战。

——习近平：《深入理解新发展理念》

必须多谋民生之利、多解民生之忧，在发展中补齐民生短板、促进社会公平正义，在幼有所育、学有所教、劳有所得、病有所医、老有所养、住有所居、弱有所扶上不断取得新进展，深入开展脱贫攻坚，保证全体人民在共建共享发展中有更多获得感，不断促进人的全面发展、全体人民共同富裕。

——习近平2017年10月18日在中国共产党第十九次全国代表大会上的报告

在共享改革发展成果上，无论是实际情况还是制度设计，都还有不完善的地方。为此，我们必须坚持发展为了人民、发展依靠人民、发展成果由人民共享，作出更有效的制度安排，使全体人民朝着共同富裕方向稳步前进，绝不能出现"富者累巨万，而贫者食糟糠"的现象。

——习近平2015年10月29日在十八届五中全会第二次全体会议上的讲话

第六章　精准扶贫思想的理论创新

习近平在对中国特色反贫困理论进行总结时强调，精准扶贫思想"是我国脱贫攻坚的理论结晶，是马克思主义反贫困理论中国化最新成果，必须长期坚持并不断发展"[①]。精准扶贫思想作为马克思主义反贫困理论中国化的最新成果有什么最新体现？中国精准扶贫为什么能够产生这一创新？理论界对这些问题已经形成了诸多有价值的理论成果。李正图等学者分析了精准扶贫思想对西方减贫思想的颠覆和超越。[②] 杨灿明认为精准扶贫实践探索出了融"理论、理念、制度和机制"为一体的综合性减贫体系，创新发展了中国特色的减贫理论，其理论创新主要体现为始终践行"以人民为中心"的理念指引，充分发挥了社会主义制度的制度优势，构建了"政府、市场和社会"多方联动的减贫机制，形成了值得国际社会尤其是发展中国家学习和借鉴的"中国智慧"，等等。[③] 雷明等学者从"精准""扩权赋能""可持续"等方面，总结了精准扶贫思想创新的具体内容。[④]

本书在前人研究的基础上，从两个方面对精准扶贫思想的理论创新问题展开研究。第一，从丰富内涵、形成基本路线、明确基本力量、健全体制机制四个方面提炼了精准扶贫思想的四大理论创新。第二，对中国精准扶贫为什么能够产生理论创新展开了分析，认为精准扶贫思想理论创新的中国之能包括牢牢坚持以马克思主义贫困与反贫困理论为指导、充分发挥中国共产党领导和社会主义制度的独特优势、科学运用唯物辩证法分析和解决绝对贫困问题三个方面。

[①] 习近平：《在全国脱贫攻坚总结表彰大会上的讲话》，《人民日报》2021年2月26日，第2版。

[②] 李正图、朱秋：《新时代中国精准扶贫实践的重大贡献及其理论创新》，《上海经济研究》2024年第1期。

[③] 杨灿明：《中国战胜农村贫困的百年实践探索与理论创新》，《管理世界》2021年11期。

[④] 雷明、邹培：《精准扶贫的思想内涵、理论创新及价值贡献》，《马克思主义与现实》2020年第4期。

第一节　精准扶贫思想理论创新的主要表现

精准扶贫思想的内容丰富而系统，其最主要的理论创新体现在如下四个方面。

一　丰富了绝对贫困的基本内涵

绝对贫困指基本生存条件得不到满足的贫困现象，涉及贫困人口的生存权利，是反贫困事业关注的首要问题。马克思和恩格斯曾经使用"绝对贫困"、"赤贫"和"极度贫困"等概念来描述贫困人口基本生存条件得不到满足的情况。各类国际组织和世界主要国家也依据维持生存所需的基本商品和服务划定了贫困线。我国一直以来高度关注极度贫困者的生存问题，并在 1986 年明确了人均年纯收入 206 元的绝对贫困标准。这之后，我国的绝对贫困线根据居民消费指数和最低热量摄入标准的变化而不断更新。精准扶贫思想产生以来，习近平总书记对消除绝对贫困基本内涵涉及的一些主要方面，包括绝对贫困的最新标准、消除绝对贫困的历史任务等进行了论述。

（一）明确了绝对贫困标准

精准扶贫思想对新的贫困线进行了确立，并将其作为消除绝对贫困目标中的贫困标准。习近平总书记一直坚持消除绝对贫困首先要确立适宜的贫困标准，并在这一贫困标准下对目标人群进行精准识别。而进入新时代以来，习近平总书记更是多次提出贫困标准需要与全面建成小康社会的目标相统一，在解决温饱问题的基础上进行提升。具体而言，他于 2015 年对美国进行国事访问时提到，中国建立起了最新的贫困标准，按照这一新的标准，"中国还有 7000 多万贫困人口"[①]。习近平总书记提到的这一最新的贫困标准，即国务院确定的 2011—2020 年的农村贫困标准——"按 2010 年价格水平每人每年 2300 元"[②]。精准扶贫思想诞生后，这一贫困标准得到我国理论界的普遍认可。新的绝对贫困标准较之前标准有明显改进。一是科学考察了贫困人口的营养需要。之前贫困标准的主要依据是人类维持基本生存的最低热量摄入，这一标准忽略了贫困人口

---

① 《习近平谈治国理政》（第二卷），外文出版社，2017，第 30 页。
② 王萍萍、徐鑫、郝彦宏：《中国农村贫困标准问题研究》，《调研世界》2015 年第 8 期。

健康生活的必需营养，新的贫困标准则在满足热量需要的基础上，提出满足贫困人口蛋白质摄入的需求。二是考虑了贫困人口生活的综合需求。新标准规定了食物对贫困标准的占比，保障了贫困人口一定数量的非食品支出。[①] 三是实现了与国际贫困标准接轨。新贫困标准与世界银行每日 1.25 美元的贫困标准相符。

（二）提出了消除绝对贫困的历史任务

精准脱贫思想诞生以来，习近平总书记从多个层面对消除绝对贫困这一任务进行了充分研判。首先，分析了在这一历史节点完成消除绝对贫困任务的重要意义。一直以来，中国共产党人都将提升人民的生活水平作为重要使命，并提出了在中国共产党成立一百年时全面建成小康社会的目标。而消除绝对贫困是全面建成小康社会的前提，正如习近平总书记所说："农村贫困人口如期脱贫、贫困县全部摘帽、解决区域性整体贫困，是全面建成小康社会的底线任务，是我们作出的庄严承诺。"[②] 这体现出中国共产党人对当前阶段我国解决绝对贫困问题的历史意义具有明确认识。其次，分析了消除绝对贫困的困难程度。2011 年底贫困标准确定后，我国当年贫困人口规模从 2688 万扩大到 1.22 亿。[③] 习近平总书记提到的这 1.22 亿贫困人口大多来自自然条件差、经济基础弱、贫困程度深的地区，其发展基础差，致贫原因复杂，教育、医疗、住房安全等的保障难度较大，这说明党中央对消除绝对贫困的艰巨程度具有清醒认识。最后，分析了我国解决绝对贫困问题的基础和条件。经过多年努力奋斗，我国已经摆脱了全国性贫困的面貌，全国范围内的温饱问题基本得到解决。就群众收入结构而言，"我国大部分群众生活水平有了很大提高，出现了中等收入群体，也出现了高收入群体"[④]。就区域脱贫情况而言，尽管东部和中部地区还存在一些脱贫难点，"但总体上如期脱贫不成问题"[⑤]；西部地区特别是民族地区、边疆地区、革命老区、连片特困地区成为反贫困工作的重点。可见我国跨过了居民生活总体水平较低的发展阶段，同时多维贫困、深度贫困问题开始凸显，但我国已经具备集中力量解决这些问题的能力。在此基础上，我国在多个场合明确了要在精准扶贫精准脱贫阶段完成消除绝对贫困的历史任务。

---

① 王萍萍、徐鑫、郝彦宏：《中国农村贫困标准问题研究》，《调研世界》2015 年第 8 期。
② 中共中央党史和文献研究院编《习近平扶贫论述摘编》，中央文献出版社，2018，第 19 页。
③ 《〈人类减贫的中国实践〉白皮书》，中华人民共和国中央人民政府，2021 年 4 月 6 日，https://www.gov.cn/zhengce/2021-04/06/content_5597952.htm。
④ 中共中央党史和文献研究院编《习近平扶贫论述摘编》，中央文献出版社，2018，第 3 页。
⑤ 中共中央党史和文献研究院编《习近平扶贫论述摘编》，中央文献出版社，2018，第 18 页。

二 形成了消除绝对贫困的基本路线

基本方略是马克思主义理论成果的一种重要形式，能够作为一段时间内实践的纲领和遵循。如果说马克思和恩格斯在其所处时代反贫困的基本方略是通过无产阶级革命夺取生产资料来维护无产阶级的共同利益，那么当前阶段我国反贫困的基本方略则是通过精准扶贫和精准脱贫保证每一个贫困人口摆脱绝对贫困。这一基本方略的创新改变了贫困的测度方式和反贫困的实践方式等。具体表现如下。

（一）将全部贫困个体作为反贫困的直接对象

马克思和恩格斯在考察资本主义社会的贫困问题时，认为贫困现象实际是无产阶级的阶级利益在剥削的生产关系中受到损害的表现。因此他们更加注重在阶级的对抗中维护无产阶级的整体利益。在社会主义社会中，阶级间的剥削和对抗已经被消除，这使得中国共产党能够思考掌握生产资料后全体人民内部的财富分配问题，即在整体的阶级利益实现后，逐步确保个人利益实现的问题，其中最基本的就是每个贫困个体的脱贫问题。因此，社会主义制度确立以来，我国的反贫困对象划定经历了一个从粗到细的发展过程，从最初的全国性发展生产到解决区域性扶贫，再到以贫困县和贫困村为扶贫对象。这一过程中不乏对贫困户及贫困人口的持续关注，但贫困户尚未完全成为反贫困的最基本单元。直到精准扶贫思想产生，我国形成了将贫困发生的最小社会单元——贫困人口，作为反贫困实践的直接对象的有关思想。2012 年习近平总书记在河北阜平考察时就提出"要一家一户摸情况"[①]，提出了扶贫精确到人、精确到户的思想；提出要在全国范围内建立贫困户、贫困村、贫困县和连片特困地区电子信息档案，构建以个人为最小单位的全国扶贫信息网络系统。这一思想创新彻底改变了反贫困实践的思路和形态，在此基础上，我国提出了"六个精准"的基本要求，为反贫困到达"最后一公里"、反贫困不落下一户一人提供了思想基础。

（二）将精准理念和贫困地区发展进行有效结合

马克思恩格斯反贫困思想和我国反贫困的早期思想都十分重视产业发展对于反贫困的重要作用，恩格斯在《共产主义原理》中提出贫困问题产生的条件

---

① 中共中央党史和文献研究院编《习近平扶贫论述摘编》，中央文献出版社，2018，第58页。

之一就是生产的规模不能满足所有人的需要，马克思和恩格斯在《共产党宣言》中对夺取资本和生产工具进行表述时，也专门强调了要"尽可能快地增加生产力的总量"[1]。中国共产党也一直注重通过物质资料生产的发展来解决贫困问题，将开发式扶贫作为我国反贫困的方针。但在精准扶贫思想产生前，我国尚未根据不同贫困地区甚至不同贫困个体的贫困原因和发展优势，对其发展方式进行精准的系统设计。精准扶贫思想继承了我国重视产业发展的理论观点，同时进行了重要创新，以精准思维考察贫困地区和贫困人口的发展问题，将精准与发展进行了创新结合。习近平总书记在2015年的中央扶贫开发工作会议上就提出贫困地区发展要"宜农则农、宜林则林、宜牧则牧、宜商则商、宜游则游"[2]，体现出精准理念与开发式扶贫方针的结合。在后来思想的发展过程中，这种结合得到了进一步的发展和强化，主要体现在两个方面。一是形成了产业帮扶举措精准到人的思想，即针对贫困人群的具体情况，对贫困村甚至贫困户量身制定精细化的产业帮扶措施，对此习近平总书记多次指出，扶贫开发政策要"因户施策、因人施策"[3]。二是形成了因地制宜差异化发展的思想，即要根据不同贫困地区的发展优势，提供多样化、差异化的产业帮扶。如习近平总书记曾在多个场合指出要在贫困地区的产业发展过程中精准安排项目，实行精准化扶持。[4]

（三）形成设定消除绝对贫困的时间表

习近平总书记站在新的历史关口，对我国的反贫困事业进行了审视，明确提出了"决胜全面建成小康社会"的任务目标，并强调指出："全面建成小康社会，一个也不能少；共同富裕路上，一个也不能掉队。"[5] 我国从"建设小康"阶段进入"建成小康"阶段，开启了以消除贫困为明确目标的反贫困工作。对此，党中央从多个方面对脱贫进行了倒排工期。习近平总书记在2015年关于贫困退出的论述中就明确提到了设立时间表的有关思想，他指出，解决"如何退"的问题首先要设定时间表，让脱贫进程与全面建成小康社会的进程相适应，"每年退出多少要心中有数"[6]。具体来说，习近平总书记在深度贫困地区脱贫攻坚座谈会上强调："从总量上看，二〇一六年底，全国农村贫困人口

---

① 《马克思恩格斯选集》（第一卷），人民出版社，2012，第421页。
② 中共中央党史和文献研究院编《习近平扶贫论述摘编》，中央文献出版社，2018，第66页。
③ 中共中央党史和文献研究院编《习近平扶贫论述摘编》，中央文献出版社，2018，第61页。
④ 中共中央党史和文献研究院编《习近平扶贫论述摘编》，中央文献出版社，2018，第58页。
⑤ 《习近平谈治国理政》（第三卷），外文出版社，2020，第66页。
⑥ 中共中央党史和文献研究院编《习近平扶贫论述摘编》，中央文献出版社，2018，第71页。

还有四千三百多万人。如期实现脱贫攻坚目标，平均每年需要减少贫困人口近一千一百万人。"[①] 此外，习近平总书记曾针对脱贫的投入问题，提出"未来五年每年平均需投入二千四百亿元左右"[②] 的规划。

三 明确了消除绝对贫困的基本力量

马克思主义经典作家在论及反贫困的主体时曾对无产阶级政权和贫困人口自身的重要性进行了强调。马克思和恩格斯既明确了无产阶级政权在夺取生产资料和发展社会生产中的作用，又强调了贫困人口之间的内部帮助与救济。在其所处的历史场域中，他们难以就其他社会主体参与反贫困的问题提出更多见解。但我国在改革开放后，尤其是国务院贫困地区经济开发领导小组成立以来，越来越多地注意到多种社会力量对于反贫困的重要作用。如在"八七扶贫"阶段，我国就提出要动员企事业单位、各民主党派、社会组织以及民间扶贫团体参与扶贫。进入21世纪，国内产生了"动员社会各界帮助贫困地区的开发建设"[③] 的观点，中国共产党人已经认识到社会扶贫可以成为反贫困实践中的重要补充力量。精准扶贫精准脱贫思想产生后，以习近平同志为主要代表的中国共产党人则正式提出构建全社会参与的"大扶贫格局"[④] 的观点，明确了全体社会力量参与扶贫的价值、责任和权利，使社会扶贫成为我国反贫困实践的一种主要方式。其具体表现包括中央政府与地方政府的集成、政府主体与其他主体的集成等。中央政府与地方政府的集成主要包括两个方面。一是组织架构的协同与分工，具体表现为责任、任务、资金和权力"四个到省"的扶贫工作责任制，各级政府扶贫工作首长负责制，以及从中央到地方的扶贫工作领导机构，等等。二是宏观政策与微观政策的集成以及贫困治理政策的组合集成。政府主体与其他主体的集成则主要指形成了政府主导、多元主体协作的扶贫体系，即动员全社会参与，发挥中国制度优势，构建了政府、社会、市场协同推进的大扶贫格局，形成了跨地区、跨部门、跨单位、全社会共同参与的多元主体的社会扶贫体系。

（一）提出政府和社会力量的深度结合

在强调政府主导的基础上，习近平总书记进一步强调了政府和社会力量的深

---

① 中共中央党史和文献研究院编《习近平扶贫论述摘编》，中央文献出版社，2018，第20页。
② 中共中央党史和文献研究院编《习近平扶贫论述摘编》，中央文献出版社，2018，第15页。
③ 中共中央文献研究室编《十五大以来重要文献选编》（下），人民出版社，2003，第1885页。
④ 《习近平谈治国理政》（第三卷），外文出版社，2020，第37页。

度结合。在主体方面提出"全员参与",在军队、各民主党派、社会组织等的基础上,强调了组织民营企业、科研院所、社会各界爱心人士等参与扶贫的重要作用,使得反贫困的参与主体基本实现全社会覆盖。在政府和社会力量结合的机制和方式方面,习近平总书记提出通过完善工作机制来促进其结合,如提出要建立健全制定帮扶规划、建立考核评价机制等,并形成了通过分层次定点扶贫、专项扶贫、行业扶贫等方式实现社会力量与政府扶贫机构的深度结合的有关观点。①

(二) 提出社会动员和政策支持相结合

长期以来,我国反贫困思想将推动社会力量参与扶贫的方式归为动员和引导。在此基础上,精准扶贫思想提出要形成鼓励参与扶贫的社会氛围,同时加强对帮扶主体的政策支持。一方面,精准扶贫精准脱贫思想提出要将扶贫济困的传统美德和社会主义核心价值观等与反贫困实践进行结合,通过设立"国家扶贫日"、设立全国脱贫攻坚奖等方式,树立人人积极参与扶贫的价值取向。另一方面,精准扶贫思想体现了加强对帮扶主体进行政策支持的观点。习近平总书记2016年在东西部扶贫协作座谈会上提出:"中央出台了一系列关于企业参与脱贫攻坚的支持政策,如吸纳农村贫困人口就业的企业按规定享受税收优惠、职业培训补贴等支持政策……"② 这种政策的支持,对社会扶贫主体形成了有效的激励,推动了社会力量对反贫困实践的参与。

(三) 提出帮扶方与被帮扶方二者发展相结合

长期以来,帮扶方在反贫困工作中都扮演单纯支持者的角色,进入精准扶贫精准脱贫阶段后,习近平总书记创新提出了帮扶方与被帮扶方互利共赢、共同发展的思想。在"造血式"精准脱贫的条件下,中国共产党人深化了对贫困地区个性化发展潜力的研究,提出了发达地区利用贫困地区的自然资源和消费市场等在帮扶中实现自身发展的观点。习近平总书记在2016年的东西部扶贫协作座谈会上对此进行了专门说明,他认为:"西部地区资源富集、投资需求旺盛、消费增长潜力巨大、市场广阔,这对东部地区发展来说是重要机遇。"③ 这一发现改变了贫困地区帮扶接受者的角色定位,也使发达地区在扶贫中实现自身发展成为可能,不仅增强了全社会参与脱贫攻坚的动力,也创新了社会力量

① 中共中央党史和文献研究院编《习近平扶贫论述摘编》,中央文献出版社,2018,第99—100页。
② 中共中央党史和文献研究院编《习近平扶贫论述摘编》,中央文献出版社,2018,第104页。
③ 中共中央党史和文献研究院编《习近平扶贫论述摘编》,中央文献出版社,2018,第103页。

参与扶贫的形式。

四 健全了消除绝对贫困的体制机制

马克思恩格斯把产生绝对贫困的原因首先归结为资本主义制度，但同时也认为产生绝对贫困还有其他具有多维性特征的原因。如教育的缺失，恩格斯指出当时英国的教育设施就庞大的人口而言相对较少，难以满足无产阶级提升自身科学文化素养的需求[①]；如人身安全得不到保障，表现为为资产阶级服务的司法者可以肆无忌惮地侵害穷人的人身安全，"警察可以直接闯进他家里，逮捕他，粗暴地对待他"[②]；再如生活习惯的落后，马克思在《资本论》中提到，就贫困的雇佣工人而言，他们难以养成健康科学的生活习惯，"他们通常都是非常粗野的、反常的人"[③]。这一系列论述表明马克思主义经典作家早就对贫困问题形成的多维性进行了研究。然而，马克思和恩格斯的反贫困思想未能从体制机制上提出多维贫困的评价体系、施策方案和工作机制。精准扶贫精准脱贫思想则在前人思想的基础上就这三个方面进行了创新，丰富和发展了消除绝对贫困的体制机制。

（一） 创新提出多维贫困的评价体系

精准扶贫思想创新提出要对多维贫困进行科学评价，明确了创新多维贫困评价体系的意义。习近平总书记在 2015 年的部分省区市扶贫攻坚与"十三五"时期经济社会发展座谈会上的讲话中就提到，精准扶贫首先要把扶贫对象"摸清搞准"[④]，对其贫困状况进行多维评价。认为其评价指标应涵盖贫困的诸多方面，既包括贫困人口的基本生活条件，如"房"和"粮"的基本情况，也包括其自身发展的条件保障状况，即劳动力强不强，有无读书郎。[⑤] 在这一思想的指导下，我国在贫困户的识别中，具体形成了"以农户收入为基本依据，综合考虑住房、教育、健康等情况"[⑥] 的有关观点，提出对贫困户的收支状况进行测算的同时，还要对其健康状况、劳动能力、住房安全、子女教育、就医水平、

---

① 《马克思恩格斯文集》（第一卷），人民出版社，2009，第 423 页。
② 《马克思恩格斯文集》（第一卷），人民出版社，2009，第 482 页。
③ 《马克思恩格斯文集》（第五卷），人民出版社，2009，第 558 页。
④ 中共中央党史和文献研究院编《习近平扶贫论述摘编》，中央文献出版社，2018，第 59 页。
⑤ 中共中央党史和文献研究院编《习近平扶贫论述摘编》，中央文献出版社，2018，第 59 页。
⑥ 《国务院扶贫办关于印发〈扶贫开发建档立卡工作方案〉的通知》，国务院开发领导小组办公室，2014 年 4 月 11 日，http://www.cpad.gov.cn/art/2014/4/11/art_50_23761.html。

生产生活设施、产业发展基础、文化生活丰富程度等进行评价。这一观点指导我国在反贫困实践中构建起了多维贫困的评价体系，为多维贫困的识别、测度和消除奠定了理论基础。

（二）提出要形成化解多维贫困的分类施策方案

在形成创新多维贫困评价体系有关思想的基础上，精准扶贫思想还创新提出要形成化解多维贫困的分类施策方案。在这一问题上，以习近平同志为主要代表的中国共产党人形成了分类分批消除多维贫困的有关观点，并在 2015 年的减贫与发展高层论坛上对这一观点进行了阐述。习近平总书记在高层论坛上首次提出脱贫攻坚需要完成"五个一批"，即"通过扶持生产和就业发展一批，通过易地搬迁安置一批，通过生态保护脱贫一批，通过教育扶贫脱贫一批，通过低保政策兜底一批"①。"五个一批"的提出，使我国在面对贫困人群物质贫困、能力贫困、居住安全贫困、智力贫困、精神贫困等问题时具备了针对性施策的理论基础。在"五个一批"的基础上，中国共产党人进一步形成了通过分类施策化解多维贫困的观点。如习近平总书记就曾在多个场合阐述了"分类施策"②"因贫困原因施策"③ 等观点。除此之外，习近平总书记还提出要针对特殊时期、特殊来源的贫困问题施行专门对策，如面对 2020 年的新冠疫情，习近平总书记专门提出要"分类施策"，在疫情严重地区"统筹推进疫情防控和脱贫攻坚"。④

（三）提出构建精准扶贫精准脱贫的工作机制

精准扶贫精准脱贫的实现，需要扶贫工作各环节中科学稳定的工作流程和运行规则，这种工作流程和运行规则集中体现为精准扶贫精准脱贫的工作机制。习近平总书记对精准扶贫精准脱贫工作机制的构建高度重视。首先，提出了"识别—退出—评估"的精准脱贫"三步论"，提出精准脱贫的总体流程和方法，在每一具体环节中，又提出要构建细化的工作机制的观点。如习近平总书

① 习近平：《携手消除贫困 促进共同发展——在2015减贫与发展高层论坛的主旨演讲》，人民出版社，2015，第6页。
② 中共中央党史和文献研究院编《习近平扶贫论述摘编》，中央文献出版社，2018，第74页。
③ 习近平：《携手消除贫困 促进共同发展——在2015减贫与发展高层论坛的主旨演讲》，人民出版社，2015，第6页。
④ 《习近平：在决战决胜脱贫攻坚座谈会上的讲话》，中国共产党新闻网，2020年3月7日，http://cpc.people.com.cn/n1/2020/0307/c64036-31621224.html。

记在谈及贫困的识别环节时，就提出要构建建档立卡的工作机制，通过进村入户的调查摸清扶贫对象的具体情况，并且"通过建档立卡，对扶贫对象实行规范化管理"①。在贫困户退出环节，习近平总书记又提出要形成逐户销号、动态管理等工作机制②，实现贫困户的精准退出。在评估环节，习近平总书记则提出可以实行能起到实效的多种评估方式，如对此提出可以进行群众自我评价，也可以进行第三方评估③，这些观点体现出加强反贫困社会监督、严格脱贫验收的有关思想。这一系列观点的提出，为精准扶贫精准脱贫体制机制的建立健全奠定了基础，使我国精准扶贫精准脱贫的具体工作实现了有章可循和协调运行。

第二节　精准扶贫思想理论创新的中国之能④

精准扶贫思想区别于其他减贫思想的关键，在于精准扶贫思想坚持了三方面的核心要义，这是判断反贫困观点是否属于精准扶贫思想的重要标准。

一　能力之源：牢牢坚持以马克思主义贫困与反贫困理论为指导

精准扶贫思想是牢牢坚持以马克思主义贫困与反贫困理论为指导的。尽管马克思恩格斯的研究对象是处于工业革命时期的西方世界，与脱胎于半殖民地半封建社会的新中国存在差异；研究重点是资本主义生产关系下的贫困，与社会主义生产关系中存在的贫困问题存在差异；研究范围是城市，与农村贫困存在差异。但是，马克思主义贫困与反贫困理论的基本立场和根本原则与社会主义国家消除贫困的目标导向和实现路径，是具有高度一致性和历史传承性的。基于这种认识，新中国成立以来，中国共产党人牢牢坚持马克思主义指导地位不动摇，将马克思主义基本原理与中国具体实际密切结合，继承、运用、发展和创新了马克思主义贫困与反贫困理论，形成了中国化马克思主义贫困与反贫困思想，开辟了马克思主义贫困与反贫困理论发展新境界。

第一，牢牢坚持了马克思主义关于反贫立场的理论。明确为了谁反贫困、依靠谁反贫困，是反贫困取得最终胜利的基石。对于这一问题，学术界有两种

① 中共中央党史和文献研究院编《习近平扶贫论述摘编》，中央文献出版社，2018，第59页。
② 中共中央党史和文献研究院编《习近平扶贫论述摘编》，中央文献出版社，2018，第72页。
③ 中共中央党史和文献研究院编《习近平扶贫论述摘编》，中央文献出版社，2018，第72页。
④ 此部分内容详见蒋永穆、卢洋《消除绝对贫困的中国之能探颐》，《马克思主义与现实》2020年第5期。

典型观点，一种是站在资产阶级立场的反贫困观点，以英国资产阶级庸俗经济学家马尔萨斯为代表，主张通过抑制人口增长来消除贫困，维护资产阶级的既得利益；另一种是站在人民立场的反贫困观点，以马克思恩格斯为代表，主张依靠无产阶级以及和无产阶级具有相同利益的劳动人民来反贫困，"把真正的生产者、广大人民群众从雇佣奴役状态中解放出来"①。在马克思恩格斯所处的时代，无产阶级和资产阶级相对立相排斥，无产阶级代表了绝大多数劳动人民的利益，其作为物质生产资料的主要承担者，具备反贫困的能力；作为遭受奴役压迫的被剥削者，具有反贫困的动力，故反贫困的人民立场体现为维护无产阶级利益和改变其悲惨境遇。只有坚持人民立场，才能充分组织和联合劳动人民共同反贫困。新中国成立以来，我国消除了阶级对立，劳动人民的范围涵盖社会各个阶层，反贫困的人民立场体现为维护广大劳动人民的利益。习近平指出："人民立场是中国共产党的根本政治立场，是马克思主义政党区别于其他政党的显著标志。"② 中国共产党人在反贫困过程中，始终把人民立场作为根本立场。一方面，始终将贫困群众根本利益作为反贫困工作的出发点和落脚点。中国共产党坚持全心全意为人民服务的根本宗旨，不断改进对反贫困事业的领导。党的八大通过的党章中明确"应当理解党的利益和人民利益的一致性"，强调"必须全心全意地为人民群众服务"③；党的十六届三中全会提出"坚持以人为本"，强调"促进经济社会和人的全面发展"④；党的十九大将"坚持以人民为中心"和"坚持在发展中保障和改善民生"作为新时代坚持和发展中国特色社会主义的基本方略⑤，明确脱贫攻坚的目标任务。另一方面，紧紧依靠广大人民来解决贫困问题。与资本主义社会贫困人口单一地成为救济对象不同，中国的贫困人口既是救济的接受者，又是美好生活的建设者，还是贫困治理的参与者。新中国成立之前，毛泽东强调了群众力量的作用，提出"把群众的力量组织成为一支劳动大军。这是人民群众得到解放的必由之路，由穷苦变富裕的必由之路"⑥。新中国成立之后，中国共产党人愈加重视并充分发挥人民群众在反

① 《马克思恩格斯文集》（第四卷），人民出版社，2009，第336页。
② 《习近平谈治国理政》（第二卷），外文出版社，2017，第40页。
③ 《中共中央文件选集（1949年10月—1966年5月）》（第二十四册），人民出版社，2013，第226—227页。
④ 中共中央文献研究室编《十六大以来重要文献选编》（上），中央文献出版社，2011，第465页。
⑤ 习近平：《决胜全面建成小康社会 夺取新时代中国特色社会主义伟大胜利——在中国共产党第十九次全国代表大会上的报告（2017年10月18日）》，《人民日报》2017年10月28日，第1版。
⑥ 《毛泽东选集》（第三卷），人民出版社，1991，第932页。

贫困中的重要作用。习近平指出："贫困群众是扶贫攻坚的对象，更是脱贫致富的主体。"① 贫困人口与其他人民一道，联合成为反贫困的主体，汇集铸就了中国反贫困的磅礴力量。

第二，坚持和发展马克思主义关于贫困来源的理论。厘清贫困的来源，是破解贫困难题的前提。马克思恩格斯从生产力和生产关系的角度，阐明了造成贫困的主要原因。从生产关系的角度，马克思恩格斯认为，以私有制为核心的资本主义生产关系是造成资本主义贫困的根源。马克思在《资本论》中指出，资本主义私有制中贫富两极分化严重，"在一极是财富的积累，同时在另一极，是贫困、劳动折磨、受奴役、无知、粗野和道德堕落的积累"②。从生产力的角度，马克思恩格斯认为，不平衡的生产力是贫困生成的物质条件。恩格斯指出："只要生产的规模还没有达到不仅可以满足所有人的需要，而且还有剩余产品去增加社会资本和进一步发展生产力，就总会有支配社会生产力的统治阶级和贫穷的被压迫阶级。"③ 故在资本主义条件下，生产力发展程度无法满足全体社会成员的需求，贫困阶级的存在难以避免。中国共产党人在分析贫困的来源时，从马克思主义的生产力和生产关系视角出发，并结合中国实际进行了阐释。从生产力的角度，中国共产党人认为，生产力发展不足是导致社会主义社会存在贫困的主要原因。新中国成立伊始，作为落后的农业大国，与高度工业化的发达国家相比，我国生产力发展相对滞后，尚未建立摆脱贫困的物质前提。邓小平指出："落后国家建设社会主义，在开始的一段很长时间内生产力水平不如发达的资本主义国家，不可能完全消灭贫穷。"④ 经过一代又一代人的接续努力，我国生产力水平显著提高，但我国仍处于并将长期处于社会主义初级阶段的基本国情没有变，贫困地区经济社会发展水平相对较低的面貌没有完全改变，中国共产党人通过持续发展生产力来消除贫困问题的基本思路没有变。从生产关系的角度，中国共产党人认为，不适应生产力发展的生产关系阻碍了贫困问题的解决。中国共产党人深刻把握生产力与生产关系的矛盾运动，着力破除不合理的生产关系对生产力发展的束缚，尤其是改革开放以来对社会生产关系的持续变革，为消除绝对贫困营造了良好的发展环境。

---

① 中共中央党史和文献研究院编《十八大以来重要文献选编》（下），中央文献出版社，2018，第37页。
② 《马克思恩格斯文集》（第五卷），人民出版社，2009，第743—744页。
③ 《马克思恩格斯文集》（第一卷），人民出版社，2009，第684页。
④ 《邓小平文选》（第三卷），人民出版社，1993，第10页。

第三，坚持和发展马克思主义关于贫困表征的理论。识别贫困的表征是破解贫困难题的基础。马克思根据贫困的状态和表现，将贫困划分为不同的范畴。从贫困的状态来看，马克思认为贫困可分为绝对贫困和相对贫困。马克思指出："因为正是由于生产总量的增长，于是绝对的贫困减少，而相对的贫困可能增加。"① 即绝对贫困是总产品量的不足导致无产阶级基本生存难以维系的贫困状态；相对贫困是无产阶级创造的劳动价值高于其所获得的物质资料价值的贫困状态，或是其基本生存得到保障、但生活仍处在整个社会中下水平的贫困状态。从贫困的表现来看，马克思认为贫困可分为物质贫困和精神贫困。马克思在《1844年经济学哲学手稿中》中指出，"物质的和精神的富有和贫困"② 的运动生成了所需的全部材料。物质贫困主要表现为贫困人口物质生产生活资料缺乏，精神贫困主要表现为贫困人口精神生活匮乏、思想道德水平低下。中国共产党人根据中国的贫困现状，对贫困的状态和表现进行了拓展。中国共产党人对贫困状态的探究是逐步深入的。新中国成立初期，绝对贫困主要是贫困人口温饱难以维系的贫困状态。改革开放以来，我国借鉴国际社会贫困标准，建立了以贫困人口人均年收入为识别指标的绝对贫困标准。随着温饱问题的基本解决，相对贫困问题日益凸显，主要表现为贫困人口生活处于社会中下水平的贫困状态。《中国农村扶贫开发纲要（2011—2020年）》中首次提及了相对贫困，指出"相对贫困问题凸显"③。对于如何破解相对贫困问题，党的十九届四中全会首次明确，要"建立解决相对贫困的长效机制"④。中国共产党人对贫困表现的认识是逐步深化的，其最初对贫困问题的关注，主要集中于物质贫困。毛泽东在谈及贫农时，认为其是"占有的生产资料不足维持生活"⑤ 的农民。随着物质生活水平的提高，中国共产党人开始重视精神层面的贫困。在《国家八七扶贫攻坚计划（1994—2000年）》中提出贫困人口普遍"文化教育落后"⑥，并在2001年发布的《中国农村扶贫开发纲要（2001—2010年）》中再次提及了"文化的落后"⑦。党的十八大以来，精神贫困的表现进一步延伸。习近平2016

---

① 《马克思恩格斯文集》（第一卷），人民出版社，2009，第125页。
② 《马克思恩格斯文集》（第一卷），人民出版社，2009，第192页。
③ 中共中央文献研究室编《十七大以来重要文献选编》（下），中央文献出版社，2013，第355页。
④ 《中共中央关于坚持和完善中国特色社会主义制度 推进国家治理体系和治理能力现代化若干重大问题的决定（2019年10月31日中国共产党第十九届中央委员会第四次全体会议通过）》，《人民日报》2019年11月6日，第1版。
⑤ 《毛泽东文集》（第五卷），人民出版社，1996，第59页。
⑥ 中共中央文献研究室编《十四大以来重要文献选编》（上），中央文献出版社，1996，第775页。
⑦ 中共中央文献研究室编《十五大以来重要文献选编》（下），中央文献出版社，2003，第1878页。

年在东西部扶贫协作座谈会上指出："摆脱贫困首要并不是摆脱物质的贫困，而是摆脱意识和思路的贫困。"[1]

第四，坚持和发展马克思主义关于反贫困路径的理论。采取何种方式去解决贫困问题，是反贫困能否取得最终胜利的关键。马克思恩格斯认为，反贫困的首要任务是消除资本主义私有制，"夺取资本"。马克思将资本主义私有制比作"邪恶的基础"，他指出："在现代这种邪恶的基础上，劳动生产力的任何新的发展，都不可避免地要加深社会对比和加强社会对抗。"[2] 恩格斯在《共产主义原理》中对"最终废除私有制将产生什么结果"这一问题进行回答时，首先强调了贫困人口对产品交换和占有的权利。同时，他们意识到提升生产力水平能够助推反贫困。马克思恩格斯指出："生产力的这种发展之所以是绝对必需的实际前提，还因为如果没有这种发展，那就只会有贫穷、极端贫困的普遍化。"[3] 人的发展的基本需要的满足，必须通过物质资料的生产来实现。故发展生产力也是反贫困的重要路径。生产力和生产关系这一对矛盾的主要方面是不断变化和发展的。与马克思恩格斯处在生产力相对发达的历史阶段、生产关系对生产力的束缚是矛盾的主要方面不同，新中国成立后，我国通过社会主义改造已将生产资料私有制完全消除，有利于反贫困的生产资料公有制已经建立，社会主义生产关系已经形成，"夺取资本"的任务基本完成。在反贫困进程中，脆弱的小农经济难以满足贫困人口的基本需要，落后的社会生产成为矛盾的主要方面。中国共产党人将促进贫困地区生产力发展作为首要的反贫困手段，通过社会主义经济建设，持续推动贫困地区社会生产力水平的提升；同时，中国共产党人重视社会主义生产关系的内部调整，通过农村改革和对基本经营制度的调整，持续推动农村生产关系的完善。在生产力发展和生产关系变革的共同作用下，不断提升物质资料生产能力，切实满足贫困人口的美好生活需要。

二 能力之本：充分发挥中国共产党领导和社会主义制度的独特优势

习近平指出："二〇二〇年，我们将全面建成小康社会。全面建成小康社会，一个也不能少；共同富裕路上，一个也不能掉队。"[4] 在减贫实践中，中国

---

[1] 中共中央党史和文献研究院编《习近平扶贫论述摘编》，中央文献出版社，2018，第137页。
[2] 《马克思恩格斯文集》（第三卷），人民出版社，2009，第10页。
[3] 《马克思恩格斯文集》（第一卷），人民出版社，2009，第538页。
[4] 中共中央党史和文献研究院编《习近平扶贫论述摘编》，中央文献出版社，2018，第23页。

共产党人团结一切可以团结的力量，调动一切可以调动的资源，踊跃参与减贫事业，凝聚形成消除绝对贫困的强劲合力，持续发挥社会主义制度减贫的显著优势。习近平指出："我们最大的优势是我国社会主义制度能够集中力量办大事。这是我们成就事业的重要法宝。"① 实践是检验真理的唯一标准，这一优势已在中国减贫实践中得到了生动体现和有力检验。

第一，坚持和加强党对减贫工作的领导。一方面，党中央对减贫工作的集中统一领导是消除绝对贫困的根本政治保证。党的十八大以来，以习近平同志为核心的党中央将脱贫攻坚工作纳入"五位一体"总体布局和"四个全面"战略布局，置于治国理政的突出位置。党的十九大将精准脱贫作为决胜全面小康社会的三大攻坚战之一，强调"要坚决打好防范化解重大风险、精准脱贫、污染防治的攻坚战"②。2020 年，突发的新冠疫情给脱贫攻坚工作带来了新的挑战，党中央坚定打赢脱贫攻坚战的信心和决心，统筹推进疫情防控与脱贫攻坚，奋力夺取"防疫阻击战""脱贫攻坚战"两场战役的最终胜利。另一方面，各级党委对减贫工作的坚强领导和严格的减贫考核评估，是消除绝对贫困的根本组织保证。各级党委在减贫工作中总揽全局、协调各方，履行减贫领导责任，确保了减贫事业的稳步前进。党的十八大以来，中央统筹、省负总责、市县抓落实的工作机制不断得以强化，脱贫攻坚一把手负责制稳步实行，第三方评估等方式开始推行，减贫工作成效考核的正向激励作用持续发挥；省、市、县、乡、村五级书记一起抓扶贫开始实施，贫困村党组织的战斗力不断提升，党在农村的执政基础持续巩固。新冠疫情发生后，各级党组织全力安排驻村干部及时返岗，驻村工作队第一时间整合为防"疫"队、战"疫"队，守住了农村防疫脱贫攻坚克难的最后一道防线。

第二，持续加大减贫投入和支持力度。一方面，中央和地方财政对减贫的投入在资金规模上逐年增加，在支持领域上不断拓展。党的十八大以来，各级财政的扶贫开发投入进一步增加，财政专项扶贫资金规模增幅较大。2013—2017 年，中央财政、省级财政专项扶贫资金分别年均增长 22.7%、26.9%。③ 2019 年，中央财政专项扶贫资金规模已达 1260.95 亿元。④ 支持减贫的税收优

① 《习近平谈治国理政》（第二卷），外文出版社，2017，第 273 页。
② 习近平：《决胜全面建成小康社会 夺取新时代中国特色社会主义伟大胜利——在中国共产党第十九次全国代表大会上的报告（2017 年 10 月 18 日）》，《人民日报》2017 年 10 月 28 日，第 1 版。
③ 习近平：《在打好精准脱贫攻坚战座谈会上的讲话》，《求是》2020 年第 9 期。
④ 《同心协力投入 攻坚深度贫困 今年中央财政专项扶贫资金已全部下达》，《人民日报》2019 年 6 月 3 日，第 10 版。

惠政策持续丰富，已形成包括增值税、企业所得税等主体税种和其他税种的税收政策，支持范围包括促进贫困地区发展和扶持贫困群众就业创业等各个方面。扶贫资金监管进一步加强，扶贫资金管理体系进一步完善，确保了扶贫资金投入与脱贫攻坚目标相适应。另一方面，党和国家重视发挥金融信贷资金的撬动作用，支持贫困地区各项事业发展和贫困群众生产生活条件改善。党的十八大以来，金融扶贫支持力度进一步加大，扶贫贴息贷款政策进一步完善，贫困地区金融机构和金融基础设施加快建设，符合贫困人口需求的金融产品和服务加快推广，金融支持产业发展与带动贫困户脱贫的挂钩机制逐步完善。

第三，坚持动员和促进全社会参与减贫。一方面，进行强有力的政府扶贫。党的十八大以来，政府在脱贫攻坚中的主体责任进一步加强，脱贫攻坚政策体系进一步健全。《中共中央 国务院关于打赢脱贫攻坚战的决定》《"十三五"脱贫攻坚规划》等政策文件接连出台，有关脱贫攻坚的教育、医疗、人才、土地等扶持政策陆续出台并实施，为打赢脱贫攻坚战提供了稳固支撑。另一方面，坚持壮大社会扶贫力量。党的十八大以来，全社会扶贫的积极性被持续调动，专项扶贫、行业扶贫、社会扶贫互为补充的大扶贫格局得以巩固。东西部扶贫协作和对口支援力度进一步扩大，派出干部担任贫困村第一书记等定点扶贫效果明显，企业和社会组织参与扶贫的领域进一步拓宽。全社会参与扶贫开发取得了斐然成绩。

三 能力之魂：科学运用唯物辩证法分析和解决绝对贫困问题

贫困问题是复杂多变的，须采取行之有效的方法加以解决。无论是空想社会主义者的现实试验，还是古典政治经济学者的经验研究，都未触及贫困的本质，难以从根本上消除贫困。精准扶贫思想在分析贫困及相关问题时，始终以客观事实为依据，从变化着的实际出发，提出有针对性的解决办法。

第一，坚持在发展中减贫。一是在经济发展中减贫，党的十八大以来，中国共产党人坚持农业基础地位，在推进农村一二三产业融合发展和集体经济发展中稳步减贫。通过产业扶贫、旅游扶贫、电商扶贫、光伏扶贫等多种方式，使贫困群众经营性收入和发展收益稳步增加。2020年，面对新冠疫情对贫困地区产业发展和农畜牧产品运销的不利影响，党和国家及时出台各类农村产业支持政策，开展产销对接活动，农村生产秩序逐步恢复，产业扶贫和消费扶贫成果得以稳固。二是在社会发展中减贫。社会发展是脱贫奔康的保障，党的十八大以来，党和国家积极改善贫困地区公共服务条件，着力减轻贫困群众生活负担。2015 年，习近平在中央扶贫开发工作会议上强调了"两不愁三保障"的脱贫目标，即农村贫困人口不愁吃、不愁穿，义务教育、基本医疗、住房安全有保障。这一时期，教育扶贫和健康扶贫等深入推进，贫困人口教育、医疗、住房等条件显著改善，因学、因病、因灾致贫返贫的问题逐步解决。三是在可持续发展中减贫。我国的减贫并不是以牺牲人口、资源和环境为代价的粗放式减贫，而是注重人口、资源和环境协调发展的可持续减贫。党的十八大以来，中国共产党人坚持绿色发展理念，深入推进生态扶贫。贫困地区生态环境得到保护和修复，贫困人口获得的生态补偿得到保证。四是在开放发展中减贫。我国的减贫不是局限于国内的封闭式减贫，而是"引进来"与"走出去"相结合的开放式减贫。党的十八大以来，我国致力于推动共建没有贫困的人类命运共同体，中国减贫在国际社会上的影响力大幅提升。通过南南合作和"一带一路"建设，我国持续为发展中国家减贫提供力所能及的帮助。同时，我国积极响应和落实联合国 2030 年可持续发展议程，国内减贫成就得到国际社会的广泛认可。联合国秘书长古特雷斯称赞说："中国的经验可以为其他发展中国家提供有益借鉴。"[1] 世界银行东亚与太平洋地区副行长维多利亚·克瓦认为，"中国的减贫进展具有全球意义"[2]。

第二，在因地制宜中减贫。事物在各个阶段和各种情况下是存在差异的，唯物辩证法始终坚持实事求是、分类施策。精准扶贫思想根据贫困的分布情况和区域差异，主张采取指向明确和有的放矢的减贫措施。一是在明确扶持范围中减贫。划定重点减贫区域是减贫举措落实落地的重要条件。2015 年，为打赢脱贫攻坚战，国家实施精准扶贫精准脱贫基本方略，因户因人精准施策、精准帮扶，确保做到"扶持对象精准、项目安排精准、资金使用精准、措施到户精准、因村派人精准、脱贫成效精准"。二是在易地扶贫搬迁中减贫。党的十八大以来，易地扶贫搬迁和集中安置力度加大，党和国家更加注重搬迁后续发展，贫困人口搬迁后就业岗位和基本生活得到保障，贫困群众搬迁的后顾之忧得到解决，"960 多万贫困人口通过易地扶贫搬迁摆脱了'一方水土养活不了一方人'的困境"[3]。三是在攻克深度贫困堡垒中减贫。2011 年，国家划定 14 个连

① 《迈向没有贫困、共同发展的未来》，《人民日报》2019 年 10 月 18 日，第 3 版。
② 《书写全球减贫史重要篇章——世界瞩目中国"两会时间"》，《人民日报》2020 年 5 月 27 日，第 3 版。
③ 《习近平：在决战决胜脱贫攻坚座谈会上的讲话》，中国共产党新闻网，2020 年 3 月 7 日，http://cpc.people.com.cn/n1/2020/0307/c64036-31621224.html。

片特殊困难地区，在减贫政策等方面予以支持。2017 年，习近平在深度贫困地区脱贫攻坚座谈会上指出，"脱贫攻坚本来就是一场硬仗，而深度贫困地区脱贫攻坚是这场硬仗中的硬仗"①。国家对"三区三州"以及贫困发生率超过 18% 的贫困县和贫困发生率超过 20% 的贫困村，在脱贫攻坚资金、项目和举措等方面优先考虑。2020 年，国家对未脱贫摘帽的 52 个县和贫困人口多、脱贫难度大的 1113 个贫困村实行挂牌督战，确保深度贫困地区如期脱贫摘帽。②

第三，在激发贫困人口内生动力中减贫。内因是事物发展变化的根据，外因通过内因起作用，唯物辩证法始终重视内因的核心作用和内外因的共同作用。中国共产党人在精准扶贫过程中，将外部帮扶与自我发展结合起来，注重发挥贫困人口主动减贫的能动作用。一是在增强贫困人口脱贫意识中减贫。党的十八大以来，中国共产党人更加注重扶贫与扶志相结合，培育和筑牢贫困群众自我脱贫意识。2017 年，习近平指出："要把扶贫同扶志结合起来，着力激发贫困群众发展生产、脱贫致富的主动性，着力培育贫困群众自力更生的意识和观念，引导广大群众依靠勤劳双手和顽强意志实现脱贫致富。"③ 通过开展思想教育、宣传感召、文化扶贫、移风易俗等多种活动，贫困群众依靠自身努力脱贫致富的信心和决心得到强化。二是在提升贫困人口脱贫能力中减贫。党的十八大以来，党和国家重视扶贫与扶智相结合，全力推进就业扶贫。通过开展贫困人口职业技能培训和就业服务，健全输出地与输入地劳务对接机制，促进贫困人口外出务工；通过发展扶贫车间和扶贫龙头企业，带动贫困劳动力就地就业。在建档立卡贫困人口中，90% 以上得到了产业扶贫和就业扶贫支持，三分之二以上主要靠外出务工和产业脱贫。④ 新冠疫情发生以来，党和国家努力克服疫情对就业的直接影响，着力推动贫困人口返岗复工。通过点对点、一站式就业服务，分批有序组织贫困劳动力外出务工；通过增加本地就业岗位，积极引导贫困劳动力就近务工。

---

① 习近平：《在深度贫困地区脱贫攻坚座谈会上的讲话（2017 年 6 月 23 日）》，人民出版社，2017，第 7 页。
② 刘永富：《坚决克服新冠肺炎疫情影响 全力啃下脱贫攻坚硬骨头》，《求是》2020 年第 9 期。
③ 中共中央党史和文献研究院编《习近平扶贫论述摘编》，中央文献出版社，2018，第 140 页。
④ 《习近平：在决战决胜脱贫攻坚座谈会上的讲话》，中国共产党新闻网，2020 年 3 月 7 日，http://cpc.people.com.cn/n1/2020/0307/c64036-31621224.html。

第三篇

精准扶贫思想的实践效果

第七章　精准扶贫思想实践效果的
总体分析

关于如何评价精准扶贫思想实践效果，习近平总书记强调："扶贫工作必须务实，脱贫过程必须扎实，脱贫结果必须真实，让脱贫成效真正获得群众认可、经得起实践和历史检验。"[①] 对于精准扶贫思想的实践效果，学界主要从三个方面进行探讨。其一，聚焦精准扶贫、精准脱贫的某一具体政策措施的效果。有的学者聚焦财政扶贫方式及效应，如王国勇和邢溦证实了贫困县的"戴帽"及中央扶贫资金向贫困县的倾斜确实表现出显著的增收效应[②]；有的学者专注产业扶贫模式的实践效果，如李志平在一个包括政府、银行、大户与贫困户多主体的均衡福利分析框架中，比较了"送猪崽"与"折现金"的减贫效应差异，认为从长期看，以产业而非贫困个体为对象的扶贫选择，具有更好的福利实现与贫困摆脱效应[③]；更有学者从教育、生态、社保扶贫等政策实践切入研究精准扶贫实践效果。其二，采取案例分析方法对特定地区精准扶贫实践效果的研究。如李天华以民族地区为例，对改革开放以来的五阶段性政策演进特征进行深入研究，认为民族地区的扶贫政策演进体现了时代性、差异性、多维性等特征，体现了全民族共同繁荣发展的民族工作主题[④]。其三，基于可持续生计分析框架从个体农户脱贫能力、满意度等视角进行研究。学者们或构建"人—业—地"综合减贫的精准扶贫政策评价指标体系[⑤]，或构建生计资本、生计能

---

① 习近平：《在深度贫困地区脱贫攻坚座谈会上的讲话》，《人民日报》2017年9月1日，第2版。
② 王国勇、邢溦：《我国精准扶贫工作机制问题探析》，《农村经济》2015年第9期。
③ 李志平：《"送猪崽"与"折现金"：我国产业精准扶贫的路径分析与政策模拟研究》，《财经研究》2017年第4期。
④ 李天华：《改革开放以来民族地区扶贫政策的演进及特点》，《当代中国史研究》2017年第1期。
⑤ 龙海军、丁建军：《"人—业—地"综合减贫分析框架下的精准扶贫政策评价——两个典型贫困村的对比分析》，《资源开发与市场》2017年第11期。

力、生计环境评价指标体系[①]，或构建结构方程模型分析影响精准扶贫成效的因素及其影响路径与影响程度[②]，对生计资本改善、可行能力改善、经济脆弱性改善、经济包容性改善、地理资本改善、社会排斥降低状况等方面的扶贫政策成效进行了感知性评价。

总体来看，学者采用不同视角、不同方法，对精准扶贫、精准脱贫实践效果等做了一些研究，取得了一批研究成果，但大多还集中在"精准扶贫"政策实践层面，缺乏"精准扶贫思想"实践效果的系统性分析。考察精准扶贫思想实践效果，不仅有助于构建完善农村贫困人口摆脱绝对贫困的指标体系，更有价值的是能够更加全面地认识在贫困治理中形成的具有政策学意义和研究范式价值的"扶贫模式"。由此，本章分为两节：第一节从宏观层面对我国精准扶贫思想实践效果进行概述；第二节从扶贫主体与扶贫手段层面总结精准扶贫思想实践的典型模式，回答精准扶贫阶段"谁来扶""怎么扶"的问题。

第一节　精准扶贫思想实践效果的概述

2020 年是我国发展中的重要时间节点，我国农村贫困人口全部脱贫，历史性地解决了绝对贫困问题，创造了又一个彪炳史册的人间奇迹，谱写了人类反贫困历史新篇章。[③] 在精准扶贫精准脱贫阶段，中国共产党兑现了全面建成小康社会"一个都不能少"的庄严承诺，将中国特色社会主义的共同富裕推向更高的发展阶段，为实现中华民族伟大复兴而不懈奋斗。党的十八大以来，以习近平同志为核心的党中央领导人民自信自强、守正创新，坚持聚焦全面建成小康社会的突出矛盾，坚持落实精准扶贫方略，历史性地解决了绝对贫困问题，提升了脱贫地区发展水平，使脱贫群众精神面貌焕然一新，使党在农村的执政基础更加牢固，创造了减贫治理的中国样本，取得了全面建成小康社会的历史性成就。

一　农村贫困人口全部脱贫，历史性地解决了绝对贫困问题

消除贫困、改善民生、逐步实现共同富裕，是社会主义的本质要求，也是

---

① 李明月、陈凯：《精准扶贫对提升农户生计的效果评价》，《华南农业大学学报》（社会科学版）2020 年第 1 期。

② 徐冬梅、刘豪、林杰：《基于农户满意视角的精准扶贫成效评价》，《统计与决策》2020 年第 17 期。

③ 杨明伟：《百年奋斗史中的摆脱贫困迈向共同富裕》，《红旗文稿》2021 年第 6 期。

全体人民的共同愿望。在实现共同富裕的问题上，中国共产党作出的庄严承诺是现行标准下农村贫困人口全部脱贫，全面建成小康社会。为兑现全面建成小康社会不甩下"一个贫困家庭"的承诺，以习近平同志为核心的党中央把脱贫攻坚作为全面建成小康社会的底线任务和标志性指标，制定了精准扶贫、精准脱贫的基本方略，全面打响脱贫攻坚战。据统计，1980 年至 2020 年我国累计投入约 9349.75 亿元中央财政专项扶贫资金支持贫困地区经济社会发展和贫困人口脱贫。仅精准扶贫期间，我国就累计投入 6605.59 亿元中央财政专项扶贫资金，占历年（1980 年至 2010 年）中央财政专项扶贫资金总和的 70.6%（见表7-1），政府财政投入力度的提升进一步体现了我国实现现行标准下农村贫困人口全部脱贫的决心。

表 7-1　1980—2020 年中央财政专项扶贫资金历年投入情况

单位：亿元

年份	中央财政专项扶贫资金
1980	8
1981	8
1982	8
1983	10
1984	10
1985	19
1986	19
1987	19
1988	10
1989	11
1990	16
1991	28
1992	26.6
1993	41.2
1994	52.35
1995	53
1996	53
1997	68.15
1998	73.15
1999	78.15
2000	88.15

续表

年份	中央财政专项扶贫资金
2001	100.02
2002	106.02
2003	114.02
2004	122.01
2005	129.93
2006	137.01
2007	144.04
2008	167.34
2009	197.30
2010	222.68
2011	272
2012	332.05
2013	394
2014	432.87
2015	467.45
2016	667.47
2017	860.95
2018	1060.95
2019	1260.95
2020	1460.95
总计	9349.75

注：2017 年起，中央财政专项扶贫资金口径调整为中央财政预算安排补助地方部分。

资料来源：《中国扶贫开发年鉴·2021》，知识产权出版社，2021，第 1025—1026 页。

　　近 8 年精准扶贫、6 年脱贫攻坚，我国政府通过投入大量的人力、物力和财力，帮助农村贫困地区加快发展，扶贫工作取得了巨大成效，实现了按中国标准整体解决区域性贫困的目标，贫困县全部摘帽，农村贫困人口全部脱贫，贫困群众的收入水平得到大幅度提升，贫困地区生产生活条件得到明显改善，经济社会发展明显加快。2020 年 12 月 16 日，中共中央、国务院下发的《关于实现巩固拓展脱贫攻坚成果同乡村振兴有效衔接的意见》指出："到 2020 年我国现行标准下农村贫困人口全部实现脱贫、贫困县全部摘帽、区域性整体贫困得到解决。'两不愁'质量水平明显提升，'三保障'突出问题彻底消除。"[1]
贫困人口收入水平大幅度提高，自主脱贫能力稳步增强。贫困地区生产生活条
件明显改善，经济社会发展明显加快。脱贫攻坚取得全面胜利，提前10年实现
《联合国2030年可持续发展议程》减贫目标，实现了全面小康路上一个都不掉
队，在促进全体人民共同富裕的道路上迈出了坚实一步。2021年2月25日，
习近平总书记在全国脱贫攻坚总结表彰大会上庄严宣告："经过全党全国各族人
民共同努力，在迎来中国共产党成立一百周年的重要时刻，我国脱贫攻坚战取
得了全面胜利，现行标准下9899万农村贫困人口全部脱贫，832个贫困县全部
摘帽，12.8万个贫困村全部出列，区域性整体贫困得到解决，完成了消除绝对
贫困的艰巨任务，创造了又一个彪炳史册的人间奇迹！"[2]

　　按照现行国家农村贫困标准[3]测算，2012年全国农村贫困人口为9899万
人，贫困发生率为10.2%。2013年至2020年，9899万人在8年时间里全部实
现脱贫，年均减贫人口规模约为1237万人，分别为1650万人、1232万人、
1442万人、1240万人、1289万人、1386万人、1109万人、551万人。农村贫
困发生率显著下降，年均下降1.275个百分点（见表7-2、图7-1）。贫困地区
的农村居民人均可支配收入由2013年的6079元提高到了2019年的11567元，
增长90%以上（见图7-2）；2000多万贫困患者得到分类救治，近2000万贫困
群众享受低保和特困救助供养，2400多万困难和重度残疾人拿到了生活和护理
补贴，全面实现了"两不愁三保障"，增强了人民群众的获得感、幸福感、安
全感。

表7-2　2012—2020年我国农村贫困人口规模及贫困发生率变化情况

单位：万人，%

年份	贫困人口数	贫困发生率	较上年减少
2012	9899	10.2	——
2013	8249	8.5	1650
2014	7017	7.2	1232

---

[1] 《中共中央 国务院关于实现巩固拓展脱贫攻坚成果同乡村振兴有效衔接的意见》，中华人民共和国
中央人民政府，2021年3月22日，http://www.gov.cn/zhengce/2021-03/22/content_5594969.htm。
[2] 习近平：《在全国脱贫攻坚总结表彰大会上的讲话》，《人民日报》2021年2月26日，第2版。
[3] 现行国家农村贫困标准：2010年价格每人每年生活水平2300元，2020年现价每人每年生活水
平4000元。

续表

年份	贫困人口数	贫困发生率	较上年减少
2015	5575	5.7	1442
2016	4335	4.5	1240
2017	3046	3.1	1289
2018	1660	1.7	1386
2019	551	0.6	1109
2020	0	—	551

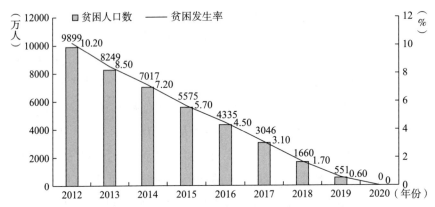

图 7-1　2012—2020 年我国农村贫困人口规模及贫困发生率变化情况

资料来源：《中国扶贫开发年鉴·2020》，知识产权出版社，2020，第 1005 页。

◉ **专栏 7-1**

湖南湘西自治州十八洞村脱贫奔康

2013 年 11 月 3 日，习近平总书记来到湘西土家族苗族自治州花垣县十八洞村，同村干部和村民代表围坐在一起，亲切地拉家常、话发展，首次提出了"精准扶贫"的重要论述。习近平总书记深刻指出，扶贫要实事求是，因地制宜；要精准扶贫，切忌喊口号，也不要定好高骛远的目标。

在习近平总书记的殷切嘱托下，湖南湘西自治州向贫困地区的最后堡垒发起了总攻。十八洞村土地资源贫乏，县委、县政府提出了"跳出十八洞村发展十八洞产业"的思路，积极对接苗汉子野生蔬菜种植专业合作社，促成组建"十八洞村苗汉子果业股份有限公司"，先后在县农业科技示范园区内建设了1000 亩精品猕猴桃种植基地、2000 亩复制推广基地，辐射带动当地乡镇 37 村发展精品猕猴桃产业，有力促进 2352 户 9888 个贫困人口共赢发展。经过几年的发展，全村人均纯收入由 2013 年的 1668 元增加到 2019 年的 14668 元，十八洞村也由贫困村变成小康村、全国乡村旅游示范村。十八洞村村民欢唱起新苗歌："苗家住在金银窝，境内自然资源多，精准扶贫来领航，户户脱贫奔小康。"事实上，十八洞村的巨大变化是我国脱贫攻坚成效的一个缩影。①

二　脱贫地区发展水平整体提升，缩小了农村地区间的发展差距

精准扶贫精准脱贫以来，脱贫地区发展步伐显著加快，经济实力不断增强，基础设施建设突飞猛进，社会事业长足进步，行路难、吃水难、用电难、通信难、上学难、就医难等问题得到历史性解决。

一是脱贫地区农村居民持续增收，消费结构进一步优化。党的十八大以来，农村居民收入与消费保持较快增长，尤其是贫困地区农村居民收入与消费实现了快速增长，与全国农村平均水平差距缩小。2013 年贫困地区农村居民人均可支配收入为 6079 元，2020 年增加到 12588 元（见图 7-2），为全国农村平均水平的 73.48%，比 2013 年增加了 1.07 倍，7 年时间实现年均增长约 15%，2020年贫困地区农村人均可支配收入年均实际增速比全国农村高 1.9 个百分点，与全国农村平均水平的差距进一步缩小（见表 7-3）。伴随着收入增长，农村居民消费观念逐渐转变，消费领域不断拓展，消费水平明显提升，表现在恩格尔系

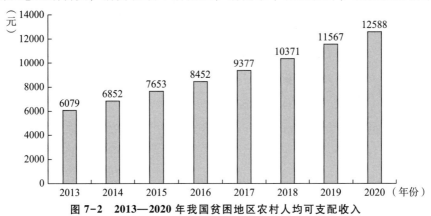

图 7-2　2013—2020 年我国贫困地区农村人均可支配收入

资料来源：《中国扶贫开发年鉴·2021》，知识产权出版社，2021，第 1031 页。

① 《十八洞村欢唱新苗歌》，中华人民共和国农业农村部，2020 年 5 月 22 日，http：//www. moa. gov. cn/ztzl/2020lhjj/lhdt_24799/202005/t20200522_6344977. htm。

数持续走低，生存性消费比例不断下降等方面。贫困地区农村居民人均消费支出从2013年的6007元增加到2020年的10758元，增长约79%。从消费结构来看，2020年贫困地区农村居民在食品烟酒、居住、交通通信、教育文化娱乐、医疗保健等方面的人均消费支出占比较大（见表7-4）。从耐用消费品拥有情况看，贫困地区农村居民的家庭耐用消费品从无到有，实现了产品的升级换代。

表7-3　2020年贫困地区农村与全国农村收入水平和结构对比

单位：元，%

指标	贫困地区农村			全国农村		
	收入水平	结构	增速	收入水平	结构	增速
人均可支配收入	12588	100.0	8.8	17131	100.0	6.9
1. 工资性收入	4444	35.3	8.9	6974	40.7	5.9
2. 经营性收入	4391	34.9	5.5	6077	35.5	5.5
3. 财产净收入	185	1.5	16.3	419	2.4	11
4. 转移净收入	3567	28.3	12.8	3661	21.4	11

资料来源：《中国扶贫开发年鉴·2021》，知识产权出版社，2021，第1029—1031页。

表7-4　2020年贫困地区农村与全国农村消费水平和结构对比

单位：元，%

指标	贫困地区农村			全国农村		
	水平	结构	名义增速	水平	结构	名义增速
人均消费支出	10758	100.0	7.5	13713	100.0	2.9
1. 食品烟酒	3632	33.8	16.4	4479	32.7	12.0
2. 衣着	588	5.5	7.1	713	5.2	-0.1
3. 居住	2291	21.3	5.4	2962	21.6	3.2
4. 生活用品及服务	627	5.8	7.1	768	5.6	0.5
5. 交通通信	1261	11.7	5.1	1841	13.4	0.2
6. 教育文化娱乐	1128	10.5	-3.0	1309	9.5	-11.7
7. 医疗保健	1061	9.9	0.7	1418	10.3	-0.2
8. 其他用品和服务	171	1.6	2.6	224	1.6	-7.1

资料来源：《中国扶贫开发年鉴·2021》，知识产权出版社，2021，第1029—1031页。

二是脱贫地区住房条件日益改善，生活质量不断提升。脱贫攻坚战以来，我国加大农村危房改造力度，大规模实施易地扶贫搬迁，帮助住房最危险、经济最贫困的农户解决住房安全保障问题，建档立卡户的住房条件明显改善。从居住条件看，2019 年贫困地区农村居民户均住房面积为 147.9 平方米，居住在钢筋混凝土房或砖混材料房的农户比重为 70%，比 2014 年提高 21.4%；居住在竹草土坯房的农户比重为 1.2%，比 2013 年下降了 5.8%（见表 7-5）。饮水困难农户减少，饮水质量提高。贫困地区饮水有困难的农户比重从 2014 年的17.7%下降到 2018 年的 6.4%，下降了 11.3%；截至 2019 年，贫困地区使用管道供水的农户比重达到 89.5%，使用经过净化处理自来水的农户比重达到60.9%（见表 7-6）。卫生设施方面，在习近平总书记就"厕所革命"作出重要指示后，农村居民的厕所卫生条件显著改善。2019 年，贫困地区农村独用厕所的农户比重为 96.6%，使用卫生厕所的农户比重为 58.3%。[①]

表 7-5　2013—2019 年贫困地区农户住房条件

单位：平方米，%

年份	户均住房面积	居住在竹草土坯房的农户比重	居住在钢筋混凝土或砖混材料房的农户比重
2013	—	7	—
2014	126.8	6.6	48.6
2015	131.5	5.7	52.5
2016	137.3	4.5	57.1
2017	139.5	4.1	58.1
2018	145.1	1.9	67.4
2019	147.9	1.2	70

资料来源：国家统计局住户调查办公室编《中国农村贫困监测报告》，中国统计出版社，2014—2020 年全国篇"贫困地区农村贫困状况"。

表 7-6　2013—2019 年贫困地区农户饮水条件

单位：%

年份	饮水有困难的农户比重	使用管道供水的农户比重	使用经过净化处理自来水的农户比重
2013	—	53.6	30.6
2014	17.7	55.9	33.1

[①]　国家统计局住户调查办公室编《2020 中国农村贫困监测报告》，中国统计出版社，2020，第17—18 页。

续表

年份	饮水有困难的农户比重	使用管道供水的农户比重	使用经过净化处理自来水的农户比重
2015	14.7	61.5	36.4
2016	12.1	67.4	40.8
2017	10.8	70.1	43.7
2018	6.4	79.8	56.4
2019	—	89.5	60.9

资料来源：国家统计局住户调查办公室编《中国农村贫困监测报告》，中国统计出版社，2014—2020年全国篇"原贫困地区农村贫困状况"。

三是脱贫地区基础设施持续完善，教育文化与医疗卫生水平逐渐提高。实施精准脱贫战略以来，中央和地方政府不断加大对贫困地区水、电、路、网等基础设施和公共服务建设的投资力度，推动农村地区的基础设施配置逐渐齐全，"四通"覆盖面不断扩大，进一步改善了贫困村群众的生产生活条件。截至2019年末，贫困地区通电、通公路和通电话的自然村接近全覆盖；所在自然村能接收有线电视信号的农户比重为99.1%、能通宽带的农户比重为97.3%；贫困地区村内主干道经过硬化处理的农户比重为99.5%；所在自然村能便利乘坐公共汽车的农户比重达到76.5%；所在自然村能进行垃圾集中处理的农户比重为86.4%（见表7-7）。

表7-7　2013—2019年贫困地区基础设施建设情况

单位：%

年份	自然村通公路的农户比重	自然村通电话的农户比重	接收有线电视信号的农户比重	进村主干道硬化的农户比重	能便利乘坐公共汽车的农户比重	自然村通宽带的农户比重	垃圾能集中处理的农户比重
2013	97.8	98.3	79.6	88.9	56.1	—	29.9
2014	99.1	99.2	88.7	90.8	58.5	—	35.2
2015	99.7	99.7	92.2	94.1	60.9	71.8	43.3
2016	99.8	99.9	94.2	96.0	63.9	79.8	50.9
2017	99.9	99.8	96.9	97.6	67.5	87.4	61.4
2018	100.0	99.9	98.3	98.3	71.6	94.4	78.9
2019	100.0	100.0	99.1	99.5	76.5	97.3	86.4

资料来源：国家统计局住户调查办公室编《中国农村贫困监测报告》，中国统计出版社，2014—2020年全国篇"原贫困地区农村贫困状况"。

为防止因病致贫返贫，国家确定了大病集中救治一批、慢病签约服务管理一批、重症兜底保障一批的"三个一批"分类救治策略，使得贫困地区医疗卫生机构服务能力显著提升，贫困患者医疗负担大幅减轻，帮助 670 万户因病致贫返贫建档立卡户实现脱贫。为了将建档立卡户全部"保到位"，从 2018 年起，中央财政连续增加 80 亿元医疗救助补助资金，进一步支持深度贫困地区提高农村贫困人口的医疗保障水平。目前，中国已建立起涵盖基本医保、大病保险、医疗救助、政府兜底的医疗保障机制，一系列健康扶贫政策让建档立卡户"小病拖成大病，大病拖垮家庭"问题逐步得到解决。2018 年贫困地区农户中身体状况为健康的人数占 87.5%，生病后能及时就医的比重为 98.8%，5 岁以下儿童 96.8% 接受免费计划免疫（见表 7-8）。此外，各地还组织 1107 家三级医院"一对一"帮扶 832 个贫困县的 1172 家县级医院，建立远程医疗网络，全面提升贫困地区县医院的基础诊疗能力。

表 7-8 2014—2018 年贫困地区农户健康状况

单位：%

年份	身体状况为健康的 农户比重	生病后能及时就医的 农户比重	5 岁以下儿童接受免费 计划免疫的比重
2014	89.7	94.4	98.8
2015	89.4	95.2	99.1
2016	91	96	99.2
2017	89.9	96.8	99.3
2018	87.5	98.8	96.8

资料来源：国家统计局住户调查办公室编《中国农村贫困监测报告》，中国统计出版社，2015—2019 年全国篇"原贫困地区农村贫困状况"。

教育文化方面，我国已经建立起完整的教育脱贫制度体系。通过实施包括学前教育在内的综合性教育发展计划，全面提升贫困地区教育质量，在所有公办民办学校均建立起从学前教育到研究生教育所有学段全覆盖的家庭经济困难学生资助体系，确保家庭经济困难学生入学前、入学时和入学后"三不愁"。为全面推行定点教育扶贫模式，教育部组织动员并部署各级高校承担国家贫困县定点扶贫任务，帮助贫困地区提升人力资源开发水平，助推特色产业发展升级，破解阻碍贫困地区发展的瓶颈，全面提升贫困地区教育水平和教育服务区域发展质量。国家启动实施了义务教育学校建设史上财政投资最大的单项工程，全面改善近 22 万所农村学校的基本办学条件，中央财政加大资源倾斜力度，累计投入专项资金 1620 亿元，带动地方投入 3000 多亿元，大力改善贫困地区办学条件，832 个贫困县提前完成建设任务。2019 年，在自然村上幼儿园、上小学便利的农户比重分别为 89.8% 和 91.9%，比 2013 年分别提高 46.6 个和 33.8 个百分点；贫困地区人民群众对义务教育阶段、普通高中教育阶段师资评价为"好"的比重分别为 85.8% 和 91.8%（见表 7-9）。

表 7-9 2013—2019 年贫困地区农村教育情况

单位：%

年份	教育设施的便利性		对师资队伍的满意度	
	所在自然村上幼儿园便利的农户比重	所在自然村上小学便利的农户比重	义务教育阶段对师资评价为"好"的农户比重	普通高中教育阶段对师资评价为"好"的农户比重
2013	71.4	79.8	—	—
2014	74.5	81.2	—	—
2015	76.1	81.7	71.8	81.4
2016	79.7	84.9	76.8	84.0
2017	84.7	88.0	80.4	89.3
2018	87.1	89.8	82.3	89.0
2019	89.8	91.9	85.8	91.8

资料来源：国家统计局住户调查办公室编《中国农村贫困监测报告》，中国统计出版社，2014—2020 年全国篇"原贫困地区农村贫困状况"。

三 脱贫群众精神风貌焕然一新，自我发展能力和信心明显增强

"扶贫既要富口袋，也要富脑袋。"[1] "只要有信心，黄土变成金。"[2] "脱贫致富贵在立志，只要有志气、有信心，就没有迈不过去的坎。"[3] 党的十八大以来，中国扶贫事业强调扶志为先，扶智为本。在减贫脱贫上升为国家战略、全社会参与扶贫的背景下，物质资源的缺乏已经不再是导致贫困的主要原因，人力资本供给不足成为贫困地区的普遍现象，贫困群众也陷入"志短人穷""人

---

① 中共中央党史和文献研究院编《十八大以来重要文献选编》（下），中央文献出版社，2018，第 50 页。
② 中共中央党史和文献研究院编《十八大以来重要文献选编》（下），中央文献出版社，2018，第 49 页。
③ 《习近平论扶贫工作——十八大以来重要论述摘编》，《党建》2015 年第 12 期。

穷志短"的恶性循环。对此，在精准扶贫、精准脱贫阶段，党和政府在扶贫工作中尤其注重培育贫困群体的主体意识，主要通过典型示范、批评教育、精神文明建设等方式清除思想"沉疴"，使贫困地区群众树立脱贫信心、坚定脱贫决心。① 近年来，各地在脱贫攻坚战中坚持物质文明和精神文明"两手抓、两手硬"，不断加强对文明村镇创建的统筹规划和制度设计，加大组织动员力度、政策支持力度、财政投入力度，持续开创农村精神文明建设的新局面，让"文明之花"在广袤农村竞相绽放，有力推动了农民文明素养和农村文明程度的不断提升，为推进党和国家事业发展作出了积极贡献。截至 2020 年底，中央文明委共评选出六届全国文明村镇，体现了扶贫工作既取得了物质上的累累硕果，也取得了精神上的累累硕果。在脱贫攻坚中，各地充分激发了广大脱贫群众奋发向上的精气神，使社会主义核心价值观得到广泛传播，文明新风得到广泛弘扬，艰苦奋斗、苦干实干、用自己的双手创造幸福生活等精神蔚然成风。②

◉ **专栏 7-2**

扶贫与扶志、扶智

"**扶志**"：**脱贫内生动力提升**。吉林省安图县创新开展以"懒变勤、勤变能、能变富、富变典"为内容的"四变"行动，通过乡（镇）试点探索实践了激励自主脱贫"双九条""爱心超市"等举措，积累鼓励自主脱贫和因户设岗成熟经验，以点带面推广至县级领域，促进"给予式扶贫"向"参与式脱贫"有效递进，推动贫困群众由"要我脱贫"向"我要脱贫""我能脱贫"转变；针对无劳动能力贫困群众采取"保底收益+利润分红"的方式，激发贫困群众脱贫内生动力。③

"**扶智**"：**建档立卡户自我发展能力提升**。甘肃省陇南市统筹利用扶贫、农牧、教育、人社等部门的财力和人力，积极实施各类实用技术、务工技能培训，切实提高群众的自我致富能力；针对有些地方群众受信息闭塞、观念落后的影响，对外出务工心存顾虑的实际情况，加大了对外出务工益处的宣传，使广大

---

① 蒋永穆、万腾、卢洋：《中国消除绝对贫困的政治经济学分析——基于马克思主义制度减贫理论》，《社会科学战线》2020 年第 9 期。

② 习近平：《在全国脱贫攻坚总结表彰大会上的讲话》，《社会主义论坛》2021 年第 3 期。

③ 《让贫困户腰包鼓起来——延边构建产业扶贫项目收益分配特色模式一览》，中华人民共和国农业农村部，2020 年 6 月 2 日，http://www.moa.gov.cn/xw/qg/202006/t20200602_6345737.htm。

群众对外出务工有了新的认识和了解。同时，把劳务技能培训与劳务输转有机结合，多方获取信息，开拓劳务市场，创建劳务基地，打造劳务品牌，在各地建立劳务基地561个、联络处127个；培育创办劳务中介机构7家，培育劳务经纪人和劳务输转带头人3900余人，创建劳务品牌15个，为贫困地区劳务输出打下了坚实基础。①

● 专栏 7-3

移风易俗改变农民精神面貌

湖南省华容县清除"人情债"。湖南省华容县三封寺镇华一村的村民们过去长期被人情负担所困扰。红白喜事、升学宴、谢师宴、参军宴、满月宴、建房宴、生日宴……名目繁多，负担很重。华一村村支书刘再跃说，幸亏县里出台了移风易俗政策，要求"婚事新办、丧事简办、其他不办"，所有党员干部签了承诺书，带头转变风气，并在村里广泛推行，"人情债"的恶性循环终于画上了句号。②

玉树藏族自治州囊谦县以"精神脱贫"为巩固脱贫攻坚成果"强筋骨"。囊谦县通过帐篷宣讲屋、摩托宣讲队、街头大讲堂等多种形式，深入基层开展党的政策宣讲79场次，发放5000册藏文版"政策明白卡"，让群众熟悉政策，提高农牧民群众的知晓度和幸福感；深入开展"文明村镇""五星级文明户"等各类创评活动，截至2020年底，共评选"五星级文明户"10345户，并在农业银行、邮政储蓄银行等单位对当选的典型开辟绿色通道，进行无抵押低利率信用贷款，以教育引导广大群众树立积极乐观、自立自强的精神品质。③

盐池县探索实践"文明实践积分制度"。盐池县不断深化文明乡村创建工作，运用"积分制"、道德评议会、村规民约等方式开展移风易俗、破除陈规陋习活动，倡导文明新风，助推乡村振兴。"文明实践积分制度"是盐池县推行"移风易俗"建设的有力抓手，通过对群众参与志愿服务、门前"三包"等文明实践工作进行量化积分，并根据积分的多少兑换一定的生活用品，逐步将

① 《甘肃陇南：扶贫扶智做强"铁杆庄稼"》，中华人民共和国农业农村部，2014年12月17日，http://www.moa.gov.cn/xw/qg/201412/t20141217_4298563.htm。
② 《湖南华容县：移风易俗改变农民精神面貌》，《人民日报》2020年11月12日，第6版。
③ 《"精神脱贫"为巩固脱贫攻坚成果"强筋骨"》，人民网，2020年12月16日，http://qh.people.com.cn/n2/2020/1216/c182775-34477274.html。

村民们"要我干"的意识转变为"我要干"的意识，有效激发了村民参与乡村人居环境治理的积极性和主动性，营造全民参与新时代文明实践、建设美丽乡村的良好社会氛围。①

围绕扶贫与扶智、扶志，移风易俗与培育现代文明新风，脱贫内生动力，建档立卡户自我发展能力提升等内容，学者们开展了大量研究，成果丰硕（见表7-10）。经过研究发现：精神贫困治理是激发贫困群众自主脱贫内生动力、摆脱贫困的治本之策，全面打赢脱贫攻坚战需要不断提升建档立卡户的内生动力，将扶贫与"扶智"和"扶志"相结合，形成"造血型"的可持续减贫与发展机制。由此，要在减贫与发展实践中纳入文化视角，在把握和遵循贫困地区民族乡土文化、经济社会发展、精神文明建设规律的基础上，更加注重培育建档立卡户内生动力和提高建档立卡户素质，增强贫困群众脱贫的主体性。

表 7-10 关于"脱贫群众精神面貌焕然一新，自我发展能力和信心明显增强"的主要研究成果

研究方面	主要观点	代表学者
扶贫与扶智、扶志	保障性扶贫与开发式扶贫相结合、扶贫与扶志、扶智相结合是我们在减贫事业中发挥政治优势和制度优势的重要手段①	蒋永穆，万腾，卢洋
	要将脱贫攻坚同扶志、扶智结合起来，培育贫困人口脱贫的意愿和对美好生活的追求；培育贫困人口文化素质和基本技能，提高贫困人口自我发展能力②	汪三贵，胡骏，徐伍达
	全面打赢脱贫攻坚战要将"扶贫"与"扶智"和"扶志"相结合，形成"造血型"可持续减贫与发展机制，涵养贫困群体自身的发展文化③	左停，李卓，赵梦媛
移风易俗与培育现代文明新风	乡风文明建设关乎农村社会稳定发展，是实施乡村振兴战略的精神保障。要充分发挥农村基层党组织的基础作用，积极探索乡风文明建设的新路径④	韩广富，刘欢
	乡风文明是中华民族文明史的重要组成部分，移风易俗既是农村精神文明建设和乡风文明建设的重要一环，也是脱贫攻坚工作的重要推手⑤	侯彦杰，云梅

① 《宁夏盐池：移风易俗"小切口"助推乡村"大文明"》，中国日报网，2021年9月8日，https://cn.chinadaily.com.cn/a/202109/08/WS6138084ea3101e7ce9762748.html。

续表

研究方面	主要观点	代表学者
脱贫内生动力	完善投入帮扶机制，持续激发群众内生动力是巩固我国原深度贫困地区脱贫成果的重要策略⑥	王俊程，武友德，钟群英
	构建基于"参与—反馈"模式的扶贫工作新思路，充分激发人民群众的脱贫内生动力⑦	韩喜平，王晓兵
	要对贫困群众进行大规模、全覆盖的培训教育，提高贫困群众劳动技能培训的针对性和精准度，创新基层干部帮扶方式，增强贫困群众参与能力，加强基层党组织建设，激发内生脱贫动力⑧	黄承伟
建档立卡户自我发展能力提升	巩固脱贫成果和相对贫困治理工作应该进一步强化扶贫对象的能力和资产建设⑨	左停，李泽峰，林秋香
	精神贫困治理是摆脱贫困的治本之策，要构建文化教育、人文关怀和环境浸润"三位一体"格局，重塑贫困群众的主体性⑩	柳礼泉，杨葵

注：① 蒋永穆、万腾、卢洋：《中国消除绝对贫困的政治经济学分析——基于马克思主义制度减贫理论》，《社会科学战线》2020 年第 9 期。

② 汪三贵、胡骏、徐伍达：《民族地区脱贫攻坚"志智双扶"问题研究》，《华南师范大学学报》（社会科学版）2019 年第 6 期。

③ 左停、李卓、赵梦媛：《少数民族地区贫困人口减贫与发展的内生动力研究——基于文化视角的分析》，《贵州财经大学学报》2019 年第 6 期。

④ 韩广富、刘欢：《新时代农村基层党组织推进乡风文明建设的逻辑理路》，《理论探讨》2020 年第 2 期。

⑤ 侯彦杰、云梅：《关于移风易俗助力脱贫攻坚的研究》，《绥化学院学报》2019 年第 11 期。

⑥ 王俊程、武友德、钟群英：《我国原深度贫困地区脱贫成果巩固的难点及其破解》，《西安财经大学学报》2021 年第 2 期。

⑦ 韩喜平、王晓兵：《从"投放-遵守"到"参与-反馈"：贫困治理模式转换的内生动力逻辑》，《理论与改革》2020 年第 5 期。

⑧ 黄承伟：《激发内生脱贫动力的理论与实践》，《广西民族大学学报》（哲学社会科学版）2019 年第 1 期。

⑨ 左停、李泽峰、林秋香：《相对贫困视角下的贫困户脱贫质量及其自我发展能力——基于六个国家级贫困县建档立卡数据的定量分析》，《华南师范大学学报》（社会科学版）2021 年第 2 期。

⑩ 柳礼泉、杨葵：《精神贫困：贫困群众内生动力的缺失与重塑》，《湖湘论坛》2019 年第 1 期。

四 党群干群关系明显改善，党在农村的执政基础更加牢固

实现从贫困到富裕的转变不仅需要贫困地区的针对性努力，更需要全社会的共同投入。① 党的十八大以来，中央政府将干部驻村帮扶机制更深刻地注入精准扶贫战略中。2014 年至 2019 年，共选派八十多万个驻村工作队、四百多万名驻村干部入驻贫困村承担扶贫的重任（见表 7-11）。这些扶贫干部在这场声势浩大

① 中共中央党史和文献研究院编《十八大以来重要文献选编》（下），中央文献出版社，2018，第 50—51 页。

的脱贫攻坚战中，不仅经受住了考验和检验，而且在"精神状态、干事能力、工作作风"等方面都有所提升，形成了"吃得苦、接地气、沾露水"的干部队伍。

在这一过程中，锤炼了一批敢吃苦能吃苦的干部。我国贫困地区主要位于偏远农村，那里不仅自然环境恶劣，社会环境也相对较差。尤其是到了脱贫攻坚的攻城拔寨期，条件更加艰苦、任务更加繁重。在这样的环境中，如期按质按量完成任务，不仅需要广大干部充分发挥其才能才华，还需要广大干部具有吃苦耐劳的精神。广大扶贫干部不仅克服了雪域高原、戈壁沙漠、大石山区、悬崖绝壁等自然环境带来的原生困难，还要战胜恶劣自然环境下道路不畅、生活不便等次生困难。实践证明，在脱贫攻坚工作中，数百万扶贫干部任劳任怨、苦干实干。他们舍弃了自己的休息时间，也放弃了城市优越的工作环境，翻越最高的山、蹚过最急的河、走过最险的路、到过最远的村、住过最穷的家。正是这样艰苦的环境锤炼了一批不仅敢吃苦，而且能吃苦的干部。

脱贫攻坚工作造就了一批知国情懂国情的干部。调查研究是了解国情的重要途径，也是增强工作本领的重要方式，还是有效解决问题的重要法宝。在脱贫攻坚的实践中，广大干部深入我国基层，深入我国农村的田间地头进行调研。尤其是县级以上的选派干部、高校干部、沿海地区的干部，以及选调生等，他们深入我国偏远的农村，在工作的地方开展调研工作，了解所在村的整体情况、掌握所在村的村情要素。这不仅有利于了解我国脱贫攻坚过程中的真问题，从而做到了扶真贫和真扶贫，为我国消除绝对贫困和使脱贫成效经得起历史检验奠定了扎实基础；同时，也有利于他们更全面地了解我国国情和农情，从而为他们以后开展工作提供可靠的一手资料。实践证明，在脱贫攻坚的实践中，广大干部坚持实事求是的方法，深入我国田间地头进行调研，深入人民群众家中进行交谈，提升了自身对我国国情和农情的全面认识。

脱贫攻坚工作培养了一批察民情知民心的干部。人民立场是马克思主义的根本立场，为人民服务是中国共产党对人民立场的坚持和落实。在脱贫攻坚的实践中，广大干部通过与人民群众的交流，了解了人民群众的所需所想，并基于此采取了针对性举措，从而真正做到了为人民群众办实事办好事。如部分村干部所述："只要我还干得动，我都永远为村里的老百姓做事！"这不仅是马克思主义人民立场的生动诠释，也是广大干部厚植人民群众基础的良好契机。实践证明，在脱贫攻坚的实践中，许多干部下到我国最边远、最贫穷的地方进行工作，并在工作中亲身体验老百姓的疾苦。这不仅带给他们极大的思想感触，而且增强了他们对老百姓的了解，从而培养了一批善于与人民群众"打成一片"的干部，也有效改善了干群关系，厚植了党治国理政的人民群众基础。

在脱贫攻坚斗争中，1800 多名同志将生命定格在了脱贫攻坚征程上，生动诠释了共产党人的初心使命。为了促进帮扶效果的显现，各地对驻村干部的扶贫工作成效进行评价考核，以当地困难群众为实施评价考核工作的核心主体，并将群众反映的扶贫工作成效较差的干部召回，对群众满意度较高的扶贫干部给予奖励、予以重用，保证干部驻村帮扶机制的成效。此外，各地基层党组织在抓党建促脱贫中发挥坚实堡垒作用，凝聚力、工作能力不断增强，基层治理能力显著提升。在我国的精准扶贫政策设计的指引下，"自上而下"和"自下而上"的联合治理渠道得以打通，贫困治理的制度基础得到夯实，贫困地区的群众对党的拥护性大大提高，都表示"党员带头上、我们跟着干、脱贫有盼头"，"我们爱挂国旗，因为国旗最吉祥"，"吃水不忘挖井人，脱贫不忘共产党"，党群关系、干群关系得到极大巩固和发展。

表 7-11　2014—2019 年贫困地区驻村帮扶情况

年份	选派驻村工作队（万个）	驻村干部（万名）
2014	12.5	43
2015	12.8	48
2016	12.8	77.5
2017	—	77.5
2018	24.2	90.6
2019	25.5	91.8

资料来源：《中国扶贫开发年鉴》，知识产权出版社，2015—2020 年"基础工作篇"。

● 专栏 7-4

驻村帮扶改善党群干群关系

甘肃省从 2015 年为全省 7262 个贫困村选派组建驻村帮扶工作队至今，已累计选派驻村干部 147333 人，实现了建档立卡贫困村一村一队全覆盖。广大驻村干部在宣传落实到村到户政策、改善贫困村生产生活条件、推动富民产业发展、加强基层组织建设、化解矛盾疏导情绪等方面做了大量艰苦而细致的工作，并且取得了显著成效，例如：在宣传落实到村到户政策方面，开展多形式、多层次政策宣传 43.87 万场次；在改善贫困村生产生活条件方面，解决群众就医、上学等急事难事 52.73 万件；在推动富民产业发展方面，筹措帮扶资金 18.03 亿元，引入社会力量捐助 6.34 亿元，一大批帮扶项目落地生根、开花结果；在化解矛盾疏导情绪方面，帮助化解矛盾、解决纠纷 16.65 万个，广泛赢得了贫困群众的信赖支持，为甘肃省高质量打赢脱贫攻坚战作出了积极贡献。[1]

◉ 专栏 7-5

贫困群众最亲近的"贴心人"

驻村第一书记黄文秀。 黄文秀，女，中共党员，壮族，硕士。黄文秀于 2018 年主动回到乐业县担任百坭村第一书记。乐业县位于百色市，是广西壮族自治区的扶贫开发工作重点县，而黄文秀 2016 年才从北京师范大学毕业。在扶贫工作中，黄文秀全过程参与，克服了重重困难。如翻山越岭进行贫困户的识别。为了实现精准识别并进一步了解建档立卡户的状况，黄文秀亲自访遍了位于当地崇山峻岭间的 195 户贫困户。再比如，带动产业脱贫。黄文秀与其他扶贫干部实地考察了当地发展实际，拓宽了发展思路，从产业入手，形成了发展特色产业的脱贫思路。在此基础上，黄文秀还积极带动当地贫困户主动参与电商经营，为当地打造了砂糖橘、八角和杉木等主导产业。不幸的是，2019 年 6 月 17 日凌晨，黄文秀在返回工作岗位途中不幸遭遇山洪因公牺牲，年仅 30 岁。黄文秀在担任百坭村驻村第一书记的 1 年又 82 天，帮助全村 88 户 418 人实现了脱贫，为百坭村于 2020 年底脱贫摘帽奠定了深厚基础。随后，黄文秀被追授"时代楷模""全国三八红旗手""全国优秀共产党员""最美奋斗者"等称号，并且荣获"全国五一劳动奖章"、"中国青年五四奖章"和"全国脱贫攻坚楷模"称号。[2]

闽宁对口扶贫协作援宁群体。 "闽宁对口扶贫协作"是习近平总书记在福建工作期间亲自部署、亲自推动的重要战略决策。"闽宁对口扶贫协作援宁群体"是闽宁协作事业的坚定践行者，是东西部扶贫协作的接续奋斗者、创新发展先行者，更是全球减贫治理中国智慧的积极探索者。1996 年以来，"闽宁对口扶贫协作援宁群体"遵循"优势互补、互惠互利、长期协作、共同发展"的方针，主动扛起对口帮扶宁夏脱贫攻坚的历史使命，11 批 180 余名福建挂职干

---

① 《驻村帮扶显成效为民解忧促脱贫》，中华人民共和国农业农村部，2020 年 11 月 27 日，http://www.moa.gov.cn/xw/qg/202011/t20201127_6357150.htm。

② 《黄文秀：返乡扶贫，奉献青春》，《人民日报》2021 年 6 月 18 日，第 7 版。

部接力攀登，2000 余名支教支医支农工作队员、专家院士、西部计划志愿者敢于牺牲、无私奉献，将单向扶贫拓展为两省（区）经济社会建设全方位多层次、全领域广覆盖的深度协作，与宁夏人民一起用智慧和汗水创造了东西部对口扶贫协作帮扶的"闽宁模式"，助推宁夏在翻越脱贫路上六盘山、缚住贫困苍龙的征途上一路奋进。如今，六盘山区、中部干旱带上，每一块土地、每一条产业链都倾注着福建挂职干部、支教支医支农工作队员、专家院士、西部计划志愿者们的心血和汗水。"闽宁情缘"让两省人民之间的情谊因奋斗而更浓，摆脱贫困的志向因携手而更加坚定。①

大量学术研究成果（见表 7-12）认为，21 世纪以来，中国地方政府总体上实现了从汲取型政府向分配型政府的转型，这一转型意味着基层干群关系迎来了新的转机。围绕改善干群关系，精准扶贫在政策设计上实现了"自上而下"与"自下而上"的结合，精准扶贫方略则为干群关系的改善提供了难得的资源、机遇与体制。② 在精准扶贫阶段，我国形成了诸如"五级书记"抓扶贫机制、扶贫成效考核评估与问责机制、驻村帮扶工作机制等扶贫机制，凸显了中国共产党领导减贫的强大组织动员能力，同时也反映了抓好党建促脱贫是贫困地区脱贫致富的重要经验。农村基层党组织作为党植根农村社会的治理单位，以其上传下达的桥梁作用与领导引路的核心作用为脱贫攻坚提供政治保证、思想引领与组织依托，基层党建业已成为引领脱贫攻坚有效推进、如期完成的重要保障。

表 7-12　关于"党群干群关系明显改善，党在农村的执政基础更加牢固"的主要研究成果

研究方面	主要观点	代表学者
党建促扶贫	基层党组织是农村基层社会治理的领导核心，抓好党建促脱贫是贫困地区脱贫致富的重要经验①	段妍
	精准扶贫政策的执行过程为执政党的嵌入式整合提供了实质性内容和物质基础，基层党建与精准扶贫共同推动了乡村社会的再组织②	孙柏瑛，胡盼
	以对宁夏华村"百富带百贫"工作的调查为基础，认为打赢脱贫攻坚战，必须充分发挥基层党组织的战斗堡垒与先锋模范作用③	邢成举

① 《向闽宁对口扶贫协作援宁群体致敬》，中国共产党新闻网，2020 年 7 月 4 日，http://cpc.people.com.cn/n1/2020/0704/c433130-31771142.html。

② 邢成举、李小云：《精准扶贫与新时代的中国社会革命》，《北京工业大学学报》（社会科学版）2021 年第 1 期。

研究方面	主要观点	代表学者
驻村帮扶	全面落实脱贫攻坚责任制，按照"中央统筹、省负总责、市县抓落实"的工作机制，省、市、县、乡、村五级书记一起抓扶贫，为打赢脱贫攻坚战提供了坚强组织保障④	汪三贵，郭建兵，胡骏
	围绕改善干群关系，精准扶贫政策设计实现了"自上而下"与"自下而上"的结合，驻村干部的规范管理夯实了贫困治理的制度与政策基础⑤	邢成举，李小云
	驻村干部通过建构地方社会关系和亲情化帮扶行动获得地方社会的情感接纳；经由政党情感工作技术实现情感动员、塑造国家情感，从而以更温情的方式构建国家权力的情感基础与社会基础⑥	向德平，向凯
巩固党的执政基础	在脱贫攻坚战中，这种针对特殊任务的特殊国家治理模式充分调动了地方官员的积极性、有效提高了目标治理的效率、再次丰富了中国治理的内涵⑦	汪三贵，钟宇
	中国将贫困治理作为政治任务，还将乡村振兴作为政府责任，把脱贫攻坚与乡村振兴纳入国家治理的长期战略，丰富了人类反贫困理论和发展理论⑧	高强
	在党建领域进一步完善"双带"工程，协调不同群体的利益关系，能够增强和扩大党在农村的阶层基础和群众基础⑨	杨华
	在考察五级行政体系、脱贫攻坚责任体系、县级干部的考核任免、大扶贫格局等内容的基础上，阐述了扶贫工作对夯实党在基层执政基础的重要作用⑩	汪三贵

① 段妍：《新时代农村基层党建引领脱贫攻坚的实践进路》，《江西财经大学学报》2021 年第 1 期。

② 孙柏瑛、胡盼：《党建引领的精准扶贫与乡村社会的再组织》，《南京大学学报》（哲学・人文科学・社会科学）2021 年第 3 期。

③ 邢成举：《嵌入村庄的党建精准扶贫研究——基于宁夏华村"百富带百贫"工作的调查》，《中共福建省委党校学报》2019 年第 1 期。

④ 汪三贵、郭建兵、胡骏：《巩固拓展脱贫攻坚成果的若干思考》，《西北师大学报》（社会科学版）2021 年第 3 期。

⑤ 邢成举、李小云：《精准扶贫与新时代的中国社会革命》，《北京工业大学学报》（社会科学版）2021 年第 1 期。

⑥ 向德平、向凯：《情感治理：驻村帮扶如何连接国家与社会》，《南开学报》（哲学社会科学版）2020 年第 6 期。

⑦汪三贵、钟宇：《贫困县何以摘帽——脱贫攻坚中的央地关系与干部激励》，《贵州财经大学学报》2021 年第 5 期。

⑧ 高强：《脱贫攻坚与乡村振兴的统筹衔接：形势任务与战略转型》，《中国人民大学学报》2020 年第 6 期。

⑨ 杨华：《增强和扩大党在农村的阶层基础和群众基础研究》，《湖湘论坛》2019 年第 3 期。

⑩ 汪三贵：《中国 40 年大规模减贫：推动力量与制度基础》，《中国人民大学学报》2018 年第 6 期。

五　创造了减贫治理的中国样本，为全球减贫事业作出重大贡献

解决贫困问题是破解全球发展和治理难题的关键。到 2030 年在全世界消除

一切形式和表现的贫困是联合国《2030 年可持续发展议程》提出的目标之一。它包括两个子目标：第一是到 2030 年时，在全世界所有人口中消除每人每天生活费不到 1.25 美元的极端贫困；第二是到 2030 年时，各国按其标准界定的陷入各种形式贫困的不同年龄段男女和儿童人数至少减半，即到 2030 年各国按照自己设定的多维贫困标准，实现贫困人口数量比 2016 年至少减半的目标。中国目前执行的农村贫困标准是农村居民每人每年生活水平 2300 元（2010 年不变价），按照 2011 年国际购买力平价折算，相当于每人每天 2.29 美元。这个标准高于世界银行 1.9 美元的极端贫困标准。针对联合国第二个减贫子目标，中国制定的多维脱贫目标是"到 2020 年，稳定实现农村贫困人口不愁吃、不愁穿、义务教育、基本医疗和住房安全有保障"，即"两不愁三保障"的脱贫目标。也就是说，除了收入脱贫外，还要保障"义务教育、基本医疗和住房安全"[1]。为实现多维脱贫目标，从 2014 年起，中国就对农村地区的贫困人口进行精准识别和建档立卡，并进行了国内外从未尝试过的逐户精准帮扶。按照建档立卡信息所显示的致贫问题，逐户采取对应的减贫措施，在多个方面针对贫困问题精准施策，如产业、教育、就业、社会保障等。到 2020 年底，中国如期实现多维贫困目标，提前 10 年实现了联合国设定的第二个减贫子目标。[2] 作为世界上最大的发展中国家，中国始终是世界减贫事业的积极倡导者和有力推动者，是全球最早实现千年发展目标中减贫目标的发展中国家。包括世界银行、联合国开发计划署等在内的国际贫困治理组织和广大发展中国家，都对我国取得的减贫成就给予了高度肯定，一些受贫困问题困扰的发展中国家，更是迫切希望学习中国贫困治理的有效经验。

◉ **专栏 7-6**

国际社会关于中国减贫的论述

2020 年 5 月 23 日，联合国秘书长南南合作特使、联合国南南合作办公室主任豪尔赫·切迪克指出，在消除贫困方面，中国政府的精准扶贫政策和脱贫攻坚目标，成功地使数亿人摆脱了贫困，取得了令人瞩目的成果，对全球消除贫困作出

---

[1] 《中共中央 国务院关于打赢脱贫攻坚战的决定》，中华人民共和国中央人民政府，2015 年 12 月 7 日，http://www.gov.cn/zhengce/2015-12/07/content_5020963.htm。

[2] 王小林、张晓颖：《中国消除绝对贫困的经验解释与 2020 年后相对贫困治理取向》，《中国农村经济》2021 年第 2 期。

了巨大贡献，为世界特别是为全球发展中国家提供了很好的范例。在消除贫困这一可持续发展目标方面，期待看到中国与其他发展中国家之间开展更多的南南合作。[1]

联合国粮农组织水产养殖处处长马赛厄斯·哈洛特在接受采访时指出，中国在减少贫困方面成就非凡。他指出，联合国 2030 年减贫目标的实现形势比较严峻，一是全球贫困人口数量还比较庞大，二是脱贫质量还需要提高。而中国的减贫在这两个方面为实现 2030 减贫目标提供了强大助力。一是中国曾有 8 亿贫困人口，而中国精准扶贫的成功使得这 8 亿贫困人口于 2020 年即提前 10 年摆脱了贫困，是对全球减贫的直接贡献。二是中国的减贫是高质量减贫，除最基本的生活资料保障外，精准扶贫涵盖生活的方方面面，包括改善教育、文化、就业、收入、社会保险、医疗服务和生活条件等，还有助于解决环境问题，这对实现可持续发展目标至关重要。[2]

2021 年 3 月 31 日，教育扶贫国际研讨会以线上线下相结合的方式召开。联合国教科文组织非洲优先和对外关系助理总干事马多戈在研讨会上指出，教育对于减贫具有关键作用已经成为大多数人的共识。中国精准扶贫的成功再次印证了这一观点。精准扶贫将高质量的教育作为阻断贫困代际传递的途径。中国精准扶贫的实践证明，教育和技能培训对于消除贫困具有基础性作用，这为全世界的教育减贫提供了重要经验。[3]

多名学者对国际减贫治理的中国样本、中国经验与中国减贫的世界贡献进行了研究（见表 7-13）。学者们经过研究指出：在全球贫困状况依然严峻、一些国家贫富分化加剧的背景下，我国提前 10 年实现了《联合国 2030 年可持续发展议程》减贫目标[4]，成功地打破了减贫边际效果递减的"规律"，历史性地实现了绝对贫困清零，创造了减贫治理的中国样本，为全球减贫事业作出了重大贡献。中国成功消除农村地区绝对贫困的经验说明，在不平等程度不断上升、经济发展达到一定水平以后，消除贫困的措施需要更加系统化和综合化，特别是需要强大的政治领导和政治承诺来突破各种结构性的约束。中国特色减贫道路呈现了多重历史世界意义，为发展中国家提供了减贫方略与经验，坚定了全世界消除

① 《联合国官员："中国对全球消除贫困做出了巨大贡献"》，人民网，2020 年 5 月 23 日，http://js.people.com.cn/n2/2020/0523/c359574-34037604.html。

② 《"中国积极同各方分享扶贫方案和经验"》，《人民日报》2020 年 11 月 16 日，第 3 版。

③ 《教育扶贫：世界关注中国经验》，人民网，2021 年 4 月 26 日，http://edu.people.com.cn/n1/2021/0426/c1006-32088183.html。

④ 习近平：《在全国脱贫攻坚总结表彰大会上的讲话》，《农业工程技术》2021 年第 6 期。

贫困的信心，同时，树立了政府主导减贫的典范，促进了国际反贫困理论的丰富和发展。

表 7-13　关于"减贫治理的中国样本"的主要研究成果

研究方面	主要观点	代表学者
国际减贫治理的中国样本	中国的脱贫攻坚不仅造福中国人民，而且创造了减贫治理的中国样本，为全球减贫事业作出重大贡献①	叶兴庆
	从消除贫困的实际经验和成效来看，在人类历史上最成功解决贫困的国家是中国。中国减贫实践不但精彩、生动，而且具有史诗般的世界意义，足以载入人类社会发展史册②	周文
	中国特色扶贫开发道路是中国共产党和中国政府有组织、有计划启动的贫困治理实践，是充分发挥中国特色社会主义制度和政治优势、实现国家关键性发展的社会实验③	邢成举，李小云
国际减贫治理的中国经验	中国的扶贫政策对减贫具有显著效应，不仅能通过直接效应和间接效应来减少贫困，而且能减少多维贫困，为其他发展中国家制定反贫困政策提供重要启示④	章元，刘茜楠
	中国成功消除农村地区绝对贫困的经验说明，一个发展中国家只要选择了符合自己发展的道路，就可以在可预见的时间内实现发展；此外，消除贫困需要强大的政治领导和政治承诺来突破各种结构性约束⑤	李小云
	中国的减贫经验是特定历史、政治和经济社会发展条件下的产物，也是中国融入全球经济的附属物。政府的主导作用、优先发展农业以及将农村工业与小城市发展有机连接起来是中国减贫经验的重要内容⑥	李小云，马洁文，唐丽霞，徐秀丽
中国减贫的世界贡献	中国特色减贫道路呈现了多重的历史世界意义：加快了全球减贫进程，坚定了全世界消除贫困的信心，回应了发展中国家减贫的艰巨性和复杂性，树立了政府主导减贫的典范，促进了国际反贫困理论的丰富与发展⑦	黄承伟
	中国的减贫治理成效不仅是中华民族几千年发展史上的辉煌篇章，也是世界发展史和减贫史上新的伟大奇迹，更是中国对世界人权事业的最重要贡献⑧	侯波
	中国脱贫攻坚强调了贫困者的社会属性，重视发挥帮扶者和被帮扶者的积极性，进一步完善了西方反贫困的理论；从公有制基础上劳动力水平低的贫困属性入手，是对马克思主义贫困理论的原创性贡献⑨	郑宝华，宋媛
	中国减贫方案是从与世界良性互动的视角提出的具有中国特色的话语表达，展现了中国的责任担当，推动了全球贫困治理体系变革，体现了构建人类命运共同体的历史逻辑⑩	张新平，成向东

注：① 叶兴庆：《创造人类减贫史上的中国奇迹》，《人民日报》2021年2月26日，第7版。
　　② 周文：《减贫实践的中国样本与中国经验》，《红旗文稿》2020年第3期。

续表

③ 邢成举、李小云：《超越结构与行动：中国特色扶贫开发道路的经验分析》，《中国农村经济》2018 年第 11 期。

④ 章元、刘茜楠：《中国反贫困的成就与经验：扶贫政策效果再检验》，《复旦学报》（社会科学版）2021 年第 5 期。

⑤ 李小云：《脱贫攻坚：在发展中消除贫困的创新实践》，《前线》2020 年第 12 期。

⑥ 李小云、马洁文、唐丽霞、徐秀丽：《关于中国减贫经验国际化的讨论》，《中国农业大学学报》（社会科学版）2016 年第 5 期。

⑦ 黄承伟：《共同富裕进程中的中国特色减贫道路》，《中国农业大学学报》（社会科学版）2020 年第 6 期。

⑧ 侯波：《中国扶贫减贫事业 70 年：历史回顾、基本经验和世界意义》，《经济研究参考》2019 年第 9 期。

⑨ 郑宝华、宋媛：《中国脱贫攻坚对人类反贫困理论的贡献》，《云南社会科学》2021 年第 5 期。

⑩ 张新平、成向东：《新时代"中国减贫方案"的世界意义》，《甘肃社会科学》2020 年第 6 期。

第二节　精准扶贫思想实践的典型模式

精准扶贫思想的实践效果，不仅在于解决了现行标准下 9899 万农村贫困人口的绝对贫困问题，更有价值的是，我国在精准扶贫阶段形成了大量具有政策学意义和研究范式价值的"扶贫模式"。关于扶贫模式的分类标准，有学者以扶贫瞄准单元分类为依据，具体分为以贫困户为中心的扶贫模式、整村推进的扶贫模式、以贫困县为中心的扶贫模式、以集中连片区为中心的扶贫模式和区域战略开发的扶贫模式[1]；有学者以扶贫主体对扶贫对象的帮扶机制和特点为依据，划分为东西部扶贫协作模式、国家机关定点扶贫模式、结对帮扶扶贫模式[2]；有学者以扶贫主体的性质、特点为依据，划分为政府主导型扶贫模式、市场主导型扶贫模式、社会主导型扶贫模式等[3]。党的十八大以来，我国在精准扶贫实践中积极动员全社会参与，发挥中国制度优势，构建了政府、社会、市场协同推进的大格局，形成了跨地区、跨部门、跨单位、全社会共同参与的多元主体的社会扶贫体系。[4] 由此，精准扶贫思想实践典型模式的分类标准可以按扶贫主体与扶贫手段的不同来划分，进一步回答"谁来扶""怎么扶"的问题。

---

[1]　李小云、唐丽霞、许汉泽：《论我国的扶贫治理：基于扶贫资源瞄准和传递的分析》，《吉林大学社会科学学报》2015 年第 4 期。

[2]　张远新、董晓峰：《论脱贫攻坚的中国经验及其意义》，《浙江社会科学》2021 年第 2 期。

[3]　路征、杨云鹏、李倩：《非政府组织主导型社群经济的农村扶贫模式与效应研究——以海惠组织农村扶贫项目为例》，《中国农村研究》2020 年第 1 期。

[4]　习近平：《在全国脱贫攻坚总结表彰大会上的讲话》，《人民日报》2021 年 2 月 26 日，第 2 版。

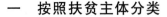
一　按照扶贫主体分类

按照扶贫主体分类，精准扶贫思想实践的典型模式可以分为中央和国家机关定点扶贫模式、东西部扶贫协作模式、结对帮扶扶贫模式和社会力量参与式扶贫模式。

（一）中央和国家机关定点扶贫模式

中央和国家机关定点扶贫，是指包括中央各机关、各部门在内的中央和国家定点单位在党委和政府的统筹安排下，针对特定地区的现实需求，利用各业务部门的优势及专业力量，以贫困区域的重点贫困县为主要帮扶对象，与贫困地区合作，以帮助贫困群众脱贫致富为目标的开发式扶贫模式。中央和国家机关定点扶贫是中国特色扶贫开发事业的重要组成部分，是加大对革命老区、民族地区、边疆地区、贫困地区扶持力度的重要举措，是我国"三位一体"大扶贫格局[①]的重要支撑。2012 年 11 月 8 日，国务院扶贫办、中组部等八部门联合印发《关于做好新一轮中央、国家机关和有关单位定点扶贫工作的通知》，强调中央和国家机关等单位要成立定点扶贫工作机构，建立健全工作制度，强化组织和制度保障。同时，确定了新一轮中央和国家机关及相关单位的定点扶贫结对关系，共对 310 个单位进行定点扶贫工作安排，第一次实现了定点扶贫工作对全国 592 个国家扶贫开发工作重点县的全覆盖[②]。中央和国家机关在推进定点扶贫工作的过程中，尤其注重定点单位优势与贫困地区实际相结合，注重将定点扶贫与党政干部培养、加强基层组织建设等相结合，强化定点扶贫与扶智（志）相结合，有效促进贫困地区振兴发展和贫困人口脱贫致富。[③]

[①] "三位一体"大扶贫格局是指专项扶贫、行业扶贫和社会扶贫等多方力量、多种举措有机结合、互为支撑、协同推进的扶贫开发工作格局。

[②] 在 310 个帮扶单位中，有中央国家机关 128 个、民主党派中央和全国工商联 9 个、金融保险机构 12 个、国有大型骨干企业 117 户、教育部直属高校 44 所。另外，2012 年底，军队和武警部队共帮扶 63 个贫困县、215 个贫困乡镇、1470 个贫困村。具体数据参见《中国扶贫开发年鉴·2013》，团结出版社，2014，第 313—314 页。

[③] 韩小伟、韩广富：《中央和国家机关定点扶贫的历史进程及经验启示》，《史学集刊》2020 年第 4 期。

◉ 专栏 7-7

中组部定点帮扶甘肃省舟曲县脱贫奔康

自 2010 年 11 月中组部定点帮扶甘肃省舟曲县以来，组织了 4 批扶贫组共 18 名干部在基层组织建设、人才等方面帮扶舟曲县，具体情况如下。

其一，开展干部培训。积极协调省内外优质培训资源开展脱贫攻坚干部培训，先后组织了 160 余名乡科级干部和脱贫攻坚一线骨干赴中组部组干学院开展专题培训。

其二，加强基层党建。坚持"围绕产业抓党建，抓好党建促发展"的总体思路，结合抓党建促脱贫攻坚示范县建设，用好中组部 200 万元帮扶资金以加强基层党建。

其三，选派优秀人才。为充实调整驻村帮扶工作队伍，选派了 87 名优秀扶贫专岗人员到贫困村担任村党支部书记助理或文书，并且新选派第一书记 11 名。

除此之外，扶贫组还着眼阻断贫困代际传递，突出抓好教育扶贫；立足解决因病致贫返贫问题，加大医疗帮扶力度；增强产业"造血"功能，拓宽群众增收渠道。[①] 2020 年 2 月 28 日，甘肃省人民政府正式批准，甘肃省舟曲县等 31 个县区符合贫困县退出条件，批准退出贫困县。

（二）东西部扶贫协作模式

习近平总书记在东西部扶贫协作座谈会上强调："东西部扶贫协作和对口支援，是推动区域协调发展、协同发展、共同发展的大战略，是加强区域合作、优化产业布局、拓展对内对外开放新空间的大布局，是实现先富帮后富、最终实现共同富裕目标的大举措，必须长期坚持下去。"[②] 东西部扶贫协作主要是指东部发达省市根据党中央和国务院的要求对西部省区发展的对口支持。[③] 我国真正制度化、规范化的东西部扶贫协作发轫于 1996 年，以国务院办公厅转发《国务院扶贫开发领导小组关于组织经济较发达地区与经济欠发达地区开展扶贫

[①] 《中组部机关对口定点扶贫舟曲县》，舟曲县人民政府，2020 年 6 月 23 日，http://www.zqx.gov.cn/info/1040/36464.htm。

[②] 《习近平在东西部扶贫协作座谈会上强调 认清形势聚焦精准深化帮扶确保实效 切实做好新形势下东西部扶贫协作工作》，新华网，2016 年 7 月 21 日，http://www.xinhuanet.com/politics/2016-07/21/c_1119259129.htm。

[③] 陈锡文、韩俊主编《中国脱贫攻坚的实践与经验》，人民出版社，2021，第 105 页。

协作报告的通知》为标志。该文件明确安排了东部 13 个经济较发达省、市与西部 10 个省（自治区、直辖市）开展扶贫协作工作。① 党的十八大以来，面对打赢脱贫攻坚战的新形势、新任务，中共中央办公厅、国务院办公厅印发《关于进一步加强东西部扶贫协作工作的指导意见》②③，把东西部扶贫协作工作纳入国家脱贫攻坚考核范围，考核突出目标导向、结果导向，以建档立卡贫困人口脱贫数为考核重点，标志着顶层设计对脱贫攻坚中东西部扶贫协作的要求进一步提高。东西部扶贫协作开展二十余年来，为缩小东西部发展差距、打赢脱贫攻坚战发挥了巨大作用，形成了一系列创新探索，如闽宁模式（见专栏 7-8）就是我国东西部扶贫协作的典范之一。

◉ 专栏 7-8

闽宁模式——我国东西部扶贫协作的典范

1996 年 5 月，为实现"先富带动后富，实现共同富裕"的目标，福建省对口协作帮扶宁夏，闽宁对口扶贫协作登上历史舞台。十八大以来，福建省委和省政府坚决贯彻落实习近平总书记重要指示精神，始终把闽宁对口扶贫协作作为一项重大政治任务，一届接着一届抓、一任接着一任干，持续深入推进对口协作工作机制，将单向扶贫拓展到两省区经济社会建设全方位多层次、全领域广覆盖的深度协作，创造了东西部对口扶贫协作帮扶的"闽宁模式"。其主要做法和成效如下。

一是坚持联席推进。围绕脱贫攻坚，闽宁两省坚持高位推动，每年召开一

---

① 扶贫协作结对情况：北京市与内蒙古自治区，天津市与甘肃省，上海市与云南省，广东省与广西壮族自治区，江苏省与陕西省，浙江省与四川省，山东省与新疆维吾尔自治区，辽宁省与青海省，福建省与宁夏回族自治区，大连市、青岛市、深圳市、宁波市与贵州省。

② 《中办 国办印发〈关于进一步加强东西部扶贫协作工作的指导意见〉》，中华人民共和国中央人民政府，2016 年 12 月 7 日，http://www.gov.cn/xinwen/2016-12/07/content_5144678.htm。

③ 扶贫协作结对情况：北京市帮扶内蒙古自治区、河北省张家口市和保定市；天津市帮扶甘肃省、河北省承德市；辽宁省大连市帮扶贵州省六盘水市；上海市帮扶云南省、贵州省遵义市；江苏省帮扶陕西省、青海省西宁市和海东市，苏州市帮扶贵州省铜仁市；浙江省帮扶四川省，杭州市帮扶湖北省恩施土家族苗族自治州、贵州省黔东南苗族侗族自治州，宁波市帮扶吉林省延边朝鲜族自治州、贵州省黔西南布依族苗族自治州；福建省帮扶宁夏回族自治区，福州市帮扶甘肃省定西市，厦门市帮扶甘肃省临夏回族自治州；山东省帮扶重庆市，济南市帮扶湖南省湘西土家族苗族自治州，青岛市帮扶贵州省安顺市、甘肃省陇南市；广东省帮扶广西壮族自治区、四川省甘孜藏族自治州，广州市帮扶贵州省黔南布依族苗族自治州和毕节市，佛山市帮扶四川省凉山彝族自治州，中山市和东莞市帮扶云南省昭通市，珠海市帮扶云南省怒江傈僳族自治州。

次由两省区党政主要领导参加的联席会议，总结交流帮扶经验，研究解决重大问题，协商制定帮扶举措，督促协商成果落地见效。截至 2021 年 7 月，两省累计召开党政主要领导联席会议 25 次，有效地统筹谋划了两地党委政府对口协作工作。联席会议期间，以签订会议纪要和合作协议的形式，确保协作内容得到全面落实。

二是精准结对帮扶。在帮扶范围上，坚持落实扶贫协作责任，推动县与县结对帮扶、精准帮扶。脱贫攻坚期间，福建省 30 多个县（市、区）先后与宁夏 9 个贫困县（区）结成帮扶对子，105 对乡镇、134 对建制村建立了结对帮扶关系。两省区 20 多个省直部门、80 多个县级部门建立了密切的工作联系。在帮扶资金上，省级财政累计投入无偿援助资金 19.56 亿元，对口帮扶市县区投入 7.11 亿元。

三是深化产业带动。坚持以市场为导向，以优势互补产业对接为基础，通过共建扶贫产业园、搭建合作交流平台、组织规模化劳务输出等方式，积极探索企业合作、产业扶贫、项目带动的"造血"式扶贫路子，实现了援助式扶贫向开发式扶贫转变。十八大以来，两省区合作建设了一批闽宁产业园（城），签订 50 多项投资协议，协议金额 400 多亿元，形成了机械制造、电子信息、纺织轻工、风力发电、食品加工、葡萄酒等一批特色产业项目，有效带动了当地经济发展和农民增收。

四是注重互学互助。突出扶智重点，注重帮助帮扶对象摆脱意识和思路的贫困，坚持把互派干部挂职和推动人才交流作为互学互助的主要途径。1996 年以来，福建省以两年为轮换周期，已先后选派 11 批 18 名援宁挂职干部到宁夏西海固地区挂职，其中大部分是后备干部、年轻干部。2000 多名福建支教支医支农工作队员、专家院士、西部计划志愿者以各种方式参与援宁工作。宁夏也先后选派了 19 批 325 名干部到福建挂职。在实际工作中，福建援宁干部深入实际寻求精准脱贫接入点，联系动员福建社会力量参与宁夏扶贫开发，引导福建企业在宁夏寻找新的发展空间。宁夏到福建挂职锻炼的干部则开阔了眼界、转变了观念、增长了才干、带回了"爱拼才会赢"的福建精神和发展经济的先进理念，具备了改变家乡贫困面貌和创新实干的巨大热情。

五是扩大社会参与。充分调动社会力量，积极搭建社会参与平台，开展形式多样的援宁扶贫公益活动，培育多元社会扶贫主体，引导和鼓励社会团体、民间组织、爱心人士通过科技帮扶、高校合作、支医支教、资助贫困学生、救助困难群众、旅游扶贫、文化交流、投资置业等方式，积极参与援助宁夏贫困地区。据不完全统计，1996—2020 年福建社会各界捐助折款近 4 亿元，直接参与帮扶的各界人士超过 10 万人次。

截至 2020 年底，福建在宁夏投资企业高达 5700 多家，为宁夏的税收和就业方面作出了重大贡献，其中年上缴税收就超过 10 亿元，解决了当地 10 万多人的就业问题。同时，8 万多名闽籍人员在宁从业，为当地经济社会发展贡献才智力量；福建支援宁夏建设了闽宁镇等生态移民乡镇和 110 个闽宁示范村。此外，5 万多宁夏人在福建稳定务工，每年获得劳务总收入超过 10 亿元。2020 年 7 月 3 日，"闽宁对口扶贫协作援宁群体"被中宣部授予"时代楷模"称号。

资料来源：作者在福建省农业农村厅社会扶贫与山海协作处调研座谈获得。

（三）结对帮扶扶贫模式

结对帮扶是具有中国特色的一种特殊帮扶形式，是我国扶贫政策的重要组成部分，也是开展扶贫协作、缩小区域经济差距、促进区域协调发展的一项具体政策措施。《中共中央 国务院关于打赢脱贫攻坚战的决定》提出要通过"结对帮扶""点穴法"确保扶贫对象识别精准、帮扶措施安排精准，以帮扶主体的多样性解决贫困群体需求的复杂性。相对于村内帮扶主体，以政府机关及企事业单位为代表的村外帮扶主体拥有更多的行政权力、资源和技术，能够给予结对帮扶建档立卡户更大的支持，例如提供金融贷款、技术指导、市场信息等方面的帮助，还可以为建档立卡户提供就业和创业的机会，使具有较高脱贫能力的建档立卡户能够更好地利用村外帮扶主体提供的扶贫资源，实现产业脱贫与就业脱贫。[1]

◉ 专栏 7-9

云南楚雄姚安县："结对帮扶"实现高质量脱贫摘帽

姚安县位于滇中腹地，有"一座姚州城、半部云南史"之说、"梅葛故地，花灯之乡"之誉、"滇中粮仓，鱼米之乡"之称。2013 年，姚安县被列为国家滇西边境山区连片扶贫开发重点县之一；2017 年，上海市嘉定区与姚安县结成

---

① 李雨、周宏：《差异视角下基建投资、产业扶贫与"结对帮扶"减贫效应研究》，《华中农业大学学报》（社会科学版）2020 年第 2 期。

对口帮扶单位。自开展结对帮扶以来，姚安县持续深化沪滇协作，充分利用嘉定区在人力、财力、物力、科技等方面的优势，注重项目带动，强化规划引导，抢抓嘉定区对姚安特色产业发展、基础设施建设、教育事业发展、干部队伍交流、资金项目支持等方面大力帮扶的宝贵机遇，积极开展脱贫攻坚工作，帮助贫困户搭上了致富"快车"。

嘉定区与姚安县的结对帮扶，突出表现在蔬菜种植产业园项目的落地发展上。在嘉定区帮扶下，姚安县引进上海农业龙头企业上海百蒂凯农业科技有限公司，引领当地的建档立卡贫困对象种植有机蔬菜，并在蔬菜大棚用地中留出了一部分专用地，让来自上海的企业团队在此进行技术帮扶，达到了"不仅扶贫而且扶智"的良好效果。在姚安县官屯镇，1125 户贫困户每户每年可得到400 余元收益分红；光禄镇草海村蔬菜大棚建设项目于 2019 年底完工并交付使用，2020 年获得租金 90 万元；在种植园项目帮扶下，弥兴镇 8 个村委会、1172户 4361 个建档立卡贫困人口受益。这些种植产业园项目的成功落地是沪滇扶贫协作项目在姚安县发挥"造血式"扶贫作用的缩影，也是姚安县当地民众在家门口搭上致富"快车"、不断提高生活质量的保障。

2017 年至 2020 年，上海市累计投入姚安县沪滇扶贫协作资金 9779 万元，推动了沪滇扶贫协作的深度发展。嘉定区以沪滇扶贫协作资金、上海市先进的种植技术和稳定的市场资源为依托，积极实施"云品入沪"和消费扶贫行动，帮助姚安贫困地区人民群众走好脱贫致富之路。截至 2019 年底，姚安县 3 个贫困乡镇、44 个贫困行政村全部脱贫出列，6351 户 23934 个建档立卡贫困人口脱贫成功，贫困发生率降为 0.68%。在 2018 年 7 月的国家贫困县退出考核中，姚安县以"零漏评、零错退、群众认可度居全省第一"的优异成绩实现了高质量脱贫摘帽。

资料来源：作者在云南省楚雄彝族自治州姚安县调研获得。

◉ **专栏 7-10**

郫都实践：构建结对帮扶"五化"模式
——郫都区结对帮扶简阳市老龙乡和江源镇探索实践

郫都区自 2016 年 8 月根据成都市总体安排结对帮扶简阳市老龙乡（2019年撤乡划归镇金镇）、江源镇以来，紧紧加快推进简阳市脱贫攻坚总体要求和区市县结对帮扶的目标任务，成立了结对帮扶简阳市脱贫攻坚工作组，扎根简阳市老龙乡、江源镇，探索形成了以科学化规划为导向、以本土化产业升级为主线、以自主化参与为关键、以制度化整合为重点、以纵深化参与为保障的结对帮扶"五化"模式，推动结对帮扶工作取得了明显成效，并构建起帮扶成效共享的良好局面。

一是以科学化规划为导向提升结对帮扶系统性。郫都区在推进结对帮扶工作中，高度重视规划的龙头引领和科学带动作用，充分考虑帮扶乡镇的实际情况和贫困群众的发展需求，以农业产业园区规划为抓手，创新规划编制机制，坚持规划统筹，以科学化规划为导向提升结对帮扶系统性。二是以本土化产业升级为主线实现扶贫持续性。在市场经济环境下，贫困地区的经济发展需要依托当地自然资源和市场环境，以本土化的产业升级为主线，大力推动本土支柱产业和特色产业发展，形成市场竞争能力，实现扶贫持续性。三是以自主化参与为关键增强产业扶贫内生性。为解决贫困户自身能力局限和思想固化造成的参与能力不足、主体地位缺失等现实困境，郫都区充分发挥长期开展院地合作、省市人才工作站等优势，通过组织交流培训、就业创业指导等，激发内生参与动力，有效增强帮扶乡镇贫困群众的发展意愿和发展能力。四是以制度化整合为重点提高扶贫资源聚合性。郫都区把结对帮扶任务由部门分工转化为部门协调合作，打破部门条块分割的体制机制制约，有效地激发结对帮扶的整体效应，破解当前结对帮扶面临的资源要素部门化难题。坚持行业扶贫、社会扶贫等多方力量、多种举措有机结合，健全结对帮扶机制，广泛调动社会各界参与扶贫开发的积极性，为老龙乡、江源镇的脱贫攻坚工作贡献力量。五是以纵深化参与为保障提升扶贫整体实效性。在推进以现代农业园区建设为载体的结对帮扶工作中，为了确保帮扶效益到户，促进帮扶乡镇产业持续发展、贫困户稳定脱贫，郫都区通过成立工作组、开展基础调研、结对帮扶等途径，全域全程深度参与，抓好结对帮扶重点工作的推动与落实，破解扶贫方式简单化困境，提升扶贫整体实效性。

资料来源：作者在四川省成都市、简阳市调研获得。

（四）社会力量参与式扶贫模式

社会力量是扶贫开发的重要生力军。社会力量作为政府、市场、社会"三位一体"大格局中的重要组成部分，在减少贫困人口、促进贫困地区发展等方面作出了重要贡献。① 社会力量参与扶贫是中国扶贫开发实践的成功经验，也是中国特色扶贫开发的重要组成部分，更是我国政治优势和制度优势的重要体现。2014 年 11 月 19 日，国务院办公厅下发了《关于进一步动员社会各方面力量参与扶贫开发的意见》，这是我国首个关于社会力量扶贫的专门文件。可见，从国家宏观政策的角度，肯定了包括非政府组织在内的各种社会力量参与贫困治理的重要性，也体现了社会力量在政府、市场、社会"三位一体"大格局建构中的突出地位。政府、市场与社会协调推进扶贫开发，为构建政府与社会力量的合作关系提供了政策保障。②

● **专栏 7-11**

四川省川联川菜调料商会"万企帮万村"精准扶贫行动

自"万企帮万村"精准扶贫行动启动以来，四川省川联川菜调料商会按照"沿着总书记足迹·重走凉山扶贫路"活动要求，弘扬"致富思源、富而思进、扶危济困、共同富裕、义利兼顾、德行并重、回馈社会"的光彩精神，自觉履行社会责任，积极动员商会会员企业投入金阳县"万企帮万村"精准扶贫行动，通过产业扶贫、商贸扶贫、消费扶贫、捐赠扶贫等多种帮扶方式助力脱贫攻坚，为推动金阳县"脱贫攻坚、跨越发展"作出了积极的贡献。

一是深入调研摸情况。为摸清结对帮扶村的情况，2018 年 9 月，四川省川联川菜调料商会组织多家调味品企业，共 12 名企业家组成帮扶考察团，深入村寨调研，并考察了金阳县青花椒交易市场和马依足青花椒套种白魔芋立体林业增收示范基地。考察结束后，与金阳工商联共同召开了"万企帮万村"川调商会赴金阳对口帮扶座谈会，同时促使企业与村寨签订了《村企结对帮扶协议书》，形成了科学帮扶措施，为精准扶贫、精准施策奠定了坚实基础。二是技能培训促提升。为促进金阳县花椒产业发展，提升贫困人口的科技素质和生产技能，多次组织驻村帮扶队员和具有一定花椒种植经验的致富带头人前往重庆市江津区慈云镇"天知椒产业园"，参加"花椒栽培种植技术培训"。三是商贸扶贫促脱贫。为使对口帮扶措施落到实处，四川省川联川菜调料商会会员企业与金阳天地精华青花椒白魔芋专业合作社、金阳县富颖农业开发有限公司签订了

① 杜治平、薛亚婧：《吹响社会力量参与健康扶贫的"集结号"》，《人民论坛》2016 年第 29 期。
② 苏海、向德平：《社会扶贫的行动特点与路径创新》，《中南民族大学学报》（人文社会科学版）2015 年第 3 期。

"以购代捐"合同，以高出市场价格 2 元/公斤的价格收购金阳县建档立卡户青花椒 40 吨，价值达 408 万元，贫困农户直接增收 8 万元。同时，川调商会还为金阳天地精华青花椒白魔芋专业合作社、金阳县富颖农业开发有限公司在成都提供免费办公地点，帮助设立营销中心，为金阳县农产品销售搭建平台。四是捐资助学显真情。川调商会积极发动友联味业、金官川派、成都味源等 10 多家企业募集善款，为春江乡中心校，蒲家坪子村幼教点，老寨子乡中心校，老寨子乡则果、溪底、色色洛、嘎克、哼里、补久村小和幼教点共 1008 名学生捐赠价值 30 万元的冬装、爱心书包、笔记本等用品。此外，川调商会组织开展了"我要上大学——助困入学圆梦行动"，资助了金阳县 30 名考上高等院校的贫困大学生，资助金额共计 12 万元。

四川省川联川菜调料商会认真贯彻落实习近平总书记关于扶贫开发的重要讲话精神，聚力聚焦深度贫困脱贫攻坚主战场，以担当精神、实干作风和为民情怀，扎扎实实投入"万企帮万村"精准扶贫行动，圆满完成所承担的各项帮扶任务，与金阳人民一道打赢了脱贫攻坚战，让贫困百姓过上了好日子。

资料来源：作者在四川省凉山彝族自治州金阳县和四川省川联川菜调料商会调研获得。

二　按照扶贫手段分类

按照扶贫手段，精准扶贫思想实践的典型模式可以分为：产业扶贫模式、就业扶贫模式、易地扶贫搬迁模式、金融信贷扶贫模式、电商扶贫模式、消费扶贫模式、教育扶贫模式、健康扶贫模式、文化扶贫模式、生态扶贫模式。

（一）产业扶贫模式

产业扶贫是我国精准扶贫政策体系的最重要组成部分，涉及对象最广、涵盖面最大、资金投入量最高。产业扶贫是一种建立在产业发展基础上的扶贫开发政策办法，其本质是通过政府干预和政策扶持，让市场主体将建档立卡户纳入产业发展链条并分享部分利益，同时提升贫困群众自身发展能力，进而促进贫困地区人口脱贫致富。[①] 与一般产业发展相比，产业扶贫兼顾了效率和公平，注重益贫性和效益性的统一。

为了实现产业精准扶贫，中央层面进行了一系列顶层设计、规划部署、制

———————————

① 陈锡文、韩俊主编《中国脱贫攻坚的实践与经验》，人民出版社，2021，第 167 页。

度设计和政策创新,持续强化资金、技术、人才等扶持政策,推动资源要素配置向贫困地区倾斜,保障产业扶贫顺利推进。据统计,精准扶贫政策实施以来,全国 832 个贫困县全部制定了县域产业精准扶贫规划。2016—2019 年,中央财政累计安排专项扶贫资金 3850 亿元,其中 48% 投入产业扶贫;贫困县统筹整合财政涉农资金超过 1.5 万亿元,其中 4100 多亿元用于产业发展;对 832 个贫困县每县专项安排 600 亩年度建设用地指标,重点支持农村新产业、新业态发展;组织全国农业科技人才投身产业扶贫,先后选派科技特派员 28.98 万名,推动 4420 个农业科技单位 15000 多名专家开展科技帮扶,在 22 个扶贫任务重的省份选聘产业发展指导员 26 万人,指导服务基本覆盖了所有贫困村和建档立卡户。[①] 通过产业精准扶贫,累计建成 30 万个各类产业基地,打造 1.2 万个特色农产品品牌,发展 1.44 万家市级以上龙头企业、71.9 万家农民合作社,72.6% 的建档立卡户与新型农业经营主体建立了紧密型的利益联结关系,产业帮扶政策覆盖 98.9% 的建档立卡户。[②][③] 产业扶贫增强了贫困地区经济发展动能,精准实现了户户有增收项目、人人有脱贫门路。

● 专栏 7-12

下党乡"党支部+公司+合作社+农户"全产业链产业扶贫模式

福建省寿宁县下党乡于 1987 年正式设立,是典型的山区乡,受自然环境限制,下党乡素有"九山半水半分田""地无三尺平"之称。下党乡传统产业为茶产业,在产业发展中面临着全国山区产业发展的普遍困难:农户小而散,缺乏有效组织;无深加工和自主品牌,产业链短;销路不畅,溢价能力低;等等。

精准扶贫以来,下党乡党委坚持党建引领,坚持因地制宜、精准脱贫,走出了一条"党支部+公司+合作社+农户"全产业链特色产业扶贫模式。其主要做法和成效如下图所示。

---

① 陈锡文、韩俊主编《中国脱贫攻坚的实践与经验》,人民出版社,2021,第 171—177 页。

② 《〈人类减贫的中国实践〉白皮书》,中华人民共和国中央人民政府,2021 年 4 月 6 日,https:// www.gov.cn/zhengce/2021-04/06/content_5597952.htm。

③ 中华人民共和国国务院新闻办公室:《人类减贫的中国实践》,《农村工作通讯》2021 年第 8 期。

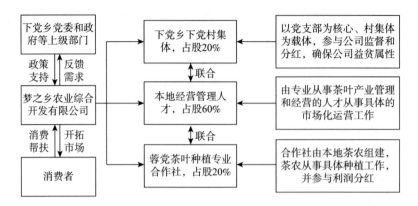

完善利益联结机制，实现茶农组织化。 下党乡下党村联合多方组建梦之乡农业综合开发有限公司，建立了"党支部＋公司＋合作社＋农户"的合作制经营模式。首先，吸纳本村茶农尤其是建档立卡户茶农组建"蓉党茶叶种植专业合作社"，在公司中持股 20%，茶农可享受公司利润分红，同时，合作社通过"统一管理、统一施肥、统一加工、统一定价"，引导茶农实现规模经济效应；其次，以村党支部为核心、村集体为载体，入股公司并持股 20%；再次，由专业从事茶叶产业管理和经营的人才持股 60%，负责公司经营；最后，对于难以精确到人的资源支持，下党乡党委和政府主要引导相关企业进行承接，如茶叶加工厂房建设支持。2020 年，下党乡引导各村成立了联合社，对全乡茶产业实现统一管理。由此，茶农、村集体资产和专业经营团队之间形成了相对稳定且可持续的紧密型利益联结机制，并实现了小农户的组织化。

一二三产业联动，延长产品产业链。 一是提高原料品质，村集体每年投入十余万元资金，以福建省农业科学院茶叶研究所植保技术为支撑，对茶园土壤进行改良和微生物防抗虫，从源头上提高茶青的品质，同时，聘请职业经理人制定了茶叶生产标准管理流程，使茶叶种植、生产过程标准都高于国家有关质量要求；二是发展茶叶加工产业，由下党乡党委、政府投入资金 150 多万元，建设了 1600 多平方米的标准厂房，确保所生产的茶叶符合食品安全许可要求；三是发展旅游产业，制定旅游规划，帮扶村民以茶园为依托发展农家乐，在"可视化扶贫定制茶园"模式中，消费者可以到认购的茶园与茶农一起参与农事、住民居、体验农村乐趣，结对帮扶单位福建省文化和旅游厅连续 3 年每年给予下党乡不少于 300 万元的旅游扶贫项目资金扶持，实现一二三产业联动。

创新营销模式，实现全产业链帮扶。 一是创新营销模式，下党乡以梦之乡农业综合开发有限公司为抓手，抢抓消费扶贫契机，建立了"只卖茶园不卖茶"的"可视化扶贫定制茶园"模式,具体来说,以"每亩茶园年租金 2 万元,合同期 5 年"的形式向全国招募"爱心茶园主",消费者可以根据自身喜好选取一片自己的茶园,到茶叶出产时茶园主每年不仅可以获得 100 斤干茶,还可以体会到茶叶生产过程中的乐趣。二是创立"下乡的味道"农产品公共品牌,在广电网络和省、市、县电视台等重要媒体,以及厦门机场、福州机场等重点地段,全方位宣传下党乡"下乡的味道"系列生态农产品品牌。三是拓宽销售渠道,下党乡整合了全乡各类产品,融合了线上线下资源,通过"互联网+"建立扶贫定制农产品 O2O 平台,引入天津南开大学"农梦成真"销售团队和广州、南京等地专业互联网营销团队,帮助"蓉党茶叶种植专业合作社"建立微信销售平台,并推动"下乡的味道"系列生态农产品品牌进驻永辉超市等中高端销售平台。

2020 年,下党乡全乡人均可支配收入从 1988 年的 186 元增长到 17289 元,10 个行政村村集体经济收入均达 10 万元,全乡建档立卡户 117 户 504 人全部脱贫,100 多名青年人返乡创业,全年累计接待游客和学员 20 多万人次,实现旅游综合收入 2600 多万元。2018 年,福建省宁德市寿宁县下党乡获评"全国脱贫攻坚奖组织创新奖";2021 年,中共福建省寿宁县下党乡委员会获得"全国脱贫攻坚楷模"荣誉称号。

资料来源:作者在福建省宁德市寿宁县调研获得。

(二) 就业扶贫模式

习近平总书记在 2016 年 7 月 20 日的东西部扶贫协作座谈会上强调:"一人就业,全家脱贫,增加就业是最有效最直接的脱贫方式。"[①] 就业是民生之本,实现贫困人口就业增收,是变"输血"型扶贫为"造血"型扶贫的重要方式,是打赢脱贫攻坚战的重要一环。就业扶贫是通过以工代赈、开发岗位、劳务协作、技能培训、就业服务、权益维护等措施对贫困人口进行帮扶的模式,目的是促进贫困人口转移就业、稳定就业以摆脱贫困。[②] 2016 年以来,国家相关部门出台了一系列就业扶贫政策 (见表 7-14),指导和支持各地推进扶贫劳务协作。这些政策措施可概括为四个方面:通过产业扶贫为建档立卡户创造就业机

---

① 中共中央党史和文献研究院编《习近平扶贫论述摘编》,中央文献出版社,2018,第 104 页。
② 平卫英、罗良清、张波:《我国就业扶贫的现实基础、理论逻辑与实践经验》,《管理世界》2021 年第 7 期。

会和增收机会；通过资产收益扶贫为建档立卡户创造增收机会；为建档立卡户直接创造非农就业岗位；帮助劳动力劳务输出。[①]

为促进贫困劳动力就业，我国形成了"一套政策，两大方向，三项手段，四个重点"的举措。一套政策，即形成一整套就业扶贫的政策措施体系；两大方向，即坚持劳务输出与就地就近就业两条腿走路；三项手段，即服务、培训、维权三项手段协同发力；四个重点，即对"三区三州"等深度贫困地区、52个未摘帽县、易地扶贫搬迁安置区、湖北四类重点地区，在资金上支持、在政策上倾斜、在服务上优先满足。[②] 2016年至2020年，在政府统领、各界努力下，我国就业扶贫取得了显著成效：产业扶贫和就业扶贫惠及90%以上建档立卡贫困人口，依靠外出务工或产业带动脱贫的群体占60%以上；新建扶贫车间32688个，培育贫困村创业致富带头人41万多人并带动406万贫困人口增收，创办领办各类经营主体21.4万个，既帮助农村贫困劳动力通过园区务工等方式实现就近就业，也通过基础设施升级、能人带动、劳动力供给为这些地区产业的纵深发展打下了坚实基础；形成了就业帮扶体系，解决了大量失业人群的就业难题，扶贫车间通过吸纳贫困人口帮助43.7万人实现家门口就业；开发各类公益性岗位，包括保洁、保安、造林绿化、助残、托幼等，安置496.3万贫困人口。[③]

表7-14 2016年以来国家相关部门出台的一系列就业扶贫政策

出台时间	就业扶贫文件	印发部门
2016年12月	《关于切实做好就业扶贫工作的指导意见》	人力资源社会保障部、财政部、国务院扶贫办
2018年7月	《关于深入推进扶贫劳务协作提升劳务组织化程度的通知》	人力资源社会保障部办公厅
2018年8月	《关于进一步加大就业扶贫政策支持力度着力提高劳务组织化程度的通知》	人力资源社会保障部、财政部
2019年9月	《关于进一步支持"三区三州"等深度贫困地区人力资源社会保障扶贫攻坚工作的通知》	人力资源社会保障部、财政部
2019年5月	《关于做好易地扶贫搬迁就业帮扶工作的通知》	人力资源社会保障部、国家发展改革委、财政部、国务院扶贫办
2020年6月	《关于进一步做好就业扶贫工作的通知》	人力资源社会保障部、财政部、国务院扶贫办

资料来源：政府相关文件。

---

① 张丽宾：《我国就业扶贫政策及实施情况》，《山东人力资源和社会保障》2019年第4期。
② 《五年就业扶贫成效显著》，《人民日报》2020年11月20日，第3版。
③ 《就业扶贫：脱贫攻坚重要着力点》，《科技日报》2020年11月20日，第4版。

◉ **专栏 7-13**

越西县"三板斧"着力破解贫困劳动力就业增收难

凉山州越西县以"就业一人，脱贫一户"为终极目标，强抓贫困劳动力素质提升，引导帮助贫困劳动力就地或外出就业，着力破解贫困劳动力就业增收难。

一是以"思想引导+技能培训"提升贫困劳动力综合素质。越西县充分利用全县 289 个村农民夜校，以"夜校+点题培养中心"的方式通过风气教育、感恩教育、脱贫光荣等 10 个必学专题进行素质提升培训，着力提升贫困劳动力思想意识，转化思维方式，从"要我脱贫"到"我要脱贫"，积极引导贫困劳动力就业创收。

二是以"社会帮扶+政策倾斜"促进贫困劳动力就近就业。越西县县乡两级党委政府积极协调社会企业吸收贫困劳动力，帮助贫困劳动力在家门口就业增收，承建越西县脱贫攻坚工程的华西九建、中水五局、凉山现代等企业累计吸收本地贫困劳动力 5000 余人；东方农业、绿金山、福银苦荞等 19 家县级以上的重点龙头企业、154 个农村种植养殖合作社及 187 个家庭农场带动贫困劳动力 4500 余人就业。越西县集中梳理全县各单位财政补贴岗位，对保洁员、护林员、地质灾害点巡视员等岗位进行统筹，将 2500 余个公益性岗位全部向贫困劳动力倾斜。

三是以"自主就业+对口输出"引导贫困劳动力转移就业。越西县与珠江三角洲、长江三角洲等地区建立劳务合作关系，建立劳务 QQ 群、经纪人微信群，收集"长三角""珠三角"以及省内外的用工信息，有序引导贫困劳动力向外自主就业。充分利用东西部扶贫协作和省内对口帮扶资源，搭建"佛山—越西"帮扶对接平台，出台《关于深入推进我县建档立卡户劳动力转移输出的实施意见》《关于进一步做好接收凉山籍务工人员工作的通知》等双边贫困劳动力转移就业规范性文件，对长期在佛山务工的贫困劳动力和为贫困劳动力提供就业培训的企业给予政府补助，鼓励越西贫困劳动力向佛山转移就业。

资料来源：作者在四川省凉山彝族自治州越西县调研获得。

（三）易地扶贫搬迁模式

易地扶贫搬迁是助力稳定脱贫的专项扶贫方式。以"政府主导、群众自愿"为指导原则，首先通过搬迁实现农村贫困人口生产生活条件的转换，即由基础设施落后、生产条件恶劣、自然灾害频发的地方转移到能够实现贫困群众发展能力大幅提升的地方，实现"挪穷窝"；其次，通过一系列帮扶措施如发展产业、就业帮扶、就业培训、提升教育、改善医疗和社会保障等实现贫困人口"换穷业"；最后实现贫困人口的稳定脱贫和可持续发展，实现"拔穷根"。

"十三五"是决战决胜脱贫攻坚和全面建成小康社会的关键期。为确保所有贫困人口如期脱贫、步入全面小康社会，党中央、国务院决定实施新一轮易地扶贫搬迁工程，目的是帮助通过自身能力无法摆脱恶劣的生态、生产、生活环境的农村贫困人口摆脱贫困背景。2015 年 12 月 1 日，国务院召开全国易地扶贫搬迁电视电话会议，由此拉开了新时期易地扶贫搬迁工作的序幕。2015 年 12 月 8 日，发展改革委等五部门联合印发《"十三五"时期易地扶贫搬迁工作方案》，明确了"十三五"时期易地扶贫搬迁工作的总体要求和实施细则，指导新一轮易地扶贫搬迁工作。我国"十三五"期间的易地扶贫搬迁工作取得了显著成效，各类资金累计投入约 6000 亿元，建成集中安置区约 3.5 万个，960 多万贫困人口通过搬迁摆脱贫困、迁入新居，其中有 500 多万人安置在城镇，约 460 万人安置在农村；共建成安置住房 266 万套以上，总建筑面积 2.1 亿平方米，户均住房面积 80.6 平方米；配套新建或改扩建中小学和幼儿园 6100 多所、医院和社区卫生服务中心 1.2 万多所、养老服务设施 3400 余个、文化活动场所 4 万余个。通过易地扶贫搬迁，全国建档立卡户收入水平实现大幅提高，2016 年人均纯收入是 4221 元，2019 年人均纯收入增加到 9313 元，年均增幅为 30.2%。[①]"十三五"时期的易地扶贫搬迁，不仅解决了近 1000 万贫困群众的"两不愁三保障"问题，而且使"一方人"摆脱了养不起他们的"一方水土"，实现了"换一方水土富一方人"，从根源上阻断了贫困的代际传递。

◉ **专栏 7-14**

云南怒江傈僳族自治州：易地扶贫搬迁的"怒江样板"

怒江傈僳族自治州是全国深度贫困"三区三州"的典型，全州 98% 以上的地形是高山峡谷，基础设施落后，无高速路、无机场、无铁路、无航运，还有

---

① 《伟大壮举！960 多万易地搬迁贫困人口全部脱贫胜券在握》，新华网，2020 年 12 月 3 日，http://www.xinhuanet.com/politics/2020-12/03/c_1210914575.htm。

30%的自然村未通公路。人民群众大多居住在地质灾害隐患点、生态敏感区、交通不便的山区，一方水土养不起一方人。这样的情况，使得易地扶贫搬迁成为怒江发展的治本之策和脱贫攻坚的根本出路。

经过努力，易地扶贫搬迁成为怒江最显著的特征、最美丽的风景。在打造易地扶贫搬迁"怒江样板"的过程中，当地主要开展了以下工作。

一、持续深化改革，增强体制机制发展活力。 怒江州委、州政府高度重视易地扶贫搬迁工作，成立了怒江州易地扶贫搬迁攻坚指挥部，从各部门抽调精兵强将，充实和加强指挥部力量。同时狠抓制度创新，先后出台了《怒江州易地扶贫搬迁规范化建设18条标准》《怒江州易地扶贫搬迁城镇化集中安置后续发展保障20条措施》《怒江州易地扶贫搬迁安置点工程质量安全25条保障措施》等多项政策制度和工作措施，为推进易地扶贫搬迁工作提供良好的政策保障。

二、组织宣传队伍，多维并举开展动员工作。 在怒江州易地扶贫搬迁攻坚指挥部的要求下，各地制作了汉语、傈僳语政策宣传手册，利用多种媒体广泛宣传；同时采取干部包保结对、群团组织发动等措施，进农户、进村组、进学校、进活动场所开展宣传动员，面对面向群众讲清楚政策，并组织村组干部和搬迁群众代表到已搬迁入住的安置点现场观摩，打消群众顾虑，让群众心热起来、劲鼓起来。

三、坚持精准搬迁，严格落实各项政策规定。 在开展工作的过程中，怒江州易地扶贫搬迁攻坚指挥部始终要求各部门把精准搬迁、规范入住作为工作核心。在搬迁对象识别方面，精准识别搬迁对象，并在全国扶贫开发信息系统进行标识标注；在落实住房面积标准方面，严守人均住房面积不超过25平方米的"标线"，坚决防止扩大住房面积和过度装修；在落实资金补助政策方面，严格执行按人补助的政策要求，严守农户自筹不超过1万元的"红线"，防止搬迁群众因举债搬迁而影响脱贫。

四、配齐基础设施，强化后续扶贫措施保障。 怒江州易地扶贫搬迁攻坚指挥部组织规划了各安置点的基础配套设施建设和公共服务设施建设，着力满足搬迁群众的基本生产生活、就医就学和文化活动需要，并在后续脱贫措施上持续发力，印发《怒江州易地扶贫搬迁后续扶持工作实施意见》，推动16个部门制定出台了17条相应措施，指导各地逐个编制不同安置点的后续产业就业实施方案，细化落实后续脱贫措施，确保能够实现搬迁群众"搬得出、稳得住、能脱贫"的目标。

通过易地扶贫搬迁，怒江傈僳族自治州脱贫成效显著。一方面，在解决"两不愁三保障"问题上，怒江取得明显实效。截至 2019 年底，8670 户 32856 人的住房安全问题已得到解决；16518 户 63003 人正陆续分房发钥匙搬迁入住，彻底解决了当地群众住房难的问题；通过统筹推进公共服务资源配置，优化教育医疗资源，使当地群众上学难就医难的问题也得到了初步解决。另一方面，在促进搬迁群众就业增收工作上，怒江也取得了明显实效。各地结合自身传统资源优势，以建设安置点扶贫车间为抓手，大力发展各类民族服装、饮食文化和传统手工艺产业，吸纳外出劳务困难群体就地就近就业，并通过开展劳动力技能培训，实现转移就业 17493 人，聘用公益性岗位 17181 人，顺利实现了户均 1.37 名劳动力的就业目标。①

◉ 专栏 7-15

贵州纳雍"百姓讲评"促易地搬迁群众变"新市民"

2019 年以来，纳雍县聚焦全县易地扶贫搬迁安置点 9065 户 42098 名群众后续发展，针对搬迁群众观念转变缓慢、自治动力不足、后续管理不顺等困难问题，认真落实贵州省委"新市民·追梦桥"工作部署，以珙桐街道白水河社区为示范，探索开展"百姓讲评"行动，通过选好讲评主体、明确讲评内容、创新讲评方式、用好讲评结果，促进群众自我管理、自我革新，积极转变思想和行为习惯，加快变身为新市民。

选好讲评主体，示范引领促"变"。强化社区党支部组织领导，通过建机构、建队伍、建制度，以群众服务群众，发挥讲评员先进带后进作用。以村（社区）为单元，在 2 个城区集中安置点、9 个集镇和中心村安置点党支部建立"百姓讲评会"11 个。采取群众自我推荐、群众相互推荐、楼栋包保干部推荐等方式，将离任村干、村贤寨老、党员先锋、退伍军人、致富能手中威望较高、能力较强、品行较好、能说会道的"贤人"挑选出来，择优评选、组织培训、发放聘书，聘为讲评员。建立正向激励机制，在安置点开发公益性岗位，优先安置讲评员，将不少于社区集体经济积累的 30% 列支为讲评活动工作经费，设置讲评会激励基金，对优秀的讲评员进行奖励。

---

① 《易地扶贫搬迁的"怒江样板"》，怒江傈僳族自治州人民政府，2019 年 12 月 10 日，https://www.nujiang.gov.cn/xxgk/015279104/info/2019-122388.html。

明确讲评内容，教育引导促"变"。 发挥农民讲师作用，采用顺口溜、山歌等群众喜闻乐见的方式，充分结合搭"五桥"、建"五家"内容，编制讲评手册，抓好讲评员辅导培训，通过有的放矢的常态讲评，教育引导群众转变传统落后面貌，焕发积极进取新颜。将爱党爱国爱家乡作为讲评的关键点，向搬迁群众宣传党的大政方针、国家各项惠民政策，教育引导搬迁群众从内心深处感恩党中央、感恩总书记；向搬迁群众讲述近年来家乡发展的喜人变化，讲述易地扶贫搬迁新生活的来之不易和旧日子的艰难困苦，使搬迁群众通过思想认知和切身感受安下心来。将遵纪守法、崇尚道德作为讲评的侧重点，把普法教育与百姓讲评有机结合起来，增强群众法治意识，培养文明习惯；把诚实守信、勤劳致富、孝老爱亲、团结和睦、卫生整洁、扶弱帮困、矛盾化解等具体事项纳入常规讲评内容，增强群众行为自觉，培养高尚情操。

创新讲评方式，点面结合促"变"。 采取点上巡逻、上门走访等讲评方式，积极开展讲评活动，变被动应对为主动出击，激发群众积极性和主动性。建立"随机性"现场教育讲评机制，针对开展常态化巡逻过程中发现的不良现象，讲评员通过"拉家常""摆龙门阵"等方式当场发现当场讲评，促进群众转变落后观念；对酗酒闹事、家庭纠纷等不良行为，讲评员主动采取点对点教育、面对面劝诫等上门服务讲评方式，为出现问题的群众"开小灶"，引导其革除陋习。

用好讲评结果，制度倒逼促"变"。 建立健全"积分制""荣耻榜""双台账"等服务管理机制，通过兑现积分奖励激励、选树典型教育警示、联动力量排忧解难等方式，触及群众心灵，督促群众转变。研究制定积分评价细则，每月对讲评结果进行积分测算，排名前十的列入"红名单"管理，发放生活日常用品或积分兑现卡进行奖励激励，排名后十的进行"黑名单"惩戒。在各小区门口、广场等人员较为集中、位置较为显眼的场所设置"光荣榜"和"可耻榜"，将讲评活动中评出的助人为乐、孝老爱亲等先进典型纳入光荣榜，进行宣传展示；将好吃懒做、环境卫生差、子女教育缺失等造成不良影响，且经多次讲评不见好转的负面典型纳入可耻榜，进行曝光教育。精心制定乡镇街道属地管理和部门行业管理两本台账，清单内容到户到人，由各村（社区）针对讲评活动难以解决的家庭教育、矛盾纠纷、卫生整治等问题进行对账解决销号，不能解决的提交相关县直部门专题研究、深入核实后，派专人上门服务，确保解决一项销号一项，实行信息共享，确保信息对称。

资料来源：作者在贵州省毕节市纳雍县调研获得。

（四）金融信贷扶贫模式

习近平总书记强调，要"加大对脱贫攻坚的金融支持力度，特别是要重视发挥好政策性金融和开发性金融在脱贫攻坚中的作用"[①]。党的十八大以来，人民银行、国家金融监督管理总局、证监会、国务院扶贫办等部门不断完善金融扶贫政策体系，通过加强宏观信贷政策指导，综合运用多种货币政策工具，调动全金融系统力量集中攻坚，引导金融机构将更多资源投向贫困地区，为打赢脱贫攻坚战提供有力支撑。从 2012 年到 2020 年，中央、省、市、县累计投入近 1.6 万亿元财政专项扶贫资金，其中仅中央财政投入就达 6601 亿元。打响脱贫攻坚战以来，土地增减挂指标跨省域调剂和省域内流转资金 4400 多亿元，累计发放 7100 多亿元扶贫小额信贷，累计发放 6688 亿元扶贫再贷款，发放 9.2 万亿元金融精准扶贫贷款，东部 9 省市共投入 1005 亿多元资金对扶贫协作地区进行财政援助和社会帮扶，东部地区企业赴扶贫协作地区累计投资 1 万多亿元。[②]

● 专栏 7-16

四川富顺首创"强村贷"为发展村级集体经济"融资难"破题

为深入贯彻落实中央、省委、市委关于扶持壮大村级集体经济的决策部署，2020 年，富顺县与四川省农业信贷担保有限公司、中国农业银行四川省分行进行了合作，进行了"政银担"合作支农"强村贷"的试点工作。11 月 11 日对富顺县狮市镇罗寺村放出了首笔村集体贷款共计 50 万元。这一突破性尝试为当地解决贫困村村集体融资难问题提供了路径。

一是设立"资金池"注入活水。为针对性解决传统村集体经济组织筹集第一桶金难、扶持资金面窄量小、传统政银担合作无单列风险金等问题，由富顺县级统筹，构建"54321"资金投入机制。将上年涉农存量资金的 50%、当年农村综合改革资金的 40%、涉农可整合资金的 30%、农业切块资金的 20% 和乡村振兴资金的 10%，整合建立 5000 万元县级专项资金，主要用于支持起步较早、风险较小，基础较好、潜力较大的村集体经济项目。

---

① 中共中央党史和文献研究院编《十八大以来重要文献选编》（下），人民出版社，2018，第 49 页。
② 习近平：《在全国脱贫攻坚总结表彰大会上的讲话》，《人民日报》2021 年 2 月 26 日，第 2 版。

二是深化"政银担"合作松绑。 一直以来，村集体经济组织受制于财政资金短缺、缺乏有效抵押、不具备企业法人资格、财务管理不完善等条件，在贷款融资上难以实现突破。为化解矛盾，富顺县在"政银担"风险资金中单列 2000 万元作为风险资金池，通过省农担公司杠杆放大 20 倍，获取 4 亿元集体经济发展信贷总授信额度，为村集体经济组织提供 10 万—200 万元担保贷款。设立贴息贴担保补助机制，打破传统抵质押物缓释风险的固定模式，按照省农担公司 40%、合作银行 30%、县财政 25%、乡镇街道 5% 的风险比例分头承担，实现利益、权责"两个捆绑"。同步设立首期 500 万元的偿债基金，作为风险代偿的还款来源，所有贷款的村集体经济组织按贷款金额的 1% 注入基金池，按期还清贷款则予以退还，精准解决村集体经济组织抵押担保不足、村干部捆绑偿还、家属连带风险等问题。

三是拧紧"总开关"探路攻坚。 重点紧盯解决人从哪里来、项目如何整合、后期如何监管等突出问题。将集体经济发展实效列入县乡村三级"书记工程"，从优秀农民工中选配 193 名"产业振兴专干"、从行业专家中选派 116 名"指导员"攻坚抓发展。富顺县在四川省首创开发"农业信贷信息管理系统"，实现了村集体经济组织信息管理、评级授信、部门联审推荐、信贷资金使用、项目绩效统计分析等贷前、贷中、贷后全方位的网络化管理，强化资金监管、简化申报流程、提高工作效率。

资料来源：作者在四川省自贡市富顺县调研获得。

（五）电商扶贫模式

市场经济条件下，贫困农村地区以小农户为主的生产体系与现代化大市场之间存在天然的矛盾，产销对接不畅成为制约贫困地区产业可持续发展、贫困人口稳定脱贫的重要障碍。近年来，伴随着互联网的普及和农村基础设施的逐步完善，线上销售逐渐成为农副产品销售的重要渠道，电商扶贫成为互联网时代弥补产业扶贫销售短板的新路径。

电商扶贫是将电子商务纳入扶贫开发工作的市场化扶贫模式。2016 年 11 月，《关于促进电商精准扶贫的指导意见》发布，形成了精准扶贫中电商扶贫的顶层设计。2016 年至 2021 年，我国连续 6 年出台《关于开展电子商务进农村综合示范工作的通知》，助推电商扶贫快速发展，催生出以拼多多"多多农园"项目（见专栏 7-17）、京东"扶贫跑步鸡"、邮政"邮乐农品"、淘宝"兴农扶贫馆"为代表的一批电商扶贫典型案例。《人类减贫的中国实践》白皮书显示，2014—2020 年，我国电子商务进农村综合示范工作累计投入资金 249.17 亿元，对 832 个贫困县实现全覆盖，贫困县网商从 2016 年的 131.5 万家增长到 2020 年的 311.23 万家。① 电商扶贫为贫困地区农村转变经济发展方式、优化产业结构、促进商贸流通、带动创新就业、增加农民收入提供了重要动力。

● 专栏 7-17

"多多农园"——电商扶贫新模式

拼多多成立于 2015 年，是一家专注于 C2M（Customer-to-Manufacturer，用户直连制造）拼团购物的第三方社交电商平台。农产品零售是拼多多的重要经营内容，在精准扶贫中，拼多多为助力贫困地区农产品上行发挥了重要作用，2021 年 1 月，拼多多在新华网主办、中国企业改革与发展研究会联合主办的 2020 中国企业社会责任云峰会上获评"精准扶贫优秀案例奖"②。"多多农园"是拼多多扶贫助农的创新模式，通过培育和整合产业链中的电商平台企业（拼多多）、新农人引领的合作社、农业研究机构、建档立卡户、政府五类利益相关主体，构建闭环式电商扶贫新模式。此外，该模式将消费端"最后一公里"与原产地"最初一公里"直连，在精准助力贫困地区农产品上行的同时，为消费者提供优质平价农产品，实现可持续扶贫。

一是组织建档立卡贫困人口。"多多农园"项目以帮扶建档立卡户为中心，通过组建以建档立卡户为主体的合作社，实现贫困人口组织化，并进一步保障其利益。建档立卡户平均分得拼多多资助合作社的资金，通过自身劳动和合作社分红，实现收入增加和能力提升，增强自身的"自我造血"机能，最终摆脱贫困。在"多多农园"模式中，建档立卡户既是产品种植和加工者，也是项目的核心利益人。二是孵化"新农商"。自 2017 年底，拼多多全面践行"新农人本地化、利益本地化"策略，通过"多多大学"和"新农人返乡体系"，带动有能力特别是受过高等教育的青年人返乡创业。2018 年，拼多多平台累计带动 18390 名新农人，其中超过 11000 名为返乡人才。在"多多农园"模式中，"新农商"以合作社为抓手，通过合作社连接"多多农园"各方相关主体。三是推

---

① 《〈人类减贫的中国实践〉白皮书》，中华人民共和国中央人民政府，2021 年 4 月 6 日，https://www.gov.cn/zhengce/2021-04/06/content_5597952.htm。

② 《拼多多获评"精准扶贫优秀案例奖"》，新华网，2021 年 1 月 29 日，http://www.xinhuanet.com/tech/2021-01/29/c_1127041564.htm。

动科技赋能农业。拼多多始终重视推动先进生产技术的应用，2020年7月，拼多多发起了首届"多多农研科技大赛"；2021年第二季度，拼多多研发费用达23亿元；2021年8月，拼多多宣布专门设立100亿元农业科技专项资金（简称"百亿农研"），将农研提升到战略高度。在"多多农园"模式中，拼多多为每一个落地项目配备独立的农业科研团队作为技术支持方，为合作社提供农产品种植养护和加工制作的科学指导，提升产品品质、亩产效益和附加值，助农增产增收，使合作社与拼多多一起参与标准化体系建设，加快项目所在地特色农产品生产和加工的标准化和规范化进程，强化规模经济效应。以"多多农园"云南保山咖啡豆项目为例，为了实现品种更新和技术升级，云南省农业科学院热带亚热带经济作物研究所（简称"热经所"）专家胡发广带领团队进驻生产基地，围绕精品咖啡培育和复合生态套种开展实验，推动产业"高维突破"。四是加强与地方政府互信合作。拼多多总部位于上海，借精准扶贫和东西部扶贫协作的东风，2019年以来，在上海市政府合作交流办的指导下，陆续与云南省、新疆喀什、西藏日喀则、青海果洛州等20余省及地区签约扶贫助农。在"多多农园"模式中，地方政府主要负责为项目落地提供政策扶持和保障服务，为品牌背书，增强产品影响力和社会信任度，同时起到监督管理的作用，推动项目可持续发展。

从直接效益来看，"多多农园"为乡村留住了人才，截至2021年5月，拼多多直接带动全国超过100000名新农人返乡就业，未来5年，拼多多计划再培养100000名新农人；打造了品牌，通过产、销、研、加工一体化运作，提高了产品附加值和竞争力；将利益留在了贫困地区、留在了农村、留给了贫困人口。截至2019年底，"多多农园"开创了以建档立卡户为主体的农产品上行模式，在此机制下，产业链上下游的利益将形成持续且微妙的博弈与再平衡，博弈的结果在整体上有利于贫困地区和贫困人口。从溢出效应来看，"多多农园"电商扶贫模式直面核心问题，具有较强的可复制性和可持续性，推动了中国农村产业发展模式变革。[①]

资料来源：拼多多公司官网公开资料。

（六）消费扶贫模式

贫困地区市场信号较弱，在经济大循环、市场化大竞争中往往处于弱势

---

① 王淑娟：《创新模式"多多农园"落地云南》，《云南日报》2019年4月23日，第8版。

地位。[①] 为了帮助贫困地区把产品和服务融入大市场、提高贫困地区的市场化程度，在贫困地区补齐产业发展短板之前，有必要通过消费扩大贫困地区的产品和服务需求，帮扶贫困地区产业逐步适应市场竞争。消费扶贫并不是一开始就在政策设计框架之内，而是基层在实践中的创造，经历了自下而上、逐渐被中央政府重视，再自上而下系统推进的演进历程。2018 年 12 月 30 日，在决战决胜脱贫攻坚之际，国务院办公厅发布《关于深入开展消费扶贫助力打赢脱贫攻坚战的指导意见》，标志着系统化、组织化、规模化的消费扶贫正式被纳入我国的脱贫攻坚政策体系。此后，习近平总书记在多个场合反复强调消费扶贫的重要性[②]，为贯彻总书记关于"开展消费扶贫行动"的重要讲话精神，有关部门密集出台消费扶贫政策，社会各界踊跃开展产销对接。据统计，2020 年我国消费扶贫总规模达 3069.4 亿元[③][④]，为打赢疫情防控和脱贫攻坚两场硬仗作出了积极贡献。

消费扶贫在本质上是消费者和贫困地区生产者之间的商品和服务的市场买卖行为，需要遵循市场规则。[⑤] 消费扶贫政策不是零敲碎打，而是有布局、有步骤、有抓手的政策体系。虽然提出的时间不长，但消费扶贫已基本建立起了一套比较完整的政策框架，包括推动政府采购、鼓励社会消费、搭建以"三专"[⑥] 为代表的线上线下购销渠道、扶贫产品认证、信息公开等多个方面。其中，最具有代表性的举措之一是搭建贫困地区农副产品网络销售平台，即扶贫 832 平台（见专栏 7-18）。通过社会各界努力，消费扶贫快速推进，成效明显。

---

① 《国务院新闻办就消费扶贫行动有关情况举行发布会》，中华人民共和国中央人民政府，2020 年 8 月 28 日，http://www.gov.cn/xinwen/2020-08/28/content_5538158.htm。

② 2019 年 4 月，习近平总书记在重庆考察期间召开解决"两不愁三保障"突出问题座谈会，指出要探索建立稳定脱贫长效机制，"组织消费扶贫"，让脱贫具有可持续的内生动力。新冠疫情期间，消费扶贫在"救急"方面显示了巨大优势，并受到进一步重视。2020 年 3 月上旬，习近平总书记在决战决胜脱贫攻坚座谈会上的讲话中两次提到消费扶贫，要求"组织好产销对接，开展消费扶贫行动""在消费扶贫上帮"。（详见中共中央党史和文献研究院编《十九大以来重要文献选编》（中），中央文献出版社，2021，第 8 页；习近平《在决战决胜脱贫攻坚座谈会上的讲话》，人民出版社，2020，第 10、13 页。）

③ 《脱贫攻坚：风劲扬帆奔小康 蓄力再谋新篇章》，人民网，2021 年 1 月 15 日，http://rmfp.people.com.cn/n1/2021/0115/c406725-32000676.html。

④ 杜海涛：《让消费扶贫稳致远》，《人民日报》2021 年 2 月 3 日，第 19 版。

⑤ 陈前恒：《消费扶贫：架起城乡需求的桥梁》，《人民论坛》2019 年第 23 期。

⑥ "三专"是指专区、专馆和专柜。专区是指在现有的商业业态中设立一种易于辨识的专区来销售扶贫产品，专馆是专门销售扶贫产品的平台或场馆，专柜是利用智能柜、无人售货机等新型的零售方式，使扶贫产品以相对低的成本最近距离地贴近消费者。

● **专栏 7-18**

贫困地区农副产品网络销售平台

——扶贫 832 平台

贫困地区农副产品网络销售平台（以下简称"扶贫 832 平台"）是政府采购贫困地区农副产品的指定消费平台，"832"指产品货源来自 832 个国家级贫困县。平台集"交易、服务、监管"功能于一体，实现贫困地区农副产品在线展示、网上交易、物流跟踪、在线支付、产品追溯一站式聚合，为全社会广泛参与采购贫困地区农副产品提供渠道。

一是消费者构成。扶贫 832 平台的消费者包括预算单位和非预算单位两种类型，其中，最具特色的是各级预算单位作为采购人参与消费扶贫。各级预算单位按照《政府采购贫困地区农副产品实施方案》[1]，于前一年确定并预留本部门各预算单位食堂采购农副产品总额的一定比例定向采购贫困地区农副产品，并将预留份额录入扶贫 832 平台系统（流程见下图[2]），方便后期检查消费进度。二是供应商准入条件。为了确保贫困地区和贫困人口受益，扶贫 832 平台供应商有严格的准入条件，要求供应商必须进入国务院扶贫办发布的《国家级贫困县重点扶贫产品供应商名录》。三是产品购销机制。扶贫 832 平台提供直购和竞购两种交易模式，并可以根据实际情况需要，为交易双方提供其他灵活的交易模式。在货款支付方面，购买方既可以先货后款，也可以先款后货。到目前为止，平台不收取任何交易佣金。[3] 四是质量监督机制。首先，制定《供应商管理办法》，规范供应商行为，保障供应商合法权益；其次，出台《禁售商品规则》作为平台销售产品负面清单，限定了产品经营范围；再次，平台不定时开展质量、价格等专项核查工作；最后，对于存在操作不规范、认证信息不实、商品质量问题、销售商品超出营业执照经营范围等问题的企业，发布处罚公示。

扶贫 832 平台的搭建和运营，为贫困地区农副产品销售提供了新的路径，

---

[1] 《关于印发〈政府采购贫困地区农副产品实施方案〉的通知》，中华人民共和国财政部，2019 年 8 月 19 日，http://gks.mof.gov.cn/guizhangzhidu/201908/t20190819_3367318.htm。

[2] 陈月敏：《消费扶贫、政采同行，政府采购助力贫困地区农副产品"上行"》，《中国政府采购》2019 年第 11 期。

[3] 脱贫地区农副产品网络销售平台，2021 年 4 月 20 日，https://www.fupin832.com/list_article.shtml？nid=1054。

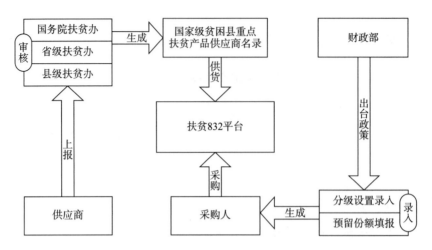

有效连接了贫困地区带贫能力强、产品质量好、有诚信的企业、农民专业合作社、家庭农场等市场主体与中央预算单位、各级预算单位和非政府采购领域单位，推动贫困地区产业结构转型升级，提升了贫困地区产业竞争力，为全社会广泛参与脱贫攻坚、化解疫情对贫困地区产品销路带来的不利影响、推动精准扶贫目标顺利实现提供了支持。2020 年，扶贫 832 平台全年累计交易额超过 80 亿元，公布企业日交易数据达 25.8 万余条，涉及 23 个省份、725 个国家级贫困县、6847 家贫困地区市场主体。截至 2021 年 8 月底，贫困地区入驻企业由 2019 年 10 月的 41 家激增至 13040 家，贫困地区企业活力大大增强。

资料来源：脱贫地区农副产品网络销售平台（原贫困地区农副产品网络销售平台）官网等相关公开资料，实践成效中相关交易信息由作者根据脱贫地区农副产品网络销售平台公示的交易明细计算得出。

（七）教育扶贫模式

治贫先治愚，扶贫先扶智。"治愚"和"扶智"的根本手段是发展教育。[1] 教育扶贫作为阻断贫困代际传递的根本之策，主要是把贫困人口作为贫困治理的主体与动力，致力于激发建档立卡户的内在活力，提升建档立卡户的综合素质，在脱贫攻坚战中发挥着基础性、先导性的战略作用。党的十八大以来，教育扶贫逐渐成为扶贫工作的战略重点，受到了党和政府的高度重视，各地逐步建成了教育扶贫全覆盖政策体系。2013 年 7 月，教育部等七部委共同颁布了我国首项专门性教育扶贫政策——《关于实施教育扶贫工程的意见》，确定了我

---

① 王嘉毅、封清云、张金：《教育与精准扶贫精准脱贫》，《教育研究》2016 年第 7 期。

国实施教育扶贫工程的范围为连片特困扶贫攻坚地区。2015 年 11 月 27 日至 28 日，中央扶贫开发工作会议在北京召开，会议明确把"发展教育脱贫一批"列入"五个一批"脱贫举措，赋予教育扶贫重要使命。2016 年 12 月，教育部、国家发展改革委等六部委联合印发了我国首个教育脱贫的五年规划——《教育脱贫攻坚"十三五"规划》，统筹推进"两不愁三保障"义务教育有保障、脱贫攻坚"五个一批"发展教育脱贫一批任务、阻断贫困代际传递等各项教育脱贫攻坚工作。坚持把教育扶贫作为脱贫攻坚的优先任务，强化组织领导，聚焦重点难点，合力攻坚克难，构建了较为完善的教育扶贫制度体系，深入实施一系列补短兜底的教育扶贫工程项目，不断完善精准到人的困难学生资助体系，推动落实有针对性的教育扶贫倾斜政策，努力实现"人人有学上、个个有技能、家家有希望、县县有帮扶"，促进教育强民、就业安民，全面完成教育扶贫各项任务。

◉ 专栏 7-19

凉山金阳控辍保学"组合拳"阻断贫困代际传递

脱贫攻坚战打响以来，金阳县委、县政府高度重视并始终将控辍保学工作作为脱贫攻坚期教育扶贫工作的重中之重来抓，并在采取有效措施中确保失辍学少年儿童都能接受义务教育，以此切实阻断贫困代际传递。

出"司法控辍"重拳，在劝得返上出实招。 为强化"不读书就犯法"的意识，金阳县主要采用宣法到点、讲法到户等方式送法上门，让家长做到知法守法。同时，还通过以案释法、现身说法等方式，让家长增强法治观念。

摆"集中编班"短拳，在学得好上求实效。 在严格落实"五个一批"的同时，金阳县针对调研发现的问题开展了集中编班分类培训，从而从无到有创建了金阳县晏阳初学业补偿学校。

打"长控久保"长拳，在保得住上下功夫。 控辍保学，让学生想学愿学是关键，重点是要把在校生稳控好。金阳县在对 4131 名化解对象的调查中发现，跟不走的辍学占 38.9%、不想学的占 32.6%、其他因素占 28.5%。对此，金阳县坚持问题导向，在以"民族团结、学前学普、良好习惯"为重点的"一村一幼"工作中着力解决跟不走问题；在推动城乡义务教育均衡发展中解决不想学问题。

资料来源：作者在四川省凉山彝族自治州金阳县调研获得。

（八）健康扶贫模式

因病致贫、因病返贫一直是全球贫困治理面临的最主要难题之一。党的十八大以来，党中央始终将健康扶贫作为精准扶贫的重要内容。2015 年 11 月颁布的《中共中央 国务院关于打赢脱贫攻坚战的决定》，明确提出要"开展医疗保险和医疗救助脱贫。实施健康扶贫工程，保障贫困人口享有基本医疗卫生服务，努力防止因病致贫、因病返贫"。为贯彻落实中央脱贫攻坚部署要求，国家卫生计生委等 15 个中央有关部门，于 2016 年 6 月联合印发了《关于实施健康扶贫工程的指导意见》，明确了健康扶贫工程的总体要求、目标任务和保障措施，并对组织实施提出了具体要求。2016 年 11 月，健康扶贫工程被正式列入《"十三五"脱贫攻坚规划》，该规划正式提出了"十三五"期间健康扶贫工程的三项主要内容和六项健康扶贫专项工程。自此，健康扶贫工程的任务目标、政策框架和施策方针基本明确，健康扶贫工作全面铺开。总体而言，我国实施了涵盖三方面内容的健康扶贫政策：建立健全贫困人口基本医疗保障制度，减轻贫困人口看病负担；健全医疗服务体系，增强贫困地区县、乡、村各级医疗机构服务能力；提升贫困地区公共卫生服务水平，推动疾病预防关口前移。[①]最终目标就是让贫困地区人口能够"看得起病"、"看得好病"、"看得上病"和"少生病"。

● 专栏 7-20

叙永县下足绣花功夫做实健康扶贫

因病致贫是贫困成因的重要方面。2014 年底，叙永县因病致贫达 9664 户，占全县贫困户的 40.9%。叙永县为了群众"少生病、看得起病、看得上病、看得好病"而着力构建了"全民预防保健、精准救助、基层服务"三大体系，以"全民预防保健"为特色的健康扶贫取得了显著成效。

围绕"三大环节"，构建全民预防保健体系。 开展全民免费体检，按照保基本、广覆盖、可持续原则，以辖区常住人口为体检对象，以集中体检为主和巡回体检为辅为体检形式，以此实现人员全覆盖。同时，建立全民健康档案，形成"一人一档、一户一册、一村一本、一镇一室"的健康档案体系；加强全民健

---

① 陈锡文、韩俊主编《中国脱贫攻坚的实践与经验》，人民出版社，2021，第 320 页。

康管理，按照"分类指导、重点管理"的原则，对不同人群采取不同策略。

建立"三大机制"，构建精准救助体系。 构建精准救治、多元保障、监督管理"三大体系"是为了解决病没人管、看不起病、道德风险"三大问题"，具体而言：构建"锁定贫困患者、集中诊断病情、分类制定治疗措施、定向落实医疗机构、全域全程包干负责、一站式服务结算"的精准救治体系；按照多元化、多梯次分担思路，大力实施"三保、三救助、三基金"政策；建立卫健、医保等部门全程监管，纪检监察、审计部门常态监管，党委、政府专项督查的管理体系，县、乡医疗机构严格执行医疗"四合理"制度和贫困人口医疗费用按月公示制度，严控医疗费用，广泛接受社会监督。以上举措堵住了特惠政策的"道德风险"漏洞，保障了健康扶贫良政良效。

实施"三大建设"，构建基层服务体系。 一是加强基础设施建设。完善的医疗基础设施是保障人民健康的前提，叙永县以医院达标为严格要求来改善群众就医环境，让群众"小病不出村、大病不出县"。二是强化人才队伍建设。优秀的医疗人才队伍是保障人民健康的关键，叙永县充分发挥县级专家团队作用，积极推进县域内医共体建设。同时，还建立"县招乡用""乡聘村用"等管理机制来确保卫生技术人员引得进、留得住。三是大力建设远程诊疗。远程诊疗是保障人民健康的内在需要，叙永县已实现县、乡（镇）、村三级医疗机构远程信息网络全覆盖，极大地方便了群众就近就医。

资料来源：作者在四川省泸州市叙永县调研获得。

（九）文化扶贫模式

文化扶贫是我国精准扶贫政策体系的重要组成部分，对于减贫事业有着特殊的意义和功能。贫困群众之所以无法快速摆脱贫困，一方面是由于自然禀赋与地理条件的制约，另一方面则源于贫困群众的思想固化。文化扶贫既能够提高贫困群众脱贫的"智力"，提高建档立卡户知识文化水平和内生发展能力，遏制脱贫人口返贫，阻隔贫困代际传递，又能够增强贫困群众脱贫的"志气"，激发贫困群众主观能动性，是消灭绝对贫困的治本之策。[①] 党的十八大以来，党和政府提出了"扶贫先扶志，治贫先治愚"的新理念，并先后出台系列文件，要求全面深入推进文化扶贫工作，发挥文化在消除绝对贫困事业中"扶

---

① 胡守勇：《文化扶贫70年：范式演进与攻坚方略》，《求索》2020年第1期。

志"和"扶智"的功能①②③。通过长期努力，我国文化扶贫事业取得了显著成效，民族地区普通话普及率大幅提高，"天价彩礼""薄养厚葬"等陋习得到改变，因婚丧嫁娶致贫的群众数量大幅减少。

● 专栏 7-21

凉山州移风易俗，倡树文明新风

自"移风易俗，倡树文明新风"主题教育活动启动以来，凉山州全州上下紧紧围绕《凉山州广泛开展"移风易俗，倡树文明新风"主题教育活动工作方案》的工作部署，从各地实际出发，坚持"七个结合"④，发挥四支队伍作用，确保移风易俗倡树文明新风主题教育活动收到实实在在的成效。

以制度机制为核心，着力推进移风易俗。结合脱贫攻坚、移风易俗，修订完善《村规民约》，建立健全婚丧新风约束机制，并深入开展"除陋习树新风"专项治理活动；通过实实在在的物质利益表扬先进、鞭笞后进，建立健全文明新风激励机制，引导村民构建起自觉履行、自觉监督、自觉劝阻的基层自治格局；结合各类主题文明实践活动，建立健全文明活动实践机制，持续深入地倡导文明新风，规范日常行为，养成良好社会风气。

以宣传教育为基础，着力激发内生动力。突出"感恩、奋进、变化"三大主题，组织宣讲队继续深入机关、乡镇、村社和学校等，多形式开展对象化、分众化、互动化宣讲，引导群众感党恩、听党话、跟党走、勤奋进；在贫困群众中推选出脱贫致富能手，请脱贫的贫困户现身说法，引导各族群众克服困难、早日脱贫致富；扩大宣讲主体，组织各级党政机关宣讲团（队）、群众宣讲团（队）、"千村万户"禁毒宣教队、驻村工作队、劳动模范、感动凉山人物等深入开展各类移风易俗、倡树文明新风宣讲活动，着力在内容针对化、语言通俗

---

① 《中共中央办公厅、国务院办公厅印发〈关于加快构建现代公共文化服务体系的意见〉》，中华人民共和国中央人民政府，2015 年 1 月 14 日，http://www.gov.cn/xinwen/2015-01/14/content_2804250.htm。

② 《文化部等 7 部委联合印发〈"十三五"时期贫困地区公共文化服务体系建设规划纲要〉》，人民网，2015 年 12 月 9 日，http://politics.people.com.cn/n/2015/1209/c70731-27907466.html。

③ 《中共中央 国务院关于打赢脱贫攻坚战三年行动的指导意见》，中华人民共和国中央人民政府，2018 年 8 月 19 日，http://www.gov.cn/zhengce/2018-08/19/content_5314959.htm。

④ 即坚持把移风易俗与"四好"创建相结合、与乡村振兴相结合、与综合帮扶相结合、与农村人居环境三年治理相结合、与"四治"并举相结合、与控辍保学相结合、与巾帼行动相结合。

化、方式鲜活化上下功夫，让广大干部群众成为文明新风的积极倡导者、主动传播者和自觉实践者。

以示范带动为引领，着力促进乡风文明建设。加强基层妇联组织建设，充分发挥妇联组织"联"的优势，创新社会力量动员方式，让妇女在养成卫生健康习惯、科学养育后代、树立良好家风中发挥独特作用；积极调动农村各类能人的积极性、主动性、创造性，发挥其在农村人居环境整治工作中的作用。

以主题教育为契机，开展移风易俗专项整治。凉山州移风易俗办按照中央、省委和州委关于开展"不忘初心、牢记使命"主题教育部署，针对婚丧事宜高额礼金和铺张浪费之风，乡村脏、乱、差现象和"等靠要"思想等问题开展专项整治活动。深化新型农民素质提升工程培训，在上好技能培训课的同时上好移风易俗课。此外，有针对性地实施校园"移风易俗"工程，从学前教育抓起，通过"小手拉大手"影响家庭、影响社会。

资料来源：作者在四川省凉山彝族自治州调研获得。

（十）生态扶贫模式

生态扶贫既是中国精准扶贫的重要举措，又是对马克思主义生态文明思想的创新和发展。生态保护扶贫包括两大核心思想：一是在贫困地区实施可持续型、环境友好型扶贫开发项目，在帮助地区经济实现发展的同时，做到对生态环境不伤害、不破坏；二是将生态环境看成生产力的组成部分，采用开发式保护思路，致力于实现贫困地区经济发展、人民生活水平提高和生态环境保护的高度统一。[①]

精准扶贫以来，我国大规模开展生态扶贫工作。其一，推进生态补偿扶贫。生态补偿扶贫是指通过物质、资金、政策补偿等手段反哺贫困地区，2016—2020年，在中西部地区建档立卡户中累计聘用生态护林员110.2万名，辐射带动300余万贫困人口增收。其二，开展生态产业扶贫。生态产业扶贫是指以市场化为导向，推动贫困地区生态资源产业化发展，支持贫困地区发展生态产业，创新林草产业发展模式，在新型农业经营主体与建档立卡户之间构建起紧密型利益联结机制，辐射带动贫困人口增收。其三，推进国土绿化扶贫。国土绿化

[①]《中国关键词丨生态保护扶贫 Ecological Conservation for Poverty Alleviation》，"学习强国"，2021年7月21日，https://www.xuexi.cn/lgpage/detail/index.html? id = 5752536698997326233& item_id=5752536698997326233。

扶贫是指优先将造林绿化任务安排到贫困地区，将造林绿化和脱贫攻坚事业有机结合，2014 年以来，中西部地区安排退耕还林、还草任务累计达 7450 万亩，22 个有脱贫任务的省份共组建扶贫造林/种草专业合作社 2.3 万个，吸纳 160 余万贫困人口参与其中。精准扶贫中，大规模生态扶贫工作取得了显著成效，累计带动 2000 余万贫困人口脱贫增收，并使贫困地区生态环境得到改善，实现了生态保护和脱贫攻坚事业"双赢"。①

● 专栏 7-22

四川平武 "123+" 生态扶贫发展模式

四川省平武县森林覆盖率 74.14%，生物资源丰富，生态环境质量高，是绵阳市重要的生态腹地和水源涵养地。同时，平武县属秦巴山区连片扶贫开发县，经济基础薄弱，经济发展落后，扶贫脱贫任务十分繁重。实现发展经济和保护生态的双赢，是平武县亟须解决的问题。对此，平武县委、县政府立足当地生态优势，在木皮藏族乡关坝村试点实践，探索出了"坚持一个绿色发展理念，平衡经济、生态两个可持续关系，凝聚政府、社会、村民三方力量，以'双动力'促'多产业'发展"的"123+"生态扶贫发展模式策略，并取得了良好的效果。

整合资源，授权共管。平武县林地权属复杂，仅关坝沟就包括平武县林业发展总公司管理的国有林、木皮乡政府管理的乡有林、关坝村委会管理的村有林、关坝村民小组管理的队有林和分到户的自留山。复杂的林权构成导致管护边界模糊，责任不明确，保护措施不到位，挖药、盗猎、毒炸鱼等行为对大熊猫栖息地造成严重破坏。关坝自然保护小区尝试在不改变林地权属的情况下，整合关坝沟流域分散管理的森林资源，统一行使管理权、保护权及部分经营使用权，通过民政注册关坝流域保护中心作为执行机构。林业局负责管理协调，乡政府以委托管理的方式，提供 20000 元/年的管护资金，平武县林业发展总公司以共管的方式，提供 30000 元/年的管护资金，乡政府和林发司作为业主方提出要求并进行监管。关坝自然保护小区执法权委托乡政府对应的具有执法权力的机构和人员执行，由乡政府出面具体协调落实。

---

① 《生态扶贫助力 2000 多万贫困人口脱贫增收》，新华网，2020 年 12 月 1 日，http://www.xinhuanet.com/politics/2020-12/01/c_1210910787.htm。

摸清家底，制定规划。关坝自然保护小区建成后的首要工作是组织生态、社会经济方面的专家，与利益相关者共同了解小区资源保护状况。调查形成"一图三表"（社区资源分布、利用图，季节历、大事记、政策支持清单），并对边界、权属、威胁等信息达成共识。在家底清晰的基础上，采用参与式方法，制定小区保护与发展规划，与县相关职能部门、林发司、乡政府、社区等共同建立愿景、识别问题，确定问题排序和解决措施，设定目标和制定行动计划，描述保护与发展策略和可持续资金筹措策略，制定管理有效性监测和评估的框架。

立足本土，壮大集体经济。关坝自然保护小区有产业支撑，例如中蜂、乌仁核桃、冷水鱼。其中，中蜂和乌仁核桃产业采取"公司+合作社+农户"的方式壮大集体经济；养蜂合作社现有 8 个养蜂基地，其年产量约 10000 斤，销售额不低于 50 万元，并建立了"藏乡土蜜"自主品牌，进行线上线下营销，促进了自然资源的保护和农民收入的增加。

社区为本，发挥村民主体作用。社区村民既是经济增长的受益主体，也是生态保护的责任主体，而社区的和谐、持续发展是在经济与生态两个可持续性的协调中实现的。关坝自然保护小区试点中，一方面在发展思路和具体方案设计上注重村民的共同参与，切实关注村民的利益；另一方面，通过充分讨论与协商，让村民明确自己在生态保护中的利益和义务。保护小区建立的申请必须通过村上的一事一议，每户有一个代表参加并表达意见，保护小区下设的巡护队面向全村招募，凡是符合基本条件的村民都可报名参加，并接受村民的监督。100% 的村民可以通过举报破坏生态环境的行为而获得奖励，30% 的农户代表参与制定小区保护与发展规划，并组织村民大会收集反馈意见进行完善。在生态产业发展的同时建立利益共享机制，优先考虑贫困户的参与和受益。

资料来源：作者在四川省绵阳市平武县关坝村调研获得。

第八章　精准扶贫思想实践效果的
实证评估

重大政策评估是国家治理体系建设的重要内容，是推进国家治理能力现代化的重要举措。党的十九届五中全会通过的《中共中央关于制定国民经济和社会发展第十四个五年规划和二〇三五年远景目标的建议》明确提出，"健全重大政策事前评估和事后评价制度，畅通参与政策制定的渠道，提高决策科学化、民主化、法治化水平"[①]。精准扶贫思想实践效果是指精准扶贫思想的落实情况与实施成效。全面科学评估精准扶贫思想的实践效果既是理论的必然要求，也是巩固拓展脱贫攻坚成果、实现乡村振兴的题中应有之义。

精准扶贫开展以来，对于精准扶贫实践效果的评估取得了诸多极富价值的成果，诸多研究已被及时有效地运用于精准扶贫实践之中，发挥了"指挥棒"和"推进器"的作用[②]，对于推进反贫困进程发挥了重要作用。据统计，脱贫攻坚以来，每年全国都要整改几万个涉及扶贫领域的问题。以考核促扶贫、以评估促脱贫成为中国扶贫考核评估的基本范式。[③] 尽管中国屡次创造了人类经济社会史上的减贫奇迹，国际学界对中国取得的减贫成就和扶贫政策效果却仍有不少争议，部分国际学者对中国实施的开发式扶贫的效果持否定意见。[④][⑤] S. Chen 与 M. Ravallion 等学者的新近研究通过提供与国定贫困线相一致的弱相对贫困发生率，回应了国际学术界对于中国扶贫成效的各种争论，对中国 1978

---

① 《中共中央关于制定国民经济和社会发展第十四个五年规划和二〇三五年远景目标的建议》，《人民日报》2020 年 11 月 4 日，第 1 版。

② 《国家精准扶贫成效评估决策关键技术及其应用》，《中国科学院院刊》2019 年第 8 期。

③ 张琦、张涛：《中国减贫制度体系探索：考核评估的创新实践》，《甘肃社会科学》2021 年第 1 期。

④ J. Jalan, M. Ravallion, "Is Transient Poverty Different? Evidence for Rural China," *The Journal of Development Studies* 36（2000）：82-99.

⑤ A. Park, S. Wang, "Community-based Development and Poverty Alleviation: An Evaluation of China's Poor Village Investment Program," *Journal of Public Economics* 94（2010）：790-799.

年以来的扶贫成效给出了肯定的答案。[①] 章元和刘茜楠基于 2002 年具全国代表性意义的农户样本以及 1993 年至 2017 年省级面板数据对中国扶贫政策的效果进行检验，用结果证明了国际学界的批评意见大多是不成立的，中国的很多扶贫政策对于减贫具有显著成效。[②] 但是，无论是国际还是国内针对中国精准扶贫成效的全面评价都是不足的，尤其缺乏来自精准扶贫收官以来的实证证据。

相比已有研究，本章主要的贡献在于：第一，将科学性与人民性相统一的视角纳入精准扶贫思想实践效果的评估，构建了基于形式、事实、价值三个维度的精准扶贫思想实践效果评估框架；第二，运用综合评价法，形成了精准扶贫思想实践效果评估指标体系，量化评估精准扶贫思想的实践效果；第三，基于编写组成员在四川、贵州、云南、河南、福建 5 省 11 县（区）20 乡镇 40 村实地调研获取的 1590 份有效问卷，分别对精准扶贫思想总体实践效果和深度贫困地区精准扶贫思想实践效果进行实证评估，并得到系列研究结论和发现。

第一节　精准扶贫思想实践效果评估体系构建

本书基于形式、事实、价值三个维度，从精准扶贫思想目标实现度、过程精准度和人民满意度三个方面，构建了精准扶贫思想实践效果的评价框架。

一　精准扶贫思想实践效果评估已有研究及其不足

（一）已有研究概览

国家社科基金项目、专著和期刊是体现学术研究进展的主要阵地。尽管精准扶贫思想在减贫史上具有里程碑意义，但从经济思想史来看，精准扶贫思想提出的时间还比较短，对其实践效果的评估也才刚刚起步。国际上对于精准扶贫思想实践效果的研究成果以期刊为主要载体，国内则是国家社科基金项目、专著和期刊多点开花。

1. 国家社科基金相关课题立项情况

进入国家社科基金项目数据库，在立项查询板块的"项目名称"栏输入

---

① S. Chen，M. Ravallion，"Reconciling the Conflicting Narratives on Poverty in China," *Journal of Development Economics* 153（2021）.

② 章元、刘茜楠：《中国反贫困的成就与经验：扶贫政策效果再检验》，《复旦学报》（社会科学版）2021 年第 5 期。

"精准扶贫"进行检索①，得到相关项目237项。通过人工逐项筛选，识别出与精准扶贫思想实践效果评估密切相关的项目32项，其中重大项目4项、重点项目1项、一般项目18项、西部项目5项、青年项目4项，涉及学科包括理论经济学、应用经济学、社会学、政治学、管理学、统计学、民族学等（见表8-1），足以见得理论界和学术界对精准扶贫实践效果问题的高度关注。从结项情况来看，截至2021年3月，绝大部分与精准扶贫实践效果评估密切相关的课题尚未结题，处于在研状态，对本书研究的启发存在一定局限。

表8-1　精准扶贫实践效果评估相关国家社科基金项目一览

编号	项目类别	学科分类	项目名称	立项时间	项目负责人
1	西部项目	理论经济学	连片贫困地区精准扶贫成效评估及"阻返"长效机制研究	2019年	王怡
2	西部项目	社会学	南部边疆深度贫困地区乡村旅游精准扶贫的成效评估与长效机制研究	2019年	曹世武
3	一般项目	体育学	桂滇黔民族地区传统体育助力精准扶贫绩效评价与优化路径研究	2019年	陈炜
4	一般项目	理论经济学	基于农民获得感的连片特困区精准扶贫绩效评价及脱贫巩固路径研究	2019年	钟群英
5	一般项目	政治学	我国精准扶贫政策效能评估与可持续机制创新研究	2019年	丁建彪
6	重大项目	理论经济学	精准扶贫思想：生成逻辑、内容体系和实践效果研究	2018年	蒋永穆
7	西部项目	民族学	滇桂黔石漠化片区旅游精准扶贫效果评价与提升路径研究	2018年	钟学进
8	一般项目	理论经济学	精准扶贫背景下中国劳动力流动的减贫效应与政策研究	2018年	樊士德
9	一般项目	管理学	政府嵌入的小额信贷精准扶贫政策有效性研究	2018年	刘艳华
10	重点项目	管理学	技能精准扶贫的模式构建、机制创新与效益监测研究	2017年	陈衍
11	一般项目	应用经济学	精准扶贫视域下生态扶贫机制创新与效果评估研究	2017年	戴钰
12	一般项目	应用经济学	精准扶贫效果测度与返贫阻断的长效机制研究	2017年	王志涛

①　检索时间：2021年3月9日。

编号	项目类别	学科分类	项目名称	立项时间	项目负责人
13	一般项目	应用经济学	连片特困地区精准扶贫绩效评估与路径优化研究	2017 年	钱力
14	一般项目	民族学	民族地区精准扶贫财政政策绩效评价及优化对策研究	2017 年	乌兰
15	一般项目	政治学	精准扶贫政策跟踪审计、政策执行效果及提升路径研究	2017 年	石恒贵
16	西部项目	管理学	武陵山片区乡村旅游精准扶贫效益测度及益贫机制研究	2017 年	黄炜
17	西部项目	民族学	甘南州精准扶贫绩效评价实证研究	2017 年	孙秉文
18	青年项目	应用经济学	太行山区农村人口多维贫困动态测度与精准扶贫成效评估研究	2017 年	高帅
19	青年项目	民族学	滇桂黔石漠化片区金融精准扶贫效果评价与政策建议研究	2017 年	陈薇
20	青年项目	社会学	贫困治理视角下精准扶贫政策绩效评价研究	2017 年	万君
21	重大项目		西部地区易地移民搬迁工程的精准扶贫机制、综合效益评价与政策创新研究	2016 年	白永秀
22	重大项目		精准扶贫战略实施的动态监测与成效评价研究	2016 年	向德平
23	重大项目	应用经济学	精准扶贫战略实施的动态监测与成效评价研究	2016 年	聂凤英
24	一般项目	统计学	基于异质性半参数面板模型的精准扶贫效果的测度研究与应用	2016 年	刘强
25	一般项目	理论经济学	贫困地区微型金融精准扶贫效应评价与优化研究	2016 年	周才云
26	一般项目	民族学	六盘山民族连片区精准扶贫长效机制及绩效评估机制构建研究	2016 年	刘七军
27	一般项目	应用经济学	多维视角下财政扶贫政策效应分析及精准扶贫政策研究	2016 年	王亚芬
28	一般项目	应用经济学	精准扶贫战略下旅游体验型农村社区营造及效应研究	2016 年	桂拉旦
29	一般项目	管理学	甘肃省精准扶贫绩效评估研究	2016 年	杨瑚
30	一般项目	管理学	大数据背景下贫困县分类施策精准扶贫考核指标体系研究	2016 年	李晓园
31	青年项目	理论经济学	精准扶贫的瞄准机制与施策效率研究	2015 年	贺立龙
32	一般项目	民族问题研究	滇桂黔石漠化片区精准扶贫绩效提升机制研究	2015 年	莫光辉

资料来源：国家社科基金项目数据库。

2. 相关主题专著出版情况

从专著出版情况（见表 8-2）来看，与精准扶贫思想实践效果相关的著作已开始陆续出版，但总量还较少。2018 年 5 月，孙璐在社会科学文献出版社出版了《扶贫项目绩效评估研究——基于精准扶贫的视角》[1]。2019 年 6 月，刘彦随等主编出版了《国家精准扶贫工作成效第三方评估》[2]，随后，刘彦随研究员团队又于 2020 年 11 月出版了《精准扶贫成效评估技术与方法》[3]。2019 年 12 月，丁士军、孔凡义在中国社会科学出版社出版了《精准扶贫政策绩效第三方评估研究》[4]。2020 年 5 月，李倩在西南财经大学出版社出版了《精准扶贫资金的监管与效益评估研究》[5]。

表 8-2　精准扶贫思想实践效果评估相关专著

编号	著作名称	责任者	出版社	出版时间
1	扶贫项目绩效评估研究——基于精准扶贫的视角	孙璐	社会科学文献出版社	2018 年
2	国家精准扶贫工作成效第三方评估	刘彦随、龙花楼、胡银根	中国言实出版社	2019 年
3	精准扶贫成效评估技术与方法	刘彦随等	科学出版社	2020 年
4	精准扶贫政策绩效第三方评估研究	丁士军、孔凡义	中国社会科学出版社	2019 年
5	精准扶贫资金的监管与效益评估研究	李倩	西南财经大学出版社	2020 年

资料来源：相关著作版权页。

3. 相关主题期刊文献发表情况

从国内期刊文献发表情况来看，在中国知网学术期刊库中，以主题词"精准扶贫"和"评估"进行检索[6]，二者之间为"并含"关系，检索得到文献 727 篇，2014—2021 年度发文量呈波动上升趋势（见表 8-3、图 8-1）。进一步将文献来源类别限定为"CSSCI"[7]，得到目标文献 182 篇，2016—2021 年各年度发文趋势与期刊总体发文情况保持一致（见表 8-3、图 8-2）。

---

[1]　孙璐：《扶贫项目绩效评估研究——基于精准扶贫的视角》，社会科学文献出版社，2018。
[2]　刘彦随、龙花楼、胡银根主编《国家精准扶贫工作成效第三方评估》，中国言实出版社，2019。
[3]　刘彦随等：《精准扶贫成效评估技术与方法》，科学出版社，2020。
[4]　丁士军、孔凡义：《精准扶贫政策绩效第三方评估研究》，中国社会科学出版社，2019。
[5]　李倩：《精准扶贫资金的监管与效益评估研究》，西南财经大学出版社，2020。
[6]　检索时间：2020 年 3 月 9 日。
[7]　以下简称"C 刊"。

表 8-3　精准扶贫实践效果评估相关文献发文量

单位：篇

指标	2014 年	2015 年	2016 年	2017 年	2018 年	2019 年	2020 年	2021 年	共计
发文数量	3	5	54	130	177	151	116	91	727
其中 C 刊发文数量	0	0	17	34	35	39	28	29	182

资料来源：中国知网学术期刊库。

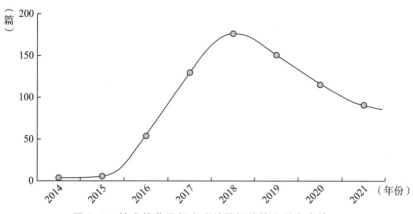

图 8-1　精准扶贫思想实践效果相关的文献发表情况

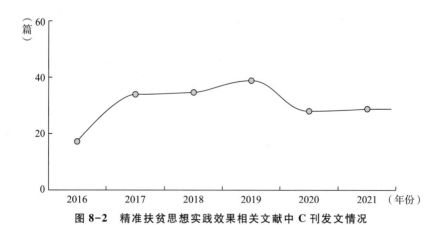

图 8-2　精准扶贫思想实践效果相关文献中 C 刊发文情况

（二）已有研究的主要观点

1. 关于评估框架

精准扶贫思想实践效果评估在本质上属于公共政策评估。从公共政策评估理论来看，围绕公共政策评估框架构建，学者们见仁见智，尚未达成一致认识，总结起来，主要有形式、事实和价值三类构建维度。根据学者们对不同维度重要性的不同认识，又形成了三类代表性观点：一类观点主张基于某个单一维度构建评估框架，其中，最为常见的是构建基于事实的评估框架；另一类观点主张构建基于两个维度的评估框架，比如将事实评估与价值评估相结合[①]；还有一类观点认为科学的公共政策评估体系至少应包括形式、事实和价值三个维度。具体到精准扶贫政策或者扶贫政策实践效果评估框架方面，已有的研究既有分别基于事实、形式或价值单维构建的评估框架，也有基于不同维度组合构建的评估框架（见表8-5）。

（1）基于事实维度的评估框架

公共政策评估的事实标准是指通过能够反映事物过去、现在和将来的存在状况的数量值、比率关系、统计结果等一些可测量的客观指标，来对公共政策进行评估。[②] 具体到精准扶贫政策实施效果，基于事实维度构建的评估框架主要聚焦于政策"减贫"效果，一般用某个指标或某几个指标（见表8-4）对减贫成效进行评估，所选择的指标主要根据对贫困测度标准的不同而异。贫困测度标准主要分为三大类。一类是对于一维总量贫困的测量。英国学者 Rowntree 于 1901 年提出了贫困率的概念，亦称为贫困发生率，它是指收入水平低于确定贫困线水平的人口占总人口的比例；1968 年 Watts 提出了 W 指数；1971 年，美国社会安全局提出了收入缺口率指数（I 指数）；1976 年，Sen 提出了著名的 S 指数，将贫困人口的数量、收入及收入分布结合全面反映一国的贫困程度，之后 Thon[③]、Takayama[④] 和 Kakwani[⑤] 等对 S 指数进行了调整；而之后 Foster、Greer 和 Thorbecke 提出了加权贫困距指数，即 FGT 指数[⑥]。另一类是对于一维个体贫困的测量。早期是从收入或消费角度出发测度贫困，并形成了绝对贫困和相对贫困概念；1999 年，Sen 在《以自由看待发展》中明确提出"能力贫

---

① 赵莉晓：《创新政策评估理论方法研究——基于公共政策评估逻辑框架的视角》，《科学学研究》2014 年第 2 期。

② 张润泽：《形式、事实和价值：公共政策评估标准的三个维度》，《湖南社会科学》2010 年第 3 期。

③ D. Thon, "On Measuring Poverty," *Review of Income and Wealth* 25 (1979)：429-439.

④ N. Takayama, "Poverty, Income Inequality and Their Measures：Professor Sen's Axiomatic Approach Reconsidered," *Econometrica：Journal of the Econometric Society* 47 (1979)：747-759.

⑤ N. Kakwani, "On a Class of Poverty Measures," *Econometrica：Journal of the Econometric Society* 48 (1980)：437-446.

⑥ J. Foster, J. Greer, E. Thorbecke, "A Class of Decomposable Poverty Measures," *Econometrica：Journal of the Econometric Society* 52 (1984)：761-766.

困"的概念，将个体贫困的测度从收入领域拓展到人自身发展领域[①]；2000 年，世界银行引入贫困脆弱性概念，认为除了指以收入为主的基本社会福利指标的降低之外，贫困还包括各种外部冲击导致的贫困脆弱性[②]，根据测度方式不同，发展出期望效用的脆弱性（VEU）、期望贫困的脆弱性（VEP）和风险暴露的脆弱性（VER）系列指标。还有一类是对个体多维贫困的测量。学者 Dorn 等[③]从收入与闲暇两个维度来测度贫困；从 Sen 的贫困思想出发，英国国际发展部（DFID）提出了可持续生计分析框架[④]，联合国开发计划署（UNDP）提出人类贫困指数，并在 2010 年重新提出了多维贫困指数（MPI），涵盖健康、教育和生活标准三个维度。在实际研究中，学者可能采取不止一项评估指标对减贫成效进行评估。蓝红星、庄天慧定量检验了不同帮扶措施对深度贫困地区贫困人口贫困脆弱性和人均纯收入的影响效果。[⑤]

表 8-4　贫困测度的主要指标一览

作者	年份	贫困测度指标
Rowntree	1901	贫困率（贫困发生率）
Watts	1968	W 指数
美国社会安全局	1971	收入缺口率指数（I 指数）
Sen	1976	S 指数
Foster 等	1984	加权贫困距指数（FGT）
世界银行	2000	贫困脆弱性
OFID	2000	可持续生计
UNDP	1997	人类贫困指数
UNDP	2010	多维贫困指数（MPI）

资料来源：相关资料。

---

① 〔印度〕阿马蒂亚·森：《以自由看待发展》，任赜、于真译，中国人民大学出版社，2013，第13 页。

② 《2000/2001 年世界发展报告：与贫困作斗争》，世界发展报告翻译组译，中国财政经济出版社，2001，第 19 页。

③ F. Dorn, R. Radice, G. Marra and T. Kneib, "A Bivariate Relative Poverty Line for Leisure Time and Income Poverty: Detecting Intersectional Differences Using Distributional Copulas," *Review of Income and Wealth* 70 (2024): 395-419.

④ DFID, *Sustainable Livelihoods Guidance Sheets*, https://www.unscn.org/layout/modules/resources/files/Sustainable_livelihoods_guidance_sheets_methods.pdf, 2000.

⑤ 蓝红星、庄天慧：《中国深度贫困地区跨越贫困陷阱研究》，经济管理出版社，2019，第 170—183 页。

除了政策效果外，公共政策评估所依据的事实标准还有政策效率和政策影响等。基于此，有学者从经济绩效、社会绩效、生态绩效、投入产出效率、农户生产行为变化等视角对政策减贫事实展开评估。如李燚等[①]构建了主要包含经济效益、社会效益和生态效益三大一级指标的扶贫绩效评价的指标体系。李婉婷[②]从脱贫成效、经济绩效、社会绩效三个维度进行分析。曾庆捷、牛乙钦[③]围绕产业扶贫模式的发展绩效，从收入增加、对政府扶贫资金依赖性和贫困户参与生产程度三个维度构建了产业扶贫模式的发展绩效评价框架。

（2）基于形式维度的评估框架

形式是构成事物的诸要素的内部结构，是事物存在的方式。内容与形式是事物本质联系的两个重要方面，形式会对内容产生影响。公共政策评估中的形式标准可以从三个方面考量：公共政策体系是否具有一致性、公共政策文件是否具有确定性、公共政策程序是否具有法定性。[④] 精准扶贫思想的实现形式就是精准扶贫思想具体的外部表现形态或存在方式，可以直观理解为精准扶贫政策。自精准扶贫开展以来，学术界对于精准扶贫政策及其实践的形式理论研究十分丰富，但是专门基于形式维度对精准扶贫思想的实践效果进行实证评估的研究还比较鲜见，往往是将形式维度的评估与其他维度的评估相结合构建评估框架。

对于精准扶贫形式维度的考察，最核心的是精准扶贫政策体系是否具有一致性，尤其是政策制定与政策执行层面的一致性、地方政策或基层政策与中央政策的一致性。精准扶贫政策体系的一致性包括政策执行层面对政策制定层面的遵循、地方政策与基层政策对中央政策的遵循等。已有的涉及精准扶贫形式维度的评估体系中，学者们的研究也主要集中于对精准扶贫政策体系一致性的考察，"六个精准"是精准扶贫政策顶层设计的基本框架，精准扶贫思想"精准性"的具体落实程度成为研究重点，如精准识别、精准帮扶等。柳志等[⑤]从精准识别、精准帮扶、精准扶贫效率、精准扶贫效果、可持续发展等五个维度

---

① 李燚、葛国耀：《扶贫开发绩效评价指标体系及实证应用》，《经济与社会发展》2018年第1期。
② 李婉婷：《基于绩效评估的精准扶贫路径优化研究》，《中州学刊》2018年第4期。
③ 曾庆捷、牛乙钦：《乡村治理中的产业扶贫模式及其绩效评估》，《南开学报》（哲学社会科学版）2019年第4期。
④ 张润泽：《形式、事实和价值：公共政策评估标准的三个维度》，《湖南社会科学》2010年第3期。
⑤ 柳志、王善平：《精准视角下扶贫绩效模糊综合评价——以湘西土家族苗族自治州为例》，《云南财经大学学报》2020年第5期。

构建精准扶贫绩效评价指标体系。田晋、熊哲欣、向华[①]构建的指标体系涵盖了精准扶贫的精准帮扶情况和精准脱贫情况。

（3）基于价值维度的评估框架

公共政策评估的价值标准是评估主体在评估过程中所坚持、依据的倾向性准则，反映了政策制定主体或者评估主体的信念、理想或价值追求。[②] 具体到精准扶贫政策实施效果，基于价值维度构建的评估框架就是反映了精准扶贫内在价值追求的评估框架。被帮扶人满意度、主观幸福感是学者们常用于构建扶贫政策实施效果评估框架的价值追求，王文豪从贫困户对基层政府组织的满意度、对扶贫政策的满意度、对帮扶措施的满意度和对帮扶成效的满意度四个维度构建了精准扶贫满意度评价指标体系。[③] 时鹏、任洪浩、余劲从经济状况满意度、搬迁安置房满意度、社区生活满意度、居住环境满意度、工作状况满意度、社会资本满意度、政府公共政策满意度、参与权实现满意度八个方面构建了易地扶贫搬迁农户主观幸福感评价指标体系。[④] 还有一部分文献用获得感考察精准扶贫思想的实践效果，如王瑜评估了精准扶贫中电商参与对农户经济获得感的影响，并将获得感分为横向现实获得感和纵向预期经济获得感。[⑤]

（4）其他评估框架

除了以上基于事实、形式或价值单维而构建的评估框架，也有学者基于不同维度组合而构建了评估框架。如：①基于形式和事实维度的评估框架，胡善平、杭珂[⑥]构建了包括资源投入、过程管理和绩效考核在内的精准扶贫绩效考核指标体系；②基于事实和价值维度的评估框架，杜永红[⑦]从扶贫政策效率、可持续性、公平性、合作性四个维度来设计精准扶贫政策绩效评估框架；杨希[⑧]从经济发展、社会发展、生产生活、可持续性和效率五方面构建了精准扶贫项目绩效评估指标体系。

---

① 田晋、熊哲欣、向华：《民族地区村级精准扶贫绩效评价指标体系构建研究》，《经济研究导刊》2017 年第 1 期。

② 张润泽：《形式、事实和价值：公共政策评估标准的三个维度》，《湖南社会科学》2010 年第 3 期。

③ 王文豪：《基于 AHP 理论的精准扶贫满意度评价指标体系构建》，《统计与决策》2020 年第 15 期。

④ 时鹏、任洪浩、余劲：《易地扶贫搬迁农户主观幸福感模糊评价——基于 1250 个搬迁农户的实证分析》，《西北农林科技大学学报》（社会科学版）2021 年第 5 期。

⑤ 王瑜：《电商参与提升农户经济获得感了吗？——贫困户与非贫困户的差异》，《中国农村经济》2019 年第 7 期。

⑥ 胡善平、杭珂：《中国特色社会主义精准扶贫绩效考核指标体系构建研究》，《牡丹江师范学院学报》（哲学社会科学版）2017 年第 2 期。

⑦ 杜永红：《大数据背景下精准扶贫绩效评估研究》，《求实》2018 年第 2 期。

⑧ 杨希：《精准视角下扶贫项目绩效评估研究》，《金融经济》2017 年第 4 期。

学者们除了常规性的学术研究外，还广泛参与了精准扶贫第三方评估。大量引入第三方评估是精准扶贫政策评估的突出新特征，按照中共中央办公厅、国务院办公厅印发的《省级党委和政府扶贫开发工作成效考核办法》，第三方评估的重点是精准识别和精准帮扶的执行情况。如：刘彦随等根据《省级党委和政府扶贫开发工作成效考核办法》对第三方评估考核的要求，设计了"两率一度"（贫困人口识别准确率、贫困人口退出准确率、因村因户帮扶工作群众满意度）的评估指标框架。[①]

表 8-5　精准扶贫思想实践效果评估框架的代表

框架构建维度	作者	年份	评估框架/评估指标
事实维度	蓝红星、庄天慧	2019	以贫困脆弱性、人均纯收入为减ης成效评价指标
	李燚等	2018	从经济效益、社会效益和生态效益三个维度构建扶贫绩效评价指标体系
	李婉婷	2018	从脱贫成效、经济绩效、社会绩效三个维度构建了扶贫绩效评价指标体系
形式维度	柳志、王善平	2020	从精准识别、精准帮扶、精准扶贫效率、精准扶贫效果、可持续发展等五个维度构建精准扶贫绩效评价框架
价值维度	王文豪	2020	从贫困户对基层政府组织的满意度、对扶贫政策的满意度、对帮扶措施的满意度和对帮扶成效的满意度四个维度构建了精准扶贫满意度评价指标体系
	时鹏、任洪浩、余劲	2021	从经济状况满意度、搬迁安置房满意度、社区生活满意度、居住环境满意度、工作状况满意度、社会资本满意度、政府公共政策满意度、参与权实现满意度八个方面构建了易地扶贫搬迁农户主观幸福感评价指标体系
	王瑜	2019	从横向现实获得感和纵向预期经济获得感两方面构建了精准扶贫中农户经济获得感的评价框架
其他评估框架	胡善平、杭琍	2017	从资源投入、过程管理和绩效考核三个方面构建精准扶贫绩效考核指标体系
	杜永红	2018	从扶贫政策效率、可持续性、公平性、合作性四个维度来设计精准扶贫政策绩效评估指标因子
	刘彦随等	2020	构建了"两率一度"（贫困人口识别准确率、贫困人口退出准确率、因村因户帮扶工作群众满意度）精准扶贫第三方评估指标体系

资料来源：相关文献。

---

① 刘彦随等：《精准扶贫成效评估技术与方法》，科学出版社，2020，第6—8页。

2. 关于评估主体

扶贫政策评估一般有两类目的，一类服务于政策或项目本身的完善，另一类服务于学术研究。前者的评估主体主要为政府和第三方机构，后者的评估主体主要为学者。

从国内经验来看，政府是早期的扶贫政策的评估者，其操作模式主要为由上级扶贫开发领导小组办公室通过常规的检查、项目执行单位的汇报、扶贫系统内部的评审等工作来评估政策执行效果。政府自身评估精准扶贫实施效果的数据来源主要为扶贫开发信息系统中建档立卡动态监测数据、国家农村贫困监测调查数据等。评估结果一部分在政府内部使用，另一部分会公开发布，如《中国农村贫困监测报告》系列报告。除了自上而下的考核，交叉考核也是政府自我考核评估的重要方式。此外，我国扶贫领域专项考核评估还包括扶贫督查巡查、专项巡视和民主党派监督等方式。[①]

然而，政府自身评估会形成"既做守门员又是裁判员"的信息黑箱，其评估结果的客观性、公正性难以保证，也可能因为信息不对称而造成政策实施过程中的道德风险。[②] 同时，传统行政系统自上而下的报告机制可以满足对一般项目的传统考核，但对于大型、复杂项目而言，全面评估其投入产出成效的任务是传统考核方式难以胜任的。基于以上原因，大量引入第三方评估成为精准扶贫政策评估的突出新特征。独立的第三方充分参与扶贫开发工作成效的考核，标志着扶贫开发考核进入一个新阶段，建立起一种扶贫开发内部评价与外部评价结合的政府绩效评价体系，成为精准扶贫考核机制日趋完善的重要标志之一。[③] 学者们对精准扶贫第三方评估的理论基础、评估技术与方法、优化机制以及长效机制的建构开展了讨论。[④][⑤][⑥]

政府评估和第三方评估都是直接服务于项目的，另一条政策评估的主线则

---

① 张琦、张涛：《中国减贫制度体系探索：考核评估的创新实践》，《甘肃社会科学》2021 年第1 期。

② 曾明、张紫薇：《精准脱贫第三方评估中的评估与反评估——一个力场的分析框架》，《理论月刊》2019 年第 11 期。

③ 汪三贵、曾小溪、殷浩栋：《中国扶贫开发绩效第三方评估简论——基于中国人民大学反贫困问题研究中心的实践》，《湖南农业大学学报》（社会科学版）2016 年第 3 期。

④ 刘彦随等：《精准扶贫成效评估技术与方法》，科学出版社，2020，第 4 页。

⑤ 何阳、孙萍：《精准扶贫第三方评估流程再造：理论依据、现实动因与政策设计——对民族地区精准扶贫第三方评估实践的反思》，《内蒙古社会科学》（汉文版）2018 年第 5 期。

⑥ 莫光辉、张菁：《精准扶贫第三方评估长效机制建构策略——2020 年后中国减贫与发展前瞻探索系列研究之一》，《苏州大学学报》（哲学社会科学版）2018 年第 6 期。

侧重于学术研究，服务于经济学、社会学等人文社会科学理论的完善。当然，两类研究目的有时候并不能截然分开，学术研究的重要目的之一也是政策完善，只是在不同的评估场景中有不同的侧重。

3. 关于评估时间

从评估时间来看，广义的"政策评估"包括政策的事前评估、事中评估、事后评估，狭义的"政策评估"则专指事后评估。①② 由于精准扶贫是一项动员全社会力量参与的浩大工程，众多学者参与了政策设计论证、第三方评估，甚至部分研究人员直接参与了一线扶贫工作，因此，当前研究成果中，我国精准扶贫思想实践效果的评价涵盖了事前、事中、事后评估三种类型。汪三贵等将精准扶贫中第三方评估服务划分为扶贫政策需求评估、扶贫项目进展评估、扶贫政策执行评估、扶贫政策效果评估四种类型。③ 王雨磊等认为，我国精准扶贫通过设计精细的考评指标体系，形成了过程管理与绩效考核问责之间的双向反馈机制④，也就是说，我国精准扶贫的考核体系总体上是过程考核和结果评价相结合的。孟志华等认为精准扶贫第三方评估实现了基于政策生命周期之上的全覆盖，包括源头评估、过程评估和结果评估。⑤

从事后评估来看，又可以将精准扶贫实践效果评估分为短期效应和长期效应。基于精准扶贫工作刚于 2020 年收官这一客观原因，目前对精准扶贫思想实践效果的研究多为短期效应。李芳华等评估了精准扶贫中易地搬迁、产业扶贫和光伏扶贫等新政策对贫困户劳动收入和劳动供给的短期影响，发现这些政策显著提高了贫困户的劳动收入，且劳动收入提高效应的主要来源由劳动时间增加转向劳动生产率提升。该研究也指出，精准扶贫不仅着眼于提高贫困人口短期收入，而且致力于改善贫困户的生存、就业和增收条件，作为一个全生命周期的扶贫框架，有必要评估精准扶贫长期效应。⑥ 值得注意的是，一些政策的短期效果和长期效果会存在相反情况。吴本健等的研究表明，精准扶贫期间，

① Evert Vedung, *Public Policy and Program Evaluation* (New York：Routledge, 2017).
② 王瑞祥：《政策评估的理论、模型与方法》，《预测》2003 年第 3 期。
③ 汪三贵、曾小溪、殷浩栋：《中国扶贫开发绩效第三方评估简论——基于中国人民大学反贫困问题研究中心的实践》，《湖南农业大学学报》（社会科学版）2016 年第 3 期。
④ 王雨磊、苏杨：《中国的脱贫奇迹何以造就？——中国扶贫的精准行政模式及其国家治理体制基础》，《管理世界》2020 年第 4 期。
⑤ 孟志华、李晓冬：《精准扶贫绩效的第三方评估：理论溯源、作用机理与优化路径》，《当代经济管理》2018 年第 3 期。
⑥ 李芳华、张阳阳、郑新业：《精准扶贫政策效果评估——基于贫困人口微观追踪数据》，《经济研究》2020 年第 8 期。

财政政策短期内促进贫困户增收的效果均显著好于金融扶贫，而金融扶贫则更具有长期效应。[①]

4. 关于评估方法

在政策效果评估方法方面，国外的研究起步早于国内，发展也相对更加成熟，当前国内学者政策评估方法在多方面借鉴了国外研究成果。从系统的评估方法研究来看，Vedung 在其 20 世纪 90 年代首次出版的专著中，根据不同的应用场景，归纳出了十种政策评估模型，20 世纪初，国内学者王瑞祥将这一研究成果引入国内，并具体介绍了其中最常用的目标获取模型、综合评估模型、用户导向模型、相关利益人等 6 种模型。[②] 此后，赵莉晓根据 Vedung 的综合评估模型，设计了公共政策评估的一般性理论方法框架。[③] 总体来看，我国的政策评估还未形成一套成熟、完善的方法体系。[④]

从具体的评估方法（见图 8-3）来看，国际主流公共政策评估理论一直存在实证主义取向和规范主义取向的方法论之争[⑤]，实证主义主要考虑"是什么"，规范主义更关注"应该是什么"。实证研究方法长期在国际政策评估中占据主流地位。因果推断是实证研究中的一颗明珠，基本思路是厘清政策干预所产生的因果效应。从 20 世纪 30 年代到 21 世纪之初，国际计量经济学界围绕因果关系、重视准确区分与准确测量，展开了三次集中性的大讨论，被称为"可信性革命"[⑥]，致力于使经济学摆脱"伪科学"的指责。2019 年诺贝尔经济学奖获得者 Banerjee、Duflo、Kremer 所倡导的随机控制实验（RCT）属于当前减贫方案成效评估因果推断方法的前沿成果。在实证主义研究大行其道的同时，也有学者认为，西方政策评估方法论已经从旨在分析公共政策是否达成了其预定目标的实证主义，一步步完善而发展到考虑不同参与主体利益诉求的规范主义。[⑦] 美国学者古贝等在《第四代评估》中，将政策评估实证主义阶段细分为

---

① 吴本健、葛宇航、马九杰：《精准扶贫时期财政扶贫与金融扶贫的绩效比较——基于扶贫对象贫困程度差异和多维贫困的视角》，《中国农村经济》2019 年第 7 期。

② 王瑞祥：《政策评估的理论、模型与方法》，《预测》2003 年第 3 期。

③ 赵莉晓：《创新政策评估理论方法研究——基于公共政策评估逻辑框架的视角》，《科学学研究》2014 年第 2 期。

④ 张璞玉：《时代模式下政策评估方法的演变》，《中国管理信息化》2017 年第 10 期。

⑤ 高雪莲：《政策评价方法论的研究进展及其争论》，《理论探讨》2009 年第 5 期。

⑥ Joshua D. Angrist, Jörn-Steffen Pischke, "The Credibility Revolution in Empirical Economics: How Better Research Design is Taking the Con out of Econometrics," *Journal of Economic Perspectives* 2 (2010): 3-30.

⑦ 刘玮辰、郭俊华、史冬波：《如何科学评估公共政策？——政策评估中的反事实框架及匹配方法的应用》，《公共行政评论》2021 年第 1 期。

第一代测量阶段、第二代描述阶段、第三代判断阶段，将超越纯粹科学范畴、考虑多元利益相关者诉求的政策评估称为第四代政策评估。[1]

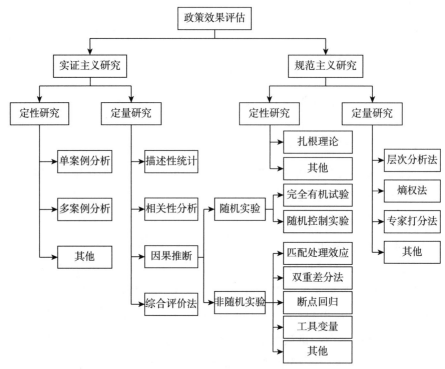

图 8-3　政策评估方法梳理

　　国内政策评估由于起步晚，具备直接借鉴国外评估方法的条件，在既有的精准扶贫实践效果文献中，研究方法表现出了"大杂烩"的特征，即既有不少纯粹实证主义取向的研究成果，也不乏纯粹规范主义取向的理论建构。实证研究主要采取定量研究方法。一类是描述性统计。叶敬忠等用描述性统计的方法，说明了巢状市场小农扶贫的效果，包括生产可持续、脱贫成效稳定、城乡关系和谐、乡村建设既生态又富有文化等。[2] 李小云等将新中国成立后 70 年反贫困历程分为改革开放前、改革开放以来和 2013 年开始的精准扶贫战略三个阶段，对每个阶段减贫成效的分析采用了描述性统计的方法。[3] 另一类是相关性分析，

① 〔美〕埃贡·G. 古贝、伊冯娜·S. 林肯：《第四代评估》，秦霖、蒋燕玲等译，中国人民大学出版社，2008，第 12—15 页。
② 叶敬忠、贺聪志：《基于小农户生产的扶贫实践与理论探索——以"巢状市场小农扶贫试验"为例》，《中国社会科学》2019 年第 2 期。
③ 李小云、于乐荣、唐丽霞：《新中国成立后 70 年的反贫困历程及减贫机制》，《中国农村经济》2019 年第 10 期。

如王志章、韩佳丽采用 probit 模型对多元化精准扶贫政策与农户家庭收入之间的关系进行了相关性分析。[①] 还有一类采用了因果推断的方法，如张全红、周强采用断点回归估计方法，以贫困线为断点，研究了精准扶贫政策对农村贫困人口在家庭纯收入、转移支付收入、家庭人均消费、生活改善和外出务工等方面的影响。[②] 李芳华等采用模糊断点回归的方法，评估了精准扶贫对贫困户劳动收入和劳动供给的影响。[③] 综合评价法是定量研究的一种方法，该方法往往与规范研究相结合，先通过规范主义研究构建评价指标体系，再根据指标值得分情况计算综合得分，从而对政策效果进行评估。此外，考虑到精准扶贫中的一些创新实践，传统面上的统计体系和手段在某些政策中暂时无能为力，部分学者采用定性研究方法评估精准扶贫绩效。王胜等以重庆地区国家扶贫开发工作重点县为例，总结了精准扶贫中贫困山区不同电商扶贫模式的成效。[④] 姜庆志采用纵向案例研究法，以建始县 2009—2017 年产业扶贫历程为案例素材，总结了精准扶贫中产业扶贫对促进基层政府治理转型的影响。[⑤] 朱海波、马九杰采用多案例研究方法，考察了偏远贫困地区农产品众筹扶贫项目的融资绩效及其影响因素。[⑥] 国内对精准扶贫思想实践效果的规范研究常用层次分析法（AHP）、熵权法、模糊综合评价法等方法。规范研究的用途集中于从理论上构建精准扶贫思想实践效果评价指标体系，如柳志等运用模糊综合评价法构建精准扶贫绩效评价指标体系[⑦]，杨希使用层次分析法构建了递阶层次结构绩效评价模型。[⑧]

不同的研究方法有不同的优缺点，没有哪一种评估方法可以适用于所有的政策评估活动。就本书而言，方法选择需要满足如下目的：考虑多元利益相关

---

① 王志章、韩佳丽：《贫困地区多元化精准扶贫政策能够有效减贫吗？》，《中国软科学》2017 年第 12 期。

② 张全红、周强：《精准扶贫政策效果评估——收入、消费、生活改善和外出务工》，《统计研究》2019 年第 10 期。

③ 李芳华、张阳阳、郑新业：《精准扶贫政策效果评估——基于贫困人口微观追踪数据》，《经济研究》2020 年第 8 期。

④ 王胜等：《集中连片贫困山区电商扶贫的探索及启示——以重庆秦巴山区、武陵山区国家级贫困区县为例》，《管理世界》2021 年第 2 期。

⑤ 姜庆志：《走出怪圈：产业扶贫中基层政府治理转型的多重逻辑——基于建始县的纵向案例分析》，《中国农村经济》2019 年第 11 期。

⑥ 朱海波、马九杰：《发起人特征、信用背书与偏远贫困地区农产品众筹扶贫项目的融资绩效》，《中国农村经济》2020 年第 3 期。

⑦ 柳志、王善平：《精准视角下扶贫绩效模糊综合评价——以湘西土家族苗族自治州为例》，《云南财经大学学报》2020 年第 5 期。

⑧ 杨希：《精准视角下扶贫项目绩效评估研究》，《金融经济》2017 年第 4 期。

主体目标。有鉴于此，本书拟采用规范研究和实证研究相结合的方法，首先，采用层次分析法中的群决策方法，通过规范研究设计出精准扶贫思想实践效果的评价指标体系；其次，使用综合评价法中的参与式评估方法，对精准扶贫思想的实践效果展开实证研究；最后，使用比较分析法，对东中西部、不同地形地貌、不同政策等的实践效果进行比较分析。

5. 关于评估对象

从评估对象来看，对精准扶贫思想实践效果的研究，既有针对整体实践效果的研究，又有针对分项政策效果的研究。在整体效果研究的文献中，对全国性精准扶贫整体效果实证研究的文献还比较少。王志章、韩佳丽对我国九大贫困地区实施多元化精准扶贫政策的实施效果进行了评估。该研究所使用的是抽样农户 2015 年的家庭情况的数据。[①] 张全红、周强采用中国家庭追踪调查（CFPS）2014 年和 2016 年两期数据，以贫困线为断点，研究了精准扶贫政策对农村贫困人口在家庭纯收入、转移支付收入、家庭人均消费、生活改善和外出务工等方面的影响。[②] 该文使用的数据中，CFPS2016 采集的是 2015 年 12 月 31 日时点上的各项统计指标。事实上，2016—2020 年才是我国财政资金在精准扶贫中的重点投入阶段[③]，显然，这两篇文献采用 2016 年之前的数据所得出的研究结论远远不能完整反映我国精准扶贫思想的实践效果。同时，张全红、周强的研究采用以贫困线为断点的断点回归，如此识别出的贫困群体与我国真正的建档立卡户之间存在差异。已有研究表明，在选定建档立卡贫困人口的标准上，除了收入标准之外，其他贫困标准也在发挥较大影响作用。[④] 此外，李芳华等评估了精准扶贫对贫困户劳动收入和劳动供给的影响，该研究采用模糊断点回归的方法，优点在于能够保证局部随机，但正如作者自己指出的，该研究只能评估贫困线附近特定的贫困群体的平均处理效应。[⑤] 王佳越等从宏观和微观两

---

① 王志章、韩佳丽：《贫困地区多元化精准扶贫政策能够有效减贫吗?》，《中国软科学》2017 年第 12 期。
② 张全红、周强：《精准扶贫政策效果评估——收入、消费、生活改善和外出务工》，《统计研究》2019 年第 10 期。
③ 《国务院关于财政农业农村资金分配和使用情况的报告》，中国人大网，2020 年 12 月 25 日，http://www.npc.gov.cn/npc/c2/c30834/202012/t20201225_309427.html。
④ 朱梦冰、李实：《精准扶贫重在精准识别贫困人口——农村低保政策的瞄准效果分析》，《中国社会科学》2017 年第 9 期。
⑤ 李芳华、张阳阳、郑新业：《精准扶贫政策效果评估——基于贫困人口微观追踪数据》，《经济研究》2020 年第 8 期。

个层面，对精准扶贫成效进行了描述性统计。[①]

在分项政策成效研究的文献中，一类文献具体评价了某一类政策或项目的实践效果。徐小阳等研究了普惠金融对农村教育贫困的纾解效应。[②] 黄薇基于精准扶贫的视角并以家庭为考察对象，对现有城镇居民基本医疗保险制度的扶贫效果进行了综合评估。[③] 帅传敏等采用双差分、倾向匹配得分和面板回归等多种方法，定量分析了联合国 IFAD 项目对农村减贫的净贡献。[④] 陈立辉等在概括我国贫困村建立的村级发展互助资金组织治理结构与治理机制主要特点的基础上，评价了其治理制度的有效性。[⑤] 黄志平评估了国家级贫困县的设立对推动当地经济发展的作用。[⑥] 此外，学者们还针对产业精准扶贫[⑦]、易地扶贫搬迁[⑧]、教育精准扶贫[⑨]、旅游精准扶贫[⑩]、生态扶贫[⑪]、社会保障兜底[⑫]、中央国家部委定点帮扶政策[⑬]、东西协作扶贫等政策成效进行了评估。

另一类文献对不同扶贫政策的效果进行了比较。吴本健等比较了精准扶贫时期财政扶贫与金融扶贫的绩效。[⑭] 卢盛峰等在从整体上考察了转移支付体系"精准扶贫"效果的基础上，又比较分析了政府性救助、居民间救助和企业救

---

① 王佳越、王建忠、张玲：《精准扶贫以来中国农村减贫：成效、逻辑与未来路径》，《世界农业》2020 年第 8 期。

② 徐小阳、李洁、金丽馥：《普惠金融对农村教育贫困的纾解效应》，《中国农村经济》2020 年第 9 期。

③ 黄薇：《医保政策精准扶贫效果研究——基于 URBMI 试点评估入户调查数据》，《经济研究》2017 年第 9 期。

④ 帅传敏等：《联合国 IFAD 中国项目减贫效率测度——基于 7 省份 1356 农户的面板数据》，《管理世界》2016 年第 3 期。

⑤ 陈立辉等：《村级发展互助资金组织治理：问题类型、制度特点及其有效性——基于 5 省 160 个样本村调查的实证分析》，《管理世界》2015 年第 11 期。

⑥ 黄志平：《国家级贫困县的设立推动了当地经济发展吗？——基于 PSM-DID 方法的实证研究》，《中国农村经济》2018 年第 5 期。

⑦ 曾庆捷、牛乙钦：《乡村治理中的产业扶贫模式及其绩效评估》，《南开学报》（哲学社会科学版）2019 年第 4 期。

⑧ 宁静等：《易地扶贫搬迁减少了贫困脆弱性吗？——基于 8 省 16 县易地扶贫搬迁准实验研究的 PSM-DID 分析》，《中国人口·资源与环境》2018 年第 11 期。

⑨ 袁利平、丁雅施：《教育扶贫政策实施效果评估指标体系构建》，《教育研究》2019 年第 8 期。

⑩ 包军军、严江平：《基于村民感知的旅游扶贫效应研究——以龙湾村为例》，《中国农学通报》2015 年第 6 期。

⑪ 王文略：《陕西南部生态移民减贫效应研究》，《资源科学》2018 年第 8 期。

⑫ 朱梦冰、李实：《精准扶贫重在精准识别贫困人口——农村低保政策的瞄准效果分析》，《中国社会科学》2017 年第 9 期。

⑬ 仇晓璐等：《林业定点扶贫绩效评估研究》，《林业经济》2019 年第 3 期。

⑭ 吴本健、葛宇航、马九杰：《精准扶贫时期财政扶贫与金融扶贫的绩效比较——基于扶贫对象贫困程度差异和多维贫困的视角》，《中国农村经济》2019 年第 7 期。

助的亲贫程度。[1] 贾俊雪等比较了资本补贴和小额信贷这两类"造血式"扶贫方式对贫困农户收入的不同影响。[2]

6. 关于评估区域

20 世纪 80 年代以来，我国的区域扶贫瞄准目标经历了从贫困县到贫困村再到连片特困地区的转变。随着精准扶贫工作的推进，"十三五"期间，全国贫困人口分布呈现出显著地向山区、高原地区和民族地区等特殊区域集中的态势，部分区域呈现出显著的整体性贫困特征。[3] 为适应贫困分布区域的变化，彰显精准扶贫特征，2017 年 6 月 23 日，习近平总书记在山西省太原市主持召开了深度贫困地区脱贫攻坚座谈会，提出：我国脱贫攻坚工作进入目前阶段，要重点研究解决深度贫困问题，扶贫工作要以深度贫困地区为重点。[4]

正是因为以上背景，在对精准扶贫思想实践效果的评估中，学者们给予了深度贫困地区和连片特困地区特殊的关注。王汉杰等评估了深度贫困地区农户借贷与脱贫质量之间的关系，发现农户正规借贷能够显著提升深度贫困地区农户的脱贫质量，但这一作用在当地"精英农户"和贫困农户之间具有群体异质性。[5] 阿海曲洛以深度贫困地区凉山彝族自治州美姑县为例，构建了西部民族地区教育扶贫政策绩效评估指标体系。[6] 蒋莉、黄静波以贫困居民感知为绩效指标，对集中连片贫困地区罗霄山区旅游扶贫效应进行了评估。[7] 何红和王淑新[8]、黄梅芳和于春玉[9]从宏观和微观两个维度构建了旅游扶贫绩效评估体系，分别对集中连片特困区和民族地区旅游扶贫进行评估。蓝红星、庄天慧定量检

---

[1] 卢盛峰、陈思霞、时良彦：《走向收入平衡增长：中国转移支付系统"精准扶贫"了吗?》，《经济研究》2018 年第 11 期。

[2] 贾俊雪、秦聪、刘勇政：《"自上而下"与"自下而上"融合的政策设计——基于农村发展扶贫项目的经验分析》，《中国社会科学》2017 年第 9 期。

[3] 高杰、郭晓鸣：《深度贫困地区贫困治理的多重挑战与政策选择》，《中南民族大学学报》（人文社会科学版）2020 年第 1 期。

[4] 《习近平在深度贫困地区脱贫攻坚座谈会上强调 强化支撑体系加大政策倾斜 聚焦精准发力攻克坚中之坚》，《人民日报》2017 年 6 月 25 日，第 1 版。

[5] 王汉杰、温涛、韩佳丽：《深度贫困地区农户借贷能有效提升脱贫质量吗?》，《中国农村经济》2020 年第 8 期。

[6] 阿海曲洛：《西部少数民族地区教育扶贫政策绩效评估指标体系构建研究——以凉山彝族自治州美姑县为例》，《四川师范大学学报》（社会科学版）2018 年第 4 期。

[7] 蒋莉、黄静波：《罗霄山区旅游扶贫效应的居民感知与态度研究——以湖南汝城国家森林公园九龙江地区为例》，《地域研究与开发》2015 年第 4 期。

[8] 何红、王淑新：《集中连片特困区域旅游扶贫绩效评价体系的构建》，《湖北文理学院学报》2014 年第 8 期。

[9] 黄梅芳、于春玉：《民族旅游扶贫绩效评价指标体系及其实证研究》，《桂林理工大学学报》2014 年第 2 期。

验了不同帮扶措施对原深度贫困地区贫困人口的减贫效果。[①]

(三) 小结

总体来看，学者们对评估精准扶贫思想实践效果开展了诸多积极尝试，但受制于政策复杂性、数据可得性等原因，已有的学术研究仍存在明显的局限性，主要表现为如下四点。第一，评估不平衡。从评估框架来看，既有文献从事实维度和价值维度构建精准扶贫思想实践效果评估框架的相对较多，而基于形式维度构建评估框架的较少，呈现出不平衡的特征。第二，评估不充分。由于精准扶贫收官时间不长，加上数据采集难度大，目前对精准扶贫思想实践效果的全面评估还比较缺乏。第三，评估不全面。既有文献出于对数据可得性困境的妥协，往往较多地采用总体性统计数据进行评估，弱化了建档立卡户、非贫困户、扶贫干部之间的结构性区别，而少部分基于微观数据的研究，也只是注重农户（建档立卡户和非贫困户）层面的数据，鲜有研究将扶贫干部这一利益密切相关主体纳入精准扶贫思想实践效果评估考察范围。第四，评估不系统。既有文献尽管在评估框架、评估对象、评估区域方面都进行了一定区分，但不够系统，在评估框架方面，以基于事实和价值中某单一维度思路构建的评估框架为主，而基于多维思路构建评估框架的较少，更鲜有基于形式、事实和价值三个维度的系统研究；在评估对象方面，只有少数学者对不同政策的实践效果进行了对比研究，且所涉及的也只是部分政策；在评估区域方面，缺乏对原深度贫困地区和一般地区的对比分析。

鉴于此，本书认为有必要在如下方面进一步深化对精准扶贫思想实践效果评估的研究。第一，在平衡性上，加强从形式维度对精准扶贫思想实践效果进行的评价，为完善"三农"方面政策提供依据。第二，在充分性上，在全国层面选取东中西部、不同地形地貌、不同贫困深度的调研区域进行实地调研，获取精准扶贫收官之后最新的一手数据，对精准扶贫思想实践效果进行全面评价。第三，在全面性上，充分考虑脱贫户、非贫困户、帮扶干部等不同利益相关主体，分类设计有针对性的调查问卷，将不同类型主体纳入考察范围。第四，在系统性上，构建基于形式、事实和价值三个维度的精准扶贫思想实践效果评估框架，在此基础上，加强对原深度贫困地区与一般性区域、不同政策、不同地

---

① 蓝红星、庄天慧：《中国深度贫困地区跨越贫困陷阱研究》，经济管理出版社，2019，第170—183页。

形地貌、东中西部地区之间的对比分析。

二　精准扶贫思想实践效果总体评估框架构建

（一）构建评估框架的依据

已有研究中较为规范的公共政策绩效评估框架构建流程主要包括文献研究、社会调查和政策比较等步骤①，与此相对应，设计公共政策评估框架的依据主要包括已有的学术研究成果、专家观点和政策文件等。本书借鉴已有的思路，并结合编写组对精准扶贫思想内容体系和理论特质的研究成果，构建了精准扶贫思想实践效果评估的框架。

1. 已有的学术研究成果

在本章上一节"小结"中，通过详细梳理学者们对于扶贫政策绩效评估框架的已有研究，发现其评估思路与公共政策评估思路相一致，对于精准扶贫思想实践效果的评估框架主要基于形式、事实和价值三类维度构建。已有研究基于事实或价值某单一维度构建评估框架的较多，而基于多维思路构建评估框架的较少，更鲜有基于形式、事实和价值三个维度的系统研究，且已有研究中基于形式维度的实证评估还比较单薄。在已有研究基础上，编写组认为，精准扶贫是涉及我国经济社会方方面面的宏大工程，为了实现对精准扶贫思想实践效果的系统评估，有必要构建基于形式、事实和价值三个维度的精准扶贫思想实践效果评估框架。

在事实维度的评估标准方面，已有研究涉及的一级指标主要包括经济效益、社会效益、生态效益、投入产出指标、贫困脆弱性、人均纯收入等。在形式维度的评估标准方面，涉及精准扶贫形式维度的评估指标中，尽管具体选择的指标有异，但"精准性"是学术界对精准扶贫形式考察的最主要内容。在价值维度的评估标准方面，学者们采用的一级指标主要包括满意度、主观幸福感、获得感、可持续性、公平性等。

2. 政策文件

学术界之外，涉及精准扶贫思想实践效果评估的主要为政府工作考核和精准扶贫第三方评估。政府在精准扶贫工作考核方面最为系统、权威的考核方案

---

① 刘润秋、黄志兵、曹骞：《基于乡村韧性视角的宅基地退出绩效评估研究——以四川省广汉市三水镇为例》，《中国土地科学》2019年第2期。

为 2016 年中共中央办公厅、国务院办公厅印发的《省级党委和政府扶贫开发工作成效考核办法》，该文件从减贫成效、精准识别、精准帮扶、扶贫资金四个方面构建了考核内容框架（见表 8-6）。分析政府精准扶贫工作考核的具体考核指标，发现减贫成效是对精准扶贫工作成效事实维度的考察；精准识别的具体考核指标是贫困人口识别准确率和贫困人口退出准确率，是对精准扶贫政策形式维度的考察；精准帮扶的具体考核指标为群众满意度，属于价值维度的考察；扶贫资金是对精准扶贫政策形式维度和事实维度的考察。可以看出，政府考核方案包括结合事实、形式、价值三个维度的标准。

表 8-6 省级党委和政府扶贫开发工作成效考核内容框架

考核内容		考核指标	数据来源
1. 减贫成效	建档立卡户人口减少	计划完成情况	扶贫开发信息系统
	贫困县退出	计划完成情况	各省提供（退出计划、完成情况）
	贫困地区居民收入增长	贫困地区农村居民人均可支配收入增长率（%）	全国农村贫困监测
2. 精准识别	贫困人口识别	准确率（%）	第三方评估
	贫困人口退出		
3. 精准帮扶	因村因户帮扶工作	群众满意度（%）	第三方评估
4. 扶贫资金	使用管理成效	绩效考评结果	财政部、扶贫办

资料来源：《中共中央办公厅 国务院办公厅印发〈省级党委和政府扶贫开发工作成效考核办法〉》，中华人民共和国中央人民政府，2016 年 2 月 16 日，http://www.gov.cn/xinwen/2016-02/16/content_5041672.htm。

3. 专家观点

在评估框架构建过程中，编写组吸收了扶贫研究学术翘楚和熟悉扶贫实践的一线扶贫干部这两类专家对于精准扶贫思想实践效果评估的建议。2020 年 11 月，编写组组织 5 名扶贫研究专家召开了专题研讨会，重点讨论了精准扶贫思想实践效果评估框架。2019 年 7 月至 9 月和 2020 年 8 月预调研期间，编写组在绵阳市安州区和巴中市南江县召开座谈会，座谈会上，与扶贫办、农业农村局干部以及驻村帮扶干部等熟悉扶贫具体工作的"专家"交流精准扶贫思想实践效果评估的相关问题。

4. 编写组对精准扶贫思想的研究

从已有学术研究成果、政策文件、专家观点来看，构建基于形式、事实和价值三个维度的评估框架是可行的。对于每个维度的评估重点，则以编写组对精准扶贫思想理论体系和理论特质的研究成果为核心设计依据，本书中精准扶贫思想理论体系和理论特质相关研究集中于第四、五章。从事实维度来看，我国精准扶贫思想实践效果集中体现于精准扶贫目标实现度；从形式维度来看，我国精准扶贫思想实践效果集中体现于精准扶贫过程精准度，这也是精准扶贫思想本质属性中科学性的具体体现；从价值维度来看，我国精准扶贫思想实践效果集中体现于精准扶贫人民满意度，这也是精准扶贫思想本质属性中人民性的具体体现。

（二）精准扶贫思想实践效果评估框架的内在逻辑——科学性与人民性相统一

综合已有的学术研究成果、政策文件、专家观点和编写组对精准扶贫思想的研究，本书从事实、形式和价值维度，构建了以精准扶贫思想的目标实现度、过程精准度和人民满意度为主要内容的精准扶贫思想实践效果总体评估框架。

精准扶贫目标实现度、过程精准度和人民满意度三者之间存在辩证统一的内在逻辑，三者统一于精准扶贫思想的内在追求。精准扶贫思想的内在追求也可以理解为精准扶贫广义的目标。除了精准扶贫目标实现度中的实现建档立卡人口脱贫、贫困县摘帽的狭义目标外，精准扶贫思想的过程精准度、人民满意度都可以理解为思想的内在追求，只是视角不同，精准扶贫目标实现度是事实维度的追求，过程精准度是形式维度的追求，人民满意度是价值维度的追求，三者在这个意义上实现了统一。

精准扶贫目标实现度、过程精准度和人民满意度不仅统一于精准扶贫思想的内在追求，而且彼此之间存在紧密联系。在公共政策评估理论中，形式、事实与价值之间并非截然分开的关系，而是构成一个三位一体的逻辑体系。形式科学合理是取得良好事实结果的基础，良好的事实结果又是广大人民群众价值判断的依据。易言之，价值判断是基于事实结果的，而事实结果又基于形式的科学性。具体到本书所提出的精准扶贫思想实践效果总体评估框架（见图8-4），过程精准度是目标实现度的基础和前提，而人民满意度是目标实现度的立足点和落脚点。

此外，以精准扶贫目标实现度、过程精准度和人民满意度为主要内容的评估框架内在地吻合了精准扶贫思想科学性与人民性相统一的本质属性。本书在第五章第一节精准扶贫思想的本质属性部分，详细论述了精准扶贫思想的本质属性在于科学性与人民性的统一，科学性是精准扶贫思想形成的基础和前提，人民性是精准扶贫思想的立足点和落脚点。精准扶贫思想既是反贫困的科学理论，又充分体现了人民立场。实现了科学性与人民性的统一，是精准扶贫思想与其他反贫困思想的本质区别。精准扶贫思想科学性在评估框架中的集中体现是过程精准度，人民性在评估框架中的集中体现是人民满意度，而目标实现度作为过程精准度与人民满意度之间的桥梁，则是科学性与人民性相统一的集中体现。

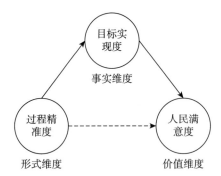

图 8-4　精准扶贫思想实践效果总体评估框架

（三）精准扶贫思想实践效果评估框架的内容

综合已有的学术研究成果、政策文件、专家观点和编写组对精准扶贫思想的研究，本书从事实、形式和价值维度，构建了以精准扶贫思想的目标实现度、过程精准度和人民满意度为主要内容的精准扶贫思想实践效果总体评估框架。

1. 事实维度：精准扶贫目标实现度

对于事实维度的评价，精准扶贫思想有明确的目标指向，目标实现度是精准扶贫思想实践效果评估最基本的内容。按照《中国农村扶贫开发纲要（2011—2020 年）》要求，2011—2020 年扶贫开发的总体目标是："到 2020 年，稳定实现扶贫对象不愁吃、不愁穿，保障其义务教育、基本医疗和住房。贫困地区农民人均纯收入增长幅度高于全国平均水平，基本公共服务主要领域指标接近全国平均水平，扭转发展差距扩大趋势。"[①] 2015 年 11 月，在中央召开的扶贫开发工作会议上，习近平总书记重提了脱贫目标，并进一步明确："新时期脱贫攻坚的目标，集中到一点，就是到二〇二〇年实现'两个确保'：确保农村贫困人口实现脱贫，确保贫困县全部脱贫摘帽。""决不能落

---

① 《〈中国农村扶贫开发纲要（2011—2020 年）〉印发》，中华人民共和国中央人民政府，2011 年 12 月 1 日，http://www.gov.cn/jrzg/2011-12/01/content_2008462.htm。

下一个贫困地区、一个贫困群众。"① 新时期脱贫攻坚行动是精准扶贫思想的具体落实，也就是说，精准扶贫思想实践效果的具体目标与新时期脱贫攻坚目标一致，即"两个确保"。评估精准扶贫目标实现度，就是考察"两个确保"的完成度。

2. 形式维度：精准扶贫过程精准度

科学性是精准扶贫思想的本质属性之一，而精准扶贫思想的科学性在实践中主要体现为形式的科学性。从精准扶贫的形式维度来看，精准扶贫形式维度的科学性集中体现于精准扶贫政策实践过程中的"六个精准"，因此，过程精准度也是精准扶贫思想实践效果评估的重要组成部分。习近平总书记指出，脱贫攻坚，精准是要义，② "六个精准"是精准扶贫的本质要求。2015 年 11 月，习近平总书记在中央扶贫开发工作会议上以"六个精准"对精准扶贫的具体内涵作了科学表述，即"扶持对象精准、项目安排精准、资金使用精准、措施到户精准、因村派人精准、脱贫成效精准"③。"六个精准"的落实情况，是对精准扶贫思想贯彻实施过程效果的直接反映。

3. 价值维度：精准扶贫人民满意度

人民性是精准扶贫思想的本质属性之一，而精准扶贫思想的人民性具体体现为以人民满意为价值旨归。从精准扶贫思想的价值维度来看，人民满意度是衡量精准扶贫思想实践效果的不二选择。在精准扶贫期间，帮扶满意度被广泛运用于第三方评估之中，是完善精准扶贫顶层设计的重要依据。④ 习近平总书记指出："党的十八届五中全会鲜明提出要坚持以人民为中心的发展思想，把增进人民福祉、促进人的全面发展、朝着共同富裕方向稳步前进作为经济发展的出发点和落脚点。这一点，我们任何时候都不能忘记，部署经济工作、制定经济政策、推动经济发展都要牢牢坚持这个根本立场。"⑤ 这要求"把增进人民福祉、促进人的全面发展、朝着共同富裕方向稳步前进作为经济发展的出发点和落脚点"⑥。基于此，本书将人民满意度测评纳入精准扶贫思想实践效果的评价范围。

---

① 中共中央党史和文献研究院编《十八大以来重要文献选编》（下），中央文献出版社，2018，第 34 页。
② 习近平：《在打好精准脱贫攻坚战座谈会上的讲话》，人民出版社，2020，第 8 页。
③ 《习近平著作选读》（第一卷），人民出版社，2023，第 396 页。
④ 庄天慧等：《精准脱贫第三方评估：理论、方法与实践》，科学出版社，2017，第 57～62 页。
⑤ 中共中央党史和文献研究院编《十八大以来重要文献选编》（下），中央文献出版社，2018，第 4 页。
⑥ 中共中央党史和文献研究院编《十八大以来重要文献选编》（下），中央文献出版社，2018，第 4 页。

三　精准扶贫思想实践效果评估指标设计

与构建精准扶贫思想实践效果总体评估框架的依据相类似，对于精准扶贫目标实现度、过程精准度和人民满意度具体测度指标的确定依据同样包括已有的学术研究成果、政策文件、专家观点和编写组对精准扶贫思想的研究四个方面。相对于总体评估框架构建，在精准扶贫思想实践效果评估的指标设计上，本书更加注重政策文件中的明确依据以及编写组对精准扶贫思想的研究。考虑到精准扶贫过程精准度、目标实现度、人民满意度三个维度之间存在递进关系，不适合将三者纳入同一指标评价体系，因此，本书对三个维度的实践效果分别设计具体评估指标。

（一）精准扶贫目标实现度

2020 年是我国全面建成小康社会的关键节点。党的十八届五中全会从实现全面建成小康社会奋斗目标出发，将"扶贫攻坚"的提法改成了"脱贫攻坚"，意味着 2020 年是中国共产党兑现脱贫承诺的时间节点。新时期脱贫攻坚的目标是到 2020 年，确保我国现行标准下农村贫困人口实现脱贫，贫困县全部摘帽，解决区域性整体贫困，[①] 进一步集中到"两个确保"，即到 2020 年"确保农村贫困人口实现脱贫，确保贫困县全部脱贫摘帽"[②]。政策文件中，对判定贫困人口脱贫的指标和贫困县脱贫摘帽的指标是有明确规定的（详见表 8-7）。

关于贫困人口脱贫的标准，《中国农村扶贫开发纲要（2011—2020 年）》中规定贫困人口脱贫标准是"到 2020 年，稳定实现扶贫对象不愁吃、不愁穿，保障其义务教育、基本医疗和住房"[③]，即"两不愁三保障"。在此基础上，纳入收入标准，即贫困户当年人均纯收入稳定超过国家扶贫标准，与"两不愁三保障"共同构成中国精准扶贫中的脱贫标准——"一收入、两不愁、三保障"。"一收入、两不愁、三保障"实现情况是贫困人口脱贫成效最基本、最直接的考核目标。习近平总书记在深度贫困地区脱贫攻坚座谈会上强调，脱贫攻坚应

① 《习近平谈治国理政》（第二卷），外文出版社，2017，第 87—88 页。
② 中共中央党史和文献研究院编《十八大以来重要文献选编》（下），中央文献出版社，2018，第 34 页。
③ 《〈中国农村扶贫开发纲要（2011—2020 年）〉印发》，中华人民共和国中央人民政府，2011 年 12 月 1 日，http://www.gov.cn/jrzg/2011-12/01/content_2008462.htm。

做到"不好高骛远，不吊高各方面胃口"①，以"一收入、两不愁、三保障"作为全国层面消除绝对贫困的目标，是比较务实的选择。从学理上看，这一标准体现了多维贫困的学术前沿思想，与世界银行等国际权威机构提出的准家计调查法识别贫困思想具有一致性，是一个兼顾收入与消费及其结构的科学标准，接近 2015 年世界银行制定的国际高标准贫困线②。

关于贫困县脱贫摘帽的标准，2016 年中共中央办公厅、国务院办公厅印发《关于建立贫困退出机制的意见》，提出贫困县退出以贫困发生率为主要衡量标准。③ 由于国务院扶贫办将贫困县验收的权限下放给了各个省，因此，不同的省份有不同的具体标准，综合各省贫困县退出验收工作方案来看，贫困发生率确实是贫困县退出最重要的考核指标，这意味着，从理论上讲，"两个确保"中，只要"确保农村贫困人口实现脱贫"，就能够顺理成章"确保贫困县全部脱贫摘帽"。考虑到操作的可行性，本书以贫困县完成退出验收为贫困县摘帽的标准。基于以上分析，本书构建了精准扶贫目标实现度指标体系（见表 8-8）。

表 8-7　农村贫困人口脱贫和贫困县摘帽的官方标准

目标	评测指标	内涵
"一收入、两不愁、三保障"	收入达标	贫困户当年人均纯收入稳定超过国家扶贫标准。计算方法：贫困户家庭人均纯收入 =（家庭总收入-家庭经营费用支出-税费支出-生产性固定资产折旧）/贫困户家庭建档立卡人口数
	不愁吃	常年食品（粮食）有保障、饮水安全达标
	不愁穿	常年穿衣有保障
	基本医疗有保障	家庭成员均参加城乡居民基本医疗保险，并依规享受其他医疗保障政策
	义务教育有保障	适龄未成年人能接受义务教育，没有辍学现象（因重度残疾、精神病或重大疾病等原因不能正常上学的除外），家庭成员享受其他相应教育帮扶政策
	住房安全有保障	房屋场地安全，结构安全，满足正常使用要求
贫困县摘帽	贫困发生率低于 3%（2%）①	全县年末剩余贫困人口数占全县农村户籍人口数的比重小于 3%（2%）。年末剩余贫困人口数以国家扶贫开发信息系统确认数据为准，农村户籍人口数以 2014 年末国家扶贫开发信息系统确认数据为准

注：根据中共中央办公厅、国务院办公厅印发的《关于建立贫困退出机制的意见》，原则上要求贫困县退出时贫困发生率降至 2% 以下（西部地区降至 3% 以下）。

资料来源：调研中各省份实际执行的考核标准。

---

① 《习近平在深度贫困地区脱贫攻坚座谈会上强调 强化支撑体系加大政策倾斜 聚焦精准发力攻克坚中之坚》，《人民日报》2017 年 6 月 25 日，第 1 版。

② 章元：《精准扶贫科学有效消除绝对贫困》，《社会科学报》2021 年 3 月 25 日，第 3 版。

③ 《中共中央办公厅 国务院办公厅印发〈关于建立贫困退出机制的意见〉》，中华人民共和国中央人民政府，2016 年 4 月 28 日，http://www.gov.cn/zhengce/2016-04/28/content_5068878.htm。

表 8-8 精准扶贫目标实现度指标体系

序号	一级指标	评测指标
1	建档立卡人口脱贫	收入达标
2		不愁吃
3		不愁穿
4		义务教育有保障
5		基本医疗有保障
6		住房安全有保障
7	贫困县摘帽	贫困县完成退出验收

（二）精准扶贫过程精准度

"六个精准"既是精准扶贫政策顶层设计的基本框架，也是基层实践的基本遵循，贯穿于精准扶贫全过程，是一套全新的贫困治理体系。"六个精准"并非孤立的存在，而是彼此之间环环相扣，存在辩证统一的关系（见图 8-5）。其中，扶持对象精准是前提，是"扶真贫、真扶贫"的必要条件，回答了"扶持谁"的问题；项目安排精准、资金使用精准、措施到户精准、因村派人精准是支撑，解决了"怎么扶"的困惑；脱贫成效精准是结果，回应了"如何退"的标准。本书围绕"六个精准"构建精准扶贫思想过程精准度的指标评价体系。

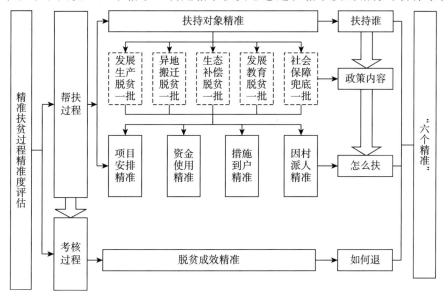

图 8-5 "六个精准"内在逻辑

要确定精准扶贫过程精准度指标体系的内容，首先要理解"六个精准"是为了解决什么问题产生的，其具体内涵是什么，如何测度。本部分从"六个精准"所要解决的问题和矛盾出发，探明其内涵，并进一步细化测度指标。

其一，扶贫对象精准。扶贫对象精准是脱贫成效精准的基本前提。我国对扶贫对象的识别经历了一个不断精准化的过程。1986 年之前，我国的扶贫并没有建立专门的目标瞄准机构。1986 年进入大规模开发式扶贫阶段后，第一次将扶贫对象瞄准为贫困县。贫困县的设定符合当时的历史条件，在我国反贫困斗争中发挥了重要作用。2001 年，我国开始尝试采用村级瞄准机制。在当时条件下，没有直接以贫困人口作为直接瞄准对象的原因在于管理成本过高[1]，且综合性开发式扶贫对瞄准到户到人的要求并非十分迫切。

"扶贫对象精准"的提出，有以下三方面的原因。第一，提高扶贫资源使用效率的需要。随着扶贫工作的推进，开发式扶贫边际减贫效应递减，经济发展"涓滴效应"难以惠及最贫困人口，缺乏科学的瞄准机制导致贫困人口底数不清、贫困情况不明，直接阻碍了扶贫资源配置效率的提高。第二，全面建成小康社会的必然要求。习近平总书记反复强调，"全面小康路上一个都不能少"，精准锁定贫困人口是解决"插花式"贫困的必然选择，只有精准锁定贫困人口，才能精准测度减贫效果，确保全面建成小康社会的成色。第三，技术进步使直接瞄准人口成为可能。信息技术的大幅进步、人口素质尤其是干部队伍素质的广泛提高，为建档立卡制度的运行创造了条件，使瞄准对象到村、到户乃至到人成为可能。

关于扶贫对象精准的认识，有一个深化的过程。首先，扶贫对象的选定原则是"应纳尽纳"。习近平总书记 2015 年 11 月 27 日在中央扶贫开发工作会议上指出："既不要遗漏真正的贫困人口，也不要把非贫困人口纳入扶贫对象。"[2]在初期实际操作中，统计部门用消费和收入数据估计贫困人口总量，并采用指标分配式方法自上而下分派贫困人口指标，而基层扶贫部门则按照民主评议的方式自下而上推荐贫困人口，这两者在识别贫困人口时采用的指标和方法的不一致，导致第一轮精准识别出现问题。[3] 根据官方统计，第一次建档立卡时，

---

[1]　刘冬梅：《对中国二十一世纪反贫困目标瞄准机制的思考》，《农业技术经济》2001 年第 5 期。

[2]　中共中央文献研究室编《习近平关于社会主义经济建设论述摘编》，中央文献出版社，2017，第 216 页。

[3]　汪三贵、刘未：《"六个精准"是精准扶贫的本质要求——习近平精准扶贫系列论述探析》，《毛泽东邓小平理论研究》2016 年第 1 期。

大约有30%的贫困户识别是不准的。[①] 有鉴于此，我国开展了声势浩大的"回头看"工作，对建档立卡户实行动态调整，放弃了指标分配式的做法，而是将真正贫困的人口尽数纳入。有些地方根据经验总结出"五看"——"先看房，次看粮，再看学生郎，四看技能强不强，五看有没有残疾重病躺在床"等评定程序，使得扶贫认定工作更契合基层实际。其次，扶贫对象精准的手段并非机械地"到村到户"，而是在唯物主义指导下，实事求是，区域扶贫与村户扶贫并举，将"不遗漏一人"作为贫困识别的本质意蕴。2017年以后，区域性整体贫困、深度贫困问题凸显，"三区三州"成为脱贫攻坚重点，在此背景下，扶贫资源更多地向原深度贫困地区集中倾斜，这样的地区瞄准也是扶贫对象精准的重要体现，贫困人口全部摆脱绝对贫困才是帮扶对象精准的本质要求。最后，识别出贫困人口后，对致贫原因准确分析也是扶贫对象精准的内在要求，为后续扶贫项目、资金投放，措施到户提供基本依据。

《省级党委和政府扶贫开发工作成效考核办法》中对精准识别的考核内容为"建档立卡贫困人口识别、退出精准度"[②]。本书的设计指标在此基础上进一步细化，从扶贫对象瞄准的程序合规性和分类准确性两个维度进行考察。程序合规性是扶贫对象精准的基本保障，衡量指标包括认定精准、程序公开、退出精准三个方面。分类准确性的衡量指标包括致贫原因准确性和动态管理。

其二，项目安排精准。20世纪90年代分税制改革后，中央对地方建立起规模巨大的转移支付体系，项目制不仅在数量上而且在各个领域中都已成为最主要的财政支付手段。[③] 项目制区别于一般财政性拨款，既代表了国家意志，又具有一定的竞争性。精准扶贫中，财政扶贫资金本身不能全部以现金形式直接到村到户，大部分要以项目制的形式将扶贫资源输送给贫困地区或贫困人口。[④] 项目制成为落实精准扶贫政策的主要方式，将自上而下的财政资金以专项化的方式进行分配，是精准扶贫的支柱性制度。

精准扶贫中项目安排精准的提出，是一系列现实因素作用的结果。第一，我国幅员广阔、地形地貌多样，贫困具有区域性特征。以14个集中连片特困地区为

---

① 《习近平总书记亲自指挥打赢脱贫攻坚战》，《学习时报》2021年3月15日，第A1版。
② 《中共中央办公厅 国务院办公厅印发〈省级党委和政府扶贫开发工作成效考核办法〉》，中华人民共和国中央人民政府，2016年2月16日，http://www.gov.cn/xinwen/2016-02/16/content_5041672.htm。
③ 折晓叶、陈婴婴：《项目制的分级运作机制和治理逻辑——对"项目进村"案例的社会学分析》，《中国社会科学》2011年第4期。
④ 王雨磊：《项目入户：农村精准扶贫中项目制运作新趋向》，《行政论坛》2018年第5期。

例（见表 8-9），各贫困地区区域内有相对一致性，但区域之间千差万别，有的地方缺土，有的地方缺水，还有的地方缺积温，扶贫项目必须因地制宜。第二，项目"短、平、快"的目标导向弱化了扶贫开发的可持续性[①]，以产业扶贫为例，产业发展本身具有一定周期和规律，为了迅速见到成效，扶贫项目盲目上马，"重种轻管"、重数量轻质量、重生产轻销售的情况屡见不鲜[②]，产业发展缺乏风险防范机制。第三，项目制本身具有一定的不确定性和竞争性，涉及利益相关者众多，上级政府与地方政府之间、地方政府与基层政府之间、基层政府与贫困群体之间存在权财控制与反制[③]，甚至可能进一步加深社会不公程度。[④]

表 8-9　中国 14 个集中连片特困地区区域特征情况

集中连片特困地区	区域要素特征
六盘山区	地形破碎、干旱缺水、地质灾害频发、水土流失严重
秦巴山区	生态保护区、革命老区、灾害频发地区
武陵山片区	生境脆弱、基础设施落后、地质灾害频发、民族地区
乌蒙山区	生态保护区、民族地区、革命老区、基础设施落后、流行病盛行
滇桂黔石漠化区	地形复杂、土层瘠薄、生境脆弱、灾害频发、基础设施落后
滇西边境山区	生态保护区、灾害频发、少数民族聚集
大兴安岭南麓山区	生态保护区、产业转型困难
燕山—太行山区	生境脆弱、基础设施落后、自然灾害频发
吕梁山区	地形复杂、沟壑纵横、耕地缺少、干旱与水土流失严重
大别山区	水土流失严重、基础设施落后、产业基础薄弱
罗霄山区	洪涝灾害频发、水土流失严重、生境失衡、基础设施落后
西藏	地形复杂、高寒地区
四省涉藏州县	高山峡谷、基础设施落后、自然灾害频发
新疆南疆	气候干旱、生态环境脆弱、灾害频发、人力资源不足

资料来源：国家统计局住户调查办公室编《2011 中国农村贫困监测报告》，中国统计出版社，2012，第 111—121 页。

要实现项目安排精准，就要对现存的问题作出回应。第一，因地制宜、科学谋划项目内容，比如，在生态环境恶劣、资源极度匮乏的贫困地区，以易地

---

① 李博：《项目制扶贫的运作逻辑与地方性实践——以精准扶贫视角看 A 县竞争性扶贫项目》，《北京社会科学》2016 年第 3 期。

② 吴映雪：《县域扶贫项目制的"耗散"过程及其逻辑》，《西北农林科技大学学报》（社会科学版）2020 年第 4 期。

③ 刘俊英：《项目制扶贫参与主体的行为逻辑与博弈关系——兼论政府的公共性与自利性》，《社会科学战线》2019 年第 11 期。

④ 黄宗智、龚为纲、高原：《"项目制"的运作机制和效果是"合理化"吗？》，《开放时代》2014 年第 5 期。

搬迁安置扶贫为主；在经济发展基础较差，但具有一定发展条件的原贫困地区，以扶持生产和就业、教育扶贫等为主，为当地经济发展"输血"，激发群众脱贫致富的积极性，增强"造血"功能。① 第二，注重对项目长期成效的考察，处理好项目长期收益与短期成效的关系，以更具弹性的激励约束机制引导地方政府官员形成有利于当地长远发展的项目安排导向。第三，处理好上级政府与地方政府、地方政府与基层政府、基层政府与贫困群体这三对关系，广泛吸纳利益相关者意见，建好精准扶贫项目台账，强化事后监督问责。

对项目安排精准度的考察，可以采用主观与客观相结合的方式设计评价指标。主观指标为产业规划制定落实情况，客观指标为利益相关者认可度。具体来说，指标包括规划科学度和相关者认可度两个维度，其中规划科学度的衡量指标包括是否进行产业规划、是否制定项目风险防范措施，相关者认可度的衡量指标为村民认可度和干部认可度两个方面。

其三，资金使用精准。在我国以项目制为转移支付主要方式的背景下，资金使用精准与项目安排精准密切相关。扶贫资金的支持是扶贫项目得到实施的基本保障，是脱贫攻坚战的"粮草军需"。2016 年至 2019 年，我国财政一般公共预算中农业农村相关支出累计达到 16.07 万亿元，其中，扶贫资金是重要的支出方向。2016—2020 年，中央财政专项扶贫资金连续 5 年每年增加 200 亿元。②

资金使用精准主要是为了解决以下几方面问题。第一，尽管 20 世纪 80 年代后期以来，我国长期将扶贫支出作为财政支出重要内容，并且对流向扶贫重点县的比例有明确要求，但扶贫资金"跑冒滴漏"问题严重，削弱了扶贫资金聚焦性和精准度。李小云等的研究显示，我国政府财政扶贫资金在区域投向上与瞄准目标发生偏离，流向重点县的扶贫资金低于当时政策所规定的 70%。③ 第二，财政资金条块分割问题。涉农资金整合之前，不同类型扶贫资金属于不同部门管理，而不同部门在资金的使用方面的规定并不统一，一般来说下级部门在使用资金上不可以改变资金使用的规定，由此导致扶贫资金的供需错配，出现"群众想干的政府没钱支持，政府支持的群众不想干"的窘境。第三，资

---

① 《精准扶贫关键要"项目安排精准"》，半月谈，2016 年 9 月 30 日，http://www.banyuetan.org/chcontent/jzfp/fpzcjd/2016930/210237.shtml。

② 《国务院关于财政农业农村资金分配和使用情况的报告》，中国人大网，2020 年 12 月 25 日，http://www.npc.gov.cn/npc/c2/c30834/202012/t20201225_309427.html。

③ 李小云、张雪梅、唐丽霞：《我国中央财政扶贫资金的瞄准分析》，《中国农业大学学报》（社会科学版）2005 年第 3 期。

金监管不严，如资金收入支出入账不及时、白条入账、招投标操作不规范、台账不清等情况频频发生。

实现资金使用精准，有以下几方面措施。第一，加大脱贫攻坚资金投入力度。健全与脱贫攻坚任务相适应的投入保障机制，资金投向更加聚焦和精准，对"三区三州"等原深度贫困地区的倾斜支持力度加大。[1] 第二，提高统筹整合资金利用率。为解决扶贫供需错配问题，2016 年开始，中央对贫困县的 20 多项涉农资金进行整合，并将资金的使用和审批权交给了解贫困人口需求的县级政府，根据实际情况确定项目和分配资金。同年 10 月，财政部、国务院扶贫办发布《关于进一步做好贫困县涉农资金整合工作有关事项的通知》，要求各项中央财政涉农资金分配给贫困县时，一律采取"切块下达"的模式，不得指定具体项目或提出与脱贫攻坚无关的任务要求。[2] 2016 年至 2020 年 9 月底，全国 832 个国家级贫困县累计整合使用财政涉农资金超过 1.5 万亿元。[3] 这本是一项有利于权责统一的利好政策，但部分单位认识不到位，甚至出现怕担责，不想用、不会用、不敢用整合资金的现象，导致宝贵的扶贫资金出现"躺在账上睡大觉"的闲置情况。第三，将扶贫资金与脱贫攻坚规划紧密结合，建立配套项目库，将项目、资金及时对接。创新扶贫项目资金使用方式，提高扶贫资金使用效率。大胆探索，让扶贫资金活起来，避免成为一分了之、一送了之的"死钱"。[4] 第四，加强扶贫资金监管。建立脱贫攻坚项目资金收入支出明细台账，确保资金流向明确、账目可查，形成"项目跟着规划走，资金跟着项目走，监督跟着资金走"的运行机制。

资金使用精准的考察可以从设计精准和监管精准两个维度进行。设计精准的衡量指标为扶贫资金投入力度与扶贫资金和项目对接程度，其中，扶贫资金和项目对接程度主要考察扶贫资金与扶贫规划结合紧密与否。监管精准的衡量指标为扶贫资金闲置程度和扶贫资金监管力度。

其四，措施到户精准。措施到户精准是精准扶贫中"精准"的新举措，要求帮扶措施与目标群体需求以及个人严格对接，极大地提高了扶贫政策"精准

---

① 《国务院关于财政农业农村资金分配和使用情况的报告》，中国人大网，2020 年 12 月 25 日，http://www.npc.gov.cn/npc/c2/c30834/202012/t20201225_309427.html。

② 《统筹整合使用财政涉农资金 扶贫资金不得指定具体项目》，《人民日报》2016 年 11 月 2 日，第 3 版。

③ 《国务院关于财政农业农村资金分配和使用情况的报告》，中国人大网，2020 年 12 月 25 日，http://www.npc.gov.cn/npc/c2/c30834/202012/t20201225_309427.html。

④ 龚福海：《注重扶贫项目安排精准度》，《贵州日报》2016 年 3 月 10 日，第 6 版。

滴灌"到建档立卡人口的效率，从而解决以往"大水漫灌"所难以解决的问题。

提出措施到户精准，与如下原因密切相关。第一，建档立卡人口致贫原因的多样性。根据 2019 年 25 省（区、市）23307 户建档立卡户监测抽样数据，建档立卡人口致贫原因多达 13 类，其中发生率不低于 10% 的有六类（见表 8-10）。在贫困人口识别后的建档立卡环节，对贫困人口的致贫原因进行了详细分解，实质上为措施到户精准提供了前提条件。第二，帮扶措施形式化、表面化。农户生产本身面临自然风险、市场风险等多种风险，且发展产业也是长期过程，由此导致扶贫帮扶产生"一兜了之"心态，难以帮助建档立卡人口形成稳定增收渠道。此外，由于项目管理便利性与建档立卡人口需求分散性之间存在天然矛盾，精准扶贫之前，扶贫干部能力有限、管理手段相对落后，项目管理便利性是影响扶贫项目投放的重要力量，管理部门缺乏项目到户的动力。第三，扶贫项目难以精准作用到真正的贫困人口。精准扶贫之前，以项目机制投入的扶贫资金，面临着项目成本与扶贫资金投入存在缺口的问题，地方政府往往会把不足的部分以农户提供配套资金的形式转嫁到目标群体身上，由此发生了非贫困村扶贫项目的"精英俘获"，导致项目安排不精准。李小云等在 21 世纪初的一项调研中发现，扶贫项目对贫困群体覆盖率较低，部分项目对贫困农户及贫困人口的覆盖率低至 6%，中等户和富裕户受益程度远远高于建档立卡户。[①]

准确理解措施到户精准的内涵，应有以下几方面的认识。第一，落实"因户施策"，制定并落实脱贫计划。根据建档立卡人口主要致贫原因、资源要素禀赋等，对标"发展生产脱贫一批、易地搬迁脱贫一批、生态补偿脱贫一批、发展教育脱贫一批、社会保障兜底一批"政策，并辅之以其他帮扶政策。第二，注重帮扶措施的长效性和动态性，对脱贫计划根据实际情况发展进行动态调整。帮扶责任人和其他扶贫干部注意学习政策、搞懂政策、善于利用政策红利，帮助建档立卡人口抓住政策红利。第三，措施到户精准并非机械强调所有扶贫项目都有建档立卡人口亲自参与，而是要求扶贫措施精准对接建档立卡人口脱贫需求，如对丧失劳动能力的建档立卡户通过土地流转、资金收益、社会捐赠、集体分红等多种渠道，间接增加其可持续财产性收入和转移性收入。

---

① 李小云、张雪梅、唐丽霞：《我国中央财政扶贫资金的瞄准分析》，《中国农业大学学报》（社会科学版）2005 年第 3 期。

措施到户精准的评价指标为主观与客观相结合，包括因户施策和参与人认可度两个维度。具体来说，因户施策的衡量指标为是否制定针对建档立卡户的脱贫计划和脱贫计划是否进行动态调整，参与人认可度包括建档立卡户认可度和扶贫干部认可度两个方面。

表 8-10　建档立卡人口致贫原因分布

单位：人，%

致贫原因	数量	占比	致贫原因	数量	占比
因残	2888	12.39	因学	3152	13.52
缺土地	850	3.65	因丧	16	0.07
因病	7558	32.43	因灾	550	2.36
自身发展动力不足	2331	10.00	缺资金	7724	33.14
缺技术	10498	45.04	缺水	145	0.62
交通条件落后	2203	9.45	因婚	40	0.17
其他	152	0.65			

资料来源：章文光等 2019 年对 25 省（区、市）建档立卡实地监测的抽样数据。原始数据见章文光、吴义熔、宫钰《建档立卡贫困户的返贫风险预测及返贫原因分析——基于 2019 年 25 省（区、市）建档立卡实地监测调研数据》，《改革》2020 年第 12 期。

其五，因村派人精准。派驻干部工作制度最早可追溯至解放初期的乡镇下派驻村干部制度，是中国共产党"走群众路线"的制度化运作机制[1]，在处理农村急需解决的问题、贯彻党的方针政策方面具有重要作用。[2] 贺雪峰、全志辉的研究认为，中国现代化进程中，村庄社会良序发展与社会关联度密切相关，外部力量的嵌入是村庄内生自治秩序出现危机时的重要稳定力量。[3] 精准扶贫开展以来，扶贫驻村干部在脱贫工作中发挥了巨大的正向促进和推动作用。[4] 相关资料显示，2020 年底，全国在岗驻村工作队 25.5 万个，累计驻村 300 万人。[5] 卢冲、庄天慧的研究发现，精准扶贫中驻村干部胜任力对贫困村脱贫成效有显著正向影响，精准匹配度越高，驻村干部对贫困村脱贫成效的解释力越

① 欧阳静：《乡镇驻村制与基层治理方式变迁》，《中国农业大学学报》（社会科学版）2012 年第 1 期。

② 刘金海：《工作队：当代中国农村工作的特殊组织及形式》，《中共党史研究》2012 年第 12 期。

③ 贺雪峰、全志辉：《论村庄社会关联——兼论村庄秩序的社会基础》，《中国社会科学》2002 年第 3 期。

④ 桑晚晴、杨帆：《扶贫驻村干部留任参与乡村振兴的意愿及其影响因素研究》，《农村经济》2020 年第 1 期。

⑤ 《习近平总书记亲自指挥打赢脱贫攻坚战》，《学习时报》2021 年 3 月 15 日，第 A1 版。

强。然而，该研究也发现，实践中驻村干部因村派人精准匹配度不高，仅处于勉强匹配和中度协调水平。①

精准扶贫中"因村派人精准"的提出，是一系列现实困境的产物。第一，从资源匹配来看，常规结对帮扶中"先确定帮扶关系、再进行帮扶需求调查"的路径，容易导致帮扶资源供给（不同的帮扶干部/帮扶单位意味着不同的帮扶资源）与帮扶对象脱贫需求难以实现最优匹配问题，降低扶贫资源使用效率②。第二，从工作胜任能力情况看，当前基层扶贫干部队伍中，存在干部能力、精力、动力、创意等不足问题③，2017 年 6 月，习近平总书记在深度贫困地区脱贫攻坚座谈会上的讲话中指出，全国 12.8 万个建档立卡贫困村居住着 60%的建档立卡人口，村两委班子能力普遍不强，四分之三的村无合作经济组织，三分之二的村无集体经济，无人管事、无人干事、无钱办事现象突出。第三，结对帮扶"对子"频繁变动影响帮扶效果，"慰问式"帮扶屡见不鲜。如有的建档立卡户在 5 年间分别被 3 个部门、4 名干部结对帮扶，帮扶内容也仅停留在节假日探望慰问，且帮扶干部调整后，帮扶项目也跟着调整甚至半途而废。④

因村派人精准有两个层面的内涵，一是帮扶责任人与建档立卡户之间的帮扶关系精准，二是帮扶单位/帮扶干部尤其是第一书记与贫困村之间的帮扶关系精准。因村派人精准主要要求做到以下几方面。第一，精准匹配，将"先确定帮扶关系、再进行帮扶需求调查"的工作顺序转变为"先进行帮扶需求调查、再确定帮扶关系"。实践中，有地区总结了"党群部门联弱村、政法部门联乱村、经济部门联穷村、涉农部门联产业村"的匹配原则⑤，也有一线干部总结出了"因村因地选派"的匹配思路⑥。第二，精准选派，选派精兵强将，因村实际工作需求安排帮扶人员。结合驻村干部特点与老、中、青梯次结构，夯实扶贫工作队伍。奖惩分明，树立鲜明用人导向，完善激励约束机制。第三，建档立卡户结对帮扶精准，做到"户户有联系人"，对接困难群众多样化需求，不频繁"换对子"，强调帮扶成效的延续而非简单送钱送物。⑦

---

① 卢冲、庄天慧：《精准匹配视角下驻村干部胜任力与贫困村脱贫成效研究》，《南京农业大学学报》（社会科学版）2016 年第 5 期。

② 黄承伟、覃志敏：《我国农村贫困治理体系演进与精准扶贫》，《开发研究》2015 年第 2 期。

③ 黄云革：《抓好"因村派人"这一关键》，《广西日报》2015 年 11 月 17 日，第 11 版。

④ 王明友：《帮扶"对子"别老换》，《人民日报》2018 年 7 月 31 日，第 18 版。

⑤ 刘华斌：《扶贫"党建+"，敲开"幸福门"》，《当代江西》2016 年第 3 期。

⑥ 黄云革：《抓好"因村派人"这一关键》，《广西日报》2015 年 11 月 17 日，第 11 版。

⑦ 于保月：《"结对帮扶"要精准》，《人民日报》2016 年 8 月 5 日，第 1 版。

考察因村派人的精准度，最终都要落脚到利益相关者对帮扶单位/帮扶干部的认可度上。与因村派人两个层面的内涵相适应，考察因村派人精准度也包括建档立卡户结对帮扶精准和因村帮扶精准两个维度。建档立卡户结对帮扶精准的衡量指标为村民认可度和帮扶干部认可度。因村帮扶精准的衡量指标为受访样本分别对第一书记、驻村工作队、驻村农技员、联系领导和帮扶单位的认可度。

其六，脱贫成效精准。在精准扶贫建档立卡制度建立以前，对扶贫政策成效的考核主要从地方来进行，以区域减贫成效为主要考核目标。如《省级党委和政府扶贫开发工作成效考核办法》中，对脱贫成效的考核主要包括"建档立卡贫困人口数量减少、贫困县退出、贫困地区农村居民收入增长情况"。2015年11月，在中央召开的扶贫开发工作会议上，习近平总书记就"如何退"提出了四个要求，即设定时间表、留出缓冲期、实行严格评估、实行逐户销号。①

考察脱贫成效精准度，包括脱贫精准性与后扶到位性两个方面。脱贫精准性主要考察建档立卡户退出精准性和贫困县是否如期脱贫，后扶到位性主要考察脱贫不脱政策落实情况和防止返贫动态监测机制建立情况。

在以上分析的基础上，本书以"六个精准"为一级指标，构建精准扶贫思想过程精准度评价指标体系（见表8-11）。

表8-11　精准扶贫思想过程精准度评价指标体系

序号	一级指标	二级指标	三级指标
1	扶贫对象精准	程序合规性	认定精准
2			程序公开
3		分类准确性	致贫原因准确
4			动态管理
5	项目安排精准	规划科学度	产业规划
6			风险防范
7		相关者认可度	村民认可度
8			干部认可度

① 中共中央党史和文献研究院编《十八大以来重要文献选编》（下），中央文献出版社，2018，第44—45页。

续表

序号	一级指标	二级指标	三级指标
9	资金使用精准	设计精准	扶贫资金投入力度
10			项目资金对接程度
11		监管精准	扶贫资金闲置
12			资金监管
13	措施到户精准	因户施策	制定脱贫方案
14			动态调整
15		参与人认可度	建档立卡户认可度
16			村干部认可度
17	因村派人精准	建档立卡户结对帮扶精准	村民认可度
18			帮扶干部认可度
19		因村帮扶精准	第一书记
20			驻村工作队
21			驻村农技员
22			联系领导
23			帮扶单位
24	脱贫成效精准	脱贫准确性	退出精准
25			是否如期脱贫
26		后扶到位性	脱贫不脱政策
27			防止返贫动态监测机制

（三）精准扶贫人民满意度

对于精准扶贫人民满意度的考察，包括对总体政策的满意度和对分项政策的满意度两个方面（见表8-12）。分项成效满意度具体评估各项精准扶贫政策的个别效应，既有对"五个一批"政策的评估，也涵盖了在精准扶贫推进过程中的其他重要措施，具体包括就业培训扶贫政策、易地扶贫搬迁政策、医疗健康扶贫政策、社会兜底扶贫政策、小额信贷扶贫政策、教育扶贫政策、科技扶贫政策、电商扶贫政策和结对帮扶政策等。

表8-12　精准扶贫人民满意度指标体系

序号	一级指标	二级指标
1	总体满意度	对脱贫成效总体满意度

续表

序号	一级指标	二级指标
2		产业扶贫政策
3		就业培训扶贫政策
4		易地扶贫搬迁政策
5		教育扶贫政策
6		生态扶贫政策
7	分项政策满意度	医疗健康扶贫政策
8		社会兜底扶贫政策
9		小额信贷扶贫政策
10		科技扶贫政策
11		电商扶贫政策
12		结对帮扶政策

四 精准扶贫思想实践效果评估指标权重确定

（一）指标权重确定流程

确定精准扶贫思想实践效果评价指标权重的流程①如下。

第一，根据精准扶贫思想实践效果的基本要求，结合相关细项指标，确定层次结构，搭建精准扶贫思想实践效果评价指标体系框架。

第二，确定指标选取原则和范围后，对各指标两两进行打分，运用层次分析法确定各级指标权重。假设某一层有 n 个因素，上一层有 m 个因素，那么对于该层我们需要构建 m 个 $n \times n$ 的成对比较矩阵。用 a_{ij} 表示第 i 个因素相对于第 j 个因素的比较结果，比较时取 1~9 尺度。表 8-13 说明了尺度 1、3、5、7、9 的含义，而 2、4、6、8 表示第 i 个因素相对于第 j 个因素的影响介于上述两个相邻等级之间，各尺度倒数的含义则表示其倒数，即 $a_{ij} = 1/a_{ji}$。

表 8-13 1~9 尺度含义

尺度	量化值
1	第 i 个因素与第 j 个因素影响相同
3	第 i 个因素比第 j 个因素影响稍强

---

① 参见刘遥、蒋永穆《智慧城市发展研究》，四川大学出版社，2020，第187—189页。

尺度	量化值
5	第 i 个因素比第 j 个因素影响强
7	第 i 个因素比第 j 个因素影响很强
9	第 i 个因素比第 j 个因素影响绝对强

第三，计算特征向量，层次单排序。层次单排序是指针对上一层因素而言，本层各因素的影响度和重要性排序。这个部分有一定的主观性，需要多次调整才能达到合理的状况。步骤如下：

（1）将 A 中每行数字连续相乘得到 M_i，则 $M_i = \prod_{j=1}^{n} a_{ij}$（$i, j = 1, 2, \cdots, n$）；

（2）计算 M_i 的 n 次方根：$\overline{w}_i = \sqrt[n]{M_i}$（$i = 1, 2, \cdots, n$）；

（3）求权重：$w_i = \overline{w}_i / \sum_{i=1}^{n} w_i$（$i = 1, 2, \cdots, n$），则 $W = [w_1, w_2, \cdots, w_n]^T$；

（4）计算最大特征根：$\lambda_{\max} = \sum_{i=1}^{n} w_i (AW)_i / nW_i$。

第四，一致性检验。利用一致性指标和一致性比率<0.1及随机一致性指标数值表对 A 进行检测，使其符合相应的逻辑性。在上述公式中，n 阶互反阵 A 的最大特征根 $\lambda \geq n \lambda \geq n$，当且仅当 $\lambda = n \lambda = n$ 时，A 为一致阵。定义一致性指标 $CI = (\lambda - n) / (n-1)$，其中 n 为 A 的对角线元素之和，也称为 A 的特征值之和。一般来说，当一致性比率 $CR = CI/RI < 0.1$ 时，认为 A 的不一致程度在容许范围之内，可用其归一化特征向量作为权向量，否则要重新构造成对比较矩阵，对 A 加以调整。

第五，层次总排序。层次总排序是指确定某层所有因素对于总目标相对重要性的排序权值过程，这一过程是从最高层到最低层依次进行的。对于最高层而言，其层次单排序的结果也就是总排序的结果。层次总排序的一致性检验同上，设 B 层对上层 A 层中 A_j（$j = 1, 2, \cdots, m$）的单排序一致性指标为 CI_j，随机一致性指标为 RI_j，则层次总排序的一致性比率为 $CR = (a_1 CI_1 + a_2 CI_2 + \cdots a_m CI_m) / (a_1 RI_1 + a_2 RI_2 + \cdots a_m RI_m)$，当 $CR < 0.1$ 时，认为层次总排序通过一致性检验。

基本建模完成后，该部分的运算可以用 Yaahp、Excel 等相关软件进行，本书使用 Yaahp 软件进行计算。

（二）指标权重测算

按照指标权重确定流程，在指标筛选完成后，向四川省社会科学院、四川大学、四川农业大学等单位熟悉精准扶贫的 5 位专家发放"精准扶贫思想实践效果评估指标权重评议表"，收集得到各项指标权重的专家评分意见。在专家打分基础上，本书使用 Yaahp 软件进行层次单排序、一致性检验和层次总排序，具体操作如下。首先，在 Yaahp 软件中输入层次结构模型；其次，在判断矩阵中的群决策模式下分别输入专家打分，不同专家数据集结方法采用各专家判断矩阵加权算术平均，由 5 位专家打分值构建的判断矩阵的一致性比率均低于 0.1，表明计算的精准扶贫思想实践效果评估指标权重均通过了一致性检验；最后，软件输出各指标权重的测算结果（见表 8-14、表 8-15 和表 8-16）。

表 8-14　精准扶贫目标实现度评估指标权重

序号	一级指标	权重	评测指标	总权重
1	建档立卡人口脱贫	0.8016	收入达标	0.1253
2			不愁吃	0.1810
3			不愁穿	0.1491
4			义务教育有保障	0.1088
5			基本医疗有保障	0.1187
6			住房安全有保障	0.1187
7	贫困县摘帽	0.1984	贫困县完成退出验收	0.1984

表 8-15　精准扶贫过程精准度评估指标权重

序号	一级指标		二级指标		三级指标	
	指标	权重	指标	权重	评测指标	权重
1	扶贫对象精准	0.3222	程序合规性	0.2359	认定精准	0.1506
2					程序公开	0.0853
3			分类准确性	0.0863	致贫原因准确	0.0400
4					动态管理	0.0463
5	项目安排精准	0.1315	规划科学度	0.0845	产业规划	0.0564
6					风险防范	0.0281
7			相关者认可度	0.0470	村民认可度	0.0370
8					干部认可度	0.0100

续表

序号	一级指标		二级指标		三级指标	
	指标	权重	指标	权重	评测指标	权重
9	资金使用精准	0.1262	设计精准	0.0706	扶贫资金投入力度	0.0473
10					项目资金对接程度	0.0233
11			监管精准	0.0556	扶贫资金闲置	0.0112
12					资金监管	0.0444
13	措施到户精准	0.1534	因户施策	0.0723	制定脱贫方案	0.0344
14					动态调整	0.0379
15			参与人认可度	0.0811	建档立卡户认可度	0.0608
16					村干部认可度	0.0203
17	因村派人精准	0.0745	建档立卡户结对帮扶精准	0.0270	村民认可度	0.0203
18					帮扶干部认可度	0.0067
19			因村帮扶精准	0.0475	第一书记	0.0127
20					驻村工作队	0.0113
21					驻村农技员	0.0054
22					联系领导	0.0093
23					帮扶单位	0.0088
24	脱贫成效精准	0.1922	脱贫准确性	0.1223	退出精准	0.0776
25					是否如期脱贫	0.0447
26			后扶到位性	0.0699	脱贫不脱政策	0.0287
27					防止返贫动态监测机制	0.0412

表 8-16　精准扶贫人民满意度评估指标权重

序号	一级指标	权重	评测指标	权重
1	总体满意度	0.5695	对脱贫成效总体满意度	0.5695
2	分项政策满意度	0.4305	产业扶贫政策	0.0854
3			就业培训扶贫政策	0.0373
4			易地扶贫搬迁政策	0.0342
5			教育扶贫政策	0.0464
6			生态扶贫政策	0.0442
7			医疗健康扶贫政策	0.0397
8			社会兜底扶贫政策	0.0517
9			小额信贷扶贫政策	0.0224
10			科技扶贫政策	0.0274
11			电商扶贫政策	0.0176
12			结对帮扶政策	0.0242

五　精准扶贫思想实践效果评估指标得分值计算

在完成指标设计后，需要对指标得分值进行计算。本书中指标评测标准及得分值计算方法可以分为三类。第一，评价主体对评测指标进行李克特5分量表选择，对于这类指标，编写组对选择结果进行归一化处理，再转换为百分制的得分值。第二，实现值占目标值的比例，这类指标又可以具体分为两个小类，一是有明确的目标值，如达到某项标准的主体占应达到该项标准主体总量的比重，对于这类指标，则直接从百分比转化为百分制的得分值；二是没有明确目标值的指标，这类指标则通过专家咨询法确定指标的目标值，并通过归一法将原始数据转换为0—1的绩效得分值，再转换为百分制的得分值。对于不同层级之间的指标计算，则以指标层的权重乘以指标绩效得分值计算得到上一级指标的绩效得分值。最后所有的得分值均为百分制数据，参考已有研究，本书对不同得分段等级评定为：[0，60)，不及格；[60，70)，及格；[70，80)，中等；[80，90)，良好；[90，100]，好。在等级为"好"的分数段，对于得分值高于95分的指标，如有必要，可以进一步细分其等级为"极好"。

第二节　数据来源和样本概况

一　数据来源

2019年7月至9月和2020年8月，编写组分别在绵阳市安州区和巴中市南江县开展了预调研工作。根据预调研结果，编写组优化了调研问卷，并形成了调研问卷定稿（问卷详情见附录）。2021年4月至2022年12月，编写组组织了30余人的调研团队，赴5省11县（区）展开正式调研。调研问卷具体分为县问卷、村问卷、脱贫户问卷、非贫困户问卷、干部问卷5种类型，其中，县问卷、村问卷主要用于了解调研区域总体概况，而脱贫户问卷、非贫困户问卷、干部问卷则注重收集受访主体微观信息。

调研分为座谈和问卷调查两个部分。根据实际情况，在县（区）、镇（乡）两级组织座谈会，了解当地扶贫总体情况，并请相关工作人员帮助填写县问卷和针对扶贫干部设计的干部问卷。针对脱贫户、非贫困户和村干部的问卷则直接到村中与受访对象展开面对面访谈，为确保问卷质量，由访员完成问卷填写和录入工作。最终，编写组采集问卷1754份，其中有效问卷1751份（有效问卷类型结构见表 8-17），涉及 5 省 11 县（区）22 乡镇 44 村。

表 8-17　有效问卷类型结构

单位：份，%

问卷类型	问卷数量	占比
县问卷	10	0.57
村问卷	37	2.11
脱贫户问卷	741	42.32
非贫困户问卷	719	41.06
干部问卷	244	13.93
总计	1751	100.00

注：调研涉及 11 县（区）44 村，其中有 1 个县、7 个村由于各种原因没有做县/村问卷，实际获得县问卷 10 份、村问卷 37 份。

编写组采用了典型抽样与分层随机抽样相结合的抽样方法进行抽样调查。典型抽样方法主要用于调研省份、县（区），在综合考虑东/中/西部、山地/丘陵/平原/高原、原深度贫困地区/非深度贫困地区等情况的基础上，确定贵州、四川、河南、福建、云南作为调研省份。在选择的省份中，每个省份选择 1—3 个县（区），这些县（区）在地形地貌上覆盖了山地、丘陵、平原和高原四种类型，在贫困程度上既包括原深度贫困地区，也包括非深度贫困地区，在区域上涉及了西部、中部和东部地区。分层随机抽样方法主要运用于具体样本的选择。对于已选择的县（区），按照镇（乡）、村、户三级依次分层，每个县（区）随机选择一个相对富裕镇（乡）和一个相对落后镇（乡），每个镇（乡）随机选择一个贫困村和一个非贫困村（原深度贫困地区选择两个贫困村），每个村随机选择 20 户左右脱贫户和 20 户左右非贫困户（包括 5 户左右的干部家庭）。

二　调研区域总体情况[①]

（一）贵州省调研区域

贵州省位于中国西南部，全省有 66 个国家级贫困县，923 万建档立卡人

[①] 这一部分数据来源为时任贵州省委书记谌贻琴《在全省脱贫攻坚总结表彰大会上的讲话》，时任四川省委书记彭清华《在四川省脱贫攻坚总结表彰大会上的讲话》，各省、市（州）、区、县 2020 年国民经济和社会发展统计公报，各省、市（州）、区、县官网，以及调研获取的一手资料，等等。

口，192 万易地搬迁人口，精准扶贫中减贫人数、易地扶贫搬迁人数均为全国之最，在国家脱贫攻坚成效考核中连续 5 年考核结果为"好"，其减贫工作具有代表性。贵州省境内辖武陵山区、乌蒙山区、滇桂黔石漠化区三大集中连片特困地区。2019 年贵州贫困地区农村居民人均可支配收入为 10580 元，贫困地区农村人口人均消费支出 9509 元。2020 年 11 月 23 日，贵州省贫困县"清零"，是全国最后一个贫困县"清零"省份。编写组在贵州省调研的区域为紫云苗族布依族自治县、纳雍县和平坝区。

紫云苗族布依族自治县（以下简称紫云县）属于国家级贫困县，计划脱贫年度 2020 年，实际脱贫年度 2020 年。紫云县位于贵州省西南部，地处安顺市、黔南州、黔西南州三市州交界地带，是安顺的南大门，也是全国唯一的苗族布依族自治县，辖区面积 2284 平方公里，紫云县辖 8 镇 2 乡，总人口 12.05 万户 40.02 万人，少数民族常住人口占总人口的 65.14%。全县辖贫困村 92 个，建档立卡人口有 27302 户 117638 人。2020 年，全县地区生产总值完成 79.59 亿元，城镇常住居民人均可支配收入 30514 元，农村常住居民人均可支配收入 10539 元。2020 年 11 月 23 日，贵州省政府向社会宣布紫云县脱贫摘帽，紫云县是全国最后一批摘帽的贫困县之一。

纳雍县属于国家级贫困县，计划脱贫年度 2020 年，实际脱贫年度 2020 年。纳雍县地处贵州省西北、毕节市东南部，辖区面积 2452.32 平方公里，纳雍县辖 13 镇 10 乡 6 街道，户籍人口 108.06 万人。纳雍县建档立卡贫困村 245 个（含深度贫困村 98 个），全县建档立卡人口总数为 55384 户 250197 人。2020 年，全县实现地区生产总值 172.94 亿元，城镇常住居民人均可支配收入 49000 元，农村常住居民人均可支配收入 18000 元。2020 年 11 月 23 日，贵州省政府向社会宣布纳雍县脱贫摘帽，纳雍县也是全国最后一批摘帽的贫困县之一。

平坝区属于滇桂黔石漠化集中连片特困地区，地处黔中腹地，因地多平旷而得名，全区面积 999 平方公里，是安顺的东大门。平坝区辖 5 镇 2 乡 2 街道，共有 81 个行政村，其中 43 个为贫困村。平坝区总人口 36 万人，其中建档立卡户 11524 户 42207 人。脱贫攻坚战打响以来，42207 名农村建档立卡人口实现脱贫，43 个贫困村实现摘帽，全区贫困发生率实现从 2014 年的 12.63% 降至 2019 年为零的目标，绝对贫困问题得到历史性解决。2020 年，平坝区完成地区生产总值 135.7 亿元，城镇常住居民人均可支配收入 33597 元，农村常住居民人均可支配收入 12241 元。

（二）四川省调研区域

四川省位于中国西南部，全省有 66 个国家级贫困县（含 45 个深度贫困县）、11501 个贫困村、625 万建档立卡人口，境内辖大小凉山彝区、四川涉藏州县等深度贫困地区。2019 年，四川省贫困地区农村居民人均可支配收入 12127 元，贫困地区农村人口人均消费支出突破万元，达 10760 元。2020 年 11 月 17 日，四川省贫困县"清零"。编写组在四川省的调研区域为富顺县、喜德县和昭觉县，其中，喜德县和昭觉县为地处"三区三州"的深度贫困地区。

富顺县位于四川南部、沱江下游，辖区面积 1342 平方公里，辖 16 镇 1 乡 3 街道 203 个行政村 74 个社区，总人口 106 万人。富顺县是片区外建档立卡人口超过 5 万人的非贫困县，全县有 34 个省级贫困村，建档立卡人口 16383 户 50602 人。富顺县原贫困村、建档立卡人口数量占自贡市三分之一以上，有贫困村的镇乡占 70%，203 个村均有建档立卡户，非贫困村建档立卡人口占 75.3%，贫困呈"占比大、分布广、种类多"的"插花式"贫困特点。2020 年，富顺县全县实现地区生产总值 337.74 亿元，城镇常住居民人均可支配收入 37911 元，农村常住居民人均可支配收入 18767 元。

喜德县地处四川省彝族聚居区腹地，全县面积 2206 平方公里，辖 24 个乡镇 170 个行政村 3 个社区，总人口 22.3 万人，其中彝族人口占 90.5%，农业人口占 91.1%，是一个地处山区、以农业为主、彝族聚居的国家扶贫开发工作重点县，也是"三州三区"的凉山彝族自治州的 11 个深度贫困县之一，呈现出贫困程度深、脱贫难度大的特点。2014 年，喜德县精准识别贫困村 136 个，占全县建制村的 80%，精准识别建档立卡人口 15437 户 60633 人，贫困发生率达 30.54%，经过动态管理，2020 年喜德县有建档立卡户 16553 户 71486 人。2020 年，喜德县全县实现地区生产总值 32.8 亿元，城镇常住居民人均可支配收入 27610 元，农村常住居民人均可支配收入 10778 元。

昭觉县位于四川西南部、大凉山腹心地带，是全国最大的彝族聚居区，彝族人口占 98.4%。全县面积 2557.21 平方公里，辖 20 个乡镇 153 个行政村 10 个社区，总人口约 31.4 万人。2014 年，昭觉县识别贫困村 191 个，建档立卡人口 22217 户 102347 人，贫困发生率 31.8%。昭觉县是"三州三区"的凉山彝族自治州的 11 个深度贫困县之一，也是四川省深度贫困县中建档立卡户最多的县，显著呈现出贫困程度深、脱贫难度大的特点。2020 年，昭觉县全县实现地区生产总值 41.61 亿元，城镇常住居民人均可支配收入 2.89 万元，农村常住居民人均可支配收入 1.13 万元。

（三）云南省调研区域

云南省地处中国西南边陲，全省有 88 个国家级贫困县（含 27 个深度贫困县），8502 个贫困村，11 个"直过民族"和"人口较少民族"，建档立卡人口超过 880 万人，少数民族贫困人口占 46.4%，深度贫困地区贫困人口接近一半。全省贫困发生率超过 20%，27 个深度贫困县贫困发生率超过 30%。贫困面广、贫困程度深，脱贫攻坚难度大，是我国脱贫攻坚主战场之一。2020 年 11 月 14 日，云南省宣布贫困县"清零"，历史性地告别了延续千年的绝对贫困。编写组在云南省的调研区域为楚雄彝族自治州的楚雄市。

楚雄彝族自治州位于云南省中部偏北，属云贵高原西部、滇中高原的主体部位，集"边远、民族、贫困、山区"于一体，贫困面大、贫困程度深、贫困现象复杂，是我国西部民族贫困地区脱贫攻坚难啃的一块"硬骨头"。全州有 8 个县纳入国家连片贫困地区，其中有 6 个国家扶贫开发重点县、1 个省级重点县、1 个嵌入市，共有建档立卡贫困人口 88733 户 35799 人，贫困行政村 644 个、贫困乡镇 25 个、贫困县 7 个。楚雄市位于楚雄彝族自治州中西部，辖区面积 4433 平方公里，山区面积占 83.5%，辖 1 个国家高新技术产业开发区和 15 个乡镇，154 个村（居）委会，2876 个村（居）民小组，有 51 个贫困村，建档立卡户 9317 户 35799 人，贫困人口数量在楚雄彝族自治州 10 个县市中居第 3 位，属于脱贫任务较重的市。2020 年，楚雄市地区生产总值 485.14 亿元，城镇常住居民人均可支配收入 40313 元，农村常住居民人均可支配收入 13751 元。

（四）河南省调研区域

河南省位于中国中部，全省总人口超过 1 亿人，农村人口 4000 多万人，外出务工人员超过 3000 万人，全省有 38 个国家级贫困县，9536 个贫困村，718.6 万建档立卡人口，省内无深度贫困地区。2019 年，河南贫困地区农村居民人均可支配收入 13252 元，贫困地区农村居民人均消费支出为 9572 元。2020 年 2 月 28 日，河南省贫困县"清零"，是全国第五个贫困县"清零"的省份。编写组在河南省调研的区域为兰考县和通许县。

兰考县是国家级贫困县，位于河南省东北部，县域面积 1116.2 平方公里，有 6 个乡 7 个镇 3 个街道 454 个行政村（社区），总人口 86.49 万人。2014 年建档立卡时，全县建档立卡人口为 23275 户 77350 人，贫困发生率为 10.2%。[①]
2020 年，兰考县全县生产总值 383.24 亿元，城镇常住居民人均可支配收入
27749 元，农村常住居民人均可支配收入 13978 元。2017 年 2 月 27 日，经过层
层验收，河南省批准兰考县退出贫困县，兰考县成为全国第一批退出贫困县的
区县。

通许县位于开封市东南部，总面积 767 平方公里，总人口 69 万人，有 6 乡
5 镇 1 街道和 1 个省级高新区。通许县有建档立卡贫困村 53 个，建档立卡人口
10705 户 38178 人，曾属于脱贫任务较重的非贫困县。2020 年，通许县全县生
产总值实现 278.54 亿元，城镇居民人均可支配收入 27113 元，农村居民人均可
支配收入 16506 元。

（五）福建省调研区域

福建省地处东南沿海，辖区内无国家级贫困县，有 23 个省级扶贫开发工作
重点县，2201 个建档立卡贫困村，45.2 万农村建档立卡人口。编写组在福建省
调研的区域为永泰县和寿宁县。

永泰县位于福州西南部，是福州唯一的省级扶贫开发工作重点县，县域面
积 2241 平方公里，全县有 9 个镇 12 个乡 272 个村（居），总人口 38 万人。永
泰县有建档立卡贫困村 56 个，建档立卡人口 1271 户 4149 人。2020 年，永泰县
地区生产总值 300.31 亿元，城镇居民人均可支配收入 34285 元，农村居民人均
可支配收入 16808 元。2017 年，永泰县成为福建首批省级扶贫开发工作重点县
摘帽区县之一。

寿宁县地处闽浙交界处，是福建省省级扶贫开发工作重点县，县域面积
1433 平方公里，有 8 镇 6 乡 205 村（社区），人口 28 万人。2016 年，全县建档
立卡户为 3161 户 12430 人。习近平总书记在闽工作期间，曾"九到寿宁、三进
下党"，访贫问苦、指导发展，留下了"滴水穿石""弱鸟先飞""四下基层"
等扶贫佳话。2020 年，寿宁县地区生产总值 104.68 亿元，城镇居民人均可支配
收入为 28941 元，农村居民人均可支配收入为 16536 元。2019 年 6 月，寿宁县
退出省级扶贫开发工作重点县。表 8-18 和表 8-19 分别是调研区域概况和农户
调研样本区域分布情况。

---

① 2020 年，兰考县建档立卡人口为 21316 户 72372 人。

表8-18　调研区域概况

省份	区县	是否为国家级贫困县	是否为深度贫困县	东/中/西部	主要地形地貌
贵州省	紫云苗族布依族自治县	是	是	西部	山地
	平坝区	是	否	西部	高原
	纳雍县	是	是	西部	山地
四川省	富顺县	否	否	西部	丘陵
	喜德县	是	是	西部	山地
	昭觉县	是	是	西部	山地
云南省	楚雄市	否	否	西部	高原
河南省	兰考县	是	否	中部	平原
	通许县	否	否	中部	平原
福建省	永泰县	否	否	东部	山地
	寿宁县	否	否	东部	山地

资料来源：实地调研。

表8-19　脱贫户和非贫困户样本区域分布情况

省份	区县	总人口（万人）	建档立卡人口（人）	农户样本数量（个）	占农户样本总量的比例（%）
贵州省	紫云苗族布依族自治县	40	117638	110	7.53
	平坝区	36	42207	128	8.77
	纳雍县	108	250197	129	8.84
四川省	富顺县	106	50602	152	10.41
	喜德县	22	71486	134	9.18
	昭觉县	31	102347	79	5.41
云南省	楚雄市	63	35799	161	11.03
河南省	兰考县	86	77350	160	10.96
	通许县	69	38178	131	8.97
福建省	永泰县	38	4149	136	9.32
	寿宁县	28	12430	140	9.59
合计		627	802383	1460	100

注：除昭觉县、兰考县、寿宁县建档立卡人口分别为2014年、2014年、2016年数据外，其余区县总人口（保留整数）和建档立卡人口均为2020年数据。

三　受访样本总体情况①

（一）受访者特征维度

当前农村青壮年劳动力流失严重，贫困地区农村留守人群多为老弱病残，这给编写组调研造成一定困难。为了提高访谈质量，对于抽样家庭，编写组尽可能要求家里的"明白人"②接受访谈。表 8-20 反映了受访个体基本特征统计情况，从性别构成来看，男性受访对象占 64.18%，女性受访对象占 35.82%，这是因为农村"明白人"多为户主，而户主群体又以男性为主；从年龄分布来看，21—70 岁群体占 91.18%；从受教育程度来看，小学及以下学历群体占 49.79%。

表 8-20　受访者个体基本特征结构

单位：人，%

受访者特征	类别	人数	比例
性别	男	937	64.18
	女	523	35.82
年龄	20 岁及以下	7	0.48
	21—30 岁	69	4.73
	31—40 岁	228	15.62
	41—50 岁	368	25.21
	51—60 岁	400	27.40
	61—70 岁	266	18.22
	71 岁及以上	122	8.36
受教育程度	小学及以下	727	49.79
	初中	567	38.84
	高中	92	6.30
	中专/职高/技校	26	1.78
	大专	31	2.12
	本科及以上	17	1.16

资料来源：实地调研数据，统计范围为 1460 个受访农户（包括脱贫户和非贫困户）样本。

---

① 这一部分的统计范围为 1460 户农户样本（包括脱贫户和非贫困户），不包括干部问卷、村问卷和县问卷。

② 能够说清楚家庭状况、相对准确地表达个人观点的家庭成员。

（二）家庭特征维度

本次调研涉及 1460 户农户家庭，表 8-21 是受访家庭基本特征统计情况。从表中可以看出，总样本中有 56 户约 3.84% 的家庭为独居家庭，其中又以独居老人家庭为主，而独居老人恰恰是原贫困地区重点帮扶对象。家庭规模为 4 人的家庭占比最高，约为 24.66%。与总样本相比，建档立卡户家庭独居人口比例高于总样本，同时，家庭规模为 7 人及以上的建档立卡户比例同样高于总样本，表明建档立卡户家庭规模两极化情况相对更为明显。从家庭收入规模结构来看，脱贫户高收入家庭比例低于总样本而低收入家庭比例高于总样本，2020 年收入在 6 万元及以下的脱贫户占比约为 65.08%，而总样本约为 60.75%，2020 年收入高于 12 万元的脱贫户家庭占比约为 7.23%，而总样本约为 12.23%，符合对收入规模结构的直观感觉。

表 8-21 受访家庭基本特征

单位：户,%

受访家庭特征	类别	总样本		脱贫户	
		户数	比例	户数	比例
家庭户籍人口数量	1 人	56	3.84	33	4.45
	2 人	195	13.36	88	11.88
	3 人	217	14.86	116	15.65
	4 人	360	24.66	160	21.59
	5 人	279	19.11	161	21.73
	6 人	225	15.41	111	14.98
	7 人及以上	128	8.77	72	9.72
家庭收入	20000 元及以下	283	19.56	145	19.78
	(20000, 40000] 元	311	21.49	167	22.78
	(40000, 60000] 元	285	19.70	165	22.51
	(60000, 80000] 元	202	13.96	110	15.01
	(80000, 100000] 元	118	8.15	59	8.05
	(100000, 120000] 元	71	4.91	34	4.64
	120000 元以上	177	12.23	53	7.23

注：农户样本总数为 1460 户，脱贫户样本总数为 741 户，而本表中总样本和脱贫户不同阶段家庭收入样本量加总分别为 1447 份和 733 份，其原因在于有 13 户受访对象（5 户非贫困户、8 户脱贫户）无法说清自己家庭总收入，所以未纳入分段收入统计范围。

资料来源：实地调研。

（三）致贫原因维度

表8-22是脱贫户主要致贫原因的微观表现。从致贫原因分布来看，主要致贫原因超过10%的有缺资金、因病、缺劳力、缺技术、因学和因残6项，与章文光等人基于25省（区、市）建档立卡实地监测数据得出的结论基本一致，表明本书所调研的样本比较具有代表性。

表8-22　脱贫户主要致贫原因的微观表现

单位：户，%

主要致贫原因	户数	比例
因病	227	30.63
因残	99	13.36
因学	132	17.81
因灾	7	0.94
缺土地	8	1.08
缺水	34	4.59
缺技术	154	20.78
缺劳力	168	22.67
缺资金	284	38.33
其他	19	2.56

注：本表所统计的主要致贫原因来源于脱贫户在受访时的陈述，主要致贫原因可能不止一项。

（四）帮扶措施维度

从脱贫户对政策了解程度看，对于"您了解的精准扶贫政策主要有哪些？"这一问题，受访脱贫人口认为自己了解医疗健康扶贫政策、社会兜底扶贫政策、特色产业扶贫政策、就业培训扶贫政策、教育扶贫政策、小额信贷扶贫政策的比例超过50%，而认为自己了解科技扶贫政策、电商扶贫政策的样本比例低于20%（见表8-23），表明受访样本对传统常规扶贫政策相对更为熟悉。

表8-24是脱贫户认为自己切实感受到的"五个一批"的情况。从政策覆盖率来看，样本认为自己家享受了发展生产脱贫一批、易地搬迁脱贫一批、生态补偿脱贫一批、发展教育脱贫一批、社会保障兜底一批的比例分别为

62.62%、17.95%、24.16%、43.45%、51.42%。[①]

表 8-23　受访脱贫户样本对政策了解情况

单位：户,%

帮扶政策	户数	知晓率
特色产业扶贫政策	486	65.59
就业培训扶贫政策	466	62.89
易地扶贫搬迁政策	275	37.11
医疗健康扶贫政策	522	70.45
社会兜底扶贫政策	502	67.75
小额信贷扶贫政策	385	51.96
教育扶贫政策	444	59.92
科技扶贫政策	132	17.81
结对帮扶政策	332	44.80
电商扶贫政策	65	8.77

资料来源：实地调研数据。

表 8-24　脱贫人口"五个一批"实际感受情况

单位：户,%

"五个一批"	覆盖户数	覆盖率
发展生产脱贫一批	464	62.62
易地搬迁脱贫一批	133	17.95
生态补偿脱贫一批	179	24.16
发展教育脱贫一批	322	43.45
社会保障兜底一批	381	51.42
其他	37	4.99

资料来源：实地调研数据。

第三节　精准扶贫思想的实践效果评估结果

在指标体系构建和大规模实地调研的基础上，围绕精准扶贫思想的实践效

---

① 这一统计比例与全国总体统计比例略有出入，尤其是发展生产脱贫一批中，宏观数据显示有超过九成建档立卡人口享受了发展生产脱贫一批政策，但是本次调研中建档立卡人口自身只有六成至七成认为享受了发展生产脱贫一批政策。

果，本书从总体实践效果、不同政策实践效果比较、不同区域实践效果比较和不同类型主体评价结果比较等多个层面展开评估。

一　精准扶贫目标实现度

(一) 农村建档立卡人口脱贫情况

总体而言，精准扶贫目标如期实现。从调研抽查数据情况来看，"一收入、两不愁、三保障"达标率高达100%。进一步观察"两不愁、三保障"结构，发现"吃不愁""穿不愁""义务教育有保障""基本医疗有保障""住房安全有保障"五项指标达标率达到100%。可以看出，精准扶贫中"一收入、两不愁、三保障"目标得到了保质保量的完成，中国历史性地解决了绝对贫困问题。

尽管在此轮脱贫攻坚中，绝对贫困问题在当前得到了彻底的解决，但是建档立卡人口自主脱贫能力提升程度和新增收入可持续性还有一定提升空间。对于反映建档立卡人口自主脱贫能力提升程度的问题——"您觉得政策在培养贫困户真正自主脱贫能力上效果如何？"有49.91%的受访样本认为效果"非常好"，有33.92%的样本认为效果"比较好"，9.45%的样本认为"一般"（见图8-6）。这一结果说明，精准扶贫中"扶智"与"扶志"取得了一定成效，但在全面乡村振兴阶段还有继续提升空间。新增收入方面，有93.75%的建档立卡户认为自己当前的收入与建档立卡之前相比有明显增加或较大增加，有82.27%的建档立卡户认为精准扶贫后形成的新增收入稳定可持续，这是非常可喜的成绩，但与此同时，有11.48%的建档立卡户认为自己家庭新增收入是不可持续的（见图8-7）。根据认为新增收入不可持续的受访样本观点，新增收入不稳定或不可持续的原因主要包括依赖国家补贴、产业生产受自然风险和市场风险影响、就业岗位不稳定等。此外，还有6.25%的建档立卡户认为自己与精准扶贫前相比，收入没有显著增加（见图8-7），这一群体主要来自原深度贫困地区，其原因在于，原深度贫困地区有相当一部分人口享受了易地扶贫搬迁政策，搬迁后生产经营收入减少、支出增加，如编写组调研的四川凉山彝族自治州昭觉县支尔莫乡阿土列尔村（"悬崖村"），村民绝大部分享受了易地扶贫搬迁政策，与搬迁之前相比，搬迁到昭觉县城后，村民距离原居住地开车要两小时，无法再继续耕作原有土地而导致农业生产经营性收入大幅萎缩，同时，进城后务工机会比较缺乏，难以迅速找到新的收入来源，仅能依靠政府公益性岗位和低保收入，所以收入无明显增加。这一系列数据表明，相对贫困问题的解决仍然任重道远，有必要高度重视脱贫人口返贫问题，尤其是提高弱势群体收入可持续性。

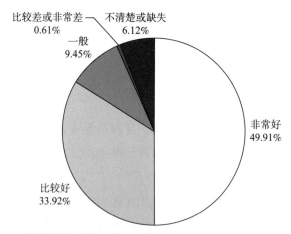

图 8-6 受访样本对建档立卡人口自主脱贫能力提升程度判断的分布

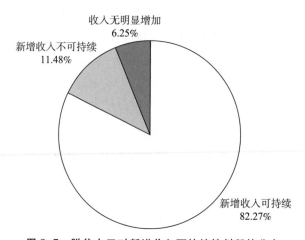

图 8-7 脱贫人口对新增收入可持续性判断的分布

比较受访样本在精准扶贫前后收入，发现精准扶贫给受访者带来了较大的收入增长和消费水平提升。受访样本 2020 年比 2013 年户均总收入增量为 39842.5 元，户均总消费支出增量为 17614.3 元。其中，脱贫户 2020 年比 2013 年总收入平均增量为 44419.7 元，总消费支出平均增量为 18119.8 元（见图 8-8），同期，全国农村居民人均可支配收入增长 7701 元，消费支出增长 6228 元①，按第七次人口普查我国农村地区户均 3.64 人计算②，每户收入增加 28031.64 元、

①　资料来源：国家统计局官网。

②　资料来源：国家统计局官网。

消费支出增加 22669.92 元，受访贫困户样本收入增量高于全国农村人口平均水平而消费支出增量低于全国农村人口平均水平，说明精准扶贫通过提高收入、减少支出达到帮助帮扶对象脱贫的目的。

分区域来看，东部地区建档立卡户精准扶贫前后收入增量最大，中部地区次之，西部地区户均收入增量最小。与 2013 年相比，2020 年东部地区建档立卡户户均收入增量达 53539.4 元，比西部地区建档立卡户高出 10508 元（见图 8-9）。分地形地貌来看，受访样本中，平原地区建档立卡户精准扶贫前后收入增量和消费支出增量都是最大的，其中，2020 年比 2013 年的收入支出增量为 52982.9 元，消费支出增量为 32480.0 元，而丘陵地区收入增量最小，高原地区消费支出增量最小（见图 8-10）。

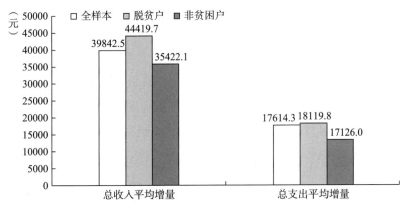

图 8-8　不同类型主体 2020 年比 2013 年总收入和总支出平均增量情况

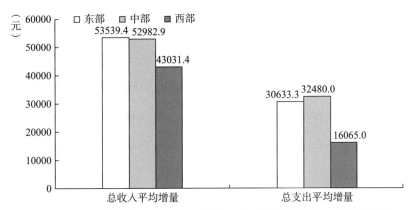

图 8-9　不同区域建档立卡户 2020 年比 2013 年总收入和总支出增长情况

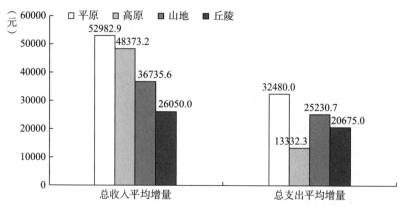

图 8-10　不同地形地貌建档立卡户 2020 年比 2013 年总收入和总支出增长情况

（二）贫困县脱贫摘帽情况

从官方公布数据来看，2020 年 11 月 23 日，经贵州省扶贫开发领导小组和贵州省人民政府审定，贵州省最后一批贫困县退出贫困县序列，标志着全国 832 个贫困县全部脱贫摘帽，即圆满完成了"确保贫困县全部脱贫摘帽"的任务（各贫困县清零具体时间见表 8-25）。从编写组实地调研结果来看，所调研的贫困县全部如期脱贫。

表 8-25　全国有贫困县的省（区、市）贫困县"清零"时间

单位：个

省（区、市）	贫困县数量	贫困县"清零"时间
西藏	74	2019 年 12 月 23 日
重庆	14	2020 年 2 月 22 日
黑龙江	20	2020 年 2 月 26 日
陕西	56	2020 年 2 月 27 日
河南	38	2020 年 2 月 28 日
海南	5	2020 年 2 月 29 日
河北	45	2020 年 2 月 29 日
湖南	40	2020 年 3 月 2 日
内蒙古	31	2020 年 3 月 5 日
山西	36	2020 年 3 月 6 日
吉林	8	2020 年 4 月 11 日
青海	42	2020 年 4 月 21 日

省（区、市）	贫困县数量	贫困县"清零"时间
江西	24	2020 年 4 月 26 日
安徽	20	2020 年 4 月 29 日
湖北	28	2020 年 9 月 14 日
新疆	32	2020 年 11 月 14 日
云南	88	2020 年 11 月 14 日
宁夏	8	2020 年 11 月 16 日
四川	66	2020 年 11 月 17 日
广西	33	2020 年 11 月 20 日
甘肃	58	2020 年 11 月 21 日
贵州	66	2020 年 11 月 23 日

资料来源：公开资料。

二　精准扶贫过程精准度

表 8-26 是我国精准扶贫过程精准度总体得分的详细情况。以百分制计算，我国精准扶贫过程精准度总体得分为 93.19 分，处于等级"好"的范围，表明我国在党的十八大以来开展的精准扶贫过程总体上落实了精准扶贫思想。具体来看，27 项评测指标中，得分高于 95 分的有 9 项，处于 90 至 95 分的有 10 项，低于 90 分的仅 8 项。表明历经艰苦卓绝的探索，"六个精准"作为精准扶贫思想的实践路径，总体取得了良好成效。

表 8-26　精准扶贫过程精准度总体得分情况

序号	一级指标及权重	二级指标	权重	三级指标		全样本	
				评测指标	总权重	得分	分值
1	扶贫对象精准 0.3222	程序合规性	0.2359	认定精准	0.1506	95.48	14.38
2				程序公开	0.0853	97.90	8.35
3		分类准确性	0.0863	致贫原因准确	0.0400	92.22	3.69
4				动态管理	0.0463	88.00	4.07
5	项目安排精准 0.1351	规划科学度	0.0845	产业规划	0.0564	80.33	4.53
6				风险防范	0.0281	80.42	2.26
7		相关者认可度	0.047	村民认可度	0.0370	89.58	3.31
8				干部认可度	0.0100	94.67	0.95

续表

序号	一级指标及权重	二级指标	权重	三级指标		全样本	
				评测指标	总权重	得分	分值
9	资金使用精准 0.1262	设计精准	0.0706	扶贫资金投入力度	0.0473	100	4.73
10				项目资金对接程度	0.0233	95.62	2.23
11		监管精准	0.0556	扶贫资金闲置	0.0112	85.12	0.95
12				资金监管	0.0444	94.66	4.20
13	措施到户精准 0.1534	因户施策	0.0723	制定脱贫方案	0.0344	93.15	3.20
14				动态调整	0.0379	83.53	3.17
15		参与人认可度	0.0811	建档立卡户认可度	0.0608	91.75	5.58
16				村干部认可度	0.0203	97.21	1.97
17	因村派人精准 0.0745	建档立卡户结对帮扶精准	0.0270	村民认可度	0.0203	92.01	1.87
18				帮扶干部认可度	0.0067	97.77	0.66
19		因村帮扶精准	0.0475	第一书记	0.0127	91.04	1.16
20				驻村工作队	0.0113	90.66	1.02
21				驻村农技员	0.0054	89.26	0.48
22				联系领导	0.0093	91.20	0.85
23				帮扶单位	0.0088	90.60	0.80
24	脱贫成效精准 0.1922	脱贫准确性	0.1223	退出精准	0.0776	100	7.76
25				是否如期脱贫	0.0447	100	4.47
26		后扶到位性	0.0699	脱贫不脱政策	0.0287	86.46	2.48
27				防止返贫动态监测机制	0.0412	98.77	4.07
总计							93.19

资料来源：调研数据。

（一）扶贫对象精准情况

从程序合规性来看，尽管对贫困人口的精准识别历经波折，但秉承着"有错就改"的原则，加上史上最严格的考核机制，最终，我国9989万贫困人口的识别和退出做到了高度精准。这种精准也得到了利益相关者的充分认可，根据受访样本对程序合规性认知的评价，认定精准和程序公开得分分别达95.48分和97.90分，贫困人口精准识别作为全球难题，这一得分来之不易。对于"您认为您村贫困户是否识别准确？"这一问题，认为"是"受访样本达到了95.48%，这一数据是对我国精准识别扶贫对象准确性的高度肯定，不仅表明我国精准识别的扎实开展，而且表明扶贫对象识别精准得到了群众认可。从程序公开性来看，有 97.90% 的样本对于"贫困户认定和退出是否经过村民民主评议和公示公告？"问题选择了"是"，表明认定和退出的手续总体严格，均按照要求执行完成，这与精准扶贫严格的考核督查制度密切相关。与程序合规性相比，分类准确性相关指标得分稍低，尤其是"动态管理"指标，得分仅 88.00 分，意味着回答该问题的样本中有 12% 的样本认为精准扶贫中没有对建档立卡户进行动态管理。

（二）项目安排精准情况

就项目安排精准度的规划科学度而言，仅有 80.33% 的受访样本认为村庄产业发展过程中制定了产业规划，80.42% 的样本认为产业发展过程中对所选项目进行了风险预估并采取了防范措施。有受访样本反映，产业扶贫年年搞，但是老百姓真正受益的不多，反而要承担产业失败的成本，"几次折腾下来，就不想搞了"。同时，也有干部反映，即使为产业找好了销路，村民积极性的提高也需要经历一个渐进的过程。

就相关者认可度而言，村民认可度相对较保守，得分为 89.58 分，处于"良好"水平，而干部（包括本村内部干部和外部嵌入的扶贫干部）的认可度相对较高，达到 94.67 分，处于"好"的等级。各级干部在项目安排中是投入了较多时间、精力成本的，但是往往难以得到村民的充分认可，而项目选择环节村干部与村民沟通不够、项目实施环节村民项目参与度不高是重要原因。在乡村振兴中，要进一步强化村民主体地位，让老百姓更多参与项目决策。

（三）资金使用精准情况

从资金使用精准度来看，扶贫资金投入力度在各调研区域都出现了明显上升，既反映了党中央解决绝对贫困的决心，也显示出了我国"集中力量办大事"的制度优势。以贵州省紫云苗族布依族自治县为例，2014—2020 年年均扶贫资金投入是 2013 年的 5.11 倍，2020 年的投入是 2013 年的 10.73 倍。从项目资金对接程度来看，得分 95.62 分，处于"极好"水平。

就监管精准度而言，扶贫资金闲置程度得分为 85.12 分，处于"良好"等级，表明各部门认为扶贫资金仍存在一定的利用不充分情况。事实上，为了解决扶贫资金闲置问题，中央政策顶层设计层面早已有所行动，先后出台了贫困县涉农资金整合改革等措施，力求提高扶贫资金使用效率，最终在一定程度上改善了扶贫资金闲置问题，在乡村振兴中，仍有必要继续探索完善相关措施。

在资金监管方面，得分为 94.66 分，等级处于"好"的范围。据受访样本反映，扶贫台账的建立经历了"由乱而治"的过程，早期的账目混乱情况严重，随着督查力度加大、交叉检查变严、指导交流更勤，扶贫台账已大幅完善，资金监管也有了基础保障。

（四）措施到户精准情况

从措施到户精准情况来看，制定脱贫方案指标得分为 93.15 分，意味着脱贫户中明确知晓自己家制定了脱贫方案的受访样本比例达 93.15%。从扶贫方案动态调整情况来看，明确认为自己家的脱贫方案会进行动态调整的受访样本比例为 83.53%，表明精准扶贫在程序上基本达到了因户施策，但是还有近五分之一的脱贫户对脱贫方案的动态感知不明显。

就参与人对因户施策的认可度而言，建档立卡户对于自己家所享受的到户措施满意度得分为 91.75 分，其中"非常满意"的占 59.91%，"比较满意"的占 38.91%（见图 8-11）。村干部对因户施策的认可度显著高于建档立卡户，为 97.21 分。

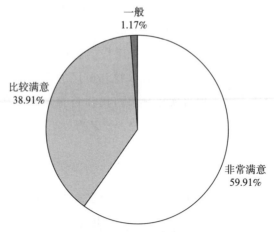

图 8-11　脱贫人口对到户措施的满意度

（五）因村派人精准情况

从因村派人精准情况来看，村民对建档立卡户结对帮扶精准认可度为 92.01 分，处于"好"等级，帮扶干部认可度为 97.77 分，处于"极好"等级。这显示了脱贫人口和帮扶责任人对于结对帮扶政策的认可。调研中，部分帮扶责任人反映，在帮扶过程中，能够得到自我实现的成就感，但帮扶的稳定性还有提升空间，在乡村振兴中，需要探索出更加可持续的模式。

就因村帮扶而言，除驻村农技员指标外，其他各项指标得分都在 90 分以上，反映了各界对于因村帮扶制度总体是比较认可的。关于驻村农技员，有受访对象反映，驻村农技员下乡次数不够，技术问题难以得到解决的问题仍然存在，但是，与生产相比，销售是更大的困难，希望帮扶干部更多帮忙解决产品销路问题。

（六）脱贫成效精准情况

从脱贫成效精准来看，脱贫准确性中退出精准和是否如期脱贫两项指标均达到 100 分。退出精准 100 分意味着各类受访主体都认为我国精准扶贫中不存在错退现象，是否如期脱贫指标得分为 100 分则表明调研的区县均按计划如期完成了设定的脱贫摘帽目标。

与脱贫准确性相比，后扶到位性得分相对略低，主要是由于"脱贫不脱政策"指标得分为 86.46 分，进一步分析数据结构发现，非深度贫困地区和原深度贫困地区该指标得分分别为 91.44 分和 79.14 分（见表 8-38），表明认为脱贫之后不再享受政策的样本主要是来自原深度贫困地区的建档立卡户，其原因在于原深度贫困地区以 2020 年脱贫为主，与精准扶贫收官时间吻合，政策前后确实有一些调整，所以原深度贫困地区部分受访脱贫户从主观上认为自己脱贫后已经不再享受扶贫政策。防止返贫动态监测机制得分达 98.77 分，处于"极好"等级，表明脱贫攻坚结束后，我国建立防止返贫动态监测机制工作比较到位。

三　精准扶贫人民满意度

（一）人民满意度总体情况

精准扶贫人民满意度得分达到了 91.38 分（见表 8-27），处于"好"等级，总体而言，受访对象对脱贫成效总体满意度为"非常满意"的比例接近六成，"非常满意"或者"比较满意"占比达到 97.10%，只有不足 1% 的受访样本对脱贫成效感到"比较不满意"，没有受访样本认为"非常不满意"（见图 8-12）。从分类统计来看，分别有 98.67%、94.84%、99.18% 的建档立卡户、非贫困户和扶贫干部对精准扶贫思想总体实施效果表示"非常满意"或"比较满意"，其中，分别有 58.32%、51.15%、87.24% 的建档立卡户、非贫困户和扶贫干部对精准扶贫思想总体实施效果表示"非常满意"，展现了各界对精准扶贫成效的充分认可。

表 8-27　精准扶贫人民满意度得分情况

序号	一级指标	一级指标权重	评测指标	总权重	得分	分值
1	总体满意度	0.5695	对脱贫成效总体满意度	0.5695	91.25	51.97
2	分项政策满意度	0.4305	产业扶贫政策	0.0854	90.43	7.72
3			就业培训扶贫政策	0.0373	90.34	3.37
4			易地扶贫搬迁政策	0.0342	92.26	3.16
5			教育扶贫政策	0.0464	92.21	4.28
6			生态扶贫政策	0.0442	91.12	4.03
7			医疗健康扶贫政策	0.0397	93.50	3.71
8			社会兜底扶贫政策	0.0517	93.37	4.83
9			小额信贷扶贫政策	0.0224	91.16	2.04
10			科技扶贫政策	0.0274	90.01	2.47
11			电商扶贫政策	0.0176	89.22	1.57
12			结对帮扶政策	0.0242	92.19	2.23
总计						91.38

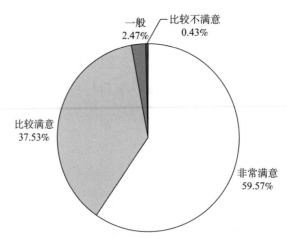

图 8-12　受访对象对脱贫成效总体满意度分布

（二）不同类型主体满意度比较

对脱贫户、非贫困户、扶贫干部三类主体所形成的满意度结果进行分类统计，所形成的表 8-28 是不同类型主体精准扶贫满意度比较情况。从数据比较结果来看，不同类型主体之间满意度存在明显差异，打分高低顺序依次为扶贫干部（97.08）>脱贫户（91.12）>非贫困户（89.37），扶贫干部得分显著高于脱贫户和非贫困户，这一现象与我国以自上而下为主的扶贫体制有一定相关性，精准扶贫中，大量的体制内和体制外力量被充分调动起来，扶贫干部深度参与脱贫攻坚所形成的自豪感、脱贫攻坚胜利所带来的成就感大大提高了其对精准扶贫结果的满意度。在乡村振兴阶段，要提高人民满意度，还需要进一步加强农民在乡村振兴中的主体作用。

表 8-28 不同类型主体精准扶贫满意度比较

单位：分

满意度		脱贫户	非贫困户	扶贫干部
总体满意度		91.37	89.03	97.28
分项政策满意度	产业扶贫政策	89.53	89.16	95.83
	就业培训扶贫政策	88.92	89.37	96.12
	易地扶贫搬迁政策	91.49	90.10	97.19
	教育扶贫政策	92.12	89.75	98.18
	生态扶贫政策	89.81	89.54	96.54
	医疗健康扶贫政策	93.69	91.53	98.17
	社会兜底扶贫政策	93.00	91.86	98.11
	小额信贷扶贫政策	89.65	90.16	96.35
	科技扶贫政策	89.10	87.61	95.65
	电商扶贫政策	88.33	87.14	93.83
	结对帮扶政策	91.80	90.34	97.36
总计		91.12	89.37	97.08

资料来源：调研数据。

此外，值得特别关注的是，在精准扶贫前期和中期，建档立卡户和临界贫困户"悬崖效应"普遍存在，"贫困程度不相上下，扶持政策天上地下"[1]，造成了众多非贫困人口的不满，这种现象在原深度贫困地区尤其明显。但从本次调查结果来看，非贫困人口比脱贫人口对精准扶贫的满意度评分仅低 1.75 分，远小于扶贫干部与脱贫户之间 5.96 分的差距，表明"悬崖效应"给非贫困人口所带来的不满在脱贫攻坚后期得到了极大化解。编写组认为，这种改善主要得益于原深度贫困地区为了平衡"悬崖效应"采取的一系列措施，在后文原深度贫困地区实践效果评估中，将对这些措施进行具体分析。

---

[1] 曾小溪、汪三贵：《论决胜脱贫攻坚的难点和对策》，《河海大学学报》（哲学社会科学版）2019 年第 6 期。

（三）不同区域政策实施效果满意度比较

表 8-29 是对东中西部政策实施效果满意度情况的统计结果。从数据比较结果来看，不同区域满意度总体相当，东部地区（91.66）与西部地区（91.36）相近，二者略高于中部地区（90.99）。结合前文中不同区域建档立卡户精准扶贫前后总收入和总支出增长情况，可以发现，收入增长与支出增长并不一定与群众满意度正相关，西部地区建档立卡户收入增量最小，但满意度与收入增量最大的东部地区接近，而中部地区消费支出增长增量最大，群众满意度却相对最低。

表 8-30 是不同地形地貌政策实施效果满意度情况，从数据比较结果来看，不同地形地貌满意度有一定差异，其中，山地区域的满意度最高，具体排序为山地（92.12）>平原（90.99）>丘陵（90.88）>高原（89.65）。

表 8-29　东中西部政策实施效果满意度情况

单位：分

满意度		西部	中部	东部
总体满意度		91.07	90.92	92.10
分项政策满意度	产业扶贫政策	90.82	89.76	89.79
	就业培训扶贫政策	90.37	90.00	90.55
	易地扶贫搬迁政策	92.70	91.11	90.35
	教育扶贫政策	92.25	92.25	92.03
	生态扶贫政策	91.24	92.69	89.53
	医疗健康扶贫政策	93.79	92.97	93.03
	社会兜底扶贫政策	93.81	92.18	92.94
	小额信贷扶贫政策	91.18	91.45	90.78
	科技扶贫政策	89.81	87.70	92.47
	电商扶贫政策	89.92	88.62	87.03
	结对帮扶政策	92.02	91.90	92.98
总计		91.36	90.99	91.66

表 8-30　不同地形地貌政策实施效果满意度情况

单位：分

满意度	高原	山地	丘陵	平原
总体满意度	89.34	92.01	90.93	90.92

续表

满意度		高原	山地	丘陵	平原
分项政策满意度	产业扶贫政策	89.96	90.88	89.93	89.76
	就业培训扶贫政策	90.77	90.82	87.14	90.00
	易地扶贫搬迁政策	89.39	93.13	93.50	91.11
	教育扶贫政策	88.93	93.19	92.42	92.25
	生态扶贫政策	88.95	91.73	90.10	92.69
	医疗健康扶贫政策	93.06	93.89	93.16	92.97
	社会兜底扶贫政策	92.18	94.21	93.04	92.18
	小额信贷扶贫政策	89.78	91.67	90.18	91.45
	科技扶贫政策	86.48	92.12	88.78	87.70
	电商扶贫政策	88.90	90.10	85.32	88.62
	结对帮扶政策	90.16	92.93	92.36	91.90
总计		89.65	92.12	90.88	90.99

（四）不同政策实施效果满意度比较

精准扶贫中，我国多项扶贫政策并举，不同政策之间交织盘绕、相互影响。这一部分对不同政策实施效果及在执行中的具体情况进行分析，并提出这些政策在乡村振兴中的调整思路和注意事项。

1. 发展生产脱贫政策

发展生产脱贫一批的政策主要包括产业帮扶政策和就业帮扶政策。产业扶贫政策满意度得分为90.43分，在11项分项政策满意度中处于倒数第4位，与产业扶贫巨额的投入不相匹配。值得说明的是，不同区域建档立卡人口对产业帮扶措施认可度差别较大。在四川省绵阳市安州区和巴中市南江县的预调研中，编写组注意到两区县受访建档立卡人口对产业扶贫作用的认识态度差异较大，安州区69.56%的建档立卡人口认为产业扶贫作用"一般"或者"基本没有帮助"，而南江县这一比例仅为6.67%。南江县认为产业扶贫有"很大帮助"的比例为56.67%，"较大帮助"的比例为36.66%，二者累计占比达93.33%（见图8-13）。在正式调研中，编写组继续关注了不同地区产业扶贫政策实施效果的差异，发现不同地区受访样本对产业扶贫政策的认识确实存在较大差异（见图8-14）。

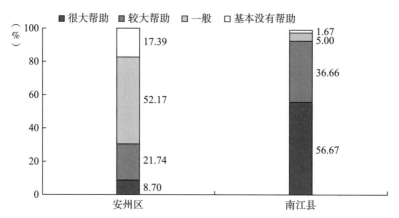

图 8-13　安州区和南江县受访样本对产业扶贫政策作用的认识情况

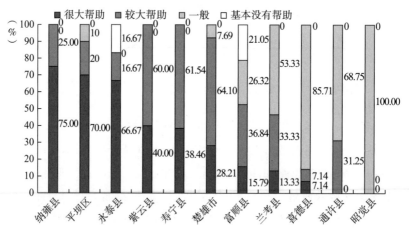

图 8-14　不同地区受访样本对产业扶贫政策作用的认识情况

　　通过分析发现，不同地区脱贫人口对产业扶贫政策作用的不同认识很难简单用贫困程度、地形地貌、所处地区等单一因素来解释，需要具体问题具体分析。以安州区和南江县为例，为了了解两地脱贫人口对产业扶贫作用不同认识的形成原因，编写组通过二次调研的方式，对受访样本进行了追踪访问。通过比较，我们发现差别主要来自两个方面。第一，南江县精准扶贫之前地理位置偏僻，精准扶贫中产业扶贫让当地农业生产在资金、技术、基础设施方面有很大改善，极大地提高了农业生产力，老百姓获得感强；而安州区经济发展水平相对好于南江县，老百姓在资金、技术方面的约束相对较小，产业发展最主要是受困于销路，而精准扶贫中这一困境没有得到突破性改善，因此获得感较低。第二，南江县旅游产业发展相对较好，旅游产业的发展极大地拓宽了当地建档立卡人口农副产品销路，当地餐饮、外来游客都能形成消费。以当地野生蜂蜜为例，精准扶贫前，野生蜂蜜仅40元钱一斤，精准扶贫旅游产业发展兴盛后，需求大增，每斤蜂蜜能够卖到100元且供不应求的情况时有发生，如果是通过网上销售，消费者还会另加邮费。产业的良好发展，让当地老百姓普遍对于按时归还产业扶贫资金充满信心，从调研数据来看，南江县有60%的建档立卡户向村上借贷了产业扶持资金，其中88.89%的建档立卡户自信能够按时归还扶持资金。

就业培训扶贫政策是发展生产脱贫的另一重要组成部分，其满意度得分为90.34分。从调研结果来看，有71.52%的建档立卡户参与过就业培训，参与过培训的建档立卡人口平均每户接受培训2.18人次，最多的一户建档立卡户在精准扶贫期间参与培训20人次。建档立卡户参与培训的项目及其比例见图8-15，具体培训内容最多的是种植技术和养殖技术，分别占61.50%和32.78%，意味着超过一半的贫困家庭参加过种植技术培训。务工技能和服务业技能培训的参加比例分别为30.83%和21.35%，据受访者提供的信息，其他的培训项目还包括美容美发、电商培训等。从就业创业培训的增收作用来看，有71.95%的样本认为所获得的就业创业帮扶措施对家庭增收有很大帮助或较大帮助，有25.40%的样本认为对家庭增收作用一般，还有2.65%的样本认为对家庭增收没有帮助（见图8-16）。不同地形地貌区域的建档立卡人口在就业培训扶贫政策中的受益也不同，从受访样本反馈来看，在就业创业培训增收作用方面，山地有68.45%的参与培训者认为参加培训对增收有很大或较大帮助，平原地区有65.22%的参

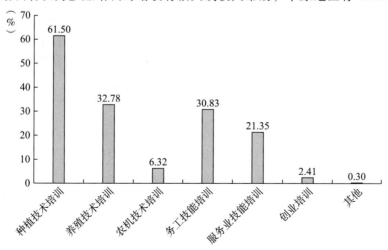

图8-15　建档立卡户参与培训的项目和比例

与培训者认为参加培训对增收有很大或较大帮助，丘陵地区有 56.00% 的参与培训者认为参加培训对增收有很大或较大帮助，高原地区这一比例为 55.17%（见图 8-17）。

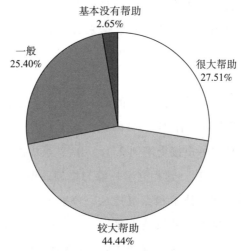

图 8-16　建档立卡户对就业创业帮扶措施增收作用的评价

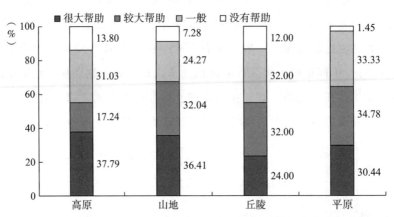

图 8-17　不同地形地貌区域受访建档立卡户对就业帮扶措施增收作用的评价

2. 易地搬迁脱贫政策

易地扶贫搬迁政策得分为 92.26 分。该政策从多方面改善了建档立卡人口的生活，其中改善最大的是居住条件和交通便利程度，有 85.71% 的建档立卡人口认为搬迁后居住条件获得了改善，68.07% 的建档立卡人口认为搬迁后交通更加便利，就业机会增多、医疗条件改善、上学条件改善也是生活质量改善的重要方面，但只有 5.88% 的易地扶贫搬迁户认为搬迁后农业收入得到提高（见图 8-18）。尽管已有研究中部分观点认为易地扶贫搬迁政策会有各种各样的问题，但从本轮调研结果来看，易地扶贫搬迁政策给真正搬迁了的建档立卡人口带来了实实在在的收益。对于考察搬迁人口搬迁可持续性的问题"和迁入点当地居民关系如何？"，94.50%的搬迁人口认为"非常融洽"；对于"您是否愿意在迁入地长期居住？"，100%的搬迁人口选择了"愿意"。

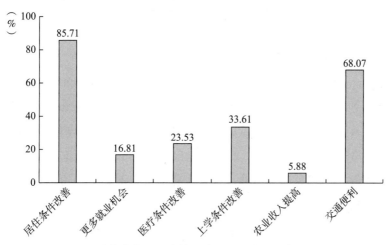

图 8-18　易地扶贫搬迁对建档立卡人口生产生活条件改善情况

　　易地扶贫搬迁政策早期曾引起非贫困人口的不满，其主要原因在于该政策对待建档立卡人口和非贫困人口的差别过大，导致"悬崖效应"的形成，尤其是在原深度贫困地区更为明显。从本次调查结果来看，非贫困人口的这种不满在脱贫攻坚战收官之后得到了极大的化解，非贫困户所享受的随迁政策、危房改造政策等在一定程度上实现了非贫困人口利益的平衡。

　　3. **生态补偿脱贫政策**

　　生态扶贫政策得分为91.12分。原贫困地区多地处生态保护区、生态脆弱区，生态补偿款是原贫困地区转移性收入的重要组成部分，受访建档立卡户2020年户均收入生态补偿款566.57元，占总转移性收入的10.23%。此外，生态公益岗位也能为建档立卡人口带来一笔相对可观的收入，表8-31体现了建档立卡户获得生态公益岗位的比例，可以看出，受访样本中28.34%的家庭获得了生态公益岗位，尤其是中部和西部地区，有三成以上的受访建档立卡贫困家庭获得了生态公益性岗位，极大地提高了建档立卡户本地工资性收入。从调研情况来看，生态公益岗位每月工资一般为500—800元，一年发放12个月，如果全年不中断，年增收6000—9600元。

表 8-31　不同区域建档立卡户获得生态公益岗位的比例

单位：%

指标	东部	中部	西部	总体
获得生态公益岗位家庭的比例	10.43	33.80	30.99	28.34
未获得生态公益岗位家庭的比例	89.57	66.20	69.01	71.66

资料来源：编写组实地调研。

4. 发展教育脱贫政策

教育扶贫政策得分为 92.21 分。受访建档立卡人口中，48.11% 的样本认为教育扶贫资金投放在义务教育阶段最为重要，有 10.38% 的样本认为将教育扶贫资金投放在学前教育阶段最为重要①（见图 8-19）。调研过程中，编写组注意到，为了提高子女受教育质量，原贫困地区家长尤其是女性家长到乡镇或者县城租房"陪读"的现象屡见不鲜，这意味着部分人面临劳动力被束缚导致收入减少与城镇生活支出增加的双重压力。

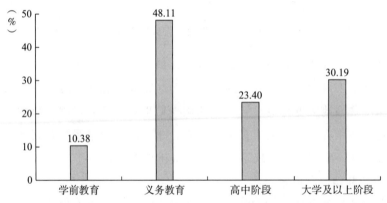

图 8-19　建档立卡户对教育扶贫资金应该主要投入的教育阶段的观点

在谈及教育扶贫仍然存在的问题时，绝大部分受访对象认为当前教育扶贫已经比较完善，不存在太多问题。有 16.44% 的建档立卡人口认为存在经济落后所导致的教育意识淡化问题，认为存在部分学校基础设施薄弱、设备匮乏和村级学校教师普遍老龄化问题的比例分别为 16.44% 和 14.63%，有 7.84% 的样本认为存在对于教育扶贫中扶贫对象难以精准认定的问题（见图 8-20）。选择"其他"的样本中，有建档立卡人口反映，教育扶贫还需进一步加强心理辅导，其子女并不希望自己家作为建档立卡户受到资助，在学生群体之间，尤其是大

---

①　因为该问题为多选题，所以各比例加总不等于 1。

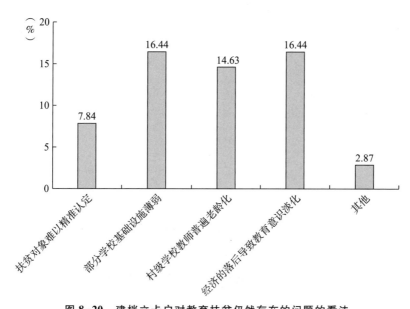

图 8-20　建档立卡户对教育扶贫仍然存在的问题的看法

学、研究生阶段的学生群体之中，仍存在"贫困户"污名化现象。此外，上初中之后学校远、上学不方便的问题也有群众反映，这背后是公共教育资源的集中分配与分散分配之间的争论，值得进一步深入研究。

5. 社会保障兜底政策

医疗健康扶贫政策是脱贫人口认可度最高的一项政策，在 11 类帮扶措施的满意度中排名第一。精准扶贫不仅为建档立卡人口代缴了基本医疗保险和大病医疗保险，还给予了特殊政策，一般要求建档立卡人口自费部分不超过医疗费用的 10%，且在不少公立医院设立了建档立卡户特殊窗口。从调研情况来看，有 87.10% 的脱贫人口认为精准扶贫以来看病负担明显减轻，极大地缓解了原贫困地区长期存在的因病致贫难题（见图 8-21）。乡村振兴阶段，在财政负担可承受范围之内，这一政策有必要逐步推广到广大普通群众。

社会兜底扶贫政策同样得分较高，在 11 项政策中得分排名第二，为 93.37 分。从受访对象收入情况来看，2020 年建档立卡户户均转移性支付达到 5537.99 元。调研的受访对象中，享受低保的建档立卡户比例达到 42.84%，意味着 2020 年超过四成的受访建档立卡户享受了低保政策，可能存在为了确保脱贫攻坚如期完成而"一兜了之"的现象。这一数据表明当前我们的脱贫成效亟须进一步巩固拓展，不断提高相对弱势群体的自身发展能力。

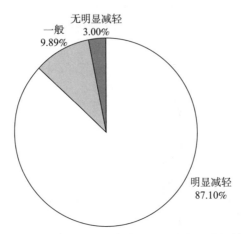

图 8-21　精准扶贫以来建档立卡人口对看病负担减轻判断的分布

第四节　原深度贫困地区精准扶贫思想实践效果的评估结果

一　原深度贫困地区样本概况

（一）原深度贫困地区范围

原深度贫困地区是脱贫攻坚的坚中之坚。2017 年 6 月，在深度贫困地区脱贫攻坚座谈会上，习近平总书记将我国深度贫困地区分为三类。一是连片的深度贫困地区，主要是"三区三州"，其中，"三区"指的是西藏自治区、四省涉藏州县（除西藏自治区之外的青海省、四川省、云南省、甘肃省藏族与其他民族共同聚居的民族自治地方）和南疆四地州（喀什地区、和田地区、克孜勒苏柯尔克孜自治州以及阿克苏地区），"三州"指的是四川省的凉山彝族自治州、云南省的怒江傈僳族自治州和甘肃省的临夏回族自治州。二是深度贫困县，即贫困发生率超过 18% 的县。三是贫困村，即贫困发生率超过 20% 的村。[1]

为了明确深度贫困地区范围，2017 年习近平总书记在山西召开深度贫困地区座谈会后，各省对本省深度贫困地区进行了认定，共认定了 334 个深度贫困县。[2]

---

① 习近平：《在深度贫困地区脱贫攻坚座谈会上的讲话》，人民出版社，2017，第 6 页。
② 《国务院扶贫办主任刘永富：用一年时间解决扶贫领域突出问题》，中华人民共和国中央人民政府，2018 年 3 月 16 日，https://www.gov.cn/xinwen/2018-03/16/content_5274739.htm。

2017 年底，334 个深度贫困县贫困发生率为 11%，远高于彼时全国 3.1% 的贫困发生率。在认定的 334 个深度贫困县中，有 135 个贫困县位于西藏、四省涉藏州县、南疆四地州和四川凉山彝族自治州、云南怒江傈僳族自治州、甘肃临夏回族自治州（简称"三区三州"）深度贫困地区。

在原深度贫困地区中，以"三区三州"为代表的集中连片深度贫困地区又是脱贫攻坚的难中之难、艰中之艰。"三区三州"地区涉及西藏、新疆、四川、青海、甘肃和云南等 6 个省区 25 个地市州，面积达到 301.55 万平方千米，占国土面积的 31.30%。"三区三州"主要集中分布在青藏高原及周边地区，具有经济欠发达、发展机会欠缺、生存环境恶劣、生态环境脆弱与基础设施薄弱等典型特征。其中，"三区"主要分布在青藏高原及周边地区，覆盖面积达 294.35 万平方千米，占原深度贫困地区总面积的 97.61%；"三州"主要分布在青藏高原东缘的藏彝走廊上，覆盖面积达 7.2 万平方千米，占比约 2.39%（见表 8-32）。

表 8-32　"三区三州"范围

片区	地区	省（自治区）	涉及地区	面积（万平方千米）	人口（万人）	县数（个）
"三区"	西藏	西藏	拉萨市、昌都市、山南市、日喀则市、那曲市、阿里地区、林芝市	122.84	331	74
	涉藏工作重点省	四川	阿坝藏族羌族自治州、甘孜藏族自治州、木里藏族自治县	25.04	214.55	32
		云南	迪庆藏族自治州	2.39	37.2	3
		甘肃	甘南藏族自治州、武威市天祝藏族自治县	4.68	94.92	9
		青海	海北藏族自治州、黄南藏族自治州、海南藏族自治州、果洛藏族自治州、玉树藏族自治州、海西蒙古族藏族自治州	77.96	215.59	33
	南疆四地州	新疆	喀什地区、和田地区、克孜勒苏柯尔克孜自治州、阿克苏地区	61.44	1013.42	33
"三州"	—	四川	凉山彝族自治州	0.82	190	16
		云南	怒江傈僳族自治州	4.91	499.5	4
		甘肃	临夏回族自治州	1.47	54.5	8
合计				301.55	2650.68	212

注：四川凉山州的木里藏族自治县，因其已纳入涉藏工作重点省进行统计，为避免重复统计，故未纳入"三州"统计口径。

资料来源：各省 2017 年统计年鉴或统计公报。

（二）原深度贫困地区样本总体情况 [①]

本书选择了凉山彝族自治州的昭觉县、喜德县，以及贵州省的紫云苗族布依族自治县、纳雍县作为原深度贫困地区的代表性区域，昭觉县、喜德县为原连片深度贫困地区"三区三州"中的典型区域，紫云苗族布依族自治县、纳雍县为原省级深度贫困县中的代表，样本县具体介绍参见前文"调研区域总体情况"。两县共调研农户样本 452 户，其中建档立卡户 279 户，非贫困户 173 户。为了克服语言障碍，编写组在调研过程中邀请既能讲汉语又能讲彝语的村民、村干部、大学生等协助翻译。

1. 受访样本特征

表 8-33 是原深度贫困地区受访者个体基本特征结构。从性别构成来看，男性受访对象占 61.28%，女性受访对象占 38.72%；从年龄分布来看，原深度贫困地区受访对象中 21—70 岁群体占 94.47%；从受教育程度分布来看，小学及以下学历者占比达 63.50%，高出总样本 13.71 个百分点，与原深度贫困地区农村人口受教育水平落后于全国平均水平的直观判断相符合。

表 8-33　原深度贫困地区受访者个体基本特征结构

单位：人，%

受访者特征	类别	人数	比例
性别	男	277	61.28
	女	175	38.72
年龄	20 岁及以下	5	1.11
	21—30 岁	36	7.96
	31—40 岁	108	23.89
	41—50 岁	137	30.31
	51—60 岁	101	22.35
	61—70 岁	45	9.96
	71 岁及以上	20	4.42

[①] 这一部分的统计范围为深度贫困地区 452 户农户样本（包括建档立卡户和非贫困户），不包括干部问卷、村问卷和县问卷。

受访者特征	类别	人数	比例
受教育程度	小学及以下	287	63.50
	初中	127	28.09
	高中	18	3.98
	中专/职高/技校	7	1.55
	大专	7	1.55
	本科及以上	6	1.33

资料来源：实地调研数据。

2. 家庭特征维度

表 8-34 是原深度贫困地区受访家庭基本特征的统计情况，结合样本总体情况，可以看出原深度贫困地区建档立卡人口家庭规模明显大于非深度贫困地区，家庭规模为 5 人及以上的比例高达 64.16%，其中家庭规模为 7 人及以上的比例达 16.85%。从家庭收入结构来看，2020 年家庭总收入高于 12 万元的家庭占原深度贫困地区总样本的 9.68%，家庭总收入低于 2 万元的家庭占总样本的 16.44%。

表 8-34　原深度贫困地区受访样本家庭基本特征

单位：户，%

受访家庭特征	类别	总样本		脱贫户	
		户数	比例	户数	比例
家庭户籍人口数量	1 人	9	1.99	8	2.86
	2 人	39	8.63	21	7.53
	3 人	58	12.83	33	11.83
	4 人	88	19.47	38	13.62
	5 人	106	23.45	75	26.88
	6 人	89	19.69	57	20.43
	7 人及以上	63	13.94	47	16.85
家庭收入	20000 元及以下	73	16.44	47	17.28
	(20000，40000] 元	111	25.00	81	29.78
	(40000，60000] 元	100	22.52	63	23.16
	(60000，80000] 元	72	16.22	37	13.60
	(80000，100000] 元	27	6.08	15	5.52
	(100000，120000] 元	18	4.06	8	2.94
	120000 元以上	43	9.68	21	7.72

注：共有原深度贫困地区农户样本 452 份，包括建档立卡户 279 户、非贫困户 173 户。有 8 户受访对象无法说清自己家庭总收入，其中，有建档立卡户 7 户，非贫困户 1 户。

3. 致贫原因维度

表 8-35 说明了原深度贫困地区建档立卡户主要致贫原因，与总样本相比，原深度贫困地区建档立卡户主要致贫原因表现出明显的差异性，占比超过 10% 的主要致贫原因为缺资金、因学、缺劳力、因病和缺技术这五项，其中，尤为突出的致贫原因是缺资金和因学两项，分别占 45.52% 和 27.96%。

表 8-35 原深度贫困地区建档立卡户主要致贫原因

单位：户，%

主要致贫原因	户数	比例
因病	44	15.77
因残	20	7.17
因学	78	27.96
因灾	2	0.72
缺土地	2	0.72
缺水	0	0.00
缺技术	34	12.19
缺劳力	56	20.07
缺资金	127	45.52
其他	13	4.66

注：本表所统计的主要致贫原因来源于脱贫户在受访时的陈述，主要致贫原因可能不止一项。

4. 帮扶措施维度

表 8-36 是原深度贫困地区受访建档立卡户对政策的了解情况，整体来看，原深度贫困地区政策知晓率总体低于编写组调研全样本平均水平，考虑到原深度贫困地区扶贫资源投入力度高于全国平均水平，造成这一现象的原因应该与原深度贫困地区建档立卡户自身认知水平有关。原深度贫困地区建档立卡户知晓率最高的为社会兜底扶贫政策，此外，知晓率超过 50% 的政策还有教育扶贫政策、就业培训扶贫政策、特色产业扶贫政策、医疗健康扶贫政策和易地扶贫搬迁政策。电商扶贫政策和科技扶贫政策知晓率极低，分别为 7.17% 和 8.60%。

表 8-37 是原深度贫困地区建档立卡人口认为自己切实感受到的"五个一批"的情况。与编写组整体调研样本相比，原深度贫困地区建档立卡户受访样本对易地搬迁脱贫一批政策和生态补偿脱贫一批政策感受更为明显。在原深度贫困地区建档立卡户受访样本中，有 32.26% 的样本明确认为自己享受了易地扶贫搬迁政策，而编写组整体调研全样本中这一比例仅为 17.95%。

表 8-36　原深度贫困地区受访建档立卡户对政策的了解情况

单位：人，%

帮扶政策	了解人数	知晓率
特色产业扶贫政策	156	55.91
就业培训扶贫政策	167	59.86
易地扶贫搬迁政策	141	50.54
医疗健康扶贫政策	160	57.35
社会兜底扶贫政策	177	63.44
小额信贷扶贫政策	127	45.52
教育扶贫政策	166	59.50
科技扶贫政策	24	8.60
结对帮扶政策	84	30.11
电商扶贫政策	20	7.17

资料来源：实地调研数据。

表 8-37　原深度贫困地区建档立卡人口"五个一批"实际感受情况

单位：户，%

"五个一批"	覆盖户数	覆盖率
发展生产脱贫一批	131	46.95
易地搬迁脱贫一批	90	32.26
生态补偿脱贫一批	81	29.03
发展教育脱贫一批	116	41.58
社会保障兜底一批	136	48.75
其他	14	5.02

资料来源：实地调研数据。

二　原深度贫困地区精准扶贫目标实现度

从原深度贫困地区农村建档立卡人口脱贫情况来看，调研抽查数据显示，原深度贫困地区建档立卡户"一收入、两不愁、三保障"达标率高达 100%。就具体指标结构而言，截至 2020 年底，"吃不愁""穿不愁""义务教育有保障""基本医疗有保障""住房安全有保障"五项达标率均为 100%，如期实现了当时标准下建档立卡人口全部脱贫的目标。

从原深度贫困地区贫困县摘帽情况来看，2017 年精准扶贫聚力攻克深度贫困堡垒以来，原深度贫困地区面貌有了极大改善，伴随着 2020 年 52 个未摘帽县的渐次摘帽，原深度贫困地区也历史性地实现全面脱贫摘帽。编写组调研的喜德县、昭觉县、紫云苗族布依族自治县和纳雍县经过层层验收，全部于 2020 年 11 月如期实现脱贫摘帽，其中，紫云苗族布依族自治县和纳雍县均为全国最后一批摘帽的贫困县。

三 原深度贫困地区精准扶贫过程精准度

表 8-38 是非深度贫困地区及原深度贫困地区扶贫过程精准度总体得分情况，数据显示，原深度贫困地区过程精准度得分为 94.37 分，略高于非深度贫困地区样本得分 92.20 分。从扶贫对象精准来看，原深度贫困地区认定精准、程序公开、致贫原因准确、动态管理四项指标得分均高于非深度贫困地区，表明经过反复工作，原深度贫困地区在扶贫对象精准方面工作更为扎实；从项目安排精准度来看，原深度贫困地区产业规划、风险防范、干部认可度和村民认可度指标得分均高于非深度贫困地区；从资金使用精准来看，原深度贫困地区和非深度贫困地区扶贫资金投入力度均达到了 100 分，表明无论是原深度贫困地区还是非深度贫困地区精准扶贫中资金投入力度都比精准扶贫以前有大幅增长，同时，原深度贫困地区扶贫资金闲置指标得分值低于非深度贫困地区，其原因可能在于精准扶贫中原深度贫困地区资金得到了充分保证，但由于资金用途管制、缺乏合适项目、项目开展受阻等因素，部分资金没有及时得到有效使用；从措施到户精准来看，原深度贫困地区受访脱贫户知道自己家庭制定了脱贫方案的比例高于非深度贫困地区，但动态调整比例低于非深度贫困地区；从因村派人精准来看，因村帮扶精准中原深度贫困地区第一书记、驻村工作队、驻村农技员、帮扶单位指标得分均略高于非深度贫困地区，而联系领导指标得分略低于非深度贫困地区，但总体而言比较接近；从脱贫成效精准来看，原深度贫困地区和非深度贫困地区退出精准和是否如期脱贫指标得分值均为满分，表明脱贫准确性得到了保证，值得特别一提的是，原深度贫困地区防止返贫动态监测机制指标得分为满分，显示了原深度贫困地区防止返贫动态监测机制方面工作扎实且深入人心。

表 8-38　非深度贫困地区及原深度贫困地区过程精准度总体得分情况

序号	一级指标	二级指标	三级指标		非深度贫困地区		原深度贫困地区	
			评测指标	总权重	得分	分值	得分	分值
1	扶贫对象精准	程序合规性	认定精准	0.1506	94.48	14.23	97.35	14.66
2			程序公开	0.0853	97.26	8.30	98.73	8.42
3		分类准确性	致贫原因准确	0.0400	89.89	3.60	95.13	3.81
4			动态管理	0.0463	87.80	4.07	88.27	4.09
5	项目安排精准	规划科学度	产业规划	0.0564	71.88	4.05	89.66	5.06
6			风险防范	0.0281	70.40	1.98	91.30	2.57
7		相关者认可度	村民认可度	0.0370	89.30	3.30	90.18	3.34
8			干部认可度	0.0100	91.88	0.92	97.76	0.98
9	资金使用精准	设计精准	扶贫资金投入力度	0.0473	100	4.73	100	4.73
10			项目资金对接程度	0.0233	95.59	2.23	95.65	2.23
11		监管精准	扶贫资金闲置	0.0112	86.73	0.97	83.19	0.93
12			资金监管	0.0444	94.31	4.19	95.04	4.22
13	措施到户精准	因户施策	制定脱贫方案	0.0344	91.42	3.14	95.68	3.29
14			动态调整	0.0379	86.52	3.28	79.14	3.00
15		参与人认可度	建档立卡户认可度	0.0608	91.97	5.59	91.42	5.56
16			村干部认可度	0.0203	95.78	1.94	98.79	2.01
17	因村派人精准	建档立卡户结对帮扶精准	村民认可度	0.0203	92.33	1.87	91.52	1.86
18			帮扶干部认可度	0.0067	96.56	0.65	99.12	0.66
19		因村帮扶精准	第一书记	0.0127	90.79	1.15	91.57	1.16
20			驻村工作队	0.0113	90.37	1.02	91.26	1.03
21			驻村农技员	0.0054	88.47	0.48	90.87	0.49
22			联系领导	0.0093	91.47	0.85	90.80	0.84
23			帮扶单位	0.0088	90.02	0.79	91.79	0.81
24	脱贫成效精准	脱贫准确性	退出精准	0.0776	100	7.76	100	7.76
25			是否如期脱贫	0.0447	100	4.47	100	4.47
26		后扶到位性	脱贫不脱政策	0.0287	91.44	2.62	79.14	2.27
27			防止返贫动态监测机制	0.0412	97.66	4.02	100.00	4.12
	总计				92.20		94.37	

资料来源：调研数据。

四 原深度贫困地区精准扶贫人民满意度

（一）原深度贫困地区人民满意度总体情况

表 8-39 是非深度贫困地区及原深度贫困地区精准扶贫人民满意度的得分情况。相比非深度贫困地区，原深度贫困地区人民满意度略高，总得分为 92.34 分。具体来看，原深度贫困地区 11 项分项政策得分均高于 90 分，全部处于"好"的等级。表明精准扶贫期间各级各部门、社会各界在原深度贫困地区投入的海量人力、物力、财力、政策等资源取得了实际成效。

表 8-39 非深度贫困地区及原深度贫困地区精准扶贫人民满意度得分情况

序号	一级指标及权重	二级指标及权重		非深度贫困地区		原深度贫困地区	
		评测指标	总权重	得分	分值	得分	分值
1	总体满意度	对脱贫成效总体满意度	0.5695	90.87	51.75	91.96	52.37
2	分项政策满意度	产业扶贫政策	0.0854	89.85	7.67	91.52	7.82
3		就业培训扶贫政策	0.0373	89.99	3.36	90.97	3.39
4		易地扶贫搬迁政策	0.0342	90.66	3.10	94.19	3.22
5		教育扶贫政策	0.0464	91.29	4.24	93.77	4.35
6		生态扶贫政策	0.0442	90.05	3.98	92.63	4.09
7		医疗健康扶贫政策	0.0397	93.04	3.69	94.36	3.75
8		社会兜底扶贫政策	0.0517	92.54	4.78	94.87	4.91
9		小额信贷扶贫政策	0.0224	90.59	2.03	92.13	2.06
10		科技扶贫政策	0.0274	88.89	2.44	91.94	2.52
11		电商扶贫政策	0.0176	87.80	1.55	91.54	1.61
12		结对帮扶政策	0.0242	91.79	2.22	92.91	2.25
总计				90.81		92.34	

资料来源：调研数据。

（二）原深度贫困地区不同类型主体满意度比较

表 8-40 是原深度贫困地区不同类型主体精准扶贫满意度比较情况，结合表 8-28，可以发现原深度贫困地区打分高低顺序总体与编写组调研全样本一致，同样为帮扶干部（98.39）>脱贫户（90.75）>非贫困户（90.53）。与之不同的是，原深度贫困地区扶贫干部和非贫困户对精准扶贫满意度的评价都略高

于编写组调研样本整体水平，而脱贫户对精准扶贫满意度的评价略低于编写组调研样本整体水平，但总体差异不大。考虑到原深度贫困地区底子薄、矛盾错综复杂，能取得这样的成绩已十分不易。

值得专门说明的是，原深度贫困地区建档立卡人口和非贫困人口对精准扶贫满意度评分分别为 90.75 分和 90.53 分，非贫困人口仅比建档立卡人口低 0.22 分，这个差距甚至小于编写组调研全样本中非贫困人口比建档立卡人口对精准扶贫满意度低 1.75 分的差距，表明"悬崖效应"给深度贫困地区非贫困人口所造成的不满在脱贫攻坚后期得到了极大化解。究其原因，编写组认为这种改善来源于原深度贫困地区对于平衡"悬崖效应"采取的一系列措施。比如，易地扶贫搬迁政策是扶贫政策中含金量极高的政策，也是容易引起建档立卡户与临界非贫困户矛盾的帮扶措施，为了平衡易地扶贫搬迁政策形成的巨大落差，原深度贫困地区在条件允许的区域，实行符合条件的非贫困户可以享受的随迁政策、危房改造政策等政策，在一定程度上平衡了非贫困人口的利益诉求。

表 8-40　原深度贫困地区不同类型主体精准扶贫满意度比较

单位：分

满意度		脱贫户	非贫困户	扶贫干部
总体满意度		90.12	90.47	98.26
分项政策满意度	产业扶贫政策	90.77	88.80	97.89
	就业培训扶贫政策	90.00	87.98	98.60
	易地扶贫搬迁政策	92.66	92.44	98.96
	教育扶贫政策	91.74	92.62	98.96
	生态扶贫政策	91.51	90.19	98.60
	医疗健康扶贫政策	92.67	93.14	99.30
	社会兜底扶贫政策	93.84	93.55	99.13
	小额信贷扶贫政策	92.70	88.14	98.60
	科技扶贫政策	89.33	89.13	98.07
	电商扶贫政策	89.56	88.06	97.35
	结对帮扶政策	91.76	90.76	98.61
总计		90.75	90.53	98.39

资料来源：调研数据。

（三）原深度贫困地区不同政策实施效果满意度比较

1. 发展生产脱贫政策

在所有的帮扶政策中，原深度贫困地区人民满意度得分最低的两项政策分别为就业培训扶贫政策和产业扶贫政策，而这两项政策均属于发展生产脱贫一批政策。原深度贫困地区产业扶贫政策满意度得分为 91.52 分，尽管处于"好"的等级，但在所有帮扶政策中处于倒数第二位，原深度贫困地区有 84.89% 的建档立卡户认为精准扶贫以来自己家庭收入有明显增加或较大增加（见图 8-22），远低于编写组调研全样本 93.75% 的水平。正如前文所提及的，原深度贫困地区众多易地扶贫搬迁人口离开过去赖以生存的土地，进入城市居住，农业经营性收入大打折扣。图 8-23 是原深度贫困地区建档立卡人口精准扶贫以来收入增加主要来源情况，仅有 6.81% 和 5.02% 的原深度贫困地区建档立卡人口认为自己的种植业和养殖业收入有增加，"三区三州"深度贫困受访样本地区这两项比例更是低至 4.64% 和 5.30%（见表 8-41），而种植业和养殖业恰恰是我国产业扶贫最主要的内容。非深度贫困地区建档立卡人口新增收入主要来源为种植业和养殖业的比例高于原深度贫困地区，尤其是种植业（见图 8-23、表 8-41），编写组调研全样本中有 23.08% 的受访建档立卡户新增收入主要来源为种植业。除了土地因素外，造成原深度贫困地区建档立卡人口从种植业或养殖业中增收少的原因与原深度贫困地区农产品市场化程度低密切相关，在编写组调研的原深度贫困地区，有 32.17% 建档立卡人口从事农业生产活动的主要目的是自给自足，有 26.09% 的主要目的兼有自给自足和售卖，纯粹以销售为从事农业生产活动目的的占 41.74%。而在非深度贫困地区的建档立卡人口中，从事农业生产活动的主要目的为自给自足的建档立卡人口只有 14.51%，比原深度贫困地区低 17.66 个百分点；主要目的兼有自给自足和售卖的建档立卡人口为 21.96%，比原深度贫困地区低 4.13 个百分点；有 63.53% 的从事农业生产活动的建档立卡人口纯粹以销售为目的，比原深度贫困地区高 21.79% 个百分点。[①] 因此，市场化程度低、产品销路不畅，导致原深度贫困地区农副产业所带来的收入增幅不如非深度贫困地区建档立卡户。

就业培训扶贫是发展生产脱贫一批的另一重要方面，原深度贫困地区就业培训扶贫政策满意度得分 90.97 分，尽管同样处于等级"好"的范围，但在各项

---

① 资料来源：调研数据。

政策得分中居于末位。调研发现不少建档立卡人口不记得具体的培训内容，甚至不记得培训的是哪方面的知识或技能，只记得在培训过程中发了多少补贴、福利等。

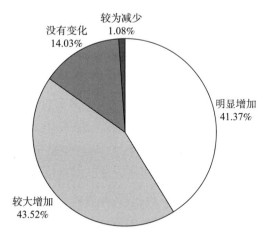

图 8-22　原深度贫困地区建档立卡人口精准扶贫以来收入变化情况

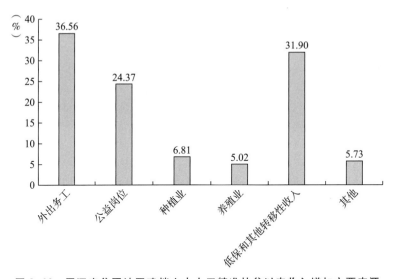

图 8-23　原深度贫困地区建档立卡人口精准扶贫以来收入增加主要来源

表 8-41　不同贫困程度区域建档立卡户收入增加主要来源

单位：%

收入增加主要来源	外出务工	公益岗位	种植业	养殖业	低保和其他转移性收入	其他
编写组调研全样本	37.65	16.46	23.08	6.34	32.12	3.78

续表

收入增加主要来源	外出务工	公益岗位	种植业	养殖业	低保和其他转移性收入	其他
原深度贫困地区样本	36.56	24.37	6.81	5.02	31.90	5.73
"三区三州"深度贫困地区样本	45.03	9.93	4.64	5.30	24.50	3.97

资料来源：调研数据。

2. 易地搬迁脱贫政策

易地扶贫搬迁是原深度贫困地区精准扶贫中含金量极高的重要政策，也是原深度贫困地区满意度得分较高的政策，得分达 94.19 分，在原深度贫困地区 11 类政策中排名第三。从表 8-37 可以看出，原深度贫困地区有 32.26% 的受访建档立卡户认为自己享受了易地扶贫搬迁政策，感受较为明显，有 87.95% 的搬迁户认为居住条件得到了改善，有 73.49% 的搬迁户认为搬迁后交通更加便利（见图 8-24）。从调研数据来看，100% 的搬迁户都愿意在迁入地长期居住。值得警惕的是，调研数据显示，原深度贫困地区易地扶贫搬迁户中，只有 26.67% 的受访搬迁户认为自己家庭收入有明显增加，表明原深度贫困地区建档立卡户搬迁后面临收入型相对贫困，这将是防止返贫需要解决的紧迫难题。

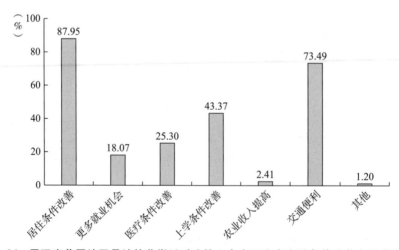

图 8-24 原深度贫困地区易地扶贫搬迁对建档立卡人口生产生活条件改善实际感受情况

3. 生态补偿脱贫政策

原深度贫困地区生态扶贫政策满意度得分为 92.63 分。原深度贫困地区受访建档立卡户 2020 年户均收入生态补偿款 933.13 元，约为编写组整体调研样本户均享受生态补偿款 566.57 元的 1.65 倍。从公益性岗位来看，原深度贫困地区受访建档立卡户中有37.63%的建档立卡家庭获得了生态公益性岗位，而调研样本总体中，只有28.81%的受访建档立卡户获得了生态公益性岗位。以上数据表明，无论是从生态补偿款还是从生态公益性岗位来看，原深度贫困地区生态补偿脱贫政策力度均强于编写组调研区域整体水平。

4. 发展教育脱贫政策

原深度贫困地区教育扶贫政策满意度得分为93.77分，有41.58%的受访建档立卡户认为自己享受到了发展教育脱贫一批政策，教育扶贫政策极大地缓解了原深度贫困地区建档立卡人口因教育导致的支出型贫困。学前学普、"9+3"免费教育计划、"一村一幼"在原深度贫困地区的大面积推广，有效阻断了代际贫困。

就教育扶贫资源投入方向而言，与编写组调研全样本相比，原深度贫困地区建档立卡户更倾向于教育资源更多地投向早期教育，分别有14.83%和50.42%的受访者认为教育帮扶资金应主要投入学前教育阶段和义务教育阶段，而以喜德县和昭觉县为代表的"三区三州"原深度贫困地区这两项比例更是分别达到了16.67%和63.33%（见表8-42），远高于编写组调研样本整体水平。而编写组调研区域全样本相对更倾向于支持将教育帮扶资金投入高中阶段和大学及以上阶段。

值得一提的是，"三区三州"原深度贫困地区多为多子女家庭，编写组调研的昭觉县和喜德县，受访家庭子女一般在3—5名，受访对象中子女最多的家庭子女数量达10人。尽管单个子女教育费用支出压力不大，但对于多子女家庭，多名子女教育的总开支仍然是一项不小的现金支出。调研数据显示，"三区三州"原深度贫困地区受访样本中，有教育费用支出的家庭2020年平均教育费用支出达10191.1元。在巩固脱贫攻坚成果阶段，多子女家庭的教育费用可能成为"三区三州"原深度贫困地区规模性返贫的重要原因。

表8-42 不同贫困程度区域采访样本认为教育帮扶资金主要应该投入的教育阶段

单位：%

样本类型	学前教育	义务教育	高中阶段	大学阶段及以上
编写组调研全样本	10.38	48.11	23.40	30.19
原深度贫困地区样本	14.83	50.42	23.31	27.97
"三区三州"深度贫困地区样本	16.67	63.33	11.67	15.00

注：该题目为多选题，所以各选项加总之和不等于1。

5. 社会保障兜底政策

社会保障兜底政策中的社会兜底扶贫政策和医疗健康扶贫政策均为满意度得分较高的政策，在11类扶贫政策得分中分别处于第1位和第2位。尽管原深度贫困地区医疗健康扶贫政策得分达94.36分，处于"好"的等级，但是，从受访建档立卡人口医疗支出变化情况来看，原深度贫困地区受访样本切实感受到医疗支出负担明显减轻的比例为84.17%，"三区三州"深度贫困地区为76.80%，均低于编写组调研全样本88.65%的比例（见表8-43）。

表8-43　不同贫困程度区域精准扶贫以来建档立卡户医疗支出负担变化实际感受情况

单位：%

样本类型	明显减轻	无明显减轻	一般
编写组调研全样本	88.65	8.86	2.49
原深度贫困地区样本	84.17	14.17	1.67
"三区三州"深度贫困地区样本	76.80	20.80	2.40

资料来源：调研数据。

原深度贫困地区社会兜底扶贫政策满意度得分为94.87分，在原深度贫困地区各类政策中得分最高。原深度贫困地区建档立卡户享受低保的比例与编写组调研区域总体水平相近，为44.44%，但以喜德县和昭觉县为代表的"三区三州"原深度贫困地区，仅有36.42%的受访建档立卡户享受了低保政策，略低于编写组调研区域整体水平，其原因可能在于"三区三州"原深度贫困地区建档立卡户密度高，获得低保的机会低于编写组调研全样本平均水平。此外，原深度贫困地区非贫困户享受低保的比例高于编写组调研样本的平均水平，原深度贫困地区有20.81%的受访非贫困户享受了低保政策，而在"三区三州"原深度贫困地区这一比例更是高达25.81%，而在编写组调研全样本中，仅有9.65%的非贫困户受访样本享受了低保政策。原深度贫困地区尤其是"三区三州"地区扩大非贫困户享受低保的比例，可以视为对"悬崖效应"的一种平衡机制。

第五节　结论及启示

精准扶贫思想的实践效果，既有短期效果，又有长期效果，既有物质方面的影响，又有精神层面的影响，本书的评估主要是对当前阶段已显现出来的成效的评价。本书将科学性与人民性相统一的视角纳入精准扶贫思想实践效果的评估，从精准扶贫思想目标实现度、过程精准度和人民满意度三个方面构建了精准扶贫思想实践效果的评价框架。其中，目标实现度主要考察"两个确保"实现情况；过程精准度以"精准"为纲，围绕"六个精准"，设计了精准扶贫过程精准度的评价体系；人民满意度主要考察人民总体满意度与分项政策满意度情况。在此基础上，采用 5 省 11 县（区）22 乡镇 44 村 1751 份样本数据，全面评估了精准扶贫思想的实践效果。

一　研究结论

第一，精准扶贫"两个确保"目标圆满完成。从调研抽查数据情况来看，"一收入、两不愁、三保障"达标率高达 100%，"吃不愁""穿不愁""义务教育有保障""基本医疗有保障""住房安全有保障"五项指标达标率达到 100%。到 2020 年，农村贫困人口已实现全面脱贫，贫困县已全部脱贫摘帽，中国历史性地解决了绝对贫困问题。精准扶贫思想在经历了提出期、深化期之后，最终进入成熟期，并形成了符合中国实际的实践路径。尽管政策执行过程中历经波折，尤其是从初期贫困人口识别偏差，到"回头看"矫正识别不精准，再到原深度贫困地区脱贫攻坚，精准扶贫直面困难挑战，科学施策，创造了人类减贫史上的"中国奇迹"。精准扶贫最突出的成就是解决了困扰中国数千年的绝对贫困问题，"两不愁三保障"目标高水平完成，圆满实现了"全面小康路上一个都不能少"的政策初衷。

与此同时，精准扶贫思想的长期效果有待时间检验。贫困问题的解决无法一蹴而就，精准扶贫思想在解决绝对贫困方面功勋卓著，但相对贫困将长期存在，减贫成效的可持续性也需要维护。调研数据显示，建档立卡人口自主脱贫能力提升程度和精准扶贫期间新增收入可持续性都还有一定提升空间，这要求我们尊重经济社会发展规律，探索建立解决相对贫困的长效机制。

第二，精准扶贫践行了"过程的高度精准"。以百分制计算，我国精准扶贫过程精准度总体得分为 93.19 分，处于等级"好"的范围，表明我国在党的十八大以来开展的精准扶贫过程总体上落实了精准扶贫思想。具体来看，关于过程精准度的 27 项评测指标中，得分高于 95 分的有 9 项，处于 90 分至 95 分的有 10 项，低于 90 分的仅 8 项。表明历经艰苦卓绝的探索，"六个精准"作为精准扶贫思想的实践路径，总体取得了良好成效。精准扶贫实质上完成了一次中国农村基层治理逻辑的转换。[①] 我国扶贫瞄准对象经历了从普遍化到区域化再到具体化的过程，扶贫对象精准锁定是本轮精准扶贫的突出特征，也取得了突出成效。就扶贫对象精准而言，高达 95.48% 的受访样本认为精准扶贫实现了精准识别，将贫困人口都纳入了建档立卡范围。项目安排精准、资金使用精准、措施到户精准、因村派人精准也在精准扶贫中实现突破，探索出了统筹使用涉农资金、从"四到省"到"四到县"、贫困县三项机制改革（考核机制、约束机制、贫困县退出机制）等创新举措，解决了"如何扶"的难题。就脱贫成效精准而言，创新形成了地方党委和政府属地监管、中央督查巡查和专项巡查监督、分类考核、交叉考核、第三方评估、媒体暗访等监督和考核方式，100% 的样本认为脱贫户不存在错退现象，有力地说明我国实现了脱贫成效精准。

第三，精准扶贫思想实践获得了极高的人民满意度。人民满意是精准扶贫思想实践的落脚点，调研数据显示，分别有 98.67%、94.84%、99.18% 的建档立卡户、非贫困户和扶贫干部对精准扶贫思想总体实施效果表示"非常满意"或"比较满意"，其中，分别有 58.32%、51.15%、87.24% 的建档立卡户、非贫困户和扶贫干部对精准扶贫思想总体实施效果表示"非常满意"，各类样本对精准扶贫思想总体实践效果满意度达 91.38 分，处于"好"等级，体现了人民对于精准扶贫思想成效的认可。

二 研究主要发现及其解释

第一，生存型扶贫政策的人民满意度高于发展型扶贫政策。究其原因，生存型扶贫政策是常规扶贫政策，在我国乃至世界扶贫史上都有较为成熟的实践，而发展型扶贫政策还有很大的探索空间。此外，在精准扶贫中，对建档立卡人口而言，生存型扶贫政策带来的实惠比较直接，见效快、获得感强，而发展型扶贫政策需要建档立卡人口的深度参与，尽管可能有较高的长期收益，但同时受益周期较长，且不可避免地面临市场风险和不确定性，因此，建档立卡人口对生存型扶贫政策的总体满意度高于发展型扶贫政策。对扶贫干部而言，在生存型扶贫政策实施过程中，其主要充当资源分配者和协调者，所面临的外部不确定性相对较小，而在发展型扶贫政策实施过程中，扶贫干部除了充当资源分配者和协调者外，还要面临来自市场的不确定性，无法确保建档立卡户能够获

[①] 景跃进：《中国农村基层治理的逻辑转换——国家与乡村社会关系的再思考》，《治理研究》2018 年第 1 期。

得收益，辛苦付出还可能得不到理解，"费力不讨好"，因此，扶贫干部对生存型扶贫政策的满意度总体也高于发展型扶贫政策。尽管生存型扶贫政策的人民满意度总体高于发展型扶贫政策，却不意味着发展型帮扶措施不重要，相反，发展型帮扶措施对于原贫困地区形成可持续发展能力是不可或缺的，而生存型帮扶措施虽然对缓解绝对贫困作用很大，但是对原贫困地区形成可持续发展能力作用有限。[①] 在未来，要更加重视发展型帮扶措施的完善。

第二，不同贫困程度的地区对教育帮扶需求不同，"三区三州"原深度贫困地区要警惕教育费用支出导致的规模性返贫风险。从受访建档立卡户对教育扶贫资源投入方向的观点来看，原深度贫困地区尤其是"三区三州"原深度贫困地区受访样本认为教育扶贫资源应更多倾向学前教育阶段和义务教育阶段，而编写组调研区域全样本的受访者相对更倾向于支持将教育帮扶资金投入高中阶段和大学及以上阶段。究其原因，原深度贫困地区受教育水平低，亟须补齐基础教育短板，原深度贫困地区受访样本中小学及以下学历者占比约达63.50%，高出总样本13.71个百分点，且原深度贫困地区多为多子女家庭，教育负担重，主要致贫原因为因学致贫的比例达27.96%，"三区三州"原深度贫困地区受访建档立卡户中因学致贫的比例更是达36.42%。当前，教育扶贫政策极大地缓解了原深度贫困地区建档立卡人口因教育导致的支出型贫困，同时，学前学普、"9+3"免费教育计划、"一村一幼"在原深度贫困地区的大面积推广，有效阻断了代际贫困。因此，在原深度贫困地区，需要持续重视解决基础教育资源薄弱的问题，而在一般贫困地区和非贫困地区的"插花式"相对贫困家庭，则需着力解决高中阶段和大学及以上教育阶段所带来的家庭开支增加问题。此外，值得一提的是，尽管在教育帮扶措施作用下，单个子女教育费用支出压力不大，但"三区三州"原深度贫困地区多为多子女家庭，多名子女教育的总开支仍然是一项不小的现金支出，"三区三州"原深度贫困地区受访样本中，有教育费用支出的家庭2020年平均教育费用支出达10191.1元。在巩固脱贫攻坚成果阶段，"三区三州"原深度贫困地区要警惕多子女家庭教育费用支出导致的规模性返贫风险。

第三，不同类型主体对精准扶贫政策满意度存在差异，满意度得分高低顺序依次为帮扶干部>脱贫户>非贫困户，且帮扶干部得分显著高于脱贫户和非贫困户。精准扶贫期间，到户扶贫资源主要投向了建档立卡户，因此，脱贫户打

[①]　汪三贵主编《当代中国扶贫》，中国人民大学出版社，2019，第64页。

分高于非贫困户是容易理解的。帮扶干部对于对精准扶贫政策满意度高于脱贫户和非贫困户这一发现在已有的研究中提及较少，究其原因，与我国以自上而下为主的扶贫体制有一定相关性，精准扶贫中，大量的体制内和体制外力量被充分调动起来，尤其对于体制内而言，各级各部门都能结合本单位的职能定位找到在扶贫领域的职责。① 此外，据统计，精准扶贫期间，全国派出驻村工作队 25.5 万支，累计驻村 300 余万人，9989 万建档立卡贫困群众都有结对帮扶干部。扶贫干部深度参与脱贫攻坚所形成的自豪感、脱贫攻坚胜利所带来的成就感大大提高了其对精准扶贫结果的满意度。

第四，在脱贫攻坚后期，建档立卡户和临界贫困户之间的"悬崖效应"有所改善。在精准扶贫前期和中期，建档立卡户和临界贫困户之间的"悬崖效应"普遍存在，"贫困程度不相上下，扶持政策天上地下"②，但从本次调查结果来看，非贫困人口的这种不满在脱贫攻坚战收官之后得到了极大的化解。究其原因，编写组认为这来源于原深度贫困地区对于平衡"悬崖效应"采取的一系列措施。比如，易地扶贫搬迁政策是扶贫政策中含金量极高的政策，也是容易引起建档立卡户与临界非贫困户矛盾的帮扶措施，为了平衡易地扶贫搬迁政策形成的巨大落差，深度贫困地区在条件允许的区域，允许符合条件的非贫困户享受随迁政策、危房改造政策等政策，在一定程度上平衡了非贫困人口的利益诉求。再比如，原深度贫困地区在低保对象选择上更加充分地考虑了非贫困户，从调研结果来看，原深度贫困地区有 20.81% 的受访非贫困户享受了低保政策，在"三区三州"深度贫困地区这一比例更是高达 25.81%，而在编写组调研全样本中，仅有 9.65% 的非贫困户受访样本享受了低保政策，原深度贫困地区尤其是"三区三州"原深度贫困地区提高非贫困户享受低保的比例，也可以视为一种缓解建档立卡户和临界非贫困户之间"悬崖效应"的平衡机制，变"悬崖效应"为"缓坡效应"。

三 研究启示

第一，坚持党的领导，在实践中不断完善体制机制。办好中国的事情，关键在党。在精准扶贫思想实践过程中，围绕脱贫攻坚目标，我们党不断调试工

① 周飞舟、谭明智：《"责任到人"的治理机制及其作用——以脱贫攻坚战为例》，《学海》2020 年第 3 期。
② 曾小溪、汪三贵：《论决胜脱贫攻坚的难点和对策》，《河海大学学报》（哲学社会科学版）2019 年第 6 期。

作方式、统筹协调各方面力量、宏观调控资源分配、优化要素配置，最终圆满实现既定目标。在乡村振兴阶段，要继续坚持党的领导，秉承实事求是精神，实现经济基础和上层建筑良性互动。其一，加强思想动员，提高战略定位。精准扶贫中，党中央把减贫摆在治国理政的突出位置，习近平总书记亲自指挥、亲自部署、亲自督战，极大鼓舞了精准扶贫士气。其二，调整考核方式，实行差异化政绩考核。变革过去举国上下"唯GDP论英雄"的考核方式，自上而下逐步调整，实行差异化考核方式。其三，理顺各级财权和事权，形成上下合力。在精准扶贫中，对中央、地方和基层的财权和事权进行了大幅度调整，通过加强顶层设计强化了资源配置，为精准扶贫提供了人、财、物要素投入保障。

第二，在实现巩固拓展脱贫攻坚成果同乡村振兴有效衔接阶段，继承和发扬精准思维，建立解决相对贫困问题的长效机制。其一，尽管贫困县已全部实现脱贫摘帽，但是还有相当一部分地区存在贫困反弹风险，尤其是原深度贫困地区，有必要在现有基础上，筛选出一批当前脱贫成果还不够稳定的县域继续开展动态精准帮扶。其二，在帮扶对象选择上，调整原有帮扶对象，建立防止返贫动态监测和帮扶机制，对脱贫不稳定户、边缘易致贫户，以及因病因灾等刚性支出较大或收入大幅缩减导致基本生活出现严重困难户等存在返贫致贫风险的群体，进行重点监测。

第三，调动各方面积极性，形成合力。在精准扶贫中，大量的体制内和体制外力量被充分调动起来，在未来，要继续调动各方面积极性，形成实现巩固拓展脱贫攻坚成果同乡村振兴有效衔接的合力。其一，充分调动专项资源、行业资源和社会资源。"三位一体"大扶贫格局是中国特色减贫道路的独特优势，精准扶贫目标的实现，离不开党的十八大以来"三位一体"大扶贫格局的强化和完善。其二，实现政府、市场、社会协同推进的格局。坚持动员全社会参与，发挥中国制度优势，加强政府统筹协调作用，发挥市场在资源配置中的决定性作用，扩大社会在第三次分配中的调节作用。

四　主要问题

总体而言，精准扶贫思想实践效果成就举世瞩目，但在偌大的体量、多样的贫情和复杂的背景下，仍存在一些需要继续解决的问题，这些问题也正是未来巩固拓展脱贫攻坚成果同乡村振兴有效衔接需要重点完善之处。

第一，集体经济发展偏弱。脱贫地区农村集体经济的壮大是巩固脱贫攻坚成果、防范规模性返贫、实现农民共同富裕的重要保障。经过脱贫攻坚的持续帮扶，脱贫地区集体经济整体面貌相对于党的十八大以前有了很大改善，尽管如此，从调研情况来看，农村集体经济发展总体偏弱，需要继续发展壮大。受访村的集体资产中，不能产生经济收益的公益性资产比重较高，转移性收入和村公资金是集体经济的主要收入来源。2020年，仅有27.03%的受访村有经营性收入，仅有13.51%的村庄有给农民的分红。与此同时，村集体资产管理不规范、人才匮乏等问题也制约着集体经济的发展壮大。

第二，发展型扶贫政策有待进一步完善。发展型扶贫政策是指提供发展机会、赋能帮扶对象，使帮扶对象通过自身努力向上流动成为可能的帮扶政策。[①]评估发现，发展型扶贫政策的人民满意度总体低于生存型扶贫政策的人民满意度。精准扶贫分项满意度最高的前五项分别为医疗健康扶贫政策（93.50）、社会兜底扶贫政策（93.37）、易地扶贫搬迁政策（92.26）、教育扶贫政策（92.21）和结对帮扶政策（92.19），这些政策总体上是能够直接为建档立卡人口带来收入或者减少开支的，属于生存型扶贫政策，而对于产业扶贫政策（90.43）、就业培训扶贫政策（90.34）、科技扶贫政策（90.01）以及电商扶贫政策（89.22）等发展型扶贫政策，建档立卡人口满意度相对较低，居于后四位。这与发展型扶贫政策见效周期较长、需要发挥建档立卡人口主观能动性、面对市场不确定性等因素密切相关，在未来仍有必要实施更加积极的发展型扶贫政策。

第三，原深度贫困地区脱贫人口可持续增收面临严峻挑战。受访对象中，有11.48%的原建档立卡户认为自己家庭新增收入是不可持续的，还有6.25%的建档立卡户认为自己与精准扶贫前相比，收入没有显著增加，这一群体主要是来自原深度贫困地区的受访样本。其原因在于，原深度贫困地区有相当一部分人口享受了易地扶贫搬迁政策，搬迁后生产经营收入减少、支出增加，如编写组调研的四川凉山彝族自治州昭觉县支尔莫乡阿土列尔村（"悬崖村"），村民绝大部分享受了易地扶贫搬迁政策，与搬迁之前相比，搬迁到昭觉县城后，村民距离原居住地开车要两小时，无法再继续耕作原有土地而导致农业生产经营性收入大幅萎缩，同时，进城后务工机会比较缺乏，难以迅速找到新的收入来源，仅能依靠政府公益性岗位和低保收入，所以收入无明显增加。一系列数据表明，相对贫困问题的解决仍然任重道远，有必要高度重视脱贫人口尤其是原深度贫困地区脱贫人口返贫问题，提高弱势群体的收入可持续性。

[①] 李实、杨一心：《完善收入分配制度 促进共同富裕》，《光明日报》2021年11月9日，第16版。

第九章　精准扶贫思想的典型实践案例：贵州省消灭千年绝对贫困

本章将从贵州省绝对贫困的形成根源、贵州省消除绝对贫困的基本做法和实践成效三个方面，以地方践行精准扶贫思想典型实践案例的视角，分析精准扶贫思想的实践效果。党的十八大以来，在精准扶贫思想的指导下，贵州省向绝对贫困发起了总攻。经过全省干部群众的共同努力，贵州省以平均每年减贫人数超过 100 万人的成效，于 2020 年底彻底消灭了千年绝对贫困，与全国一道进入全面小康社会，彻底撕掉了贫穷这个沉重标签，谱写了中国消灭绝对贫困奇迹的贵州篇章，为中国乃至世界减贫事业作出了重大贡献。贵州省消灭千年绝对贫困、实现全面建成小康社会，是精准扶贫思想指导脱贫攻坚全面胜利的缩影。

第一节　贵州省绝对贫困的形成根源

贵州省位于我国西南腹地，全省总面积 17.62 万平方千米，东西距离 595千米，南北距离 509 千米，东西南北四面分别与湖南、云南、广西、重庆、四川相接，是重要的西南交通枢纽。贵州省不沿江、不沿海、不沿边，是全国唯一一个没有平原支撑的省份，全省地貌以高原山地为主，平均海拔 1107 米，是海拔较高、纬度较低、地势起伏较大的喀斯特地貌典型发育山区。[①] 贵州省自然资源丰富，雨量充沛，气候温和，适宜多种作物生长，但始终处于我国政治、经济、文化的边缘位置，自成为行省以来就一直是我国最贫困的省份之一，深陷千年绝对贫困的泥沼中。究其原因，可以概括为"先天不足，后天失调"，即贵州省千年绝对贫困的形成有其自然因素、历史因素和社会因素。

一　贵州省千年绝对贫困形成的自然因素

人与自然是辩证统一的，二者相互联系、相互依存、相互渗透。一般而言，

---

① 王爱华主编《贵州省情教程》（第 6 版），清华大学出版社，2019，第 31—32 页。

适宜的自然环境能够为人类社会发展提供较好的生产生活条件，创造出更为丰富的社会财富；恶劣的自然环境则会使人们因为缺乏相应的生产生活条件而持续陷入贫困的境地，难以获得满足基本生活需要的物质资料。贵州省恶劣的自然环境，是其形成千年绝对贫困的重要原因之一。这种自然环境的恶劣，具体表现在以下两个方面。

其一，脆弱的生态环境限制产业发展。贵州省全境 92.5% 的地区为山地和丘陵地貌，74% 的地区为喀斯特地貌山区，缺乏平原支撑。这样的地理环境导致贵州平地少、坡度大，耕地少且破碎，灌溉条件较差，难以实现农作物的大面积栽种；与此同时，贵州省多个地区存在土层薄、水土流失严重等问题，直接限制了各类产业的发展。关于贵州省耕地面积的变化，可参见表 9-1。

表 9-1　贵州省 1873—1893 年耕地面积、人口总数及人均耕地面积变化

单位：亩，人

指标	1873 年	1893 年
耕地面积	17692000	20346000
人口总数	3957000	4836000
人均耕地面积	4.47	4.21

资料来源：熊宗仁等《贵州：区域地位的博弈》，贵州人民出版社，2008，第 147 页。

由表 9-1 可见，虽然在 1873 年至 1893 年的 20 年间，贵州省的耕地总面积增加了 265.4 万亩，但人均耕地面积减少了 0.26 亩。在粮食亩产量没有明显提高的情况下，贵州省人均占有粮食量还很少、粮食生产能力还比较弱，农业发展仍比较缓慢。此外，相关统计数据显示，从 1949 年到 1985 年，贵州各地自然地理环境日益恶化，其中水城、纳雍、望谟、紫云、从江、三都、德江 7 个县的森林覆盖率由 44.4% 下降至 16.1%，望谟、紫云、赫章、雷山等县的水土流失面积达到其总面积的 46.6%，其中赫章县更是高达 57.6%。这些复杂情况加剧了贵州各地推进产业发展的风险。

与此同时，贵州省险峻的地形地貌造成了山川阻隔，对内对外交通不便，限制了省内外人口及物资的流动，同时也造成各地区处于相对封闭的状况，导致贵州省经济、社会发展一直处于落后状态。新中国成立初期，贵州省内公路及内河航道建设标准极低，通车、通航里程数严重受限。1949 年时，贵州省内公路通车里程仅为 1950 公里，省内本就屈指可数的铁路及航空运输都因遭到不同程度的破坏而中断；到 1958 年 10 月，黔桂铁路通车至贵阳，才结束了贵州

省没有铁路的历史。在新中国成立初期，贵州省内基本有七成以上的县城及广大的农村都没有通公路，运输主要还是靠人背马驮。[1]

其二，频繁的自然灾害影响农业生产。由于特殊的地理位置和气候特点，贵州省内自然灾害频发，干旱、洪涝、冰雹、虫灾、山体滑坡及泥石流等常常轮番袭击，一年遭灾，数年贫困；有的地方由于地势气候条件较差，甚至年年自然灾害不断，经常出现春旱连夏旱，旱后洪水、冰雹接踵而至的情况，严重制约了贵州省农业经济发展。据数据统计，仅 1937—1945 年，贵州省的 80 多个县中，平均每年就有 27.7 个县发生自然灾害。如此频繁的自然灾害，加之脆弱的喀斯特生态环境，使得各种自然灾害的破坏性更大，往往造成灾害发生地的农业生产活动遭到毁灭性打击，在较短时期内难以恢复，成为导致贵州省农业发展长期缓慢且水平不高的重要原因。

在以农业生产为主要生产方式的社会中，贫困状况与农业发展水平具有直接相关性。一般而言，农业发展水平较高，当地居民的基本生活需要就能够得到满足，从而有余力开展其他生产活动，创造更多财富；农业发展水平不高，则极易出现食物短缺、劳动力不足的问题，限制当地居民从事其他生产活动，进而导致贫困问题的发生与延续。因此，有必要考察贵州省在一段时期内主要粮食作物产量和主要牲畜数量的变化情况，从而判断当地农业发展水平的整体发展形势。关于贵州省 1942—1947 年主要粮食作物产量的变化情况，可参见图 9-1。

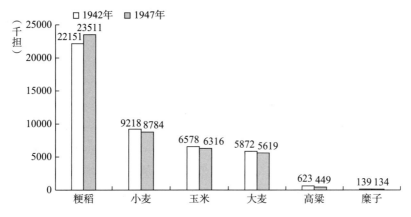

图 9-1　贵州省 1942—1947 年 6 种主要粮食作物产量情况[2]

---

①　吴大华、李胜主编《贵州脱贫攻坚 70 年》（上），贵州人民出版社，2019，第 43 页。

②　资料来源：《贵州六百年经济史》编委会编《贵州六百年经济史》，贵州人民出版社，1998，第 387 页。

由图 9-1 可以看出，在 6 种主要粮食作物中，除了粳稻以外，其余 5 种主要粮食作物（小麦、玉米、大麦、高粱、糜子）1947 年的产量均低于 1942 年，总体粮食产量呈下降趋势。此外，在相近年份中，贵州省 6 种主要牲畜的数量变化情况，可参见图 9-2。

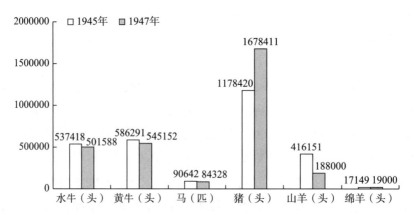

图 9-2　贵州省 1945—1947 年 6 种主要牲畜数量情况①

由图 9-2 可以看出，1945 年至 1947 年的三年时间内，贵州省的 6 种主要牲畜中，除了猪和绵羊以外，其余 4 种主要牲畜（水牛、黄牛、马、山羊）的数量都下降了，并且绵羊数量的增加也不显著。

综上所述，在较长一段时间内，受制于比较恶劣的自然环境，贵州省的主要粮食产量不升反降，主要牲畜数量也呈下降趋势，农业生产的发展形势十分严峻。在这种情况下，各地人民群众的基本食物需求得不到保障，农业作物收成很低，加剧了当地曾经的贫困状况。

二　贵州省千年绝对贫困形成的历史因素

马克思深刻指出："人们自己创造自己的历史，但是他们并不是随心所欲地创造，并不是在他们自己选定的条件下创造，而是在直接碰到的、既定的、从过去承继下来的条件下创造。"② 在唯物史观视域下，作为一种社会历史发展过程中客观存在的状态和持续出现的问题，贵州省千年绝对贫困的生成，直接来源于人们在特定社会历史条件下所进行的社会实践活动，是当地各种社会历史

---

① 资料来源：《贵州六百年经济史》编委会编《贵州六百年经济史》，贵州人民出版社，1998，第387 页。

② 《马克思恩格斯选集》（第一卷），人民出版社，2012，第 669 页。

因素长期以来综合作用的结果。

　　古籍文献记载，贵州开化始于春秋至战国时期，属楚国黔中郡。元朝统一中国后开始建立行省制度，规定当时的贵州分属于四川、云南、湖广；后在西南地区开设驿站，从湖广至云南、四川至广西的驿道均经过贵州。明朝初期，当权者平定云南叛乱后，高度重视贵州在加强西南地区统治、巩固国家边防等方面的重要作用，于明朝永乐十一年（1413）设贵州为中国的第十三个行省。[①]从贵州省的历史变迁中可以明显看到，统治者最初在贵州设省主要是出于军事、政治等方面的考量，而非当地经济社会的发展到了足以建省的程度。因此，贵州作为一个行省，自诞生之日起就存在"先天不足"的问题，其常年财赋开支中的71%都不能自己解决[②]，需要靠湖广、四川、云南三省协济，才能勉强维系当地财政运转。明清两代的统治者虽然都曾在贵州省通过屯田[③]、"改土归流"等方式进行开发，从而使得全省的人口数量和耕地面积得到了较大增长，但从全国范围内来看，贵州省的经济增长速度相对缓慢，仍然处于比较落后的发展状态（见表9-2）。

表9-2　18世纪中期全国各地区人均税收与全国税收的比值

地区	人均税收比值	地区	人均税收比值
山西	1.77	福建	0.91
陕西	1.63	直隶	0.78
江苏	1.55	安徽	0.75
浙江	1.47	湖南	0.70
山东	1.33	湖北	0.62
河南	1.33	广西	0.59
云南	1.18	四川	0.58
江西	1.14	贵州	0.39
广东	0.93	甘肃	0.38

资料来源：熊宗仁等《贵州：区域地位的博弈》，贵州人民出版社，2008，第143页。

　　由表9-2可知，在清朝中后期，贵州省的人均税收水平在全国各省排名中位列倒数第二，其经济落后程度可见一斑；人均税收与全面税收的比值较低，

①　王爱华主编《贵州省情教程》（第6版），清华大学出版社，2019，第60页。
②　吴大华、李胜主编《贵州脱贫攻坚70年》（上），贵州人民出版社，2019，第4页。
③　屯田分为军屯、民屯、商屯。军屯即官兵屯田，目的是"且耕且战"，以足军粮；民屯是官府组织的大规模移民活动；商屯指商人招募流民，在缺粮卫所附近屯种。

反映了当时贵州地区人民群众的贫困状况。从历史维度探究其贫困落后的原因，可追溯到长期以来贵州省比较落后的生产关系。

元朝时期，贵州省实行的土司制度是一种落后的社会制度。土司制度曾在一定程度上缓和了中央与地方土酋之间的矛盾，避免了一些战争冲突，在这种制度下，土司虽然在政治、军事、司法等方面受制于中央王朝，但在土司的领地内仍保持有较大的独立性。土司制度下的各族土民，世世代代都要被束缚在土司的领地上，平时为土司种地，承担土司所分派的各种徭役；发生战争时则被编为士兵，为土司之间的争权夺利卖命，与农奴制度下的农奴没有区别。可见，土司制度下的土司们各占其地、只谋私利，不利于中央政府的统一管理、分配。这样的制度下，土地作为生产资料不能获得最大限度的开发利用，土民参与生产的主观能动性不能积极调动，不利于农业生产和发展。

明清时期，为开拓边界、提升粮食生产能力，当时的统治者大力推行"改土归流"政策，基本废除了土司制度。但在贵州个别比较偏远的地区，还是存在封建地主经济和领主土司经济并存的情况，不利于当地农业生产的持续发展。此后，虽然贵州地区在中央政府的支持下先后推出了一系列改革举措，以此来促进农业农村的发展、增加农民的收入，但由于经济基础薄弱、社会制度比较落后，长期积攒的贫困问题并未得到真正解决，贵州地区的经济社会发展水平仍然远远落后于同期的全国其他地区。

民国时期，贵州省农村地区的生产关系则主要是地主佃农关系。在这样的生产关系中，地主和佃农之间的矛盾日益尖锐，具体表现为，佃农面临着生产者与生产资料相分离的困境，只能受地主压迫剥削，交付高额租金以谋生计，参与生产的积极性不足；地主则以剥削佃农为生，自己不参与农业生产，并想尽各种办法加大盘剥力度。在这种情况下，当地的生产活动基本处于自然经济状态，各类农业种植及水利技术条件得不到改进，严重阻碍了农业生产的发展。由图 9-3 可以看出，1912 年至 1935 年，贵州省的佃农数量总体呈上升趋势，1936 年该比例虽下降至 42.84%，但仍较全国平均数据 28.55% 要高得多。[①]

在相对落后生产关系的束缚下，贵州省的农业生产发展长期滞后，无法顺利产出充裕的粮食和其他生活消费品，当地人民饱受贫困问题的侵扰。以稻谷的产量为例，1915 年至 1936 年，贵州省稻谷产量波动明显，但总体而言增量不明显，且长期处于低水平徘徊状态（见表 9-3）。

---

① 陈正谟：《中国各省的地租》，商务印书馆，1936，第 43 页。

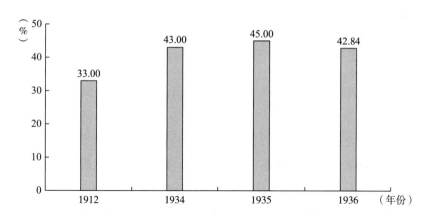

图 9-3　贵州省 1912 年至 1936 年佃农数量占农村人口总数比例情况①

表 9-3　贵州省 1915-1936 年稻谷产量变化情况

年份	籼粳稻			糯稻		
	种植面积（千亩）	产量（千斤）	亩产（斤）	种植面积（千亩）	产量（千斤）	亩产（斤）
1915	2934	712800	243	2641	641500	243
1924	2934	748500	255	2641	673600	255
1924—1929	8417	3771700	448	2577	1079800	419
1931	7544	2414100	320	1683	478000	284
1932	7981	2306500	289	1683	407300	242
1933	7888	2350600	298	1328	359900	271
1934	7205	1765200	245	1484	347300	234
1935	7738	2212000	286	1533	431400	281
1936	7129	1899900	267	1489	381300	256

资料来源：蒋德学编《贵州近代经济史资料选辑》（上），四川省社会科学院出版社，1987，第173 页。

由表 9-3 可以看出，1915 年至 1936 年，虽然贵州省的稻谷（包括籼粳稻和糯稻）种植面积发生了较大变化，但总产量和亩产量普遍不够高，且存在较大波动。其中，籼粳稻的最高亩产量出现在 1924 年至 1929 年，达到 448 斤；最低亩产量则出现在 1915 年，为 243 斤；糯稻最高亩产量出现在 1924 年至 1929 年，达到 419 斤，最低亩产量则出现在 1934 年，为 234 斤。由此可见，当

---

①　资料来源：蒋德学编《贵州近代经济史资料选辑》（上），四川省社会科学院出版社，1987，第416 页。

时比较落后的生产技术和生产关系确实束缚了农业的发展。

三 贵州省千年绝对贫困形成的社会因素

作为一种长期存在的社会现象，绝对贫困问题的生成有其特殊的社会背景和原因。一般而言，导致绝对贫困问题出现的社会因素包括思想文化水平、教育发展程度、医疗卫生状况等。贵州省千年绝对贫困问题的形成，与当地在较长一段时期内面临思想文化水平不够高、教育发展不充分、医疗卫生条件不完善等困难情况息息相关。

思想文化观念是影响经济社会发展的重要原因。贵州省横跨武陵山区、乌蒙山区和滇桂黔石漠化片区三大连片特困区，是涵盖集中连片贫困区最多的省份之一。这些连片贫困地区大多属于边远偏僻山区，布局分散、环境封闭，对外交流机会非常少，先进的思想观念及科学技术很难传播到这里。新中国成立初期，贵州省大部分农村地区的居民由于无法顺利掌握新技术，只能沿用传统农耕劳作方式，田地耕作粗放，产出率低，1949 年粮食总产量只有 296.55 万吨，仅占全国粮食总产量的 2.25%。以黔东南、黔西北少数民族聚居区为例，新中国成立较长一段时间后，当地不少居民普遍使用的仍是木犁、木耙、石耙等古老生产工具，采用"轮歇丢荒""刀耕火种"等落后的生产方式①；再加上缺乏相应的水利基础设施，当地居民基本属于靠天吃饭，每年农业生产收获甚微。同时，在个别少数民族聚居区，存在落后而不科学的婚丧嫁娶观念和传统习俗，直接影响当地的民俗文化，由此存在很多因事致贫的情况。这样的社会背景下，贵州省贫困地区的大多数居民存在文化素质不高、生产技术落后的问题，并于日常生活中产生了怠懒懒惰、不求进取的问题，既不具备脱贫致富的劳动能力，也缺乏勤劳致富的内生动力，严重制约贵州省脱贫事业和经济社会的持续发展，成为贵州省形成千年绝对贫困的重要原因。

发展教育事业是缓解贫困状况、破解贫困代际传递问题的重要方式。贵州省属于多民族杂居和部分少数民族聚居的省份，长期以来都存在教育资源不足且分布不均匀的问题，制约着全省各地经济社会的发展；尤其是乌蒙山区深处的高寒山区，更是长期以来都存在教育资源明显短缺的复杂情况，使其难以摆脱绝对贫困问题的代际传播。据统计，1949 年贵州省的文盲率高达 80%，学龄

---

① 王爱华主编《贵州省情教程》（第 6 版），清华大学出版社，2019，第 11 页。

儿童入学率仅为20%①，这种情况显然不利于当地现代化事业的推进。1990年，贵州省民族地区农业劳动力中，具有小学、初中、高中及以上文化程度的居民分别较全省其他地区的平均水平低2.6%、0.49%、0.03%，直接影响了民族地区农业农村的生产发展。党的十一届三中全会以来，贵州省严格贯彻落实党中央决策部署，在改革开放的浪潮中狠抓农村农民教育，使全省农业人口素质较之前一段时期得到极大提高。以全省农业人口的平均文化教育程度为例，1990年，贵州省平均每百个农业劳动力中，具有小学、初中、高中及以上文化程度的居民分别较1985年增加了3.98人、2.56人和0.07人，文盲、半文盲减少了7.17人，对贵州省经济社会的发展起到了重要驱动作用。但是，与同时期全国的整体情况相比而言，贵州省在文化教育水平方面仍存在较大差距。1990年，在贵州省平均每百个农业劳动力中，具有小学、初中、高中及以上文化程度的居民较全国分别要少3.61人、8.2人和3.68人，文盲、半文盲较全国多15.48人，不利于贵州省经济社会发展，加剧了绝对贫困状况。

医疗卫生与广大人民群众的切身利益紧密相关。增加医疗卫生资源、改善医疗卫生状况，是推动经济社会发展、解决贫困问题的应有之义。由于自身地理位置的特殊性和发展方式的局限性，贵州省长期以来都存在医疗卫生资源总数不够多且分布不均、医疗卫生状况比较差的问题，其中黔西南州、乌蒙山区的医疗卫生资源尤显匮乏，当地居民普遍面临因病致贫的难题。新中国成立初期，贵州省许多家庭住房属低矮型，少有窗户且人畜杂居，再加上饮食不卫生、防病治病全靠民间中草药等，各地出现了多种疾病肆虐的状况，严重影响了当地群众的生产生活、制约了当地反贫困事业的推进。面对这些情况，虽然贵州省认真贯彻落实党中央制定的"面向工农兵、预防为主、团结中西医、卫生工作与群众运动相结合"② 方针，制定出台了《贵州省少数民族卫生工作实施纲要》，集中力量迅速控制和消灭了多种危害严重的传染病、寄生虫病，并在此后逐步推动了各地医疗卫生机构的增加和发展，但医疗卫生资源总数不足和分布不均的问题仍普遍存在。截至2014年末，贵州省各级医院的总数虽稳步增长，但医院的规模相对偏小，难以切实满足广大人民群众的就医需求；与此同时，仍有6个县（镇宁县、关岭县、紫云县、台江县、雷山县、平塘县）无二级甲等及以上医院，当地群众面临"就医难"问题；与此同时，贵州省城乡居民到

---

① 邱胜：《"数"说贵州教育70年巨变》，《当代贵州》2019年第43期。
② 贵州民族事务委员会编《贵州民族工作五十年》，贵州民族出版社，1999，第478页。

医疗卫生机构的平均就诊人次低于全国平均水平，但平均住院人次却高于全国平均水平，经济困难仍是影响当地居民及时就医的主要原因。

第二节　贵州省践行精准扶贫思想消除绝对贫困的基本做法

作为全国脱贫攻坚的主战场之一，贵州省曾经具有贫困人口多、贫困面大、贫困程度深的基本特点。中国特色社会主义进入新时代以来，以习近平同志为核心的党中央"把脱贫攻坚摆在治国理政的突出位置，把脱贫攻坚作为全面建成小康社会的底线任务，组织实施了人类历史上规模最大、力度最强、惠及人口最多的脱贫攻坚战"①。在实际工作中，贵州省坚持精准扶贫、精准脱贫，结合当地具体情况构建精准脱贫工作服务体系，以此指导全省扶贫工作，取得了巨大的实践成效。2020 年 11 月 23 日，随着贵州省正式宣布望谟、纳雍、紫云、威宁、赫章、沿河、榕江、从江、晴隆 9 个贫困县完成脱贫摘帽，贵州省的脱贫攻坚战取得了全面胜利，全省 66 个贫困县全部摘帽，923 万贫困人口全部脱贫，192 万人完成易地扶贫搬迁，彻底摆脱了千百年的绝对贫困。② 系统总结和推广贵州省精准扶贫的基本做法，对于守住防止规模性返贫底线、不断拓展脱贫攻坚成果同乡村振兴有效衔接具有重要理论价值和现实意义。

中国特色社会主义进入新时代以来，贵州省在精准扶贫思想的科学指导下，结合本省实际，探索出了一条具有贵州特色的消灭千年绝对贫困、实现全面建成小康社会的基本做法和实践路径。可以将这些做法和路径归纳总结为以下四个方面。

一　大力推动基础设施建设，筑牢脱贫基石

基础设施是一个地区经济社会发展的重要支撑。千百年来，贵州由于地理环境闭塞，同外界沟通十分不便，限制了当地的经济发展。中国特色社会主义进入新时代以来，贵州省为打赢脱贫攻坚战，把大力推动基础设施建设摆在首位。随着脱贫攻坚战全面胜利，贵州省旧貌换新颜，经济实力快速增强，基础设施建设日新月异，曾经生活上的老大难问题得到历史性解决。

---

① 谌贻琴：《在全省脱贫攻坚总结表彰大会上的讲话》，《贵州日报》2021 年 4 月 24 日，第 2 版。
② 谌贻琴：《在全省脱贫攻坚总结表彰大会上的讲话》，《贵州日报》2021 年 4 月 24 日，第 2 版。

（一）加强交通设施建设

新时代以来，贵州省坚持"要想富，先修路"的基本理念，将交通基础设施建设作为消灭绝对贫困、全面建成小康社会的先行领域和重要支撑，集中精力打出了"三会战两决战一攻坚一行动"组合拳，推动形成立体交通网，从"县县通"到"组组通"，从"绿皮火车"到"高铁时代"，从一个机场到全省9个市、州都有机场，从激流险滩到"黄金水道"，彻底改变了交通闭塞的状况。[①]

1. 构筑起水陆空立体交通网

中国特色社会主义进入新时代以来，贵州省交通设施建设发生了巨变，"县县通高速公路、高铁时代到来、航空客运崛起、水路航运兴起"[②]，水陆空立体交通网络逐步形成，彻底扭转了贵州交通处在"夹缝"之中的尴尬局面。这些交通线把千山万水紧密联系起来，加强了内外交流，推动了经济腾飞。

第一，大力兴建高速公路，通车里程实现新突破。贵州省立足于本省的实际情况，充分借鉴发达地区交通建设经验，认真做好顶层设计，统筹规划布局高速公路建设，加大高速公路建设投入。2012年12月，贵州省出台《贵州省高速公路三年建设会战实施方案》，计划从2013年起，在全省范围内开展"高速公路三年建设会战"。经过三年会战，贵州省高速投资及通车里程不断增长。到2015年底，贵州省的高速公路通车里程突破了5100公里。2016年10月，贵州省政府批复了《贵州省高速公路网规划（加密规划）》，随着该规划的实施，截至2021年底，贵州全省高速公路总里程达8010公里，是2011年的近5倍，高速公路综合密度达全国第一。

第二，兴建铁路交通枢纽网，贵阳成为高铁枢纽。贵州省大力推进高速铁路建设，加速培育通道经济，连接发达地区，消除区域壁垒，将原贫困地区的资源优势转变为现实经济效益，统筹区域协调发展，推动实现区域大开放的格局，促进决战脱贫攻坚、决胜全面建成小康社会。为加快铁路建设，贵州省开展了"铁路大会战"，铁路建设投资累计完成1996.89亿元。此外，贵州推动铁路建设进入高铁时代，截至2021年底，铁路建成规模达4014公里，其中高速铁路1609公里，铁路通县达52个，高铁通县达36个。[③] 贵阳至周边省会城市

---

① 吴大华、李胜主编《贵州脱贫攻坚70年》（下），贵州人民出版社，2019，第447页。

② 吴大华、李胜主编《贵州脱贫攻坚70年》（下），贵州人民出版社，2019，第447页。

③ 张薇：《贵阳成为全国重要高铁枢纽》，《贵阳日报》2022年8月30日，第2版。

的高铁全面覆盖，基本实现高铁互联互通，未来几年即将实现"市市通高铁"。

第三，快速推进民航建设，通航机场实现市州全覆盖。贵州省大力推进通用航空业发展，明确全省"一干十六支"机场发展布局，积极建设国家级临空经济示范区，加快实现通用航空、机场的产业聚集效应、辐射带动作用和临空经济价值，为贵州决战脱贫攻坚、决胜全面建成小康社会提供更加有力的民航基础设施保障。2014年，六盘水机场成功落地，这意味着贵州省从此实现了每个地市通民航的目标；2017年，遵义茅台机场也建成通航，"一干十支"的机场布局从此形成了，彻底实现了民用机场覆盖所有地（州）；2018年，龙洞堡机场旅客吞吐量突破2000万人次，实现了历史性飞跃；2021年，贵阳机场顺利完成三期改扩建工程并正式投用，标志着贵州即将进入"双跑道"机场时代。

第四，大力发展省内河运事业，乌江水运全面启航。中国特色社会主义进入新时代以来，贵州省的内河航运事业全面发展，实现了通江达海的梦想。贵州省重点推进水运通道高等级航道建设，提升航道等级，提高运输通过能力，加快库区航运工程建设，加快都柳江航电结合、梯级开发进程，继续实施乡镇渡口改造工程。2014年底，贵州省启动的"水运建设三年会战"，累计完成固定资产投资75.27亿元。水运建设使得水运网络不断完善，加快了原贫困地区货物、人员及资金的流动和周转，为打赢脱贫攻坚战奠定了基础。截至2021年底，贵州内河航道通航里程近4000公里，等级航道达2700公里，占总通航里程的70%；高等级航道建成里程近1000公里，位居全国14个非水网省市第一。

2. 推进农村公路"组组通"

小康不小康，关键看老乡。没有农民群众的全面小康，就没有全国人民的全面小康。贵州省为夺取脱贫攻坚全面胜利，大力推进农村公路建设，以实现"修成一条公路、带动一片产业、致富一方百姓"[①] 的建设目标。

2013年，贵州省政府出台了《关于实施贵州省"四在农家·美丽乡村"基础设施建设六项行动计划的意见》，在文件中明确了实施小康路、小康水等6项行动计划。当年，贵州省完成国省干线及农村公路建设投资141亿元，实施普通国省道改造841公里，实施通村沥青路面工程1.2万公里、集中连片特困地区县乡道路改造项目1500公里、国有林场通沥青路面项目114.4公里，建制村通畅率超过50%。[②] 2015年，省政府办公厅印发《贵州省农村公路建设三年会

---

① 吴大华、李胜主编《贵州脱贫攻坚70年》（下），贵州人民出版社，2019，第457页。
② 贵州省地方志编纂委员会编《贵州省减贫志》，方志出版社，2016，第75页。

战实施方案》和《贵州省县乡公路改造三年攻坚行动实施方案》，要求在全省范围内积极开展"县乡公路改造三年攻坚行动"，使农村地区公路向"走得好"转变。2018 年出台的《中共贵州省委、贵州省人民政府 2018 年脱贫攻坚春风行动令》要求质量并重、权责一致、有路必养、城乡一体，高质量打好以农村公路"组组通"为重点的基础设施建设硬仗。截至 2021 年底，贵州全省的公路总里程达到 20 余万公里，其中农村公路超过 15 万公里，实现 3.99 万个 30 户以上自然村寨 100% 通硬化路，彻底解决了沿线 1200 万名群众出行不便的问题，有效激发了"三农"发展活力，极大促进了乡村旅游及农业发展。

● 专栏 9-1

贵州省黄平县："组组通"让幸福生活"路"出来

2016 年，黄平县累计投入资金 2.45 亿元，新建通村水泥（油）路 350 公里，比计划目标多完成 50 公里，全县实现建制村通畅率 100% 的目标。

2017 年秋，黄平县掀起了农村通组公路建设高潮，4 个月时间全县路基完成 400 多公里，路面浇筑 200 多公里，经过村民家脐橙基地的"组组通"公路列上项目并在冬季拉通了路基。

2018 年底，黄平县建设完成农村"组组通"公路 341 条 677.2 公里。村民家脐橙基地的"组组通"水泥路投入使用，结束了"脐橙人挑马驮下山"的历史，运输车辆直接开到基地上，实现了"零"的倒运，节约了成本，增加了收入。

2019 年 5 月 31 日，黄平县召开最后一批农村"组组通"公路验收会并移交管养，标志着农村"组组通"公路三年大决战胜利结束。山区人民出行条件得到改善，"黔货出山"效率大幅提升，人民群众的获得感和幸福感持续提升。

2020 年，黄平县根据省委部署要求，实施县乡公路路面提升改造 7 条 108 公里，贯穿各村的公路铺上了沥青，村民家的脐橙从通组水泥路到通村水泥路再到县乡油路，顺接过境的江都高速，"黔货出山"一路顺畅。

2022 年年初，黄平县开启了"四好农村路"省级示范县创建攻坚模式，当地创建的 584.141 公里"美丽农村路"向乡村延伸，推动了农村公路建设与富民产业、乡村旅游的深度融合，乡村因路更美，产业因路而兴。

资料来源：《贵州黄平："组组通"让幸福生活"路"出来》，中国新闻网，2022 年 9 月 30 日，ht-tps://www.gz.chinanews.com.cn/szfc/qiandongnan/2022-09-30/doc-ihcepanx0583250.shtml。

（二）加强农田水利设施建设

贵州省实现全面小康，乡村走向全面振兴，离不开农业基础设施建设。特别是在农业生产中，农田水利设施建设尤为重要。党的十八大以来，贵州省积极筹措资金、加大投入，开展大规模、高强度的农田水利基础设施建设，实现了农田水利建设的大发展、大跨越，积累了丰富的治水经验，探索出了适合贵州省实际的农田水利建设模式。

1. 加强农田建设

一方面，贵州省持续加大农田基本建设力度，通过土地综合整治、农业综合开发等多种途径，不断改善农田基础设施条件，改良中低产田土，优化农田结构与布局，耕地质量及地力水平得到了明显提升。2014 年，贵州省国土资源厅和财政厅联合出台《贵州省土地整治项目管理办法》，提出要全面落实耕地"占补平衡，占优补优，占水田补水田"[①] 原则；全面实施耕作层剥离再利用工程，结合土地整治项目，提高了耕地质量。2017 年，贵州省政府批复同意《贵州省土地整治规划（2016—2020 年）》。贵州省将通过该规划的实施，到 2020 年为 50 万就地脱贫人口每人整治 1 亩优质农田，为 20 个当时的极贫乡（镇）贫困人口整治耕地 16.68 万亩，有效助推精准扶贫、精准脱贫。2021 年，贵州省启动了高标准农田建设质量提升行动，截至 2022 年 12 月 9 日，全省已完成高标准农田建设任务 254 万亩，预计将超额完成 260 万亩的年度工作任务。作为全国唯一没有平原支撑的省份，贵州克服了在"八山一水一分田"中施行高标准农田建设的种种困难，不断将零碎的"粮田"变成一亩亩"良田"。

另一方面，贵州省不断改善各地农田的生产条件。一是全面改善农田灌溉排水条件。"十三五"以来，贵州省新开工建设骨干水源工程 202 座（其中大型工程 2 座、中型工程 40 座、小型工程 160 座）。到 2017 年，全省有效灌溉面积达 1585.66 千公顷，其中节水灌溉面积 332820 公顷、除涝面积 121420 公顷。2018 年，新增节水灌溉面积 87.93 万亩。二是快速提升农业科技应用水平。贵州省农业科技应用步伐不断加快，通过推广良种良法、高产创建、测土配方施肥、耕地保护与质量提升、深耕深松、旱作节水、水肥一体化、农林病虫害统防统治等一批稳产高产防灾减灾实用技术，促进了粮食的连续多年稳产高产。三是加快农业机械化推广应用步伐。贵州不断加大农机研发投入，攻克"卡脖

---

① 吴大华、李胜主编《贵州脱贫攻坚 70 年》（下），贵州人民出版社，2019，第 461 页。

子"技术难题，实现了农机作业条件的显著改善，中小型农机装备水平、作业水平、科技水平、服务水平和安全水平快速提高。

2. 加强水利建设

水利兴则农业兴。贵州省由于特殊地质构造，土地石漠化严重，普遍难以存住地表水。因此，长期以来，水利发展滞后、饮用水匮乏制约了贵州经济社会的发展。2011 年起，贵州水利扶贫的重点是加快贫困地区水利改革发展、提高水利服务与保障能力。贵州省以滇桂黔石漠化区、武陵山区、乌蒙山区三大集中连片特困地区为主战场，全面实施水利工程建设"三大会战"、"四在农家·美丽乡村"小康水行动计划和水利建设 3 年行动计划，统筹推进当时全省66 个贫困县水利扶贫工作，聚焦深度贫困县、极贫乡镇和深度贫困村，大幅增加水利建设资金投入，不断强化水利扶贫顶层设计，加大资源向贫困地区倾斜，做好水利惠民大文章等，全面提升了城乡供水保障能力，为全面建成小康社会提供坚实的水利支撑。

一是大幅增加水利设施建设投入。为全面破解贵州省工程性缺水困局，贵州省不断强化政策保障，加大财政投入，创新融资方式，争取金融支持，抢抓政策机遇，争取基金投入，探索"PPP 模式"，吸引社会资本。在这些措施的合力作用下，贵州水利建设投入不断实现突破，截至 2022 年，贵州省累计完成水利投资近 3000 亿元。二是强化水利扶贫顶层设计。贵州省根据水利部关于水利扶贫工作的要求，结合本省实际，不断强化顶层设计，做好水利扶贫规划编制，并将贫困地区优先纳入规划，指导水利扶贫工作顺利开展。三是加大资源向原贫困地区倾斜。在国家有关政策的基础上，结合本省实际情况，贵州制定出台了一系列倾斜支持政策和措施，如实施差别化投入政策、实施项目优先安排政策、采取倾斜支持措施、积极开展典型示范、积极推进群众就业等，加快推进了原贫困地区水利改革发展。四是做好水利惠民大文章。围绕农业现代化和新农村建设的目标，贵州突出小型水库除险加固、中小河流治理、农村安全饮水巩固提升、小型农田水利设施建设等，夯实了农田水利基础设施，增强了水利服务"三农"的能力，为农业增产、农民增收、农村发展提供了基础保障。

（三）加强电力、信息设施建设

贵州省不断推进农村电力、通信基础设施网络建设，提升支撑能力，筑牢发展之基，农村基础电力及通信设施不断夯实。

1. 推进电力基础设施建设

围绕"安全可靠、智能绿色"的目标全力开展"小康电"建设，贵州实施了"小康电"行动计划，大力推进农村电网线路提档升级，以电力基础设施助推全省脱贫攻坚，在一定程度上解决了农村配电网线路偏长、容量偏小的问题，提升了农村电网电压质量，截至 2019 年，贵州累计投资 860.99 亿元加强电网建设，相当于再造一个贵州电网，形成了"三横一中心"500 千伏主网架，覆盖全省所有市和州。如今，一个安全、可靠、绿色、高效的智能大电网已经覆盖贵州大地，为全省经济社会发展提供强劲动力。其中，贵州探索出了两大电力扶贫模式。一是以"小康电"建"爱心桥"。大力推进"小康电"建设，以电力技术改进和信息化手段运用，将人性化服务延伸到了广大农村地区，让农村居民享受与城市居民相同品质的电力服务，全面实现了同网同价。在全省推广电力建设和后勤服务等基本模式，将各种服务平台打造成"小康电"服务的"暖心台"、安全节约用电的"广播台"、村民情感沟通的"联系站"，让村民足不出村就能享受到各项电力服务。二是以电网建设助力农业发展。党的十八大以来，贵州省不断加大相关投入，以实现贫困户生活用电不愁、农村动力用电不愁、电能质量得到基本保障的目标任务。如今，贵州农村群众用电条件得到显著改善，农村电网从"供上电"向"供好电"发展，实现贫困户生活用电不愁、农村动力用电不愁、电能质量得到基本保障，为当时全省贫困地区开展节水灌溉、发展设施农业、实现产业升级创造了有利条件。

2. 推进信息基础设施建设

农村信息化基础设施对支撑农村信息资源的有效开发利用、促进数字农业发展、提高农业生产效益和农民生活质量、推动农村经济社会繁荣、缩小城乡发展差距具有十分重要的作用，是农村发展的"加速器"。贵州不断加强农村信息基础设施建设，让农村群众共享改革开放的成果，通过信息基础设施扶贫，促进了农村的发展。

一方面，夯实农村信息发展基础。2014 年 11 月 21 日，贵州省人民政府出台了《关于印发〈贵州省信息基础设施建设三年会战实施方案〉的通知》，提出要开展"信息基础设施建设大会战"，推动"满格贵州""小康讯"建设，稳步推进农村地区互联网基础设施、信息传输通道、信息化服务能力建设，积极推动通信网络向农村地区深度覆盖，提升原贫困地区移动通信网络的承载能力和接入能力。截至 2017 年底，贵州全省的通信光缆达到 90 万公里，各行政村实现了 100% 通 4G 网络、98% 通光纤。截至 2018 年 11 月，贵州全省基本完成了城乡光纤到户改造，实现了所有行政村通 4G 和光纤，通信网络能力不断增强，信息化水平得以进一步提升。截至 2022 年上半年，互联网出省宽带超过三万 G，比 2012 年末增长了近 44 倍，这标志着贵州省网络通信能力实现历史性飞跃，农村地区通信难题全面得到解决，进一步服务了广大农民群众，并带动了农村产业发展。

另一方面，缩小城乡通信设施建设差距。十年来，贵州深入推进电信普遍服务，着力解决通信难等老大难问题。全省信息通信业坚守初心、担牢使命，克服了农村地区建设难度大、投入成本高、人口居住散、地理条件复杂等困难，大力实施"电信普遍服务"等项目，城乡"数字鸿沟"不断缩小。2018 年，贵州省实现了光纤宽带和 4G 网络全面覆盖省内全部行政村，2020 年凡是农村居民数量在 30 户以上的村组都全面开通了 4G 网络，2021 年贵州所有乡镇都开通了七百兆的 5G 网络。截至目前，贵州省有五千余个行政村通了 5G 网络，行政村 5G 通达率近 40%，让空间上的"万水千山"变为网络上的"近在咫尺"。

二　积极推进农村产业革命，增强脱贫动力

产业兴旺是乡村振兴的基石，更是农民增收致富的重要途径。习近平总书记指出："产业增收是脱贫攻坚的主要途径和长久之策。"[①] 中国特色社会主义进入新时代以来，贵州深入推进产业革命，实施生态扶贫，并依托大数据展开扶贫工作。随着农村产业做大做强，精准扶贫精准脱贫的现代化水平不断提升，原贫困地区"造血功能"不断增强，贵州省有力地推动了贫困群众增收致富。2011 年到 2021 年，在生态扶贫、产业扶贫、大数据扶贫等的合力作用下，全省农林牧渔业增加值从 891.9 亿元提高到 2877.7 亿元，农村常住居民人均可支配收入从 4145 元提升到 12900 元。

（一）推进农村产业革命

贵州省高度重视农村地区的产业发展，为推动农村产业兴旺，领导了一场轰轰烈烈的产业革命。从顶层设计到具体落实，贵州省都积极探索符合本地情况的产业发展模式和道路，走出了一条具有贵州特色的产业振兴道路。

第一，在实践过程中，牢牢把握"八要素"。为推进农村地区产业变革，带动当地经济社会发展，贵州省在实际工作过程中牢牢把握农村产业革命的

---

① 中共中央党史和文献研究院编《习近平扶贫论述摘编》，中央文献出版社，2018，第 83 页。

"八要素"，即选择产业、培训农民、技术服务、筹措资金、组织方式、产销对接、利益联结、基层党建。在产业选择上，贵州省始终坚持市场导向、因地制宜、凸显特色，对于"种什么""养什么"等问题作出了适宜本地特色的最佳选择。在农民培训上，贵州省把培训农民作为重点任务来抓，全面提高农民综合素质，为加速振兴农村经济提供人力支持。在技术服务上，贵州省构建了从生产到使用的联合协作机制，把科学研究、实验研发和推广运用结合起来，提升了问题的解决效率、技术的集成效率、成果的转化效率。在资金筹措上，贵州省加快构建了集财政、金融、社会于一体的多元投入格局，为加快推进农村产业革命、全面振兴农村经济夯实了资金保障。在组织方式上，贵州省大力推广"公司+合作社+农户"的模式，让农民只管种，市场开拓由龙头公司来干。坚持"强龙头、创品牌、带农户"的思路，让农业生产从"单打独斗"走向集约化规模化经营，给贵州农业插上了腾飞的翅膀。在产销对接上，贵州省高度注重在农产品选种育种和生产加工等环节降成本、提质量，以优良的品种、过人的品质、响亮的品牌加速推进各地农业产业革命。在利益联结上，贵州省强调创新利益联结机制，深化资源变资产、资金变股金、农民变股东的"三变"改革，拓宽农民增收门路。在基层党建上，贵州省坚持推动乡村振兴的导向，大力培育农村基层干部，不断优化和调整干部队伍结构，全力打造一支懂经营、善管理、爱农民的"三农"工作队伍，同时大力发挥基层党组织的政治功能，让其成为产业革命的"先锋队"，不断发挥党组织凝聚民心、号召群众的重要作用，把基层党组织建设的触角延伸到产业革命的最前线，把基层党组织建设成为推动农村产业革命的坚强战斗堡垒。

第二，在方法指导上，认真用好"五步工作法"。在抓工作落实中，贵州结合实际总结提炼出政策设计、工作部署、干部培训、督促检查、追责问责"五步工作法"，成为推动各项工作落地落细落实的"方法论"和关键招。在政策设计上，根据贵州实际选准特色产业；在工作部署上，以清单式、项目化、标准化的管理，重点聚焦产业革命各项任务，扎实推进工作部署，将推进重点任务可能出现的复杂问题都搞清楚，以便在问题出现后能够及时以针对性的措施应对之；在干部培训上，用好培训阵地，抓住重点人群，增强培训内容的针对性；在督促检查上，建立健全考核评估、督查督导、示范引领等工作机制，加强督促检查，夯实各级干部抓落实的责任；在追责问责上，做到权责统一、失责必究，以强大的问责机制倒逼各级领导干部尽职尽责、落实工作，以推进农村产业革命。

第三，在实现形式上，探索创新组织方式。2018年以来，贵州省在农村产业革命实践中探索出"龙头企业+合作社+农户"的组织方式，在促进农业增效和农民增收上作用明显，在全省各地迅速得到推广运用，成为"村集体经济+合作社+农户""公司+农户""支部+合作社+农户"等模式借鉴升级的示范样板。截至2019年，贵州省通过"龙头企业+合作社+农户"的组织方式，实现全省建立县级以上农业产业化龙头企业4178家，联结11016个合作社、211.82万户农户，增收总额约144亿元，户均增收约6800元。实践证明，"龙头企业+合作社+农户"组织方式是立足于贵州具体实际、实施效果明显的现代农业发展模式，在这套模式下，龙头企业发挥了连接大市场的作用，合作社起到了组织农民、管理农民的作用，同时还壮大了村集体经济，调动了三者发展产业的积极性，形成部分大于整体的聚合效应，为高质量打赢脱贫攻坚战提供了支持。

第四，在范围选择上，把500亩以上坝区作为主战场。受到区域历史文化落后和自然环境闭塞等因素影响，贵州农业发展起点低、起步晚，农业生产长期停留在效益低下的小农经济，这种以家庭为主的农业经营方式已不适应社会大市场需求，事实表明仅依靠传统农业，根本无法带领贵州农民摆脱贫困。因此，贵州省瞄准大有可为的500亩以上坝区，深化农村农业产业革命，让这些沉睡的资源变成了发展的重要驱动力。数据显示，全省500亩以上的坝区共有1641个，涉及86个县（市、区）854个乡镇4700个村，占全省耕地面积的7.2%。[1] 为推动坝区农业产业结构调整，贵州省成立了工作领导小组和专班，出台了各种支持政策，并邀请专家进行专门指导，建立了包括省市县在内的三级农业产业结构农产品产销调度机制，建立了贵州绿色农产品直供直销通道，积极融入"一带一路"，在东南亚开设8个境外分销中心。在工作中，领导小组发挥了统筹协调的作用，全省各地根据自身情况，迅速响应并狠抓落实，提高了工作效率。

第五，在产业发展方面，贵州省着重发展12个农业特色优势产业。立足资源禀赋、气候条件、产业基础和市场需求等，贵州省深入调查研究，突出比较优势，因地制宜，选准选优特色产业，力求在规模化上取得突破，带动群众就地脱贫。2019年2月，贵州省制定出台了《省委、省政府领导领衔推进农村产业革命工作制度》，成立了许多工作领导小组，由省领导分别领衔推进包括茶、

---

[1]　刘莹：《打造农村产业革命示范田——贵州五百亩以上坝区产业结构调整成效斐然》，《贵州日报》2019年10月8日，第1版。

食用菌、蔬菜等在内的 12 个重点特色产业发展。为保证产业发展，贵州省建立了产业发展保障机制，提供专项帮扶资金，探索新型融资模式，经过全省大力推动，12 个特色优势产业发展成效十分显著。农业增加值增速在全国名列前茅，茶叶、辣椒、刺梨等农作物种植规模位列全国第一，地标农产品达到一百个。农业产业化国家重点龙头企业、省级龙头企业分别达到 35 个和 903 个。

（二）推进生态扶贫

生态扶贫是贵州省大力实施的"大生态战略"行动之一。在行动中，贵州省坚持"绿水青山就是金山银山"的理念，坚持生态优先、绿色发展，推动国家生态文明建设工程。党的十八大以来，贵州以绿色发展助推精准脱贫，在生态补偿扶贫、生态资源开发扶贫、生态工程扶贫等方面取得重大成效。

1. 推进生态补偿扶贫

一是退耕还林还草。为推进生态扶贫，贵州省大力推动实施了退耕还林还草行动，率先在全省进行了摸底调查工作，明确了全省 1054 万亩 25 度以上陡坡耕地的基本情况。在此基础上，2015 年 2 月，贵州省出台了《绿色贵州建设三年行动计划（2015—2017 年）》，2018 年 1 月，贵州省发布了《关于印发贵州省生态扶贫实施方案（2017—2020 年）的通知》。截至 2022 年 1 月，贵州省累计完成退耕还林计划任务 3708.33 万亩，其中新一轮退耕造林 1695 万亩，占全国计划任务数的 22.75%，居于全国第一位。这些工程总投资及工程带来的直接、间接补偿增加了当地原贫困群众的收入，带动了一批原贫困人口增收脱贫。二是森林生态效益补偿。2012 年 7 月，贵州省修订出台了《贵州省地方财政森林生态效益补偿基金管理办法》，2017 年，贵州省出台了《贵州省生态扶贫实施方案（2017—2020 年）》，2018 年，贵州省累计兑现公益林生态效益补偿资金 10.07 亿元。① 三是重点生态区位人工商品林赎买改革。2017 年 10 月，贵州省发布了《国家生态文明试验区（贵州）实施方案》，支持各地自主探索通过赎买及与其他资产进行置换等方式，促进重点生态区位集中化、规模化，进而提高生态公益林质量、增强森林生态服务功能和增加林农收入，实现林农与社会大众的"双赢"。四是碳汇交易扶贫。2018 年 6 月，贵州单株碳汇精准扶贫试点启动，试点按照科学严格的方法把贫困户拥有的符合条件的林地资源，以

---

① 《2018 年贵州省国土绿化公报》，多彩贵州网，2019 年 3 月 18 日，http://news.gog.cn/system/2019/03/18/017163710.shtml。

每一棵树吸收的二氧化碳量为产品，通过单株碳汇精准扶贫平台，面向全社会进行销售，卖出的资金将全部汇入对应原贫困户账户，截至 2022 年 8 月底，贵州省单株碳汇项目已覆盖全省 9 个市（州）33 个县 724 个村的 11793 户，累计开发 465 万余株，年可售碳汇量 4658 万千克，购碳资金总额约 1318 万元，当地居民户均增收 1100 余元。

● **专栏 9-2**

贵州省黔南州：用生态"长腿"迈出脱贫致富大步

在贵州省的脱贫攻坚战中，黔南州利用自身独特自然优势，把"生态"与"扶贫"牢牢结合在一起，用生态的"长腿"，迈出了脱贫致富的大步。

黔南州有数千名护林员，他们协助执法机构调查涉林案件，遏制破坏森林资源的行为，防止火灾事故的发生，宣传护林防火，保护生态。在黔南脱贫攻坚行动中，护林员这个岗位被赋予了新的意义，不仅保障了黔南地区的林业生态安全，更是成为消除经济贫困的重要手段。因为选聘的护林员全部是建档立卡的贫困人口，每年能得到近万元的补助，直接增加了参与者的家庭经济收入。据统计，2016 年黔南州通过聘用建档立卡贫困人口为生态护林员，实现了 0.72 万户 2.8 万余人精准脱贫。

2016 年，黔南州独山、荔波两县得到了国家林业局的定点帮扶，共获得国家开发银行贷款扶贫资金 16.03 亿元、新一轮退耕还林等生态工程项目资金超 1.5 亿元以及国家、地方公益林生态补偿资金近 4000 万元。黔南州及时兑现了这些补助资金，2016 年完成 10554.5 万元国家公益林生态效益补偿资金兑现，惠及贫困户 48022 户 175256 人，贫困户从中获得补偿资金 1867.16 万元；完成 9061.2 万元退耕还林补助资金兑现，惠及贫困户 28379 户 101239 人，贫困户从中获得补助资金 1537.6 万元。在此期间，黔南州加强与群众脱贫致富有密切联系的林业基础设施的建设，积极开展林业生态建设和产业开发，极大地改变了基础设施落后的现状，增加了林农的政策性收入。

新时期，为了让贫困群众获得更多的政策扶贫红利，发出生态补偿脱贫最强音，黔南州继续争取国家生态护林员资金投入，让更多建档立卡贫困人口转变为生态护林员；积极争取退耕还林任务，及时帮助贫困户将所有符合退耕还林条件的坡耕地全部种上脱贫致富的"摇钱树"；大力争取工程项目投入，统筹考虑生态效益与经济效益，为今后增收打好基础，并吸纳更多的贫困人口参与建设，促进贫困农户就业增收；将政策扶贫作用最大化发挥，既让贫困群众收入了真金白银，又让呵护绿色、守护生态成为人们的自觉行动。

资料来源：调研内容。

2. 推进生态资源开发扶贫

一是利用森林资源扶贫。森林资源利用扶贫，主要是通过发展林菌、林药等林下种植业和林下养鸡、养蜂等林下养殖业，以及森林旅游、康养等产业，大力发展林下经济，带动原贫困群众增收。新时代以来，贵州省林业总产值从401亿元增加到3719亿元，十年增长了近9倍。森林生态系统服务功能价值十年翻了一番多。森林已成为贵州最大发展优势和竞争优势的基础支撑，成为全省广大人民群众最普惠的民生福祉。二是建设农村小水电扶贫。贵州省为开展农村小水电扶贫，出台了《贵州省生态扶贫实施方案（2017—2020年）》，不断扩大水利建设投资，2019年1月，贵州省发布了《关于征求〈贵州省农村小水电扶贫工程实施方案（征求意见稿）〉意见的函》，要求贵州省财政厅、省能源局、省生态环境厅，以及贵州各市（州）发改委、水务局，实施农村小水电扶贫工程项目。贵州省农村小水电扶贫建设成就显著，过去的"水困村"变成了"幸福村"，实现了从"喝水难"到"喝上水"再到"喝好水"的转变，切实保障农村群众饮水安全。三是打造光伏发电项目扶贫。贵州是全国12个光伏扶贫省份之一。2015年5月，威宁自治县平箐建成和投产了装机3万千瓦的光伏电站，自此开创了贵州省可再生能源利用的新模式，开启了贵州省加快推动新能源快速发展，装机规模不断扩大，光伏发电实现了从无到有、从小到大、从慢到快的跨越式、规模化发展阶段。

3. 推动生态工程建设扶贫

一是建设生态移民工程。贵州于2012年启动实施了扶贫生态移民工程，规划用9年时间，对当时200多万居住在不具备基本生产生活条件地区的贫困群众实施扶贫生态移民搬迁。2012年到2015年，贵州省共计建设扶贫生态移民安置点674个，搬迁入住12.23万户53.07万人。2015年，贵州省启动了实施扶贫生态移民工程"三年攻坚行动计划"，提出用3年时间打造100个扶贫生态移民精品示范工程，引领和推动扶贫生态移民工程转型升级，实现扶贫开发、生态修复和小城镇建设有机统一。同时，2015年贵州省建设扶贫生态移民住房45987套，用于安置搬迁农户200000人。二是建设石漠化综合治理工程。贵州省是全国石漠化面积最大、等级最齐、程度最深、危害最重的省份。截至2011

年，贵州石漠化面积达 302.38 万公顷，其中，重度和极重度石漠化面积 42.47 万公顷。2012 年以来，贵州省在石漠化山区持续实施植树造林、退耕还林、生态移民等石漠化治理措施，取得明显成效。从前，贵州石漠化面积达 3 万余平方公里，如今已经减少近 1.5 万平方公里，是全国岩溶地区石漠化面积减少数量最多、减少幅度最大的省份。三是开展以工代赈资产收益扶贫试点。以工代赈是国家安排的农村小型基础设施以工代赈建设工程，原贫困农民可以参加以工代赈工程建设，获得劳务报酬，直接增加收入。2012 年以来，贵州实施的以工代赈工程在促进贫困地区资源开发和改善生态环境方面取得了显著成效。据《贵州省生态扶贫实施方案（2017—2020 年）》相关要求，贵州省锚定当时的贫困村和贫困人口，探索"资产变股权、贫民变股民"的资产收益扶贫新模式，将以工代赈投入农村集体经济组织，或当地发展前景较好的特色产业等项目，在分配各项收益时对贫困户予以政策性支持。

（三）推进大数据扶贫

近年来，贵州省通过推动大数据战略行动，统筹推进大数据建设和脱贫攻坚有效衔接，运用互联网和大数据技术推动扶贫机制落实落地，打通农村产业扶贫的"最后一公里"和"第一公里"，探索出了一条"大数据+大扶贫"的融合发展道路，打造了走在全国前列的脱贫攻坚的"示范样板"。

1. 推动大数据深度融合精准扶贫

一是使用大数据"扶贫云"提高精准扶贫效率。贵州省通过大数据精准"扶贫云"系统，有效解决脱贫攻坚工作中扶贫数据不通、数据不准等问题，切实提高精准扶贫效率。通过精准识别、精准画像、助力教育扶贫、助力易地扶贫搬迁、助力企业帮扶等方式，切实降低了扶贫成本，提高了扶贫效率。二是依托大数据助力扶贫成效评估考核。贵州省将大数据及相关分析结果作为扶贫成效评估考核的重要依据。大数据能够有效评估产业扶贫帮扶效益，科学做好扶贫成效分析，实时掌握扶贫干部工作成效，最大限度提升了扶贫成效考核的科学性和精准性。三是打通精准扶贫部门数据管道。依托"云上贵州"数据共享交换平台，将各省直部门的数据统一共享在"扶贫云"平台。通过数据统计功能实时掌握管辖县区内各类指标的统计情况，包括致贫原因、脱贫指标、男女比例、年龄分布等扶贫动态指标，实现扶贫数据的互通共享、自动比对、实时更新、自动预警。四是将大数据扶贫作为便民惠民的重要举措。贵州省坚持围绕精准扶贫"扶持谁、谁来扶、怎么扶、如何退"四个方面的问题，按照

"一达标、两不愁、三保障"的识别标准，从饮水、住房、交通、教育、医疗等方面入手，"平台"以精准识别建档立卡数据库为基础，重点对 2014 年以来全省贫困人口进行动态监测管理，并采取针对性帮扶措施进行帮扶。

2. 以电商助力产业扶贫

一是增强政府职能，营造良好发展环境。贵州省坚持将农村电子商务作为扶贫工作的重要抓手，全力开展农村电商精准扶贫。贵州省各级政府高度重视发展电子商务，成立了相关工作领导小组，在村一级不断完善配置，引导村党支部发挥党组织引领作用，探索建立了"基层党组织+农村电商""农村电商+村级公共服务"的发展模式。为进一步发挥农村电子商务在脱贫攻坚中的作用，贵州省强化考核力度，将网络上行零售额完成情况纳入市州县域经济发展综合测评及排位考核体系。二是以创新产销对接机制为抓手，促进线上线下融合。贵州省大力营造电子商务发展氛围，增强农村电商带动作用，强化政策引导，积极引导农业生产、工业制造、服务产业等传统业态的电商转型，扩大农村电商覆盖面，持之以恒助推农业供给侧结构性改革，助力传统制造业结构调整，创新发展产销衔接机制，提高了精准扶贫实效。三是以产业发展为基础，提高基层运营能力。为进一步提高贫困地区农产品上行能力，贵州省采取多项措施，如拓宽农产品线上销售渠道、完善服务体系、强化基础设施建设等，不断提高电商基层运营能力。四是做好示范引领，推动农村电商示范项目全覆盖。2015年以来，贵州省大力推进国家级电子商务进农村综合示范项目创建工作，大力落实"大数据、大扶贫、大生态"战略，安排投入了大量专项资金，形成全省各地齐心抓电商的良好氛围，电子商务进农村综合示范成效显著，农村现代化流通体系不断健全，有效促进了农民群众的脱贫增收和"黔货出山"工作。五是以基层党组织为堡垒，切实走好电商群众路线。贵州省充分发挥基层党组织的带动作用，深耕农村电商发展土壤，全力推动电子商务精准扶贫，有效发挥了基层党组织的战斗堡垒作用、先锋示范作用和坚强领导作用，为贵州摆脱贫困，实现全面小康提供了政治保障。

三 探索创新易地搬迁方法，丰富脱贫方式

易地扶贫搬迁是在政府主导、群众自愿参与的原则下，将居住于自然资源禀赋差、水利交通等基础设施难以覆盖地区的农村建档立卡户，通过统一搬迁，整村安置到自然条件较好、利于生产生活的其他地区，从而使人民群众摆脱地区条件的束缚，彻底改善生产生活条件的扶贫方式，是一种从根上让人民群众

脱贫致富的扶贫方式。贵州省是中国石漠化最严重的省份之一，具有"八山一水一分田"的地形特点，曾经有大量贫困人口居住在"一方水土养不起一方人"的地方。自 2015 年 11 月中央全面打响脱贫攻坚战以来，贵州省立足于特殊的省情，把易地扶贫搬迁作为突破自然资源条件发展桎梏、带领人民群众脱贫致富的重要举措，围绕脱贫抓搬迁，突出精准抓落实，强化标准抓规范，深入推进"六个坚持""五个三""五个体系"，全面提升搬迁质量和成效，"十三五"期间完成创历史之最的 188 万人搬迁任务，走出了一条独具特色的城镇化安置路径，形成了易地扶贫搬迁的"贵州样板"。

（一）做好顶层设计——"六个坚持""五个体系"

在实施易地扶贫搬迁工程的过程中，贵州省紧紧围绕"人往哪里搬、钱从哪里筹、地在哪里划、房屋如何建、收入如何增、生态如何护、新村如何管"等关键问题，结合省内不同地区的实际发展情况和突出问题不断探索创新，以实现脱贫目标为导向，以城镇化集中安置为重点，以精准施策为要义，探索形成了"六个坚持"的基本路径，精准推进易地扶贫搬迁，高质量、高标准地做好"上半篇文章"。易地扶贫搬迁启动实施以来，贵州省更是高度重视贫困群众搬迁后的发展问题，在 2016 年就提出了后续生计保障"五个三"机制，明确"围绕脱贫抓搬迁"；2018 年，贵州省又及时将易地扶贫搬迁工作重心从搬迁安置转向后续扶持，研究出台"五个体系"后续扶持政策文件，对易地扶贫搬迁后续工作作出系统性、制度性安排，顺利完成了易地扶贫搬迁的"下半篇文章"。

1. "六个坚持"——扶贫搬迁的"上半篇文章"

"六个坚持"是在马克思主义基本立场、观点、方法指导下，党带领广大农民群众实践探索易地扶贫搬迁经验的总结和充分发挥农村集体和农民个人智慧的结果。贵州省各级党委、政府高度重视易地扶贫搬迁工程实施方案的制定和落实，坚持"从实践中来到实践中去"，进行了广泛调研和深入思考，对贵州易地扶贫搬迁路径作出了全面、系统、深刻的回答。

第一，坚持省级统贷统还。易地扶贫搬迁是一项大工程，为了保证扶贫资金的高效使用，贵州省建立了省级统贷统还机制。这一投融资管理体制的主体是省级单位，保障了易地扶贫搬迁资金利用的公平公正；其主要职责是筹集管理易地扶贫搬迁所需资金（除中央预算内投资）并负责统贷统还融资本息，这些资金以市场化的运作方式使用易地扶贫搬迁的国家专项建设资金、地方政府债券、金融机构贷款，保证了资金资源的高效配置。贵州省在推进易地扶贫搬迁工作的初期就成立了易地扶贫搬迁资金市场化运作主体——贵州扶贫开发投资有限公司，明确了由省扶贫开发投资公司作为承贷主体和还贷主体，负责统贷统还全省易地扶贫搬迁所需的资金。从实施成效来看，贵州扶贫开发投资有限公司有力地保障了资金供给与还息，同时严格资金管理，实行从省到县、县到项目专户存储、专账核算、物理隔离、封闭运行管理的办法，为实现易地扶贫搬迁资金的安全运行和绩效管理提供了有力保障。基于此，贵州省在全国范围内率先落实了省级"统贷统还"，也是落实得最到位、最彻底的省份之一。

第二，坚持以自然村寨整体搬迁为主。易地扶贫搬迁工作首先要确定哪些地区需要搬迁安置，因此必须在详细调查的基础上进行精准识别。在实施易地扶贫搬迁工程的过程中，贵州省要求聚焦"一方水土养不起一方人"的地方，对迁出地所在区域的自然资源条件、现实发展情况以及搬迁家庭个体的生活生产状况进行全方位的界定，设置了 11 个识别登记程序，将界定和识别对象着重放在 50 户以下、贫困发生率超过 50%（深度贫困地区新增的搬迁自然村寨贫困发生率超过 20%）的地区和"组组通"难以覆盖的自然村寨，突出强调识别对象的"精准"。2015 年 11 月《中共中央 国务院关于打赢脱贫攻坚战的决定》印发后，贵州省先后组织了四轮对搬迁对象的排查核定，逐县逐乡逐村逐户地开展精准识别工作，最终由村、乡、县、市（州）逐级审核上报后省级复核抽查，自下而上地锁定了搬迁对象和规模。在搬迁过程中，贵州省还强调必须坚持自然村寨整体搬迁、兼顾全局、利于长远的原则。

第三，坚持城镇化集中安置。在安置方式上，贵州搬迁安置方式经历了从以农村安置为主，到以城镇安置为主，再到全部城镇化集中安置的演进过程。新时代以来，贵州省坚持把安置点主要布局在县城和市（州）政府所在城市，组织和引导搬迁群众到城镇集中安置，依托城镇化发展成果和区位优势实现稳定脱贫和可持续发展。经过努力，贵州城镇化集中安置工作成效显著。据统计，2015 年至 2020 年，贵州省共有 192 万人进行了易地扶贫搬迁，累计建成了近千个集中安置点，全省新（改）建学校（幼儿园）超 650 所，提供学位达 54.7 万个，新（改）建超 400 个医疗配套项目，搬迁群众的教育、医疗等基本需求得到切实满足。截至 2022 年 6 月底，贵州省易地搬迁群众中已就业人数超过 92 万人，就业率达 92.34%，实现了有劳动力家庭一户一人以上就业，确保了对零就业家庭的动态清零。

第四，坚持以县为单位集中建设。为了规范工程项目管理，贵州省从 2017

年起对全省易地扶贫搬迁安置点项目全部实行以县为单位的集中管理，即由县级人民政府整合相关资源要素、统筹各部门力量、统一组织实施，实行统规统建，为工程进度、建设质量、建筑成本和就业落实提供有效保障。贵州省坚持边实践边总结，在2016年扶贫搬迁项目实施基础上，实现了重大实践创新，坚持县级管建设、乡镇管搬迁，将县、乡两级项目建设与搬迁安置的责任分层压实，大大提高了工作效率。相比2016年项目，实行以县为单位集中建设的2017年项目，无论是前期工作规范、工程建设质量、建筑品位，还是搬迁的动员组织、就业培训、公共服务配套等各方面，都实现了质的飞跃。

第五，坚持不让贫困户因搬迁而负债。易地扶贫搬迁是为了让人民群众脱贫致富而不是背上债务，贵州省将不让当时的贫困户因搬迁负债作为推进易地扶贫搬迁的底线。为此，贵州省严格实行了"三个严控"的政策措施，按照"保基本"的原则，对搬迁成本进行严格的管控，即严格控制住房面积、严格控制建设成本、严格控制房屋类型。"三个严控"的实施，在不突破投资标准和搬迁群众自筹标准的前提下，为原贫困群众顺利地搬迁至安置点的安全住房提供了政策支撑，有效避免了人民群众因搬迁安置而负债，易地扶贫搬迁真正达成了原贫困户搬迁不负债的底线目标，为原贫困户在新环境中脱贫致富、创造美好生活鼓足了信心。

第六，坚持以岗定搬、以产定搬。为解决好"搬出来怎么办"的问题，贵州省在推进易地扶贫搬迁的过程中，充分考虑了搬迁群众中劳动力的数量情况和就业需求，并以此为依据开展搬迁安置点的选址和规划工作，统筹协调安置地可就业岗位的规模和可脱贫产业相关安置点的区位，精准落实就业和产业脱贫措施。对于县域内仍难以提供足够就业岗位的地区，支持在省域范围内跨行政区域搬迁安置，同时还明确要求每户实现1人以上在城镇就业，对搬迁劳动力实行全员培训、实施产业配套，确保了搬迁群众在安置地有业可就、有事可做、有钱可赚、有更好的发展前景。

2. "五个体系"——扶贫搬迁的"下半篇文章"

第一，围绕脱贫抓搬迁——"五个三"。易地搬迁的根本目的是帮助广大贫困群众脱贫致富。由此可见，搬迁只是手段，脱贫才是目标。而在早期易地搬迁的过程中存在"为搬迁而搬迁"的本末倒置的做法。基于此，贵州省在全面调研的基础上，提出了"四个三"的做法，并在惠水县的实践中将其落实，取得显著成效。此后，贵州省全面总结了这一成功做法，将其上升为"五个三"，在全省推广。一是推动"三变改革"，盘活承包地、山林地和宅基地，提高土地资源利用效率。通过对搬迁户享有的土地进行确权，保障搬迁户具有基本的土地承包经营权，确保其享受各类惠利政策；通过适合贵州本地实际的农业经营组织方式对土地进行集中连片开发和管理，让土地成为搬迁户的收入来源，成为他们可以依靠的基本生活保障。二是统筹就业、教育和医疗"三项事业"，切实做到"四个一批"，确保每户村民实现1人以上就业，并保障村民就近医疗和农民子女就近入学。三是衔接低保、医保和养老"三类保险"，夯实易地搬迁群众的社会保障基础，解决他们的后顾之忧，确保搬迁群众能够灵活入保，在迁出地和安置地均可入保，确保政策的连贯性、稳定性和有效性。四是建设经营性服务公司、小型农场和公共服务站"三种主体"，不断扩大"财源"。把集体资产和政府资产转交大型公司经营管理，所得收益用来补贴搬迁户的日常开支；就近流转适当土地以供搬迁户日常耕种使用，尽力保证搬迁户蔬菜自给自足；不断完善安置区的基础设施，尤其是老年服务中心和托儿所等，保障幼有所养、老有所依。五是探索集体经营、社区管理服务、群众动员组织"三位管理"，依靠集体经营盘活安置点资源资产，成立社区管委会、党支部、互助组等基层组织，全面做好安置点的社会管理和精神文明建设工作，为搬迁群众帮好忙、服好务。

第二，严格落实"五个体系"。依据人口迁移和工程性移民的一般规律，搬迁群众在安置地要经历政治、经济、社会、文化心理四个层次的融入。贵州省紧扣搬迁群众在安置地，特别是城镇的政治融合、经济融合、社会融合和文化心理融合等方面的诉求，着力构建基本公共服务体系、培训和就业服务体系、文化服务体系、社区治理体系、基层党建体系"五个体系"，大力加强和完善易地扶贫搬迁后续工作，提供更多优质服务，正确引导搬迁群众的社会预期。一是推动搬迁群众从农民向新市民身份的顺利转化、协调好迁出地和安置地利益分配，重点完善公共教育、医疗卫生、社会保障和社区服务，确保搬迁群众享有同等配套、同等服务和同等待遇，实现基本公共服务均等化。二是推动搬迁群众生计方式的非农化转变，大力培训农村劳动力、促进劳动力家庭1人以上稳定就业、盘活"三块地"闲置资产、保障搬迁家庭每户有稳定收入，逐步实现搬迁群众基本生活保障和可持续发展。三是不断丰富搬迁群众的精神文化生活，促进搬迁群众参与社会交往和互动，增强居民对安置地的认同感和归属感，不断激发脱贫斗志、增强脱贫内生动力。重点聚焦社会主义先进文化进社区，增强社会主义核心价值观的引领能力，提升群众的认同感。四是大力推动社区"四化"建设，强基固本，实现"政府—社会—居民"良性互动。五是坚持以党的建设为引领，把每个安置点基层党组织建成发挥政治领导作用、推动经济社会发展的战斗堡垒，确保易地扶贫搬迁后续扶持贯彻党的意志、坚持党的方向。这些做法有力地提升了搬迁群众的获得感、幸福感和安全感。

（二）建立健全易地搬迁保障机制

自 2015 年底易地扶贫搬迁工程启动以来，贵州省构建了工程实施的制度保障、组织保障、要素保障和工作落实保障机制，为专项工程的实施提供了典范。

第一，建立制度保障机制。贵州省高度重视易地扶贫搬迁政策顶层设计，根据中央的统一政策框架，结合贵州省情实际，在深入调研、广泛征求意见的基础上，探索形成了富有贵州特色的政策体系和实施路径。自 2015 年底启动实施至今，省级已经出台易地扶贫搬迁各类政策 57 个，按照文件所涉及的范围和权限可以分成纲领性文件、操作性文件和部门协作支持文件三个层次。从"顶层设计的根本遵循和行动指南"到"对住房标准、建设方式以及易地扶贫搬迁实施中的具体问题指导"再到"各部门相互间协作支持的文件"，贵州省为易地扶贫搬迁构建了政策体系，建立起了完善的制度保障机制。

第二，建立组织保障机制。自易地扶贫搬迁启动实施以来，贵州省始终突出党对易地扶贫搬迁工作的全面领导，形成了省、市、县、乡、村"五级书记"抓搬迁的大工作格局。贵州省级层面成立了省委书记、省长任"双组长"的省扶贫开发领导小组，层层建立易地扶贫搬迁指挥部，实行党委、政府分管领导"双指挥长"制，发挥党委统领脱贫攻坚的核心作用；实施部门的统筹协调职能不断增强，由上级领导挂帅兼任扶贫骨干，从同级党政机关抽调优秀干部充实市、县指挥部办公室；实行县委书记、县长包保安置点建设责任制，有效地保障了项目建设进度、建设质量和实施效果。

第三，建立要素保障机制。保障相应的要素投入是易地扶贫搬迁顺利推进的重要前提。"十三五"时期易地扶贫搬迁在融资方式上实现重大创新，引进了开发性、政策性金融资金，中央财政给予 90% 的贴息，保障了资金的及时到位和效益的发挥，有效助推了工程项目的顺利实施。此外，大力推进城乡建设用地增减挂钩节余指标流转交易，全面支持易地扶贫搬迁还款，减轻了地方政府的还款压力，建立了资金从借款、使用到还款的闭合机制，是脱贫攻坚资金筹措方式的重要改革创新。新时期易地扶贫搬迁启动以来，在中央的大力支持下，贵州省不断创新要素保障制度，在资金、用地和城乡建设用地增减挂钩支持易地扶贫搬迁等方面形成了有力保障。

第四，建立工作落实保障机制。为保证搬迁安置工作有效落实，贵州省创造性提出了"五步工作法"，即政策设计、工作部署、干部培训、督促检查、追责问责，确保工作落实落地。一是在政策设计上，贵州省着眼于时代发展的历史维度，立足于贵州经济社会发展的实际，在不断探索实践、反复研究的基础上，逐步建立完善了贵州易地扶贫搬迁"五个三""六个坚持""五个体系"的完整政策体系，保证了贵州省易地扶贫搬迁工作始终能够找准方向、走对路子、取得实效。二是在工作部署上，把易地扶贫搬迁作为贵州省脱贫攻坚的核心任务，主要领导亲自推动，对贵州省易地扶贫搬迁的指导思想、政策体系、实施路径和具体要求作出重要指示，在搬迁安置阶段有效确保了政策部署落地见效。三是在干部培训上，贵州省积极开展了多次政策宣讲与干部培训活动，把各项政策部署培训到位，使各级干部都能够精通政策、掌握政策、熟练运用政策。四是在督促检查上，贵州省加大明察暗访和督查调研力度，逐步建立了包括督查、审计、巡视等在内的"五位一体"发现和纠错机制，仔细查找搬迁工作中的问题，针对这些问题提出针对性解决措施，在实践中进一步完善工作方法。五是在追责问责上，贵州省将工程实施情况纳入地方政府年度目标绩效考核，并将考核结果与干部选拔任用和奖惩制度挂钩，对落实不力的地方政府进行责任追究；对工作进度滞后的地方政府给出预警和建议；对推进不力的地方政府负责人进行约谈并问责；各级监察和审计部门对专项资金的使用和管理加强监督和检查。

● 专栏 9-3

贵州省贵定县：易地搬迁"搬"出幸福美好生活

在贵州省的脱贫攻坚战中，贵定县大力实施易地扶贫搬迁项目，坚持"挪穷窝"与"换穷业"并举、安居与乐业并重、搬迁与脱贫同步，探索出了一条以集中安置为主、分散安置为辅的易地扶贫搬迁新路子，实现了搬得出、稳得住、可发展、能致富的目标。

多年来，贵定县云雾镇窑上社区关口村腰箩滩组因交通闭塞、耕地较少，贫困发生率高达50%。"肩挑马驮出行路、烧炭仅够油米钱"是这个贫困村的现实写照。为了让村民早日脱贫致富，贵定县对腰箩滩组进行了整体搬迁。在易地搬迁中，当地政府坚持统一规划、统一建设、统一标准、统一建筑风格、统一配套基础设施和公共服务，确保安置区内通路、通电、通水、通电视、通通信，有产业基地、活动场地、购物中心、卫生室、文化站、垃圾收运点，并安排一地居民同住一栋楼、积极开展社区民族文化活动，让搬迁户心里有归宿，逐步融入新的城镇生活。

按照县级领导包保搬迁组，迁出地、迁入地镇乡干部双包保搬迁户的原则，贵定县推行了领导定点联系扶贫工作制度和干部"三访"（工作下访、入户走访、日常随访）制度，实现了搬迁户和贫困村贫困户遍访全覆盖。根据相关要求，当地对搬迁群众实行"包发动、包服务、包就业、包脱贫"的"四包"责任制，建立长期稳定的干部结对机制，由全县各级领导对 42609 名贫困人口进行包保，并出台了包括《关于进一步加大易地扶贫搬迁力度推进精准脱贫的实施意见》等在内的"1+13+2"扶贫攻坚计划，规定农村精准扶贫建档立卡户人均住房补助 2 万元，非贫困人口人均住房补助 1.2 万元，签订旧房拆除协议并自行拆除的，每人奖励 1.5 万元。同时有序推进农业转移人口市民化，鼓励进城务工有稳定收入来源的扶贫搬迁对象举家转户进城、进集镇安置，规定搬迁对象除享受扶贫搬迁补助政策外，还可享受农民工户籍制度改革政策赋予的社会保障、公租房配租、职业教育与就业培训、子女入学等相关待遇。农村"五保"对象还可根据本人意愿，由县民政部门安排到福利院或新建农村公租房进行集中安置和供养。

在易地扶贫搬迁工作中，贵定县坚持与山地新型城镇化、山地旅游业和山地农业相结合，立足资源禀赋和区位特点，整合资源发展茶叶、蔬菜、刺梨、大鲵、竹鼠、烤烟、中药等产业，大力发展昌明经济开发区、云雾山现代山地高效农业农旅一体化发展区、盘江沿山乡村休闲旅游度假区、阳宝山佛教文化旅游度假区、德新新巴山地特色农业开发扶贫工作示范区的产业联动建设。针对各镇（街道）、各园区产业发展状况开展订单式培训，并积极协调各企业与农户签订用工协议，现已开展采茶技能、蔬菜种植、花卉种植、电商网络等订单式培训共 8 期，总计培训 330 人，已组织 21 家企业和大户签订用工协议，共提供就业岗位 3575 个，预计每人年收入可达 1.8 万元。

资料来源：调研内容。

四 补齐农村公共服务短板，提升脱贫质量

教育、医疗和住房是事关民生福祉的三大支柱，原贫困人口义务教育、基本医疗、住房安全有保障是中国脱贫工作的重中之重。2015 年 11 月 29 日颁布

的《中共中央 国务院关于打赢脱贫攻坚战的决定》明确提出"到二〇二〇年，稳定实现农村贫困人口不愁吃、不愁穿，义务教育、基本医疗和住房安全有保障"[①]。为贯彻中央决定，贵州省在脱贫攻坚的进程中，对建档立卡户义务教育、基本医疗、住房安全保障工作高度重视，提前谋划、精心部署，积极稳妥地推进"三保障"工作的开展。通过多年努力，贵州省"三保障"工作成效突出、亮点纷呈，义务教育、基本医疗、住房安全工作开创了新局面，广大农村民众的基本生活有了充分保障。

（一）推动教育扶贫

教育是阻断贫困代际传递的根本之策。党的十八大以来，贵州省把教育扶贫行动作为全省扶贫攻坚"十项行动"之一，走出了一条特色教育扶贫之路。贵州省为了扭转平均受教育年限低于全国平均水平的形势，推动实施了普及十五年教育计划；增加了教育投入力度，每年压缩5%—6%的行政办公经费用于贵州教育扶贫；通过全面推行农村营养改善计划，使380万余名中小学生和80万余名学龄前儿童吃上营养餐；实施"国培计划"和"特岗教师计划"，提高了农村地区教师的综合素质；实施职业教育"三个率先"计划，促进了贵州各地职业教育的跨越式发展，帮助数十万名孩子掌握一门有用的技能。

第一，推动实施"穷省办大教育"计划。为更好地在新时期开展教育扶贫工作，从2011年起，贵州省先后制定出台了多项关于教育扶贫的政策规划。如《贵州省"十二五"扶贫开发规划》《贵州省教育精准脱贫规划方案（2016—2020年）》《贵州省教育脱贫攻坚"十三五"规划实施方案》《贵州省教育精准脱贫"1+N"计划》。为了能够切实有效地落实上述规划，贵州省政府投入了巨额的资金。"十二五"时期，贵州省投入总计高达3430亿元的资金用于发展教育，这一数字是"十一五"时期的2.6倍；2021年，贵州省教育经费总投入为1508.08亿元，比上年增长4.15%；当年全省生产总值为19586.42亿元，全省财政性教育经费占全省生产总值达到6.53%。

第二，加快推动基础教育资源均等化。为加快推动基础教育资源均等化，贵州省在2015年和2017年先后印发了《省人民政府关于基本普及十五年教育的实施意见》、《贵州省"县域内义务教育基本均衡"和"基本普十五"30条》

---

① 中共中央党史和文献研究院编《十八大以来重要文献选编》（下），中央文献出版社，2018，第53页。

和《贵州省人民政府关于统筹推进县域内城乡义务教育一体化改革发展的实施意见》等文件，提出要在全省开展新"两基"的工作，加快推进全省城乡义务教育的均衡发展。为此，贵州省在巩固提高九年义务教育基础上，普及学前三年教育和高中阶段教育，使义务教育向两头延伸，从而逐步在贵州建立起一个包含三年学前教育、九年义务教育、三年高中阶段教育（含普通高中和中职学校）的十五年义务教育体系。在"两基"计划的实施下，贵州省学前教育、义务教育和高中阶段教育都实现了跨越式发展，取得了巨大成效。同时，贵州全面提升原贫困地区教师队伍水平，贵州省在教育精准扶贫工作中，非常重视原农村贫困地区教师队伍的培养和建设。一方面，通过"特岗教师"计划，不断吸收优秀教师人才前往农村地区担任教师；另一方面，通过"国培计划"，大力培养农村地区的中小学教师，提升这些教师的综合素质，从而提高农村地区学校的整体教育水平。

第三，加快提升原贫困地区职业教育水平。职业教育是建档立卡户实现脱贫致富的"捷径"，是最能体现教育精准扶贫对脱贫攻坚工作帮助的措施。掌握一技之长，困难家庭就有了收入来源。为此，贵州省高度重视职业教育，使广大青年特别是原贫困地区农村学生通过职业教育掌握技术技能，走上了脱贫致富之路。职业教育精准扶贫，不仅有职业学校教育，还包括各种职业技能培训。贵州省在不断扩大职业学校教育规模的同时，也广泛开展各种职业技术培训，使许多原贫困地区群众不用去职业学校就能获得职业技能培训。截至2021年，贵州省共有职业院校231所，在校生85万人，较"十二五"期间增长13%。其中，高职教育在校生从2012年的13万人增长到了2020年的近45万人，超过省内本科高校在校生规模。贵州省投入390余亿元，实施中职"百校大战"，建成清镇职教城，聚集19所职业技术院校，其中入驻师生13余万人，实现了120万农村建档立卡户"1户1人1技能"的全覆盖，为省内大数据企业培养输送2.8万名技术技能人才，为省内旅游产业输送人才3.1万名，为交通建设行业输送技能人才1.7万名，助推贵州在西部率先实现县县通高速、村村通公路。可以说，贵州职教的高质量发展，有力地推动了贵州省的高质量发展。

第四，以高等教育资源助力精准扶贫。高等教育是教育精准扶贫事业的重要组成部分，同时也是为贵州省教育精准扶贫提供高端人才的重要途径。2015年以来，贵州省计划从加大人才引进的力度和加强高校新校区建设两方面来提高贵州省高校的软硬件实力。贵州省为了让更多的高中毕业生能够进入高校、接受高等教育的培养，在扩大办学规模的同时，还通过实施多种定向招生政策，为原贫困地区考生提供更多的录取名额，从而让更多原贫困学子获得学习机会。随着上述措施的全面推行和落实，贵州省高等教育得到迅猛发展。一是贵州教育投资金额不断增长，办学条件不断优化，办学规模不断扩大；二是贵州省高考的报考人数和录取人数实现"八连增"；三是本科毕业生的就业率连续增长。

第五，大力推进学生营养改善计划。党的十八大以来，贵州省制定了覆盖全省的营养改善计划。为了解决农村中小学生就餐难和就餐安全的问题，在省委、省政府的高度关注和指导下，贵州省连续出台了《贵州省农村寄宿制学校建设攻坚工程实施方案》《贵州省农村义务教育学生营养改善计划实施方案》《关于实施农村学前教育儿童营养改善计划的意见》等文件。经过多年努力，贵州省的农村营养改善计划取得显著的成绩。一方面，实现了对全省农村义务教育学校和农村学前教育机构的全覆盖；另一方面，实现了全省农村中小学生和学前教育儿童体质健康状况的明显改善，学生的平均身高增长明显，营养不良、生长迟缓等状况的发生率显著下降。

（二）保障基本医疗

因病致贫、因病返贫在贵州省的原贫困人口至贫原因中占有较大比例。建档立卡户中有成员长期患病、家庭主要劳动力因患病全部或部分丧失劳动能力等情况的，均会使医疗支出大增、家庭实际可支配收入大减，造成十分突出的贫困现象。党的十八大以来，习近平总书记就当时贫困地区医疗扶贫多次发表重要讲话，党的十九大报告进一步提出要"实施健康中国战略"①，并将其纳入提高和改善社会民生水平的重点工作。为贯彻落实习近平总书记和中央有关健康扶贫的重要指示精神，贵州省大力推行农村基本医疗保障制度，出台了大量关于农村医疗保障方面的文件及政策，积极创新工作思路，通过加强基层卫生服务能力建设、推广"新农合"医疗保险制度，以及开展多种形式的医疗救助，有效地解决了农村因病致贫、因病返贫的问题。

第一，大力完善医疗救助设施。加快推动医疗卫生事业发展，优化医疗资源配置，完善医疗硬件设施，是解决群众"看病远、看病挤、看病难、看病贵"等突出问题的关键，是全力打好医疗保障硬仗、确保健康扶贫政策落地生根的基本要求。2015年来，贵州省相继制定出台了一系列通知及文件，通过实

---

① 中共中央党史和文献研究院编《十九大以来重要文献选编》（上），中央文献出版社，2019，第328页。

施"百院大战"和"五个全覆盖"等措施，切实完善各地医疗硬件设施，加快推动医疗卫生优质资源逐步下沉。

第二，不断提高医疗服务水平。为进一步提高各地医疗救助服务水平和救助实效，织牢医疗脱贫兜底网，确保各地医疗救助水平稳步提高，切实缓解贫困群众医疗费用压力，贵州省陆续出台了一系列文件及方案，通过构建四级医疗卫生网、提高医疗服务管理能力以及强化基层卫生人才队伍建设等措施，推动贵州省医疗服务全覆盖，使基层医疗卫生服务水平和能力得到有效提升。

第三，健全医保制度。全面推行新型农村合作医疗制度，是党中央、国务院为切实解决广大农民看病难、难看病的问题及缓解因病返贫、因病致贫的问题的重要手段。党的十八大以来，贵州省以新农合为抓手，一方面不断对新农合制度进行改革创新，构建起了切实保障农村居民身心健康的医疗救助制度。一是完善了新农合经费投入保障制度；二是推动了新农合制度改革，实行了异地结付、"一站式"即时结算服务、扩大新农合允许报销病种等制度。另一方面则建立了多层次的医疗保障体系，贵州省高度重视健康扶贫工作，通过出台各项政策，坚持救助范围扩大化，整合"新农合"补偿、大病保险补偿、民政医疗救助、计生医疗扶助、扶贫专项救助、慈善救助等各部门、多渠道的扶贫资金，以提高农村贫困人口医疗救助保障水平促进精准扶贫工作开展。

◉ **专栏 9-4**

贵州省毕节市：扎实推进"万医下基层"行动

为扎实推进精准扶贫，毕节市坚持以脱贫攻坚为各项工作统揽，紧紧围绕"基本医疗有保障"的目标要求，深入实施健康扶贫工程，精心安排、精准部署、精准发力，全方位、多角度地推进了"万医下基层"行动。

精心安排是指高质量开展健康扶贫工作。为把此项工作抓实、抓细、抓到位，毕节市专门成立了健康扶贫办公室，组建了健康扶贫督查专班，抽调5人专门从事健康扶贫调度工作；形成了"毕节市健康扶贫挂牌督战图"，一把手亲自安排部署，深入基层调研督导，统筹推进"两不愁三保障"突出问题整改，切实做到脱贫攻坚工作有保障。

精准部署是指高质量落实健康扶贫政策。毕节市提高政治站位，精心安排部署，使硬招下硬功夫，建立了"1+3"健康扶贫工作机制，高质量推进健康扶贫政策的落实。"1"是建立一个挂牌督战机制。根据脱贫攻坚督战要求，毕节市建立了挂牌督战工作机制，对 3 个未脱贫县和 2 个贫困人口超过 1 万的县（区）进行挂牌督战，进一步细化县、乡、村服务对象工作任务清单。"3"是通过三项重点举措推动健康扶贫。即开展一次"三个三"全覆盖回头看；实施"东三县一区"结对帮扶"西三县"健康扶贫；给贫困户写"一封信"，并开通"一组热线电话"，增进民生沟通交流。

精准发力是指高质量打赢健康扶贫歼灭战。为切实开展工作，毕节市采取遍访排查、能力培训、巡回义诊、包保督导等方式，开展健康扶贫大遍访、大排查、大整改，建立排查问题整改台账、实行销号管理，共派出工作组 5601个，排查贫困户 415651 户，确保贫困群众享受健康扶贫政策无遗漏。

资料来源：调研内容。

（三）保障农村住房

农村住房安全保障是扶贫兜底政策的重要组成部分，政策实施对于改善农村人居环境，提升原贫困群众生活质量，助推脱贫攻坚战赢得胜利有着重要的现实意义。贵州省是经济欠发达的山区省份，农村群众住房条件普遍较差，截至 20 世纪 90 年代仍有三分之一的贫困人口面临住房困难的问题。在习近平总书记重要讲话精神的引领下，贵州省将农村危房改造工作作为脱贫攻坚的一个重点，不断完善工作机制，增强资金供给，健全质量监督体系。

一方面，启动新时期农村住房工作。党的十八大以来，随着扶贫工作的深入推进，为切实解决困难群众的住房问题，贵州省住建部门以"应改尽改"为基本原则，会同财政部门、发改部门在全省范围内深入开展了第二次农村危房摸底调查。在此基础上，贵州省有序推进改圈、改厨和改厕工作，并明确"危改""三改"的完成时间，持续将农村危房改造工作推向深入。2018 年，贵州省制定下发了《关于扎实推进农村老旧住房透风漏雨专项整治的通知》，要求以"顶不漏雨、壁不透风、门窗完好"为基本目标，用 3 年时间着力消除贵州省农村老旧住房透风漏雨的情况，着力改善农村贫困民众的居住条件。农村老旧住房透风漏雨专项整治的全面实施，标志着贵州省农村住房保障工作迈上了一个新台阶。另一方面，完善住房安全保障政策。在农村住房保障工作的实践中，贵州省形成了具备自身特色的农村住房保障政策体系。该政策体系中，组织保障、质量监督、考核问责机制相辅相成；危房改造、老旧住房透风漏雨专项整治和改圈、改厨、改厕的"三改"有机结合，高效地推动了农村住房保障工作走向深入。

第三节 贵州省践行精准扶贫思想消灭绝对贫困的实践成效

"贫穷不是社会主义。如果贫困地区长期贫困，面貌长期得不到改变，群众生活长期得不到明显提高，那就没有体现我国社会主义制度的优越性，那也不是社会主义。"① 消除贫困、改善民生、逐步实现共同富裕，是社会主义的本质要求，也是全体人民的共同愿望。如何评价消灭绝对贫困的效果，习近平总书记多次强调："扶贫工作必须务实，脱贫过程必须扎实，脱贫结果必须真实，让脱贫成效真正获得群众认可、经得起实践和历史检验。"② 在减贫工作中，贵州省坚持人民立场，尊重人民主体地位，倾听人民呼声，汲取人民智慧，最终取得了消灭千年绝对贫困、实现全面建成小康社会的伟大成就。

关于扶贫实践效果，学术界现有研究主要从三个方面进行探讨。一是聚焦精准扶贫、精准脱贫某一具体政策措施的效果。有的学者聚焦财政扶贫方式及效应，如王国勇和邢溦证实了贫困县的"戴帽"及中央扶贫资金向贫困县的倾斜确实表现出显著的增收效应③；有的学者专注产业扶贫模式的实践效果，如李志平在一个政府、银行、大户与贫困户多主体均衡福利分析框架中，比较了"送猪崽"与"折现金"的减贫效应差异，结论认为从长期看，以产业而非贫困个体为对象的扶贫选择，具有更好的福利实现与贫困摆脱效应④；更有学者从教育、生态、社保扶贫等政策实践切入研究精准扶贫实践效果。二是采取案例分析方法对特定地区精准扶贫实践效果的研究。如李天华⑤以民族地区为例，对改革开放以来的五个阶段性政策演进特征进行深入研究，认为民族地区的扶贫政策演进体现了时代性、差异性、多维性等特征，体现了全民族共同繁荣发展的民族工作主题。三是基于可持续生计的视角分析框架对个体农户脱贫能力、满意度等视角进行研究。或构建"人—业—地"综合减贫的精准扶贫政策评价

---

① 中共中央党史和文献研究院编《习近平扶贫论述摘编》，中央文献出版社，2018，第5页。
② 习近平：《在深度贫困地区脱贫攻坚座谈会上的讲话》，《人民日报》2017年9月1日，第2版。
③ 王国勇、邢溦：《我国精准扶贫工作机制问题探析》，《农村经济》2015年第9期。
④ 李志平：《"送猪崽"与"折现金"：我国产业精准扶贫的路径分析与政策模拟研究》，《财经研究》2017年第4期。
⑤ 李天华：《改革开放以来民族地区扶贫政策的演进及特点》，《当代中国史研究》2017年第1期。

指标体系①，或构建生计资本、生计能力、生计环境评价指标体系②，或构建结构方程模型分析影响精准扶贫成效的因素及其影响路径与程度③，对生计资本改善、可行能力改善、经济脆弱性改善、经济包容性改善、地理资本改善、社会排斥降低状况等方面的扶贫政策成效进行了感知性评价。

总体来看，学者们采用不同视角、不同方法，对精准扶贫、精准脱贫实践效果等问题做了一些研究，取得了一批研究成果，但大多切入点还集中在"精准扶贫"政策实践层面，缺乏对消除绝对贫困实践效果的系统性分析。考察扶贫实践效果，除农村贫困人口的绝对贫困外，更有价值的是在贫困治理方面形成了大量具有政策学意义和研究范式价值的"扶贫模式"和依据人民"满意度"来评估总体成效的方法。由此，本节分为三个部分：第一部分从宏观层面对贵州省消灭绝对贫困成效进行总体分析；第二部分，根据贵州消除绝对贫困实践的典型模式，回答精准扶贫阶段"怎么扶"的问题；第三部分，实证评估贵州消除绝对贫困的成效。

一　贵州省消灭绝对贫困成效的总体分析

2020 年是贵州省发展中极不平凡的一年。2020 年 11 月 23 日，贵州省宣布最后的 9 个贫困县退出贫困行列，贵州省 66 个贫困县全部摘帽，9000 个贫困村全部出列，923 万贫困人口全部脱贫，标志着贵州省的脱贫工作取得了历史性重大成就，从此彻底摘掉了千年来"绝对贫困"的帽子。

（一）农村贫困人口全部脱贫奔康，历史性地解决了绝对贫困问题

从贫困县和贫困人口脱贫总数看，2012 年贵州贫困发生率为 26.8%，全省贫困人口还有 923 万，88 个县（市、区）中有 66 个国家级贫困县，83 个县有扶贫开发任务，是全国贫困人口最多、贫困面最大、贫困程度最深的省份。2020 年 11 月 23 日，贵州省宣布最后的 9 个贫困县退出贫困行列，贵州省 66 个贫困县全部摘帽，9000 个贫困村全部出列，923 万贫困人口全部脱贫（见表 9-4），贵州从中国贫困人口最多的省成为减贫人数最多的省。从经济发展数据

① 龙海军、丁建军：《"人—业—地"综合减贫分析框架下的精准扶贫政策评价——两个典型贫困村的对比分析》，《资源开发与市场》2017 年第 11 期。
② 李明月、陈凯：《精准扶贫对提升农户生计的效果评价》，《华南农业大学学报》（社会科学版）2020 年第 1 期。
③ 徐冬梅、刘豪、林杰：《基于农户满意视角的精准扶贫成效评价》，《统计与决策》2020 年第 17 期。

看，伴随脱贫攻坚，贵州全省的生产总值从 2012 年的 6802.2 亿元提高到 2020 年的 17826.56 亿元，连续 10 年经济增速位居全国前三。2020 年贵州居民人均可支配收入 21795 元，同比增幅达到 6.9%。城镇、农村居民人均可支配收入分别达到 36096 元、11642 元，分别同比增长 4.9% 和 8.2%。2016 年到 2020 年，全省贫困人口年人均可支配收入由 3509.77 元增加到 9895.99 元。特别是农村人均收入也明显增长，脱贫攻坚解决了近千万人口吃饭穿衣和教育医疗住房的"两不愁三保障"问题，使贵州农村社会经济发展水平有了根本提高，农村居民人均可支配收入从 2012 年的 4753 元增长到 2020 年的 11642 元，增速明显。总的来看，贵州全面达到了消除绝对贫困的中国标准，贫困县全部摘帽、农村贫困人口全部脱贫，贫困群众的收入水平得到了大幅度提升，贫困地区生产生活条件得到明显改善，经济社会发展明显加快。

表 9-4　贵州省 2012—2020 年农村贫困人口规模

年份	贫困村（个）	建档立卡贫困人口（万人）	贫困发生率（%）	贫困人口较上年减少（万人）
2012	13973	923	26.8	226
2013	13973	745	21.3	178
2014	9000	623	18.0	122
2015	9000	493	14.0	130
2016	7500	372.2	10.6	120.8
2017	5281	280.32	7.75	91.88
2018	2612	155.12	4.29	125.2
2019	312	30.83	0.85	124.29
2020	0	0	0	30.83

注：2017 年按照国家建档立卡动态调整统一部署，全省依托大数据平台成果，对不符合扶贫标准的农户做了清退，对符合扶贫标准的贫困户做了补充登记，将贫困人口增减纳入了监测。因此，2016 年后建档立卡贫困人口、贫困发生率存在不闭合的情况。

资料来源：贵州省历年国民经济和社会发展统计公报。

（二）脱贫地区发展水平整体提升，缩小了农村地区间的发展差距

脱贫地区发展步伐显著加快，经济实力不断增强，基础设施建设突飞猛进，社会事业长足进步，行路难、吃水难、用电难、通信难、上学难、就医难等问题得到历史性解决。

基础设施发生巨变。贵州省地形地貌素有"八山一水一分田"之说，地形破碎，其中，山地和丘陵占比达到 92.5%，喀斯特地貌尤为明显，给基础设施

建设带来极大挑战。党的十八大以来，贵州省大力投入财政资金和吸收社会资本进行基础设施建设，尤其是在城市大力兴建高速公路、高铁及机场、港口等交通基础设施。经过多年努力，贵州的高速公路及高速铁路通车里程分别突破7607公里、1527公里，是西部地区首个实现高速公路"县县通"的省份。与此同时，2019年底，贵州省的民航旅客年吞吐量突破了3000万人次，轨道交通也实现了从无到有的跨越，综合立体交通体系基本形成，加快推进水利、能源基础设施建设，建成黔中水利枢纽一期工程，76个县中型水库投运，发电装机容量突破7000万千瓦，天然气管道联通60个县。在农村地区，贵州大手笔投入400多亿元实现农村"组组通"公路，打通了农村交通"最后一公里"，2017年至2020年三年间就修成了7.87万公里硬化路，30户以上通硬化路的自然村寨达到3.99万个，惠及农村人口超过1200万，长期以来制约全省农村发展的交通问题得到了彻底解决，实现光纤、4G网络和动力电村村通，农村生产生活条件明显改善。

住房条件全面改善。贵州省是经济欠发达的山区省份，农村群众住房条件普遍较差，截至20世纪90年代仍有三分之一的贫困人口面临住房困难的问题。经过多年的持续努力，贵州省农村危房改造工作取得了突出成效，2008—2018年，投入贵州省危房改造的中央、省、市、县四级财政资金累计达349.07亿元，完成农村危房改造共计324.89万户，贵州特色的农村住房安全保障体系初步形成。2018年8月，在农村危房改造工作取得突出成效的基础上，贵州省进一步启动了农村老旧住房透风漏雨专项整治工作，不但考虑让广大农村群众"有所居"，还切实关注农村群众居住质量的提升。

医疗网兜底凸显效能。因病致贫、因病返贫在贵州省的贫困人口致贫原因中占有较大比例。贫困家庭中有成员长期患病、家庭主要劳动力因患病全部或部分丧失劳动能力等情况的，均会使医疗支出大增、家庭实际支配收入大减，造成贫困现象。从源头上减少贫困人口因病返贫、致贫是贵州省兜实网底、精准脱贫、构筑稳定脱贫长效机制的重要环节。进入精准扶贫阶段后，贵州省加快推进健康扶贫工作部署，统筹实施精准识别和精准施策，落实"三重医疗保障"政策，资助贫困人口参加医疗合作保险，全面打通医保报销渠道，为贫困人群构筑起"基本医疗保险+大病保险+医疗救助扶助"的"三重医疗保障"网，变大水"漫灌"为精准"滴灌"，实现对贫困群众的医保兜底，通过多种保障政策的组合、叠加，最终让贫困患者看得起病。贵州省农村建档立卡贫困人口医疗费用实际补偿比例达90%，其中大病患者等4类重点人群医疗费用补偿比例达 100%。

教育赋能深度推进。为确保贫困地区儿童能接受良好的学前教育，贵州在全省范围内大力发展学前教育，新建了大量的幼儿园，努力使贫困地区的学前儿童能够接受良好的幼儿教育。在大力发展农村学前教育的同时，为进一步巩固贵州省义务教育的普及情况，自 2011 年起，贵州省政府从软件建设和硬件建设两方面着手，不断增加和改善基础教育的资源供给。据统计，在"十二五"时期，贵州省就投入总计高达 3430 亿元的资金用于发展教育，这一数字是"十一五"时期的 2.6 倍。而在"十三五"时期，截至 2018 年底，全省用于发展教育事业的资金已达到 3560.55 亿元。

（三）脱贫群众精神风貌焕然一新，自我发展能力和信心明显增强

"扶贫既要富口袋，也要富脑袋。要坚持以促进人的全面发展的理念指导扶贫开发，丰富贫困地区文化活动，加强贫困地区社会建设。"[①] "脱贫致富贵在立志，只要有志气、有信心，就没有迈不过去的坎。""只要有信心，黄土变成金。"[②] 在贵州脱贫攻坚的实践中，贵州省委、省政府在扶贫工作中尤其注重培育贫困群体的主体意识，主要通过教育引导、搭建平台、典型示范、批评教育、提升素质等方式清除思想"沉疴"，以文化自信引领农民脱贫自信，激发贫困群众脱贫内生动力，帮助他们实现从"要我脱贫"向"我要脱贫"的理念转变。截至 2019 年 9 月，贵州省已建成"脱贫攻坚群英谱"典型资源库，入库先进典型 2000 余名，实现了"储备一批、培育一批、推出一批"的动态化管理，彻底改变了过去典型宣传基本"靠天收""碎片化"的粗放模式。其中，文朝荣、刘芳、黄大发、南仁东、杜富国、陈立群等典型人物先后被评为全国"时代楷模"；邓迎香、余留芬、张林昌、左文学、王明礼等数十位先进人物被作为全国重大典型进行宣传推广，得到了中央主要新闻媒体的宣传报道。

◉ 专栏 9-5

脱贫攻坚群英谱典型人物

南仁东——贫困深山装天眼。南仁东（已故），男，满族，1945 年 2 月出

---

①　中共中央党史和文献研究院编《十八大以来重要文献选编》（下），中央文献出版社，2018，第 50 页。

②　《习近平论扶贫工作——十八大以来重要论述摘编》，《党建》2015 年第 12 期。

生，群众，中国科学院国家天文台原首席科学家兼总工程师。他潜心天文研究，坚持自主创新，1994 年提出 500 米口径球面射电望远镜（FAST）工程概念，主导利用贵州独特的喀斯特洼地作为望远镜台址，历时 22 年终于完成立项论证和选址建设，并相继实现一系列技术难题攻关工作，实现了中国拥有世界一流水平望远镜的梦想，推动了经济发展和社会进步。FAST 项目的实施，有效带动了周围旅游产业井喷式发展，旅游产业逐渐成为经济发展新的增长极，助推当地脱贫攻坚。南仁东获全国"时代楷模"、人民科学家、最美奋斗者、改革先锋等荣誉。

潘学军——把论文写在乌蒙山的"核专家"。潘学军，男，汉族，1977 年 11 月出生，中共党员，贵州大学农学院园艺系副主任、果树研究室主任。10 年来，他只做了两件事：孜孜不倦"树木"和呕心沥血"树人"。作为一名科研工作者，他一心带着贵州的农民走上致富道路，把自己选育的核桃新品种无偿提供给农户，带动全省种植核桃 830 万亩，种植户年人均增收 5000 元。身为一名教师，他忠于本职，潜心育人，先后培养指导硕士研究生 32 名、科技特派员 262 人，培训科技人员及果农 1.4 万余人次。潘学军获全国优秀科技特派员巡讲员、贵州首席科技特派员、贵州省科技成果转化一等奖、全省优秀共产党员等荣誉。

陈立群——扎根苗乡烛照学子的优秀支教校长。陈立群，男，汉族，1957 年 11 月出生，中共党员，黔东南州台江县民族中学校长、原浙江省杭州学军中学校长。他信仰坚定、潜心育人，从教近 40 年，担任中学校长 34 年，退休后放弃高薪机会远赴黔东南从事义务支教。在此期间，他翻山越岭、走寨访户，足迹遍布台江县所有乡镇，先后资助了 100 多户苗族贫困家庭孩子入学，并用义举带动更多人开展支教助学，致力于培养出一支优秀教师骨干队伍。陈立群获全国"时代楷模"、首届全国教育改革创新杰出校长奖、2018 年中国教育年度十大人物、贵州省脱贫攻坚先进个人、贵州省优秀教育工作者、贵州省脱贫攻坚优秀共产党员、浙江省第十八届春蚕奖等荣誉。

资料来源：吴大华、李胜主编《贵州脱贫攻坚 70 年》（下），贵州人民出版社，2019，第 666 页。

（四）党群干群关系明显改善，党在农村的执政基础更加牢固

"人心齐，泰山移。"脱贫致富不仅是贫困地区的事，也是全社会的事。仅"十三五"时期，中央下达贵州省用于扶贫的各类财政资金就达 3332 亿元；东

部 7 个帮扶城市累计投入财政帮扶资金 114 亿元，实施帮扶项目 5932 个；40 家中央定点单位帮扶贵州省 50 个贫困县，直接投入帮扶资金 33.8 亿元，实施帮扶项目 3551 个；各行各业发挥专业优势，开展科技扶贫、教育扶贫、文化扶贫、健康扶贫、消费扶贫。社会各界传承中华民族和衷共济、扶贫济困的传统美德，关爱贫困群众、关心减贫事业、投身脱贫行动，5849 家民营企业帮扶贵州省 6914 个村，恒大集团计划投入 110 亿元帮扶毕节市、已到位 88 亿元。此外，党的十八大以来，贵州按照"党群部门帮弱村、政法部门帮乱村、经济部门帮穷村、农业部门帮产业村、科技部门帮专业村"的模式，统筹调配党建扶贫和同步小康驻村帮扶工作力量，累计从县级以上机关事业单位派出 30 多万名干部长期驻扎在贫困乡村开展帮扶（见表 9-5），选优配强"两委一队三个人"①，把村党组织建设成脱贫攻坚的坚强战斗堡垒，不脱贫不脱钩，实现了贫困村驻村帮扶全覆盖。广大扶贫干部用心用情为老百姓干实事、解难题，同贫困群众结对子、认亲戚。广大群众听党话、感党恩、跟党走，搬迁群众将新旧住房对比照片挂在家中，由衷表达"吃水不忘挖井人，脱贫不忘共产党"的感恩之情，党群关系、干群关系得到极大巩固，基层党组织组织力、凝聚力、战斗力得到极大提升，党的执政基础得到极大夯实。

表 9-5　贵州省 2012—2018 年同步小康工作下派干部基本情况

单位：人，个

年份	下派干部	工作组	第一书记
2012	20000	—	—
2013	30000	6000	—
2014	55864	11590	—
2015	57000	11000	9498
2016	43000	8519	7369
2017	58000	14000	—
2018	43000	8782	8542
合计	306864	59891	25409

资料来源：《贵州省扶贫文件汇编》和省委组织部相关领导的讲话。

（五）精准发力破解深度贫困难题，创造了脱贫攻坚"省级样板"

2015 年，习近平总书记在贵州省贵阳市主持召开集中连片特困地区扶贫攻

---

①　即村党支部委员会、村民委员会，驻村工作队，村第一书记、村党支部书记、村委会主任。

坚座谈会时指出："全面建成小康社会最艰巨最繁重的任务在农村，特别是在贫困地区。扶贫开发工作进入啃硬骨头、攻坚拔寨的冲刺期，要把握时间节点，努力补齐短板，科学谋划好'十三五'时期扶贫开发工作，确保贫困人口到2020年如期脱贫。"[①] 2018年，习近平总书记对毕节试验区工作作出重要指示："现在距2020年全面建成小康社会不到3年时间，要尽锐出战、务求精准，确保毕节试验区按时打赢脱贫攻坚战。同时，要着眼长远、提前谋划，做好同2020年后乡村振兴战略的衔接，着力推动绿色发展、人力资源开发、体制机制创新，努力把毕节试验区建设成为贯彻新发展理念的示范区。"[②]

贵州地处西南腹地，具有独特的喀斯特地貌，生态环境较为恶劣，山区多、工业发展不足、人口众多，作为全国脱贫攻坚的主战场，面临着贫困面广、贫困程度深、贫困人口多、占全国贫困人口比重大等诸多问题和挑战。通过持续不断的攻坚努力，贵州省成功实现消除绝对贫困，减贫人数、易地扶贫搬迁人数均为全国之最；统一战线帮扶下的毕节试验区成为"贫困地区脱贫攻坚的一个生动典型"；澳门帮扶从江成为"一国两制"伟大实践在脱贫攻坚中的生动体现；万达丹寨扶贫入选联合国全球减贫案例。贵州省在国家脱贫攻坚成效考核中连续5年被评为"好"，"以点带面""重点推进""各个击破"的减贫方案也成为全国脱贫攻坚的"省级样板"，在贵州大地上书写了中国减贫奇迹的精彩篇章，为全球减贫事业提供了有益借鉴和参考。

● 专栏 9-6

万达丹寨扶贫案例

2014年12月1日，万达集团与丹寨县在贵阳正式签订对口帮扶丹寨整县脱贫行动协议，首创"企业包县、整体脱贫"的社会扶贫新模式。

教育扶贫。为促进教育事业发展，万达集团投资3亿元人民币在丹寨县捐建贵州万达职业技术学院。学院于2016年3月开工建设，2017年9月建成正式开学。建筑面积5万平方米，可容纳3个年级54个班共2100名学生就读。50%的优秀毕业生将可直接录用到万达就业，实现"就业一人，脱贫一户"的目

---

① 习近平：《在深度贫困地区脱贫攻坚座谈会上的讲话》，人民出版社，2017，第2—3页。

② 《习近平对毕节试验区工作作出重要指示强调 确保按时打赢脱贫攻坚战 努力建设贯彻新发展理念示范区》，人民网，2018年7月19日，http://tv.people.com.cn/n1/2018/0719/c141029-30158810.html。

标，阻断贫困代际相传。

旅游扶贫。万达集团把旅游产业扶贫作为中期支撑脱贫的有力支柱。丹寨万达小镇一期总投资 8 亿元，占地面积 400 亩，建筑面积为 5 万平方米。小镇建筑以苗侗风格为主，引入民族手工艺、苗侗美食、苗医苗药等国家非物质文化遗产项目内容，并配套酒店、会议中心、客栈、影城、苗寨锦绣体验剧等。小镇 2016 年 3 月开建，2017 年 7 月投运，万达集团充分发挥自身全国最大旅游企业的优势，运用强大的资源渠道、优秀的人才储备、丰富的管理经验，对小镇进行经营扶持，小镇开业运营至今取得了良好扶贫成效。

基金扶贫。从 2016 年开始，万达集团投入 5 亿元建立万达扶贫产业基金，本金由万达专业团队进行运作。万达将连续 10 年把每年基金收益的 5000 万元作为分红。按照兜底救助、阶段性帮扶、生产奖励补助的三类标准，分别对全县鳏、寡、孤、独以及重残等特殊困难人群，通过现金直补的形式进行兜底生活救助，确保其他扶贫方式无法惠及的这类特殊贫困人群获得基本生活保障，消除贫困"死角"；对因灾、因病、因学等致贫的贫困人口，进行阶段性现金帮扶，解决其灾后重建、就医、就学等困难；对有劳动能力能发展产业增收的贫困人口，围绕"一种两养"等"短平快"产业和丹寨县重点发展的产业，进行生产奖励补助，实现发展产业增收脱贫。万达集团的帮扶成效得到了国务院扶贫开发办公室、审计署、贵州省各级党委政府及社会各界的高度赞誉，在海内外引起了强烈反响，打造了社会扶贫的全新模式和标杆。国务院扶贫开发办公室主任刘永富称之为"中国扶贫模式的创新之举"。万达凭借"丹寨包县扶贫"获 2017 年"全国脱贫攻坚创新奖"、2018 年第十届"慈善项目奖"。

资料来源：吴大华、李胜主编《贵州脱贫攻坚 70 年》（下），贵州人民出版社，2019，第 777 页。

二　贵州省消灭绝对贫困的典型模式

考察扶贫实践效果，除解决现行标准下农村贫困人口的绝对贫困外，更有价值的是在贫困治理方面形成了大量具有政策学意义和研究范式价值的"扶贫模式"。贵州在消灭绝对贫困的实践中形成了诸如产业扶贫、大数据扶贫、易地扶贫搬迁、生态扶贫、教育扶贫、健康扶贫等典型模式。

（一）产业扶贫模式

产业扶贫是我国精准扶贫政策体系的最重要组成部分，涉及对象最广、涵盖面最大、资金投入量最高。产业扶贫是一种建立在产业发展基础上的扶贫开发政策办法，其本质是通过政府干预和政策扶持，让市场主体将贫困户纳入产业发展链条并分享部分利益，同时提升贫困群众自身发展能力，进而促进贫困地区人口脱贫致富。① 2018 年 2 月 12 日，习近平总书记在打好精准脱贫攻坚战座谈会上的讲话中指出"产业扶贫是稳定脱贫的根本之策"②。与一般产业发展相比，产业扶贫兼顾了效率和公平，注重益贫性和效益性的统一。

贵州省大力推动以特色种养为主的扶贫产业发展，尤其是发展中药材、茶叶、草地生态畜牧、脱毒马铃薯、精品水果、油茶等产业，把产业扶贫的缰绳牢牢握在手中，深挖脱贫带动潜能。2017 年，省委、省政府明确提出"产业扶贫是贵州省脱贫攻坚的重要举措"，进一步加速推进"一县一业"特色优势产业发展，锚定产业扶贫主攻方向。2019 年初，针对全省产业发展的新形势，结合乡村振兴，省委、省政府继续深化产业特色，正式在全省统筹茶叶、食用菌、生态畜牧、中药材、生态渔业、特色水果、优品蔬菜等 12 个特色扶贫产业布局，同年 2 月，省委、省政府还专门出台《省委 省政府领导领衔推进农村产业革命工作制度》，由 12 位省领导领衔成立产业领导小组和工作专班，强力推进 12 个产业加速发展。"十三五"以来，贵州产业扶贫成果卓著，资源潜力全面转变为发展优势，贫困群众增产增收明显。

● 专栏 9-7

贵州省农旅融合扶贫模式

作为世界旅游组织乡村旅游发展重点观测点，贵州省是全国较早付诸乡村旅游实践的省份，20 世纪 90 年代，贵州率先提出了"旅游扶贫"的思路，并选择了以乡村旅游为切入点，先后在安顺市石头寨、黔东南州上郎德村、南花村、青曼村、西江苗寨等 8 个民族村寨进行试点。乡村旅游已成为帮助农村群众增收致富、摆脱贫困的有效途径，在"保护一方山水，传承一方文化，造福一方百姓，促进一方经济，推动一方发展"等方面发挥了重要作用。全省涌现出了一批民族文化丰富、产业特色突出、村容景致独特、乡风文明和谐的魅力

---

① 陈锡文、韩俊主编《中国脱贫攻坚的实践与经验》，人民出版社，2021，第 167 页。
② 中共中央党史和文献研究院编《十九大以来重要文献选编》（上），中央文献出版社，2019，第 227 页。

乡村，培育出了一批农耕文明悠久、乡村文化浓郁、民俗文化多彩、自然环境绝佳的美丽田园，乡村旅游产品体系逐步完善，形成了一批有代表性的、可复制可推广的复合型乡村旅游特色样板。

例如六盘水市盘州市舍烹村，在资源变资产、资金变股金、农民变股东的"三变"理念引导下，充分整合政府、村社、企业、社会资源，大力发展农旅融合产业，促进农民就业增收，加快脱贫奔康步伐。这种路径是深化农村改革的创新典范，实现了农村资源、农民资产、市场资本、政府资金等的整合发力，建立了长效稳固的利益联结机制，为乡村旅游发展插上腾飞的翅膀。安顺市普定县秀水村、铜仁市玉屏侗族自治县、六盘水市六枝特区牛角村、黔东南州黄平县川心村等乡村旅游扶贫典型案例都属于这一类型。

又如黔南州惠水县好花红村，充分利用"互联网+"的优势，着力破解乡村旅游资源分散、市场推广难等瓶颈，依托现代数字网络技术推动传统旅游业拓展升级，实现网络宣传、智能服务、数据分析、电子商务等多领域多业务拓展延伸，形成以互联网助推旅游资源整合、市场开拓、经营服务和组织管理的旅游扶贫新路径，带动群众增收致富。该路径模式能够解决乡村旅游的"痛点""堵点""难点"问题，为贵州省乡村旅游迅猛发展提供有力支撑。赤水市、贵阳市青岩古镇、六盘水市钟山区大河社区等乡村旅游扶贫典型案例都属于这一类型。

资料来源：吴大华、李胜主编《贵州脱贫攻坚70年》（下），贵州人民出版社，2019，第518页。

（二）大数据扶贫模式

2015年11月，中共贵州省委十一届六次全会提出"十三五"时期要突出抓好大扶贫、大数据两大战略行动。为着力解决常规扶贫工作中存在的数据不准、质量不高、数据迟延等棘手问题，贵州充分发挥大数据"大""新"的特点，将大数据作为贵州省扶贫攻坚的重要抓手，依托"扶贫云"大数据平台，实现重点对贫困人口、贫困村、极贫乡镇、深度贫困县和帮扶项目、帮扶资金的动态监测。贵州省通过推动大数据战略行动，加强大数据与脱贫攻坚统筹推进，运用互联网和大数据技术有效协助各类扶贫机制，打通农村产业扶贫的"最后一公里"和"第一公里"，探索出了一条"大数据+大扶贫"的融合发展道路。

● **专栏 9-8**

大数据 "扶贫云" 提高精准扶贫效率

通过建立 "扶贫云" 系统，贵州省利用大数据技术精准有效解决了脱贫攻坚工作中长期面临的数据不通、数据不准等问题，工作效率得到极大提升。一是精准识别。"扶贫云" 可以帮助实现跨部门多维度数据比对与分析，对异常信息进行自动预警，帮助实现贫困户精准识别。二是精准画像。以 "扶贫云" 建档立卡的贫困户数据为基础，对贫困户进行精准画像，尤其是可以对贫困户致贫、返贫现象进行跟踪预测，并实时掌握各级帮扶干部履职帮扶情况。三是助力教育扶贫。通过信息比对和身份识别，可以快速将贫困大学生的录取信息推送给政府相关部门，实现 "一站式" 学费减免。四是助力易地搬迁。通过对生态移民安置点、安置户数、安置人数等基本信息的掌握，及时联络电力、自来水公司、人社等部门进行用电用水、缴纳社保等服务配置。五是助力企业帮扶。通过对企业帮扶贫困村、贫困户的人员名单、帮扶地点、帮扶人数、帮扶金额、帮扶途径等情况进行可视化呈现，一目了然地了解帮扶效果。

资料来源：吴大华、李胜主编《贵州脱贫攻坚 70 年》（下），贵州人民出版社，2019，第 522 页。

（三）易地扶贫搬迁模式

易地扶贫搬迁是按照 "政府主导、群众自愿" 的原则，将居住在生存条件恶劣、生态环境脆弱、自然灾害频发等 "一方水土养不起一方人" 地区的农村贫困人口搬迁到生存与发展条件较好地方，并通过产业、就业、培训、教育、健康、社会保障等系列帮扶措施，使其摆脱贫困状况、实现稳定脱贫的综合性扶贫方式。易地扶贫搬迁的目的是通过 "挪穷窝" "换穷业" "拔穷根"，从根本上解决搬迁群众脱贫发展问题。

"十三五" 是脱贫攻坚、全面建成小康社会的决战决胜时期，为确保所有贫困人口如期摆脱贫困，与全国人民同步进入全面小康社会，党中央、国务院决定对生活在 "一方水土养不起一方人" 地方的农村建档立卡贫困人口实施新一轮易地扶贫搬迁工程。2015 年 12 月 1 日，国务院召开全国易地扶贫搬迁电视电话会议，由此拉开了新时期易地扶贫搬迁工作的序幕。

在整个 "十三五" 期间，贵州易地扶贫搬迁的计划人口为 149.4 万人，占全国的六分之一，加上自然村寨整体搬迁中的同步搬迁人口，全省搬迁总规模达 188 万人，其中贫困人口 155 万人，搬迁规模占全国近五分之一，贵州易地扶贫搬迁人口数量达到全国之最。搬迁对象 96.5% 以上分布在集中连片特困地区、民族地区和国家扶贫开发工作重点县。

（四）生态扶贫模式

生态扶贫是指在绿色发展理念指导下，将精准扶贫与生态保护有机结合起来，统筹经济效益、社会效益、生态效益，以实现贫困地区可持续发展为导向的一种绿色扶贫理念和方式。[1] 生态保护扶贫包括两大核心思想：一是在贫困地区实施可持续型、环境友好型扶贫开发项目，最大限度地帮助地区经济实现发展，做到对生态环境不伤害、不破坏；二是将生态环境看成一种能够得到有效利用的扶贫资源加以开发，从而实现当地经济发展、人民生活水平提高和生态环境保护的高度统一。[2]

贵州省始终践行习近平总书记强调的"绿水青山就是金山银山"的绿色发展理念，始终重视在扶贫的同时抓生态环境保护和绿色发展。不能为了解决贫困问题破坏生态，坚持绿色发展可持续发展，成效显著。一方面，贵州省自然资源生态资源丰富、境内多山地的资源禀赋并未得到充分有效的绿色开发；另一方面，贵州省的石漠化、淡水资源不足的生态脆弱性问题也十分突出。党的十八大以来，贵州省以绿色发展助推精准脱贫，在生态补偿扶贫、生态资源开发扶贫、生态工程扶贫等方面取得了重大成效，新一轮退耕还林工程启动以来，集中在重点贫困区域退耕还林 707 万亩，工程总投资达 110 亿元，直接和间接补偿给贫困群众资金达 85 亿元；历年来中央财政已累计下发贵州森林生态效益补偿资金 57.84 亿元，2018 年兑现给农户的政策性补助资金达 10.98 亿元；省级财政每年划拨 3000 万元林业产业发展资金，2017 年省林业总产值已突破 2000 亿元，带动贫困地区就业 135.9 万人；共争取到生态护林员岗位 6 万个（其中中央 3.5 万个、地方 2.5 万个），直接带动 25 万贫困人口增收脱贫，省公益林、天然林、森林防火等森林管护措施共提供 2 万余个护林岗位，直接带动 4 万余人实现增收。贵州已逐步探索出一条绿色发展、生态脱贫的新路子。

---

[1]　曾贤刚：《生态扶贫：实现脱贫攻坚与生态文明建设"双赢"》，《光明日报》2020 年 9 月 29 日，第 7 版。

[2]　《中国关键词 | 生态保护扶贫 Ecological Conservation for Poverty Alleviation》，"学习强国"，2021 年 7 月 21 日，https://www.xuexi.cn/lgpage/detail/index.html? id = 5752536698997326233& item_id = 5752536698997326233。

● **专栏 9-9**

重点生态区位人工商品林赎买改革

2017 年 10 月，《国家生态文明试验区（贵州）实施方案》对外发布，支持贵州自主探索通过赎买以及与其他资产进行置换等方式，将国家级和省级自然保护区、国家森林公园等重点生态区位内禁止采伐的非国有商品林调整为公益林，将零星分散且林地生产力较高的地方公益林调整为商品林，促进重点生态区位集中连片。生态公益林质量提高、森林生态服务功能增强和林农收入稳步增长，实现社会得绿、林农得利。重点生态区位人工商品林是指符合重点生态公益林区位条件，并且暂未区划界定为生态公益林、未享受中央和省级财政森林生态效益补偿的林地。截至 2017 年，全省有 1480 多万亩人工商品林分布在重点生态区位，其中分布在省级以上自然保护区和江河源头、两岸等国家一级公益林区的人工商品林有 570 多万亩，由于各地对重点生态功能区的人工商品林和生态林采取了限伐或禁伐的政策措施，使林权所有者的"处置权""收益权"受到影响，林农要求采伐利用与补偿保护的矛盾日益凸显。[1] 2018 年 3 月，贵州省重点生态区位人工商品林赎买试点工作启动会在贵阳召开，决定在 2018 年通过全额赎买、部分赎买的方式，对重点生态区内的非国有人工商品林完成赎买改革试点 6 万亩，以提高生态公益林管理质量，增强其生态服务功能。[2] 2018 年，贵州省共完成赎买改革试点面积 6 万亩，受益群众达 2 万余户，户均增收 3000 元。[3]

资料来源：中华人民共和国中央人民政府网、《贵州日报》相关内容。

（五）教育扶贫模式

教育是阻断贫困代际传递的治本之策。习近平总书记强调："要做好教育扶贫，不能让孩子们输在起跑线上，教育跟不上世世代代落后，学一技之长才能

---

[1] 《黔贵大地上演"绿色逆袭"——来自国家生态文明试验区（贵州）的调查报告》，中华人民共和国中央人民政府，2021 年 7 月 14 日，http://www.gov.cn/xinwen/2021-07/14/content_5624983.htm。

[2] 《贵州今年计划赎买 6 万亩人工商品林以保护自然生态》，中华人民共和国中央人民政府，2018 年 2 月 26 日，https://www.gov.cn/xinwen/2018-02/26/content_5268917.htm。

[3] 方春英、唐怒娇：《贵州十大林业工程助推生态扶贫》，《贵州日报》2018 年 11 月 17 日，第 3 版。

有更好保障。"① 治贫先治愚，扶贫先扶智。"治愚"和"扶智"的根本手段是发展教育，就是要通过教育来提升劳动者的综合素质，促进贫困人口掌握脱贫致富本领，阻断贫困代际传递。② 党的十八大以来，贵州省把教育扶贫行动作为全省扶贫攻坚"十项行动"之一，走出了一条特色教育扶贫之路。贵州省为扭转平均受教育年限低于全国平均水平的形势，实施了普及十五年教育计划，即在巩固提高九年义务教育基础上，普及学前三年教育和高中阶段教育，使义务教育向两头延伸，从而逐步在贵州建立起一个包含三年学前教育、九年义务教育、三年高中阶段教育（含普通高中和中职学校）的十五年义务教育体系。增加了教育投入力度，每年压缩5%—6%的行政办公经费用于贵州教育扶贫；通过全面推行农村营养改善计划，使380万余名中小学生和80万余名学龄前儿童吃上营养餐；实施"国培计划"和"特岗教师计划"，提高了农村地区教师的综合素质；实施职业教育"三个率先"计划，促进了贵州职业教育的跨越式发展，帮助数十万名贫困家庭的孩子掌握一门有用的技能。

● **专栏 9-10**

职业教育加快贫困地区"拔穷根"

职业教育是实现脱贫致富的"捷径"，是最能体现教育精准扶贫对脱贫攻坚工作帮助的措施。习近平总书记指出："一个贫困家庭的孩子如果能接受职业教育，掌握一技之长，能就业，这一户脱贫就有希望了。"党的十八大以来，贵州省大力发展职业教育，使广大青年特别是贫困地区农村学生通过职业教育掌握技术技能，走上了脱贫致富之路，也为贵州省城镇化和产业升级提供了充足的人力资源。从2013年起，贵州省通过"三个率先"，实现职业学校教育的跨越式发展，成为贵州省教育扶贫事业的突破口。所谓"三个率先"，是指在全国率先全省实施免费中职教育、在全国率先编制全省职业教育有关规划、在全国率先颁布施行《职业教育条例》。通过实施职业教育"9+3"计划、中职"百校大战"、示范职业院校创建计划、师资素质提升工程、实训基地建设工程等具体项目，贵州省职业教育的办学规模不断扩大，职业培训得以深入贫困地区。

从2015年开始，贵州省在10所优质省属职业院校中举办职业教育"精准

① 《总书记始终惦念咱老区人（总书记的人民情怀）》，《人民日报》2018年2月12日，第1版。
② 王嘉毅、封清云、张金：《教育与精准扶贫精准脱贫》，《教育研究》2016年第7期。

扶贫班"，即为部分贫困县的应往届初高中毕业生提供全部免除学费、书费、住宿费以及享受国家资助金政策的职业教育。为此，贵州省于2015年开办了被称为"威宁班"和"赫章班"的职业教育"精准扶贫班"，当年共招收学生6000余人。之后，随着教育精准扶贫工作在全省的开展，职业教育"精准扶贫班"也逐步扩大至册亨、望谟、晴隆、威宁、赫章5个县，每年开设班级200余个，招收学生万余人。为促进职业学校学生学以致用，贵州省还积极推行各项招聘计划，在确保中高职学校的毕业生顺利毕业的同时，还确保其能迅速找到适合自己的工作，提高毕业生就业率，以达到通过职业教育实现脱贫致富的目的。据统计，截至2018年，全省中高职学校毕业生就业率在90%以上。

职业教育精准扶贫，不仅有职业学校教育，还包括各种职业技能培训。因此，贵州省在不断扩大职业学校教育规模的同时，也广泛开展各种职业技术培训，使许多贫困地区群众不用去职业学校就能获得职业技能培训。从2015年起，以"精准扶贫"战略思想为指导，贵州省先后制定并实施了多项职业教育精准扶贫计划。首先在2015年出台《创新职教培训扶贫"1户1人"三年行动计划（2015—2017年）》，联合教育部门、人社部门、扶贫部门挑选100所职业院校挂牌建设扶贫基地，并创新进村入户培训、工学结合订单培养的方法，实行"培训—实践—再培训—再实践+创业辅导"、"研学产销"一体化、农业技能"师带徒"等培训模式，从而实现"1户1人1技能"。其次是在2017年出台《贵州省精准推进贫困劳动力全员培训促进就业脱贫工作方案》，并根据文件要求部署实施职教脱贫三项行动计划：一是以精准招生和精准资助为抓手，实施扶智计划；二是以精准培养和精准就业为载体，实施自强行动；三是以精准培训和校农结合为突破口，实施造血工程。最后在2018年，贵州省出台《贵州省农民全员培训三年行动计划（2019—2021年）》，启动了新一轮的全员培训，以促进就业助推脱贫攻坚，努力实现"户户有增收项目、人人有脱贫门路"的目标。

资料来源：吴大华、李胜主编《贵州脱贫攻坚70年》（下），贵州人民出版社，2019，第585页。

（六）健康扶贫模式

因病致贫、因病返贫一直是全球贫困治理面临的最主要难题之一。"救护车一响，一年猪白养；住上一次院，三年活白干"，这在贫困地区是很普遍的现象。对此，习近平总书记指出："要建立健全医疗保险和医疗救助制度，对因病致贫或返贫的群众给予及时有效救助。新型农村合作医疗和大病保险政策要对贫困人口倾斜，门诊统筹要率先覆盖所有贫困地区，财政对贫困人口参保的个人缴费部分要给予补贴。要加大医疗救助、临时救助、慈善救助等帮扶力度，把贫困人口全部纳入重特大疾病救助范围，保障贫困人口大病得到医治。"① 为贯彻落实习近平总书记和中央有关健康扶贫的重要指示精神，从 2011 年起，贵州省大力推行农村基本医疗保障制度，出台了大量关于农村医疗保障方面的文件及政策，积极创新工作思路，通过加强基层卫生服务能力建设、推广"新农合"医疗保险制度，以及开展多种形式的医疗救助，有效地解决了农村因病致贫、因病返贫的问题。

● 专栏 9—11

贵州省构建四级卫生网推动医疗服务全覆盖

贵州省抓住国家政策试点的机遇，强力推进基层远程医疗全覆盖，建成"贵州省远程医疗服务管理平台"，实现对县级以上公立医院的全覆盖，并通过统一的远程医疗服务管理平台开展疑难病例远程影像诊断、远程心电诊断等多种形式的远程医疗服务。贵州作为全国首批远程医疗政策试点省，以"大数据+远程医疗"为载体，搭建了贵州省统一的医疗卫生专网和远程医疗服务平台，推动优质医疗资源下沉，并将相关费用纳入医保和新农合报销范围，确保贫困地区群众"就近看病、看得起病"。按照"一网络、一平台、一枢纽"的技术架构，建成贵州省统一的远程医疗服务管理平台。

截至 2019 年 5 月，贵州省 14 个深度贫困县 321 家公立医疗机构已全部被纳入远程医疗体系，实现了县域内的"全科远程诊疗"；全面建成了乡镇卫生院远程医疗服务体系——"乡乡通"；将远程医疗服务体系向全部乡镇卫生院和社区卫生服务中心延伸，构建起省、市、县、乡四级联动的公立医疗服务体系；率先建成省内公立医疗机构、外联国家和省外优质医疗资源共建的远程医疗服务体系，并出台了远程医疗服务管理办法及实施细则。2016—2018 年底，贵州省远程医疗服务总量达 41.8 万例，仅 2018 年就达 23.6 万例；通过远程医疗，累计节约医保费用、群众自付医疗费用及外出就医产生的交通、食宿、误

---

① 中共中央党史和文献研究院编《十八大以来重要文献选编》（下），中央文献出版社，2018，第 43 页。

工等费用约 3.8 亿元。2018 年，贵州省完成远程医疗业务总量 23.6 万例，开展远程培训 130 场 15.4 万人次，拥有远程视频接入设备 1543 套。2019 年，在巩固四级远程医疗体系建设成果的同时，省、市、县、乡四级公立医疗机构远程医疗专网全面开通使用，数字化医疗设备实现 100% 接入远程医疗服务管理平台，推动远程医疗服务向村延伸。

资料来源：吴大华、李胜主编《贵州脱贫攻坚 70 年》（下），贵州人民出版社，2019，第 597 页。

三 贵州省消灭绝对贫困成效的实证评估

重大政策评估是推进国家治理能力现代化的重要内容与关键举措。党的十九届五中全会通过的《中共中央关于制定国民经济和社会发展第十四个五年规划和二〇三五年远景目标的建议》明确提出"健全重大政策事前评估和事后评价制度，畅通参与政策制定的渠道，提高决策科学化、民主化、法治化水平"[①]。对贵州省消灭千年绝对贫困成效开展全面科学的实证评估既是理论发展的必然要求，也是巩固拓展贵州省脱贫攻坚成果、实现乡村振兴的题中应有之义。本部分将运用前文构建的评估体系对贵州省消灭绝对贫困的成效进行实证评估。

（一）数据来源和样本概况

1. 数据来源

2021 年 4 月 11 日至 21 日，编写组组织了 10 余人的调研团队，赴贵州省紫云苗族布依族自治县、纳雍县和平坝区开展调研工作。调研问卷具体分为县问卷、村问卷、脱贫户问卷、非贫困户问卷、干部问卷 5 种类型，其中，县问卷、村问卷主要用于了解调研区域总体概况，而脱贫户问卷、非贫困户问卷、干部问卷则注重收集受访主体微观信息。

调研分为座谈和问卷调查两个部分。根据实际情况，在县（区）、镇（乡）两级组织座谈会，了解当地扶贫总体情况，并请相关工作人员帮助填写县问卷和针对扶贫干部设计的干部问卷。针对脱贫户、非贫困户的问卷则直接到村中，与受访对象展开面对面访谈，为确保问卷质量，由访员完成问卷填写和录入工作。最终，编写组发放采集问卷 521 份，其中有效问卷 519 份，涉及 3 县（区）

---

① 《中共中央关于制定国民经济和社会发展第十四个五年规划和二〇三五年远景目标的建议》，《人民日报》2020 年 11 月 4 日，第 1 版。

6乡镇12村。有效问卷类型结构见表9-6。

表9-6　有效问卷结构类型

单位：份，%

问卷类型	问卷数量	占比
县问卷	3	0.58
村问卷	12	2.31
脱贫户问卷	179	34.49
非贫困户问卷	188	36.22
干部问卷	137	26.40
总计	519	100.00

资料来源：实地调研数据。

　　编写组采用了典型抽样与分层随机抽样相结合的抽样方法进行抽样调查。典型抽样方法主要用于县（区）的选择，在综合考虑贫困程度、贫困特征等情况的基础上，确定紫云苗族布依族自治县、纳雍县和平坝区作为调研区域。分层随机抽样方法主要运用于具体样本的选择，对于已选择的县（区），按照镇（乡）、村、户三级依次分层，每个县（区）随机选择一个相对富裕镇（乡）和一个相对落后镇（乡），每个镇（乡）随机选择一个贫困村和一个非贫困村（深度贫困地区选择两个贫困村），每个村随机选择20户左右脱贫户和20户左右非贫困户（包括5户左右的干部家庭）进行问卷调查。

　　2. 调研区域总体情况

　　编写组在贵州省调研的区域为紫云苗族布依族自治县、纳雍县和平坝区（各调研区域概况见表9-7、表9-8）。

　　紫云苗族布依族自治县（以下简称紫云县）位于贵州省西南部，地处安顺市、黔南州、黔西南州三市州交界地带，既是安顺的南大门，也是全国唯一的苗族布依族自治县，全县总面积2284平方公里，全县辖3街道8镇2乡，有162个行政村、6个社区居委会、1981个村民小组，总人口12.05万户40.02万人，少数民族常住人口占总人口的65.14%。据了解，紫云县属国家级贫困县，有贫困村92个，贫困人口共计27302户117638人，计划脱贫和实际脱贫年度均为2020年。截至2020年底，紫云县全县地区生产总值完成79.59亿元，城镇及农村常住居民人均可支配收入分别达到30514元和10539元。2020年11月23日，贵州省政府向社会正式宣布紫云县完成脱贫摘帽，该县是全国最后一批摘帽的贫困县之一。

纳雍县地处贵州省西北、毕节市东南部，辖区面积 2452.32 平方公里，下辖 13 镇 10 乡 6 街道，户籍人口 108.06 万人。纳雍县属于国家级贫困县，有贫困村 245 个（含深度贫困村 98 个），贫困人口总数为 55384 户 250197 人。计划脱贫和实际脱贫年度均为 2020 年。截至 2020 年，纳雍县全县的地区生产总值达到了 172.94 亿元，城镇及农村常住居民人均可支配收入分别达到 49000 元和 18000 元。2020 年 11 月 23 日，贵州省政府向社会正式宣布纳雍县完成脱贫摘帽，该县也是全国最后一批摘帽的贫困县之一。

平坝区属于滇桂黔石漠化集中连片特困地区，地处黔中腹地，因土地平旷而得名，全区面积 999 平方公里，是安顺的东大门。平坝区辖 5 镇 2 乡 2 街道，共有 81 个行政村，其中 43 个为贫困村。平坝区总人口 36 万人，其中建档立卡户 11524 户 42207 人。脱贫攻坚战打响以来，42207 名农村贫困人口实现脱贫，43 个贫困村实现摘帽，全区贫困发生率实现从 2014 年的 12.63% 降至 2019 年的 0，绝对贫困问题得到历史性解决。2020 年，平坝区完成地区生产总值 135.7 亿元，城镇常住居民人均可支配收入 33597 元，农村常住居民人均可支配收入 12241 元。

表 9-7 调研区域概况

区县	是否为国家贫困县	是否为深度贫困县	总人口（万人）	建档立卡贫困人口（人）	农户样本数量（个）	占农户样本总量的比例（%）
紫云苗族布依族自治县	是	是	40.02	117638	110	29.97
平坝区	是	否	36	42207	128	34.88
纳雍县	是	是	108.06	250197	129	35.15

资料来源：实地调研资料。

表 9-8 贵州省受访建档立卡户和非建档立卡户样本分布情况

单位：个，%

区县	建档立卡户样本		非建档立卡户样本		全样本	
	数量	占比	数量	占比	数量	占比
紫云苗族布依族自治县	58	32.40	52	27.66	110	29.97
平坝区	51	28.49	77	40.96	128	34.88
纳雍县	70	39.11	59	31.38	129	35.15
小计	179	100.00	188	100.00	367	100.00

资料来源：实地调研数据。

3. 受访样本总体情况①

第一，受访者特征维度。长期以来，贵州省农村地区的青壮年劳动力流失现象较为严重，贫困地区的农村留守人群多为老弱病残群体，给编写组的访谈和调研造成了一定困难。为了提高访谈质量，对于抽样家庭，编写组尽可能要求受访家庭的"明白人"② 接受访谈，表9-9汇报了受访个体基本特征结构情况。从性别构成来看，男性受访对象占69.21%，女性受访对象占30.79%，这是因为农村"明白人"多为户主，而户主又以男性为主；从年龄分布来看，21—70岁群体占93.19%；从受教育程度来看，小学及以下学历群体占51.77%；从民族构成来看，汉族占65.94%，其余34.06%为苗族、彝族等少数民族和穿青人。

表9-9　受访者个体基本特征结构

单位：次，%

受访者特征	类别	频数	比例
性别	男	254	69.21
	女	113	30.79
年龄	20岁及以下	1	0.27
	21—30岁	15	4.09
	31—40岁	62	16.89
	41—50岁	116	31.61
	51—60岁	92	25.07
	61—70岁	57	15.53
	71岁及以上	24	6.54
受教育程度	小学及以下	190	51.77
	初中	134	36.51
	高中	23	6.27
	中专/职高/技校	7	1.91
	大专	9	2.45
	本科及以上	4	1.09
民族	汉族	242	65.94
	苗族	44	11.99
	彝族	19	5.18
	其他	62	16.89

资料来源：实地调研数据，统计范围为367个受访农户样本。

---

① 这一部分的统计范围为367户农户样本问卷，不包括干部问卷、村问卷和县问卷；后文中人民满意度部分的统计范围为脱贫户、非贫困户和干部这三种类型的504份样本问卷。

② 即能够说清楚家庭状况、相对准确地表达个人观点的家庭成员。

第二，样本家庭基本特征。本次调研涉及 367 户农户家庭，表 9-10 汇报了受访家庭基本特征统计情况。从表 9-10 可以看出，总样本中有 9 户、2.45% 的家庭为独居家庭，家庭人口为 4—6 人的比例相对较高，其中家庭规模为 4 人的家庭占比最高，为 22.34%，而建档立卡户中家庭规模为 5 人的比例最高，为 23.46%。总样本中家庭规模为 7 人及以上的占 14.44%，建档立卡户家庭规模为 7 人及以上的占 16.20%。从家庭收入规模结构来看，2020 年收入在 6 万元及以下的受访家庭占总样本的 55.58%，而受访建档立卡户中家庭收入规模在 6 万元以下的占 62.57%。

表 9-10 受访农户家庭基本特征

单位：次，%

受访家庭特征	类别	总样本		建档立卡户	
		频数	比例	频数	比例
家庭户籍人口数量	1 人	9	2.45	4	2.24
	2 人	40	10.90	19	10.62
	3 人	46	12.54	28	15.64
	4 人	82	22.34	28	15.64
	5 人	71	19.35	42	23.46
	6 人	66	17.98	29	16.20
	7 人及以上	53	14.44	29	16.20
家庭收入	20000 元及以下	54	14.71	22	12.29
	(20000, 40000] 元	70	19.07	44	24.58
	(40000, 60000] 元	80	21.80	46	25.70
	(60000, 80000] 元	57	15.53	23	12.85
	(80000, 100000] 元	26	7.09	10	5.59
	(100000, 120000] 元	20	5.45	6	3.35
	120000 元以上	60	16.35	28	15.64

资料来源：实地调研，农户样本总数为 367 户。

第三，致贫原因。表 9-11 汇报了贫困户主要致贫原因。从致贫原因分布来看，主要致贫原因超过 10% 的有缺资金、缺劳力、因病、因学、缺技术和因残 6 项，与章文光等人基于 25 省（区、市）建档立卡实地监测调研数据[1]得出的

---

[1] 章文光、吴义熔、宫钰：《建档立卡贫困户的返贫风险预测及返贫原因分析——基于 2019 年 25 省（区、市）建档立卡实地监测调研数据》，《改革》2020 年第 12 期。

结论相比，贵州省建档立卡户中因缺资金、因学致贫的比例明显高于全国一般水平，这与贵州在精准扶贫之前总体贫困程度较深有关。

表 9-11　建档立卡户主要致贫原因情况

单位：次，%

主要致贫原因	频数	比例
因病	36	20.11
因残	24	13.41
因学	35	19.55
因灾	2	1.12
缺土地	4	2.23
缺水	0	0.00
缺技术	29	16.20
缺劳力	39	21.79
缺资金	77	43.02
其他	3	1.68

注：本表所统计的主要致贫原因，来源于贫困户在受访时的陈述，主要致贫原因可能不止一项。

第四，政策知晓情况。从建档立卡户对相关政策的了解程度看，对于"您了解的精准扶贫政策主要有哪些？"这一问题，受访贫困人口认为自己了解特色产业扶贫政策、社会兜底扶贫政策、教育扶贫政策、就业培训扶贫政策、医疗健康扶贫政策的比例超过50%，而认为自己了解科技扶贫政策、电商扶贫政策的样本比例低于20%（见表9-12），表明受访样本对传统常规扶贫政策相对更为熟悉。

表 9-12　受访建档立卡户样本对政策的了解情况

单位：人，%

帮扶政策	了解人数	知晓率
特色产业扶贫政策	122	68.16
就业培训扶贫政策	108	60.34
易地扶贫搬迁政策	51	28.49
医疗健康扶贫政策	106	59.22
社会兜底扶贫政策	121	67.60
小额信贷扶贫政策	72	40.22
教育扶贫政策	109	60.89

续表

帮扶政策	了解人数	知晓率
科技扶贫政策	18	10.06
结对帮扶政策	49	27.37
电商扶贫政策	19	10.61

资料来源：实地调研数据。

表 9-13 汇报了建档立卡户认为自己切实感受到的"五个一批"的情况。从政策覆盖率来看，受访样本认为自己家享受了发展生产脱贫一批、易地搬迁脱贫一批、生态补偿脱贫一批、发展教育脱贫一批、社会保障兜底一批的比例分别为 53.63%、8.38%、39.66%、45.25%、59.78%。[①]

表 9-13 建档立卡户"五个一批"实际感受情况

单位：户，%

"五个一批"	覆盖户数	覆盖率
发展生产脱贫一批	96	53.63
易地搬迁脱贫一批	15	8.38
生态补偿脱贫一批	71	39.66
发展教育脱贫一批	81	45.25
社会保障兜底一批	107	59.78
其他	8	4.47

资料来源：实地调研数据。

（二）消除绝对贫困目标实现度

1. 建档立卡户脱贫摘帽情况

从编写组调研抽查数据情况来看，贵州省受访建档立卡户"一收入、两不愁、三保障"的达标率高达 100%。进一步观察各项指标具体情况，发现"吃不愁""穿不愁""义务教育有保障""基本医疗有保障""住房安全有保障"这五个方面指标的达标率达到了 100%。可以看出，贵州省在精准扶贫中"一收入、两不愁、三保障"的目标得到了保质保量的完成，历史性地解决了绝对

---

① 这一统计比例与全国或贵州省总体统计比例略有出入，尤其是发展生产脱贫一批中，全国宏观数据显示有超过九成贫困人口享受了发展生产脱贫一批政策，但是本次调研中只有五成至六成建档立卡人口认为自己享受了发展生产脱贫一批政策。

贫困问题。

　　贵州不仅圆满解决了绝对贫困问题，而且脱贫质量在编写组调研的四个省份中表现优异。原贫困人口自主脱贫能力是反映扶贫政策质量的重要指标。图 9-4 和表 9-14 分别报告了不同省份受访样本对于"您觉得脱贫政策在培养贫困户真正自主脱贫能力上效果如何？"的回答情况。调研结果显示，贵州省有57.45%的受访样本认为效果"非常好"，有 32.55%的受访样本认为效果"比较好"，5.69%的受访样本认为效果"一般"。与四川省、河南省、福建省相比，贵州省的受访样本认为脱贫政策在培养贫困户真正自主脱贫能力上的效果"非常好"的比例最高，分别比四川省、河南省和福建省高出 18.62 个、7.28 个和5.62 个百分点，表明 4 个省份中，贵州省在圆满解决绝对贫困问题的基础上，对于提升建档立卡户自主脱贫能力的成效也是相对最好的。

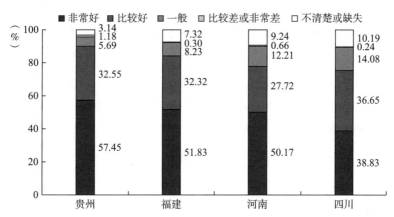

图 9-4　不同省份受访样本对贫困人口自主脱贫能力提升程度判断

表 9-14　不同省份受访样本对贫困人口自主脱贫能力提升程度判断的分布

单位：%

省份	非常好	比较好	一般	比较差或非常差	不清楚或缺失
贵州	57.45	32.55	5.69	1.18	3.14
四川	38.83	36.65	14.08	0.24	10.19
河南	50.17	27.72	12.21	0.66	9.24
福建	51.83	32.32	8.23	0.30	7.32

资料来源：实地调研数据。

2. 贫困县摘帽情况

　　据官方信息，2020 年 11 月 23 日，经贵州省扶贫开发领导小组和贵州省人民政府审定，包括紫云县、纳雍县等在内的 9 个最后一批贫困县退出贫困县序列。至此，贵州全省 66 个贫困县全部实现脱贫摘帽，标志着贵州省圆满完成了"确保贫困县全部脱贫摘帽"的任务，同时，这也是全国 832 个贫困县全部脱贫摘帽的标志。从编写组在贵州省的实地调研结果来看，所调研的贫困县全部如期脱贫，并实现了全面建成小康社会的任务要求。

（三）消除绝对贫困人民满意度

1. 总体满意度

本书对贵州省精准扶贫工作的人民满意度进行了调研分析。总体而言，受访对象对贵州省脱贫成效总体满意度为"非常满意"的比例接近七成，"非常满意"或者"比较满意"的占比达到 97.40%，只有 2.6% 左右的受访样本对脱贫的成效感到"比较不满意"或者"一般"（见图 9-5）。从分类统计来看，分别有 98.32%、94.68%、100.00% 的建档立卡户、非建档立卡户和帮扶干部对精准扶贫思想总体实施效果表示"非常满意"或"比较满意"（见表 9-15），其中，分别有 60.89%、61.17%、92.70% 的建档立卡户、非建档立卡户和帮扶干部对精准扶贫思想总体实施效果表示"非常满意"，展现了几类主体对贵州减贫成效的充分认可。

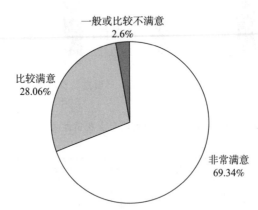

图 9-5　受访对象对脱贫成效总体满意度分布

表 9-15　不同类型主体对脱贫成效总体满意度比较

单位：%

主体类型	非常满意	比较满意	一般	比较不满意	非常不满意
建档立卡户	60.89	37.43	1.68	0.00	0.00

续表

主体类型	非常满意	比较满意	一般	比较不满意	非常不满意
非建档立卡户	61.17	33.51	4.26	1.06	0.00
帮扶干部	92.70	7.30	0.00	0.00	0.00

资料来源：实地调研数据。

2. 分项政策满意度

贵州省在精准扶贫过程中多项扶贫政策并举，不同政策相互影响、交织盘绕。"五个一批"是精准扶贫政策的主要内容，这一部分对"五个一批"不同政策实施效果及其在执行中的具体情况进行分析，并提出这些政策在乡村振兴中的调整思路和注意事项。表9-16汇报了不同受访主体对于"五个一批"政策满意度的评价，将贵州省和四川、河南、福建三省数据相比较，发现贵州省每类政策选"非常满意"的比例都高于另外三省，进一步说明了贵州省"五个一批"政策实施成效良好。在下文中，将对每类政策满意度情况进行具体分析。

表9-16　贵州省和其他省份受访主体对不同类型政策脱贫成效满意度

单位：%

区域	"五个一批"	主要政策	满意度评价				
			非常满意	比较满意	一般	比较不满意	非常不满意
贵州省	发展生产脱贫一批	产业扶贫政策	65.13	30.88	3.78	0.21%	0.00
		就业培训扶贫政策	65.96	28.30	5.53	0.21%	0.00
	易地搬迁脱贫一批	易地扶贫搬迁政策	69.44	24.69	5.87	0.00%	0.00
	发展教育脱贫一批	教育扶贫政策	74.27	21.97	3.35	0.42%	0.00
	生态补偿脱贫一批	生态扶贫政策	65.93	28.35	5.49	0.22%	0.00
	社会保障兜底一批	医疗健康扶贫政策	74.85	21.88	2.86	0.41%	0.00
		社会兜底扶贫政策	77.32	20.21	2.47	0.00%	0.00
四川省 河南省 福建省	发展生产脱贫一批	产业扶贫政策	56.55	34.95	7.67	0.71%	0.12
		就业培训扶贫政策	55.88	35.25	8.03	0.72%	0.12
	易地搬迁脱贫一批	易地扶贫搬迁政策	68.29	27.48	4.02	0.21%	0.00
	发展教育脱贫一批	教育扶贫政策	64.92	31.06	3.78	0.24%	0.00
	生态补偿脱贫一批	生态扶贫政策	62.24	30.86	6.03	0.69%	0.17
	社会保障兜底一批	医疗健康扶贫政策	68.68	27.58	3.41	0.33%	0.00
		社会兜底扶贫政策	66.97	29.46	3.34	0.23%	0.00

资料来源：实地调研数据。

第一，发展生产脱贫一批政策满意度。新增收入方面，有 93.85% 的受访建档立卡户认为自己当前的收入与建档立卡之前相比有明显增加或较大增加，其中 55.30% 的受访建档立卡户认为自己当前的收入与建档立卡之前相比有明显增加，有 38.55% 认为有较大增加（见表 9-17）。从原贫困人口对新增收入可持续性判断的分布来看，有 81.56% 的受访建档立卡户认为精准扶贫后形成的新增收入稳定可持续，这是非常可喜的成绩，但与此同时，有 12.29% 的受访建档立卡户认为自己家庭新增收入是不可持续的（见图 9-6）。根据认为新增收入不可持续的受访样本观点，新增收入不稳定或不可持续的原因主要包括依赖国家补贴、产业生产受自然风险和市场风险影响、就业岗位不稳定等。尽管贵州省扶贫政策取得了良好成效，但仍有 6.15% 的受访建档立卡户认为自己与精准扶贫前相比，收入没有显著增加（见图 9-6）。

从受访建档立卡户精准扶贫以来主要增收的来源来看（见图 9-7）[①]，新增收入的主要来源为低保和其他转移性收入的比例为 41.34%，公益性岗位的比例为 37.43%，外出务工的比例为 27.93%。受访建档立卡户新增收入来源主要为种植业和养殖业的比例分别为 11.73% 和 3.35%。表明工资性收入和转移性收入是建档立卡贫困人口新增收入的主要来源。

表 9-17　建档立卡以来收入变化情况

单位：次，%

建档立卡以来收入变化情况	频数	占比
明显增加	99	55.30
较大增加	69	38.55
没有变化	10	5.59
较为减少	1	0.56
明显减少	0	0.00
合计	179	100.00

资料来源：实地调研数据。

就业培训扶贫政策是发展生产脱贫的另一重要组成部分，贵州省受访样本中，对就业培训扶贫政策成效"非常满意"的主体占比 65.96%，而四川省、河南省、福建省三省的样本中，对当地就业培训扶贫政策成效"非常满意"的主体占比仅 55.88%，贵州比其他三省高出 10.08 个百分点。从调研情况来看，

---

① 此题为多选题。

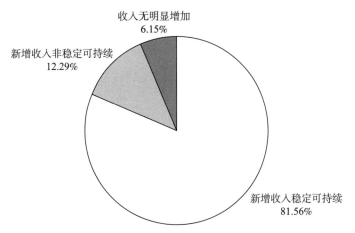

图 9-6　受访建档立卡户对新增收入可持续性判断的分布

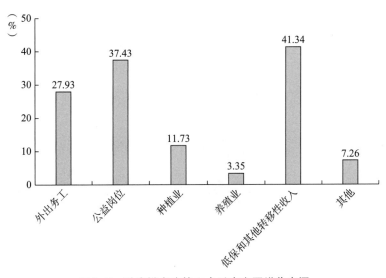

图 9-7　受访样本建档立卡以来主要增收来源

贵州有 72.63% 的建档立卡户参与过就业培训，参与过培训的原贫困人口平均每户接受培训 1.94 人次，最多的一户建档立卡户在精准扶贫期间参与培训 10 人次。建档立卡户参与培训的项目和比例见图 9-8，具体培训内容最多的是种植技术和养殖技术，分别占比 62.57% 和 50.84%，意味着超过一半的家庭参加过种植或养殖技术培训。务工技能培训、农机技术培训和服务业技能培训的参加比例分别为 15.08%、8.94% 和 8.38%，据受访者提供的信息，其他的培训项目还包括美容美发、电商培训等。从就业创业培训的增收作用来看，有 66.38% 的样本认为所获得的就业创业帮扶措施对家庭增收有很大帮助或较大帮助，有

18.97%的样本认为对家庭增收作用一般，还有14.66%的样本认为对家庭增收没有帮助（见图9-9）。

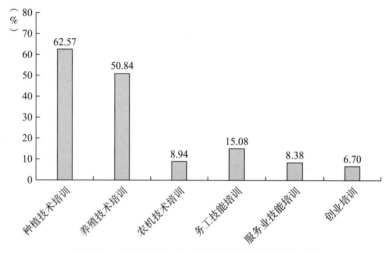

图 9-8　受访建档立卡户参与培训的项目和比例

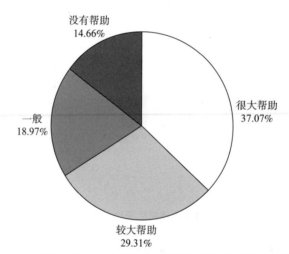

图 9-9　受访建档立卡户对就业创业帮扶措施增收作用的评价

　　第二，易地搬迁脱贫一批政策满意度。从调研结果来看，贵州省的受访样本中，对易地扶贫搬迁政策成效"非常满意"的主体占69.44%，而四川、河南、福建三省样本中，对易地扶贫搬迁政策成效"非常满意"的主体占比为68.29%，贵州与其他省份基本持平。易地扶贫搬迁政策从多方面提高了贫困人口生活质量，包括居住条件改善、交通便利程度提高、就业机会增多、医疗条件改善、上学条件改善等，其中改善最大的是居住条件，100%的搬迁贫困人口认为居住条件获得了改善。尽管已有研究中部分观点认为易地扶贫搬迁政策存在各种各样的问题，但从本轮调研结果来看，易地扶贫搬迁政策给真正搬迁了的贫困人口带来了实实在在的收益。对于考察搬迁人口搬迁可持续性的问题"您是否愿意在迁入地长期居住？"，100%的搬迁人口选择了"愿意"。

第三，生态补偿脱贫一批政策满意度。从调研结果来看，贵州省受访样本中对生态扶贫政策成效"非常满意"的主体占65.93%，而四川、河南、福建三省样本中，对生态扶贫政策成效"非常满意"的主体占比为62.24%，贵州比其他三省高出3.69个百分点。贵州省贫困地区多地处生态保护区、生态脆弱区，生态补偿款是贫困地区转移性收入的重要组成部分，受访建档立卡户2020年户均收入生态补偿款1250.29元，占总转移性收入的17.83%。此外，生态公益岗位也能为贫困人口带来一笔相对可观的收入，受访样本中51.96%的建档立卡户获得了生态公益岗位，尤其是中部和西部地区，受访建档立卡户有一半以上获得了公益性岗位，极大地增加了建档立卡户本地工资性收入。从调研情况来看，生态公益岗位每月工资一般为500—800元，一年发放12个月，如果全年不中断，年增收6000—9600元。

第四，发展教育脱贫一批政策满意度。从调研结果来看，贵州省的受访样本中对教育扶贫政策成效"非常满意"的主体占74.27%，而四川、河南、福建三省样本中，对教育扶贫政策成效"非常满意"的主体占比为64.92%，贵州比其他三省高出9.35个百分点。受访的贫困人口中，36.87%的受访样本认为，将教育扶贫资金投放在大学及以上阶段尤为重要，33.52%的样本认为教育扶贫资金投放在义务教育阶段尤为重要，29.61%的样本认为教育扶贫资金投放在高中阶段尤为重要（见图9-10[①]）。调研过程中，编写组注意到，为了提高子女受教育质量，贫困地区家长尤其是女性家长到乡镇或者县城租房"陪读"的现象屡见不鲜，这意味着他们面临着劳动力被束缚导致收入减少与城镇生活支出增加的双重压力。

第五，社会保障兜底一批政策满意度。社会保障兜底一批政策主要包括医疗健康扶贫政策和社会兜底扶贫政策。医疗健康扶贫政策是贫困人口认可度较高的一项政策，贵州省受访样本中，对医疗健康扶贫政策成效"非常满意"的主体占74.85%，而四川、河南、福建三省样本中，对当地医疗健康扶贫政策成效"非常满意"的主体占比仅为68.68%，贵州比其他三省高出6.17个百分点。

---

① 因为该问题为多选题，所以各比例加总不等于1。

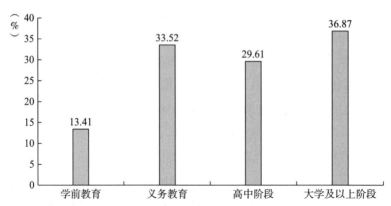

图 9-10　受访建档立卡户对教育扶贫资金应该主要投入的教育阶段的观点

精准扶贫为建档立卡贫困人口代缴或部分代缴了基本医疗保险和大病医疗保险，一般建档立卡贫困人口自费部分不超过医疗费用的 10%，且在不少公立医院设立了贫困户特殊窗口。从调研情况来看，有 91.31% 的建档立卡人口认为精准扶贫以来看病负担明显减轻，极大地缓解了贫困地区长期存在的因病致贫难题（见图 9-11）。乡村振兴阶段，在财政负担可承受范围之内，这一政策有必要逐步推广到广大普通群众。

社会兜底扶贫政策是满意度相对最高的一项政策，贵州省受访样本中，对社会兜底扶贫政策成效"非常满意"的主体占 77.32%，而四川、河南、福建三省样本中，对当地社会兜底扶贫政策成效"非常满意"的主体仅占 66.97%，贵州比其他三省高出 10.35 个百分点。从受访对象收入情况来看，2020 年贫困户户均转移性支付达到 7013.61 元。调研的受访对象中，享受低保的建档立卡

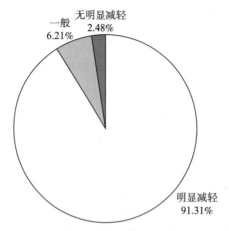

图 9-11　精准扶贫以来受访建档立卡人口对看病负担减轻判断的分布

户比例达到 52.51%，意味着 2020 年超过一半的受访建档立卡户享受了低保政策，可能存在为了确保脱贫攻坚如期完成而"一兜了之"的不良现象。这一数据表明，当前贵州省的脱贫成效还需进一步巩固拓展，从而不断提高相对弱势群体的自身发展能力。

四　研究结论

贵州省消灭绝对贫困既有短期成效，又有长期成效；既有物质方面影响，又有精神层面影响，且形成了诸多独特的贵州省脱贫攻坚的主要经验（见专栏 9-12）。本书采用贵州省 3 县（区）6 乡镇 12 村 519 份样本数据，全面评估了贵州省消灭绝对贫困的成效。主要研究结论如下。

第一，贵州省历史性地消灭了千年绝对贫困。到 2020 年，贵州农村贫困人口已实现全面脱贫，贫困县已全部脱贫摘帽，贵州历史性地解决了绝对贫困问题。精准扶贫思想在经历了提出期、深化期之后，最终进入成熟期，并形成了符合中国实际的实践路径，贵州在精准扶贫思想指导下，摸索形成了一套行之有效的方式。尽管在政策执行过程中历经波折，尤其是从初期贫困人口识别偏差，到"回头看"矫正识别不精准，再到深度贫困县脱贫攻坚，贵州省直面困难挑战，科学施策，创造了人类减贫史上的"贵州奇迹"。贵州省精准扶贫最突出的成就是解决了困扰贵州数千年的绝对贫困问题，"两不愁三保障"目标高水平完成，为中国实现"全面小康路上一个都不能少"贡献了贵州力量。

第二，贵州省精准扶贫实践获得了极高的人民满意度。人民满意是精准扶贫思想实践的落脚点，调研结果表明，就总体满意度而言，受访对象对脱贫成效总体满意度为"非常满意"的比例接近七成，感到"非常满意"或者"比较满意"的占比达到 97.40%，只有 2.6% 左右的受访样本对脱贫成效感到"比较不满意"或者"一般"。从分类统计来看，分别有 98.32%、94.68%、100.00% 的建档立卡户、非建档立卡户和帮扶干部对精准扶贫思想总体实施效果表示"非常满意"或"比较满意"，其中，分别有 60.89%、61.17%、92.70% 的建档立卡户、非建档立卡户和帮扶干部对精准扶贫思想总体实施效果表示"非常满意"，展现了几类主体对贵州减贫成效的充分认可。

第三，贵州省精准扶贫分项政策成效显著。贵州省在精准扶贫过程中多项扶贫政策并举，不同政策之间相互影响、交织盘绕。"五个一批"是精准扶贫政策的主要内容，编写组通过对贵州、四川、河南、福建四省数据进行比较分析，发现贵州省受访样本对"五个一批"每类政策选"非常满意"的比例都高于另外三省总体水平，进一步说明了贵州省"五个一批"政策实施成效良好。考虑到贵州省在扶贫方面底子薄、矛盾错综复杂的历史背景，能取得这样的成绩实属不易。

● 专栏 9-12

贵州省脱贫攻坚的主要经验

一、坚持高位推动，建立"双组长"扶贫开发领导小组

贵州省坚决落实省负总责、市县抓落实的工作机制，每年签订脱贫攻坚责任书，立下军令状，层层传导压力，确保脱贫攻坚责任落实到位。自上而下建立由党政主要负责同志任"双组长"的扶贫开发领导小组，强化五级书记抓脱贫攻坚的制度。省委书记、省长带头挂帮脱贫攻坚任务最重的县和乡镇，带头高频次深入贫困人口多、贫困发生率高的深度贫困一线调研；省领导分别联系帮扶 16 个深度贫困县、定点包干 20 个极贫乡镇。市（州）党委和政府每季度至少专题研究两次脱贫攻坚工作，贫困县党委和政府每月至少专题研究两次脱贫攻坚工作，各行业部门充分发挥专业优势开展行业扶贫。实现所有省领导都挂帮贫困县，所有市（州）领导都有具体的帮扶乡镇，所有县（市、区）领导都有具体的帮扶村，所有贫困人口都有帮扶干部。

二、坚持精准识别，形成"四看法"贫困人口识别机制

贵州组织全省广大基层干部进村入户，对照贫困户识别程序和标准逐一排查，摸清贫困人口分布、致贫原因、脱贫需求等情况。多次开展精准识别"回头看"，实行动态管理，剔除识别不准人口，补录新识别贫困人口，常态化开展部门数据信息比对，识别精准率不断提高。在全国率先建成扶贫工作专项系统"扶贫云"，汇聚融合各有关行业部门数据，实时全面掌握贫困人口"一达标、两不愁、三保障"等情况，动态监测分析各类帮扶措施实施效果，推动脱贫攻坚工作更加信息化、高效化、精准化。贵州省威宁县迤那镇在实践中探索总结出"一看房、二看粮、三看劳动力强不强、四看家中有没有读书郎"的"四看法"贫困人口识别机制，得到习近平总书记充分肯定。

三、坚持精准方略，制定扶贫标准体系

贵州省围绕扶持谁、谁来扶、怎么扶、如何退等关键问题，聚焦"六个精准"，扶贫路径由"大水漫灌"转为"精准滴灌"，资源使用方式由多头分散转为统筹集中，扶贫模式由偏重"输血"转为注重"造血"，考评体系由侧重考

核地区生产总值转为主要考核脱贫成效。明确贫困县统筹整合财政涉农资金用于脱贫攻坚，使地方聚焦自身短板精准施策。颁布实施《贵州精准扶贫标准体系》，规范精准脱贫工作内容，成为全国第一个发布《精准扶贫标准体系》的省份。

四、坚持改革创新，形成"贵州战法"

贵州省委、省政府坚持问题导向、勇于自我革命，从"四场硬仗"到"四个聚焦"，从"三变"改革到"产业革命"，从"六个坚持"到"五个体系"，无不体现了强烈的改革创新精神。贵州省广大干部群众勇于、敢于、善于从实际出发，推进脱贫攻坚政策举措创新，形成了特色鲜明的脱贫攻坚"贵州战法"，比如环环相扣"攻坚战"、深度贫困"歼灭战"、农村产业革命"大会战"、易地扶贫搬迁"持久战"、补齐短板"突破战"、大数据助力扶贫"科技战"、对口帮扶"协作战"、全社会参与"合围战"、依法治贫"保卫战"、作风纪律"监督战"，创造了脱贫攻坚的"省级样板"。

资料来源：实地调研资料。

第十章　精准扶贫思想的世界贡献

"为人类不断作出新的更大的贡献,是中国共产党和中国人民早就作出的庄严承诺。"① 消除贫困是人类社会共同面临的世界性难题,也是联合国 2030 年可持续发展议程的首要目标。作为曾经世界上绝对贫困人口最多的国家,中国逐渐探索出了一条由区域扶贫开发到精准扶贫、由"输血"到"造血"、由单一到多元的特色减贫之路。实施精准扶贫方略以来,中国每年就有 1000 多万贫困人口实现稳定脱贫,扶贫减贫取得了举世瞩目的成效,中国用 40 余年时间让8 亿多人口脱贫,是人类历史上最伟大的成就之一,体现出中国共产党和中国人民在全人类减贫事业中的责任担当。

学术界普遍认为,精准扶贫是世界减贫事业的重要组成部分,从理论和实践层面对人类反贫困事业作出了有益探索。李小云等指出,中国的减贫发展经验有理由通过理论的提升而成为国际发展理论和实践框架的重要组成部分。② 蔡昉、张宇燕等认为,中国改革开放 40 余年以来的巨大减贫成就及经验,是中国未来减贫和社会治理以及世界减贫事业的重要知识财富。③ 杨宜勇也主张以世界眼光来看待"精准扶贫"理论体系,因为它不仅是对中国社会主义建设理论的总结,也是对世界扶贫理论的最新探索和总结。④ 就具体贡献而言,凌文豪和刘欣研究了精准扶贫在理论层面的世界贡献⑤,以曾小溪和汪三贵为代表的学者基于精准扶贫的历史考察提出了其实践层面的世界贡献⑥。唐任伍指出,在全球千年发展目标的实现方面,中国作出了相应贡献,同时,"六个精准"

---

① 《习近平谈治国理政》(第二卷),外文出版社,2017,第 41 页。
② 李小云、马洁文、唐丽霞、徐秀丽:《关于中国减贫经验国际化的讨论》,《中国农业大学学报》(社会科学版) 2016 年第 5 期。
③ 蔡昉、张宇燕等:《从中国故事到中国智慧》,《国际经济评论》2019 年第 2 期。
④ 杨宜勇:《"精准扶贫"理论的四个维度》,《中国民政》2017 年第 21 期。
⑤ 凌文豪、刘欣:《中国特色扶贫开发的理念、实践及其世界意义》,《社会主义研究》2016 年第4 期。
⑥ 曾小溪、汪三贵:《论决胜脱贫攻坚的难点和对策》,《河海大学学报》(哲学社会科学版) 2019 年第 6 期。

的重要经验就是中国为全球反贫困治理贡献的智慧之一。[①] 张新平、成向东认为精准扶贫促进了中国减贫事业的历史性变革，可以为广大发展中国家摆脱贫困提供借鉴。[②]

综上可见，既有研究成果丰硕，为本章研究提供了基础，但学术界对于精准扶贫世界价值的系统性研究仍待加强，有必要对精准扶贫的具体经验与世界价值进行全面的理论构建。本章从理论与实践层面出发来研究精准扶贫的世界价值，具体有三个维度。一是精准扶贫思想为世界减贫理论贡献了中国智慧，从减贫立场、减贫规律、减贫方法层面加以揭示。二是精准扶贫思想为全球减贫事业贡献了中国样本，这主要表现为精准扶贫对于世界减贫事业的历史进程、世界人权事业的可持续发展及发展中国家减贫具有推动作用。三是精准扶贫思想为构建人类命运共同体贡献了中国力量，从理论与实践层面揭示构建人类命运共同体的必要性及路径。

第一节　为世界减贫理论贡献了中国智慧

人类社会在减贫问题上进行了长期的探索，国际经济学理论界就减贫问题创立了众多学说，形成了繁杂的世界减贫理论体系。尽管这些学说和理论拥有严密的逻辑结构和充分的论据，但不能成为我国减贫的理论基础和行动指南，只能进行部分的参考借鉴。因此，在世界减贫理论体系中，"如果没有指导中国这样一个世界上最大的发展中国家的反贫困理论，这个理论体系再庞大，其内容也是苍白的、不完备的"[③]。中国特色反贫困理论形成于长期的脱贫攻坚实践探索中，是马克思主义反贫困理论与我国具体实际相结合的最新理论成果、世界减贫理论体系中的组成部分。精准扶贫在减贫立场、减贫规律、减贫方法、减贫路径方面的理论认识深化，对于持续推进世界减贫事业具有重要理论意义，为世界减贫理论体系的丰富和发展贡献了中国智慧。

一　减贫立场的鲜明

精准扶贫始终坚持马克思主义的人民立场，坚持把以人民为中心的发展思想贯穿于扶贫工作全过程，明确了为了谁反贫困、依靠谁反贫困的问题，奠定

---

① 唐任伍：《习近平精准扶贫思想研究》，《人民论坛·学术前沿》2017 年第 23 期。
② 张新平、成向东：《新时代"中国减贫方案"的世界意义》，《甘肃社会科学》2020 年第 6 期。
③ 傅伯言、罗莹：《反贫困：新中国对国际社会的卓越贡献》，《江西社会科学》2000 年第 12 期。

了我国精准扶贫最终取得胜利的基石。

精准扶贫始终将人民群众的根本利益作为减贫的出发点和落脚点。坚持发展为了人民是马克思主义政治经济学的根本立场，是中国精准扶贫、精准脱贫基本方略的根本立场，区别于西方资本主义社会的减贫立场。因生产资料所有制性质不同，以及资本主义社会生产社会化与私人占有的固有矛盾，西方减贫理论及其立场在于维护资产阶级的根本利益，而非维护人民的根本利益。以美国和英国为代表的西方发达国家普遍采取资本投入型减贫方式，重视福利制度体系的完善，在满足贫困人口基本生活需要、为贫困人口提供发展机会等方面取得了一定成效。但资本主义私有制的本质决定了其减贫立场的非人民性，在一定程度上决定了减贫成效的不可持续性，具体表现为贫困人口脆弱性强，易受外在经济波动影响。与之不同的是，为推动我国扶贫开发方式从粗放到精准的转变，更好地维护人民群众的根本利益，习近平总书记于 2013 年 11 月首次提出了"精准扶贫"的概念。精准扶贫从维护和发展人民根本利益出发，始终坚守人民立场，回应和满足人民群众的美好生活需求，致力于提升贫困人口的获得感、满足感和幸福感。围绕项目、资金等扶贫资源如何精准惠及人民的主线，我国扶贫资源的瞄准历经了区域性贫困、贫困县、整村推进到扶贫入户到人的精确化过程，扶贫工作由面到点、由粗放到精细。正是因为中国共产党坚定的人民立场，精准扶贫、精准脱贫基本方略才能得到人民群众的拥护和支持，发挥出中国特色社会主义制度的巨大优势，在中国创造出伟大的减贫成就，在解决扶贫资源如何瞄准贫困目标对象的世界性难题上贡献了中国智慧。

精准扶贫始终紧紧依靠广大人民来解决贫困问题。在资本主义社会固有矛盾推动下，西方发达国家的减贫力量逐渐由最初的民间救济转向倒逼政府有所作为，目前其反贫困主体力量主要有政府、企业和社会慈善组织。具体运作模式为政府通过强化各领域立法，引领各主体参与减贫，但目前尚未充分调动全社会积极性，部分地区反而滋生了福利病，凸显出贫困人口内生动力不足的问题。在中国的反贫困实践中，"贫困人口既是救济的接受者，又是美好生活的建设者，还是贫困治理的参与者"①。除了强有力的政府扶贫，社会力量参与扶贫一直是有益补充和重要力量，但在不同时期，社会力量参与扶贫的领域和力度有所不同，总体上看，呈现出日益壮大的趋势。党的十八大以来，在大扶贫思想的指导下，针对贫困地区和贫困人口所开展的以专项、行业和社会扶贫三者

---

① 蒋永穆、卢洋：《消除绝对贫困的中国之能探颐》，《马克思主义与现实》2020 年第 5 期。

互为补充的大扶贫格局逐渐形成。东西部扶贫协作和对口支援力度进一步加大，派出干部担任贫困村第一书记等定点扶贫效果明显，企业和社会组织参与扶贫的领域进一步扩展。回顾我国贫困治理实践，反贫困主体力量的日益多元化是一个逐步深化的过程，其主体范围从具有正式编制的单位逐步扩大到各类社会力量，企业、华人华侨、社会组织、个人等逐渐被纳入反贫困多元主体范畴，反映出中国特色反贫困理论和实践的不断创新和发展。

精准扶贫始终以人民在减贫进程中是否得到真正实惠作为检验减贫成效的标准，以全体人民实现"两不愁三保障"作为检验标准。在马克思恩格斯所处的时代，贫困问题随着资本的积累而产生，就其产生根源而言，在于资本主义的制度，它以生产资料私有制和雇佣劳动为基础。在这一制度下，西方发达国家以是否缓和了社会矛盾、是否维护了资产阶级的根本利益为反贫困成效检验标准，直接造成了经济发展的涓滴效应未能全面惠及社会最底层的贫困者，种族歧视、社会福利依赖等问题凸显，充分彰显了资本主义生产关系性质的两重性。与之形成鲜明对比的是，中国精准扶贫、精准脱贫基本方略坚持贯彻社会主义本质要求，将"消除贫困、改善民生、逐步实现共同富裕"① 的本质要求落实到精准扶贫实践全过程，在减贫成效检验上紧紧围绕人民满意度展开，以贫困人口得到真正实惠和"两不愁三保障"为衡量标尺。党的十八大以来，我国脱贫人口已经实现吃、穿、住、行等方面的基本保障，教育、医疗及住房安全等方面的保障也得到同步跟进，其中，贫困群体分类救助的人数、享受低保和特困救助供养的人数均达 2000 万，领取困难和重度残疾人生活和护理补贴的人数有 2400 多万。为了让脱贫成效经得起历史和人民的检验，一方面，将全面从严治党的要求贯穿于脱贫攻坚全过程和各环节，坚决反对形式主义和官僚主义，反对脱离实际的面子工程，并开展了扶贫领域腐败和作风问题专项治理；另一方面，我国逐步形成了相应的责任监督体系，形成了由中央进行统筹规划、省负总责、市县督促抓落实的自上而下责任体系，专项巡视、督查巡查和民主监督相结合的严密的监督体系，过程考核与结果考核并重的严格的考核评估体系。

二　减贫规律的把握

精准扶贫是对人类社会减贫规律的有效探索，正如习近平总书记所言："我

---

① 《习近平谈治国理政》（第二卷），外文出版社，2017，第 83 页。

们立足我国国情，把握减贫规律，出台一系列超常规政策举措，构建了一整套行之有效的政策体系、工作体系、制度体系。"① 走出了一条独具中国特色的反贫困发展道路。

提升生产能力，促进有效减贫。马克思主义从生产力发展的视角论述了人类社会发展的总体趋势，认为人类社会发展的首要任务是大力发展生产力。就贫困生成而言，生产力发展的不平衡和不充分是首要因素，原因在于"人们所达到的生产力的总和决定着社会状况"②。为改善社会状况，提高经济社会民生建设水平，精准扶贫始终正确认识生产力发展与贫困之间的关系，始终不遗余力促进生产力发展，奠定了中国减贫事业的坚实物质基础。第一，精准扶贫始终坚持以发展生产力为首要任务。要想甩掉贫困的帽子，发展是总的办法。为此，精准扶贫始终坚持贯彻发展主线，致力于提高贫困地区发展生产的能力，并以提高贫困群体的个人发展能力为重点任务，坚持采取以扶贫、扶志、扶智相结合的方式实现有效发展。第二，精准扶贫始终在变革生产关系中促进生产力发展。"六个精准"和"五个一批"等主要内容的具体实施涉及多方面的制度运行及效能，适应于生产力解放、发展和保护的需要，以新发展理念为引领，不断向纵深推进，通过改革创新为精准扶贫的实践提供了根本动力。第三，精准扶贫始终坚持生产力发展与生产关系变革的统一。精准扶贫始终坚持以生产关系变革和生产力发展并举来消除绝对贫困，重视生产力与生产关系的良性互动。在发展减贫的过程中不断完善精准扶贫自身的内容体系和制度体系，根据贫困地区发展实际因地制宜开创地方性特色减贫举措，在顺应生产力发展规律中实现了有效减贫。

遵循客观自然规律，促进人与自然和谐共生。在减贫事业中遵循客观自然规律已成为国际社会的共识。以美国、日本、德国等为代表的发达国家在反贫困事业中逐渐转变经济发展方式，重视生态系统领域的立法工作，不断完善生态环境的监测方法体系，在促进经济发展和提升生态质量方面形成了正面经验。中国在借鉴国际社会先进经验的同时，还创新了生态保护与扶贫开发相结合的扶贫模式。党的十八大以来，随着生态文明建设的持续推进，实施绿色减贫成为人与自然和谐统一的现实需要，逐步打破了以往单一经济维度的减贫，实现了向绿色生态减贫的转向。创新、协调、绿色、开放、共享的新发展理念是新

---

① 习近平：《在全国脱贫攻坚总结表彰大会上的讲话》，《人民日报》2021年2月26日，第2版。
② 《马克思恩格斯文集》（第一卷），人民出版社，2009，第533页。

时代抓好发展的目标向导，习近平总书记强调"新发展理念要落地生根、变成普遍实践"①，就要提升行动和认识水平，切实以新发展理念引领我国扶贫开发工作。一方面，精准扶贫思想坚持和发展了"人与自然是生命共同体"的思想和"绿水青山就是金山银山"的理念。大自然给人类的回报是否慷慨，取决于人类是否对自然进行了合理利用和友好保护，自然界对人类无情的惩罚都源自人类对于自然的无节制开发与粗暴掠夺，人类对大自然的伤害最终会伤及人类自身，这是无法抗拒的规律。② 遵循这一规律，精准扶贫将经济发展与生态环境保护统一于脱贫攻坚实践，创新了生态扶贫的重要方式。"全国 80% 以上国家扶贫重点县和 95% 的绝对贫困人口分布在生态环境脆弱地区"③，生态扶贫是实现贫困地区可持续发展的必要之举。精准扶贫思想探索了人与自然和谐共生的绿色发展路径。精准扶贫主要以可持续发展为原则，以提升贫困人口生活水平为目标。基于此，精准扶贫、精准脱贫在实践中更加注重经济增长绿化度、资源利用与环境保护程度、社会发展能力和扶贫开发与减贫效果，致力于实现人与自然和谐共生。在具体减贫举措上，一是以易地搬迁促资源开发与生态恢复。习近平总书记强调："通过易地搬迁，可以解决 1000 万人脱贫。"④ 从实践成效来看，易地搬迁切实解决了贫困地区"一方水土养不起一方人"的困境，通过"挪穷窝"与"改穷业"并举，在解决基本问题的基础上更加注重贫困人口的后续发展，并结合实际延续搬迁后的扶持政策。同时，搬迁后的土地用于复耕复垦，因地制宜发展乡村产业，实现了有效减贫与资源保护的有机结合。二是以生态补偿保护自然生产力。我国农村地区的贫困问题，既要在可持续减贫中注重经济开发和扶贫效果的可持续性，又要注重贫困地区的生态治理。对于生态产业发展而言，"保护环境就是保护生产力，改善环境就是发展生产力"⑤，生态环境是构建生态产业的基础。为此，我国始终坚持"生态建设产业化，产业发展生态化"的发展方向，通过实施生态护林员项目、退耕还林工程、森林生态效益补偿补助项目和农牧民补助奖励政策等措施，帮助群众在参与生

---

① 习近平：《在省部级主要领导干部学习贯彻党的十八届五中全会精神专题研讨班上的讲话》，人民出版社，2016，第 35 页。

② 中共中央党校（国家行政学院）：《习近平新时代中国特色社会主义思想基本问题》，人民出版社、中共中央党校出版社，2020，第 314 页。

③ 李培林、魏后凯、吴国宝主编《中国扶贫开发报告（2017）》，社会科学文献出版社，2017，第 251 页。

④ 习近平《关于〈中共中央关于制定国民经济和社会发展第十三个五年规划的建议〉的说明》，《人民日报》2015 年 11 月 4 日，第 2 版。

⑤ 中共中央文献研究室编《十六大以来重要文献选编》（下），中央文献出版社，2008，第 96 页。

态保护和建设中实现增收。这些举措取得了显著的减贫成效，贫困地区生态环境和生产条件明显改善，以生态扶贫项目带动贫困群众致富增收，同时结合社会保障、健康保障等多方面对贫困人口进行扶持，减少仅靠经济扶贫造成的返贫现象，实现了扶贫开发与生态保护的良性互动。

遵循市场规律，持续调动社会合力参与减贫。如何遵循市场规律，充分发挥各国政府、市场、社会在减贫事业中的不同作用，是推动世界减贫事业需要解决的问题。而中国共产党善于运用市场规律推进扶贫开发，在顺应外在市场规律的同时注重发挥政府作用，促进有效市场和有为政府的有效结合，以此调动了全社会参与精准扶贫的主动性、积极性、创造性，在把握减贫规律的同时，实现了对世界减贫理论的超越与发展。一是以精准扶贫实践驳斥了马尔萨斯"抑制人口"的理论。"抑制人口"理论忽视了生产制度以外的生产要素，忽视了科学进步的巨大力量，精准扶贫中科技扶贫、电商扶贫、教育扶贫等多元化实践表明，科学技术不仅是构建社会大扶贫格局的重要手段，更是实现有效减贫的重要手段。二是借鉴和发展了"收入再分配"理论在处理公平与效率的关系、政府调节与市场作用关系方面的有益经验。该理论在资本主义私有制条件下对生产关系的调整是有限的，但全面深化改革贯穿于中国精准扶贫各领域全过程，保障了公平正义在中国特色社会主义制度下的实现，为发挥政府、市场、社会主体积极性营造了良好氛围。三是超越了减贫理论对于市场减贫的理想性认识。"涓滴效应"片面地认为依靠市场经济的发展可以实现发展成果的自然滴漏并实现减贫，而中国精准扶贫注重发挥政府的主导作用，坚持"全国一盘棋"，并注重发挥市场和社会在减贫事业中的不同作用。四是超越了总体与个体的对立。马克思多次强调，要避免抽象社会与具体个人的对立，社会的总体性应与人的个体性相统一、相互彰显、相互塑造。而大扶贫格局真正实现了社会总体性与个体性的统一，社会总体性与个体性相辅相成。从脱贫路径来看，在缺乏社会总体性的条件下，个体难以实现自身发展。贫困地区往往生产力发展水平较低，与社会的交往程度低；贫困人口受个人禀赋、自然因素等多因素影响，缺乏与社会的有效互动，难以依靠自身力量摆脱贫困。因此，社会的总体性力量是贫困地区及贫困人口摆脱贫困的必要条件，大扶贫格局将专项、行业、社会"三位一体"的社会关系有机地融入贫困地区，打破了贫困地区的长期闭塞的状态，从而提高贫困地区的开放程度和贫困人口的社会性，促进了贫困人口在与社会交往的统一性中实现稳定脱贫。

遵循内在个体需求，建构人本身的自由个性。遵循贫困个体的生存、发展等需求推进减贫，是世界反贫困事业的应有之义。西方发达国家的反贫困举措普遍在社会保障制度体系中保障贫困个体的生存，在注重人力资本投资中提升人的自我发展能力。以美国为代表的发达国家以立法为支撑提升工作福利；以家庭为单位优化社会保障体系；以教育为载体增加贫困个体人力资本，促进了完善立法与构建完善的教育体系相结合，在一定程度上降低了福利依赖，但仍面临贫困人口内生动力不足的困境，其根源在于生产资料私有制下的人的异化。精准扶贫、精准脱贫的基本方略始终坚持人民主体地位，坚持以人民为中心的发展思想，这与马克思关于人与社会关系的论述具有高度契合性，是对马克思主义人的本质论的承继和发展。具体而言，大扶贫格局的构建始终紧紧围绕"人"的主体性地位而展开。一方面，大扶贫格局精准对接个体需求，保障贫困人口的生存。大扶贫格局以自然关系、物质关系、精神关系、社会关系等为纽带，把一个个贫困个体联合起来成为"生存共同体"。从政府层面的各类扶贫兜底政策、计划，到市场参与的产业扶贫、金融扶贫等专项扶贫计划，再到各类社会团体组织参与扶贫，对接贫困人口生存需求，始终以满足贫困人口的美好生活需要作为扶贫目标，全面落实"两不愁三保障"。另一方面，大扶贫格局重视激发内在动力，促进贫困人口的发展。围绕人的可持续发展，"三位一体"扶贫格局采取"造血式"与"输血式"扶贫相结合的方式，关注人的可持续发展及未来走向。在多元化扶贫方式的促进下，贫困人口在社会实践中积极创造，实现自我发展。通过挖掘贫困人口的潜在动力源，为真正实现人的自由全面发展奠定基础。精准扶贫聚焦贫困群众的人民主体地位，从不同维度提出了不同类型贫困人口的有效脱贫路径，凝聚了多元主体在脱贫攻坚中的不同作用与合力，以差异化扶贫方式极大地促进了每一建档立卡户个性的全面发展，奠定了人的个性发展最高境界，即自由个性理想状态的实现基础。具体言之，在科技、教育、产业、金融、健康等方面的多元化扶贫方式推动下，贫困人口的生存、发展、安全、尊严、价值方面的需求，在精准扶贫工作中得到不同程度的回应和满足，这是区别于资本主义社会扶贫方式的显著特征。

坚持制治结合，提供坚实保障。社会主义制度的显著优势在于它可以集中力量办大事、坚持"全国一盘棋"，实现资源有效配置，而中国特色社会主义最本质特征在于中国共产党的领导。中国特色的精准扶贫实践能取得伟大的历史性成就的原因有两方面。一方面，这是社会主义制度优越性的集中表现。精准扶贫涉及多领域、多方面、多层次内容，是一项系统性工程，需要坚持"全国一盘棋"，通过构建社会大扶贫格局充分调动社会成员参与减贫的积极性、主动性和创造性。在社会主义制度优势下，专项扶贫、行业扶贫、定点扶贫等有序推进，分类对接和帮扶不同类型的贫困地区，在培育贫困地区产业发展、为贫困人口提供就业支持等方面发挥了重要作用。另一方面，这是中国共产党带领全国人民努力奋斗的结果，彰显了党的强有力领导核心作用。中国共产党是中国特色社会主义事业的领导核心，党的领导是精准扶贫制度体系的最大优势。精准扶贫的实践尤为重视贫困地区的党建引领工作，注重提升基层党组织在脱贫攻坚中的凝聚力，并坚持发挥党员的示范带头作用，开展结对帮扶探索群众脱贫致富有效路径。中国共产党领导的精准扶贫实践不仅密切了基层党组织、党员干部与建档立卡户之间的联系，还提升了党组织的凝聚力和战斗力，是精准扶贫得以顺利实施并取得伟大胜利的坚实保障。

三 减贫方法的运用

精准扶贫始终坚持以马克思主义政治经济学为指导，坚持运用历史唯物主义和辩证唯物主义的方法论来分析和解决我国贫困问题，促进了减贫方法的创造性运用。

第一，"精准"科学方法在扶贫领域的创造性运用。习近平总书记创造性提出的精准扶贫思想，从生产力发展不足与生产关系不合理出发，紧紧围绕"精准"思维，透过不同类型贫困的表征现象，挖掘不同类型贫困的生成原因，精准分析不同建档立卡户致贫原因，真正做到以"靶向疗法"拔穷根，为后期的精准施策提供具体思路。"精准"这一科学方法的创新集中体现在两个方面。一是实现了建档立卡户的精确瞄准。从扶贫对象瞄准上看，中国反贫困实践经历了极端贫困的救济阶段、通过改革缓解整体性贫困的阶段、以贫困县为瞄准对象的阶段、以贫困村为瞄准对象的阶段、精准扶贫以户为瞄准对象的阶段。精准到户的动态识别机制是精准扶贫思想的重要创新。二是在精确瞄准的基础上精准施策。精准扶贫根据不同贫困成因、不同贫困类型、不同区域的不同贫困群体精准施策，实现了对以往粗放扶贫方式的革新。

第二，内外因辩证关系在培育内生动力方面的创造性运用。中国的反贫困一直坚持增强贫困地区发展的内生动力和提高贫困群众的脱贫意识及能力，为此，中国一直坚持开发式扶贫的方针，强调扶贫与扶志、扶智相结合。在救济式扶贫阶段，我国主要依靠财政资金对弱势群体开展救济式帮扶，但已有一些救济举措体现出开发式扶贫的雏形。进入开发式扶贫阶段后，我国以经济开发为主，帮助贫困地区进行生产性建设，本质上看仍是"外部造血"式发展。精准扶贫思想强调稳定脱贫，"外部造血"的同时更加注重"内生造血"。从激发贫困人口的内生动力上看，习近平多次强调"扶贫先扶志""扶贫必扶智"，通过"扶志"增强贫困人口脱贫意识，通过"扶智"提升贫困人口脱贫能力。从增强贫困地区发展的内生动力上看，一方面，精准扶贫思想十分重视产业发展。一个地方必须有产业，产业的发展成效与脱贫成效直接挂钩，原因在于产业发展是脱贫的根本，而因地制宜结合实际培育出适宜的产业，将成为推动脱贫攻坚的根本出路。另一方面，要打造一支"不走的扶贫工作队"，促进乡村本土人才回流，增强乡村的内生发展能力。

　　第三，系统的观点在精准扶贫中的创造性运用。精准扶贫具有整体性和关联性，其规模之大、涉及范围之广、影响程度之深，涉及经济社会等各方面多领域的工作内容，需要对其进行系统性设计。系统的观点要求我们在认识精准扶贫时要全面地、普遍地、联系地观察和认识其内容体系和目标要求，妥善处理好精准扶贫进程中的各类重大关系。其一，精准扶贫构建起了科学有效、内容完整的制度体系。工作体系、投入体系、帮扶体系、社会动员体系、个体发展体系、责任监督体系、考核评估体系等都是精准扶贫制度体系的重要组成部分，各个部分之间相互联系、相互作用，在精准扶贫实践中发挥着不同作用。其二，精准扶贫的各项具体举措构成了完整的内容体系。专项扶贫、行业扶贫、定点扶贫等涵盖贫困地区的产业发展、教育事业、就业创业、生态保护、社会保障等多方面内容，能够全面地、有针对性地满足不同类型贫困群体的多样化需求。其三，精准扶贫构建起了完整的主体作用体系。在政府的主导作用下，市场和社会在精准扶贫中的不同作用显著增强，东西部扶贫协作、党政机关定点扶贫、社会组织等多元主体的减贫实践有序推进，凝聚起了强大的社会合力。

第二节　为全球减贫事业贡献了中国样本

　　中国精准扶贫取得了伟大成就，极大地推动了世界减贫事业的历史进程，推动了世界人权事业的可持续发展，为发展中国家的减贫提供了经验借鉴，"精准扶贫"等将成为人类减贫史上的华美篇章。中国的减贫不仅证明了马克思主义的科学性，也展示了社会主义的优越性；不仅击破了西方学者"贫困无法消除"的浅薄之见，也让现在仍身处贫困的人们看到了一种现实可能性。

一 推动了世界减贫事业的历史进程

贫困问题一直是人类社会面临的共同难题，人类社会在反贫困的理论和实践上进行了长期的探索。对贫困问题最早的研究可以追溯到 15、16 世纪，空想社会主义者认为贫困的根源在于资本主义的私有制，主张消灭资本主义私有制以彻底消除贫困。随着人类社会对贫困问题认识的逐步深化，对贫困问题研究的学科日益多元化，涉及经济学、社会学、政治学等多学科，但仍未彻底消除贫困。1981 年至 1990 年，全球处于极端贫困状态的人口为 19.5 亿人左右，直至 2000 年，全球极端贫困人口为 17 亿人，消除极端贫困进程缓慢。至今，全球还有 7 亿多人生活在贫困线以下，据世界银行估计，在新冠疫情的影响下，将有 1 亿人可能重新陷入极端贫困状态，世界反贫困进程在曲折中向前，探索减轻各种形式的全球贫困成为人类社会最紧迫的任务之一。从世界各国消除贫困的实际成效来看，中国在扶贫开发领域取得了举世瞩目的成就，让 8 亿多人摆脱了贫困，创造了反贫困的"中国奇迹"，直接推动了世界减贫事业的历史进程。

在发展中国家中率先实现了联合国千年发展目标，彰显了世界减贫的中国力量。在世界各国减贫事业中，我国人口最多、减贫规模最大、减贫成效最明显，受到了国际社会的高度赞扬。据统计，1980 年我国农村地区贫困人口为 7.7 亿，随着改革开放的深入推进和扶贫政策的有效实施，贫困人口大幅度减少。尤其是党的十八大以来，我国实施了精准扶贫、精准脱贫基本方略，扶贫开发工作日益精准化、科学化。我国共有 9000 多万贫困人口顺利脱贫摘帽，从 2012 年底的 9899 万减少到 2019 年底的 551 万，连续 7 年每年减贫规模都在 1000 万以上，相当于一个欧洲中等国家的规模或者整个非洲人口的总和，且中国减贫速度明显快于全球，对全球减贫贡献率超过七成，全球范围内每 100 人脱贫，就有 70 多人来自中国；贫困发生率从 2012 年的 10.2% 降低至 2019 年的 2% 以下。我国超额完成了联合国千年发展目标中关于"贫困人口比例减半"和"饥饿人口比例减半"的任务（见表 10-1），直接促进了世界极端贫困人口的比重从 40% 降低至 10% 以下。世界银行认为，中国的脱贫攻坚是人类历史上最伟大的故事之一，由此产生的扶贫经验值得中等收入国家借鉴。[1] 联合国开发

---

① 金墉：《中国扶贫经验值得中等收入国家借鉴》，《世界社会主义研究》2017 年第 8 期。

计划署署长海伦·克拉克认为，广大发展中国家应该积极学习中国的减贫经验。[①]

表 10-1　中国实施联合国千年发展目标进展情况

具体目标内容	完成进度
目标 1：消除极端贫困和饥饿	
目标 1A：1990 年到 2015 年，将日收入不足 1.25 美元的人口比例减半	已经实现
目标 1B：让包括妇女和年轻人在内的所有人实现充分的生产性就业和拥有体面工作	基本实现
目标 1C：1990 年到 2015 年，将饥饿人口的比例减半	已经实现

　　资料来源：中华人民共和国外交部、联合国驻华系统《中国实施千年发展目标报告（2000—2015）》，UNDP，2015 年 7 月 23 日，https://www.undp.org/zh/china/publications/zhongguoshishiqiannian-fazhanmubiaobaogao2000-2015nian。

　　作为联合国千年发展目标的继承和升级，在《2030 年可持续发展议程》的推进过程中，没有中国决胜脱贫攻坚的辉煌成果，该议程的目标就难以实现。[②] 杰弗里·萨克斯（联合国千年发展目标特别顾问）指出，世界经济正进入可持续发展时期，在新的"可持续发展目标"中，中国将起到领导作用。[③] 中国一直都以积极的姿态参与国际减贫事务，主动承担大国责任，以贯彻落实 2015 年以后的发展议程为己任，推动全球减贫事业不断向前发展。

　　中国还积极参与国际减贫合作，为世界减贫贡献了中国智慧。从中国特色减贫事业的发展历程来看，我国一直是世界减贫事业的积极倡导者，1978 年以来，中国对世界减贫贡献率超过 70%，尤其是在国际援助中逐步实现了身份上的转变，即由最初的接受援助者逐渐发展为对外援助者。

　　一方面，我国结合实际积极接受国际援助，为国内减贫创造了有利条件。改革开放初期，为应对国内发展资本匮乏的困境，中国不断加强同国际社会的减贫合作，积极接受国际援助。区别于其他发展中国家，中国接受国际社会的援助只占很小比例，充分利用了国际援助优势为经济社会的快速发展提供了有利条件。以世界银行对我国扶贫援助项目为例，我国充分利用外商投资和国际

---

①　张雷：《海外学者看"中国减贫"——中国减贫研究的新视野新特点》，《北京日报》2020 年 4 月 27 日，第 12 版。

②　彭刚：《中国正在为全球减贫事业提供重要镜鉴》，《人民论坛》2020 年第 2 期。

③　罗来军：《中国崛起释放发展正能量》，《人民日报》2015 年 3 月 25 日，第 5 版。

贸易的市场融资体制优势，不断加强农业技术、监测评估等方面的学习，不断补齐自身发展短板。在扶贫援助项目的实践成效上，我国最大的收获不是项目本身产生的系列减贫成效，而是成功地学习了世界银行在扶贫项目方面的管理经验，结合国情制定出了符合实际的扶贫项目管理办法。① 国际援助的实质是一种"公共产品"②，我国政府在其中充分发挥了主导性作用，利用外资打通了国内市场与国际市场的链条关系，进而提高了本国生产力发展水平，奠定了我国逐步从受援者向援助者身份转变的生产力基础。

另一方面，我国积极参与全球减贫治理，为国际合作减贫营造了良好环境。自 2001 年加入 WTO 以来，我国始终秉持合作共赢的发展理念，积极向发展中国家和欠发达国家提供不附加任何政治条件的减贫援助，共建"一带一路"，通过采取援助和投资相结合的方式，推动了"一带一路"共建国家的基础设施建设。根据亚洲开发银行的测算，2016 年至 2030 年，亚洲地区各国在道路交通、水利设施、电力设施、信息通信等方面的基础设施投资力度要达到每年投入 1.7 万亿美元的规模，其中，总投资力度突破 26 万亿美元，才能达到世界的平均水平。而"一带一路"共建国家多为发展中国家，难以独立负担起如此大规模的基础设施投资以推动减贫。基于此，中国在对外合作减贫历程中积极推行"基础设施优先模式"③，在援助和投资上均以基础设施建设为减贫合作的重点内容，有效补齐了发展中国家及欠发达国家的公共服务短板，同时又带动其他类型投资进入国家发展领域，使多元化减贫成为可能。据统计（统计时间截至 2016 年），新中国成立 60 多年来，我国共向 166 个国家和国际组织提供了近4000 亿元人民币援助，派遣 60 多万名援助人员，先后 7 次宣布无条件免除重债国和最不发达国家对华到期政府无息贷款债务，向 69 个国家提供医疗援助，为120 多个发展中国家落实千年发展目标提供帮助。④ "一带一路"倡议从美好愿景到实际行动，从发展理念到国际共识，从夯基垒台、立柱架梁到全面深入发展，为国际社会减贫带来了发展红利。世界银行研究报告显示，随着"一带一路"的全面推进和实施，处于极端贫困下的 760 万人口和 3200 万中度贫困人

① 王小林、张晓颖：《迈向 2030：中国减贫与全球贫困治理》，社会科学文献出版社，2017，第 24 页。
② 王小林、刘倩倩：《中非合作：提高发展有效性的新方式》，《国际问题研究》2012 年第 5 期。
③ 张原：《"一带一路"倡议下的中国对外合作减贫——机制、挑战及应对》，《当代经济管理》2019 年第 1 期。
④ 《〈中国的减贫行动与人权进步〉白皮书（全文）》，中华人民共和国国务院新闻办公室，2016 年 10 月 17 日，http://www.scio.gov.cn/ttbd/zdgz/202206/t20220623_117969.html。

口，将有希望摆脱贫困。[①]

同时，我国还积极与国际社会共建多元化减贫交流合作平台（见表 10-2），在讲好中国故事、传播中国经验，推进国际减贫合作等方面发挥了积极作用，为高质量共建"一带一路"、构建人类命运共同体提供了强力引擎。

表 10-2　中国与国际社会共建减贫交流合作平台

平台名称	发起年份	合作机构	具体内容
减贫与发展高层论坛	2007	中国、联合国驻华系统	每年 10 月 17 日联合举办论坛，探讨国际减贫发展趋势及问题
中国—东盟社会发展与减贫论坛	2007	中国、东盟国家	为中国、东盟国家提供政策分享与经验交流平台
中非减贫与发展会议	2010	中国国际扶贫中心、联合国开发计划署	促进中非的减贫与发展交流与合作。该平台于 2015 年被正式纳入中非合作论坛总体框架
中国—亚行知识共享平台	2009	中国、亚洲开发银行	主要围绕亚太地区开展减贫政策经验交流
中国国际扶贫中心	2005	中国、联合国开发计划署	作为国际性发展援助机构，主要负责组织减贫研究、开展减贫合作交流
中外减贫案例库及在线案例分享平台	2016	中国互联网新闻中心、中国国际扶贫中心	利用世界银行捐款建设的南南减贫知识分享网站，采取结构树与具体案例相结合的方式，向全球分享中国和世界的不同减贫经验

资料来源：中国国际扶贫中心相关资料。

二　推动了世界人权事业的可持续发展

贫困问题与人权问题具有密不可分的联系，一方面，人权只有在消除贫困的基础上才能得到充分的实现和享有；另一方面，反贫困事业是人权保障的重要内容。早在 1948 年，联合国首次就人权问题正式通过了《世界人权宣言》，并相继制定了系列国际人权公约，其目的在于推动世界人权事业的可持续发展。

西方国家普遍热衷于"人权外交"，所倡导的人权无国界、人权高于国家主权，其实质是将所谓的人权、民主和自由作为"对外侵略、扩张的旗帜"[②]。以国际减贫合作为例，西方资本主义国家普遍把人权运用到外交政策中，将其作为对外国际援助的条件。受援国在接受发达国家对自身的援助时，往往需要遵守西方的行为准则及价值标准，如在援助过程中要实现过程的监管和透明，

---

① 《中国减贫成就具有世界意义》，《人民日报》2020 年 9 月 2 日，第 3 版。
② 宋惠昌：《现代人权论》，人民出版社，1993，第 203 页。

援助领域则倾向于良治、人权等。虽然此种援助模式有助于受援国提升贫困治理能力，但援助常常附带各种条件和利益，减贫承诺难以兑现。从本质上来看，人权问题虽然带有国际性，但本质上是关乎国家主权的重大问题，在保障国权的第一前提下，生存权和发展权是需要积极争取的最重要、最基本的人权，缺乏上述两方面权利保障，其他方面的权利就无从谈起。从世界范围来看，从根本上保障各国人民的生存权和发展权，关乎世界人权事业的可持续健康发展。而减贫的根本目的就是实现并保障"人"的生存权、发展权以及其他各方面权利，中国的减贫历程就是持续推动世界人权事业发展的历程。

较之于西方国家，中国人民历来爱好和平，崇尚真正的人权。贫困问题自古有之，在中国古代社会，贫困人口普遍存在"夫腹饥不得食，肤寒不得衣，虽慈母不能保其子"① 的现象。对此，当时社会主要采取了义仓和民间乡绅社会救济两种机制。② 到了近代，"三座大山"使中国人民普遍处于极度贫困中，仁人志士的持续探索最终也未能成功。直到中国共产党诞生，带领全国各族人民实现了民族独立和人民解放，从此，中国人民生存权和发展权保障有了坚强的领导核心。新中国成立及之后建立的社会主义制度，翻开了我国人权事业新的篇章，但当时我国经济极其落后，面临巨大的减贫挑战。1949 年，我国粮食人均占有量仅为 209 公斤，时任美国国务卿艾奇逊也认为"中国历朝历代都没有解决老百姓的吃饭问题，中国共产党也解决不了"③，中国人民的生存权保障问题难以解决。

然而，历史正好相反，新中国有能力解决人民吃饭的问题，中国人民的生存权得到了有效保障，有力地回应了西方的奇谈怪论，为世界人权事业作出了卓越贡献，而中国的减贫行动是中国人权事业进步最显著的标志。④ 以毛泽东同志为核心的党的第一代中央领导集体为保障基本人权，带领全国各族人民实施了包括土地改革、农业合作化以及粮食统购统销等在内的多元化举措，有效地减缓了极端贫困。尽管普遍贫困仍然存在，但在农业技术较为落后的条件下，我国却成功地以占世界 7% 的耕地养活了占世界四分之一的人口。改革开放以后，党领导的农村改革激活了我国农业发展动力，建立起了以家庭承包经营为

① 见班固《汉书·食货志》。
② 胡兴东、杨林：《中国扶贫模式研究》，人民出版社，2018，第 1 页。
③ 中共中央宣传部理论局编《新中国发展面对面——理论热点面对面·2019》，学习出版社、人民出版社，2019，第 20 页。
④ 中华人民共和国国务院新闻办公室：《中国的减贫行动与人权进步》，人民出版社，2016，第 3 页。

基础、统分结合的双层经营体制，以公有制为主体、多种所有制经济共同发展的经济制度，以及统一、开放、竞争、有序的农产品市场体系，促进了农业的稳步发展。至 20 世纪 90 年代初，我国解决了 1.7 亿农村贫困人口的温饱问题，推进了我国人权事业的快速发展。党的十八大以来，以习近平同志为核心的党中央始终坚持以人民为中心的发展思想，将人民的生存权和发展权置于首位，将扶贫开发提升到全面建成小康社会、实现第一个百年奋斗目标的全新高度，不断在发展各项社会事业中保障和改善民生。我国通过实施精准扶贫、精准脱贫基本方略历史性地解决了区域性整体贫困，不仅成功甩掉了积贫积弱的"穷帽子"，解决了近 14 亿人的温饱问题，还跃升为世界主要经济大国。

千百年来，如何解决和保障好人民群众的基本人权始终是一个难题。这一难题在中国共产党的坚强领导下得以解决，并逐步积累了以减贫促进人权事业发展的中国经验，即不仅要注重贫困群体的生存权和发展权保障，还要兼顾不同特殊群体的各项权利。中国共产党将贫困个体的生存权、发展权纳入反贫困内容加以展开，实现了扶贫模式的创新，通过实施"五个一批"推进贫困人口精准脱贫，稳定实现扶贫对象的"两不愁三保障"。不同类型的特殊群体在人权保障方面的需求有所不同，为精准聚焦其不同的人权需求，儿童、妇女、老人、残疾人、少数民族等被纳入重点扶贫对象，在人权保障内容上，这些群体的健康权、社会保障权、受教育权等得到了切实保障。以妇女权利为例，我国积极开展农村妇女"两癌"筛查项目、"贫困母亲两癌援助"项目、"母亲健康快车"、"母亲安居工程"等，2015 年全国获得低保及特困人员救助供养的居民达 7121.5 万人，其中，获保的女性人数比例达 36.6%，在数量上约为 2609.4 万人，基本实现应保尽保。[①] 我国以显著的减贫成效向全世界证明了我国人权事业的持续进步，创造了世界人权发展的新奇迹。

三　为发展中国家的减贫提供经验借鉴

贫困问题一直困扰着发展中国家，发展中国家的减贫备受国际社会关注。处于普遍联系下的国家之间的贫困也相互影响，即一国贫困人口的数量多寡、范围大小，都直接关联着世界贫困范围的大小，"各国贫困的程度都将影响着世界反贫困事业的进程"[②]。基于此认识，20 世纪 60—70 年代形成了专门针对发

---

① 中华人民共和国国务院新闻办公室：《中国的减贫行动与人权进步》，人民出版社，2016，第17—18 页。

② 傅伯言、罗莹：《反贫困：新中国对国际社会的卓越贡献》，《江西社会科学》2000 年第 12 期。

展中国家减贫的发展经济学，为其贫困治理提供了理论指南，从 90 年代起，联合国也高度重视发展中国家的反贫困问题，并通过了《90 年代支援最不发达国家行动纲领》等一系列决议和文件。2001 年，比利时布鲁塞尔召开的第三届联合国最不发达国家会议通过了《2001—2010 十年期支援最不发达国家行动纲领》，将发展中国家的经济持续增长、减贫问题上升至国际发展战略高度，并强调国际合作时应优先考虑减贫领域的合作。联合国等相关国际组织的积极推动，为国际减贫合作创造了有利条件。

作为世界上最大的发展中国家，中国的反贫困对世界减贫事业产生了深刻影响，具有不可替代、举足轻重的地位，其贫困人口总量曾在世界贫困人口总量中高达 20%，而中国所在的东亚地区曾经是世界范围内贫困发生率最高的区域。长期以来，即使没有国际组织的呼吁，中国也自觉加强国际减贫合作，不仅合理吸收借鉴发达国家的成功减贫经验，还采取"对外援助、项目合作、技术扩散、智库交流等多种形式"① 参与全球反贫困治理，并以发展中国家、国际机构等为重要合作对象，积极向国际社会贡献减贫事业的中国智慧。中国长期保持着较高的减贫速度，是世界各国中减贫规模最大、减贫人数最多的国家，深刻影响着全球减贫事业进程。虽然中国特色的减贫模式不可复制，但减贫领域的很多创举在我国实践中被证明切实有效可行，可以为其他发展中国家减贫提供有益的经验借鉴，可具体化为以下几个方面。

始终坚持发展减贫。我国始终坚持以发展为主线，将发展贯穿扶贫开发全过程，取得了巨大的减贫成效，受到了国际社会的广泛赞扬，各国普遍认为发展中国家可以借鉴我国以下做法及经验。一方面，实施改革开放激活经济发展动力。我国确立改革开放原则、制定改革开放方案、落实改革开放举措，构建更高水平、更开放、更包容的开放型经济新体制，破除了我国减贫事业发展的制度樊篱，为我国扶贫开发制度体系的不断完善注入了强大的动力。正如博鳌亚洲论坛发布的《亚洲减贫报告》所强调的那样，改革开放是推动中国减贫工作发展的重要战略，很大程度上决定了减贫的制度选择和发展战略。② 2007 年 12 月，国际农业发展基金会总裁伦纳特·博格也认为，改革开放政策使中国在农业、扶贫开发等领域成就惊人，可以为其他发展中国家提供经验。另一方面，以经济特区带动产业链发展。我国的经济特区带动减贫成效明显，已激励一部

---

① 《中共中央、国务院关于打赢脱贫攻坚战的决定》，人民出版社，2015，第 28 页。
② 周武英：《中国减贫经验给世界的启示》，《经济参考报》2019 年 9 月 30 日，第 4 版。

分国家学习这一经验。中国国际扶贫中心和联合国开发计划署的研究显示，中国在经济特区建设方面的经验能够帮助非洲国家建立适应本国国情需要的经济特区，应该避免使经济特区陷入一个行业，要鼓励经济特区的多行业投资，逐渐形成有利于本国经济发展的产业链。[①] 2000 年，在中非合作论坛第一届部长级会议上，我国向非洲国家承诺，将为其分享如何利用经济特区促进投资和管理的相关经验。2006 年，在中非合作论坛第三届部长级会议期间，胡锦涛宣布在非洲建立 3—5 个经济特区，在此后一段时间内，赞比亚、埃及、尼日利亚、埃塞俄比亚、毛里求斯先后设立了经济特区。

始终坚持处理好政府与市场的关系。回顾我国改革开放 40 余年来的减贫事业发展历程，举世瞩目的脱贫成就是政府与市场协作扶贫、共同作用的结果。就减贫作用而言，政府发挥着主导性作用。通过制订系列专项扶贫开发计划，政府以强有力的行政手段构建起了日趋完善的社会保障政策体系，改善了贫困地区的基础设施情况，推动了我国大范围、集中性贫困问题的解决。但我国各地区贫困状况差异性明显，政府难以在减贫的专业性及精准性上凸显优势，而市场对此进行了有效的补充。就市场的减贫作用而言，作为一种分散性决策机制，市场较之于政府在减贫上更具有专业性和精准性。引入市场化机制参与减贫，不仅提高了精准扶贫的效率，还开拓了中国特色社会主义扶贫道路。基于对两者作用的充分认识，我国在减贫历程中始终坚持处理好政府与市场的关系，科学地调整减贫事业中的利益结构与资源要素分配方式，切实建立起了决胜脱贫攻坚的有效机制，促进了政府与市场的协同发力。同时，还注重政府与市场的合理分工，并以"扶贫法"厘清了政府和市场在扶贫中的边界，从而更加有效地吸引社会力量参与，形成扶贫的良性循环。

始终坚持构建社会大扶贫格局。全社会的广泛参与是有效开展减贫工作的力量源泉。改革开放之前，在尚未建立市场经济体制的情况下，政府是扶贫的主要力量，社会力量参与减贫较少。改革开放以来，随着社会主义市场经济体制的建立，市场和社会逐渐参与减贫。1984 年 9 月，中共中央和国务院更加重视贫困区域的长足发展，结合实际发布了《关于帮助贫困地区尽快改变面貌的通知》，倡导各级党政机关、事业单位的技术骨干定点挂钩支援贫困地区建设。1986 年 1 月，中共中央一号文件《中共中央、国务院关于一九八六年农村工作

① 中国国际扶贫中心、联合国开发计划署：《非洲筑巢，能否成功引凤？非中经济特区比较研究》，《中国国际扶贫中心研究报告》2015 年第 6 期。

的部署》再次动员社会力量参与减贫，从中央、省、地三级机关组织志愿者和抽调一批优秀干部服务贫困地区。党政机关和企事业单位定点挂钩扶贫开始实行，社会力量持续发挥减贫作用，不断开创社会合力减贫的局面。到1996年，党中央和国务院作出了东西部扶贫协作的决策，主张以东南沿海10个较发达省区对口协作帮扶西部10个较为贫困的省区，如北京与内蒙古；上海与云南；广东与广西；福建与宁夏；大连、青岛、深圳、宁波与贵州开展结对帮扶，推动了社会大扶贫格局的进一步构建。党的十八大以来，社会合力减贫积极性持续调动，"专项扶贫、行业扶贫、社会扶贫互为补充的大扶贫格局得以巩固"[1]，社会合力减贫日益常态化。"从东西部协作扶贫，到对口支援和帮扶，从近20万名第一书记驻村、近80万名干部帮扶，到'三位一体'大扶贫格局"[2]，我国动员和凝聚了全社会力量参与扶贫工作，充分彰显了我国社会主义制度集中力量办大事的优势。

第三节 为构建人类命运共同体贡献了中国力量

消除贫困是全人类的共同使命，在精准扶贫极大地推进全球减贫事业进程的条件下，全球减贫事业仍然面临系列困境，需要世界各国携手合作，共同构建一个没有贫困、共同发展的人类命运共同体。

一 消除贫困是构建人类命运共同体的重要方面

随着世界减贫事业的持续推进，全球范围内的贫困状况有了很大的改善，但全球减贫事业仍然是人类社会面临的严峻挑战，亟须构建没有贫困的人类命运共同体，共同应对以下三方面的全球减贫困境。

全球贫困人口总量高、分布不均衡。根据世界银行的估算，世界贫困状况得到了极大改善，世界贫困发生率大幅下降。从数据上来看，世界贫困发生率从1981年的41.9%下降至2019年的9.70%（见图10-1），而东亚在消除世界极端贫困方面取得了显著的成就，贫困发生率从1981年的80%降低至2012年的7.2%，其中，中国在减贫领域的成就发挥了决定性作用。但世界极端贫困人口数量仍然很多，截至2015年底，世界范围内仍然有7.36亿人处于极端贫困

---

① 蒋永穆、卢洋：《消除绝对贫困的中国之能探颐》，《马克思主义与现实》2020年第5期。
② 新华社记者：《中国反贫困斗争的伟大决战》，人民出版社，2017，第41页。

状态，其中大部分极端贫困人口分布在非洲，呈现世界贫困人口分布不均衡的
显著特征。从非洲的情况来看，在很长一段时期内，非洲接受了西方发达国家、
多边发展机构、国际非政府组织（NGO）等国际援助，但其贫困发生率仍然高
于40%，直接影响着世界减贫事业的进程。虽然世界范围内的极端贫困人口保
持了减少的趋势，但撒哈拉以南的非洲国家因其较高的人口增长率，极端贫困
人口数量仍然居高不下。根据世界银行的极端贫困标准，1990年的非洲，其极
端贫困人口数量高达2.78亿人，尤其是在人口控制意识不强的条件下，一方面
是人口持续增长，另一方面是持续增长的这部分人口的生存与发展难以得到有
效保障，因此，其极端贫困人口迅速增长至2010年的4.09亿人，此后的几年
间，其极端贫困人口增速有所放缓，2015年为4.13亿人。即便如此，非洲的贫
困人口总量呈持续增加的态势，增加了世界减贫的难度。

图 10-1　1981—2019 年世界贫困发生率情况

资料来源：世界银行等国际组织相关资料。

　　全球收入分配不公，贫富差距进一步扩大。经济全球化的纵深发展在促进
全球经济增长的同时，还拉大了国际社会的贫富差距，正如习近平主席所言：
"世界经济长期低迷，贫富差距、南北问题更加突出。"[1] 一方面，发达国家与
发展中国家的南北差距较大。在新科技革命的推动下，机遇与挑战并存，在发
达国家已经开始向信息化社会过渡的时候，大部分发展中国家还未完成工业化
进程。从全球化的历史进程来看，"20世纪80年代是'被遗弃的10年'，同时
也是国家之间贫富差距进一步扩大的10年"[2]，到1989年，占世界人口20%的

---

①　习近平：《共担时代责任 共促全球发展——在世界经济论坛2017年年会开幕式上的主旨演讲》，
　　《人民日报》2017年1月18日，第3版。
②　刘金源、李义中、黄光耀：《全球化进程中的反全球化运动》，重庆出版社，2006，第61页。

工业化发达国家中最富者的人均收入，是占世界人口20%最贫困者收入的60倍。这种差距不仅源于巨大的科技水平差异，还与国际贸易中的不公平交易密切相关，从而使得二战后的南北差距日益扩大。另一方面，国家内部的收入分配不公严重。相关数据显示，2014年，拉丁美洲成为全球收入分配最不公平的地区，其中，最富有的10%的人口占据了该区域71%的财富。同时，随着经济的增长，其他国家内部的收入差距也日益扩大，2017年，墨西哥、南非、菲律宾、印尼等国家的贫富差距在全球较为突出，贫困差距已成为全人类面临的严峻挑战。

发展中国家减贫能力不足。首先，在减贫政策及战略上缺乏自主性，主要集中体现在撒哈拉以南的非洲国家。由于殖民主义等历史文化因素，非洲国家的减贫事业长期受到西方发达国家、世界银行、国际货币基金组织的影响和干预，缺乏独立自主制定符合本国国情的减贫政策和战略，这直接导致了非洲国家在减贫上严重依赖国际援助。其次，缺乏对贫困问题的动态监测和评估，以南亚国家尤为突出。南亚是贫困人口较为集中的地区，从贫困面上来看，其极端贫困人口在全球贫困人口中占据了相当大的比例，达到了34%，根据世界银行的贫困监测数据库，南亚地区的"样本覆盖度很低"[①]，尤其是部分国家对于贫困人口缺乏科学有效的精准监测和评估，以至于其贫困数据的真实有效性有待考证，这说明南亚各国对自身贫困状况了解不清。最后，缺乏强有力的减贫政策执行力。如大部分撒哈拉以南的非洲国家政府在减贫中缺位，即便非洲于1980年第一次独立自主制订了《非洲经济增长：拉各斯行动计划》，最后也因世界银行出台的减贫计划而搁置；再如印度的儿童贫困问题十分严重，在减贫上除政府、市场以外，还主要依赖于国际非政府组织，其中，以"赤脚学院"较为典型，其在国际社会上产生了广泛影响，在解决印度儿童贫困问题上发挥了重要作用，由于政府在其中所发挥的作用有限，国际非政府组织也只能在"有限的"领域发挥"有限的"作用。

上述国际减贫困境的破解，往往需要借助于有效的减贫载体与合作平台，而构建人类命运共同体正好符合此要求，它是加强国际反贫困合作的有效方式，可以推动世界减贫事业的历史发展进程。第一，对于全球贫困人口总量高、分布不均衡的困境，需要人类社会不断强化共同体意识。只有通过构建人类命运共同体，积极建构新型全球化格局，重塑国际贸易规则，才能营造更加公平、

---

① 张晓颖、王小林：《参与全球贫困治理：中国的路径》，《国际问题研究》2019年第3期。

更可持续、更有利于发展中国家及欠发达国家的国际减贫合作环境。具体而言，在人类命运共同体中重新审视国际援助体系，才能逐渐打破西方发达国家对发展中国家援助的附加条件，并提升援助的有效性和受援国的发展性，从根本上减少撒哈拉以南非洲的贫困人口总量，改善全球贫困人口分布不均衡状况。第二，对于全球收入分配不公、贫富差距进一步扩大的困境，需要在人类命运共同体中谋共同发展。习近平主席在 2017 年 1 月召开的世界经济论坛上明确指出，针对南北悬殊的状况，"当前，最迫切的任务是引领世界经济走出困境"[①]。而人类命运共同体有助于全球构建以"创新驱动"为主的增长模式，解决当前全球经济增长缓慢的问题，有助于以"协同联动"打造合作共赢减贫模式、以"公平包容"打造平衡普惠的发展模式。[②] 第三，对于发展中国家减贫能力不足的困境，需要以人类命运共同体为载体促进国际减贫经验分享。发展中国家需要合理吸收借鉴国际社会的成功减贫经验，以提升本国的贫困治理能力和治理水平。而人类命运共同体立足于共建"一带一路"的基础，是国际合作减贫的有效载体，同时也是分享"中国方案"和"中国智慧"的有效途径。

二　人类命运共同体与自由人联合体的内在统一

在长期的理论反思与现实观照中，马克思恩格斯逐步形成了自由人联合体思想这一重要理论成果。马克思从国家层面出发，于 1842 年初步提出了"自由人联合体"的概念，在此基础上，国家被进一步视为"相互教育的自由人的联合体"[③]。但此时马克思所强调的自由人联合体，是在黑格尔国家观的较大影响下而提出的，并不等同于后来真正意义上的共同体。关于真正共同体的思考，源于马克思恩格斯对于个人与共同体相互关系的系统思考，以及对于作为类群体的人类社会发展趋向的关注，以此促进了自由人联合体思想的逐步形成。1848 年，马克思恩格斯在《共产党宣言》中正式提出并阐发了自由人联合体思想，深入考察"自由人联合体"思想，将有助于构建没有贫困的人类命运共同体，进一步揭示人类社会的减贫规律。

自由人联合体规定了构建没有贫困的人类命运共同体的未来发展趋向——构建人类减贫共同体，最终目标是促进人类自由而全面的发展，需要在人与自

---

① 习近平：《共担时代责任 共促全球发展——在世界经济论坛 2017 年年会开幕式上的主旨演讲》，《人民日报》2017 年 1 月 18 日，第 3 版。

② 赵欢春：《构建人类命运共同体的战略意义》，《马克思主义研究》2019 年第 11 期。

③ 《马克思恩格斯全集》（第一卷），人民出版社，1995，第 217 页。

然的和谐统一、人与社会的有机结合、人与世界的普遍联系中促进人类自由而全面的发展。直到今天，人类命运共同体历经实践的检验得到了丰富的发展，它是习近平新时代中国特色社会主义思想的重要组成部分，在实践中不断得到丰富和发展。自由人联合体与人类命运共同体，都是对人类社会关系的思考，两者都关注人类社会的未来发展状态，都侧重于揭示人类社会的发展规律。

马克思曾深刻指出，每逢时代变换的重大节点，人类对于自身从"何处来"的问题是毫无疑问的，但往往对于其未来发展方向存疑，有着强烈的不确定性，也就是说，"'往何处去'这个问题却很模糊"①。对此，马克思深知解答清楚人类去向何处这一问题的重要性，他从开阔的世界历史视角出发，怀揣着关怀人类发展前途的强烈责任，以其毕生来寻求问题的答案，试图揭示人类社会的发展规律，其目的在于解放全人类、建构真正意义上的共同体，最终为人类社会描绘自由人联合体的美好愿景。从本质上看，它是作为主体的人与自然界、与人之间的不同类型矛盾的真正解决，同时也是"存在和本质、对象化和自我确证、自由和必然、个体和类之间的斗争的真正解决"②，是人类社会发展的最高形态，为构建没有贫困的人类命运共同体提供了方向。

至今，人类社会就如何迈向未来的问题还未达成共识。在世界百年未有之大变局下，纷繁复杂的国际局势对反贫困有着深刻的影响，尤其是加剧了减贫的复杂性和长期性，在此条件下，习近平主席出于对人类的未来发展的担忧，向全世界提出了"世界怎么了、我们怎么办"③的疑问，尤其是关于人类社会命运终将去往何处的时代之问，这是人类亟须解答的时代课题。反观当今世界，世界性公共问题覆盖各领域、各方面，阻碍了人类社会的可持续发展。具体而言，全球性金融危机、日益扩大的南北差距破坏了世界经济发展局势，也有部分西方发达国家通过国际援助减贫干涉别国内政，在国际社会上践行霸权主义和强权政治，严重阻碍了世界减贫事业的历史进程。如今，在全球共同发展的十字路口，大部分国家积极倡导人类命运与共，少部分国家试图推行逆全球化思潮。但从人类社会的长远发展视角来看，全球化是无法逆转的发展大势，面对人类反贫困的一大难题，推动国际社会合力减贫已成为必然趋势。

---

① 《马克思恩格斯文集》（第十卷），人民出版社，2009，第7页。
② 《马克思恩格斯文集》（第一卷），人民出版社，2009，第185页。
③ 习近平：《共同构建人类命运共同体——在联合国日内瓦总部的演讲》，《人民日报》2017年1月20日，第2版。

　　马克思自由人联合体思想提供了构建没有贫困的人类命运共同体的三条路径。

　　第一，在人自身的发展中关注"人的本质"。马克思主义认为，根据人类社会历史发展规律，实现"必然王国"到"自由王国"的跨越是不可阻挡的必然发展趋势。自由王国中的每一个个体将成为自己的主人，对自身发展等相关事宜拥有真正意义上的自主权，可以真正掌握自己的命运，人成为真正的自由发展个体，不再迫于生存发展需要做出违背意愿的选择，在时间安排、劳动实践、社会分工方面，均能按照自主意愿实现自由支配。正如恩格斯所言，"人终于成为自己的社会结合的主人"①，实现了与社会的有机结合，进一步地，人可以充分发挥其主观能动性、遵循客观规律性，最终成为自身的主人，即自由的人。只有在人类的自由王国中，才能实现真正意义上的人类命运共同体。从内容上看，构建一个没有贫困的人类命运共同体，与自由人联合体具有目标一致性。人类命运共同体也始终关注如何实现人的社会本质的问题、如何在世界层面体现人的社会性本质的问题，其根本宗旨在于"把世界各国人民对美好生活的向往变成现实"②，"让人人享有富足安康"③，发挥各国合力为全球减贫贡献力量，共同推动全人类实现人的自由全面发展。

　　第二，在国家发展中约束"特殊利益"。从自由人联合体发展的角度来看，共同利益所采取的形式，往往会受到特殊利益与其矛盾的影响，尤其当上述两者间发生矛盾时，也随之会对前者所采取的具体形式产生影响，由此，"共同利益才采取国家这种与实际的单个利益和全体利益相脱离的独立形式，同时采取虚幻的共同体的形式"④。也就是说，单个人或单个家庭的利益与共同利益之间的矛盾，是伴随着分工的日益精细化发展而产生的，从个人层面来看，个人所追求的是特殊的利益，而共同利益是"异己的"普遍利益，因此，通过国家这种虚幻的普遍利益来对此进行干预和约束成为必然选择。在构建共同体的过程中，国家与国家之间的减贫合作策略，及各国内部的减贫政策安排，都要服务于广大人民群众的共同利益，才能制定出行之有效、符合贫困人口发展需要的扶贫政策。一是以国际共识凝聚减贫合力。贫困问题是世界各国面临的共同挑

---

① 《马克思恩格斯文集》（第三卷），人民出版社，2009，第 566 页。
② 习近平：《携手建设更加美好的世界——在中国共产党与世界政党高层对话会上的主旨讲话》，《人民日报》2017 年 12 月 2 日，第 2 版。
③ 习近平：《携手建设更加美好的世界——在中国共产党与世界政党高层对话会上的主旨讲话》，《人民日报》2017 年 12 月 2 日，第 2 版。
④ 《马克思恩格斯文集》（第一卷），人民出版社，2009，第 536 页。

战，以一国之力无法彻底消除贫困，世界各国通力合作减贫，既是发展本国的需要，也是全人类社会的现实需求。在《2030年可持续发展议程》下，要取得世界减贫的最终胜利，必然要世界各国合力发挥作用。在共识性问题上，更加坚定地将减贫作为国际发展合作的优先领域和核心任务，持续加大减贫投入力度。同时，中国将积极参与联合国、亚太经合组织、金砖国家等国际组织的减贫工作，推动发展筹资向减贫、教育、卫生、基础设施建设等民生领域倾斜，并积极通过共建"一带一路"和人类命运共同体为世界各国提供减贫合作载体，积极向发展中国家分享中国减贫经验。二是在全球共同发展中实现人的解放。在马克思看来，"每一个单个人的解放的程度是与历史完全转变为世界历史的程度一致的"①，在世界各国都实现发展的条件下，全人类的解放才能向前推进。具体而言，个人只有在与世界的普遍交往中，才能摆脱各种不同的民族局限和地域局限，并同世界的生产相联系起来。因此，国际减贫合作不应区分国家、民族和地域，更要抵制贸易保护主义。正如习近平主席所言："大家一起发展才是真发展，可持续发展才是好发展。"② 积极构建发展共同体，向推动全球经济发展、促进人的自由而全面发展迈出坚实步伐。

第三，在世界减贫进程中强化"问题意识"。分析马克思主义理论体系可以发现，其中始终贯穿着"问题意识"的思维主线，正如马克思主义考察分析资本主义制度时，发现了无产阶级贫困化的问题根源在于资本主义私有制，并以此提出了共产主义的实现路径。正如马克思所言："问题是时代的格言。"③ "问题意识"与时代的发展密切相关，这要求我们在构建没有贫困的人类命运共同体时，必须坚持以问题为导向，秉持"问题意识"，立足世界减贫的严峻形势，把握住构建没有贫困的人类命运共同体的必然发展趋势。具体而言，"问题意识"就是坚持一切从实际出发、实事求是，要求我们正视并客观地分析人类社会目前面临的减贫困境，及其对于构建人类命运共同体带来的具体影响，并以此为基础分析困境成因进而探寻化解路径。习近平总书记也指出"问题是时代的声音"④，面对全球减贫事业的严峻性，在全球化条件下构建没有贫困的人类命运共同体成为时代的呼声，也是应对当下全球减贫

---

① 《马克思恩格斯选集》（第一卷），人民出版社，2012，第169页。
② 习近平：《弘扬"上海精神" 深化团结协作 构建更加紧密的命运共同体——在上海合作组织成员国元首理事会第二十次会议上的讲话》，《人民日报》2020年11月11日，第2版。
③ 《马克思恩格斯全集》（第一卷），人民出版社，1995，第203页。
④ 习近平：《在全国政协新年茶话会上的讲话》，《人民日报》2020年1月1日，第2版。

困境的有效之举。

三 在百年未有之大变局中营造良好国际减贫环境

习近平总书记站在世界发展全局，作出了我们正处在世界百年未有之大变局和中华民族伟大复兴全局的历史交汇期的重要判断，为认识我国基本国情和世界发展态势提供了基本依据。从纵向上来看，毛泽东同志最早预见中国与世界百年未有之大变局。① 1962 年，毛泽东在扩大的中央工作会议上指出："从现在起，五十年内外到一百年内外，是世界上社会制度彻底变化的伟大时代。"② 即 2012 年至 2062 年的时间范围前后，是一个翻天覆地的时代，过去任何一个历史时代都不能与之相比，正因如此，我们所必须准备的伟大的斗争，在斗争形式上，较之于过去而言呈现出许多不同特点及新的变化。基于此认识，毛泽东认为我国可以在 50 年到 100 年的时间内建立起世界上最强大的社会主义现代化国家，进而赶超西方资本主义国家。随后，周恩来同志于 1964 年 12 月据此设想在三届全国人大一次会议上正式提出了"四个现代化"。直到 1974 年，二战后的国际格局发生了变化，毛泽东据此提出了"三个世界"划分的理论，认为第一世界依据综合发展实力及经济情况，应将美国和苏联纳入此范围；第二世界则主要纳入了日本、欧洲、加拿大；第三世界则主要集中于亚非拉地区，其中，除日本以外的整个亚洲，非洲和拉丁美洲，它们都属于第三世界③，这为建立起国际统一战线，反对美苏战争及政策提供了强大的思想武器。随着世界经济的持续发展，"三个世界"划分理论日益为客观事实所证明。同年 4 月，邓小平在联合国大会上也强调，世界范围内的各种政治力量在长期的较量与斗争中已经发生了急剧的分化和改组，并进一步明确了中国处于第三世界的国际定位。

随着中国特色社会主义进入新时代，习近平总书记立足世界、高瞻远瞩，明确强调："我们面对的是百年未有之大变局。新世纪以来一大批新兴市场国家和发展中国家快速发展，世界多极化加速发展，国际格局日趋均衡，国际潮流大势不可逆转。"④ 而这正是我国近代以来最好的发展时期，即使以美国为首的

---

① 胡鞍钢：《中国与世界百年未有之大变局：基本走向与未来趋势》，《新疆师范大学学报》（哲学社会科学版）2021 年第 5 期。

② 《毛泽东文集》（第八卷），人民出版社，1999，第 302 页。

③ 《人民日报》编辑部编辑《毛主席关于三个世界划分的理论是对马克思列宁主义的重大贡献》，人民出版社，1977，第 20 页。

④ 《习近平接见二〇一七年度驻外使节工作会议与会使节并发表重要讲话》，《人民日报》2017 年 12 月 29 日，第 1 版。

西方国家对我国进行遏制和封锁，但国际大势不以个人意志为转移，在当前和今后很长一段时期内，我国将充分利用国际有利条件，积极推进国际减贫合作进程。

第一，在高质量发展中主动适应百年未有之大变局。在新一轮科技革命和产业变革的深入发展下，唯有注重高质量发展，才能于变局中开新局，于分歧中寻国际减贫共识。从国内来看，我国已转向高质量发展阶段，尤其是我国制度优势得到了显著发挥，经济社会等方面的社会治理效能较之于过去也有了很大的提升，整体经济发展形势长期向好，并积累了坚实的物质基础，不仅具有丰富的人力资源，还具有广阔的市场发展前景和发展空间。整体来看，我国"发展韧性强劲，社会大局稳定"[①]，在百年未有之大变局中具有多方面优势和条件。我国将重点解决经济发展"好不好"的问题，更加注重经济发展的质量和效益，在主动适应百年未有之大变局中继续为国际减贫事业作出"中国贡献"。从国际来看，各国家行为主体间的力量对比正在发生深刻的变化，而目前的全球治理体系仍待发展完善，国际秩序亟待转型，世界面临的挑战与风险更为复杂、应对的难度倍增，传统性政治难题和非传统安全问题并存，亟须在寻求高质量发展中寻求应对之策。尤其是随着现代科学技术的发展，国际发展形势增添了新变量，现代科学技术支撑下的互动模式不仅改变了传统的国际减贫合作方式，也拓展了国际减贫合作的内容和领域。

第二，在重要战略机遇期中主动参与百年未有之大变局。当前和今后一段时期，我国仍然处于重要战略机遇期，机遇与挑战仍处于不断的发展变化中，较之于过去有了新的情况，为此，辩证把握重要战略机遇期中的"危"与"机"，是我国主动参与百年未有之大变局的必然选择。习近平总书记强调，我们要"树立底线思维、准确识变、科学应变、主动求变，善于在危机中育先机、于变局中开新局，抓住机遇，应对挑战"[②]，促进百年未有之大变局向有利于维护我国国家主权、安全、发展利益的方面演化。具体而言，"危"与"机"正处于矛盾对立的两个方面，并作为有机整体而统一存在，在不断的矛盾运动中推动国际社会向前发展。从国内环境来看，在疫情防控中，"中国之治"充分彰显了我国制度优势。在这场全球性危机中，通过实施稳就业、保民生、保就业等政策，保障了14亿人民的基本生活，稳定了经济社会发展大局，发展韧性

① 《中国共产党第十九届中央委员会第五次全体会议公报》，人民出版社，2020，第6页。
② 《中共中央关于制定国民经济和社会发展第十四个五年规划和二〇三五年远景目标的建议》，人民出版社，2020，第4页。

强劲。在独特的政治优势和制度优势下，扶贫开发的"中国方案"和"中国经验"在国际社会中影响广泛，成为中国主动参与百年未有之大变局的底气和信心。从国际环境来看，百年未有之大变局是一个长期发展变化的过程，世界各国的减贫事业都面临不同的机遇与挑战。随着新一轮科技革命和产业革命的深入发展，新冠疫情在世界范围内广泛影响全球经济发展和人类自身的发展。在世界经济持续低迷、单边主义及贸易保护主义涌现的情况下仍然孕育着机遇：和平与发展仍然是时代主题；世界多极化进程持续推进；人类命运共同体理念成为国际共识——这些方面的机遇都提供了国际减贫合作的有利条件。

第三，在构建负责任大国形象中主动影响百年未有之大变局。一方面，中国始终坚持走和平发展道路，破解西方"国强必霸"怪论。新中国成立至今，西方国家宣扬的"中国威胁论"从未消失，尤其是改革开放以后我国经济持续稳定增长，西方国家试图以此遏制我国的发展。有学者表示，"中国威胁论"在西方第一次大规模泛滥开始于1992年，主要源于日本防卫大学副教授村井龙秀于1990年发表的《论中国这个潜在的"威胁"》一文。[①] 此后，西方国家试图采取各种形式的言论来强调"中国威胁"，其本质是美国为扩展其自身军力、增加军费所用的托词。然而，我国以长期坚持走和平道路的发展历程，向全世界证明了上述论述的不合理性，破解了西方的奇谈怪论。新中国在成立之初就实行了和平的外交政策，明确永远不称霸，并在国际交往中力图坚决抵制和消灭大国主义。改革开放以后，邓小平指出，现在世界上真正大的问题，一个是和平问题，一个是发展问题。[②] 集中反映了当今世界的发展趋势和主要矛盾。在世界格局多极化发展趋势下，我国进一步确立了独立自主的和平外交政策，为我国改革开放和现代化建设营造了良好的国际环境。党的十八大以来，我国始终坚持走和平发展道路，习近平总书记强调，中华民族历来主张以和为贵、爱好和平，无论中国的经济、政治、文化发展至何种程度，无论走到哪一步，"中国都永远不称霸、永远不搞扩张，永远不会把自身曾经经历过的悲惨遭遇强加给其他民族"[③]，并在此后的多个国际场合中对此进行了论述，有力地驳斥了西方的不实言论。另一方面，中国积极主动承担减贫责任，崇尚追求"共同

---

① 《中国未来走向》编写组编《中国未来走向：聚焦高层决策与国家战略布局》，人民出版社，2009，第375页。

② 《邓小平文选》（第三卷），人民出版社，1993，第105页。

③ 《习近平在纪念中国人民抗日战争暨世界反法西斯战争胜利70周年系列活动上的讲话》，人民出版社，2015，第5页。

体"理念。综观我国减贫事业进程，在我国生产力水平较低时，国际社会积极对我国实施国际援助，为我国减贫事业提供了有利条件。随着我国生产力的快速发展，中国以突出的减贫成效创造了"中国奇迹"，已经有足够的能力和信心为国际社会贡献"中国方案"，积极参与并主动推进国际减贫合作。从实践上来看，"一带一路"与"人类命运共同体"在国际社会上得到的普遍认可就是最好的例证，尤其是在新冠疫情的防控上，中国的大国形象及国际地位得到了大部分国家的肯定和认可，进一步坚定了中国的道路自信。

第四篇

精准扶贫思想的赓续发展

第十一章 巩固拓展脱贫攻坚成果同乡村振兴的有效衔接[①]

反贫困是彰显中国共产党初心和使命的重要实践，绝对贫困问题的历史性解决扫除了人民追求美好生活和民族实现伟大复兴路上的一大障碍，这为实现共同富裕和满足人民美好生活奠定了坚实的基础，但在其实现过程中仍面临发展不平衡不充分的问题。正如习近平总书记所说："解决发展不平衡不充分问题、缩小城乡区域发展差距、实现人的全面发展和全体人民共同富裕仍然任重道远。"[②] 为此，党和国家明确了在解决绝对贫困后我国将来反贫困工作的两大任务：巩固拓展脱贫攻坚成果同乡村振兴有效衔接、建立解决相对贫困长效机制。

在新的历史方位下，我国社会主要矛盾发生了转化，变为人民日益增长的美好生活需要和不平衡不充分的发展之间的矛盾。从推动因素来看，脱贫攻坚胜利后人民的美好生活需要日益广泛，城镇居民对农业农村发展的要求日益提高，农民对持续增收和乡村发展的期待日益增加。从制约因素来看，发展不平衡不充分已经成为亟待解决的问题，其中乡村发展不平衡不充分已经成为最为突出的问题。从发展实际来看，农业已经成为"四化"同步发展的"短板"，农村已经成为全面建成小康社会的"短腿"，城乡工农发展差距较大已经成为亟待破解的问题。从发展阶段来看，农业在国民经济中的基础地位依然不会改变，仍有大量人口生活在农村的特殊国情依然不会改变。在这样的背景下，实施乡村振兴战略，不仅能够充分适应新时代我国社会主要矛盾的转化，而且能有效解决"三农"发展的重大难题。脱贫攻坚与乡村振兴作为党和国家在"三农"领域的重要决策部署，在决胜全面建成小康社会中扮演着重要的角色，也具有重要的作用。同时，它们也是破解发展不平衡不充分与满足人民美好生活

---

① 此部分内容详见蒋永穆、祝林林《扎实推动巩固拓展脱贫攻坚成果同乡村振兴有效衔接》，《马克思主义与现实》2021年第5期。

② 习近平：《在全国脱贫攻坚总结表彰大会上的讲话》，《人民日报》2021年2月26日，第2版。

需要之间矛盾的重要途径。两者的有效衔接对于实现经得起历史检验和人民群众认可的脱贫目标具有十分重要的作用。关于巩固拓展脱贫攻坚成果同乡村振兴的有效衔接，学术界展开了研究讨论，形成了颇为丰硕的研究成果。巩固拓展脱贫攻坚成果同乡村振兴有效衔接既有理论依据，也有现实依据。从理论依据来看，白永秀、宁启认为实现两者有效衔接是贯彻习近平关于"三农"工作重要论述的需要[1]；郑瑞强、郭如良认为这是深化扶贫认识规律的需要[2]；黄承伟认为这是破解新时代社会主要矛盾、实现共同富裕的需要[3]。从现实依据来看，魏后凯认为现实中还存在部分脱贫户的稳定长效增收机制尚未建立与部分因病、因残等因素致贫的脱贫户存在返贫风险等问题[4]。实现两者有效衔接的路径并不是单一的，而是多元的。陈文胜认为需要构建差异性政策和制度体系[5]；王国敏、何莉琼提出坚持系统观念，构建主体衔接、内容衔接与工具衔接的多元路径[6]；汪三贵、冯紫曦认为需要做好生态环境保护、体制机制完善与基层治理提升等工作[7]；涂圣伟认为还需要从政策、人才、项目等方面着手[8]，左停、刘文婧和李博则认为需要推动产业升级、供给高质量金融服务[9]。本书认为，实现两者有效衔接是以脱贫攻坚取得了历史性成就为前提、以共融共通的理论诉求为可能性、以增强脱贫地区和脱贫群众内生动力为必要性的。实现两者有效衔接存在观念认识上"脱臼"、实践运作"脱节"与执行中"碎化"、考核标准上的"同质化"等问题。为此，为了巩固脱贫攻坚成果，需要构建以坚持党的领导为根本、推动产业升级为核心、完善基础设施为依托、做好资产管理为重点，以筑牢生态本底、保持政策稳定、建立健全机制为支撑，

---

① 白永秀、宁启：《巩固拓展脱贫攻坚成果同乡村振兴有效衔接的提出、研究进展及深化研究的重点》，《西北大学学报》（哲学社会科学版）2021 年第 5 期。

② 郑瑞强、郭如良：《"双循环"格局下脱贫攻坚与乡村振兴有效衔接的进路研究》，《华中农业大学学报》（社会科学版）2021 年第 3 期。

③ 黄承伟：《从脱贫攻坚到乡村振兴的历史性转移——基于理论视野和大历史观的认识与思考》，《华中农业大学学报》（社会科学版）2021 年第 4 期。

④ 魏后凯：《"十四五"时期中国农村发展若干重大问题》，《中国农村经济》2020 年第 1 期。

⑤ 陈文胜：《脱贫攻坚与乡村振兴有效衔接的实现途径》，《贵州社会科学》2020 年第 1 期。

⑥ 王国敏、何莉琼：《巩固拓展脱贫攻坚成果与乡村振兴有效衔接——基于"主体—内容—工具"三维整体框架》，《理论与改革》2021 年第 3 期。

⑦ 汪三贵、冯紫曦：《脱贫攻坚与乡村振兴有效衔接的逻辑关系》，《贵州社会科学》2020 年第 1 期。

⑧ 涂圣伟：《脱贫攻坚与乡村振兴有机衔接：目标导向、重点领域与关键举措》，《中国农村经济》2020 年第 8 期。

⑨ 左停、刘文婧、李博：《梯度推进与优化升级：脱贫攻坚与乡村振兴有效衔接研究》，《华中农业大学学报》（社会科学版）2019 年第 5 期。

以完善评价标准为关键的"八位一体"路径。

第一节　衔接之问：实践与理论的内在要求

做好巩固拓展脱贫攻坚成果同乡村振兴的有效衔接有着三个方面的缘由。一是衔接的前提，脱贫攻坚战已经取得了历史性成就。脱贫攻坚战的全面胜利，标志着"三农"工作的重心由脱贫攻坚向乡村全面振兴转变。同时，在决胜脱贫攻坚战中，我们积累了许多行之有效的工作经验与乡村发展之策，需要运用其指导乡村振兴实践。二是衔接的可能性，具体包括两者在目标方面的递进性，即助力实现农业农村现代化；内容方面的共通性，即都是"四个全面"战略布局与"五位一体"总体布局在农村的彰显；主体方面的相同性，即都坚持发挥政府、社会与人民的协同参与作用。[①]三是衔接的必要性，具体为部分脱贫地区与脱贫人群存在发展的脆弱性。尽管脱贫地区和脱贫人群都已实现了"两不愁"与"三保障"，但依然存在部分脱贫地区与脱贫人群发展具有脆弱性的现象，这需要通过乡村振兴"增强脱贫地区和脱贫群众内生发展动力"[②]，从而巩固拓展脱贫攻坚成果。

一　衔接前提：脱贫攻坚取得历史性成就

新时代以来，针对农村"大水漫灌"的低质低效扶贫方式，习近平总书记提出了以"六个精准"和"五个一批"为主要内容的"精准扶贫"。脱贫攻坚是为了完成农村脱贫攻坚迈向全面小康的底线任务，而为了进一步解决城乡发展不平衡不充分问题，实现高质量全面建成小康社会的第一个百年奋斗目标，党的十九大提出了乡村振兴战略，并从顶层设计层面明确了乡村振兴的总要求。从此，脱贫攻坚与乡村振兴进入了政策叠加期、实践同频期。随着脱贫攻坚进入收官期，尤其是我国历史性解决了绝对贫困问题，脱贫攻坚与乡村振兴的有效衔接成为人们关注的重点，党和国家也十分重视两者的有效衔接（关于二者关系的论述见表11-1），并出台了相关的指导性意见。

---

① 豆书龙、叶敬忠：《乡村振兴与脱贫攻坚的有机衔接及其机制构建》，《改革》2019 年第 1 期。

② 习近平：《高举中国特色社会主义伟大旗帜　为全面建设社会主义现代化国家而团结奋斗——在中国共产党第二十次全国代表大会上的报告》，人民出版社，2022，第 31 页。

表 11-1　党和国家关于脱贫攻坚与乡村振兴关系的论述

年份	文件名	主要内容
2018	《中共中央 国务院关于实施乡村振兴战略的意见》	摆脱贫困是实施乡村振兴战略的前提
2018	《乡村振兴战略规划（2018—2022年）》	把打好精准脱贫攻坚战作为实施乡村振兴战略的优先任务，推动脱贫攻坚与乡村振兴有机结合相互促进
2019	《中共中央 国务院关于坚持农业农村优先发展做好"三农"工作的若干意见》	做好脱贫攻坚与乡村振兴的衔接，对摘帽后的贫困县要通过实施乡村振兴战略巩固发展成果
2020	《中共中央 国务院关于抓好"三农"领域重点工作确保如期实现全面小康的意见》	抓紧研究制定脱贫攻坚与实施乡村振兴战略有机衔接的意见
2020	《中共中央关于制定国民经济和社会发展第十四个五年规划和二〇三五年远景目标的建议》	实现巩固拓展脱贫攻坚成果同乡村振兴有效衔接
2021	《中共中央 国务院关于全面推进乡村振兴加快农业农村现代化的意见》	实现巩固拓展脱贫攻坚成果同乡村振兴有效衔接
2021	《中共中央 国务院关于实现巩固拓展脱贫攻坚成果同乡村振兴有效衔接的意见》	实现巩固拓展脱贫攻坚成果同乡村振兴有效衔接

资料来源：文件相关内容。

从表 11-1 我们可以看出，在 2020 年之前，党和国家主要聚焦于如何实现脱贫攻坚与乡村振兴的有效衔接，核心在于实现脱贫；2020 之后，党和国家主要聚焦于如何在全面推进乡村振兴中用好和巩固脱贫攻坚成果，关键在于巩固拓展脱贫攻坚成果。发生这一变化的原因在于我国的脱贫攻坚战取得了全面胜利，所有的贫困县、贫困村与贫困人口全部退出了绝对贫困行列。易言之，无论是在乡村振兴实践中通过发展巩固脱贫成效，进一步提升脱贫的可持续性，还是将脱贫攻坚实践中形成的宝贵经验应用到乡村振兴实践之中，助力全面推进乡村振兴，都需要以脱贫攻坚取得胜利为逻辑前提。党的十八大以来，党中央把打赢脱贫攻坚战作为治国理政的一项重要工作，在精准扶贫思想的指引下，凝聚全党全国全社会的力量，不断攻克贫困顽疾，取得了脱贫攻坚战的胜利。即现行标准下我国农村贫困人口、贫困村、贫困县均已退出贫困行列，我国彻底解决了区域性整体贫困问题，打赢了消除绝对贫困的攻坚战（具体情况见表 11-2）。这也意味着我们的工作不再是脱贫，而是巩固和用好脱贫攻坚成果。由此可见，做好巩固拓展脱贫攻坚成果同乡村振兴有效衔接的前提是脱贫攻坚战已经取得了历史性胜利。这是实现两者有效衔接的重要提前，也标志着未来的主要工作不是消除绝对贫困，而是通过全面推进乡村振兴提升脱贫的可持续性。

表 11-2　党的十八大以来我国的减贫情况（现行标准）

年份	贫困人口（万人）	贫困发生率（%）	贫困县数量（个）
2012	9899	10.2	832
2013	8249	8.5	832
2014	7017	7.2	832
2015	5575	5.7	832
2016	4335	4.5	804
2017	3046	3.1	679
2018	1660	1.7	396
2019	551	0.6	52
2020	0	0	0

资料来源：《中国统计年鉴（2020）》与《人类减贫的中国实践》白皮书。

　　此外，脱贫攻坚与全面推进乡村振兴是一个一脉相承的整体性发展过程，两者在实践中相互影响。在脱贫攻坚的实践中形成的富有成效的工作体系，不仅为打赢脱贫攻坚战奠定了基础，而且为全面推进乡村振兴贡献了智慧与方案。因此，为了更加高效地推进乡村振兴与农业农村现代化，需要拓展脱贫攻坚的成果。从实践来看，脱贫攻坚战中值得拓展的宝贵经验主要有五点。其一是坚持党的领导。在脱贫攻坚过程中，我们始终坚持党的领导，着力构建五级书记抓扶贫与促脱贫的机制。在实践中不仅充分发挥党中央的总揽全局与协调四方的作用，更充分发挥省市县乡村五级书记的实干作用。其二是发挥人民积极性。人民是历史的创造者，人民群众中蕴含着宝贵的智慧和无穷的力量。脱贫攻坚既是国家治理的重要工作，更是人民群众自身发展的内在要求。在整个精准扶贫实践中，我们始终把培育贫困户自我发展能力作为推动脱贫的重要策略。其三是制定精准的基本方略。"精准"是打赢脱贫攻坚战的重要法宝。为了强化脱贫攻坚的效果，党中央提出精准扶贫理念，构建以"六个精准"为主的扶贫工作机制。在扶贫实践中找准帮扶对象、把准致贫原因、制定适宜策略，从而有力地提升了贫困治理的质量。其四是凝聚全社会力量。集中力量办大事是我国社会主义制度的政治优势，也是打赢脱贫攻坚战的重要保障。在扶贫的实践中，无论是国有企业、民营企业还是事业单位都积极参与这场战斗。他们各自发挥自身优势，开展消费扶贫、电商扶贫、教育扶贫等多种有效形式，形成了大扶贫格局，充实了精准扶贫的力量。其五是完善的"三大"体系。脱贫攻坚战取得历史性成就在于扶贫实践不断建立健全行之有效的政策体系、制度体系和工作体系。如在整个脱贫攻坚战之中，我们不断完善覆盖面广且含金量高的扶贫政策体系，构建完备且顺畅的扶贫制度体系，建构目标明确和执行力强的工作体系。[①]

二 衔接可能：共融共通的理论诉求

理论是行动的先导，伟大的革命导师列宁曾精辟地论述道："没有革命的理论，就不会有革命的运动。"[②] 无论是打赢脱贫攻坚战还是实施乡村振兴战略，都是以先进的理论为指导。不仅如此，它们的指导理论具有同源性，即都是以马克思主义"三农"思想为指导，并且包含了中国共产党对"三农"问题的不懈探索。尤其是党的十八大以来，以习近平同志为核心的党中央精准把握"三农"问题，系统谋划"三农"工作，形成了习近平关于"三农"工作重要论述。这既是对马克思主义"三农"理论的发展，也是做好新时代"三农"工作的行动指南。具体而言，这种理论上的共融共通主要体现在三个方面：目标方面的递进性、内容方面的共通性、主体方面的相同性[③]——这就为实现巩固拓展脱贫攻坚成果同乡村振兴有效衔接提供了可能性。

（一）目标的递进性

从目标方面的递进性来看，稳步推进农业农村现代化是做好"三农"工作的实践目标。实现农业农村现代化是乡村振兴的总目标，也是脱贫攻坚的实践价值目标。实现现代化是中国共产党孜孜不倦的追求，在实现国家现代化进程中，农业农村现代化是基础，其现代化进程和质量事关国家现代化的整体成效。人们对事物的认识是在实践中逐渐深化的，即需经历实践→认识→实践→认识……这样反复的过程，党和国家对农业农村现代化的认识也是一个不断深化的过程。总的来看，经历了一个由农业现代化向农业农村现代化转变的过程。这也是中国共产党对人类社会发展规律、社会主义建设规律与中国共产党执政规律认识不断深化的结果。从这一认识变迁的过程来看，党和国家逐渐形成了

---

① 《中共中央 国务院关于实现巩固拓展脱贫攻坚成果同乡村振兴有效衔接的意见》，《人民日报》2021年3月23日，第1版。
② 《列宁全集》（第二卷），人民出版社，2013，第445页。
③ 豆书龙、叶敬忠：《乡村振兴与脱贫攻坚的有机衔接及其机制构建》，《改革》2019年第1期。

农业和农村现代化是一个整体的科学认识。农业现代化是这一整体现代化的前提和基础，为实现农村现代化提供了最基本的物质保障；农村现代化是这一整体现代化的空间保障，其现代化程度越高，将会吸引更多的优质产业布局于此，也会吸引高素质人口、科学技术和资金等生产要素流入，推动农业现代化，最终形成农业现代化与农村现代化的良性互动。[①] 总之，农业农村现代化与整个国家的现代化是一个相互联系的整体。同时，反贫困与乡村振兴也伴随着整个现代化的进程，尤其是与农业农村现代化紧密相连。党的十九大擘画了现代化战略安排，即 2020 年全面建成小康社会、2035 年基本实现社会主义现代化、2050 年建成社会主义现代化强国。[②] 这一战略安排对脱贫攻坚与乡村振兴的目标进程作出了安排，即 2020 年全面建成小康社会意味着要消除绝对贫困，乡村振兴取得重要成就；2035 年要基本实现农业农村现代化；2050 年全面实现农业强、农村美、农民富的乡村全面振兴目标。[③] 由此可见，脱贫攻坚是实现农业农村现代化的重要前提，乡村振兴贯穿于整个农业农村现代化实践之中，但它们都是以实现农业农村现代化为目标，并服务于整个国家现代化的目标。

（二）内容的共通性

从内容方面的共通性来看，脱贫攻坚与乡村振兴都是"四个全面"战略布局与"五位一体"总体布局在新时代农村建设实践中的具体彰显。无论是"四个全面"战略布局还是"五位一体"总体布局都是以习近平同志为核心的党中央对我国新时代阶段性特征的辩证性把握。尽管两者有着各自的丰富内涵，但它们却在目标导向上具有一致性。即它们都是立足于中国实际、总结中国经验，都坚持和发展了中国特色社会主义的理论和实践，并为开创中国特色社会主义事业新局面和实现"两个一百年"奋斗目标提供了战略支撑。[④] 一方面，打赢脱贫攻坚战是决胜全面建成小康社会的底线任务，全面深化改革、全面依法治国与全面从严治党也都为打赢脱贫攻坚战提供了方法指导与动力源泉；解决绝对贫困问题不仅需要大力发展经济，也需要在政治、社会、文化与生态方面下功夫，从而打好解决绝对贫困的"组合拳"。另一方面，乡村振兴也是党和国

---

① 蒋永穆：《从"农业现代化"到"农业农村现代化"》，《红旗文稿》2020 年第 5 期。

② 习近平：《决胜全面建成小康社会 夺取新时代中国特色社会主义伟大胜利——在中国共产党第十九次全国代表大会上的报告》，人民出版社，2017，第 27—29 页。

③ 《中共中央 国务院关于实施乡村振兴战略的意见》，人民出版社，2018，第 5—6 页。

④ 周明海、毕照卿：《全面建成小康社会进程中的"四个全面"与"五位一体"关系研究》，《山东社会科学》2016 年第 2 期。

家破解城乡发展不平衡不充分问题的重要战略部署，有利于实现全面建成小康社会中覆盖人群"全面"、区域"全面"、领域"全面"的目标，全面深化改革、全面依法治国与全面从严治党也为乡村振兴提供了动力源、保障屏与组织力。乡村振兴与"五位一体"总体布局更是紧密相连，具体而言，无论是乡村振兴中总要求的五个方面，还是乡村振兴实践中的五大振兴都与"五位一体"总体布局紧密相连，即"五位一体"总体布局在"三农"领域的具体实践。总之，脱贫攻坚与乡村振兴不仅在目标方面具有同源递进性，而且在内容方面也有高度的一致性。这不仅为实现两者有效衔接提供了可能性，也提供了可行性。

（三）主体的相同性

从主体方面的相同性来看，脱贫攻坚与乡村振兴都有政府、社会、市场与人民多元主体的协同参与。[1] 乡村贫困与衰败是西方国家现代化进程中难以破解的难题，中国为了跳出这一怪圈，不仅从目标与内容上进行了探索，而且在主体方面进行思考。党的十八大以来，为了打赢脱贫攻坚战和推动乡村发展，党和国家构建党、政府、市场、社会与人民协同参与的主体框架，并明确了他们各自的作用。其一是发挥党的领导力。在脱贫攻坚和乡村振兴实践中，我们始终发挥党的坚强领导作用，并不断强化组织和人才供给，从而确保党能有效总揽全局，并协调好各方力量有序参与到实践中。党中央集中统一领导是脱贫攻坚取得历史性成就和乡村振兴取得重要进展的根本政治保证，各级党委的坚强领导则是根本组织保证。[2] 其二是发挥政府的主导力。政府不仅是脱贫攻坚和乡村振兴相关政策的主要供给者和执行者，还是农村基本公共服务和基础设施的主要供给者。这是我国能取得消除绝对贫困历史性胜利和推进乡村振兴的重要条件和保障。其三是发挥市场的主动力。党和政府对脱贫和乡村振兴投入了大量的人力、物力与财力等资源，要使这些资源得到有效配置，既需要政府宏观调控的有为作用，也需要市场配置的有效作用。在社会主义市场经济下，市场在资源配置中起着决定性作用，从这一层面来看，市场是推动它们发展的主动力，也是不可或缺的要素。但需要指出的是，发挥市场的主动力作用，并非仅仅发挥市场的作用，也需要发挥政府的作用，从而弥补市场的缺陷和不足。其四是发挥社会的参与力。尽管党和政府投入了大量的资源到脱贫攻坚和乡村

---

① 豆书龙、叶敬忠：《乡村振兴与脱贫攻坚的有机衔接及其机制构建》，《改革》2019 年第 1 期。

② 蒋永穆、卢洋：《消除绝对贫困的中国之能探颐》，《马克思主义与现实》2020 年第 5 期。

振兴中，但党和政府在资源投入上也存在有限性，需要动员社会力量自觉投入其中，从而弥补资源的短缺。① 在脱贫攻坚和乡村振兴的实践中，尤其是在脱贫攻坚战中，各类社会组织和企业积极参与其中，它们各司其职、各尽其能，为打赢脱贫攻坚战贡献了力量。其五是发挥人民的主体力。人民尤其是农民既是脱贫攻坚与乡村振兴的主体力，也是它们的内生力。在整个脱贫攻坚和乡村振兴中，党和国家千方百计地创造条件让他们参与其中，培育他们的发展能力，并使他们始终在脱贫攻坚和乡村振兴中保持"在场"。

三　衔接必要：人民至上的价值追求

2021 年习近平在全国脱贫攻坚总结表彰大会上发表了重要讲话，庄严宣告脱贫攻坚取得了重大历史性成就。但消灭绝对贫困不是反贫困的终点，习近平总书记提到"胜非其难也，持之者其难也"②，在脱贫攻坚战取得全面胜利后，巩固拓展脱贫攻坚成果及其与乡村振兴的有效衔接，成为 5 年过渡期乃至更长时间内中国反贫困和"三农"发展的重要内容。习近平对巩固拓展脱贫攻坚成果问题进行了持续关注，2021 年 8 月，习近平在给云南省沧源县边境村老支书们的回信中专门强调脱贫后要"继续抓好乡村振兴"③。2023 年习近平在四川和新疆等地考察时，再次就巩固拓展脱贫攻坚成果问题进行了部署。几年以来，习近平关于巩固拓展脱贫攻坚成果问题进行了全面、科学的重要论述，对于当代中国乡村振兴理论的发展和巩固拓展脱贫攻坚成果实践具有重要意义。同时，习近平在多个场合提出，"坚持以人民为中心的发展思想，坚定不移走共同富裕道路"④，体现了脱贫攻坚全面胜利后巩固拓展脱贫攻坚成果同乡村振兴相衔接的价值追求。在这一背景下，我们通过实地调研发现，依然存在部分脱贫地区和脱贫群众内生发展动力不足，成为"以人民为中心发展"的最大瓶颈。增强脱贫地区和脱贫群众的内生发展动力，需要在全面推进乡村振兴中，进一步实现由"输血"向"造血"的转变，从而巩固脱贫成效，提升脱贫的可持续性。目前，影响脱贫地区和脱贫群众内生发展动力的原因主要是部分脱贫地区的脱

---

① 颜德如、张玉强：《脱贫攻坚与乡村振兴的逻辑关系及其衔接》，《社会科学战线》2021 年第 8 期。

② 《习近平谈治国理政》（第四卷），外文出版社，2022，第 138 页。

③ 《习近平回信勉励云南省沧源县边境村的老支书们》，新华网，2021 年 8 月 20 日，http://www.xinhuanet.com//politics/leaders/2021-08/20/c_1127779583.htm。

④ 习近平：《论把握新发展阶段、贯彻新发展理念、构建新发展格局》，中央文献出版社，2021，第 516 页。

贫成果存在不可持续性，部分脱贫人群存在返贫风险。

（一）实现"以人民为中心发展"是乡村振兴一以贯之的价值追求

巩固拓展脱贫攻坚成果同乡村振兴有效衔接的"以人民为中心"的价值追求与中国共产党人的初心和使命一脉相承。中国共产党在乡村发展和反贫过程中一直坚持人民立场，同时在社会主义条件下进一步明确了其目的是维护全体劳动者的利益，实现全体人民的共同富裕。中国共产党自成立开始就明确自身代表了工人阶级和整个中华民族的利益，将"为中国人民谋幸福，为中华民族谋复兴"[①]作为自身的使命和初心。党的七大则把"为人民服务"写进了党章，提出"中国共产党人必须具有全心全意为人民服务的精神"[②]。在新中国成立前夕，我国已经形成了"取得共同富裕和普遍繁荣的生活"[③]的观点。改革开放以来，我国再次明确了对"共同富裕"的追求，将"共同富裕"和"全面建成小康社会"进行了统一，将追求全体人民的共同富裕作为反贫困的应有之义。进入精准扶贫精准脱贫阶段后，我国进入全面建成小康社会的历史时期，以习近平同志为核心的党中央在新的历史方位提出了"小康路上一个都不能掉队"[④]的观点，进一步明确了中国化马克思主义反贫困思想实现全体人民共同富裕的价值追求。

在这一背景下，巩固拓展脱贫攻坚成果同乡村振兴有效衔接的价值追求主要体现在三个方面。

1. 价值立场的坚持

价值立场主要回答巩固拓展脱贫攻坚成果"为了谁"。在坚持马克思主义反贫困思想基本立场的基础上，习近平总书记将马克思主义的人民性与中国当代巩固脱贫实践进行了结合，对人民立场进行了更加具体和深刻的阐发。2021年，习近平总书记在西藏、贵州和青海等地考察时曾反复强调，"要坚持以人民为中心的发展思想，推动巩固拓展脱贫攻坚成果同全面推进乡村振兴有效衔接"[⑤]，阐明

---

① 中共中央党史和文献研究院、中央"不忘初心、牢记使命"主题教育领导小组办公室编《习近平关于"不忘初心、牢记使命"论述摘编》，党建读物出版社、中央文献出版社，2017，第11页。

② 沙健孙：《毛泽东思想通论》，人民出版社，2014，第313页。

③ 中共中央文献研究室编《建国以来重要文献选编》（第7册），中央文献出版社，1993，第86页。

④ 中共中央党史和文献研究院编《习近平扶贫论述摘编》，中央文献出版社，2018，第19页。

⑤ 习近平：《论"三农"工作》，中央文献出版社，2022，第291页。

了基本立场在当代的集中体现，即"以人民为中心"。在此基础上，习近平从三个层次进行了进一步论述。

一是追求脱贫群众的现实利益。巩固拓展脱贫攻坚成果首先要解决的是脱贫群众的现实利益问题，无论是政策实施还是产业发展，其目标在于使群众获益，习近平在山西考察时曾提出："共产党是一心一意为人民谋利益的，现在不收提留、不收税、不收费、不交粮，而是给贫困群众送医送药、建房子、教技术、找致富门路，相信乡亲们更好的日子还在后头。"① 简单明了地阐明了这一价值追求。

二是追求全体人民的共同富裕。脱贫攻坚战实现了"小康路上一个都不能掉队"，巩固拓展脱贫攻坚成果追求的同样是效率与公平的兼顾，追求的是巩固拓展脱贫攻坚成果更多更公平惠及全体脱贫群众，改革发展成果更多更公平惠及全体人民。

三是追求一切人的自由发展。马克思和恩格斯在《共产党宣言》中阐述其思想立场时，提出了实现"一切人的自由发展"② 的价值追求。事实上，马克思和恩格斯将绝对贫困和相对贫困的本质归为人的发展遭到束缚，相对贫困在一定程度上是人无法自由地实现其自身发展，而必须服从固定性的分工的外在体现。习近平曾指出，面对人民的多样化愿望和诉求，要追求"人的权利、人的利益、人的安全、人的自由、人的平等、人的发展等"③。聚焦到巩固拓展脱贫攻坚成果问题，习近平在西藏考察时提出要"推动巩固拓展脱贫攻坚成果同全面推进乡村振兴有效衔接，更加聚焦群众普遍关注的民生问题，办好就业、教育、社保、医疗、养老、托幼、住房等民生实事"④。巩固拓展脱贫攻坚成果本质上是民生问题，其长期的价值立场，就是要通过民生保障水平的不断提升谋求一切人的自由发展。

2. 价值目标的延伸

价值目标主要回答巩固拓展脱贫攻坚成果"做什么"。马克思恩格斯虽然确立了明确的理论立场，但由于其重点关注资本主义生产方式下的贫困问题，无法对社会主义国家消除绝对贫困后的价值追求和建设目标进行具体阐述，而

---

① 习近平：《论"三农"工作》，中央文献出版社，2022，第120—121页。
② 《马克思恩格斯选集》（第一卷），人民出版社，2012，第422页。
③ 习近平：《干在实处 走在前列——推进浙江新发展的思考与实践》，中共中央党校出版社，2006，第355页。
④ 习近平：《论"三农"工作》，中央文献出版社，2022，第291页。

习近平将马克思主义的基本立场与当代乡村振兴的具体实际进行了结合，对其价值目标进行了延伸。

一是提出了"不发生规模性返贫"的底线目标。具备底线思维是习近平新时代中国特色社会主义思想重要的理论特质，习近平从以中国式现代化推进中华民族伟大复兴的宏大叙事中，逻辑清晰地阐明了巩固拓展脱贫攻坚成果的底线目标。具体而言，乡村振兴是实现中国式现代化的必要条件，在乡村振兴的过程中，底线任务是巩固拓展脱贫攻坚成果，而巩固拓展脱贫攻坚成果的底线又是"不发生规模性返贫"[①]。习近平早在 2021 年的全国脱贫攻坚总结表彰大会上就明确了这一"底线中的底线"，并将其作为现阶段必须坚持的价值目标。2023 年 6 月，习近平总书记在内蒙古考察时强调："要巩固拓展脱贫攻坚成果，把促进脱贫县加快发展作为主攻方向，增强脱贫地区和脱贫群众内生发展动力，坚决守住不发生规模性返贫底线。"[②]

二是明确了"实现共同富裕"的总体目标。共同富裕是社会主义的本质要求，是社会主义初级阶段的主要价值目标，且在不同阶段有不同的发展目标。脱贫攻坚战胜利后，我国已经进入了共同富裕的扎实推进阶段，对此习近平提出："到 2035 年，全体人民共同富裕取得更为明显的实质性进展，基本公共服务实现均等化。到本世纪中叶，全体人民共同富裕基本实现，居民收入和实际消费水平差距缩小到合理区间。"[③] 明确了在当前阶段脱贫地区实现共同富裕的总体目标与先发地区一致，且低收入群体是促进共同富裕的重点帮扶保障人群。在此基础上，在巩固拓展脱贫攻坚成果阶段实现共同富裕这一价值的特殊性还体现在三方面的统一上。首先，巩固成果和脱贫攻坚的统一，两个阶段反贫事业的重点分别为绝对贫困和相对贫困，但二者的价值目标均为提升民生福祉水平。其次，巩固成果与乡村振兴的统一，巩固拓展脱贫攻坚成果需要与乡村振兴有效衔接，脱贫地区需要实现长期内生性发展。最后，巩固成果与第二个百年奋斗目标的统一，正如习近平所说："一些国家贫富分化，中产阶层塌陷，导致社会撕裂、政治极化、民粹主义泛滥，教训十分深刻！"[④] 中国式现代化是全体人民共同富裕的现代化，中国在逐步发展成为发达国家的过程中注重相对落

---

① 《习近平谈治国理政》（第四卷），外文出版社，2022，第 146 页。
② 习近平：《把握战略定位坚持绿色发展 奋力书写中国式现代化内蒙古新篇章》，《人民日报》2023 年 6 月 9 日，第 1 版。
③ 《习近平谈治国理政》（第四卷），外文出版社，2022，第 142 页。
④ 《习近平谈治国理政》（第四卷），外文出版社，2022，第 141 页。

后地区人民的发展水平和生活水平，防止发展成果由少部分人享有，这是巩固拓展脱贫攻坚成果价值追求的重要体现。

三是在常态化帮扶、产业发展和疫情防控等重要领域明确了具体目标。习近平在谈到巩固拓展脱贫攻坚成果时，对几个领域的发展目标进行了反复强调。比如，关于常态化扶贫，习近平提出了"四个不摘"的要求："对退出的贫困县、贫困村、贫困人口，要保持现有帮扶政策总体稳定，扶上马送一程。可以考虑设个过渡期，过渡期内，要严格落实摘帽不摘责任、摘帽不摘政策、摘帽不摘帮扶、摘帽不摘监管的要求，主要政策措施不能急刹车，驻村工作队不能撤。"[①] 在产业发展领域，习近平将因地制宜发展特色产业作为提升贫困地区和人民脱贫能力和内生动力的核心要求，多次强调："产业扶贫是稳定脱贫的根本之策。"[②] 面对突如其来的新冠疫情，习近平提出要将脱贫攻坚中的有效机制运用于疫情防控中，实现"最大程度维护好农民群众身体健康和正常生产生活秩序"[③]。

3. 价值主体的具体化

价值主体主要体现巩固拓展脱贫攻坚成果"谁来做"。价值主体与价值立场是紧密关联的，部分国家的减贫措施代表既得利益者的立场，减贫对象被动接受援助，减贫内生动力较弱，困难人口长期依赖救济度日。这和其维持社会稳定、保持剩余劳动力供给，进而降低生产成本的目标是一致的。在人民立场下，马克思恩格斯将人民作为反贫的推动力量，但在19世纪的资本主义社会，马克思恩格斯所说的"人民"主要为无产阶级劳动者，尤其是资本主义工厂中受压迫最深的产业工人。在当代社会主义国家，欠发达地区和农村低收入人口同样是巩固拓展脱贫攻坚成果的推动力量，但同时政府和企业与普通劳动者不再是对立关系，而是同样的巩固拓展脱贫攻坚成果的重要主体，是无产阶级劳动者在当代的具体体现。在脱贫攻坚阶段，以习近平同志为核心的党中央结合这一实践基础，将马克思恩格斯所讲的"人民"具体化为政府、社会，市场，"坚持动员全社会参与，发挥中国制度优势，构建了政府、社会、市场协同推进的大扶贫格局，形成了跨地区、跨部门、跨单位、全社会共同参与的多元主体

① 中共中央党史和文献研究院编《十九大以来重要文献选编》（中），中央文献出版社，2021，第463页。
② 中共中央党史和文献研究院编《十九大以来重要文献选编》（上），中央文献出版社，2019，第227页。
③ 《习近平春节前夕视频连线看望慰问基层干部群众 向全国各族人民致以新春的美好祝福》，新华网，2023年1月18日，http://www.xinhuanet.com/politics/2023-01/18/c_1129298133.htm。

的社会扶贫体系"①。在巩固拓展脱贫攻坚成果同乡村振兴有效衔接阶段，习近平在此基础上进行了进一步发展，更加强调内生动力的培育，明确了当前阶段"以人民为中心"价值追求的实现主体。

一是仍然强调政府的主体和主导作用。在脱贫攻坚战刚取得胜利时，习近平就在全国脱贫攻坚总结表彰大会上宣布："党中央决定，适时组织开展巩固脱贫成果后评估工作，压紧压实各级党委和政府巩固脱贫攻坚成果责任，坚决守住不发生规模性返贫的底线。"② 习近平高度重视党领导下的政府在巩固拓展脱贫攻坚成果中的主体地位和重要责任，尤其是在全国经济持续恢复、个别脱贫户存在返贫风险的时期，政府需要在社会保障、保障就业等市场难以起到核心作用的领域保持在场性，成为巩固拓展脱贫攻坚成果的主心骨。

二是创新将脱贫群众作为巩固拓展脱贫攻坚成果的重要主体。巩固和衔接阶段的一个最重要特征，就是脱贫地区和群众的内生发展动力更加重要。要处理好政府作用与群众内生发展的关系，习近平在 2021 年中央财经委员会第十次会议上提出："政府不能什么都包，重点是加强基础性、普惠性、兜底性民生保障建设。"③ 在此基础上，长效脱贫和增收的实践主体是脱贫人口自身。

三是强调了市场与社会的作用。市场与社会有交集也有区别，当前市场在资源配置中起决定性作用，乡村要素市场和消费市场等在乡村振兴中至关重要，在科技推广等社会化服务领域市场已经开始扮演越来越重要的角色，但脱贫地区市场化程度还相对较低，实现可持续增收需要构建市场主体和市场机制。社会是巩固拓展脱贫攻坚成果的重要补充，社会组织、事业单位等在脱贫攻坚战中作出了重要贡献，在巩固与衔接阶段，习近平提出仍然要发挥社会力量在巩固拓展脱贫攻坚成果中的作用，如他在 2021 年就对深化东西部协作和定点帮扶工作作出了重要指示，提出要"动员全社会参与，形成区域协调发展、协同发展、共同发展的良好局面"④。

（二）实现"以人民为中心发展"面临内生动力不足的现实瓶颈

一方面，部分脱贫地区存在返贫风险。我国的脱贫攻坚已经取得了历史性

---

① 中共中央党史和文献研究院编《十八大以来重要文献选编》（中），中央文献出版社，2016，第718—719页。
② 习近平：《论"三农"工作》，中央文献出版社，2022，第322页。
③ 《习近平谈治国理政》（第四卷），外文出版社，2022，第143页。
④ 《习近平关于"三农"工作的重要论述学习读本》，人民出版社、中国农业出版社，2023，第61页。

的成就，创造了人类减贫史上的奇迹。我们也不能否认还有部分脱贫地区群众存在自身发展能力偏弱等现象，这就导致他们处于临界线边缘与"摇摆"状态。因此，为了进一步推动脱贫地区持续发展，提升脱贫成效的可持续性，需要在全面推进乡村振兴的实践中增强脱贫地区的发展能力。易返贫地区主要集中在原深度贫困地区和大型安置区等区域。它们发展的脆弱性主要受如下几种因素的影响。首先，发展环境的恶劣性。原深度贫困地区主要是指"三区"和"三州"，这些地区本来自然条件比较恶劣。尽管在脱贫攻坚实践中，通过政策兜底和生态补偿等举措，使其摘了贫困帽，但依然难以改变原本自然发展环境。这些地区气候恶劣、地形崎岖等自然环境条件，使其难以在短期内得到更好的发展。其次，发展基础的薄弱性。恶劣的自然环境使其原本发展缓慢，发展的底子略显薄弱。在脱贫攻坚战中，通过政策扶持、资金输入、基础设施的完善，使其发展实现大步跨越，但这些地区的村集体经济实力薄弱、产业发展底子薄弱等诸多因素，使得其发展基础薄弱。从我们在四川凉山的调研来看，大部分的村干部认为本村的集体经济发展较差，基本上处于没有收益的状态。再次，发展后劲的不足性。原深度贫困地区在近几年获得了快速发展，但依然没有彻底改变发展"家底"不殷实的现状。如这些地区的扶贫产业发展本身就面临诸多问题，即扶贫产业更多是政府主导性产业，具有"短、平、快"与结构单一等特点，在一定程度上没有与社会主义市场经济有效融合，这就导致其发展后劲不足。例如位于滇桂黔石漠化地区的贵州省紫云县，在脱贫攻坚期间综合施策，历史性解决了绝对贫困问题，但其在农村人居环境、农村各类技术人才、产业融合以及基础设施等方面依然存在短板。尤其是产业融合程度不深，具体表现在农业与工业、旅游业、文化产业以及物流业结合不紧密，并且存在农业产业链过短、农业研发能力弱、仓储与冷链物流体系不健全等问题。这些特殊短板是其全面推进乡村振兴的突出瓶颈，也是影响其脱贫成效可持续性的重要原因。最后，发展能力的偏弱性。在前面三大因素的综合影响下，这些地区自身发展能力本身就略显不足。同时，在数字经济快速发展的背景下，脱贫地区的数字鸿沟也将影响其发展的内生动力。在脱贫攻坚的实践中，我们对脱贫地区实施诸如科技帮扶和电商帮扶等举措，在一定程度上弥补了脱贫地区的数字鸿沟，促进了脱贫地区产业数字化发展。就其现实来看，脱贫地区数字鸿沟依然存在。这就使其难以高质量推进本地区产业数字化和数字产业化，也难以有效共享数字经济发展带来的红利。此外，这些地区的生产技术偏弱、产品质量参差不齐与市场竞争能力不强等因素，也将进一步影响其自身发展。因此，需要在乡村振兴中进一步以产业振兴为抓手带动脱贫地区的发展，增强脱贫地区发展的内生动力。

另一方面，部分脱贫群众存在返贫风险。脱贫人群内在发展能力不足会使他们再次陷入绝对贫困的"陷阱"。因此，需要在巩固拓展脱贫攻坚成果同乡村振兴的有效衔接中增强他们的自身发展能力。从我们的实地调研来看，存在返贫风险的主要是因病、因残与因缺劳动力等因素致贫的人群。具体来看，只有 18.1% 的脱贫户认为不会返贫，而有 17.5% 的脱贫户认为他们在教育方面存在返贫的风险，28.05% 的脱贫户认为他们在医疗保障方面存在返贫的风险。他们的发展脆弱性主要集中表现在如下三个方面。首先，思想的贫困性。脱贫攻坚不仅取得了物质层面的巨大成就，在精神层面也取得了显著成就。大部分脱贫群众实现了精神上的富裕，但依然也存在部分脱贫群众想当"贫困户"，以及"等、靠、要"思想并没有彻底根除的现象。从我们在四川凉山易地搬迁点的调研来看，存在大部分的劳动力人群在家待业，或者外出务工的时间不足半年的情况。这就严重阻碍了这部分脱贫群众的自我积极发展，甚至还会产生连锁反应，影响其他脱贫群众的生产积极性。其次，经济的贫困性。可靠的收入是增强脱贫群众发展能力的重要前提，也是巩固脱贫成效的重要基础。然而以务农为主的脱贫人群，随着年龄的增长与种粮成本的不断攀升，他们要么失去收入来源、要么收入减少。以务工为主的脱贫人群主要从事技术含量低的简单劳动，这类工作在未来的需求量增长将相对较小，依靠打工获取收入具有不稳定性，并且增长空间较小。从我们的调研来看，有 12.96% 的脱贫户认为他们的收入增加处于不稳定的状态，并且还有 35.15% 的脱贫户认为他们的收入处于全村的低等水平。最后，能力的贫困性。能力是脱贫人群发展的核心竞争力，但易返贫的脱贫群体具有综合能力素质低、身体健康素质低与就业能力素质低等特点，这使得这部分脱贫人群难以抵抗自然与社会风险，导致他们容易再次陷入绝对贫困的"陷阱"。从我们的调研来看，脱贫户有 10.56% 认为脱贫户自主脱贫能力一般，非贫困户也有 10.38% 认为脱贫户自主脱贫能力一般。

总而言之，在精准扶贫思想的指引下，在全党全国各族人民的团结奋斗下，我国消除了绝对贫困，取得了我国和世界减贫史上的历史性成就。然而，偌大的体量，以及纷繁复杂的国情和贫情，导致在脱贫攻坚的实践中难免会存在一些美中不足的地方。这些美中不足的地方将会影响脱贫成效的可持续性，为了有效防止规模性返贫，我们需要全面推进乡村振兴，从而进一步推动脱贫地区和脱贫群众的发展。这需要我们推进巩固拓展脱贫攻坚成果同乡村振兴的有效衔接，在衔接的实践中，我们不仅要用好脱贫攻坚实践中形成的好经验，也要汲取脱贫攻坚实践中的教训，从而更好全面推进乡村振兴，通过乡村振兴促进农村高质量发展，最终在发展的过程中防止大规模返贫和巩固脱贫攻坚成果。目前，在全面推进乡村振兴实践中，值得注意的问题主要有集体经济发展偏弱、产业发展不强、基础设施仍需完善、政策执行效率有待提升和资金投向精准度需要进一步提高等（具体见专栏 11-1）。只有在全面推进乡村振兴的过程中，进一步加强对这些问题的重视和解决，才会进一步增强脱贫地区和脱贫群众内生发展的动力，才会更进一步推进脱贫地区和脱贫群众的高质量发展，扎实推动农民农村共同富裕。

◉ 专栏 11-1

脱贫地区和脱贫群众内生发展动力不足的主要因素

集体经济发展偏弱。 农村集体经济的发展是带动农村发展和实现农民农村共同富裕的重要途径，也是巩固脱贫攻坚成果、防止规模性返贫的重要保障。农村集体经济的发展壮大，不仅可以提升资源配置的效率，促进农村经济高质量发展，而且可以推动乡村治理的改善，从多维的角度推动乡村振兴，从而进一步巩固脱贫攻坚成果。经过一段时间的探索，我国逐渐探索出了几种比较典型的农村集体经济发展的模式。比如，浙江省花园村的农村集体经济组织自主经营简单的物业和资源经济，通过农村集体产权制度改革，将确定为集体资产的土地、标准厂房、物流园等固定资产的使用权出租给花园集团及其 60 多个子公司（全部是民营企业），收取租金。江苏省华西村的农村集体经济组织出资创办工商企业，由集体投资兴办全资旅游公司开展乡村旅游、民宿、康养等，或者创办农民专业合作社开展特色种植养殖、休闲农业等。安徽省小岗村的农村集体经济组织出资入股工商企业，通过小岗村股份经济合作社将经营性资产投入小岗村创新发展有限公司，由公司开展包括乡村旅游和休闲农业在内的经营业务。河南省南街村村民委员会代行集体资产管理职能兴办工商企业，由村委会集体经营相关业务。这些成功的案例为我国农村集体经济的发展提供了可借鉴的模式，为进一步发展壮大农村集体经济提供了宝贵经验。但目前我国农村集体经济发展整体偏弱，大部分农村集体经济具有无可持续发展的集体经济项目、财政依赖性较强、村集体资产和资源较少等特点。在脱贫攻坚的实践中，一些脱贫地区的村庄盲目生搬硬套其他地区的发展模式，导致发展效果欠佳。

资料来源：《关于农村集体经济组织开展经营活动案例分析与思考》，中华人民共和国农业农村部，2021年11月26日，http://www.zcggs.moa.gov.cn/zcygggw/202111/t20211126_6383078.htm；王军、曹姣《脱贫攻坚与乡村振兴有效衔接的现实困境与关键举措》，《农业经济问题》2022年第9期。

产业发展不强。农村集体经济的发展壮大对于实现乡村振兴和防止大规模返贫具有十分重要的保障作用，而产业的发展是农村集体经济发展壮大的内在驱动力。在脱贫攻坚的实践中，大多数的扶贫资金都投向了产业发展领域，通过产业的发展带动了经济发展，从而使大多数的建档立卡户能够受益。由此可见，脱贫地区产业的发展对于带动脱贫群众增收具有十分重要的作用，对于实现农民农村共同富裕也具有十分重要的作用。尽管在脱贫攻坚的实践中，农村产业发展具备了一定的基础，但脱贫地区的产业更多具有帮扶性质，更多是一种"输血"式的发展，可持续性有待进一步提升。具体而言，部分脱贫地区的产业发展具有依附性强、现代化弱和适应性差等特点。从依附性强来看，在脱贫攻坚的实践中，部分脱贫地区的产业起步主要是依靠外界的驱动，即通过帮扶的形式发展起来；不仅如此，在产业发展过程中也更多依靠政府的帮扶，如人才的投入、技术的投入和产品的销售等。这就使这部分脱贫地区的产业发展不仅难以做强做优，也难以实现可持续性发展。从现代化弱来看，脱贫地区的产业发展形成了一定的规模，积累了一定的条件，但依然处于起步阶段。尤其是西部地区的脱贫地区，它们的产业发展更多是传统的种养业，产业的规模化、现代化和组织化发育程度都比较低。从适应性差来看，部分脱贫地区在产业发展过程中借助政府组织的购买解决了产品销售问题，短暂地实现了产业链的循环。但从长远来看，这类产业主体难以真正有效适应市场的变化，一旦"断奶"将会面临被市场淘汰的风险。

资料来源：胡德宝、翟晨喆《脱贫攻坚与乡村振兴有机衔接：逻辑、机制与路径》，《政治经济学评论》2022年第6期。

基础设施仍需完善。产业的发展是农村集体经济壮大发展和实现农民农村共同富裕的内在动力，产业的发展需要以完善的基础设施为保障。在脱贫攻坚的实践中，脱贫地区的基础设施得到了较大的改善，如道路的改善、房屋的修缮、电力设施的升级、饮水工程的修建等。这些基础设施的修建和完善，为脱贫地区产业的发展提供了条件保障。然而一些脱贫地区的基础设施依然是其产业发展的短板，尤其是在数字经济发展的过程中，部分脱贫地区在数字基础设施和物流等方面还存在一定的缺口。在数字化时代，数字经济成为推动经济高质量发展的重要力量，而数字经济的发展需要以产业数字化和数字产业为重要载体。无论是产业数字化，还是数字产业化，都需要以数字相关的基础设施完善为前提条件。从目前的情况来看，一些脱贫地区的数字基础设施还存在较大短板。因此，需要在全面推进乡村振兴的过程中，进一步加大对农村地区的数字基础设施建设的投入力度，尤其是加大对脱贫地区的支持力度，尽快弥补城乡之间的数字鸿沟，从而推动其产业转型升级，促进脱贫地区经济持续性发展。

政策执行效率有待提升。发挥政策在经济社会发展中的支持保障作用，是彰显社会主义制度优势的重要方面。充分发挥政策在脱贫地区发展中的支持保障作用，不仅需要制定政策，更需要政策的完美落地和执行。在脱贫攻坚的实践中，国家围绕经济社会发展所需要素和改善脱贫群众生活等，在资金、人才、组织、金融信贷和社会保障等方面出台了许多相关政策。这些政策对于脱贫地区和脱贫群众的发展发挥了至关重要的作用，但在具体的实践中依然存在政策执行效率有待提升的地方。比如在一些脱贫地区，社会兜底政策助长了部分脱贫群众的懒惰思想，引发了"悬崖效应"，部分脱贫地区对资金使用的错位、一些脱贫地区对产业政策理解的偏差、一些地区没能及时对调整后的政策进行跟进等问题，这些问题应当在巩固拓展脱贫攻坚成果的过程中引起重视。因此，在全面推进乡村振兴的实践中，应当提升政策的执行效率，需要出台更具针对性和具体化的政策，更加注重政策落地和实际效果，最大限度地用好政策在促进农村发展中的支持保障作用，更好彰显社会主义制度的优越性。

资料来源：白永秀、黄海昕、宋丽婷《巩固拓展脱贫攻坚成果同乡村振兴有效衔接的政策演进及逻辑》，《西北大学学报》（哲学社会科学版）2022年第5期。

资金投向精准度需要进一步提高。在扶贫的实践中，中央、地方和社会等主体相继投入了大量的扶贫资金，为打赢脱贫攻坚战提供了坚实的保障。从扶贫的实践来看，扶贫资金的使用效率整体比较高，在帮助脱贫地区和脱贫人群发展中起到了重要作用。但从实践来看，部分地区的扶贫资金投向存在一定偏差。譬如在一些脱贫地区扶贫资金使用不当，从而影响了扶贫的实效性。具体而言，部分脱贫地区将扶贫资金另做他用，尤其是产业扶贫资金的使用错位相对较多。因此，在巩固拓展脱贫攻坚成果同乡村振兴有效衔接的过程中，需要进一步提高资金使用的精准性，从而更加有效发挥资本这种生产要素在助力脱贫地区发展中的作用，提升脱贫持续性。这不仅需要从政策上引导和规范资金的使用，而且需要形成政府与社会等多元主体的监督体系，从而促进资金使用效率的提升。

第二节　衔接之难：观念与实践的潜在难点

实现巩固拓展脱贫攻坚成果同乡村振兴的有效衔接对提升脱贫成效持续性和推进乡村振兴具有十分重要的意义，这是全社会的普遍共识。但实现两者之间的"有效衔接"，需要警惕认识和实践中的误区，即观念认识上的"脱臼"、实践运作中的"脱节"、执行衔接中的"碎化"，以及衔接效果考核标准上的"同质化"。对这些潜在的难点不加以克服，不仅会使实现两者衔接的效果大打折扣，更会使实现两者有效衔接成为挂在嘴上的一句口号。

一　思想认识上的"脱臼"

认识是实践的先导，一定的实践活动都是由一定的观念认识来引导的。认识观念是否正确在一定程度上影响着实践活动成效，甚至决定实践活动的成败。因此，实现巩固拓展脱贫攻坚成果同乡村振兴的有效衔接需要注意部分地区在具体实践中出现观念认识上的"脱臼"。这主要表现在如下三个方面。

一是认为脱贫攻坚成果不需要巩固。消除贫困是中国共产党守初心、担使命的重要实践行动。尤其是党的十八大以来，我国通过精准扶贫的系列举措，实现了精准脱贫。脱贫攻坚的胜利，意味着我国的绝对贫困人数全部清零，绝对贫困发生率也实现了清零的目标。但这不意味着我国的脱贫攻坚成果是稳固的、脱贫成效是可持续的，依然会有部分发展基础脆弱的脱贫地区和脱贫人群，可能会因自然灾害等不确定因素返贫。因此，脱贫攻坚成果需要有一定的时间来巩固与提升。在实践中，可能会有部分人士认为我们的脱贫攻坚已经取得了历史性成就，不需要通过乡村振兴来巩固脱贫攻坚成果和提升脱贫攻坚的成效，于是在实际的工作将其置于认识与实践的"盲区"。[①]

---

① 林万龙、梁琼莲、纪晓凯：《巩固拓展脱贫成果开局之年的政策调整与政策评价》，《华中师范大学学报》（人文社会科学版）2022年第1期。

二是不能正确认识到两者有效衔接的重要性。实现巩固脱贫攻坚成果同乡村振兴的有效衔接，不仅事关巩固脱贫成果与乡村振兴成色，而且事关我国国民经济发展和整个现代化建设的效果。它既会影响城乡经济循环畅通，进而影响整个新发展格局的构建成效，也会影响农村社会高质量发展，进而影响整个现代化和第二个百年奋斗目标的实现质量；同时，实现两者的有效衔接还是满足广大人民对美好生活向往与扎实推进共同富裕的重要举措。因此，我们必须高度认识其重要性，并在实践中主动作为、积极作为。而在实践中，需要注意部分人士不能充分认识到实现两者有效衔接的重大意义，甚至认为实现两者有效衔接是多此一举的错误认知。

三是忽视乡村振兴是巩固脱贫攻坚成果的有效载体。乡村振兴战略作为新时代做好"三农"工作的总抓手，也是打赢脱贫攻坚战以后，党和国家在农村的工作重点。为了提升脱贫成效的可持续性和用好脱贫攻坚战中的宝贵经验，需要实现两者有效衔接。但部分人士会认为两者具有天然的区别，巩固脱贫攻坚成果应当"另起炉灶"，重新谋划。显然，这种错误的认知会导致错失巩固脱贫攻坚成果的最佳时机，不利于提升巩固脱贫攻坚成果，也会造成国家资源的浪费，延缓乡村振兴推进进程。

二　实践运作中的"脱节"

协同推进巩固脱贫攻坚成果与乡村振兴，既有利于巩固脱贫攻坚成果，也有利于全面推进乡村振兴。但在具体的实践中应当避免衔接实践运作中的"脱节"。这主要有如下三种表现。

一是具体实践部门上的"脱节"。实现两者有效衔接不仅具有理论逻辑上的内在统一性，也具有历史逻辑上的前后连贯性，还具有实践逻辑上的协同耦合性，更具有价值逻辑上的一以贯之性。因此，在实践中，我们需要做好两者的有效衔接工作，不能将巩固脱贫攻坚成果与全面推进乡村振兴对立起来，形成"两张皮"的局面。具体来讲，部分人在实践中认为两者具有本质区别，主张在具体工作应当单独成立巩固脱贫攻坚成果领导小组，制定独立的具体方案。这种既不在乡村振兴中增强脱贫地区和脱贫人群的发展能力，也不将脱贫攻坚宝贵经验拓展到乡村振兴的做法，在一定程度上将会降低两者的衔接成效。

二是具体项目安排上的"脱节"。领导机制方面的"脱节"将会导致具体项目安排上的"脱节"。在实践中忽视它们之间的内在联系，不仅会影响实践效果，还会导致项目重复建设，不能实现资源的最大化利用，最终影响农村发展。如有些地方为了完成巩固脱贫攻坚成果的任务，尤其是经济发展基础较薄弱的脱贫地区，在压力型体制之下，地方干部往往会不自觉地忽视两者之间的内在联系，就巩固脱贫攻坚成果而安排项目，甚至会为了完成工作任务，选择上一些"短平快"产业的项目，而忽视与乡村产业体系现代化的有效衔接。最终在一定程度上使实现两者之间有效衔接出现某种意义上的"断链"，影响其最终成效。

三是中央与地方的"脱节"。实现巩固拓展脱贫攻坚成果同乡村振兴的有效衔接，是一项事关国家的整体发展的系统工程，需要国家和地方的协同发力。为此，党和国家多次强调要实现两者的有效衔接，并出台了相关指导性意见和相关支持政策，并从重大意义、总体要求、长效机制、重点工作等方面给予了指导性意见和建设性谋划。但部分地方或直接照搬照抄中央文件、不结合地方实际，或发展限制较多与中央提出的发展目标有一定差距。如当前在消费帮扶过程中脱贫地区就存在"以产定销"的产业选择思路限制消费扶贫空间、"小、散、乱"的生产体系难以与全国大市场有机衔接、"散兵游勇"式的流通主体不利于打造产业竞争力、"救急"式的消费模式影响消费扶贫的可持续性等现实问题。

三　执行衔接中的"碎化"

实现巩固拓展脱贫攻坚成果同乡村振兴的有效衔接是一项系统性工程、整体性工作，需要坚持系统观念。因此，实现它们之间的有效衔接需要全局谋划、战略布局与整体推进，而不是零散地选择某个方面进行有效衔接。具体来看主要表现在如下三个方面。

一是衔接中项目的"碎化"。在推进两者有效衔接的实践中需要坚持抓住主要矛盾的工作方法，实现"以点带面"，起到事半功倍的效果，但决不能"以点概面"。在具体的实践中，部分地方仅仅抓住"产业扶贫"与"产业振兴"的衔接，而忽视其他方面的衔接。具体来讲，实现两者有效衔接不仅需要在生产力层面持续努力，也需要在生产关系层面接续探索；实现两者有效衔接不仅需要从物质层面着手，也需要精神层面下功夫；实现两者有效衔接不仅需要在经济基础层面探索，也需要在上层建筑层面积极探索。[1] 总而言之，只有

---

[1] 王国敏、何莉琼：《巩固拓展脱贫攻坚成果与乡村振兴有效衔接——基于"主体—内容—工具"三维整体框架》，《理论与改革》2021 年第 3 期。

在谋划实现两者有效衔接中坚持系统观念，才会提升实现两者有效衔接的实践效果。

二是衔接中地域的"碎化"。实现两者之间的有效衔接，不仅是易返贫的原深度贫困地区需要重视的工作，也是所有脱贫地区都应重视的工作。只是不同地区的工作侧重点不同，在经济发展薄弱的脱贫地区应更加侧重在乡村振兴中巩固脱贫攻坚成果，提升脱贫成效；在经济发展较好的脱贫地区应侧重在乡村振兴实践中吸取前期积累的宝贵经验，推进乡村振兴。同时，在非贫困地区也需要积极主动运用脱贫攻坚中的宝贵经验，从而避免"走弯路"与"踩雷区"。只有全社会各地区有所侧重地做好衔接工作，才能真正实现它们之间的"有效"衔接。

三是衔接中主体的"碎化"。衔接的主体是实现两者有效衔接的关键，关系到衔接的实践效果。两者的衔接主体并非单一的，而是多元的。只有各个主体协同发力，才能实现两者的有效衔接。但实践中，部分地方认为这仅仅是帮扶对象与易返贫对象的双向实践系统。然而，巩固脱贫攻坚成果和全面推进乡村振兴，不仅需要帮扶对象与易返贫对象协同"做功"，而且需要所有的"三农"工作者与全体人民协同"发力"。只有构筑起多元主体协同"做功"系统，才能使巩固拓展脱贫攻坚成果同乡村振兴的有效衔接达到事半功倍的效果。

四　考核标准上的"同质化"

考核是推动实现巩固拓展脱贫攻坚成果同乡村振兴有效衔接的重要驱动力，制定科学的考核标准显得尤为重要。我们认为科学的考核标准应当包括实用性、适用性以及效益性等特点。但在具体的实践中，存在部分地方衔接考核标准的"同质化"问题，导致难以发挥考核在推进两者有效衔接过程中的应有作用。具体表现在如下四个方面。

一是地区之间考核标准的"同质化"。衡量实现巩固拓展脱贫攻坚成果同乡村振兴有效衔接的效果，需要制定一定的评估标准。目前尚未有国家层面的具体统一标准，需要各个地区根据实际情况制定科学的具体评估标准。每个地方都有自己特有的实际情况，因而相同的评价指标体系所占赋分值也应略有差别。因此，在具体的实践中，应当避免出现全国统一"答案"的标准化"答卷"。

二是考核标准和脱贫攻坚与乡村振兴衔接考核标准的"同质化"。脱贫攻坚与乡村振兴具有同时空存在的特点，在脱贫攻坚完全取得胜利之前，一些地方开展了脱贫攻坚与乡村振兴有机衔接的工作，也制定了相应的评估标准。然而需要明确的是它们之间存在差异：巩固拓展脱贫攻坚成果同乡村振兴有效衔接，更加侧重巩固脱贫攻坚成果；而脱贫攻坚与乡村振兴有机衔接，更加侧重打赢脱贫攻坚战。因此，应当避免两者标准的"同质化"。

三是考核标准与脱贫攻坚考核标准的"同质化"。评估脱贫攻坚的标准是"两不愁三保障"，即不愁吃、不愁穿，义务教育、基本医疗、住房安全有保障。而实现两者之间有效衔接的评估标准，不仅要坚守不发生规模性返贫的底线，而且要考虑有效推进乡村振兴。因此，应当避免将实现两者有效衔接的评估标准简单地等同于脱贫攻坚的评估标准。

四是考核标准与乡村振兴考核标准的"同质化"。全面推进乡村振兴是未来农村工作的重点任务，巩固脱贫攻坚成果的可持续性需要在乡村振兴的统领下进行，但并不意味着实现两者有效衔接的评估标准完全等同于乡村振兴的评估标准。因此，在制定实现两者有效衔接的评估标准实践中，需要兼顾乡村振兴的评估标准与巩固脱贫攻坚成果的评估标准，但绝不能简单地将其与乡村振兴的评估标准等同。

第三节　衔接之术：构建多元的实践路径

实现巩固拓展脱贫攻坚成果同乡村振兴的有效衔接，旨在通过用好脱贫攻坚的宝贵经验来全面推进乡村振兴，从而实现巩固拓展脱贫攻坚成果的目标，使中国的脱贫成果更好地获得人民认可和经得起历史的检验。因此，需要构建以坚持党的领导为根本、推动产业升级为核心、完善基础设施为依托、做好资产管理为重点，以筑牢生态本底、保持政策稳定、建立健全机制为支撑，以完善评价标准为关键的"八位一体"路径。

一　坚持党的领导

"中国共产党领导是中国特色社会主义最本质的特征，是中国特色社会主义制度的最大优势，党是最高政治领导力量。"[1] 实现巩固拓展脱贫攻坚成果同乡村振兴的有效衔接，是一项涉及多方面和各领域的系统工程。只有坚持党的领导，发挥其总揽全局与协调四方的作用，才能广泛凝聚社会共识，为实现两者有效衔接提供根本政治保证。具体来看，需要重点把握好如下四点。

---

① 《中国共产党第十九届中央委员会第四次全体会议文件汇编》，人民出版社，2019，第23页。

一是以提高思想认识为着眼点。加强党对实现两者之间有效衔接的领导，也就是各级党组织和广大党员干部要牢固树立实现两者有效衔接是农村近期的重点工作和自身本职工作的思想。[①] 充分认识实现两者有效衔接在巩固脱贫成果、全面推进乡村振兴和扎实推动共同富裕中的重要地位，有效把握制约本地区本单位推进两者有效衔接的薄弱环节，从而制定适合本地区本单位推进两者有效衔接的规划，并切实将实现两者有效衔接作为主责主业落实到行动上，做到与其他工作同研究、同部署、同推动、同考评。

二是以选好干部为支柱点。实现两者之间的有效衔接既是一项理论性问题，更是一项实践性工作。在具体的实践中，时常面临各种矛盾与困难，这需要广大"三农"工作者具有较强的工作能力。如果"三农"工作者仅有满腔热血与美好愿景，而没有扎实的工作能力与求真务实的工作作风，实现两者有效衔接的实践效果就会大打折扣。新时代背景下，广大农村工作者和从事"三农"工作的相关人员，既要保持对"三农"的热情，也要在学习中和实践中练就过硬本领。尤其是需要着力打造一支"懂农业、爱农村、爱农民"的高素质"三农"工作队伍，为实现两者有效衔接保驾护航。

三是以做好规划为支撑点。规划是我们党搞好经济建设的重要法宝。实现两者之间的有效衔接，既是"十四五"时期"三农"领域的重点工作，也是一项复杂工作。实现两者的有效衔接既需要提前谋划与系统布局，也需要在实践中落好子。做好实现两者有效衔接的规划，需要将其重大项目与重大工程融入"十四五"规划、融入"一号文件"、融入政府工作的部署、融入地方具体工作。

四是以压实责任为关键点。实现两者之间的有效衔接是一项系统工程，涉及政治、经济、文化、社会、生态等各个方面，涉及各个部门，这就需要在系统谋划中明确任务分工和责任落实，尤其是要压实主管部门的责任。在实践中，需要完善考核机制，将任务具体化，通过考核指挥棒引导各级政府部门自觉地做好两者有效衔接工作；需要通过加强宣传，引导各级政府部门将做好两者有效衔接作为重要事情，并在资源上给予倾斜；需要用好巡视监督与群众监督，通过监督的外在压力引导各级政府部门做好两者有效衔接工作；需要通过加强学习，引导各级政府部门树立正确的政绩观，将外在压力转为内在动力。

---

① 沈壮海、刘灿：《论新时代思想政治教育的高质量发展》，《思想理论教育》2021 年第 3 期。

● **专栏 11-2**

坚持党的领导的案例

义乌市深入践行习近平总书记在决战决胜脱贫攻坚座谈会上关于"开展消费扶贫行动"的重要讲话精神，充分发挥义乌在创新意识、市场集聚、电商发展和物流发达等方面的独特优势，打造了连接产供销、线上线下融合、服务配套齐全、平台功能突出的助力东西部协作、促进全国乡村振兴的综合性协作帮扶项目——"百县万品"项目。该项目通过构建"1+1+X+Y"运营模式，打造"帮扶联合体"。截至目前，该项目走访对接中西部22省446个脱贫县，帮助13115余款农产品、手工艺品最终走向市场。该项目被授予"全国巾帼助农创业浙江基地"，列入义乌实施双循环十大行动之一、"义乌望道青年学院现场教学点"。

项目自2020年12月运营以来，累计实现消费助农规模7.85亿元。每年至少能带动新疆、甘肃、四川等地5000个农村家庭增收5000万元。

一、构建1个多元化的产供销体系

建立多元化的产品供应渠道。共派出6个工作组，赴22省进行专业选品。选品确定后，以订单农业或投资入股形式建立多个农产品种植基地，组建"基地联盟"。目前，已在吉林、甘肃、云南、内蒙古等11个脱贫地区建设大米、蔬菜、水果、大豆等基地共15万余亩。

建立多元化产销联结机制。引导合作主体和种植基地优化生产过程，提升规模化、集约化、标准化、特色化、品牌化水平。以投资入股形式合作开发产品、成立合作社和建立种植基地，注册"百县万品"企业商标，开发"百县万品"自有品牌产品，构建紧密型、一体化的产销利益联结机制。

建立多元化的线下线上营销渠道。线下打造首个面向全国，集农产品展示展销、品牌发布、营销推广、消费体验、大数据分析与应用、直播带货孵化等功能于一体的"农产品博览会"——中国（义乌）"百县万品"消费助农展销中心。开设"百县万品"消费助农连锁店、直销中心，在各大型商超设立"消费助农"专区专柜4个，在365行政服务中心人流密集场所投放"消费助农"自动售货机305台。线上开发集"小程序+公众号+视频号+信用兑换+政采云"等功能于一体的"百县万品"微商城，目前在线产品4436款，公众号关注人数约3.1万人。成立合资公司拓展直播业务，孵化农产品"网红"品牌，发力线上社区团购、直播带货业务。开设8个"百县万品"运营号，开展直播带货786场。链接营销社群213个，着力开展社区团购，累计销售额达1.2亿元。

二、打造 1 个系统化电商人才培训基地

通过成立"百县万品"职业技能培训学校创建电商人才培训基地，免费提供电商技能培训服务，坚持完善人才培养体系，帮助中西部欠发达地区培育农村电商人才。展销中心内设 2 个培训教室、5 个专业直播间、23 个场景直播间，先后邀请广西、四川、浙江等地从事农产品电商的学员来义参加"百县万品"助农电商培训班，累计培训农村电商学员 2016 人。

三、搭建 X 个常态化东西部协作交流平台

搭建商业论坛交流平台。以"百县万品"项目为纽带，与上海长三角商业创新院、浙江省商业总会合作共建，举办长三角内循环发展论坛暨"百县万品"对接交流会，推动长三角头部企业与"百县万品"的合作，形成一个"有核心产业基地、有造血功能经营主体、有立体化商业销售平台"的发展体系。

搭建创业大赛孵化平台。以"创业创新、实战演练"为特色，组织开展电商营销员大赛，挖掘直播带货人才，孵化培育农产品类专职人员。通过举办"百县万品"美丽推广直播、"数智赋能创享未来"首届全国巾帼助农创业浙江基地直播等大赛，吸引全国各地的大学生、时尚模特、巾帼农人、民族代言人等 500 余人报名参赛，挑选出 23 个省馆代言人。

搭建品牌展会对接平台。利用义博会、森博会、电商博览会等国家级展会平台，组织四川巴州等州县参展，通过博览会对接一批商贸企业、电商卖家，推广"百县万品"平台和全国各县农产品及文化。2021 年在各大博览会总计专设消费帮扶免费展位 139 个，惠及近 160 家参展企业，会展期间现场直接及意向订单金额超 1300 万元。

四、组建 Y 个合力化精准帮扶服务联盟

组建政府部门服务联盟。全市党政机关、事业单位和国有企业组建"消费联盟"，承诺将食堂采购、工会福利发放等项目总额的 30% 以上用于采购欠发达地区的产品，目前采购规模已超 5000 万元；打通"百县万品"助农积分兑换信用积分通道，推出个人助农积分、企业助农积分兑换信用积分模式；四川省巴州馆、甘孜州妇联、吉林省现代农业发展等基地正式落户"百县万品"；借助外事平台让"百县万品"农产品亮相"中国—东盟日"活动；打造"山海协作"联盟，参展第八届省外市场采购浙货对接会，签订"山区 26 县帮扶协议"，累计对接选品近 300 款，实现销售额 1600 余万元。

组建商户分销服务联盟。依托义乌副食品市场、果品市场、蔬菜批发市场、粮油市场等市场的辐射优势，选取经营大户共同销售脱贫地区蔬菜、水果、大

米、粮油等农产品近 5.89 亿元。

组建社会组织服务联盟。利用行业协会、商会、慈善机构、公益组织等社会力量的影响力，扩大选品范围，打造资源共享平台，加大脱贫地区农产品采购力度。与义乌市四川商会、安徽商会、吉林商会等 10 余家商协会签订战略合作协议，累计采购脱贫地区农产品近 600 万元。

资料来源：国家乡村振兴局相关资料。

二 推动产业升级

产业发展为打赢脱贫攻坚战作出了巨大贡献，它既是脱贫人群收入稳定提升和提升脱贫成效可持续性的重要手段，也是全面推进乡村振兴的重点所在。推动产业升级发展要以提升市场竞争力为目标、发展壮大特色产业为抓手、产业融合发展为方向，从而实现乡村经济高质量发展、人民生活水平稳步提高，满足人民对美好的向往。具体来看，可以从如下四个方面着手。

一是发展乡村特色产业。发展乡村特色产业是实现巩固脱贫攻坚成果的重要途径，也是实现乡村振兴中产业振兴的重要抓手和有效实践。乡村特色产业是指既符合本地区的自然社会环境，也区别于其他地区的产业，具有本土性、差异性、价值高、辨识度高等特征，具体包括特色养殖业、特色水果产业、特色蔬菜产业等。发展乡村特色产业既需要深度挖掘区域特色资源禀赋，全方位开发本地的特色产业品类，也需要高效利用区域特色资源禀赋，推动传统产业向特色产业发展；还需要加强各地乡村特色产品生产的专业化、规范化、优质化等，提升乡村特色产业的市场竞争力。

二是延长产业链条。延长产业链既是增加农产品附加值的重要方式，也是增加农民收入的重要途径。目前大部分的扶贫产业的产业链与价值链都处于比较末端的位置，产业体系相对不健全，也相对比较传统，这将直接影响乡村产业的现代化。[①] 因此，延长乡村产业链要以打造农业全产业链为目标，从而提升农产品的附加值。打造农业全产业链需要加快现代化农业全产业链的标准体系建设，发挥新型经营主体的主体性作用，发挥龙头企业的引领示范作用，发挥农业科技的支撑保障作用。打造农业全产业链要以增加农民收入为出发点和落脚点，这要求把农业产业链的主体留在更能、更好惠及农民的空间，从而使

[①] 李小云：《巩固拓展脱贫攻坚成果的政策与实践问题》，《华中农业大学学报》（社会科学版）2021 年第 2 期。

更多农民共享乡村产业发展的成果。

三是推动产业融合。产业融合既是提升脱贫成效可持续性的重要途径和长久之策①，也是实现产业振兴的未来选择。目前一些脱贫地区的产业还存在产业形式和产业结构都过于单一的问题，推动产业升级应将农村产业融合发展作为主要抓手和重要载体。农村产业融合既包括农业内部的融合发展，也包括农业与第二、第三产业的融合发展。推动产业融合发展需要以调整优化产业结构为路径，不断培育壮大产业融合发展的新型经营主体，推动小农户与现代农业有机衔接，构建合理的利益联结机制，推进农村新业态的发展，完善农村基础设施等。

四是提升产品知名度。产业发展不仅要"升级"，还要"可持续发展"。实现农村产业可持续发展的核心就在于使产品能够适应市场需要和能够获得消费者认可，这就需要不断提升产品的知名度。具体来讲既需要提升产品自身的质量和培育品牌，从而形成品牌效应，即大力支持广大农村地区利用生态资源的禀赋优势，不仅要发展生态产品，而且要在品质与品牌等方面下功夫；也需要加大宣传力度，借助现代化工具进行对外宣传，从而进一步提升社会知名度，即可以通过抖音、微信以及微博等现代化工具进行宣传，使农村产业品牌走进消费者的视野。

◉ 专栏 11-3

乡村产业振兴的案例

江苏省泰州市紧紧围绕产业振兴这个重中之重，创新实施乡村振兴"七个一"工程，着力做实生产、载体、加工、政策、富民"五强"文章，扎实推进强镇兴村富民，农业农村现代化建设迈上新台阶，努力探索具有泰州辨识度的农业产业强市之路。

强生产，提产能，扛稳扛牢稳产保供责任

粮食安全是"国之大者"，泰州始终坚持把粮食和重要农产品生产作为首要任务抓紧抓好，不断巩固提升稳产增产能力。一是全面压实粮食安全责任。严格落实粮食生产"党政同责、一岗双责"，2022 年全市粮食播种面积 565.51

---

① 左停、李颖、李世雄：《巩固拓展脱贫攻坚成果的机制与路径分析——基于全国 117 个案例的文本研究》，《华中农业大学学报》（社会科学版）2021 年第 2 期。

万亩、总产 281.32 万吨，粮食单产每亩 497.46 公斤，单产水平连续 6 年位居全省第一。全市种植大豆 20.1 万亩、大豆玉米带状复合种植 0.874 万亩，超额完成省定生产目标任务。积极调动农民种粮积极性，拨发种粮一次性补贴 1.48 亿元。扎实推进高标准农田数量、质量、生态"三位一体"建设，新建成高标准农田 33.66 万亩，亩均粮食产能增加 10% 以上。坚守耕地红线，全市共落实耕地保护任务 396 万亩，划定永久基本农田 355 万亩，累计发放耕地地力保护补贴 2.96 亿元。二是全力确保重要农产品供应。严格落实"菜篮子"市县长负责制，全市蔬菜播种面积稳定在 140 万亩左右，蔬菜、水果、畜禽、水产等"菜篮子"产品供应充足，以河蟹、小龙虾等为代表的"虾蟹经济"领跑全省，成为长三角优质农产品重要供应基地。三是全面提升科技装备水平。大力推进种业振兴，创建全省首个国家种业产业园，新入选省级作物种质资源保护单位 2 家，建成农业科技创新平台 21 家。实施农机化"两大行动"，加快推进农业机械化和农机装备产业转型升级，农作物耕种收综合机械化水平达到 86%，兴化市、靖江市、姜堰区获批省级全程全面机械化示范县。

强载体，增动能，推动乡村产业提质增效

坚持以乡村振兴"七个一"工程为总抓手，充分运用工业化思维、市场化理念抓好农业产业。一是建优示范载体。纵深推进现代农业园区建设，按照"六有六强"标准，完善组织架构，优化运营模式，形成"2+8+73"国家、省、市三级园区发展格局。泰兴市国家现代农业产业园以全国第二的成绩通过认定，海陵区国家现代农业产业园以全国第三（种业园第一）的成绩通过中期评估，靖江市、医药高新区（高港区）创建省级现代农业产业高质量发展示范园。率先开展乡村振兴示范建设，靖江市、新桥镇等 10 个市（镇）、德胜村等 86 个村，分别成为乡村振兴首批先行市、中心镇、示范村。兴化市获批创建国家农业现代化示范区。二是培强龙头企业。实施农业龙头企业"双倍增"计划，引领农业市场化进程，24 家农业企业获"双倍增"奖补资金 660 多万元。目前，市级以上农业龙头企业保有量 363 家，其中国家级 6 家、省级 72 家。三是做响农业品牌。立足区域特点，培育十大农产品区域公用品牌，兴化大闸蟹、溱湖簖蟹、泰兴江沙蟹、姜堰大米、兴化香葱、靖江香沙芋等品牌发展壮大。成功举办中国农民丰收节江苏主场、"苏韵乡情"省级专场推介等活动，农业竞争力、影响力持续提升。全市获批泰兴江沙蟹等 11 件农产品地理标志、兴化大米等 17 件地理标志商标、靖江双鱼肉脯等 6 件中国驰名商标。绿色优质农产品比重 75.24%，位居全省第三。

强加工，兴业态，拓展乡村产业发展空间

制定出台《泰州市农业全产业链高质量发展行动方案（2023—2025年）》，打造优质粮油、特色水产、规模畜禽、健康食品、绿色果蔬、休闲农业等优势主导产业集群，形成"2+N"农业全产业链高质量发展格局。一是粮油蔬菜加工业链式发展。形成了年产值达60亿元的兴化市戴窑大米加工产业链、年产值达40亿元的"苏三零"面粉产业链及百亿级高港粮油加工产业链。兴化脱水蔬菜加工企业年产值达50亿元。建成粮油、大米、脱水蔬菜等5个省级农产品加工集中区，农产品加工企业产值突破1000亿元。二是休闲食品加工业集聚发展。伽力森、安井、江苏鲜时、超悦食品等一批规模主食加工企业发展壮大，"黄桥烧饼""靖江肉脯""溱湖八鲜""沙沟鱼圆""靖江汤包"等一批"乡字号""土字号"乡土特色食品品牌叫响市场。三是新产业、新业态融合发展。实施休闲农业品质提升行动，利用千垛菜花节、溱潼会船节等知名节庆活动开展宣传，培育中国美丽休闲乡村4个。大力发展"一镇一特""一村一品"，创成全国农业产业强镇5个，认定全国"一村一品"示范村镇20个、市级"一村一品"示范村镇105个，培育全国乡村特色产业10亿元镇4个、亿元村3个。

强政策，促保障，激活乡村产业源头活水

研究制订推进农业全产业链高质量发展的配套支持政策，落实惠农惠企政策，不断提升农业经营市场主体发展活力。一是强化金融支持。持续创新金融服务方式，深入开展政银保企合作活动，惠及28.45万个农户和经营主体，授信额度达519亿元，"泰惠农·金融服务乡村振兴"品牌含金量进一步提升。全面开展农业设施确权登记颁证工作，为首期符合条件的156家主体、1.09万栋农业设施授信8500万元。二是强化基础提档。加快数字乡村建设，提升农业信息基础设施建设水平，建成市级及以上数字农业农村基地193家，全市规模设施农业物联网技术应用面积占35%以上。实施信息进村入户试点工程，建成1410个村级信息服务站，全市农业信息化覆盖率在68%以上。三是强化项目扶持。市级财政安排专项资金9800万元，精准支持重点项目建设，促进一批"加、新、高"项目落地投产。深入开展农业农村重大项目提质增效年活动，全年实施农业农村重大项目174个，实际完成投资90.2亿元，重大项目建设做法被农业农村部专刊推介。

强富民，促增收，推动农民农村共同富裕

泰州以促进农民持续增收为切入点，深入挖掘发展潜能，奋力走好共同富裕之路。2022年全市农村居民人均可支配收入29417元，增幅7.4%，增幅连续 2 年列全省第一，全市城乡居民收入比缩小至 1.92：1。一是巩固衔接促增收。深入推进富民强村帮促行动，制定泰州市低收入人口认定管理办法，健全完善防返贫监测预警处置机制，深化"党建+帮扶"、消费帮促、产业帮扶等特色做法，积极实施省政府民生实事乡村公益医疗互助项目。二是党建引领促增收。创新实施党建引领新型农村集体经济发展"四强四有"行动，在全省率先发布村级集体经济综合发展指数，压实市（区）、乡镇、村三级书记"抓富""促富""领富"责任。2022 年整合各级财政资金 1.58 亿元，扶持 271 个村实施 140 个集体经济发展项目。三是聚焦产业促增收。出台农民收入 10 年倍增计划实施方案，扶持农民自主创业 2.3 万人，创新组织农产品消费促进月暨"品牌强农电商助农"主题活动、"泰惠农"优质农产品展销等。着力将小农户引入现代农业发展轨道，全市建成 22 家省级农业产业化联合体，涵盖各类农业经营主体 940 家，辐射农户 17.37 万户。

抓实产业，做强特色优势

在四川省阿坝藏族羌族自治州小金县，小苹果正变成当地百姓的"金苹果"。小金县充分利用"小金苹果"的传统资源优势，在沃日镇木栏村建成小金苹果"共享农庄"，以点带面促进农旅深度融合，打造农村生产生活生态"三生互动"、一二三产业"三产融合"、农业文化旅游"三位一体"的"小金苹果共享农庄"新型产业模式。

"小金苹果共享农庄"建成以后，对周边农户的示范带动作用明显，周边农户看到农旅文融合发展的良好势头，自发利用自家闲置资源搞起了旅游接待，极大带动周边群众增收致富。2022 年，木栏村新培育致富能人 32 人，吸引外出务工人员返乡 15 人，实现苹果产值 2000 万元。2023 年以来，已带动群众实现劳务收入 28 万元，村集体和农户保底收益 140 万元，现已初步形成"保底收益+利润分红+劳务收入"的利益联结机制。

依托产业资源禀赋，四川着力在土特产上做文章，大力推进一二三产业融合发展，着力把特色优势转化为发展优势。

在阿坝州金川县，以雪梨为原材料的 6 家农业龙头企业生产的雪梨膏、雪梨糖、雪梨酒等雪梨系列制品，正通过线上线下销往全国。作为高海拔雪梨种植区，金川雪梨产业已拥有 110 余万株的规模，预计今年全县雪梨产量可达 3 万吨，实现年销售收入 1.2 亿元。不只是卖水果，金川的"雪梨经济"已向旅游观光、民俗文化拓展。2023 年 3 月以来，金川共计接待游客 30 万人次、同比增长 68.25%，实现旅游总收入 1.8 亿多元、同比增长 28.52%。

广元市地处秦巴山区，是以前的集中连片特困地区之一。近年来，广元加快建设脱贫地区特色产业高质量发展引领区，农业特色产业快速发展，围绕产业选择、资金投入、技术标准、风险防范等方面探索突破，创建国家级现代农业产业园1个、省级现代农业园区7个、市级现代农业园区129个。猕猴桃、黑木耳、茶叶、土鸡等具有鲜明地方特色的产品成为当地农民巩固拓展脱贫攻坚成果的经济支柱。2022年，广元市10.45万脱贫户家庭年人均纯收入14049元，增速达13.2%。

据介绍，中央和省级衔接资金在支持四川相关产业发展中起到了重要支撑作用。仅2022年，中央和省级衔接资金就投入216亿多元，其中，中央用于产业发展的占55%，省级用于产业发展的占50%。

资料来源：《着力做实"五强"文章 探索产业振兴路径》，江苏省农业农村厅，2023年6月30日，http://nynct.jiangsu.gov.cn/art/2023/6/30/art_13276_10938202.html；《确保脱贫群众收入稳定增长——四川加快脱贫地区发展》，《经济日报》2023年7月12日，第8版。

三　完善基础设施

无论是巩固拓展脱贫攻坚成果，还是全面推进乡村振兴，道路、网络、物流等基础设施完善都是重要的前提。完善的基础设施将进一步推动农村发展，这不仅可以有效防止脱贫不稳定户与原边缘贫困户陷入绝对贫困循环的陷阱，而且可以进一步补齐全面推进乡村振兴的硬件基础设施"短板"。具体来讲，需要做好如下四个方面的工作。

一是实施道路提升工程。良好道路条件是地区经济发展的重要前提条件，也是巩固拓展脱贫攻坚成果的重要设施保障。实施道路提升工程，可以畅通农村产业路、旅游路以及资源路，实现农村经济发展"弯道超车"。道路提升可以从两个方面着手，一方面，提升现有农村道路质量，即通过改造已有农村道路提升道路运输能力、制定管护方案延长道路使用寿命等方式，实现现有道路提档升级；另一方面，修建农村道路，即通过硬化村组道路、修建村公路与主公路之间的连接通道等方式，打通乡村道路的"最后一公里"。

二是实施通信网络提升工程。畅通的通信条件是乡村新产业、新业态与新经济发展的重要条件，也是提升脱贫成效的重要手段。在数字经济时代，无论是乡村传统产业发展，还是新兴产业的发展，都离不开通信网络的支撑。尤其是现在乡村商品的"惊险的一跃"对网络通信提出新的要求。提升农村网络通信既要有数量与质量，还要让广大农村老百姓用得上。一方面，需要进一步加大农村网络通信设施的改造升级力度，尤其是加大农村 5G 通信设施的建设力度，提升农村网络的速度；另一方面，需要降低农村通信费用，降低农村老百姓的通信成本，使其想用、敢用与能用。

三是实施环境美化工程。优美的环境是吸引企业投资建厂的重要前提，也是实现乡村振兴中生态宜居的内在要求。在曾经的脱贫攻坚实践中，原贫困地区不仅重视生产力的发展，满足人们对物质层面的需要，也十分重视生态环境改善与保护，满足人民对美好生态的需要。同时，在实践中，还通过绿色减贫的方式，在一定程度上实现了人与自然和谐相处，从而为乡村振兴奠定了重要基础，但部分地区的生态环境依然面临巨大挑战，需要进一步加大生态环境的改善力度。① 这要求在实践中加大农村生态环境治理力度，因地制宜地开展厕所革命、实施生活垃圾分类处理、实施绿色生态养殖，以及加大农业面源污染治理力度，从而建设天蓝水清地净的美丽乡村。

四是实施快递进村工程。在决胜脱贫攻坚战的实践中，京东、淘宝等电商也发挥了重要的作用。同时，农村电商也如雨后春笋一样快速发展，这不仅利于提升脱贫的可持续性，也将助力乡村发展。然而，农村电商依然面临物流配送成本高、信息体系不完善、配送网点少等问题。因此，未来需要统筹推进县乡村三级物流体系建设，实施快递进村工程。即通过进一步加强快递进村配送网络基础设施建设，提高村级配送能力；加快快递进村配送信息化建设，弥补城乡之间的数字鸿沟；大力培育快递进村的配送主体，实现城乡商品顺畅互通；设立村快递综合服务站，打通快递进村的"最后一公里"。②

● 专栏 11-4

完善搬迁地基础设施的案例

"有了这所幼儿园，娃娃和我们都方便太多了，从家里走路过来七八分钟。"在幼儿园门口，家长们对记者说。

促进搬迁群众稳定融入是贵州省挂牌督办的重要内容之一。搬出来是挪穷窝，斩断贫困代际传递，得靠教育。2022 年 6 月以来，册亨县整合资金完善设施，建成投用安置区幼儿园 3 所，新增学位 1080 个，新招考教师 165 名。

---

① 张琦：《巩固拓展脱贫攻坚成果同乡村振兴有效衔接：基于贫困治理绩效评估的视角》，《贵州社会科学》2021 年第 1 期。
② 范林榜：《农村电子商务快递下乡配送问题与对策研究》，《农村经济》2016 年第 9 期。

明亮的教室、崭新的桌椅、丰富的玩具和书籍绘本。走进册亨县红旗幼儿园，孩子们的欢声笑语从教室传出。幼儿园位于册亨县纳福街道新锦家园旁，于 2022 年 10 月开园，是一所全日制公办幼儿园，开设有 15 个班，在园人数 441 人，主要服务周边的易地扶贫搬迁群众子女。

通过优化教育资源布局，册亨县各安置区学校办学条件持续改善。新建 16 所学校、改扩建 6 所学校建成投用，现有学校学位能满足所有搬迁群众女子就学需求。

为填补安置区学生课外"空当期"，册亨县整合财政衔接、东西部扶贫协作、中央定点帮扶等专项资金，设置了三个公益性图书馆，引入民间志愿服务机构"大山小爱"团队运营。

"高兴图书馆"位于册亨县高洛街道第一小学校门口旁边，每天下午四点放学后，孩子们像潮水一样涌入图书馆。记者看到，图书馆参考现代书店的区域规划，有主推各类排行榜单畅销书的区域，为成年读者提供最新图书；在童书区域内，孩子们有的在看书，有的在这里写作业。

志愿者金芝宁是"大山小爱"团队以面向社会招募长期志愿者形式招募而来的，现任高兴图书馆馆长，除了搞好管理，她还自制各种口味的面包。孩子们可通过阅读兑换积分，再用积分免费获得面包等小礼物，提升阅读积极性。"在这里看书、写作业环境好，还可以用积分兑换礼物，我每天放学后都会在这里待一会儿。"高洛第一小学学生胡欣鑫说。

记者了解到，图书馆还不定期举办生日会、家长讲座、电影分享会等活动，内容丰富，已经成为安置区孩子们的"课后乐园"。

针对贵州省部分安置点群众外出务工后，学生作业辅导难等问题，贵州省生态移民局会同省教育厅、团省委在全省 9 个市州分别选择了 9 个安置点，开展社区教育辅导试点工作，册亨县高洛街道安置点是试点之一。

"接地气、很管用。"金芝宁对 3 个公益性图书馆如此评价。"和城里娃娃比，农村孩子读课外书少、阅读少、见识少，创置合适的地方让农村娃娃享受阅读，进而通过学习改变命运，更好更快地融入城市生活，图书馆是一个好方式。"她说。

资料来源：李黔渝《做实易地搬迁后半篇文章》，《瞭望》2023 年第 17 期。

四　做好资产管理

在脱贫攻坚的实践中，大量的财政资金注入贫困地区，形成了规模庞大的扶贫资产。这为打赢脱贫攻坚战奠定了基础，尤其是在增强贫困地区与贫困户内生发展动力等方面，扮演着十分重要的角色。做好项目资产管理，进一步最大限度地发挥其作用，不仅可以巩固脱贫攻坚成果，而且可以为全面推进乡村振兴提供扎实的基础性保障。具体来讲，可以做好如下四个方面的工作。

一是开展项目资产的摸底工作。尽管在脱贫攻坚的实践中形成了一大批项目资产，但部分地区的扶贫项目形成的资产并没有登记造册，而是处于"盲区"，由此造成扶贫资产家底不清、产权不够明晰等问题。为此，需要分类摸清扶贫实践中形成的资产底数，从而为进一步发挥项目资产在巩固脱贫攻坚成果与推进乡村振兴中的作用做好准备工作。摸清农村地区项目资产的底数，需要按照统一的要求和规范，对现有扶贫资产进行登记造册和清产核资，建立全国扶贫资产数据库和信息管理系统，从而改变项目资产家底不清的状况。在资产摸底工作的实践中，为了提高准确率，可以采用乡镇和村干部核算、县复查、省抽查的方法。

二是建立资产管护机制。项目资产为决胜脱贫攻坚作出巨大贡献，但大多数地方对于项目资产都是重建设轻管护。总体上看，目前我国扶贫资产后续管护机制缺失，相关管护制度缺乏，导致扶贫资产管护责任不够清晰明确，尤其是对来源渠道多样的项目资产，大多数村镇缺乏统一的管护，导致扶贫资产管理混乱，使得大多项目资产处于管理的"盲区"和"真空"状态。建立资产管护机制需要遵循地方实际情况，积极探索适合自身的管护机制。但整体上可以遵循"所有权、经营权、收益权、监管权"分离的思路，构建"产权清晰、权责明确、经营高效、管理民主、监督到位"的资产营运管护长效机制。①

三是健全资产收益分配机制。在扶贫实践中，大部分项目资产的收益分配处于模糊的状态，这就难以在后续发挥应有的作用。因此，需要健全项目资产收益分配机制，充分发挥项目资产在巩固脱贫攻坚和乡村振兴中的作用。这需要对已经折股量化或者已经到户的项目资产，在核算资产的基础上，尽快给予农户产权证，保障所形成的收益归农户所有。同时，对于村集体所拥有的项目资产，应当在核算资产的基础上，将收益用于推动村集体经济发展和农村发展。

四是建立资产使用监管机制。有效的监管是提高项目资产使用效益必不可少的方式，当前对项目资产的使用监管基本处于"空窗期"，因此，需要构建内外协同的使用监管体系，从而有效防止项目资产的流失。即从政府自身来看，

---

① 魏后凯：《全面加强扶贫资产的管理和监督》，《中国发展观察》2020 年第 23 期。

需要将项目资产管理作为政府考核的指标、加强纪检部门对项目资产使用的监督、加强审计部门对项目资产的审计；从社会方面来看，需要运用多媒体等载体向社会公开集体项目资产的使用情况，从而使其接受社会的有效监督。

◉ **专栏 11-5**

盘活用好资产的案例

盘活闲置资产，增加创业就业机会。针对督办中发现的部分易地扶贫搬迁安置区资产闲置等问题，册亨县建立清单台账，分门别类，制定盘活闲置资产方案；加大招商引资力度，引进劳动密集型企业入驻，逐步实现搬迁群众"楼上居住，楼下就业"的就近就业。

引进劳动密集型企业，带动就业增收。引进明艺电子厂、昌兴雨具厂、趣动玩家等企业入驻，带动搬迁群众就近就业 300 余人。

盘活门面，培育"小企业"主。册亨县排查发现，全县搬迁安置区共有门面 1599 个，2022 年以前，安置区门面盘活率仅为 43.65%。盘活门面意味着带动就业。当地通过市场带动、租赁运营、产权交易等举措累计盘活门面 1502 个，盘活率 93.93%。

锦福社区纳福安置区锦绣苑产业园的门面从 2020 年建好后闲置了两年多。通过对 47 间门面商铺进行统一装修，依托"锦绣计划"整合布依族非遗蓝染、手工刺绣、织布、纺纱等技艺，把分散、零星的产业个体吸引到产业园，打造成"布依民族风情街"，在盘活门面的同时实现个体户抱团发展。

记者看到，盘活后的门面带装修、桌椅家具，群众可拎包入驻。莲伊刺绣工作室黄莲的门面建筑面积约 100 平方米，该处门面是展示店，她家加工的具有布依族民族特色的公文包、服装等订单处于"爆单"状态。"每年租金 2 万元，政府承诺三年不涨租。"黄莲说。

资料来源：李黔渝《做实易地搬迁后半篇文章》，《瞭望》2023 年第 17 期。

五　筑牢生态本底[①]

要做好巩固拓展脱贫攻坚成果与农村生态保护的有效衔接，保护脱贫地区

---

① 此部分内容详见蒋永穆、祝林林《扎实推动巩固拓展脱贫攻坚成果同乡村振兴有效衔接》，《马克思主义与现实》2021 年第 5 期。

生产力。马克思主义认为，在人类生活的社会中，同时存在着社会物质生产过程和自然物质生产过程，并相应存在着推动这两种物质生产过程的社会生产力和自然生产力。也就是说，生产力是社会生产力与自然生产力相互作用的统一体，它不仅仅指社会生产力，还包括自然生产力。习近平总书记创造性地发展了这一观点，并多次强调："要正确处理经济发展同生态环境保护的关系，牢固树立保护生态环境就是保护生产力、改善生态环境就是发展生产力的理念。"[①]为此，推进脱贫地区生产力的发展，不仅要深化农业现代化改革，也要进一步贯彻落实"绿水青山就是金山银山"的理念，从而保护好脱贫地区的生产力。做好巩固拓展脱贫攻坚成果同脱贫地区生态保护的衔接，可以从如下三个方面着手。一是进一步落实绿色发展理念。理念是行动的先导，脱贫攻坚实践较好地向人民传播了保护生态环境的重要性。做好巩固拓展脱贫攻坚成果同脱贫地区生态保护的有效衔接，需要加强营造"敬畏自然、尊重自然、顺应自然、保护自然"的氛围与绿色生产、绿色生活的氛围。只有人人时刻想着保护生态环境，而不是破坏生态环境，才会有保护生态环境的实践。二是进一步完善生态环境保护制度。习近平总书记指出："只有实行最严格的制度、最严密的法治，才能为生态文明建设提供可靠保障。"[②] 目前生态文明建设制度逐步形成，但依然缺乏系统性。因此，做好巩固拓展脱贫攻坚成果同脱贫地区生态保护的有效衔接，需要加强制度建设，形成强制性制度、诱导性制度、协调性制度、激励性制度等相协调的制度体系。三是进一步探索"绿水青山"转为"金山银山"的实现形式。保护生态环境的最终目的是发展生产力，生态环境转化为生产力是"两山"理论的核心。因此，脱贫地区实现接续发展，更需要积极探索"绿水青山"到"金山银山"的有效转化。即需要着力探索绿色发展实践，以发展旅游业和产业绿色化发展为方向，以创新绿色产品供给体系、提升生态产品生产能力为目标，最终实现生态资源向资产的转变。

六　保持政策稳定

　　政策是打赢脱贫攻坚战的重要前提，也是脱贫攻坚的宝贵经验。在实现巩固拓展脱贫攻坚成果同乡村振兴有效衔接的过程中，需要进一步稳定完善政策。这要求保持主要帮扶政策总体稳定，也要进一步完善涉农政策，使"特惠性"

[①]　中共中央文献研究室编《十八大以来重要文献选编》（上），中央文献出版社，2014，第629页。

[②]　中共中央文献研究室编《习近平关于全面建成小康社会论述摘编》，中央文献出版社，2016，第168页。

政策向"普惠性"政策过渡。具体来看，需要从政策的供给面与环境面着手①，重点稳定和完善涉及农村发展的资金、土地、人才、科技等方面的政策，即做好如下五个政策的有效衔接。

一是做好财政投入政策的有效衔接。在脱贫攻坚阶段，全国大多数地方的财政扶贫都具有强投入性。无论是中央还是地方都既有财政专项扶贫资金、一般性转移支付资金，又有各种各类涉及民生的专项转移支付资金和中央预算内投资向贫困地区和贫困人口倾斜等资金。做好财政政策的有效衔接需要保持现有财政政策在过渡期内总体稳定，并不断整合涉农资金，优化财政支出结构，以及扩大财政的支持范围。尤其是对脱贫地区产业效益好的企业继续加大贷款贴息力度，加大对乡村振兴重点帮扶县的支持力度。

二是做好金融服务政策的有效衔接。金融扶贫的主要形式是向符合条件的建档立卡户提供扶贫小额信贷，有效缓解他们难贷款的问题。但是这种形式具有对象特定与手段局限等特点，无法满足未来乡村发展主体多样的金融诉求。②做好金融服务政策的有效衔接，需要在保持扶贫小额信贷稳定的基础上，将其升级为乡村振兴小额信贷；同时，还应将贷款对象扩充为小农户、企业与农业经营主体等，服务内容扩充为信贷、融资、保险等领域的多元化乡村振兴金融服务体系。这就可以为小微企业和个人提供创业启动资金，助力产业发展。

三是做好土地支持政策的有效衔接。易地搬迁是精准扶贫的重要政策，但其需要大量的建设用地。为了满足易地搬迁的建设用地需要，国土部门制定政策，允许在连片特困地区和国家扶贫开发工作重点县，将城乡建设用地增减挂钩指标在省域范围内流转使用。这不仅缓解了在建设用地指标有限的现实约束下的用地矛盾，还能为乡村发展提供资金支持。做好土地支持政策的有效衔接，需要在坚守18亿亩耕地红线的基础上，优先保障巩固脱贫攻坚成果与乡村振兴建设用地需要，并允许城乡建设用地增减挂钩结余指标跨省域调剂。

四是做好人才智力政策的有效衔接。人才扶贫是打赢脱贫攻坚战的重要"武器"。在决胜脱贫攻坚战之中，我国持续选派"第一书记"，开展公务员脱贫攻坚专项培训，开展干部交流任职，开展青年人才培训工作等，从而为打赢脱贫攻坚战提供了智力支持。做好人才智力政策的有效衔接，既需要延续脱贫攻坚实践中形成的人才智力支持政策，从而有效巩固脱贫攻坚成果，也需要积

①　王亚华、舒全峰：《中国精准扶贫的政策过程与实践经验》，《清华大学学报》（哲学社会科学版）2021年第1期。
②　刘奇：《脱贫攻坚与乡村振兴有效衔接，接什么？如何接？》，《中国发展观察》2021年第5期。

极探索服务乡村振兴的人才智力支撑政策，如完善乡村管理型人才、经营型人才，以及服务型人才等各类农村实用专业技能人才的培育政策。

五是做好科技下乡政策的有效衔接。科学技术是第一生产力，科学技术在推动农村发展、助力脱贫攻坚的实践中发挥了重要作用。党和国家历来都十分重视科技对农村发展的作用，早在20世纪90年代，就已经形成了科技特派员制度，科技特派员在带动贫困地区贫困户脱贫致富中发挥了重要作用。做好科技下乡政策的有效衔接，需要继续完善科技特派员下乡制度，需要探索支撑乡村振兴的科技下乡政策。如加强对农业新型经营主体的科技培训、开展高校与地方的合作、企业与地方的合作等多种模式的合作，从而提升乡村发展的科技支撑力量。

七 建立健全机制

贫困治理具有动态性和整体性等特征。在脱贫攻坚战中已经脱贫的部分人群还具有生计脆弱性的特点，在一定程度上还有可能再次陷入绝对贫困的"漩涡"。通过建立健全机制来防止规模性返贫和致贫，既是巩固脱贫攻坚成果的关键，也是全面推进乡村振兴的重要前提。具体来看，需要建构好如下五个方面的机制。

一是构建防止返贫动态监测机制。返贫监测是防止返贫的前提，也是稳定脱贫的重要方法。脱贫是静态的，而稳固脱贫则是一个动态的过程。[①] 巩固脱贫攻坚成果需要对脱贫不稳定户、边缘易致贫户以及因非可控因素造成的严重困难户实行动态监测。构建防止返贫动态监测机制，可以采用"线上+线下"相结合的方式。搭建大数据平台，对其家庭生活的收入与开支、身体健康状况等情况进行实时监测，并建立返贫预警报警系统，以便及时准确对其采取相应的帮扶举措；同时，组建由"乡镇+村干部+村民+易返贫对象"构成的返贫监测工作队伍，通过干部定期走访重点对象、村民实时监测，以及易返贫对象主动申请等相结合的方式，及时准确监测到返贫人员。

二是构建防止返贫长效帮扶机制。建立易返贫人员的长效帮扶机制是巩固脱贫攻坚成果的有效途径。针对因病、因残、因学、因灾，以及因意外事故等因素造成的易返贫人员，在精准把握返贫原因的基础上，采取相应的帮扶举措对其进行有效帮扶。整体来说，需要构建以政策保障为主、以其他帮扶为辅的

---

① 蒋和胜、田永、李小瑜：《"绝对贫困终结"后防止返贫的长效机制》，《社会科学战线》2020年第9期。

长效帮扶机制。具体包括通过医疗救助、低保兜底、教育帮扶，以及临时补助等政策对其进行帮扶，同时，还应采取就业帮扶、消费帮扶、金融帮扶等方式对其进行帮扶。此外，还需要全面推进乡村振兴，实现乡村的高质量发展，从而在发展中防止规模返贫，巩固脱贫成果，提升脱贫成效的可持续性。

三是构建持续增收长效机制。广大农村居民具有稳定的收入既是提升脱贫成效可持续性的重要保障，也是全面推进乡村振兴的重要目标，更是扎实推动共同富裕的重要基础。实现广大农村居民持续增收，需要拓宽广大农村居民的收入渠道，形成以劳动收入为主，其他收入为辅的多元收入局面。要完善农村基本经营制度，深化农村集体产权制度、集体经营性建设用地入市制度、宅基地制度，及农村社会保障制度等改革，从而最大限度进一步激活脱贫地区发展的活力，增强发展的后劲。同时要大力推进乡村产业振兴，提供就业机会；开展以"田间课堂"为平台的实用技术培训，增强其就业能力；建立就业信息整合平台，及时发布就业信息；培育壮大农村集体经济，带动广大群众增收致富；加大农业支持保护力度，提高农村社会保障水平，增加广大农村居民的转移性收入；等等。

四是织牢民生兜底保障机制。社会保障兜底是中国特色社会主义制度优势的彰显，在巩固脱贫攻坚成果、全面推进乡村振兴与实现共同富裕等方面，都扮演着十分重要的角色。对于脱贫人群中丧失劳动能力且无其他收入来源的易返贫人口，需要通过社会兜底来保障他们稳固脱贫。与此同时，边缘易致贫户中仍存在无法依靠稳定劳动收入来维持正常生活的情况。因此，需要织牢民生兜底保障网，从而保障他们在共同富裕道路上不落单与不掉队。即切实增强基本医疗保障、创新社会保障供给机制和优化社会保障项目结构等。[1]

五是构建农村低收入人群常态化帮扶机制。农村低收入人群是指容易陷入贫困"陷阱"的群体，是巩固脱贫攻坚成果重点关注的对象之一，也是实现共同富裕需要重点帮扶的对象。加强农村低收入人口常态化帮扶，需要坚持差异化原则，即对丧失劳动能力的这部分人群，通过社会保障对其进行帮扶；对有劳动能力的这部分人群，坚持开发式帮扶，以增强内生发展能力为主，尤其是通过坚持完善中西部协作机制，进一步发展农村产业，提供更多的就业岗位，使其依靠勤劳致富，从而切实纾解其困难。

---

[1]　何文炯：《社会保障何以增强兜底功能》，《人民论坛》2020年第23期。

◉ **专栏 11-6**

建立健全机制的案例

四川省通江县为巩固拓展脱贫攻坚成果同乡村振兴有效衔接，采取"盯村入户""每月盘点、季度交账、半年验靶"的工作机制，进一步压实县领导、部门和乡镇责任，上紧责任链条。

2022 年来，通江县探索建立防返贫动态监测"五级网格"管理服务体系，织密织牢防止规模性返贫的预警网络。以求探头前移，精准到位，一网覆盖、一网监测、一网查尽。"五级网格"分别为：院户级、组级、村级、乡镇级、县级。每 20—30 户为一基础网格，全县共 7709 个基础网格，共覆盖 330 个村（社区）、18.58 万户。

定人定责，盯村入户，不落下一个监测对象

通江县统筹机关职工、村社干部、村民代表、"五老"乡贤等力量，为每个网格配置 1 名网格员。

有了网格员，还须明确每个网格员的责任：县级网格员负责信息推送和数据核查，以及督促指导部门和乡镇（街道）的工作；乡镇（街道）、村（社区）、村民小组负责监测对象排查、风险研判、民主评议和信息上报等工作；院户长则负责防返贫政策宣传和日常监测等工作。具体工作则根据时间和任务"两张清单"，细化"安全饮水、因病返贫"等排查工作 7 项 58 个。

要增收还需调动群众发展产业积极性。该县制定政策，按照 350 元/亩标准给予特色产业管护补助，对以经营性收入为主的脱贫户家庭按照 600 元/户标准给予产业发展奖补，对监测户按 800 元/人标准给予奖补，对易迁户按 600 元/户标准给予奖补，并发放小额信贷 195 笔 805.81 万元，支持鼓励发展产业增收，确保年内农户经营性收入增长 10% 以上。

同时，通江县坚持"以工代赈吸纳一批、公益岗位安置一批、对口帮扶输送一批、扶贫车间雇用一批、点对点返岗一批、自主创业带动一批"，通过抓好稳岗就业促增收。

有了网格员，脱贫户、监测户生活不再难

脱贫户王位身患糖尿病，上有多病的母亲，下有两个孩子读书，为了防止他家返贫，村上为他争取了 600 元产业发展奖补金。他用这笔钱买了一批鸡苗，养到 3 斤多卖出，共卖了 4000 余元。他自己会铝合金安装，村上到处给他介绍用工信息，一年也能挣一两万元。

杨柏镇太平场村的余显志，年初他妻子患子宫癌在县医院住院，情况经院户网格员和小组网格员发现，从村上报到镇、县，县医保局根据县医院上传的信息，也将情况发送至杨柏镇，两相对照准确无误后，余显志遂被确定为监测对象。"我们给予他家每人800元的产业发展奖补金，他买了头牛，到明年卖出能赚1.2万元。"村党总支书记王元斌说。

太平场村为三村合并村，总脱贫人口有524人。今年县上给村上一个以工代赈项目，涉及场镇污水处理、小二型水库维修、蓝莓产业园配套工程建设等，总投资1500万元。政府明确要求将此项目中100万元劳务用工分给太平场村，可解决300人就业，人均增收3000余元。

"今年，我们又增设了28个公益性岗位，解决了28名脱贫人口就业问题。"王元斌说，对于剩下的脱贫人口，除了对重度残疾人口给予政策兜底外，其余全都输送到外面务工了。

册亨县高洛街道巴纳布社区是易地扶贫搬迁安置小区，35岁的覃永贵和32岁的甘朝美夫妻有一对患有克鲁宗综合征的3岁双胞胎男孩。覃永贵在广州打工，甘朝美独自在家带三个孩子。甘朝美说，老大是女孩，读一年级，是健全孩子。二胎双胞胎产检过程中没有发现什么问题，但半岁开始两个孩子双眼越长越凸出，2021年夫妻带着双胞胎在上海儿童医学中心做了脑部手术，孩子情况已有所好转。所有费用报销后，自己又花了10万多元。

巴纳布社区党支部书记岑福建说，这期间，政府为她申请民政临时救助、巩固脱贫成色险等政策福利共计4.61万元，所有能为她申请的政策福利全部申请了，还安排她当本栋楼的楼长，每个月有800元的工资。甘朝美告诉记者，政府对她十分关心，一家人基本生活不愁。

针对因照顾老人和小孩难以外出务工的未就业劳动力、弱劳动力等特殊困难群体，贵州将符合最低生活保障条件的搬迁群众纳入低保，实现了应保尽保。岑福建说，低保只能解决基本温饱，部分因残、因病致贫的群体脱贫还不稳定，距离真正过得好、能致富还有差距。

省级挂牌督办期间，经过多轮走访排查，经研判，因病、因残、因意外事故等原因，仍需持续落实帮扶措施的新识别纳入监测对象有113户487人。

巴纳布社区杨友政离婚10年，独自抚养两个儿子，靠打零工为生，他母亲去年8月查出直肠癌。"娃娃小，母亲需要照顾，我想出去打工抽不开身。"他目前接替了母亲的工作在小区当保洁打扫卫生，每个月有1800元工资。

岑福建说，按照上级部门"搬迁一人，掌握一人，服务一人"的工作要求，在排查过程中，发现杨友政家的情况后，政府将其纳入因病监测范围，对其给予临时救助、巩固脱贫成色险等政策福利，帮助他渡过难关。

资料来源：《农民日报》2022 年 11 月 9 日，第 3 版；李黔渝《做实易地搬迁后半篇文章》，《瞭望》2023 年第 17 期。

八　完善评价标准

脱贫成效评估是精准扶贫的重要组成部分，也是高质量脱贫的重要保障。巩固拓展脱贫攻坚成果同乡村振兴有效衔接的评价标准与脱贫攻坚的评价标准既有同一性，也有差异性。因此，需要进一步完善实现两者有效衔接的评价标准。完善评价标准需要以农村的实际情况为基础，以巩固脱贫攻坚成果为近期目标，以实现乡村振兴为远期目标。具体来讲，完善评价标准可以从如下五个方面着手。

一是坚持辩证性完善评价标准。中国每一个省市都具有自身特有的经济社会发展情况，完善巩固拓展脱贫攻坚成果同乡村振兴有效衔接的评价标准，需要坚持矛盾普遍性与特殊性的统一。换言之，我们对每一个地方的衔接效果的考核，既需要有整体层面的指标体系，也需要有契合地方经济社会发展情况的指标体系。即需要在构建考核指标体系的实践中避免"一刀切"的现象，从而有效发挥评价的引领作用，真正实现在全面推进乡村振兴中巩固脱贫攻坚成效。

二是坚持人民性完善评价标准。人民是脱贫攻坚取得成功的主体力量，也是全面推进乡村振兴的主体。因此，构建完善实现两者之间有效衔接的评价指标体系，需要坚持贯彻以人民为中心的发展思想，以促进人民全面发展为核心。即要把切实满足广大人民群众的美好生活需要作为出发点和落脚点，把广大人民群众的真实需要作为核心指标，从而使广大人民群众既能共享发展成果，又能展现自我能力，实现自身全面发展。

三是坚持多元性完善评价标准。巩固脱贫攻坚成果与全面推进乡村振兴都是系统性工程，涉及"五位一体"各个方面。因此，完善实现两者有效衔接的评价标准，应当建立多元化的评价指标，避免单一化的评价指标。具体来讲，在坚持以经济发展为中心的基础上，构建涉及乡村"五位一体"发展和基层党组织建设等的多维评价指标体系。

四是坚持动态性完善评价标准。事物是变化发展的，并非处于静止状态。

为此，评价实现巩固拓展脱贫攻坚成果同乡村振兴有效衔接的标准，也并非完全保持不变。尤其是随着两者衔接实践的推移，评价标准也将由侧重巩固脱贫攻坚成果向全面推进乡村振兴转变。具体来说，即在坚持政治、经济、文化、社会、生态，以及党建等一级评价指标体系基本不变的情况下，应当根据实际情况不断调整各一级评价指标体系里的二级评价指标，从而使评价指标体系更能反映实际需要，提升巩固脱贫攻坚成效，全面推进乡村振兴进程。

五是坚持传承性完善评价标准。事物的变化发展并非全面否定的发展，而是带着前一阶段的历史痕迹向前发展。脱贫攻坚与乡村振兴已经实施多年，在实践中已经逐步建立起了一套属于自己的评价标准体系，尤其是脱贫攻坚已经取得历史性成就，其中的评价标准体系已经相当成熟。因此，完善实现巩固拓展脱贫攻坚成果同乡村振兴有效衔接的评价标准体系，并非全盘否定前面的评价指标体系，而是在借鉴已有的评价指标体系的基础上，根据实际情况进一步完善评价指标体系，从而形成科学有效的评价指标体系，最终提升两者衔接的实际效果。

第十二章 从消除绝对贫困到
解决相对贫困

在解决了绝对贫困问题的基础上，转向继续做好相对贫困治理工作，既是马克思主义反贫困思想的要求，也是相对贫困长期客观存在的要求，还是人类社会不懈追求目标的要求，更是扎实推动实现共同富裕的要求。党的十九届四中全会提出："建立解决相对贫困的长效机制。"[1] 此后，学术界对其展开了讨论，并形成了系列研究成果。左停、贺莉和刘文婧认为相对贫困是人的需求与收入在相比较之下产生的表现[2]，李小云等则认为相对贫困是收入、权利、精神等多元因素综合作用下产生的一种贫困[3]。同时，韩广富、辛远认为相对贫困具有动态性、多维性、长期性等特征[4]；张琦、杨铭宇和孔梅认为相对贫困具有多维性、差异性与发展性等特征[5]。相对贫困治理的重点和难点都在于"治理"，而相对贫困治理的前提是相对贫困的识别，相对贫困的识别需要坚持矛盾分析法，孙久文、夏添提出以经济收入为主要指标的多维识别标准，进一步来讲可以采用中位收入来识别相对贫困[6]。刘欢、韩广富认为相对贫治理需要从精神贫困治理着手[7]；叶敬忠认为需要建立均衡性和整体性政策体系[8]；叶

---

① 《中国共产党第十九届中央委员会第四次全体会议文件汇编》，人民出版社，2019，第 12 页。

② 左停、贺莉、刘文婧：《相对贫困治理理论与中国地方实践经验》，《河海大学学报》（哲学社会科学版）2019 年第 6 期。

③ 李小云、苑军军、于乐荣：《论 2020 后农村减贫战略与政策：从"扶贫"向"防贫"的转变》，《农业经济问题》2020 年第 2 期。

④ 韩广富、辛远：《相对贫困视角下中国农村贫困治理的变迁与发展》，《中国农业大学学报》（社会科学版）2020 年第 6 期。

⑤ 张琦、杨铭宇、孔梅：《2020 后相对贫困群体发生机制的探索与思考》，《新视野》2020 年第 2 期。

⑥ 孙久文、夏添：《中国扶贫战略与 2020 年后相对贫困线划定——基于理论、政策和数据的分析》，《中国农村经济》2019 年第 10 期。

⑦ 韩广富、刘欢：《新时代农村基层党组织推进乡风文明建设的逻辑理路》，《理论探讨》2020 年第 2 期。

⑧ 叶敬忠：《中国贫困治理的路径转向——从绝对贫困消除的政府主导到相对贫困治理的社会政策》，《社会发展研究》2020 年第 3 期。

兴庆、殷浩栋认为还需健全完善以基本公共服务均等化为基础的防贫政策、发展型低收入群体救助政策、有利于低收入群体增收的产业政策，以及推动欠发达地区发展的区域政策①。此外，相对贫困治理应该以构建机制为重点，并且所构建的机制应涉及内在和外在两个维度，既要增强内生动力，也要发挥外在推力作用。韩广富、辛远提出要构建对象的精准识别机制、能力提升机制、就业增收机制、基本公共服务机制、多层次社会保障机制等多元机制②，范和生、武政宇则提出建立健全制度保障、产业培育、人文发展、心理服务等多维机制③。本书认为，相对贫困治理是未来我国贫困治理的重点工作，而相对贫困治理的关键在于厘清相对贫困与绝对贫困的关系，以及把握相对贫困的典型特征。相对贫困治理的重难点都在于构建相对贫困治理的机制，即以防止规模性返贫为前提，以构建长效识别机制、长效帮扶机制、长效保障机制、长效动力机制为方法，以构建长效退出机制为目标。

第一节　剖析转变缘由：相对贫困治理的前提

从绝对贫困治理转向相对贫困治理是具有多维缘由的诉求，体现了相对贫困治理的思路，具体表现在如下四个维度：从理论维度来看，是马克思主义反贫困思想的要求；从现实维度来看，是相对贫困长期客观存在的要求；从目标维度来看，是人类社会不懈追求目标的要求；从价值维度来看，是扎实推动实现共同富裕的要求。

一　马克思恩格斯反贫困思想的要求④

对贫困问题的深度关注和深入分析，是马克思主义经济学的重要内容。马克思恩格斯不仅研究了资本主义生产方式必将带来的绝对贫困问题，而且分析了在这种生产方式下劳动者面临相对贫困问题的可能性和必然性。具体来看，马克思恩格斯认为，贫困具有不同的类型，包括绝对贫困和相对贫困；不同类

---

① 叶兴庆、殷浩栋：《从消除绝对贫困到缓解相对贫困：中国减贫历程与 2020 年后的减贫战略》，《改革》2019 年第 12 期。

② 韩广富、辛远：《相对贫困视角下中国农村贫困治理的变迁与发展》，《中国农业大学学报》（社会科学版）2020 年第 6 期。

③ 范和生、武政宇：《相对贫困治理长效机制构建研究》，《中国特色社会主义研究》2020 年第 1 期。

④ 此部分内容详见蒋永穆《建立解决相对贫困的长效机制》，《政治经济学评论》2020 年第 2 期。

型的贫困成因不同，成因的复杂程度也不一样。总体来看，相对贫困的成因更加复杂，具体表现形式也更加多样，由此决定解决相对贫困也需要更长的时间。

一是从贫困的表现来说，贫困可以分为绝对贫困和相对贫困。不同类型贫困在不同时期的具体表现程度和表现形式也不一样，在马克思看来，在资本主义生产和积累中，绝对贫困问题是非常突出的，他指出："这种适应的开头是创造出相对过剩人口或产业后备军，结尾是现役劳动军中不断增大的各阶层的贫困和需要救济的赤贫的死荷重。"[1] 而相对贫困，则是在一定的比较和对比中显现的。马克思在论及平等的权利时指出了一些弊病，即使工人能够获得更多的"享受"，但与资本家通过剥削工人所获得的"享受"相比、与社会的一般发展水平相比，工人所获得的"社会满足的程度"却呈现出了相对下降的趋势。[2] 他在分析工资的增加和工人的需要时指出，"即使工人得到的享受增加了，但是，与资本家的那些为工人所得不到的大为增加的享受相比，与一般社会发展水平相比，工人所得到的社会满足的程度反而降低了"[3]。列宁也阐述了绝对贫困和相对贫困现象，他指出"工人的贫困化是绝对的，就是说，他们确实愈来愈穷，不得不生活得更坏，吃得更差，更吃不饱，更多的人栖身在地窖里和阁楼上"，"但是，工人的相对贫困化，即他们在社会收入中所得份额的减少更为明显"。[4] 故在解决贫困问题时，不仅应重视绝对贫困问题，还应挖掘相对贫困问题。

二是从致贫的原因来说，相对贫困比绝对贫困更为复杂。对于为什么会产生绝对贫困，马克思恩格斯在多篇文章中进行了说明，明确了资本主义私有制是贫困问题的根源。恩格斯指出：在分析工人阶级遭受悲惨处境的深层次原因时，不能仅仅局限于分析一些小的弊病，而应当通过分析"资本主义制度本身"，找出问题的真正根源。[5] 而相对贫困则是由多种原因造成的。马克思明确了需要和享受是相对的，他指出：在衡量一个人的需要的满足程度时，不能仅以他所获得的物质产品的多少为尺度，而是要"以社会为尺度"；明确人的需要和享受所具有的"社会性质"，即看到其所具有的"相对的性质"。[6] 故在马克思恩格斯看来，不仅不能避开相对贫困问题，而且应该从深层次剖析相对贫困的缘由。

---

① 《马克思恩格斯文集》（第五卷），人民出版社，2009，第 742—743 页。
② 《马克思恩格斯文集》（第三卷），人民出版社，2009，第 435 页。
③ 《马克思恩格斯文集》（第一卷），人民出版社，2009，第 729 页。
④ 《列宁全集》（第二十二卷），人民出版社，2017，第 239—240 页。
⑤ 《马克思恩格斯文集》（第一卷），人民出版社，2009，第 368 页。
⑥ 《马克思恩格斯文集》（第一卷），人民出版社，2009，第 729 页。

三是从减贫的难度来说,解决相对贫困比绝对贫困需要的时间更长。对于绝对贫困,马克思恩格斯认为可以发挥制度优势予以消除。恩格斯指出:"一个新的社会制度是可能实现的,在这个制度之下,当代的阶级差别将消失。"[①] 而对于相对贫困,则是在社会主义社会中不能避免又亟待解决的。马克思认为不平等的权利弊病,"在经过长久阵痛刚刚从资本主义社会产生出来的共产主义社会第一阶段,是不可避免的"[②]。在马克思看来,权利作为上层建筑,必然受社会经济结构的制约,因此,处于社会中的人绝不可能拥有超出社会经济结构和文化发展程度的权利。他强调只有在共产主义社会高级阶段才能实现按需分配。故在通过制度减贫等方式消除绝对贫困后,减贫的重心应转变为解决相对贫困问题,探索建立解决相对贫困的长效机制。结合我国减贫实践,党和国家坚持以马克思主义贫困和反贫困理论为指导,建立、坚持和完善社会主义制度,构建和优化政府与市场有机结合的减贫机制,我国的绝对贫困人口逐年减少,充分体现了社会主义制度减贫的独特优势。在 2020 年正式解决绝对贫困问题之后,我国进入缓解相对贫困的重要阶段,应建立和完善中国特色社会主义制度体系中的重要制度,坚持和完善统筹城乡的民生保障制度,厘清相对贫困的突出表现和深层原因,加快建立解决相对贫困的长效机制。

二 相对贫困长期客观存在的要求

绝对贫困的消除,并不意味着我国已经彻底解决了贫困问题。相对贫困会因发展的不平衡不充分而长期存在,相对贫困治理是破解发展不平衡不充分问题的必然要求[③],具体表现在如下四个方面。

一是从整体发展来看,我国的经济社会发展还存在不平衡不充分的问题。中国共产党团结带领广大人民努力推动全面发展,实现了我国经济社会的协调发展。尤其是改革开放以来,我国的社会主义发展取得了历史性的突破。经济建设方面,经济结构不断优化,2020 年国内生产总值突破 100 万亿元大关等;政治建设方面,法治建设取得重大进展,人民民主权利得到进一步保障等;文化建设方面,文化事业快速发展,文艺产品日益丰富等;社会建设方面,社会公益事业不断发展,社会保障日益健全等;生态建设方面,生态保护意识不断

---

① 《马克思恩格斯文集》(第一卷),人民出版社,2009,第 709 页。
② 《马克思恩格斯文集》(第三卷),人民出版社,2009,第 435 页。
③ 陆汉文、杨永伟:《从脱贫攻坚到相对贫困治理:变化与创新》,《新疆师范大学学报》(哲学社会科学版) 2020 年第 5 期。

深入人心，人居环境不断改善等。总之，我国的发展为满足人民的生活需要奠定了基础。但随着社会的发展，人民的需求也发生了变化，人民的生活需要也转向追求美好生活。即由注重"量"转向更加注重"质"，由注重物质层面转向注重物质并兼顾其他方面等。现阶段影响人民美好生活需要的重要原因还是发展的不平衡不充分。

整体发展的不平衡不充分既存在于宏观层面不同领域，也存在于具体层面的产品供给方面。首先，不同领域发展的不平衡不充分。尽管我国发展整体上取得了巨大成就，但依然存在发展的不平衡不充分问题。整体来看，目前我国的经济发展明显快于其他领域，其他领域发展的不平衡不充分体现得更为明显。尤其是现在人民对生态与文化等领域的需求更加强烈，但现实的发展明显不能满足所有人的需要。其次，高质量产品供给的不平衡不充分。绝对贫困主要解决了人民吃饱的问题，相对贫困则主要解决人民吃好的问题。换言之，人民更加追求高质量的产品。但目前我国的高质量的产品供给尚未能满足所有人的需求，故会导致部分人士的需求得不到有效满足，有效供给存在不足的问题，供需之间存在失衡的问题。

二是从城乡发展来看，城乡发展不平衡不充分的问题依然存在。中国共产党十分重视在发展中处理好城乡关系，积极推动城乡协调发展，并取得了一定的成就。尤其是改革开放以来，中国共产党积极推动城乡一体化发展，并经历了四个阶段，即"启动农村改革注入发展活力的城乡互动阶段、建立市场经济体制实现快速发展的城乡协调阶段、形成战略思想不断缩小差距的城乡统筹阶段、全面深化改革实现发展一体化的城乡融合阶段"①。在推进城乡协调发展的过程中，党和国家通过生产关系的改革，充分发挥政府和市场的作用，加强对农业的支持，不断健全工业反哺农业、城市支持农村的重大政策，建立健全城乡融合发展体制机制和政策体系，从而提高农村生产力水平，进而推动城乡协调发展。总之，40余年的实践使农村的发展发生了翻天覆地的变化，农村各方面的发展都取得了巨大成就，尤其是农村居民人均可支配收入实现了由1978年的134元到2020年的17131元的大幅增长，增加了将近127倍。不仅如此，农村的其他方面也取得了较大发展，如农村基础设施、农村养老服务、农村社会保障、农村教育等方面。农村整体性发展取得了突出成就，城乡之间的差距整

---

① 蒋永穆、周宇晗：《改革开放40年城乡一体化发展：历史变迁与逻辑主线》，《贵州财经大学学报》2018年第5期。

体上也在不断缩小。然而，城乡发展的不平衡不充分问题依然存在。从教育方面来看，目前农村教育整体上得到了进一步发展，但农村教育发展依然与城镇存在一定的差距，如城乡教育资源分配的不平衡，农村优质教育资源、优质师资队伍发展不充分等。从医疗卫生来看，近年来农村医疗卫生条件有所改善，但离让老百姓满意还有一定的距离。如农村的医疗设备、基本医疗资源、医师队伍等还存在发展的不平衡不充分。从人均可支配收入的变化来看，党的十八大以来，随着我国经济的发展，我国农村也在整体性发展，我国农村居民的人均可支配收入也在整体性持续增长，生活水平稳步提高，但依然存在发展的不平衡不充分问题，如城乡之间居民收入的差距依然存在，城乡人均可支配收入的比值和绝对值都存在较大的差距。2012 年至 2020 年城乡人均可支配收入的具体情况见图 12-1。

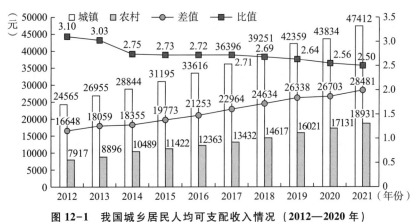

图 12-1 我国城乡居民人均可支配收入情况（2012—2020 年）

注：差值为城镇与农村之差；比值为城镇与农村之比，按照四舍五入的计算原则，保留两位小数。

资料来源：中华人民共和国历年国民经济和社会发展统计公报。

具体而言，2020 年，我国城镇居民人均可支配收入 43834 元，农村居民人均可支配收入 17131 元，相差近 2.56 倍；城镇、农村居民家庭恩格尔系数也存在差距，分别为 29.2% 和 32.7%；全国农民工人均月收入仅为 4072 元。[①] 需要看到，在分析收入分配公平和讨论不平衡不充分的发展时，收入差距和地区差距固然是主要矛盾，但城乡差距造成的影响更大。在计算基尼系数时，有些学者为了论证我国基尼系数被高估，直接回避我国二元经济结构的长期性，甚至

---

① 《中华人民共和国 2020 年国民经济和社会发展统计公报》，国家统计局，2021 年 2 月 28 日，https://www.stats.gov.cn/sj/zxfb/202302/t20230203_1901004.html。

主张将农村和城镇的基尼系数分别计算，显然不是一种科学的态度。这也从侧面说明，在农村居民收入整体上过低的情形下，我国农村内部基尼系数仍然过高，意味着相当一部分农户仍处于贫困的边缘。此外，我国城乡二元经济结构及农村地区福利保障体系的发展相对滞后，也对农村相对贫困的固化产生影响，我国农村居民在享有公共产品和公共服务的均等化方面存在短板。农村相对贫困对我国社会主义现代化强国目标的实现构成巨大挑战。首先，农民收入过低使我国收入差距过大，基尼系数处于 0.45 以上的高位，不利于社会和谐。习近平总书记指出："我们说的共同富裕是全体人民共同富裕，是人民群众物质生活和精神生活都富裕，不是少数人的富裕，也不是整齐划一的平均主义。"[①]农村处于相对贫困境况的人群规模过大，成为我国促进共同富裕取得实质性进展的一个难点。其次，农村相对贫困的治理在物质内容上与绝对贫困有所不同。治理农村绝对贫困，国家可以通过直接投入资金助力脱贫，也可以通过东西部对口支援协作、产业带动和加强基础设施建设等推进脱贫，但治理相对贫困，贫困对象能否利用、怎样利用扶贫政策和资源，完全因人而异，这也为缩小城乡发展差距提出了新的命题。[②]

三是从区域发展来看，不同区域之间的发展还存在一定的差距。新中国成立初期，我国经济社会发展水平整体处于偏低的状态，不同地区之间的发展差距并不明显，基本上处于相同的发展水平。[③] 改革开放之后，党和国家积极出台相关政策，通过多种方式调整原有的不合理体制机制，充分释放社会生产力的发展活力，我国经济社会发展取得了显著成就。同时，党和国家十分重视区域协调发展，在实践中通过战略引导不断缩小各区域之间的发展差距。在各区域都得到不断发展和它们之间经济发展差距不断缩小的同时，由于不同区域之间的资源禀赋不同，区域发展的不平衡不充分矛盾依然客观存在。这表现在同一地区的不同省市和不同区域间存在发展的不平衡不充分问题。具体情况如下。

从东部地区 2020 年的生产总值来看，最高是广东的 110760.94 亿元、最低是海南的 5532.39 亿元，相差 105228.55 亿元；从中部地区 2020 年的生产总值来看，最高是河南的 54997.07 亿元、最低是山西的 17651.93 亿元，相差

---

① 《习近平谈治国理政》（第四卷），外文出版社，2022，第 142 页。
② 此部分内容详见蒋永穆、侯婉月《化解农村相对贫困问题的理论探析》，《当代经济研究》2022年第 4 期。
③ 汪三贵、刘明月：《从绝对贫困到相对贫困：理论关系、战略转变与政策重点》，《华南师范大学学报》（社会科学版）2020 年第 6 期。

37345.14 亿元；从西部地区 2020 年的生产总值来看，最高是四川的 48598.76 亿元、最低是西藏的 1902.74 亿元，相差 46696.02 亿元；从东北地区 2020 年的生产总值来看，最高是辽宁的 25114.96 亿元、最低是吉林的 12311.32 亿元，相差 12803.64 亿元。[①] 不仅如此，不同区域的人均可支配收入也存在差异，由高到低依次为：东部地区、东北地区、中部地区、西部地区。其中 2013—2014 年东北与中部差距呈拉大趋势，2014—2020 年呈逐年缩小的趋势；2013—2020 年东北与西部差距总体呈缩小的趋势；2013—2020 年东部与东北、中部、西部的差距呈逐年拉大的趋势；2013—2019 年中部与西部的差距总体呈拉大的趋势，2019—2020 年呈缩小趋势（具体情况见图 12-2）。

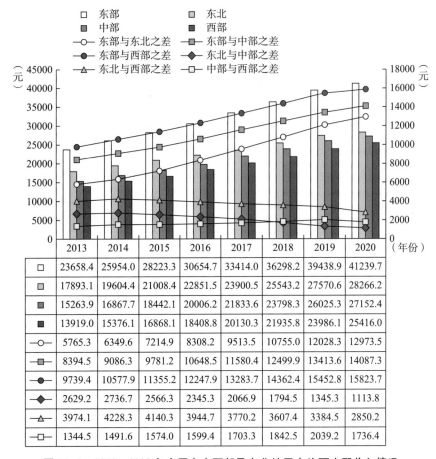

图 12-2　2013—2020 年全国东中西部及东北地区人均可支配收入情况

资料来源：国家统计局编《中国统计年鉴（2021）》，https://www.stats.gov.cn/sj/ndsj/2021/indexch.htm。

---

① 国家统计局编《中国统计年鉴（2021）》，中国统计出版社，2021，第 65—67 页。

　　四是从农村发展来看，不同农村地区之间的发展也存在一定的差距。新中国成立初期，国家通过土地制度改革与所有制改造等举措，为农村发展扫除了障碍，但这个时期整个农村经济发展水平都不高，并且处于相对扁平化状态，经济发展的差异也不太明显。[1] 改革开放之后，我们首先在广袤的农村地区进行了伟大变革，逐步推行家庭联产承包责任制，极大地解放和发展了农村生产力，推动了农村的发展。经过改革开放 40 余年的发展，农村发展取得巨大成就，主要有农业规模化经营逐渐形成、农业生产结构逐渐优化、农业生产能力逐渐增强、农村脱贫成效显著、农村生态环境不断改善、农民收入水平不断提高、农民生活质量不断提高等方面。

　　改革开放以来，农村发展的成就不可否认，但我们也应看到不同地区的农村在发展速度和效益等方面还存在较大差距，尤其是东部地区农村与西部地区农村相比，这种不协调和不平衡的问题更加明显。不同地区农村之间的客观差距，也会导致农村相对贫困的存在。农村内部发展的不平衡不充分主要表现在两个方面。一是不同收入群体之间的差距依然存在。《国家统计年鉴（2021）》的数据显示，2020 年农村居民中 20% 低收入组家庭人均可支配收入为 4681.5 元、20% 中间偏下收入组家庭人均可支配收入为 10391.6 元、20% 中间收入组家庭人均可支配收入为 14711.7 元、20% 中间偏上收入组家庭人均可支配收入为 20884.5 元、20% 高收入组家庭人均可支配收入为 38520.3 元。通过对比可以发现，低收入组家庭的人均可支配收入与其他分组家庭的人均可支配收入相比，仍然存在比较明显的数值差距。尤其是与高收入组家庭人均可支配收入的差距达到了 33838.8 元，中间收入组与高收入组的差距也超过 1 万元。二是不同地区的农村居民人均可支配收入也存在较大差距。从四大地区的农村人均可支配收入来看，从高到低依次为：东部地区、东北地区、中部地区、西部地区。其中东北与中部和西部的差距总体呈缩小的趋势，而东部与东北、中部、西部的差距总体呈拉大的趋势，中部与西部的差距也是如此，具体情况如图 12-3 所示。

三　人类社会不懈追求目标的要求[2]

　　进入工业社会以来，伴随生产力的快速发展和进步，人类社会对贫困问题的关注日益增长，世界各国采取了一系列减贫措施，不仅在消除绝对贫困方面

---

[1]　汪三贵、刘明月：《从绝对贫困到相对贫困：理论关系、战略转变与政策重点》，《华南师范大学学报》（社会科学版）2020 年第 6 期。

[2]　此部分内容详见蒋永穆《建立解决相对贫困的长效机制》，《政治经济学评论》2020 年第 2 期。

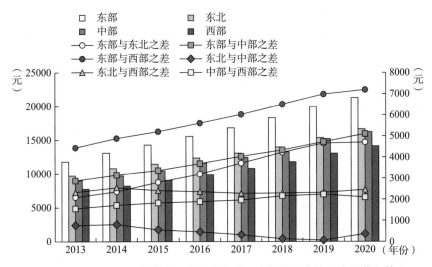

图 12-3 2013—2020 年东中西部及东北地区农村居民人均可支配收入情况

资料来源：国家统计局编《中国统计年鉴（2021）》，https://www.stats.gov.cn/sj/ndsj/2021/indexch.htm。

成效显著，而且在缓解相对贫困方面有效发力。解决相对贫困既是世界各国的共识，也是中国贫困治理的实践要求。

一是从全球范围来看，国际组织在致力于消除绝对贫困的同时关注到了相对贫困。20 世纪 40 年代以来，随着联合国和世界银行等国际组织的建立，消除贫困成为全球的共识。尤其是 21 世纪以来，国际组织提出了明确的减贫目标，世界各国积极响应并实行了具体的措施。联合国于 2000 年提出了千年发展目标，明确到 2015 年实现极端贫困和饥饿人口减半的目标，189 个成员国纷纷行动；在 2015 年顺利完成这一目标之后，又提出了到 2030 年完全消除极端贫困和饥饿的目标，193 个成员国共同为消灭绝对贫困努力。与此同时，联合国开始重视除收入外的相对贫困问题，并参考印度籍经济学家阿马蒂亚·森的可行能力贫困观点①，在 1990 年首次发布的人类发展报告中引入了涵盖人类教育和健康等指标的人类发展指数；在《2010 人类发展报告》中测算了囊括人类教育、健康和生活标准等指标的多维贫困指数，并逐步对该方法进行了改进，强调了多维贫困指数在贫困的非收入维度的测度，体现了缓解相对贫困的可持续

---

① 阿马蒂亚·森认为有很好的理由把贫困看作对基本的可行能力的剥夺，而不仅仅是收入低下，对基本可行能力的剥夺可以表现为过早死亡、严重的营养不良（特别是儿童营养不足）、长期的流行疾病、大量的文盲以及其他一些失败。参见〔印度〕阿马蒂亚·森《以自由看待发展》，任赜、于真译，中国人民大学出版社，2013，第 15 页。

发展思路。世界银行在极端贫困率和国际贫困线等绝对贫困指标之下，提出了反映相对贫困的社会贫困线，更加关注各国的消费水平、生活水平和分配状况，其在发布的《2018 贫困与共享繁荣：拼出贫困的拼图》报告中也测算出 2015 年全球有 21 亿相对贫困人口，体现了不仅关注贫困人口生存而且关注其发展的减贫思路。从发达国家来看，较为突出的相对贫困问题是其不得不缓解的。经济发展水平相对较高的发达国家，虽然其绝对贫困人口数量相对较少、消除贫困难度相对较小，但其往往也是内部发展差距较大、相对贫困现象最早显现的国家。对于相当比例的相对贫困人口，发达国家依据本国的平均收入和生活标准等指标确立了相对贫困标准。在测算出低于相对贫困标准的人口数量之后，美国、欧洲、日本等国家和地区采取了针对性的救助措施，来改善这类群体的就业、消费和公共服务等生产生活情况。

二是从我国减贫历程来看，逐步消除绝对贫困后必然转向缓解相对贫困。新中国成立后，我国在解放、发展和保护社会生产力的过程中，全面、主动推进了减贫进程，在减贫速度、数量上成绩斐然，不仅率先完成了联合国千年发展目标中贫困人口减半的目标，而且在 2020 年提前完成联合国可持续发展目标中的减贫目标。在绝对贫困人口实现脱贫之后，我国将进入缓解相对贫困的历史阶段。这一阶段，随着社会主义市场经济的发展和居民人均收入水平的提高，我国也会面临发达国家已经面临并正在解决的不同群体发展差距和生活差异较大等相对贫困问题。要解决相对贫困问题，必须把握其动态性、多维性和隐蔽性等特征，积极建立解决相对贫困的长效机制。

四 扎实推动实现共同富裕的要求

中国共产党一经诞生，就坚守马克思主义人民立场，确立了为中国人民谋幸福、为中华民族谋复兴的初心使命，不断推进马克思主义共同富裕理论的中国化，坚持运用辩证唯物主义和历史唯物主义的方法论分析、解决我国共同富裕难题。实现了从大规模开展土地革命为共同富裕奠定基本政治前提、确立生产资料公有制的社会主义制度为共同富裕提供根本制度保障、开创允许"一部分地区、一部分人先富起来，先富带动后富，逐步实现全体人民共同富裕"的共同富裕之路，到新时代扎实推动共同富裕的历史性转变。[①] 在脱贫攻坚全面

[①] 此部分内容详见蒋永穆《扎实推动共同富裕：马克思主义为什么行的生动诠释》，《人民论坛》2021 年第 28 期。

胜利的基础上，共同富裕的评价指标应包括人民性、共享性、发展性和安全性四个维度，如人民性指标应涵盖人均基本公共服务指数、数字化基本公共服务指数、一站式服务普及率等具体指标；共享性指标应涵盖城乡居民人均可支配收入增速比、城乡人均基本公共服务支出差异系数等；发展性指标应涵盖全国居民人均服务性消费支出、环境质量指数等；安全性指标应涵盖基层医疗卫生机构标准化水平、低收入群体消费价格指数等。① 在这一指标体系的要求下，脱贫攻坚胜利后必须扎实推动实现共同富裕的要求，必须立足于广大人民群众的根本利益，不断健全和优化现行分配制度，切实践行发展成果由人民共享的发展要求，朝着共同富裕的目标稳步前进。面向新发展阶段，我们要扎实推动共同富裕，锚定长期远景目标，努力使广大人民群众拥有更加美好的社会生活和发展前景，推动共同富裕"取得更为明显的实质性进展"②。从这个意义上来说，着力解决相对贫困问题，正是扎实推动共同富裕的重要途径和内在要求。

实现全体人民共同富裕，既是马克思主义无产阶级价值取向的重要体现，也是新时期逐步解决相对贫困问题的理论诉求。资本主义相比于封建主义有其进步的一面。比如它在自己短暂的统治时间里，极大地推动了生产力的发展，所创造的物质财富比过去所有时间所创造的物质财富还要多。虽然资本主义促进了生产力的发展，却没能促进劳动人民的富裕。在资本主义社会中，资本主义生产方式的内在矛盾无法调和，必然导致"两极分化的积累"，一极是"财富的积累"，另一极则是"贫困、劳动折磨、受奴役、无知、粗野和道德堕落的积累"。③ 正是在深刻揭露资本主义社会具有这样一种发展趋势和剥削本质的基础上，马克思指出未来社会应当是整个社会财富比资本主义社会更加丰富的，并且"以所有的人富裕为目的"④。质言之，社会主义发展不仅可以创造丰富的物质财富，而且可以根据科学原则对这些物质财富进行"社会生产和分配"，从而使全体社会劳动者都能获得自己应得的物质财富，过上"最美好的、最幸福的生活"。⑤ 总之，马克思主义经典作家既肯定了资产阶级在推动生产力发展历史进程中的作用，也指出了无产阶级日益贫困的现实。因此，他们从人民立

---

① 蒋永穆、豆小磊：《扎实推动共同富裕指标体系构建：理论逻辑与初步设计》，《东南学术》2022年第1期。

② 《中华人民共和国国民经济和社会发展第十四个五年规划和2035年远景目标纲要》，人民出版社，2021，第9页。

③ 《马克思恩格斯文集》（第五卷），人民出版社，2009，第743—744页。

④ 《马克思恩格斯文集》（第八卷），人民出版社，2009，第200页。

⑤ 《列宁选集》（第三卷），人民出版社，2012，第546页。

场出发，提出"所有人共同享受大家创造出来的福利"① 的生产目的和让所有的劳动者过上最美好、最幸福生活的目标。

马克思主义政党是使命型政党，中国共产党作为马克思主义政党，在坚持马克思主义基本立场的基础上，更加鲜明地强调社会主义要以实现共同富裕为目标。毛泽东同志强调，社会主义不仅要比资本主义发展得更好，而且要使广大人民共同过上富裕生活。他指出，社会主义制度具有无比的优越性，我们要充分发挥这种制度的作用，通过"有计划地生产"实现国家的"发展、强大和富裕"，而我们的"发展"、"富裕"与"强大"并不是少数人的，而是大家的。② 邓小平同志从社会主义本质的视角强调了带领全体人民共同致富是我们搞社会主义改革的重要课题。他指出，社会主义不能是少数人富裕而大多数人贫穷，其本质在于"共同富裕"，这也是我们的社会主义事业"最大的优越性"。③ 这说明了实现共同富裕是我们奋斗的目标，也表明了党实现共同富裕的坚定决心。在后来的社会主义建设实践中，党和国家始终将实现共同富裕作为实践活动的根本原则，并从理论维度进行探索与发展，还在实践中从多个方面不断推进共同富裕的实现，也取得了一定成效，为推进共同富裕奠定了坚实的基础。新时代以来，习近平总书记多次强调，实现共同富裕是社会主义的本质要求。不仅如此，习近平总书记还进一步精准把握了实现共同富裕的重要障碍，认为解决贫困问题是其中的关键。为此，他指出："消除贫困、改善民生、逐步实现共同富裕，是社会主义的本质要求，是我们党的重要使命。"④ 要将解决贫困问题作为扎实推动共同富裕的重要抓手，实现更高质量和水平的发展与更加公平合理的分配，进而承担起中国共产党在新时代为广大人民群众谋福祉的光荣使命。由此可见，在马克思主义中国化的进程中，我们党始终把实现共同富裕作为中国化马克思主义理论的核心价值目标，并不断地丰富共同富裕的内涵和拓展其外延。

实现共同富裕还是马克思主义唯物史观的基本要求。早在马克思恩格斯创立科学社会主义理论之前，以圣西门、傅立叶、欧文等为主要代表的空想社会主义者因看到资本主义社会存在人剥削人、人压迫人的现象而猛烈抨击资本主义制度，并对未来理想社会实现共同富裕进行了设想，他们主张废除私有制，

---

① 《马克思恩格斯文集》（第一卷），人民出版社，2009，第689页。
② 《毛泽东文集》（第六卷），人民出版社，1999，第495页。
③ 《邓小平文选》（第三卷），人民出版社，1993，第364页。
④ 《习近平谈治国理政》（第二卷），外文出版社，2017，第83页。

实行按劳分配和按需分配等。然而，由于空想社会主义者没有看到人民群众的伟大力量，而是将改变现实社会的重任寄托在杰出人物的身上，最终没有找到实现未来理想社会的正确途径，空想社会主义者的共同富裕主张注定只能是美好的设想，而不具有实践的可能。同时，在马克思恩格斯创立唯物史观之前，在社会上占统治地位的唯心史观认为英雄人物主宰历史，忽视人民群众的作用，并认为人民群众是"群氓"。而马克思恩格斯通过理论研究、实际考察发现了人民群众的伟大力量，在批判唯心史观中创立了唯物史观。马克思恩格斯正是在批判继承空想社会主义者共同富裕思想的基础上，以唯物史观为指导，找到了未来理想社会实现共同富裕的现实路径，创造性地提出了坚持人民至上、扎实推动共同富裕的重要思想。

具体而言，首先，在主体论方面，扎实推动共同富裕的实现需依靠人民群众。马克思恩格斯与英雄史观划清界限，认为人民群众是历史的创造者，他们指出，"人们为了能够'创造历史'，必须能够生活……这是人们从几千年前直到今天单是为了维持生活就必须每日每时从事的历史活动，是一切历史的基本条件"①。因此，马克思恩格斯认为扎实推动共同富裕的实现需依靠人民。一方面，共同富裕的实现需要以物质的富裕为基础，马克思恩格斯认为人民群众是物质财富的创造者，只有依靠人民群众才能为实现共同富裕奠定物质基础。马克思恩格斯在体现唯物史观的重要文献《神圣家族》中强调了工人是制造和生产一切的，而这里的"制造和生产"主要是从创造物质财富方面来阐释的，离开了人民群众的物质生产活动，人类社会就不能生存，更无法延续。另一方面，共同富裕的实现需要以精神的富有为支撑，马克思恩格斯认为人民群众是精神财富的创造者，只有依靠人民群众才能为实现共同富裕提供精神支撑。同样是在《神圣家族》一书中，马克思恩格斯指出，"历史的活动和思想就是'群众'的思想和活动"②，而这里的"思想和活动"主要是从创造精神财富方面来阐释的，离开了人民群众的精神创造活动，文化艺术创作等活动也只能是空中楼阁。其次，在价值论方面，扎实推动共同富裕是为了人民群众。马克思恩格斯认为实现共同富裕需依靠人民群众，这回答了实现共同富裕依靠谁的问题，而实现共同富裕为了谁的问题，马克思恩格斯在唯物史观中也作出了回答。在资本主义社会，社会生产力的空前发展创造了大量的物质财富。然而，由于资本主义

---

① 《马克思恩格斯文集》（第一卷），人民出版社，2009，第531页。
② 《马克思恩格斯文集》（第一卷），人民出版社，2009，第286页。

制度是为资本家服务的，资本主义社会财富的增加只是让少数资本家变得更富裕，并没有改变广大劳动者的贫穷状况，广大劳动者仍然面临被剥削和被压迫的困境，因而资本主义社会的贫富差距只会越来越大，永远不会实现共同富裕。与之形成鲜明对比的是马克思恩格斯指明了在未来共产主义社会实现共同富裕的目的并不是特权者、少数人的富裕，而是全体人民的共同富裕，并且只有在不断缩小人民群众贫富差距中共同富裕才会实现。一方面，实现共同富裕是为了全体人民。马克思恩格斯反复强调，"社会生产力的发展将如此迅速……生产将以所有的人富裕为目的"①，"社会生产力及其成果不断增长，足以保证每个人的一切合理的需要在越来越大的程度上得到满足"②，而这里的"所有的人""每个人"就体现着为了全体人民的意思。另一方面，实现共同富裕是为了全体人民的自由全面发展。"坚持人的自由全面发展为共同富裕提供根本发展方向"，马克思恩格斯在《共产党宣言》中指出，"代替那存在着阶级和阶级对立的资产阶级旧社会的，将是这样一个联合体，在那里，每个人的自由发展是一切人的自由发展的条件"③，恩格斯在《反杜林论》中也明确指出，"通过社会化生产，不仅可能保证一切社会成员有富足的和一天比一天充裕的物质生活，而且还可能保证他们的体力和智力获得充分的自由的发展和运用"④，而这里的"自由发展""体力和智力"就体现着为了人民群众自由全面发展的意思。最后，在认识论方面，扎实推动共同富裕的成效由人民群众评判。在资本主义社会，广大劳动者由于深受资本家无情的压榨和剥削而生活极度贫困，因此他们对现存社会极度不满而具有强烈的革命性。马克思恩格斯正是站在人民群众立场上对未来理想社会进行了科学构想，未来共产主义社会是一种与资本主义社会截然不同的美好社会，为了满足人民群众需求，未来共产主义社会实行的是生产资料公有制、按需分配等。其中，共同富裕是未来共产主义社会的显著特征。扎实推动共同富裕的成效由谁评判？马克思曾指出，"人民历来就是什么样的作者'够资格'和什么样的作者'不够资格'的唯一判断者"⑤，显然马克思认为人民群众的利益是价值评判的最终标准，既然未来共产主义社会是为了满足人民群众的需要而逐渐成为现实的，那么扎实推动共同富裕的成效应由人

① 《马克思恩格斯文集》（第八卷），人民出版社，2009，第 200 页。
② 《马克思恩格斯文集》（第三卷），人民出版社，2009，第 460 页。
③ 《马克思恩格斯文集》（第十卷），人民出版社，2009，第 666 页。
④ 《马克思恩格斯文集》（第九卷），人民出版社，2009，第 299 页。
⑤ 《马克思恩格斯全集》（第一卷），人民出版社，1995，第 195—196 页。

民群众评判，即由人民群众评判扎实推动共同富裕的成效是否满足了人民群众在物质和精神文化等方面的需求。[①]

实现共同富裕不仅是马克思主义者在理论上的追求，也是其在实践中的奋斗目标。马克思恩格斯不仅是伟大的理论家，更是伟大的革命家。马克思恩格斯深刻地洞察到，在资本主义统治下，财富增值的另一端永远是无产阶级贫穷的积累。为此，他们积极深入无产阶级队伍，组织无产阶级开展革命运动和议会斗争，致力于推翻资产阶级的统治，为实现共同富裕奠定制度基础。不仅如此，马克思恩格斯还十分重视对未来社会制度的设计，提出了建立无产阶级专政国家、实行按劳分配等制度，从而为实现共同富裕奠定制度基础。列宁也十分重视在实践中不断探索实现共同富裕的路径，尤其是在十月革命以后，列宁通过调整与完善社会主义建设政策，进一步推动了共同富裕由理论向实践的转变。如实施新经济政策，尤其是粮食税政策，极大地调动了国内人民的社会主义生产积极性，通过租让制、合作制、代购代销制与租借制四种方式，充分利用国家资本主义发展生产力，努力为人民群众提供更多的物质生活产品，使他们在建设共同富裕的进程中拥有更多的获得感。由此可见，实现共同富裕是马克思主义经典作家不断为之努力奋斗的重要目标。

中国共产党不仅在理论层面践行守初心与担使命的承诺，也在实践中探索了实现共同富裕的路径，从而更好地践行了初心和使命。新中国成立之前，中国共产党主要团结带领广大人民开展革命运动，推翻"三座大山"，为解决贫困问题、实现共同富裕奠定了坚实的政治基础。新中国成立后，党带领人民进行了轰轰烈烈的社会主义三大改造，建立了社会主义制度，进一步夯实了实现共同富裕的制度基础；不仅如此，我们党还团结带领广大人民进行社会主义建设，为实现共同富裕奠定物质基础。改革开放后，党不仅领导人民通过改革进一步解放和发展生产力，还通过调整生产关系使广大人民共享发展成果。尤其是在1994年《国家八七扶贫攻坚计划》、2001年《中国农村扶贫开发纲要（2001—2010年）》、2011年《中国农村扶贫开发纲要（2011—2020年）》等扶贫纲领文件的指引下，不断加大对农村贫困地区的帮扶力度，使我们在实现共同富裕的道路上又向前迈出了一步。新时代以来，我们党通过精准扶贫等系列举措，解决了绝对贫困问题。这"标志着我们党在团结带领人民创造美好生

---

① 此部分内容详见蒋永穆、谢强《坚持人民至上 扎实推动共同富裕》，《山东社会科学》2022年第4期。

活、实现共同富裕的道路上迈出了坚实的一大步"①。然而，实现共同富裕依然面临相对贫困等问题，为此，需要解决相对贫困。这不仅要做大"蛋糕"，还要分好"蛋糕"，从而保障"共同富裕路上，一个也不能掉队"②。

第二节　厘清两者关系：相对贫困治理的关键

绝对贫困与相对贫困并非相互割裂的两种贫困，而是贫困的两个不同方面。两者既相互联系，又相互区别。厘清二者的关系有助于明确相对贫困治理的抓手。绝对贫困与相对贫困的内在关系，如表 12-1 所示。

表 12-1　绝对贫困与相对贫困的内在关系

贫困类型	绝对贫困	相对贫困
概念内涵	个体缺乏足够的资源满足基本生存需要	个体的资源低于所在地区的平均水平
衡量标准	具有比较固定的衡量标准	基本没有比较固定的衡量标准
显著特点	绝对性、客观性、短期性等	相对性、主观性、长期性等
主要分布	集中分布在农村	农村与城市

资料来源：相关文献。

一　两种贫困的内涵

何为绝对贫困？ Booth 从家庭人口和收入两个方面来定义绝对贫困，他在 1887 年提出，如果一个家庭有 6 个孩子，并且一周的收入也少于 18 便士，这样的家庭便可称为贫困家庭，此外，工作类型和生活条件也是他判定贫困的依据；Rowntree 也从收入的方面来判定绝对贫困，他在 1889 年提出，如果一个家庭的总收入不能满足家庭成员的最基本生活需要，则可以称为贫困家庭。③ 国际上还常将每个人每天所拥有的货币数量作为绝对贫困判定依据：1990 年的标准为每人每天 1.01 美元，2008 年调整为每人每天 1.25 美元，2015 年调整为每人每天 1.9 美元。④ 总的来看，国外学者认为绝对贫困的核心在于基本生存需要得不

---

① 习近平：《在全国脱贫攻坚总结表彰大会上的讲话》，《人民日报》2021 年 2 月 26 日，第 2 版。
② 《习近平谈治国理政》（第三卷），外文出版社，2020，第 66 页。
③ 汪三贵、刘明月：《从绝对贫困到相对贫困：理论关系、战略转变与政策重点》，《华南师范大学学报》（社会科学版）2020 年第 6 期。
④ 程蹊、陈全功：《较高标准贫困线的确定：世界银行和美英澳的实践及启示》，《贵州社会科学》2019 年第 6 期。

到满足。

国内学者也基本接受了这一概念，如有学者指出，绝对贫困主要是指社会主体所面临的生存困境，即作为社会中的一员，缺乏足够的能力和资源来满足自身最基本的生存生活需要。[①] 还有学者指出，客观物质性是绝对贫困的重要特性之一，即可以用客观的物质标准来衡量这种贫困，这里所谈的客观物质标准主要包括社会生活所必需的食品、住房、衣服等[②]。我国的具体实践也基本以"基本生存需要"为绝对贫困的衡量标准，如1978年确定的每人每年100元的标准，2008年确定的每人每年1196元的标准，2010年确定的每人每年2300元的标准，新时代确定的"两不愁三保障"的标准，其本质还是满足生存需要。

何为相对贫困？国外学者研究的视角不同，判定的依据也不一致，但也在一些方面达成了相同意见，即他们普遍认为，相对贫困是相对的，是与社会其他人相比较而言的。比如Townsend从资源分配角度指出，如果一个人（家庭）所获取的资源比其他人少，且不能满足自身对生活需要的诉求时，则可以称之为相对贫困；Sen分析了人的权利的重要性，认为如果一个人或家庭在社会上无法获得相应的权利（这些权利当然包括多个方面），那么就可以认为这个人或家庭是处于相对贫困状态的。[③] 欧盟从人均可支配收入出发定义了相对贫困，即人均可支配收入中位数的60%，这大致相当于平均收入的50%；在其他国家，这个数字是中位数的50%或接近中位数的40%。[④] 整体来看，国外学者一般认为相对贫困更侧重于比较性，并非绝对性。同时，在他们看来，这种比较具有一定的主观性，但也具有一定的客观性，是一种兼顾主观与客观相统一的比较。

国内学者对相对贫困的研究，在相对贫困的含义方面普遍借鉴了国外学者关于相对贫困的定义。如有学者从资源占有的角度指出，相对贫困是指个体在生活资源的占有方面明显比社会平均水平低。[⑤] 也有学者从收入的角度指出，相对贫困是在一定的生活空间范围内，个人（家庭）的收入可以满足基本生存

---

① 罗必良：《相对贫困治理：性质、策略与长效机制》，《求索》2020年第6期。
② 汪三贵、刘明月：《从绝对贫困到相对贫困：理论关系、战略转变与政策重点》，《华南师范大学学报》（社会科学版）2020年第6期。
③ 汪三贵、刘明月：《从绝对贫困到相对贫困：理论关系、战略转变与政策重点》，《华南师范大学学报》（社会科学版）2020年第6期。
④ 王小林、冯贺霞：《2020年后中国多维相对贫困标准：国际经验与政策取向》，《中国农村经济》2020年第3期。
⑤ 罗必良：《相对贫困治理：性质、策略与长效机制》，《求索》2020年第6期。

需要，而与同时空的其他人相比，还存在一定的差距。[①] 从学者们的相关论述来看，相对贫困主要是指个体或者家庭所获得的资源或收入与所在地区其他人相比还存在一定的差距，导致其处于相对贫困的状态。总而言之，相对贫困不再聚焦基本生存需要，而更多瞄准生活需要。在相对贫困的界定过程中，它更多地表现为一个从低到高的连续分布，并且还涉及主体感受和客体评价两个方面。[②] 从主体感受来看，这更多是强调主体自身的认知；从客体评价来看，这更多是侧重相对贫困认定者采用的界定标准和方式等方面。

二 两种贫困的区别[③]

要理解相对贫困与绝对贫困的区别，必须分析贫困现象的根源。绝对贫困或者说极端贫困，在起源意义上与生产力因素直接相关。在生产力层面，以物质财富匮乏为标志的贫困现象本质上源于社会劳动生产率的低下。马克思恩格斯在《德意志意识形态》中指出："生产力的这种发展之所以是绝对必需的实际前提，还因为如果没有这种发展，那就只会有贫穷、极端贫困的普遍化；而在极端贫困的情况下，必须重新开始争取必需品的斗争，全部陈腐污浊的东西又要死灰复燃。"[④] 在生产条件层面，马克思又指出，绝对贫困是由于劳动者失去生产资料产生的状态，即体现为仅仅占有自身劳动能力的生存性贫困。这时，生产条件的贫困就直接导致生活条件的贫困，"劳动能力表现为绝对的贫穷，因为整个物质财富世界以及物质财富的一般形式即交换价值，都作为别人的商品和别人的货币与它相对立，而劳动能力本身只是工人活的机体中存在的和包含的从事劳动的可能性，但是这种可能性与实现它的一切对象条件，即同它本身的现实性完全分离了，失去了这些条件，与这些条件相独立地存在着"[⑤]。由于市场经济下交换行为的前提性和普遍存在，绝对贫困也可以从消费层面进行界定，即绝对贫困标志着劳动者的收入不足以或者仅能勉强维持其本人及家庭成员的消费。在联合国对绝对贫困标准的定义中，就直接将每人每天摄取的热量标准以及食品支出占家庭收入的比例作为判断依据，在此基础上换算出人均每

---

① 邢成举、李小云：《相对贫困与新时代贫困治理机制的构建》，《改革》2019 年第 12 期。

② 吴振磊、王莉：《我国相对贫困的内涵特点、现状研判与治理重点》，《西北大学学报》（哲学社会科学版）2020 年第 4 期。

③ 此部分内容详见蒋永穆、侯婉月《化解农村相对贫困问题的理论探析》，《当代经济研究》2022 年第 4 期。

④ 《马克思恩格斯选集》（第一卷），人民出版社，2012，第 166 页。

⑤ 《马克思恩格斯全集》（第三十二卷），人民出版社，1998，第 44 页。

日消费的支出标准，原因即在于此。我国在经济现代化过程中将小康社会作为阶段性目标，强调降低城镇居民的恩格尔系数，解决好温饱问题，也是从社会消费的意义上来划分经济发展阶段的。

在生产关系层面上，马克思认为贫困可以从多个维度进行分析。首先，贫困问题的产生具有深刻的社会根源，所有制及其衍生出的收益权在其中起主导作用。在私有制社会中，劳动者的整体性贫困，是作为生产资料占有者日渐富裕的对立面而出现的，作为个体的劳动者的生存和生活状况决定于整个劳动群体的阶级地位。其次，贫困是资本积累的产物，在分析资本主义大工业的发展时发现，没有工人的贫困和被奴役，工业是不可能存在的。最后，资产者之间的竞争也是产生贫困的原因，资本主义竞争会产生"过剩的无用的人口"，从而在整体上导致就业者工资被压低。

相对贫困则不同，相对贫困与发展的不充分、不平衡密切联系，因而它更多的是从比较角度来衡量的。在正常情况下，不同社会群体在社会生产力增长中获得新增利益的相对份额变化，并不会对原有的生活状况产生影响，但会改变其社会生存境遇和相对生活水平。为此马克思曾专门指出："虽然工人生活的绝对水平依然照旧；但他的相对工资以及他的相对社会地位，也就是与资本家相比较的地位，却会下降。"[1] 在这里，马克思从劳动者整体层面阐述了相对贫困带来的社会后果。如果从个体层面出发，由于市场经济中劳动者的现实生活水平直接与其收入相关，这一结论仍然成立。正是在这一意义上，相对贫困可以看作与参照群体相比较而体现出来的一种"相对被剥夺"现象。相对贫困的这一特性直接影响到个人行为，且关系到社会和谐和稳定。不难理解，经济快速增长下的个人心态会相对浮躁，社会也更易失衡。在现代化进程中，贫富差距拉大不利于整个社会的发展与稳定，这对探讨精神层面的共同富裕显然具有借鉴意义。

在此基础上，相对贫困与绝对贫困有如下几个层面的明显区别。第一，两者的内涵有明显区别。绝对贫困的内涵相对简单，而相对贫困既指整体层面上的相对贫困，即劳动者的收入增长普遍滞后于私人企业主（包括执行资本经营职能的高管人员）的收入增长的情况，也包括个体意义上的相对贫困。劳动者的群体性贫困与个体贫困有着本质的区别。就整体性的贫困而言，贫困更多是由社会制度造成的。恩格斯曾指出，"工人阶级处境悲惨的原因不应当到这些小

---

① 《马克思恩格斯选集》（第二卷），人民出版社，2012，第58页。

的弊病中去寻找，而应当到资本主义制度本身中去寻找"[1]。恩格斯将资本主义制度作为贫困的原因，在资本主义私人占有制下，由于生产的客观条件和主观条件的背离，劳动者因失去生产的客观条件而难以致富，甚至连就业权利都得不到保证，这就决定了他们陷入贫困的必然性。社会主义市场经济是多种所有制并存的经济制度，私有企业中同样存在着劳资分离的情况，甚至面临利润侵蚀工资的矛盾，因而局部也存在着整体性相对贫困的效应，不过这种效应因公有制的主体地位受到了很大限制。我国按劳分配为主体的分配制度为消除整体性贫困奠定了前提。就个体性的贫困而言，它主要因个人的知识技能、劳动能力、禀赋差异等而形成。在社会主义条件下，劳动者的教育背景、身体健康状况、个人工作努力程度等多种因素，均会造成部分群体陷入相对贫困。第二，两者的侧重点不同。前者是个体在物质上的最低生存需要无法得到满足，侧重于对社会主体基本生活状况的考察，主要是看社会主体最基本的生存条件能否得到满足；后者则是以一定社会生活水平为参照标准，关注社会主体能否获得更加公平的发展机会，侧重于对较高层次社会发展需要能否获得满足进行考察。[2] 第三，两者的衡量标准不同。侧重点不同会导致两者在衡量标准上存在一定的差异，衡量方式也会存在不同。前者更多是从衣、食、住、医疗和教育等基本生存需要方面来判定，注重数量层面的衡量，衡量标准具有较强的客观性；后者更多是从生活需要方面来判定，注重质量层面的判定，并且是通过与其他人进行比较的方式加以界定和判断的，这就不可避免地具有主观性，导致其评价标准存在相对性和不精确性。[3] 第四，两者存在的时空领域存在一定差异。尽管两者在一定条件可以相互转化，但它们存在的时空也具有差异性。前者更多是存在于特定时空范围的特定群体中，并且经过一定扶贫实践是可以被彻底解决的；而后者存在于人类社会的任何阶段，只要个体能力与素质等方面存在差异，就会有发展方面的差异存在，那么就会有不平等和不均衡的现象发生。[4]

---

[1] 《马克思恩格斯选集》（第一卷），人民出版社，2012，第67页。

[2] 左停、贺莉、刘文婧：《相对贫困治理理论与中国地方实践经验》，《河海大学学报》（哲学社会科学版）2019年第6期。

[3] 陆汉文、杨永伟：《从脱贫攻坚到相对贫困治理：变化与创新》，《新疆师范大学学报》（哲学社会科学版）2020年第5期。

[4] 汪三贵、刘明月：《从绝对贫困到相对贫困：理论关系、战略转变与政策重点》，《华南师范大学学报》（社会科学版）2020年第6期。

三　两种贫困的联系

从两者的联系来看，绝对贫困与相对贫困是贫困的两种表现，两者是辩证的关系。第一，两种贫困都从需要的满足状况来反映贫困的状态及程度。前者侧重于对主体基本生存需要是否得到切实保障进行分析，更加侧重个体的基本生存需要；后者是指个人或者家庭的生活需要满足度相比于所在地区明显偏低的一种状态，更加侧重较高层次的生活需要。第二，两者是共存的。在同一社会时期，两种贫困都可能会存在，也就是说，在同一社会里，既存在绝对贫困的群体，也存在相对贫困的群体，两种贫困治理存在于同一时空领域。同时，两种贫困也会相互转化，在一定的条件下，相对贫困极有可能转化为绝对贫困。[1] 例如，在经济社会发展程度较低时，原本处于相对贫困状态的群体就会因为种种原因陷入绝对贫困的困境；但在经济发展程度较高的阶段，绝对贫困群体也可能会变为相对贫困群体。[2]

尽管相对贫困和绝对贫困之间存在一定的区别，但两者并非没有联系。从两者的联系来看，我们在相对贫困治理的过程中，也要关注返贫问题。尽管我们已经取得了消除绝对贫困的历史性成就，但在具有复杂的背景和贫情的中国，难免还会存在部分脱贫地区和脱贫群众的发展内生动力不足、容易发生返贫的问题。我们不能因宣布了脱贫攻坚的胜利，而就此忽视这一问题。也就是说，在相对贫困治理的实践中，我们也要防止规模性返贫现象的发生。这不仅是相对贫困治理的重要前提，而且会影响相对贫困治理的进程和成效。因此，在相对贫困治理的具体实践中，尤其是在现阶段，在把握两种贫困的区别和联系时，需要正确认识可能发生部分脱贫群众返贫这一问题。从目前的实际情况来看，部分脱贫地区和脱贫群众确因内生发展动力不足发生了返贫问题。在现阶段，引发规模性返贫的因素主要包括经济、社会和自然等三个方面，具体包括产业、能力、政策、文化和家庭等众多因素。[3] 局部返贫问题的出现，并不能否认我们脱贫攻坚战的伟大胜利，我们应在发展中增强其内生发展动力，从而提升脱贫成效的可持续性。进一步来说，需要我们在全面推进乡村振兴的进程中，坚

---

① 高强、孔祥智：《论相对贫困的内涵、特点难点及应对之策》，《新疆师范大学学报》（哲学社会科学版）2020 年第 3 期。

② 汪三贵、刘明月：《从绝对贫困到相对贫困：理论关系、战略转变与政策重点》，《华南师范大学学报》（社会科学版）2020 年第 6 期。

③ 赵普、龙泽美、王超：《规模性返贫风险因素、类型及其政策启示——基于西南民族地区的调查》，《管理世界》2022 年第 11 期。

持两点论和重点论相统一的方法，继续重点帮扶，进一步增强脱贫地区和脱贫群众发展的内生动力，从而在可持续发展中有效防止规模性返贫。

四　相对贫困的特征

相对贫困治理是一项系统工程，需要以精准把握其内在特征为基础，制定相应的解决措施和方案。事实上，同绝对贫困相比，相对贫困的特征更加多元化。学术界对相对贫困的特征进行了研究与讨论，主要观点见表 12-2。

表 12-2　学术界关于相对贫困特征的代表性研究

代表性观点	代表性学者	文献名
长期性、相对性、多样性、隐蔽性	曾福生	后扶贫时代相对贫困治理的长效机制构建
政治性、长期性、相对性、风险性	陆汉文等	从脱贫攻坚到相对贫困治理：变化与创新
人口基数大、贫困维度广、致贫风险高	孔祥智等	论相对贫困的内涵、特点难点及应对之策
对象多元性、要素复杂性、任务多重性	吴振磊等	我国相对贫困的内涵特点、现状研判与治理重点
动态性、多维性、复杂性、长期性	韩广富等	农村相对贫困的特征、境遇及长效解决机制
多维性、差异性、次生性、发展性、脆弱性	张琦等	2020后相对贫困群体发生机制的探索与思考
相对性、发展性、多维性、结构性等	李小云等	相对贫困与新时代贫困治理机制的构建

资料来源：相关文献。

精准把握相对贫困的特征是相对贫困治理的前提。与绝对贫困对比，并结合相对贫困本身的内涵，我们认为相对贫困具有如下六个方面的典型特征。

一是相对贫困具有相对性。相对性是相对贫困的首要特征，其主要可以从两个方面来理解。一是从含义来看，相对贫困是指个人拥有的生活资料与所在地区其他人相比，其数量与质量偏低。换言之，相对贫困更多是通过与其他人相比较而产生的，所以相对贫困具有相对性。二是从标准来看，它尚未形成统一的衡量标准，主要通过同一空间领域的不同群体之间或者不同空间领域的不同群体相比较来识别。因此，从这个层面来看，相对贫困具有相对性。

二是相对贫困具有主观性。相对贫困具有主观性的特征，这种特征可以从如下两个方面来理解。一方面，相对贫困更多强调人的心理感受。主体的心理活动本身就有主观性，相对贫困跟主体内心所向往的生活需求有关。另一方面，相对贫困的标准也具有主观性。尽管国际上采用了基尼系数来衡量一个地区或者国家的相对贫困程度，但衡量相对贫困依然没有客观标准，只有主观标准。[①] 也就是说，相对贫困的衡量更多还是因人而异，没有统一的客观标准。

三是相对贫困具有贫困性。贫困性是相对贫困与绝对贫困共同的特征，也是相对贫困的本质属性。与绝对贫困相比，相对贫困不再是基本生存需要层面上的贫困，而是美好生活需要层面上的贫困，但它始终是贫困的一种表现，是人更高层次的发展需求无法得到满足的表现。因此，应当明确相对贫困是一种贫困。尽管相对贫困是人主体上的一种心理失落感受，但与其他人相比较，这种心理失落感又是客观存在的。同时，社会也承认相对贫困的客观存在。因此，尽管相对贫困具有相对性与主观性，但就其本质和表现而言仍是一种客观存在的贫困。

四是相对贫困具有普遍性。相对贫困的相对性与主观性，决定了相对贫困的普遍性。这也是相对贫困的基本特征，具体可以从如下三个层面来理解。首先，从覆盖的人群来看，与绝对贫困相比，相对贫困具有基数大的特征。[②] 随着经济社会的发展，生存性绝对贫困得到消除，但我国发展的不平衡与不充分问题依然存在，那么相对贫困的人口也会随之增加，甚至比绝对贫困人口还要多。其次，从覆盖的区域来看，绝对贫困主要集中于农村或者偏远的地区，但相对贫困覆盖的区域更加广泛。发展的不平衡和不充分不仅在农村有所表现，在城市也是存在的，因此，相对贫困不仅发生在农村、城市，甚至在大城市也会发生。最后，从覆盖的领域来看，绝对贫困主要集中在以务农为主的人群中，但相对贫困的领域更加广泛，不仅农业领域会发生相对贫困，工业、第三产业，以及其他新兴行业也会在各种因素的综合作用下产生甚至加剧相对贫困。

五是相对贫困具有变化性。相对贫困的相对性和主观性，决定了相对贫困具有变化性的特征。相对贫困的变化性主要体现在以下两个方面。一方面，相对贫困的标准具有变化性。国际上对相对贫困的界定标准是人均可支配收入的中位数；国内学者认为，界定相对贫困既要关注人们在收入、就业等经济维度的实际状况，也要关注人们在教育、健康、信息获得等社会发展维度和生态环境维度的现实境遇。[③] 也有学者提出，可以按照"中位收入比例法"来制定具

---

①　左停、贺莉、刘文婧：《相对贫困治理理论与中国地方实践经验》，《河海大学学报》（哲学社会科学版）2019 年第 6 期。

②　高强、孔祥智：《论相对贫困的内涵、特点难点及应对之策》，《新疆师范大学学报》（哲学社会科学版）2020 年第 3 期。

③　王小林、冯贺霞：《2020 年后中国多维相对贫困标准：国际经验与政策取向》，《中国农村经济》2020 年第 3 期。

有可操作性的认定标准。① 无论采用何种标准来衡量相对贫困，它都具有一定的变化性。另一方面，相对贫困的人口具有变化性。绝对贫困人口更多是集中在农村，具有相对固定的生活场所，但相对贫困人口很大一部分都会进城务工，他们的流动性相对较大。②

六是相对贫困具有多元性。多元性是相对贫困的重要特征，主要可以从如下两个方面来理解。一方面，相对贫困的致贫原因具有多元性。绝对贫困的致贫原因更多是经济因素，但相对贫困的致贫原因比较多元化，既有经济因素，也有制度因素，还有主体因素与环境因素等。③ 另一方面，相对贫困的类型具有多元性。相对贫困的类型也是比较多元化的，根据不同的致贫成因，也有不同的相对贫困类型。根据多维贫困理论，可以将其分为经济结构、社会权利等贫困类型。④ 同时，我们还可以依据其内涵和成因将相对贫困划分为不同类型的贫困，如流动性、发展性、结构性等贫困。⑤ 可见，相对贫困在致贫原因和表现形式上均呈现出多元化的特点。

第三节　构建治理体系：相对贫困治理的重点⑥

农村相对贫困问题的解决，需要综合分析影响农村相对贫困问题的因素和机制，找准立足点，探索科学的解决思路。

一　形成基本思路

相对贫困问题表面看来是不同社会群体间的不平等和实际生活水平差距，但本质上又可以根据其不同的性质，进一步进行区分并在多重维度上综合考量。其中包括：农村和城镇比较下的相对贫困，农村区域间比较下的相对贫困，农村内部不同群体和个人的相对贫困。针对这些综合性因素，构建化解农村相对

---

① 叶兴庆、殷浩栋：《从消除绝对贫困到缓解相对贫困：中国减贫历程与 2020 年后的减贫战略》，《改革》2019 年第 12 期。
② 王晓毅：《全面小康后中国相对贫困与贫困治理研究》，《学习与探索》2020 年第 10 期。
③ 张琦、杨铭宇、孔梅：《2020 后相对贫困群体发生机制的探索与思考》，《新视野》2020 年第 2 期。
④ 董帅兵、郝亚光：《后扶贫时代的相对贫困及其治理》，《西北农林科技大学学报》（社会科学版）2020 年第 6 期。
⑤ 邢成举、李小云：《相对贫困与新时代贫困治理机制的构建》，《改革》2019 年第 12 期。
⑥ 此部分内容详见蒋永穆、侯婉月《化解农村相对贫困问题的理论探析》，《当代经济研究》2022 年第 4 期。

贫困的长效机制，主要存在以下三个不同的思路。

其一，对于制度层面上的相对贫困，首先是要化解生产资料占有差异带来的贫困现象。在相对贫困的形成中，劳动收入与资本收入之间的失衡是一个主要原因，资本的过快积累往往是以劳动收入增长的降低为代价的。这样就产生了一个难题，即相对贫困地区和群体一方面需要资本的投入和扶持，另一方面资本的投入有时又会削弱劳动收入增长潜力。中国减贫脱贫工作中的政策性资金，以及东西部对口支援协作资金，成为解决绝对贫困千年难题的钥匙，体现了社会主义经济制度的整体优势。未来，中国还需要创新资金扶贫的方式方法，如推动普惠金融制度，让处于相对贫困的地区和群体相对优先地获得资金扶持，弥补自身发展中资源的不足。最重要的是，在新发展阶段我国应进一步壮大农村集体经济，创新发展新型农村合作经济，积极盘活农村资产，让农民财产性收入不断增长，使之在化解相对贫困方面发挥重要作用。

其二，对整体意义上的相对贫困，需要化解区域差异带来的相对贫困问题。区域差异带来的贫困问题，曾经是我国绝对贫困现象产生的最主要根源，这一机制在相对贫困层面仍将发挥作用。区域差异的本质是生产的自然条件和自然资源禀赋的差异，它不仅关系到当地的劳动生产率能否提高，也关系到其相对收入水平能否同步提升。生产的自然条件以及资源禀赋不同，会导致相同条件下社会生产规模和质量的差别，从而给当地经济带来不同影响。即便不考虑劳动生产率本身的差异，区位因素导致的运输成本等增加，也会在一定程度上压低落后地区和人群的收入水平。在这种情况下，如果没有强有力的政策倾斜和扶持，落后地区的共同富裕是很难实现的。在脱贫攻坚中，我国对不适宜生产生活的村庄地区采取了整体搬迁的政策，使解决绝对贫困问题取得了巨大成效。在化解相对贫困难题时，我国仍然要采取针对性的措施，化解因区位因素带来的不利因素。

其三，对于个体意义上的相对贫困，需要缩小不同劳动者之间的收入差距和生活成本差距。一方面，收入差距在相对贫困的形成中具有重要指向性意义。不同劳动者之间的收入差距，既包括农村居民内部的收入差距，也包括农村劳动者与其他居民之间的收入差距。以收入差异衡量相对贫困，关键是要将相对贫困与社会平均水平进行比较。加尔布雷斯就认为，判断一个人是否贫困，不仅要看其自身收入水平，还要看社会中其他人的收入水平。[1] 因此，积极提升

---

① 〔美〕乌德亚·瓦格尔：《贫困再思考：定义和衡量》，刘亚秋译，《国际社会科学杂志》（中文版）2019年第3期。

农业现代化水平，走集约化、高效化和特色化发展之路，加快提高贫困农民的收入，仍然是今后化解相对贫困的主要渠道。另一方面，农村的相对贫困问题与其生活成本有着必然的关联性。相对贫困不仅与农村居民收入有关，也与其生活成本有关。生活成本的差距拉大，也会放大相对贫困问题。从生活成本角度看，解决相对贫困问题不能仅仅重视货币和价值形态的减贫理念，更要重视实物形态的减贫观。要联系当地实际情况，综合考虑恩格尔系数、人均居住面积、人均医疗教育资源等各种因素，推动贫困人群实际生活水平的提高。

二　找准治理抓手

化解农村相对贫困，要根据相对贫困的类型和性质有针对性地推进。从农村相对贫困的表象特征看，相对贫困的主要类型包括收入型贫困、消费型贫困和生活型贫困。针对收入型贫困，提高农村贫困群体收入、提高其社会保障水平是工作的重点，应将工作的着重点放在对农民的教育培训、完善就业政策、促进产业发展和加强惠农政策等方面；对消费型贫困，需要加强物质层面的资助和帮扶，实施促进农村消费的政策；对生活型贫困，则需要加强对贫困人群的救济工作，发挥第二次分配和第三次分配的作用。化解农村相对贫困需要在新时代拓展扶贫的内涵。化解相对贫困，不仅要重视满足贫困农民的"基本需求"，即解决其家庭最低消费需求，如住所、食物、衣物、用水用电、家具和其他生活设备等，也需要满足其基本服务需要，如公共交通、卫生保健、教育和文化设施等，还要满足群众对更高生活质量的追求，如绿色生态、宜居环境等。习近平总书记强调，要"满足人民群众日益增长的美好生活需要"[1]。这一理念将贫困范畴下的"生理需求"和"基本需求"观，扩展为"美好生活需要"观，不仅超越了个体主义的反贫困理念，还强调了社会主义条件下的集体主义脱贫观，为中国探索化解相对贫困的长效机制指明了方向。在此基础上，要厘清"先富后富"辩证关系，筑牢"先富"基础，并把握"共享共富"必然趋势，强化"后富"帮扶。

三　拓展主要途径

化解农村相对贫困要从现有国情和农村发展的实际出发，在四个方面开展工作。首先，化解农村相对贫困要以乡村振兴为基础。乡村振兴的基础在于产

---

① 《习近平谈治国理政》（第三卷），外文出版社，2020，第238页。

业兴旺，没有农业农村的现代化，就没有整个国家的现代化。要实现乡村脱贫，需要以促进乡村产业的发展为其提供动力，而要实现乡村产业兴旺，必须有乡村社会全面脱贫作为实践基础。从生态环境角度，生态是乡村最大的发展优势，良好的生态环境是人和社会持续发展的根本基础。加强农村人居环境整治，加快推行乡村绿色发展方式，构建人与自然和谐共生的乡村发展新格局，既是满足居民舒适居住需求的需要，又是实施乡村振兴、建设美丽中国的关键举措。从乡村治理角度来说，在实现乡村社会有效治理的过程中，包含着对农村贫困问题的有效治理；从居民生活角度来说，提高农民收入和消费水平，是农业农村发展的根本落脚点，更是解决相对贫困的有效途径。

其次，化解农村相对贫困要重塑新型城乡关系。随着我国城镇化进入快速发展与质量提升的新阶段，城市辐射能力的增强与大量农民仍将生活在农村的国情之间的矛盾逐渐凸显，迫切需要重塑城乡关系。由于相对贫困强调的是对自身所在社会平均需求的无法满足，因此对相对贫困的治理具有典型的区域性和地方性特征，其中也暗含着城乡的差异。随着城镇化进程的加快，大量的农村居民进入城镇工作和生活，出现了长期流动于城乡之间、具有城镇和农村双重性质的贫困群体，这类群体的出现使得相对贫困问题更具复杂性、多元性和动态性。只有重塑城乡关系，才能通过城乡融合发展，在整体上带动农村相对贫困的治理。

再次，化解农村相对贫困要激活生产要素。做好劳动力、土地和资金等的要素保障，尤其在数字经济兴起，城乡数字鸿沟显著的当代，要切实提升相对落后地区的数字基础设施建设水平，实现区域、城乡数字经济协调发展。要统筹供给侧结构性改革与需求侧管理的协调，在市场机制与政府管理的有机统一中实现数字经济发展赋能乡村振兴。

最后，农村相对贫困治理应秉承因地制宜、循序渐进的基本原则。我国乡村发展差异显著，农村地区多样性发展的趋势仍将延续。在农村贫困治理中要看到相对贫困存在的区域性和地方性差异，并进而采取不同的路径取向。应充分考虑不同地区乡村的差异性，进一步发掘和拓展乡村的独特价值和多元功能。实际上，乡村在中国不仅是地域概念，还是具有自然、社会、经济特征的综合体，承载着文化传承的重要功能。只有在贫困治理中加强乡风文明建设，才能促进农民提高自身素质，增强其幸福感。农村地区的精神层面的相对贫困，只有在乡村整体建设中才能得到根本化解。

四 建立长效机制

相对贫困作为长期性的贫困现象，其治理并非一蹴而就，而是需要持久的、长期的努力。因此，需要将相对贫困治理融入国家治理的整体谋划，其关键在于构建解决相对贫困问题的长效机制，以此为相对贫困问题的解决提供制度保障。建立解决相对贫困长效机制需要遵循"前提—方法—目标"的思路，以防止规模性返贫为前提，以构建长效识别机制、长效帮扶机制、长效保障机制、长效动力机制为方法，以构建长效退出机制为目标（具体思路见图12-4），从而有效解决相对贫困，最终实现共同富裕。

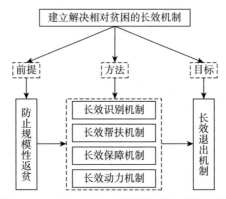

图 12-4 建立解决相对贫困长效机制的思路

第一，防止规模性返贫。相对贫困作为贫困的一种表现样态，与绝对贫困并非毫无关系，两者在一定时空条件下可以相互转换。因此，就目前的情况来看，相对贫困治理需要以防止规模性返贫为前提。在脱贫攻坚中，我们以"一超过两不愁三保障"① 为标准，并且已经确保了所有的建档立卡户达到这个标准，取得了中国和世界减贫史上的历史性成就。但在相对贫困人口体量偌大和贫情复杂的中国，难免会存在部分脱贫户和边缘户因重大疾病、自然灾害和其他突发意外情况收入骤降和支出陡增，进而在"两不愁三保障"方面可能出现问题，最终影响生计，可能再次陷入贫困。② 从目前中国的实际情况来看，这种规模性返贫更有可能发生在原来的深度贫困地区。尽管这些地区已脱贫，但

---

① 家庭人均纯收入超过当年国家扶贫标准，稳定实现不愁吃、不愁穿，保障义务教育、基本医疗和安全住房。
② 王媛：《后扶贫时代规模性返贫风险的诱致因素、生成机理与防范路径》，《科学社会主义》2021 年第 5 期。

这些脱贫地区资源禀赋、经济发展要素积累都相对较差，并且农户谋生方式也相对单一，容易出现区域性规模返贫；同时，在诸如地震、干旱和洪涝等自然灾害多发地区，也会因自然灾害的突发导致农户出现突发性规模返贫；此外，在诸如低保户、重度残疾人和特困户这类群体中也容易发生规模性返贫。① 所以，在相对贫困治理的过程中，需要重视规模性返贫问题，必须牢牢守住防止规模性返贫的底线，通过乡村振兴的方法来巩固脱贫成果，进而防止规模性返贫问题的发生，提升脱贫攻坚的成效。

从规模性返贫的三种主要类型来看，防止规模性返贫主要还得依靠发展，通过发展的方式来阻断规模性返贫的机理和通过发展的方式来夯实应对规模性返贫的根基。推进这些地区的发展需要以全面推进乡村振兴为总抓手，将其发展融入整个乡村振兴过程。具体而言，重点需要推进乡村产业发展，依托产业的振兴带动乡村其他方面的发展和振兴。推动乡村产业振兴需要跳出农业，从系统的观念来谋划乡村产业的发展。这要求我们在实践中不能固守陈旧，而是要破除固定思维，牢固树立大农业观。在推动乡村产业振兴的过程中既要坚持宜农则农、宜工则工、宜商则商的原则，也要坚持农业与其他产业相结合的原则，还要坚持顺应数字经济趋势发展乡村数字产业的原则。通过整体性谋划和具体性落实相结合，使乡村产业发展既符合当地的资源禀赋，也符合整个经济社会发展的趋势。当然，防止规模性返贫不仅要依靠发展，还要充分发挥社会主义制度的优势。具体而言，需要通过完善社会保障体系来为防止发生规模性返贫提供保障。也就是说，针对发展基础较差的地区和部分特殊人群，应当进一步健全和完善社会保障体系，从而使这些地区和这部分人群一旦发生返贫，可以得到有效、及时的应对。此外，针对突发自然灾害诱发的规模性返贫，我们应当建立健全自然灾害预警机制和自然灾害应对机制，既要提早发现并及时减少灾害对人们的影响，也要及时有效开展救助，使返贫的人们能够尽快恢复生产生活和过上美好生活。

第二，有效准确识别相对贫困对象②。现行贫困标准下的贫困人口全部脱贫之后，并不意味着我国就没有贫困人口了，而是贫困的存在形式发生了变化，即从较易识别和发现的绝对贫困转变为难以直接衡量和辨别的相对贫困，从区域性整体贫困转变为个体性分散贫困。从发展阶段来看，相对贫困是国家经济

---

① 汪三贵、周园翔：《构建有效的防规模性返贫的机制和政策》，《农业经济问题》2022 年第6 期。

② 此部分内容详见蒋永穆《建立解决相对贫困的长效机制》，《政治经济学评论》2020 年第 2 期。

社会发展水平提高之后必然面临的问题，在人民收入水平得到提高和绝对贫困得到消除的同时，也产生了人们生活水平差距拉大、相对贫困人口增加等问题。简言之，是由发展不足转变为发展不平衡不充分。从贫困人口来看，相对贫困的成因较为复杂，既可能是脱贫人口由于贫困程度较深、发展基础较差，成为返贫人口；也可能由于自然灾害、意外事故等突发事件，成为偶然致贫的相对贫困人口；还可能由于生病就医、待业失业等潜在因素，成为急需帮扶的相对贫困人口。要解决相对贫困问题，首先应明确什么是相对贫困，以及有哪些人处于相对贫困状态，具体可以从三个方面着力。

首先，确立符合我国发展实际的相对贫困标准。相对贫困标准的制定，不仅要依照马克思主义的相对贫困理论，体现人民的需要，而且可以参考国际社会的相对贫困标准，参照人类发展指数、多维贫困指数和社会贫困线等划定标准。同时，结合我国社会主义初级阶段和发展中国家的国情，考虑我国的区域发展差异、城乡发展差距和典型致贫原因，在高于现行绝对贫困标准的基础上，提出今后一个时期识别相对贫困人口的基本标准。可以基于人民美好生活和"五位一体"的视角，确定多维的判定标准。主要包括经济维度的收入水平以及财富创造能力等，政治维度的政治参与机会与能力等，文化维度的精神财富的富裕程度以及文化水平的高低等，社会维度的社会福利享有以及社会资源的获取等，生态维度的生活环境质量高低以及自然环境的脆弱度等。其次，科学识别相对贫困人口。在确定相对贫困标准之后，可根据既定标准识别相对贫困人口。但需注意的是，不仅有既定标准下的相对贫困人口，而且有潜在的相对贫困人口，应充分运用社会保障和各类普查数据，对这类人口规模进行预测和估算，提前制定应对方案和帮扶措施，防范潜在风险。为此，需要构建多元识别主体。一方面，充分发挥专业工作人员的专业性。就目前我国的扶贫实践经验来看，做好相对贫困人口的识别工作，关键还要继续发挥专业工作人员的主导作用。发挥专业工作人员的主导作用需要他们深入基层、入户调查，做到不漏一户、不忘一人，也不错评一人。正如习近平总书记所说："调查研究是谋事之基、成事之道。没有调查，就没有发言权，更没有决策权。"① 另一方面，充分发挥群众的主动性。人民群众既是潜在的相对贫困对象，也是相对贫困对象的重要识别主体。这主要包括两层含义：一方面需要潜在的相对贫困对象积极

① 中共中央文献研究室编《习近平关于全面建成小康社会论述摘编》，中央文献出版社，2016，第191页。

主动到相关部门进行如实登记，并提供相应的材料进行核验；另一方面需要其他人民群众积极主动配合工作人员的群众调研，并积极主动向相关部门反映真实情况。最后，精细管理相对贫困人口。在精准扶贫中，建档立卡和精准识别起到了切实有效的作用。因此，在相对贫困治理中，可以延续和优化这些方式。在充分运用互联网、大数据和区块链等技术，广泛搜集和精准识别相对贫困人口信息的基础上，建立信息全面、动态更新、便捷高效、实时共享的相对贫困人口数据库和信息系统，从而确保精准识别、科学管理、有效监测相对贫困人口，为采取有针对性的减贫措施奠定坚实基础。总之，为了更好地识别出相对贫困人口，既需要借鉴消除绝对贫困实践中的有益经验，也需要与时俱进，善于用好各类普查数据和各种现代化信息技术，打好传统手段和现代手段的组合拳。

第三，多元举措帮扶相对贫困人口。通过制定标准、使用相应的技术手段识别出相对贫困人口，是解决相对贫困的前提。制定有效的帮扶机制，是解决相对贫困的关键。相对贫困的成因与表现都具有多维性，并且还具有复杂性。相对贫困较绝对贫困而言，其影响因素比较多样，并且更为复杂。既有地区经济发展缓慢、经济收入微薄等经济因素，也有自然灾害、突发事件等非经济因素，此外还涉及政治、文化、社会、生态等其他方面因素。因此，解决相对贫困问题，需要采取以发展经济为主体、兼顾其他方面的帮扶思路，构建"一核多元"的长效帮扶机制，具体可以从以下三个方面着手。

首先，推动产业不断发展，以产业带动相对贫困的解决。相对贫困最主要的致贫因素还是经济因素，为此，需要通过产业发展来助推相对贫困问题的解决。习近平总书记指出："产业扶贫是最直接、最有效的办法，也是增强贫困地区造血功能、帮助群众就地就业的长远之计。"[1] 因此，既需要我们做好产业空间布局的规划，也需要出台相关政策引导产业主体落户农村地区。当然，在具体实践中还应做好推动已有产业发展工作。一方面，推动产业发展需要维持产业链供应链的稳定。"产业链环环相扣，一个环节阻滞，上下游企业都无法运转"[2]。企业是产业发展的重要载体，企业无法有效运转，产业发展就是空谈。因此，产业发展的核心和关键在于保持产业链供应链稳定，实现企业之间的良性循环。另一方面，推动产业发展需要不断调整与优化产业结构。产业结构的

---

① 《习近平在广东考察时强调 高举新时代改革开放旗帜 把改革开放不断推向深入》，《人民日报》2018 年 10 月 26 日，第 1 版。

② 习近平：《在统筹推进新冠肺炎疫情防控和经济社会发展工作部署会议上的讲话》，《人民日报》2020 年 2 月 24 日，第 2 版。

合理性是反映产业发展水平的重要指标，推动产业发展需要以高质量发展为方向，以构建现代化产业体系为目标，以创新驱动、绿色发展和改革开放为手段，实现产业结构优化升级。产业的发展可以实现产业振兴的目标，增加老百姓的收入，更好防止规模性返贫和推进相对贫困治理、提升相对贫困治理成效。其次，推动城乡融合发展，以整体促进相对贫困的解决。相对贫困不仅分布在农村地区，还散落于城市地区。解决相对贫困，一方面，需要推动城乡融合发展，构建城乡一体化的相对贫困解决路径。因此，解决相对贫困问题需要坚持系统观念，即在城乡融合发展中推动相对贫困的解决。消除城乡融合发展的障碍、完善城乡融合发展的机制，如因地制宜推进土地流转机制创新、提高土地资源配置效率，以此激发农业生产活力。另一方面，需要推进生产要素在城乡间无障碍流动，如劳动力、资本、技术等生产要素在城乡间双向、自由流动。[1] 城乡融合发展，将会进一步促进农村发展，有利于夯实相对贫困治理的基础，也会进一步增强脱贫地区和脱贫群众的内生发展动力，可以有效防止规模性返贫。最后，净化社会文化环境，以文化保障相对贫困的解决。相对贫困既包含客观维度，也包含主观维度，客观维度主要体现在经济收入、社会权利等方面，主观维度主要体现在社会心理、群体认知等方面。其中，社会心理性相对贫困主要体现在心态、文化和精神等方面，并且这种社会心理性相对贫困还可能存在代际遗传、群体传染等问题。[2] 因此，解决相对贫困，需要营造良好的社会文化环境。一方面，引导群众正确认识贫困。相对贫困在一定程度上是由个体的主观感知造成的，即个体通过与周围人群的比较，发现自己与其他人存在一定的差距，从而认为自我处于相对贫困，但在现阶段，这种贫富差距是客观存在的。为此，需要引导其正确认知与周围人群的差距，避免其陷入心理感知上的相对贫困。另一方面，营造积极向上的社会文化氛围。通过深入开展移风易俗的活动来营造良好的社会风气，并且充分发挥先进文化育人的功效，开展先进文化进农村、进社区等活动。此外，还要针对贫困群体的心理状况建立健全心理咨询服务体系，以此促进贫困群体保持健康向上的良好社会心态。[3]

---

[1] 吴振磊、王莉：《我国相对贫困的内涵特点、现状研判与治理重点》，《西北大学学报》（哲学社会科学版）2020 年第 4 期。

[2] 董帅兵、郝亚光：《后扶贫时代的相对贫困及其治理》，《西北农林科技大学学报》（社会科学版）2020 年第 6 期。

[3] 董帅兵、郝亚光：《后扶贫时代的相对贫困及其治理》，《西北农林科技大学学报》（社会科学版）2020 年第 6 期。

第四，发挥政府宏观层面的保障作用[①]。贫困不仅表现为收入和经济方面的数量贫困，而且表现为社会生活等方面的质量贫困。现行"两不愁三保障"的扶贫目标已经涉及吃、穿、教育、医疗、住房等方面，但这一目标的实现，并不意味着完全消除了数量和质量层面的贫困，而是对数量的要求相对提高，对质量的需求更加多元，对生活水平的要求相应提升。习近平总书记指出："贫困帽子摘了，攻坚精神不能放松。追求美好生活，是永恒的主题，是永远的进行时。"[②] 从贫困状态来看，相对贫困的表现形式较为广泛，有收入水平相对较低和城乡收入差距较大引发的收入型贫困，也有生活负担较重和支出压力较大诱发的消费型贫困，还有生活成本较高和生活水平较低催生的生活型贫困。从贫困的分布来看，既可能大量分布在农村，也可能从农村转移到城市，甚至直接分布在城市。要解决相对贫困，应明确可以从哪些方面帮扶相对贫困人口，具体可以从以下三个方面着手。

一是建立健全解决相对贫困的制度保障体系。进一步发挥制度减贫的特有优势，探索建立既能有效提高相对贫困人口收入，又能保障其基本生活，还能稳步提升其生活质量的制度。党的十九届四中全会《公报》中强调了"必须健全幼有所育、学有所教、劳有所得、病有所医、老有所养、住有所居、弱有所扶等方面国家基本公共服务制度体系"[③]，从制度层面保障人民群众能够获得基本公共服务。应考虑经济社会发展水平，结合相对贫困人口的多种需求，适时对其予以倾斜，分类制定和实施保障相对贫困人口多方面需求的相关制度。

二是建立健全解决相对贫困的政策保障体系。现有的社会保障等政策，对于救助收入和生活水平较低的群众起到了积极作用。在确定相对贫困人口之后，应做好政策之间的衔接，适当提高救助标准，既要体现政策的普惠性和普适性，确保全体人民实现成果共享，又要体现政策的针对性和特殊性，适时加大解决相对贫困的政策投入力度，确保有效解决相对贫困人口的燃眉之急。尤其是要进一步完善社会保险、商业保险、养老保障和低保等政策，从而提升政策的有效性。

三是建立健全解决相对贫困的工作保障机制。现行"中央统筹、省负总责、

[①] 此部分内容详见蒋永穆《建立解决相对贫困的长效机制》，《政治经济学评论》2020年第2期。

[②] 《习近平在河南考察时强调 坚定信心埋头苦干奋勇争先 谱写新时代中原更加出彩的绚丽篇章》，《人民日报》2019年9月19日，第1版。

[③] 《中共中央关于坚持和完善中国特色社会主义制度 推进国家治理体系和治理能力现代化若干重大问题的决定》，《人民日报》2019年11月6日，第1版。

市县抓落实"的减贫工作机制，确保了各个层面有效落实减贫工作责任。可运用和改进这些机制，强化解决相对贫困的工作职责，明确各主体责任，细化各级各部门分工，确保层层推进和落实相对贫困治理工作。相对贫困治理，既需要中央和省市县各级政府的统筹协调，更需要乡镇（街道）和村（社区）积极作为。乡镇（街道）和村（社区）既要积极识别出相对贫困户，也要善于做好准相对贫困户的心理疏导工作。

第五，增强解决相对贫困的内生动力①。与绝对贫困相比，相对贫困的成因是多重的。从贫困类型来看，相对贫困的种类较多，既有收入和生活水平不高造成的物质贫困，又有脱贫后自我发展能力不足引发的能力贫困，还有自身发展动力不强伴生的精神贫困。从减贫方式来看，解决相对贫困不仅需要基本的长效保障机制，而且需要根本的长效动力机制，即外源式扶贫与内生式扶贫的有机结合。要激发解决相对贫困的内生动力，主要可以从三个方面着力。

一是全面推进乡村振兴。打赢脱贫攻坚战之后，推进农业农村现代化的进程仍将继续，应坚持在发展中减贫的思路。首先，将产业扶贫的经验和做法与乡村产业发展的思路和路径有机结合起来，巩固乡村产业脱贫成果。在产业布局上凸显乡村产业特色和发展优势，在主导产业上推动农村一二三产业融合发展，在经营方式上既坚持家庭经营又发展壮大集体经济，有效带动农民持续增收。其次，将坚持党对扶贫工作的领导与乡村组织振兴有机结合起来，凝聚形成解决相对贫困的强劲支撑。加强农村基层党组织建设，充分发挥农村集体经济组织联合功能，运用组织合力推进减贫工作。最后，注重就业扶贫与乡村人才振兴、生态扶贫与乡村生态振兴、教育扶贫与乡村文化振兴之间的有机衔接。保障脱贫群众稳定就业，降低返贫风险；实现乡村生态效益与经济效益充分结合，推动乡村和村民可持续发展；提升农民思想文化素质，筑牢主动摆脱贫困的发展观念。

二是深化各类各项改革。通过改革，破除束缚要素流动和资源配置的体制机制障碍，释放城乡发展活力。首先，深入推进户籍制度、劳动力和人才社会性流动体制机制等改革，推动城乡劳动力双向自由流动，为相对贫困人口提供更多的就业、生存和发展空间。其次，深化收入分配制度改革，逐步缩小居民收入差距，稳步提高低收入者收入。最后，深入推进农村集体产权制度和土地制度等改革，提高农村资源资产利用效率，为相对贫困人口创造更多的就业创

---

① 此部分内容详见蒋永穆《建立解决相对贫困的长效机制》，《政治经济学评论》2020 年第 2 期。

业和致富机会。

三是构建全社会共同参与解决相对贫困的格局。处理好政府与市场的关系，调动一切积极力量加入，加快形成政府、市场、社会协同解决相对贫困的良好局面。相对贫困的产生在一定程度上也源于社会资源财富分配不均、发展不平衡不充分等因素。[①] 因此，要充分发挥政府作用和发动社会力量来共同解决相对贫困。一方面，政府应积极发挥作用。在脱贫攻坚战中，政府发挥了不可替代的作用，这也是中国特色社会主义制度优势的具体彰显。在相对贫困治理的过程中，政府也应继续发挥作用，但与绝对贫困相比，在相对贫困治理的实践中，政府应转变帮扶方式，更加侧重宏观引导调控，如通过深化收入分配制度改革、运用税收与财政等宏观手段，积极破解社会发展不平衡与不充分等问题。另一方面，构建社会积极参与的大扶贫格局。相对贫困治理具有更多的不稳定性与复杂性因素，因此，政府应该通过完善政策，引导、支持社会力量积极参与，如构建东中西部结对帮扶机制、国有企业与民营企业融入机制等。

第六，制定合理的相对贫困退出程序。相对贫困治理的最终目标是要解决相对贫困，实现共同富裕。这就意味着随着经济社会的发展，相对贫困也会逐渐退出历史舞台。那么相对贫困人口退出帮扶范围的标准、形式，以及后续工作都应在实践中逐步完善，以确保相对贫困人口退得出、也稳得住。与绝对贫困相比，相对贫困在致贫因素、贫困人口，以及返贫风险等方面都更加复杂。因此，需要建立解决相对贫困的长效退出机制，从而保障相对贫困治理的成效。具体来看，可以从如下三个方面着手。

一是建立科学的退出评定标准。相对贫困治理，意味着在多元举措的推动下相对贫困人口达到了退出贫困行列的标准。那么相对贫困人口达到什么样的标准才能退出，是相对贫困治理应当探索的重要方面。鉴于相对贫困致贫的主要因素包括经济、文化、能力等方面，因此，制定相对贫困退出的标准，至少应当包括如下几个方面。首先，要看经济收入是否达标。无论是绝对贫困，还是相对贫困，经济收入始终处于核心地位。相对贫困退出的经济标准，可以采取所在地区的经济中位数，或者可以采用平均水平，以此来衡量其是否可以退出相对贫困行列。其次，要看文化需要是否满足。相对贫困的治理在一定程度上也是为了满足人民对美好生活的需要，文化需要则是美好生活的重要方面。

① 高强、孔祥智：《论相对贫困的内涵、特点难点及应对之策》，《新疆师范大学学报》（哲学社会科学版）2020年第3期。

文化需要是否得到满足，可以以每天阅读书报、参与文体活动的时间，以及观看电影的次数等方面为考核指标。最后，要看能力是否提升。与绝对贫困相比，相对贫困主要指满足了基本生存需要，但在美好生活层面难以得到满足，这主要在于相对贫困群体自身能力难以支持其实现对美好生活的向往。因此，能力标准是相对贫困人口退出贫困行列的重要标准。能力标准主要包括其就业能力、创业能力、身体健康素质等方面。总之，科学的评定标准是相对贫困人口退出的前提，在制定退出标准的过程中需要坚持动态的原则。

二是建立合理的考核评估队伍。拟定科学的退出标准是相对贫困人口退出贫困行列的重要前提，由谁来评估则是其退出相对贫困行列的关键一环。因此，相应的考核评估队伍，至少应当包括如下三点。其一，相对贫困人口自身。相对贫困人口是确定其是否符合退出条件的首要评估人员。为此，在确定相对贫困人口退出的实践中，应当由其根据相应的评估标准进行自我评估，进而提出申请。其二，政府组成的考核小组。政府考核小组是相对贫困人口退出评估的重要组成部分。在收到相对贫困人口提出的退出申请后，各级政府应当组织考核评估小组给予审核，对符合标准的申请者给予退出。在整个评估过程中，不仅需要所在地方政府组织考核人员进行评估审核，还需要不同地区进行交叉评估。其三，第三方评估人员组成的考核小组。在相对贫困人口退出的评估考核队伍中，不仅需要有相对贫困人口自身和政府人员，还需要引进社会力量，组成第三方评估小组，如高校相关的研究专家与社会评估公司等。

三是建立有效的退出帮扶举措。长效退出机制不仅在于"退出"，更在于"有效"。"有效"不仅在于有科学的退出标准与合理的考核评估队伍，也在于有有效的退出帮扶举措，从而使相对贫困人口真正退得出和真正稳得住。一方面，需要建立及时准确的监测预警机制。对于已经退出的相对贫困人口给予一定时间内的定期随访，同时运用大数据平台进行实时监测，从而及时评估相对贫困人口退出后的生活水平。另一方面，需要建立及时有效的帮扶举措。对于再次陷入相对贫困"陷阱"的人员，需要及时纳入帮扶范围，针对再次致贫的原因，提出更加具有针对性的举措，从而保障相对贫困治理的效果。

主要参考文献

一　著作类

[1]《马克思恩格斯文集》（第一至十卷），人民出版社，2009；

[2]《列宁全集》（第二卷），人民出版社，2013；

[3]《列宁全集》（第二十二卷），人民出版社，2017；

[4]《列宁选集》（第一至四卷），人民出版社，2012；

[5]《毛泽东文集》（第五至八卷），人民出版社，1999；

[6]《邓小平文选》（第一卷），人民出版社，1994；

[7]《邓小平文选》（第三卷），人民出版社，1993；

[8]《江泽民文选》（第一至三卷），人民出版社，2006；

[9]《胡锦涛文选》（第一至三卷），人民出版社，2016；

[10]《习近平谈治国理政》（第一卷），外文出版社，2018；

[11]《习近平谈治国理政》（第二卷），外文出版社，2017；

[12]《习近平谈治国理政》（第三卷），外文出版社，2020；

[13] 中共中央党史和文献研究院编《习近平扶贫论述摘编》，中央文献出版社，2018；

[14] 中共中央文献研究室编《习近平关于社会主义经济建设论述摘编》，中央文献出版社，2017；

[15] 中共中央文献研究室编《习近平关于全面建成小康社会论述摘编》，中央文献出版社，2016；

[16] 习近平：《在打好精准脱贫攻坚战座谈会上的讲话》，人民出版社，2020；

[17] 习近平：《在决战决胜脱贫攻坚座谈会上的讲话》，人民出版社，2020；

[18] 习近平：《在庆祝改革开放40周年大会上的讲话》，人民出版社，2018；

[19] 习近平：《决胜全面建成小康社会夺取新时代中国特色社会主义伟大胜利——在中国共产党第十九次全国代表大会上的报告》，人民出版

社，2017；

[20] 习近平：《在深度贫困地区脱贫攻坚座谈会上的讲话》，人民出版社，2017；

[21] 习近平：《携手建设更加美好的世界——在中国共产党与世界政党高层对话会上的主旨讲话》，人民出版社，2017；

[22] 习近平：《携手消除贫困促进共同发展：在 2015 减贫与发展高层论坛的主旨演讲》，人民出版社，2015；

[23] 《习近平总书记系列重要讲话读本》（2016 版），人民出版社，2016；

[24] 习近平：《知之深 爱之切》，河北人民出版社，2015；

[25] 习近平：《做焦裕禄式的县委书记》，中央文献出版社，2015；

[26] 习近平：《之江新语》，浙江人民出版社，2007；

[27] 习近平：《干在实处 走在前列——推进浙江新发展的思考与实践》，中共中央党校出版社，2006；

[28] 习近平：《摆脱贫困》，福建人民出版社，1992；

[29] 中共中央文献研究室编《十八大以来重要文献选编》（上），中央文献出版社，2014；

[30] 中共中央文献研究室编《十八大以来重要文献选编》（中），中央文献出版社，2016；

[31] 中共中央党史和文献研究院编《十八大以来重要文献选编》（下），中央文献出版社，2018；

[32] 中共中央党史研究室编《党的十八大以来大事记》，人民出版社，2017；

[33] 中共中央文献研究室、中央档案馆编《建党以来重要文献选编（1921—1949）》（第十九卷），中央文献出版社，2011；

[34] 《中华人民共和国国民经济和社会发展第十四个五年规划和 2035 年远景目标纲要》，人民出版社，2021；

[35] 《中国共产党第十九届中央委员会第五次全体会议公报》，人民出版社，2020；

[36] 《中国共产党第十九届中央委员会第四次全体会议文件汇编》，人民出版社，2019；

[37] 《中国共产党第十八届中央委员会第五次全体会议公报》，人民出版社，2015；

[38] 《中共中央 国务院关于实施乡村振兴战略的意见》，人民出版社，2018；

[39] 《中共中央 国务院关于打赢脱贫攻坚战的决定》，人民出版社，2015；

[40] 中共中央党史研究室：《中国共产党历史》（上卷），人民出版社，1991；

[41] 《第一次国内革命战争时期的农民运动资料》，人民出版社，1983；

[42] 中共中央党史研究室编《土地革命纪事（1927—1937）》，求实出版社，1982；

[43] 中国社会科学院经济研究所中国现代经济史组：《第一、二次国内革命战争时期土地斗争史料选编》，新华书店，1981；

[44] 特约调研组：《习近平调研指导过的贫困村脱贫纪实》，人民出版社，2021；

[45] 人民日报评论部：《论学习贯彻习近平总书记"1·5"重要讲话》，人民出版社，2018；

[46] 新华社记者：《中国反贫困斗争的伟大决战》，人民出版社，2017；

[47] 人民日报海外版"学习小组"：《学习关键词》，人民出版社，2016；

[48] 中华人民共和国国务院新闻办公室：《中国的减贫行动与人权进步》，人民出版社，2016；

[49] 国家统计局住户调查办公室编《2020中国农村贫困监测报告》，中国统计出版社，2020；

[50] 国家统计局住户调查办公室编《2019中国农村贫困监测报告》，中国统计出版社，2019；

[51] 国家统计局住户调查办公室编《2013中国农村贫困监测报告》，中国统计出版社，2013；

[52] 国家统计局编《中国统计年鉴（1983）》，中国统计出版社，1983；

[53] 〔美〕埃贡·G.古贝、伊冯娜·S.林肯：《第四代评估》，秦霖、蒋燕玲等译，中国人民大学出版社，2008；

[54] 〔印度〕阿马蒂亚·森：《以自由看待发展》，任赜、于真译，中国人民大学出版社，2013；

[55] 陈锡文、韩俊主编《中国脱贫攻坚的实践与经验》，人民出版社，2021；

[56] 郝立新：《底线思维——中国共产党人的实践辩证法》，人民出版社，2020；

[57] 洪名勇等：《扶贫开发战略、政策演变及实施研究》，中国社会科学出版社，2017；

[58] 胡兴东、杨林：《中国扶贫模式研究》，人民出版社，2018；

[59] 何毅亭主编《以习近平同志为核心的党中央治国理政新理念新思想新战

略》，人民出版社，2017；

[60] 蓝红星、庄天慧：《中国深度贫困地区跨越贫困陷阱研究》，经济管理出版社，2019；

[61] 梁家河编写组编《梁家河》，陕西人民出版社，2018；

[62] 李培林、魏后凯、吴国宝主编《中国扶贫开发报告（2017）》，社会科学文献出版社，2017；

[63] 梁树发、丰子义主编《马克思主义哲学史研究（2016）》，人民出版社，2017；

[64] 凌耀伦等：《中国近代经济史》，重庆出版社，1982；

[65] 刘彦随等：《精准扶贫成效评估技术与方法》，科学出版社，2020；

[66] 苏昌强：《精准扶贫的辩证法》，厦门大学出版社，2018；

[67] 沙健孙主编《中国共产党史稿（1921—1949）》（第一卷），中央文献出版社，2006；

[68] 史敬棠等编《中国农业合作化运动史料》（下册），生活·读书·新知三联书店，1959；

[69] 汪三贵：《脱贫攻坚与精准扶贫：理论与实践》，经济科学出版社，2020；

[70] 汪三贵主编《当代中国扶贫》，中国人民大学出版社，2019；

[71] 吴申元主编《中国近代经济史》，上海人民出版社，2003；

[72] 王小林、张晓颖：《迈向2030：中国减贫与全球贫困治理》，社会科学文献出版社，2017；

[73] 王建初、孙茂生主编《中国工人运动史》，辽宁人民出版社，1987；

[74] 向德平、黄承伟主编《中国反贫困发展报告（2015）——市场主体参与扶贫专题》，华中科技大学出版社，2015；

[75] 庄天慧等：《精准脱贫第三方评估：理论、方法与实践》，科学出版社，2017；

[76] 赵凌云主编《中国共产党经济工作史（1921—2011年）》，中国财政经济出版社，2011；

[77] 赵效民：《中国土地改革史（1921—1949）》，人民出版社，1990。

二　期刊类

[1] 习近平：《坚持把解决好"三农"问题作为全党工作重中之重 举全党全社会之力推动乡村振兴》，《乡村振兴》2022年第4期；

［2］习近平：《办公厅工作要做到"五个坚持"》，《思想政治工作研究》2014年第 8 期；

［3］习近平：《全面贯彻落实党的十八大精神要突出抓好六个方面工作》，《求是》2013年第 1 期；

［4］习近平：《结合新的实际大力弘扬焦裕禄精神》，《求是》2009年第 10 期；

［5］白永秀、宁启：《巩固拓展脱贫攻坚成果同乡村振兴有效衔接的提出、研究进展及深化研究的重点》，《西北大学学报》（哲学社会科学版）2021年第 5 期；

［6］白永秀、宁启：《脱贫攻坚提出的背景、实施及难点破解》，《西北大学学报》（哲学社会科学版）2020年第 4 期；

［7］程恩富、吕晓凤：《中国共产党反贫困的百年探索——历程、成就、经验与展望》，《北京理工大学学报》（社会科学版）2021年第 4 期；

［8］蔡昉、张宇燕等：《从中国故事到中国智慧》，《国际经济评论》2019年第 2 期；

［9］陈立辉等：《村级发展互助资金组织治理：问题类型、制度特点及其有效性——基于 5 省 160 个样本村调查的实证分析》，《管理世界》2015年第 11 期；

［10］陈前恒：《消费扶贫：架起城乡需求的桥梁》，《人民论坛》2019年第 23 期；

［11］陈文胜：《脱贫攻坚与乡村振兴有效衔接的实现途径》，《贵州社会科学》2020年第 1 期；

［12］杜庆昊：《从乡村振兴战略视角构建减贫治理体系》，《马克思主义与现实》2021年第 4 期；

［13］杜庆昊：《中国贫困治理演进逻辑与相对贫困治理机制》，《理论视野》2021年第 2 期；

［14］杜治平、薛亚婧：《吹响社会力量参与健康扶贫的"集结号"》，《人民论坛》2016年第 29 期；

［15］董帅兵、郝亚光：《巩固、拓展与衔接：过渡期贫困治理的路径探索》，《经济学家》2021年第 8 期；

［16］段妍：《新时代农村基层党建引领脱贫攻坚的实践进路》，《江西财经大学学报》2021年第 1 期；

［17］范和生、武政宇：《相对贫困治理长效机制构建研究》，《中国特色社会主

义研究》2020 年第 1 期；

[18] 高杰、郭晓鸣：《深度贫困地区贫困治理的多重挑战与政策选择》，《中南民族大学学报》（人文社会科学版）2020 年第 1 期；

[19] 高强：《脱贫攻坚与乡村振兴的统筹衔接：形势任务与战略转型》，《中国人民大学学报》2020 年第 6 期；

[20] 高强：《脱贫攻坚与乡村振兴有效衔接的再探讨——基于政策转移接续的视角》，《南京农业大学学报》（社会科学版）2020 年第 4 期；

[21] 高强：《脱贫攻坚与乡村振兴有机衔接的逻辑关系及政策安排》，《南京农业大学学报》（社会科学版）2019 年第 5 期；

[22] 高雪莲：《政策评价方法论的研究进展及其争论》，《理论探讨》2009 年第 5 期；

[23] 胡鞍钢：《中国与世界百年未有之大变局：基本走向与未来趋势》，《新疆师范大学学报》（哲学社会科学版）2021 年第 5 期；

[24] 胡守勇：《文化扶贫 70 年：范式演进与攻坚方略》，《求索》2020 年第 1 期；

[25] 侯波：《中国扶贫减贫事业 70 年：历史回顾、基本经验和世界意义》，《经济研究参考》2019 年第 9 期；

[26] 侯彦杰、云梅：《关于移风易俗助力脱贫攻坚的研究》，《绥化学院学报》2019 年第 11 期；

[27] 黄承伟：《从脱贫攻坚到乡村振兴的历史性转移——基于理论视野和大历史观的认识与思考》，《华中农业大学学报》（社会科学版）2021 年第 4 期；

[28] 黄承伟：《共同富裕进程中的中国特色减贫道路》，《中国农业大学学报》（社会科学版）2020 年第 6 期；

[29] 黄承伟：《激发内生脱贫动力的理论与实践》，《广西民族大学学报》（哲学社会科学版）2019 年第 1 期；

[30] 黄承伟：《习近平扶贫思想体系及其丰富内涵》，《中南民族大学学报》（人文社会科学版）2016 年第 6 期；

[31] 黄承伟：《中国扶贫开发道路研究：评述与展望》，《中国农业大学学报》（社会科学版）2016 年第 5 期；

[32] 黄承伟、覃志敏：《我国农村贫困治理体系演进与精准扶贫》，《开发研究》2015 年第 2 期；

[33] 黄承伟、覃志敏：《论精准扶贫与国家扶贫治理体系建构》，《中国延安干部学院学报》2015 年第 1 期；

[34] 黄薇：《医保政策精准扶贫效果研究——基于 URBMI 试点评估入户调查数据》，《经济研究》2017 年第 9 期；

[35] 黄志平：《国家级贫困县的设立推动了当地经济发展吗？——基于 PSM-DID 方法的实证研究》，《中国农村经济》2018 年第 5 期；

[36] 黄宗智、龚为纲、高原：《"项目制"的运作机制和效果是"合理化"吗?》，《开放时代》2014 年第 5 期；

[37] 韩广富、叶光宇：《从脱贫攻坚到乡村振兴：乡村特色优势产业的战略思考》，《西南民族大学学报》（人文社会科学版）2021 年第 10 期；

[38] 韩广富、辛远：《相对贫困视角下中国农村贫困治理的变迁与发展》，《中国农业大学学报》（社会科学版）2020 年第 6 期；

[39] 韩广富、刘欢：《新时代农村基层党组织推进乡风文明建设的逻辑理路》，《理论探讨》2020 年第 2 期；

[40] 韩喜平、王晓兵：《从"投放-遵守"到"参与-反馈"：贫困治理模式转换的内生动力逻辑》，《理论与改革》2020 年第 5 期；

[41] 韩小伟、韩广富：《中央和国家机关定点扶贫的历史进程及经验启示》，《史学集刊》2020 年第 4 期；

[42] 金久仁：《教育扶贫内涵指涉与路径转型》，《教育与经济》2020 年第 2 期；

[43] 金三林、韩杨：《巩固拓展脱贫攻坚成果要充分发挥社会政策作用》，《经济纵横》2021 年第 5 期；

[44] 金埻：《中国扶贫经验值得中等收入国家借鉴》，《世界社会主义研究》2017 年第 8 期；

[45] 贺立龙：《中国历史性解决绝对贫困问题的制度分析——基于政治经济学的视角》，《政治经济学评论》2020 年第 5 期；

[46] 贺雪峰、仝志辉：《论村庄社会关联——兼论村庄秩序的社会基础》，《中国社会科学》2002 年第 3 期；

[47] 贾俊雪、秦聪、刘勇政：《"自上而下"与"自下而上"融合的政策设计——基于农村发展扶贫项目的经验分析》，《中国社会科学》2017 年第 9 期；

[48] 姜庆志：《走出怪圈：产业扶贫中基层政府治理转型的多重逻辑——基于

建始县的纵向案例分析》，《中国农村经济》2019 年第 11 期；

［49］姜正君：《脱贫攻坚与乡村振兴的衔接贯通：逻辑、难题与路径》，《西南民族大学学报》（人文社会科学版）2020 年第 12 期；

［50］景跃进：《中国农村基层治理的逻辑转换——国家与乡村社会关系的再思考》，《治理研究》2018 年第 1 期；

［51］罗必良、洪炜杰、耿鹏鹏、郑沃林：《赋权、强能、包容：在相对贫困治理中增进农民幸福感》，《管理世界》2021 年第 10 期；

［52］罗必良：《相对贫困治理：性质、策略与长效机制》，《求索》2020 年第 6 期；

［53］刘冬梅：《对中国二十一世纪反贫困目标瞄准机制的思考》，《农业技术经济》2001 年第 5 期；

［54］刘金海：《工作队：当代中国农村工作的特殊组织及形式》，《中共党史研究》2012 年第 12 期；

［55］刘俊英：《项目制扶贫参与主体的行为逻辑与博弈关系——兼论政府的公共性与自利性》，《社会科学战线》2019 年第 11 期；

［56］刘明合、李霞：《习近平扶贫开发思想探析》，《学校党建与思想教育》2017 年第 6 期；

［57］刘润秋、黄志兵、曹骞：《基于乡村韧性视角的宅基地退出绩效评估研究——以四川省广汉市三水镇为例》，《中国土地科学》2019 年第 2 期；

［58］李芳华、张阳阳、郑新业：《精准扶贫政策效果评估——基于贫困人口微观追踪数据》，《经济研究》2020 年第 8 期；

［59］龙海军、丁建军：《"人—业—地"综合减贫分析框架下的精准扶贫政策评价——两个典型贫困村的对比分析》，《资源开发与市场》2017 年第 11 期；

［60］柳礼泉、杨葵：《精神贫困：贫困群众内生动力的缺失与重塑》，《湖湘论坛》2019 年第 1 期；

［61］雷明、邹培：《精准扶贫的思想内涵、理论创新及价值贡献》，《马克思主义与现实》2020 年第 4 期；

［62］卢盛峰、陈思霞、时良彦：《走向收入平衡增长：中国转移支付系统"精准扶贫"了吗?》，《经济研究》2018 年第 11 期；

［63］凌文豪、刘欣：《中国特色扶贫开发的理念、实践及其世界意义》，《社会主义研究》2016 年第 4 期；

[64] 李明月、陈凯：《精准扶贫对提升农户生计的效果评价》，《华南农业大学学报》（社会科学版）2020 年第 1 期；

[65] 李楠、张奇：《新发展阶段我国贫困治理逻辑嬗变的三个维度》，《上海经济研究》2021 年第 8 期；

[66] 李萍、田世野：《习近平精准扶贫脱贫重要论述的内在逻辑与实现机制》，《教学与研究》2019 年第 2 期；

[67] 李天华：《改革开放以来民族地区扶贫政策的演进及特点》，《当代中国史研究》2017 年第 1 期；

[68] 李小云：《巩固拓展脱贫攻坚成果的政策与实践问题》，《华中农业大学学报》（社会科学版）2021 年第 2 期；

[69] 李小云：《脱贫攻坚：在发展中消除贫困的创新实践》，《前线》2020 年第 12 期；

[70] 李小云：《中国减贫的实践与经验：政府作用的有效发挥》，《财经问题研究》2020 年第 9 期；

[71] 李小云、季岚岚：《国际减贫视角下的中国扶贫——贫困治理的相关经验》，《国外社会科学》2020 年第 6 期；

[72] 李小云、苑军军、于乐荣：《论 2020 后农村减贫战略与政策：从"扶贫"向"防贫"的转变》，《农业经济问题》2020 年第 2 期；

[73] 李小云：《冲破"贫困陷阱"：深度贫困地区的脱贫攻坚》，《人民论坛·学术前沿》2018 年第 14 期；

[74] 李小云、马洁文、唐丽霞、徐秀丽：《关于中国减贫经验国际化的讨论》，《中国农业大学学报》（社会科学版）2016 年第 5 期；

[75] 李小云、张雪梅、唐丽霞：《我国中央财政扶贫资金的瞄准分析》，《中国农业大学学报》（社会科学版）2005 年第 3 期；

[76] 李雨、周宏：《差异视角下基建投资、产业扶贫与"结对帮扶"减贫效应研究》，《华中农业大学学报》（社会科学版）2020 年第 2 期；

[77] 莫光辉：《精准扶贫：中国扶贫开发模式的内生变革与治理突破》，《中国特色社会主义研究》2016 年第 2 期；

[78] 慕良泽：《中国农村精准扶贫的三重维度检视及内在逻辑调适》，《农业经济问题》2018 年第 10 期；

[79] 平卫英、罗良清、张波：《我国就业扶贫的现实基础、理论逻辑与实践经验》，《管理世界》2021 年第 7 期；

［80］孙柏瑛、胡盼：《党建引领的精准扶贫与乡村社会的再组织》，《南京大学学报》（哲学·人文科学·社会科学）2021年第3期；

［81］孙国栋：《准确把握底线思维的思想内涵》，《人民论坛》2019年第34期；

［82］帅传敏等：《联合国 IFAD 中国项目减贫效率测度——基于7省份1356农户的面板数据》，《管理世界》2016年第3期；

［83］苏海、向德平：《社会扶贫的行动特点与路径创新》，《中南民族大学学报》（人文社会科学版）2015年第3期；

［84］桑晚晴、杨帆：《扶贫驻村干部留任参与乡村振兴的意愿及其影响因素研究》，《农村经济》2020年第1期；

［85］田晋、熊哲欣、向华：《民族地区村级精准扶贫绩效评价指标体系构建研究》，《经济研究导刊》2017年第1期；

［86］田鹏颖、戴亮：《〈矛盾论〉原理在实施精准扶贫方略中的运用》，《广西社会科学》2019年第8期；

［87］唐任伍：《习近平精准扶贫思想阐释》，《人民论坛》2015年第30期；

［88］涂圣伟：《脱贫攻坚与乡村振兴有机衔接：目标导向、重点领域与关键举措》，《中国农村经济》2020年第8期；

［89］檀学文：《走向共同富裕的解决相对贫困思路研究》，《中国农村经济》2020年第6期；

［90］吴本健、葛宇航、马九杰：《精准扶贫时期财政扶贫与金融扶贫的绩效比较——基于扶贫对象贫困程度差异和多维贫困的视角》，《中国农村经济》2019年第7期；

［91］吴振磊：《相对贫困治理特点与长效机制构建》，《红旗文稿》2020年第12期；

［92］王国敏、何莉琼：《巩固拓展脱贫攻坚成果与乡村振兴有效衔接——基于"主体—内容—工具"三维整体框架》，《理论与改革》2021年第3期；

［93］王国敏、侯守杰：《后小康时代中国相对贫困的特征、难点、标准识别及应对之策》，《内蒙古社会科学》2021年第2期；

［94］王汉杰、温涛、韩佳丽：《深度贫困地区农户借贷能有效提升脱贫质量吗?》，《中国农村经济》2020年第8期；

［95］王嘉毅、封清云、张金：《教育与精准扶贫精准脱贫》，《教育研究》2016年第7期；

[96] 王胜等：《集中连片贫困山区电商扶贫的探索及启示——以重庆秦巴山区、武陵山区国家级贫困区县为例》，《管理世界》2021年第2期；

[97] 王俊程、武友德、钟群英：《我国原深度贫困地区脱贫成果巩固的难点及其破解》，《西安财经大学学报》2021年第2期；

[98] 王小林、刘倩倩：《中非合作：提高发展有效性的新方式》，《国际问题研究》2012年第5期；

[99] 王瑜：《电商参与提升农户经济获得感了吗？——贫困户与非贫困户的差异》，《中国农村经济》2019年第7期；

[100] 王艳慧、钱乐毅、陈烨烽、胡卓玮：《生态贫困视角下的贫困县多维贫困综合度量》，《应用生态学报》2017年第8期；

[101] 魏后凯：《"十四五"时期中国农村发展若干重大问题》，《中国农村经济》2020年第1期；

[102] 汪三贵、钟宇：《贫困县何以摘帽——脱贫攻坚中的央地关系与干部激励》，《贵州财经大学学报》2021年第5期；

[103] 汪三贵、郭建兵、胡骏：《巩固拓展脱贫攻坚成果的若干思考》，《西北师大学报》（社会科学版）2021年第3期；

[104] 汪三贵、孙俊娜：《全面建成小康社会后中国的相对贫困标准、测量与瞄准——基于2018年中国住户调查数据的分析》，《中国农村经济》2021年第3期；

[105] 汪三贵、冯紫曦：《脱贫攻坚与乡村振兴有效衔接的逻辑关系》，《贵州社会科学》2020年第1期；

[106] 汪三贵、胡骏、徐伍达：《民族地区脱贫攻坚"志智双扶"问题研究》，《华南师范大学学报》（社会科学版）2019年第6期；

[107] 汪三贵、冯紫曦：《脱贫攻坚与乡村振兴有机衔接：逻辑关系、内涵与重点内容》，《南京农业大学学报》（社会科学版）2019年第5期；

[108] 汪三贵：《中国40年大规模减贫：推动力量与制度基础》，《中国人民大学学报》2018年第6期；

[109] 汪三贵、刘未：《"六个精准"是精准扶贫的本质要求——习近平精准扶贫系列论述探析》，《毛泽东邓小平理论研究》2016年第1期；

[110] 汪三贵、Albert Park、Shubham Chaudhuri、Gaurav Datt：《中国新时期农村扶贫与村级贫困瞄准》，《管理世界》2007年第1期；

[111] 汪信砚：《马克思哲学中的人的全面发展与自由个性》，《社会科学战线》

2005 年第 3 期；

[112] 温铁军、王茜、罗加铃：《脱贫攻坚的历史经验与生态化转型》，《开放时代》2021 年第 1 期；

[113] 解安、侯启缘：《高质量发展视域下的贫困治理转型——相对贫困与红利更迭》，《江淮论坛》2021 年第 4 期；

[114] 解安、侯启缘：《中国相对贫困多维指标建构——基于国际比较视角》，《河北学刊》2021 年第 1 期；

[115] 邢成举、李小云、史凯：《巩固拓展脱贫攻坚成果：目标导向、重点内容与实现路径》，《西北农林科技大学学报》（社会科学版）2021 年第 5 期；

[116] 邢成举、李小云：《精准扶贫与新时代的中国社会革命》，《北京工业大学学报》（社会科学版）2021 年第 1 期；

[117] 邢成举：《城乡融合进程中的相对贫困及其差异化治理机制研究》，《贵州社会科学》2020 年第 10 期；

[118] 邢成举：《政策衔接、扶贫转型与相对贫困长效治理机制的政策方向》，《南京农业大学学报》（社会科学版）2020 年第 4 期；

[119] 邢成举：《嵌入村庄的党建精准扶贫研究——基于宁夏华村"百富带百贫"工作的调查》，《中共福建省委党校学报》2019 年第 1 期；

[120] 邢成举、李小云：《超越结构与行动：中国特色扶贫开发道路的经验分析》，《中国农村经济》2018 年第 11 期；

[121] 徐冬梅、刘豪、林杰：《基于农户满意视角的精准扶贫成效评价》，《统计与决策》2020 年第 17 期；

[122] 徐小阳、李洁、金丽馥：《普惠金融对农村教育贫困的纾解效应》，《中国农村经济》2020 年第 9 期；

[123] 向德平、向凯：《情感治理：驻村帮扶如何连接国家与社会》，《南开学报》（哲学社会科学版）2020 年第 6 期；

[124] 向德平、华汛子：《党的十八大以来中国的贫困治理：政策演化与内在逻辑》，《江汉论坛》2018 年第 9 期；

[125] 叶敬忠：《从脱贫攻坚到乡村振兴：脱贫地区内的衔接抑或发展时代间的转型？》，《社会发展研究》2021 年第 3 期；

[126] 叶敬忠：《中国贫困治理的路径转向——从绝对贫困消除的政府主导到相对贫困治理的社会政策》，《社会发展研究》2020 年第 3 期；

[127] 叶敬忠、贺聪志：《基于小农户生产的扶贫实践与理论探索——以"巢状市场小农扶贫试验"为例》，《中国社会科学》2019年第2期；

[128] 易棉阳：《论习近平的精准扶贫战略思想》，《贵州社会科学》2016年第5期；

[129] 杨华：《增强和扩大党在农村的阶层基础和群众基础研究》，《湖湘论坛》2019年第3期；

[130] 杨希：《精准视角下扶贫项目绩效评估研究》，《金融经济》2017年第4期；

[131] 杨增崄、张琦：《习近平精准扶贫精准脱贫思想的哲学基础与理论创新》，《贵州社会科学》2018年第3期；

[132] 郑宝华、宋媛：《中国脱贫攻坚对人类反贫困理论的贡献》，《云南社会科学》2021年第5期；

[133] 郑瑞强、郭如良：《"双循环"格局下脱贫攻坚与乡村振兴有效衔接的进路研究》，《华中农业大学学报》（社会科学版）2021年第3期；

[134] 郑瑞强：《贫困群众脱贫内生动力激发：行动框架拓展与实证——以内蒙古兴安盟为例》，《贵州社会科学》2019年第1期；

[135] 周飞舟、谭明智：《"责任到人"的治理机制及其作用——以脱贫攻坚战为例》，《学海》2020年第3期；

[136] 周文：《减贫实践的中国样本与中国经验》，《红旗文稿》2020年第3期；

[137] 赵欢春：《构建人类命运共同体的战略意义》，《马克思主义研究》2019年第11期；

[138] 朱梦冰、李实：《精准扶贫重在精准识别贫困人口——农村低保政策的瞄准效果分析》，《中国社会科学》2017年第9期；

[139] 张晖：《脱贫攻坚与乡村振兴有效衔接的内在意蕴与实践进路》，《思想理论教育导刊》2021年第7期；

[140] 张景先：《民族地区精准扶贫工作的哲学化考量》，《贵州民族研究》2019年第4期；

[141] 张克俊、杜婵：《后全面小康社会我国贫困治理的任务变化与政策转型》，《中州学刊》2020年第10期；

[142] 张丽宾：《我国就业扶贫政策及实施情况》，《山东人力资源和社会保障》2019年第4期；

［143］张明皓、豆书龙：《2020 年后中国贫困性质的变化与贫困治理转型》，《改革》2020 年第 7 期；

［144］张明皓、叶敬忠：《脱贫攻坚与乡村振兴有效衔接的机制构建和政策体系研究》，《经济学家》2021 年第 10 期；

［145］张琦：《巩固拓展脱贫攻坚成果同乡村振兴有效衔接：基于贫困治理绩效评估的视角》，《贵州社会科学》2021 年第 1 期；

［146］张琦、孔梅：《"十四五"时期我国的减贫目标及战略重点》，《改革》2019 年第 11 期；

［147］张全红、周强：《精准扶贫政策效果评估——收入、消费、生活改善和外出务工》，《统计研究》2019 年第 10 期；

［148］张润泽：《形式、事实和价值：公共政策评估标准的三个维度》，《湖南社会科学》2010 年第 3 期；

［149］张新平、成向东：《新时代"中国减贫方案"的世界意义》，《甘肃社会科学》2020 年第 6 期；

［150］张晓山：《巩固脱贫攻坚成果应关注的重点》，《经济纵横》2018 年第 10 期；

［151］左停、李颖、李世雄：《巩固拓展脱贫攻坚成果的机制与路径分析——基于全国 117 个案例的文本研究》，《华中农业大学学报》（社会科学版）2021 年第 2 期；

［152］左停、李泽峰、林秋香：《相对贫困视角下的贫困户脱贫质量及其自我发展能力——基于六个国家级贫困建档立卡数据的定量分析》，《华南师范大学学报》（社会科学版）2021 年第 2 期；

［153］左停、苏武峥：《乡村振兴背景下中国相对贫困治理的战略指向与政策选择》，《新疆师范大学学报》（哲学社会科学版）2020 年第 4 期；

［154］左停：《脱贫攻坚与乡村振兴有效衔接的现实难题与应对策略》，《贵州社会科学》2020 年第 1 期；

［155］左停、李卓、赵梦媛：《少数民族地区贫困人口减贫与发展的内生动力研究——基于文化视角的分析》，《贵州财经大学学报》2019 年第 6 期；

［156］左停、刘文婧、李博：《梯度推进与优化升级：脱贫攻坚与乡村振兴有效衔接研究》，《华中农业大学学报》（社会科学版）2019 年第 5 期；

［157］庄天慧、孙锦杨、杨浩：《精准脱贫与乡村振兴的内在逻辑及有机衔接路径研究》，《西南民族大学学报》（人文社科版）2018 年第 12 期；

［158］曾维伦、谢卓芝：《习近平扶贫开发战略思想的丰富内涵》，《红旗文稿》

2018 年第 6 期；

[159] 曾小溪、汪三贵：《论决胜脱贫攻坚的难点和对策》，《河海大学学报》（哲学社会科学版）2019 年第 6 期；

[160] 曾小溪、汪三贵：《中国大规模减贫的经验：基于扶贫战略和政策的历史考察》，《西北师大学报》（社会科学版）2017 年第 6 期；

[161] 折晓叶、陈婴婴：《项目制的分级运作机制和治理逻辑——对"项目进村"案例的社会学分析》，《中国社会科学》2011 年第 4 期；

[162] 章元、刘茜楠：《中国反贫困的成就与经验：扶贫政策效果再检验》，《复旦学报》（社会科学版）2021 年第 5 期。

三　报纸类

[1] 习近平：《在全国脱贫攻坚总结表彰大会上的讲话》，《人民日报》2021 年 2 月 26 日，第 2 版；

[2] 习近平：《关于〈中共中央关于制定国民经济和社会发展第十四个五年规划和二〇三五年远景目标的建议〉的说明》，《人民日报》2020 年 11 月 4 日，第 2 版；

[3]《习近平在第三次中央新疆工作座谈会上强调坚持依法治疆团结稳疆文化润疆富民兴疆长期建疆 努力建设新时代中国特色社会主义新疆》，《人民日报》2020 年 9 月 27 日，第 1 版；

[4]《习近平在陕西考察时强调 扎实做好"六稳"工作落实"六保"任务 奋力谱写陕西新时代追赶超越新篇章》，《人民日报》2020 年 4 月 24 日，第 1 版；

[5] 习近平：《在统筹推进新冠肺炎疫情防控和经济社会发展工作部署会议上的讲话》，《人民日报》2020 年 2 月 24 日，第 2 版；

[6] 习近平：《在纪念马克思诞辰 200 周年大会上的讲话》，《人民日报》2018 年 5 月 5 日，第 2 版；

[7] 习近平：《携手建设更加美好的世界——在中国共产党与世界政党高层对话会上的主旨讲话》，《人民日报》2017 年 12 月 2 日，第 2 版；

[8] 习近平：《共同构建人类命运共同体——在联合国日内瓦总部的演讲》，《人民日报》2017 年 1 月 20 日，第 2 版；

[9] 习近平：《共担时代责任 共促全球发展——在世界经济论坛 2017 年年会开幕式上的主旨演讲》，《人民日报》2017 年 1 月 18 日，第 3 版；

[10]《习近平致第二十二届国际历史科学大会的贺信》，《人民日报》2015 年 8

月 24 日，第 1 版；

[11] 《习近平在云南考察工作时强调 坚决打好扶贫开发攻坚战 加快民族地区经济社会发展》，《人民日报》2015 年 1 月 22 日，第 1 版；

[12] 《中共中央 国务院关于实现巩固拓展脱贫攻坚成果同乡村振兴有效衔接的意见》，《人民日报》2021 年 3 月 23 日，第 1 版；

[13] 叶兴庆：《创造人类减贫史上的中国奇迹——解读中国脱贫攻坚非凡壮举①》，《人民日报》2021 年 2 月 26 日，第 7 版；

[14] 杜海涛：《让消费扶贫行稳致远》，《人民日报》2021 年 2 月 3 日，第 19 版；

[15] 李心萍：《五年就业扶贫成效显著》，《人民日报》2020 年 11 月 20 日，第 3 版；

[16] 曾贤刚：《生态扶贫：实现脱贫攻坚与生态文明建设"双赢"》，《光明日报》2020 年 9 月 29 日，第 7 版；

[17] 《中国减贫成就具有世界意义》，《人民日报》2020 年 9 月 2 日，第 3 版；

[18] 李正义：《历史思维的方法论意义》，《学习时报》2020 年 6 月 15 日，第 2 版；

[19] 《中共中央关于坚持和完善中国特色社会主义制度 推进国家治理体系和治理能力现代化若干重大问题的决定》，《人民日报》2019 年 11 月 6 日，第 1 版；

[20] 《习近平在河南考察时强调 坚定信心埋头苦干奋勇争先 谱写新时代中原更加出彩的绚丽篇章》，《人民日报》2019 年 9 月 19 日，第 1 版；

[21] 王淑娟：《创新模式"多多农园"落地云南》，《云南日报》2019 年 4 月 23 日，第 8 版；

[22] 《习近平在广东考察时强调 高举新时代改革开放旗帜 把改革开放不断推向深入》，《人民日报》2018 年 10 月 26 日，第 1 版；

[23] 王明友：《帮扶"对子"别老换》，《人民日报》2018 年 7 月 31 日，第 18 版；

[24] 于保月：《"结对帮扶"要精准》，《人民日报》2016 年 8 月 5 日，第 1 版；

[25] 龚福海：《注重扶贫项目安排精准度》，《贵州日报》2016 年 3 月 10 日，第 6 版；

[26] 黄云革：《抓好"因村派人"这一关键》，《广西日报》2015 年 11 月 17

日，第 11 版；

[27]《正定翻身记》，《人民日报》1984 年 6 月 17 日，第 2 版。

四　网站类

[1]《〈人类减贫的中国实践〉白皮书》，中华人民共和国中央人民政府，2021 年 4 月 6 日，https：//www. gov. cn/zhengce/2021-04/06/content_5597952. htm；

[2]《中共中央 国务院关于实现巩固拓展脱贫攻坚成果同乡村振兴有效衔接的意见》，中华人民共和国中央人民政府，2021 年 3 月 22 日，https：//www. gov. cn/gongbao/content/2021/content_5598113. htm；

[3]《脱贫攻坚：风劲扬帆奔小康 蓄力再谋新篇章》，人民网，2021 年 1 月 15 日，http：//rmfp. people. com. cn/n1/2021/0115/c406725-32000676. html；

[4]《生态扶贫助力 2000 多万贫困人口脱贫增收》，新华网，2020 年 12 月 1 日，http：//www. xinhuanet. com/politics/2020-12/01/c_1210910787. htm；

[5]《就业扶贫：脱贫攻坚重要着力点》，光明网，2020 年 11 月 20 日，https：//tech. gmw. cn/2020-11/20/content_34384779. htm；

[6]《世界瞩目！中国式脱贫减贫创造全球奇迹》，人民网，2018 年 10 月 17 日，http：//world. people. com. cn/n1/2018/1017/c1002-30345844. html；

[7]《习近平在东西部扶贫协作座谈会上强调 认清形势聚焦精准深化帮扶确保实效 切实做好新形势下东西部扶贫协作工作》，新华网，2016 年 07 月 21 日，http：//www. xinhuanet. com/politics/2016-07/21/c_1119259129. htm；

[8]《扶贫办发布重点扶贫县和连片特困地区县认定历史》，中华人民共和国中央人民政府，2013 年 3 月 4 日，https：//www. gov. cn/gzdt///2013-03/04/content_2344631. htm；

[9]《中共中央 国务院印发〈中国农村扶贫开发纲要（2011-2020 年）〉》，中华人民共和国中央人民政府，2011 年 12 月 1 日，https：//www. gov. cn/gongbao/content/2011/content_2020905. htm；

[10]《中国十年扶贫开发成绩突出 贫困人口减至 2688 万人》，中华人民共和国中央人民政府，2011 年 11 月 16 日，https：//www. gov. cn/jrzg/2011-11/16/content_1994713. htm；

[11]《伟大壮举！960 多万易地搬迁贫困人口全部脱贫胜券在握》，新华网，2020 年 12 月 3 日，http：//www. xinhuanet. com/politics/2020-12/03/c_1210914575. htm。

附 录

附录一　精准扶贫政策实施效果调查问卷

精准扶贫政策实施效果调查问卷

_____省_____市（州）_____县（区、市）_____镇（乡）_____村组

村属性：①贫困村；②非贫困村　日期：　　年　　月　　日

访问员：　　　　　　被访人：　　　　　　联系方式：

家庭基本情况

1. 家庭类别：①非贫困户；②已脱贫贫困户（脱贫年度：_____年）

2. 您的年龄：_____岁

3. 您的性别：①男；②女

4. 您的民族：

①汉族；②藏族；③彝族；④苗族；⑤白族；⑥回族；⑦壮族；⑧傣族；⑨侗族；⑩其他

5. 您的婚姻状况：

①未婚；②已婚（含再婚）；③离异；④丧偶；⑤其他

6. 您的文化程度：

①小学及以下；②初中；③高中；④中专/职高/技校；⑤大专；⑥本科及以上

7. 您的职业：

①党政工作人员（含村组干部）；②企事业单位工作人员；③个体工商从业人员；④专职农民、牧民；⑤兼业农民；⑥学生；⑦自由职业者；⑧已退休；⑨下岗、失业；⑩其他

8. 您家户籍人口_____人，常住人口_____人；具有劳动能力_____人，其中常年（指半年以上）在家务农_____人，常年（指半年以上）在外打工_____人；丧失劳动能力_____人，其主要原因是①因病；②因残；③年纪大了；④懒惰；⑤其他

9. 您家承包地_____亩，流转土地_____亩（流出为正，流入为负），实际经营土地面积_____亩，宅基地_____m²。当前是否有土地流出意向：①是；②否

10. 家庭收支情况：（单位：元）

年份	家庭收入	其中：工资性收入	生产经营性收入	转移性收入	财产性收入	家庭支出	其中：生产经营性支出	日常生活支出	医疗疾病支出	教育支出	其他支出
2013											
2020											

11. 家庭成员基本情况：您家的户主为成员_____（序号）

a. 与受访者关系 0. 本人 1. 配偶 2. 父母 3. 子女 4. 子女配偶 5. 祖父母 6. 孙子女 7. 兄弟姐妹 8. 其他亲戚	b. 年龄（岁）	c. 性别 1. 男 2. 女	d. 政治面貌 1. 中共党员 2. 共青团员 3. 民主党派 4. 群众 5. 其他	e. 健康状况 1. 正常 2. 体弱 3. 慢性病 4. 急性大病 5. 残疾（含智力障碍）	f. 教育程度 1. 小学及以下 2. 初中 3. 高中 4. 中专/职高/技校 5. 大专 6. 本科及以上	g. 农业就业状况 1. 全职务农 2. 兼业农民 3. 完全非农 4. 无业 5. 退休 6. 学龄前或在校 7. 其他	h. 本地就业情况 1. 本乡（镇）就业 2. 本县（区）就业 3. 本市（州）就业 4. 本省就业 5. 省外就业 6. 不适用	i. 2020年收入（元）
成员1：								
成员2：								
成员3：								
成员4：								
成员5：								
成员6：								

脱贫户问卷

第一部分：脱贫户基本信息

一　基本信息

您家　　年被定为建档立卡户，建档立卡的人数是_____人

二　致贫原因

您家之前的主要致贫原因是（可多选）①因病；②因残；③因学；④因灾；⑤缺土地；⑥缺水；⑦缺技术；⑧缺劳力；⑨缺资金；⑩其他

三　增收帮扶

1. 建档立卡以来家庭收入有何变化吗？①明显增加；②较大增加；③没有变化；④较为减少；⑤明显减少。若家庭收入增加，新增收入的最大部分在哪一块？①外出务工；②公益岗位；③种植业；④养殖业；⑤低保和其他转移性支出；⑥其他

2. 新增收入是否稳定可持续？①是；②否。新增收入若不稳定，主要原因是什么？①主要为转移性收入，受政策影响大；②就业岗位不稳定；③产业发展收入不稳定，受自然风险和市场风险影响大；④缺乏劳动力；⑤其他

3. 您认为您家收入在全村处于何种水平？①低；②中等；③高

第二部分：精准识别情况

一　程序合规性

1. 您是否知道您家是建档立卡户？①是；②否

2. 您家被村里认定为贫困户是否经过村民民主评议？①是；②否；③不知道

3. 您家被村里认定为贫困户是否经过村里公示公告？①是；②否；③不知道

4. 您认为您村贫困户是否识别准确：①是；②否。若否，理由是：_____

5. 您所在的村是否对建档立卡户进行了动态调整？①是；②否；③不知道

二　原因准确性

在村委会查阅贫困户登记表，找出被调查脱贫户在登记表中记录的致贫原因（因病、因残、因学、因灾、缺土地、缺水、缺技术、缺劳力、缺资金、其他），然后跟被调查脱贫户核实致贫原因是否准确：①是；②否

三　措施精准性

1. 被认定为贫困户后，村里是否给您家制订了脱贫方案？①是；②否；③不知道

2. 您家的脱贫方案是否会每年据实际情况进行动态调整？①是；②否；③不知道

第三部分：精准帮扶情况

一　"两不愁三保障"

是否达到"两不愁三保障"？①是；②否

1. 不愁吃穿

现在家里是否能吃得饱？①是；②否。如果吃不饱，表现是什么？

您家是否有应季衣服、被子和鞋？①是；②否

2. 教育保障（家庭成员中如果没有义务教育年龄段成员，请直接跳至第3题）

义务教育年龄段（一般是6周岁或7周岁到15周岁）有_____人；正在接受义务教育的学生有_____人；现在有_____个义务教育阶段的孩子辍学。

如有辍学，主要原因是什么？①经济困难交不起学费或食宿费；②要尽快工作挣钱；③小孩不想读书；④其他

如果家中有义务教育阶段学生，享受过哪些补助政策？（可多选）①免费营养餐；②寄宿补贴；③免学杂费；④免书本费；⑤其他。获得支持资金_____元。

3. 安全住房

您家是否有自有住房？①是；②否。目前居住在何处？①自有住房；②子女家；③亲戚朋友家；④租赁住房；⑤其他。若租房，是否能负担房租？①是；②否。住房是否有安全隐患①是；②否

2014年以来是否享受过住房改造政策？①是；②否（若否，请直接跳至第4题）

搬迁后，主要收入来源是什么？（可多选）①务农；②务工；③政府补贴；④其他

搬迁后哪些方面有改善？（可多选）①就业务工；②义务教育；③住房；④医疗看病；⑤交通；⑥其他。若没有改善，原因是_____

4. 医疗保障

您家是否购买城乡居民基本医疗保险（新农合）、大病医疗保险？①是；②否。城乡居民基本医疗保险和大病医疗保险是自费购买还是政府代为购买？①自费；②政府购买

您家庭现在看病和以前相比负担是否明显减轻了？①明显；②不明显；③一般。若减轻不明显，请详细说明原因。

您家庭成员中是否有残疾人（含精神病人）？①是；②否。其中，有_____人有残疾证，2020年是否得到残疾人补贴？①是；②否

二　"五个一批"帮扶措施

您家在精准帮扶中享受了哪几个一批？哪几个一批对您家脱贫起了重要作用？（请按照贡献度排序）

①发展生产脱贫一批；②易地搬迁脱贫一批；③生态补偿脱贫一批；④发展教育脱贫一批；⑤社会保障兜底一批；⑥其他

1. 发展生产脱贫一批

A：产业发展帮扶

您家是否获得资金或实物支持，自己独立发展产业？①是；②否

自己发展了什么产业？（可多选）①种植业；②养殖业；③服务业；④其他

现在该产业是否还在继续做？①是；②否。如果没有继续做了，原因是什么？①缺资金；②缺技术；③缺劳动力；④产业发展不符合市场需求；⑤其他

产业扶贫帮扶对家里增收有没有帮助？①很大帮助；②较大帮助；③一般；④没有帮助。若没有帮助，原因是_____

B：就业与技能帮扶

建档立卡以来，家里是否有人参加过就业培训？①是；②否。家里参加就业培训的有_____人次

具体培训内容有（可多选）①种植技术培训；②养殖技术培训；③农机技术培训；④务工技能培训；⑤服务业技能培训；⑥创业培训；⑦其他。参加培训对找工作或提高就业收入是否有帮助？①是；②否

您家是否有自主创业？①是；②否。是否得到政府补贴？①是；②否。若是，补贴了_____元；

获得的就业创业帮扶措施，对家里增收是否有帮助？①很大帮助；②较大帮助；③一般；④没有帮助。若没有帮助，原因是_____

2. 易地搬迁脱贫一批

您觉得您家所在地易地扶贫搬迁的原因是（可多选）①农用地少且贫瘠；②缺乏经济来源；③生态环境恶劣；④农业及人畜用水问题；⑤基础设施（路、水、电、住房条件等）较差；⑥教育或医疗条件较差；⑦有地方病；⑧其他

您家的户口是否迁入安置点？①是；②否。若选择"否"，您不愿意把户口迁出的原因是：_____。和迁入点当地居民关系如何？①相处融洽；②偶尔来往；③基本无来往。您是否愿意在这里长期居住？①是；②否。如果选"是"，主要是因为（可多选）①居住条件改善；②更多就业机会；③医疗条件改善；④上学条件改善；⑤农业收入提高；⑥交通便利；⑦其他。如果选"否"，主要是因为：①不习惯这里的生活方式；②生活成本太高；③挣钱少或没活干；④其他

您家所在地确定易地扶贫搬迁对象时是否公开征求过群众意见？①是；②否；③不清楚

您感到政府的易地扶贫搬迁政策给贫困户脱贫带来的帮助：①很大；②较大；③一般；④不大；⑤不清楚

3. 生态补偿脱贫一批

您家里 2020 年获得生态补偿款_____元。

您家里人是否获得生态公益岗位（如保洁员、护林员等）？①是；②否。生态公益岗位补贴标准为每月_____元，2020 年补贴_____个月。

您所在村确认生态公益岗位人员名单是否公开征求过群众意见？①是；②否；③不清楚

4. 发展教育脱贫一批

您是否清楚政府或学校给予的资助帮扶政策？①非常清楚；②了解；③知道一点；④不清楚。您及家人是否受到政府帮扶或学校资助？①受到资助；②没受到资助；③不清楚

您觉得教育扶贫给困难群体的帮助如何？①非常大；②大；③一般大；④小；⑤不清楚

您认为加大教育扶贫的资金投入力度在哪个阶段尤为重要？①学前教育；②义务教育；③高中阶段；④大学阶段及以上

教育扶贫仍然存在的问题有哪些？（可多选）

①扶贫对象难以精准认定；②部分学校基础设施简陋、设备匮乏；③村级学校教师普遍老龄化、结构失衡；④经济的落后导致教育意识的淡化；⑤其他

5. 社会保障兜底一批

您所在村社会保障兜底脱贫对象认定标准是什么？①家庭成员丧失劳动能力；②收入不达标；③其他

您所在村确认社会保障兜底脱贫对象名单是否公开征求过群众意见？①是；②否；③不清楚

2020 年您家领低保了吗？①是；②否。2020 年有_____人领低保；全家2020 年领取的低保金是_____元；您家_____年_____月开始领的低保；您家是五保户吗？①是；②否

三　金融扶贫

您家是否借过扶贫小额贷款？①是；②否。如果借过，是否能按期还款？①是；②否

第四部分：贫困退出

一　信息准确性

您家是脱贫户吗？①是；②否；③不知道

二　程序合规性

1. 您家被认定为脱贫户是否经过了村里的入户调查？①是；②否；③不知道

2. 您家被认定为脱贫户是否经过了村民评议和公示公告？①是；②否；③不知道

3. 您家被认定为脱贫户是否经过了本户签字认可？①是；②否；③不知道

三　脱贫有效性

1. 针对您家制定的脱贫措施是否落实？①是；②否；③不知道

2. 针对您家制定的脱贫措施是否产生实际效益（是否有用）？①是；②否；③不知道

四　后扶到位性

1. 脱贫后是否还有帮扶责任人对您家进行后续帮扶？①是；②否；③不知道

2. 您认为脱贫之后有没有可能返贫？①有②没有。若有，返贫原因是：①因病；②因残；③因学；④因灾；⑤缺土地；⑥缺水；⑦缺技术；⑧缺劳力；⑨缺资金；⑩其他

第五部分：精准扶贫政策评价

一 扶贫政策宣传公示

1. 您是否知道目前国定、省定贫困户脱贫线？①非常清楚地知道；②听说过，不太了解；③完全不知道

2. 您是否了解本村落实的精准扶贫政策？①非常清楚地知道；②听说过，不太了解；③完全不知道

3. 您了解的精准扶贫政策主要有哪些？（可多选）①特色产业扶贫政策；②就业培训扶贫政策；③易地扶贫搬迁政策；④医疗健康扶贫政策；⑤社会兜底扶贫政策；⑥小额信贷扶贫政策；⑦教育扶贫政策；⑧科技扶贫政策；⑨结对帮扶政策；⑩电商扶贫政策

二 扶贫过程中的公平感知

1. 就您所知当前的扶贫项目是否漏掉一些贫困家庭或错置给非贫困家庭？①是；②否；③不知道

2. 您家的扶贫项目是如何提出来的？①上级统一安排；②征求本家庭意见后上级安排；③家庭自行提出；④帮扶单位提出；⑤其他

3. 本村扶贫项目制定是否征求过您家的意见？①是；②否。如选择"是"，通过何种方式？（可多选）①村民大会；②村民代表大会；③村民议事会；④集体经济组织；⑤其他

三 扶贫政策实施效果

序号	问题	选项	评价
1	您对目前"精准扶贫"政策的实施效果总体评价如何？	①非常满意；②满意；③一般；④比较不满意；⑤很不满意	
2	您认为政府精准扶贫政策在培养贫困户真正自主脱贫能力上效果怎么样？	①非常好；②比较好；③一般；④比较差；⑤非常差；⑥不清楚	
3	您觉得特色产业扶贫政策的实施效果怎么样？	①非常好；②比较好；③一般；④比较差；⑤非常差；⑥不清楚	
4	您觉得就业培训扶贫政策的实施效果怎么样？	①非常好；②比较好；③一般；④比较差；⑤非常差；⑥不清楚	
5	您觉得易地扶贫搬迁政策的实施效果怎么样？	①非常好；②比较好；③一般；④比较差；⑤非常差；⑥不清楚	
6	您觉得生态补偿扶贫政策的实施效果怎么样？	①非常好；②比较好；③一般；④比较差；⑤非常差；⑥不清楚	
7	您觉得教育扶贫政策的实施效果怎么样？	①非常好；②比较好；③一般；④比较差；⑤非常差；⑥不清楚	

续表

序号	问题	选项	评价
8	您觉得医疗健康扶贫政策的实施效果怎么样？	①非常好；②比较好；③一般；④比较差；⑤非常差；⑥不清楚	
9	您觉得社会兜底扶贫政策的实施效果怎么样？	①非常好；②比较好；③一般；④比较差；⑤非常差；⑥不清楚	
10	您觉得小额信贷扶贫政策的实施效果怎么样？	①非常好；②比较好；③一般；④比较差；⑤非常差；⑥不清楚	
11	您觉得科技扶贫政策的实施效果怎么样？	①非常好；②比较好；③一般；④比较差；⑤非常差；⑥不清楚	
12	您觉得电商扶贫政策的实施效果怎么样？	①非常好；②比较好；③一般；④比较差；⑤非常差；⑥不清楚	
13	您觉得结对帮扶政策的实施效果怎么样？	①非常好；②比较好；③一般；④比较差；⑤非常差；⑥不清楚	
14	您认为精准扶贫中项目安排精准（适合当地）吗？	①非常精准；②比较精准；③一般；④比较不精准；⑤非常不精准；⑥不清楚	

四　精准帮扶满意度

序号	问题	选项	评价
1	您对为您家制定的帮扶项目满意吗？	①非常满意；②满意；③一般；④不满意；⑤很不满意	
2	您对驻村工作组的工作满意吗？	①非常满意；②满意；③一般；④不满意；⑤很不满意	
3	您对村里第一书记的工作成效满意吗？	①非常满意；②满意；③一般；④不满意；⑤很不满意	
4	您对驻村农技员的工作满意吗？	①非常满意；②满意；③一般；④不满意；⑤很不满意	
5	您对帮扶责任人的工作满意吗？	①非常满意；②满意；③一般；④不满意；⑤很不满意	
6	您对联系领导的工作满意吗？	①非常满意；②满意；③一般；④不满意；⑤很不满意	
7	您对帮扶单位的工作满意吗？	①非常满意；②满意；③一般；④不满意；⑤很不满意	

五　生产生活条件变化

建档立卡以来，您家的总体情况（生产生活条件）有何变化？①明显改善；②较大改善；③一般；④没有改善。若没有变化，原因是_____

2014年以来，您所在村庄的总体状况（生产生活条件）有何变化？①明显改善；②较大改善；③一般；④没有改善；⑤不清楚。若没有变化，原因

是_____

2014 年以来，您所在村庄的下列条件有何变化？

内容	选项	变化情况
交通出行条件	①明显改善；②较大改善；③一般；④改善较小；⑤没有改善	
电力设施	①明显改善；②较大改善；③一般；④改善较小；⑤没有改善	
通信设施	①明显改善；②较大改善；③一般；④改善较小；⑤没有改善	
饮水及农田水利设施	①明显改善；②较大改善；③一般；④改善较小；⑤没有改善	
儿童上学条件	①明显改善；②较大改善；③一般；④改善较小；⑤没有改善	
就医看病条件	①明显改善；②较大改善；③一般；④改善较小；⑤没有改善	
卫生环境	①明显改善；②较大改善；③一般；④改善较小；⑤没有改善	
文体设施	①明显改善；②较大改善；③一般；④改善较小；⑤没有改善	

第六部分：需求与建议

1. 未来您如果返贫，您认为能否被识别出？①是；②否

2. "两不愁三保障"中，您的家庭最容易出现问题导致返贫的是：①不愁吃；②不愁穿；③教育保障；④住房安全保障；⑤医疗保障

3. 为了实现稳定脱贫和致富，您希望有什么样的帮扶方式？①延续现有脱贫政策；②优化现有政策，更多顾及非贫困户；③发展集体经济组织带动脱贫；④其他

4. 为了实现稳定脱贫和致富，您最希望保留哪方面的帮扶政策？（请按照建议的重要程度由高到低排序，限选三项）_____

①发展特色产业的政策；②就业培训或就业平台建设政策；③易地搬迁后居住地配套设施建设政策；④生态补偿政策；⑤医疗健康政策；⑥社会兜底政策；⑦小额信贷政策；⑧教育帮扶政策；⑨科技帮扶政策；⑩结对帮扶政策；⑪电商办帮扶政策；⑫其他

5. 您对目前开展的扶贫工作有哪些改进建议？（请按照建议的重要程度由高到低排序，限选三项）①增加政府资金投入；②提高贷款额度；③拓展致富门路和增加就业岗位；④提高技能培训的针对性；⑤增强产业增收效果；⑥提高医保、养老保险、低保和教育救助水平；⑦增强驻村干部和帮扶人员的帮扶实效；⑧其他

6. 您认为 2020 年后使用哪种相对贫困标准最合适？①家庭收入水平；②家庭一般消费水平；③家庭非日常消费类重大开支（如：教育、医疗、意外事故等）；④发展能力（如：无劳动能力等）；⑤其他

7. 如何巩固拓展脱贫攻坚成果同乡村振兴有效衔接？（多选，请按重要性排序）＿＿＿＿＿①坚持党的领导；②稳定完善相关政策；③建立健全机制；④推动产业升级；⑤完善基础设施；⑥做好资产管理；⑦其他

8. 您认为脱贫攻坚中的哪些经验做法可以为乡村振兴所吸收和借鉴？（多选，请按重要性排序）＿＿＿＿＿①制定精准的基本方略；②凝聚全社会力量；③发挥群众积极性；④坚持党的领导；⑤其他

9. 您认为全面推进乡村振兴战略，对巩固脱贫攻坚成果产生了哪些影响？（多选，请按重要性排序）＿＿＿＿＿①增强脱贫地区的发展能力；②增强脱贫人群的内生动力；③其他

10. 您认为政府促进巩固拓展脱贫攻坚成果同乡村振兴有效衔接，应注意哪些领域的问题？（多选，请按重要性排序）＿＿＿＿＿①改变思想；②培养能力；③发展产业；④完善政策；⑤其他

11. 您认为巩固拓展脱贫攻坚成果同乡村振兴有效衔接的障碍有哪些？①观念认识不到位；②实践中的"两张皮"；③衔接中的"碎片化"；④其他

非贫困户问卷

第一部分：非贫困户基本信息

一　基本信息

1. 2020 年您家领低保了吗？①是；②否。2020 年有＿＿＿＿＿人领低保；全家 2020 年领取的低保金是＿＿＿＿＿元；您家＿＿＿＿＿年＿＿＿＿＿月开始领的低保；您家是五保户吗？①是；②否

2. 现在家里是否能吃得饱？①是；②否。如果吃不饱，表现是什么？

3. 您家是否有应季衣服、被子和鞋？①是；②否

4. 您家是边缘易致贫户吗？①是；②否

二　教育

1. 义务教育年龄段（一般是 6 周岁或 7 周岁到 15 周岁）为＿＿＿＿＿人；

2. 正在接受义务教育的学生有＿＿＿＿＿人；现在有＿＿＿＿＿个义务教育阶段的孩子辍学。如有辍学，辍学主要原因是什么？①经济困难交不起学费或食宿费；②要尽快工作挣钱；③小孩不想读书；④其他

三　住房

您家是否有自有住房？①是；②否。目前居住何处？①自有住房；②子女家；③亲戚朋友家；④租赁住房；⑤其他。若租房，是否能负担房租？①是；②否

四 医疗

1. 您家是否购买城乡居民基本医疗保险（新农合）、大病医疗保险？①是；②否。城乡居民基本医疗保险和大病医疗保险是自费购买还是政府代为购买？

①自费；②政府购买

2. 家里是否有人患慢性病？①是；②否。2020 年是否享受慢性病救助政策（得到救助）？①是；②否

3. 家里是否有人患大病？①是；②否。大病病人是否到医院看病（如有多位大病病人，是否都去看病）？①是；②否

4. 您家庭现在看病和以前相比负担是否明显减轻了？①明显减轻；②减轻不明显；③一般；④仍有负担；⑤负担较重

5. 您家庭成员是否有残疾人（含精神病人）？①是；②否。有_____人有残疾证，2020 年您家庭成员是否得到残疾人补贴？①是；②否

五 产业发展

您家是否获得资金或实物支持，自己独立发展产业？①是；②否

自己发展了什么产业？（可多选）①种植业；②养殖业；③服务业；④中低产田改造；⑤水利设施建设；⑥其他

第二部分：精准识别情况

1. 您认为您村贫困户是否识别准确：①是；②否。若否，理由是：

_____

2. 您所在的村是否对建档立卡户进行了动态调整？①是；②否；③不知道

第三部分：精准扶贫政策评价

一 扶贫政策宣传公示

1. 您是否知道目前国定、省定贫困户脱贫线？①非常清楚地知道；②听说过，不太了解；③完全不知道

2. 您是否了解落实的精准扶贫政策？①非常清楚地知道；②听说过，不太了解；③完全不知道

3. 您了解的精准扶贫政策主要有哪些？（可多选）

①特色产业扶贫政策；②就业培训扶贫政策；③易地扶贫搬迁政策；④医疗健康扶贫政策；⑤社会兜底扶贫政策；⑥小额信贷扶贫政策；⑦教育扶贫政策；⑧科技扶贫政策；⑨结对帮扶政策；⑩电商扶贫政策

二 扶贫过程中的公平感知

1. 您所在的村扶贫对象评选是否公平？①是；②否

2. 本村扶贫项目制定是否征求过您家的意见？①是；②否。如是，通过何种方式？（可多选）①村民大会；②村民代表大会；③村民议事会；④集体经济组织；⑤其他

三 扶贫政策实施效果

序号	问题	选项	评价
1	您对目前"精准扶贫"政策的实施效果总体评价如何？	①非常满意；②满意；③一般；④比较不满意；⑤很不满意	
2	您认为政府精准扶贫政策在培养贫困户真正自主脱贫能力上效果怎么样？	①非常好；②比较好；③一般；④比较差；⑤非常差；⑥不清楚	
3	您觉得特色产业扶贫政策的实施效果怎么样？	①非常好；②比较好；③一般；④比较差；⑤非常差；⑥不清楚	
4	您觉得就业培训扶贫政策的实施效果怎么样？	①非常好；②比较好；③一般；④比较差；⑤非常差；⑥不清楚	
5	您觉得易地扶贫搬迁政策的实施效果怎么样？	①非常好；②比较好；③一般；④比较差；⑤非常差；⑥不清楚	
6	您觉得生态补偿扶贫政策的实施效果怎么样？	①非常好；②比较好；③一般；④比较差；⑤非常差；⑥不清楚	
7	您觉得医疗健康扶贫政策的实施效果怎么样？	①非常好；②比较好；③一般；④比较差；⑤非常差；⑥不清楚	
8	您觉得社会兜底扶贫政策的实施效果怎么样？	①非常好；②比较好；③一般；④比较差；⑤非常差；⑥不清楚	
9	您觉得小额信贷扶贫政策的实施效果怎么样？	①非常好；②比较好；③一般；④比较差；⑤非常差；⑥不清楚	
10	您觉得教育扶贫政策的实施效果怎么样？	①非常好；②比较好；③一般；④比较差；⑤非常差；⑥不清楚	
11	您觉得科技扶贫政策的实施效果怎么样？	①非常好；②比较好；③一般；④比较差；⑤非常差；⑥不清楚	
12	您觉得电商扶贫政策的实施效果怎么样？	①非常好；②比较好；③一般；④比较差；⑤非常差；⑥不清楚	
13	您觉得结对帮扶政策的实施效果怎么样？	①非常好；②比较好；③一般；④比较差；⑤非常差；⑥不清楚	
14	您认为精准扶贫中项目安排精准（适合当地）吗？	①非常精准；②比较精准；③一般；④比较不精准；⑤非常不精准；⑥不清楚	

四　精准帮扶满意度

序号	问题	选项	评价
1	您对驻村工作组的工作满意吗？	①非常满意；②满意；③一般；④不满意；⑤很不满意	
2	您对村里第一书记的工作成效满意吗？	①非常满意；②满意；③一般；④不满意；⑤很不满意	
3	您对驻村农技员的工作满意吗？	①非常满意；②满意；③一般；④不满意；⑤很不满意	
4	您对帮扶单位的工作满意吗？	①非常满意；②满意；③一般；④不满意；⑤很不满意	

五　生产生活条件变化

2014 年以来，您所在村庄的总体状况（生产生活条件）有何变化？①明显改善；②较大改善；③一般；④没有改善；⑤不清楚

2014 年以来，您所在村庄的下列条件有何变化？

内容	选项	变化情况
交通出行条件	①明显改善；②较大改善；③一般；④改善较小；⑤没有改善	
电力设施	①明显改善；②较大改善；③一般；④改善较小；⑤没有改善	
通信设施	①明显改善；②较大改善；③一般；④改善较小；⑤没有改善	
饮水及农田水利设施	①明显改善；②较大改善；③一般；④改善较小；⑤没有改善	
儿童上学条件	①明显改善；②较大改善；③一般；④改善较小；⑤没有改善	
就医看病条件	①明显改善；②较大改善；③一般；④改善较小；⑤没有改善	
卫生环境	①明显改善；②较大改善；③一般；④改善较小；⑤没有改善	
文体设施	①明显改善；②较大改善；③一般；④改善较小；⑤没有改善	

第四部分：建议意见

1. 您认为国家和地方政府应该在哪些方面加大投入力度以帮助本村稳定脱贫致富？（限选三项，按重要性排序）_____

①公共基础设施建设；②农业产业化发展；③促进劳动力转移就业；④教育培训；⑤生态环境保护；⑥提供资金帮扶；⑦提供市场销售渠道；⑧其他

2. 您希望未来 5 年有什么样的帮扶方式？①延续现有脱贫政策；②优化现有政策，更多顾及非贫困户；③发展集体经济组织带动脱贫；④其他

3. 您认为使用哪种相对贫困标准最合适？①家庭收入水平；②家庭一般消费水平；③家庭非日常消费类重大开支（如：教育、医疗、意外事故等）；④发展能力（如：无劳动能力等）；⑤其他

4. 如何巩固拓展脱贫攻坚成果同乡村振兴有效衔接？（多选，请按重要性排序）_____①坚持党的领导；②稳定完善相关政策；③建立健全机制；④推动产业升级；⑤完善基础设施；⑥做好资产管理；⑦其他

5. 您认为脱贫攻坚中的哪些经验做法可以为乡村振兴所吸收和借鉴？（多选，请按重要性排序）_____①制定精准的基本方略；②凝聚全社会力量；③发挥群众积极性；④坚持党的领导；⑤其他

6. 您认为全面推进乡村振兴战略，对巩固拓展脱贫攻坚成果产生了哪些影响？（多选，请按重要性排序）_____①增强脱贫地区的发展能力；②增强脱贫人群的内生动力；③其他

7. 您认为政府促进巩固拓展脱贫攻坚成果同乡村振兴有效衔接，应注意哪些领域的问题？（多选，请按重要性排序）_____①改变思想；②培养能力；③发展产业；④完善政策；⑤其他

8. 您认为巩固拓展脱贫攻坚成果同乡村振兴有效衔接的障碍有哪些？①观念认识不到位；②实践中的"两张皮"；③衔接中的"碎片化"；④其他

村问卷

_____省_____市（州）_____县（区、市）_____镇（乡）_____村组

村属性：①贫困村；②非贫困村　日期：　　年　　月　　日
访问员：　　　被访人：　　　从事农村工作年限：　　　联系方式：

1. 村基本情况

本村距离县城_____公里；本村距离乡镇政府驻地_____公里。本村是否曾为贫困村？①是；②否

若曾是贫困村，退出时间为_____①2016年；②2017年；③2018年；④2019年；⑤2020年。村庄地形地貌属于_____；全村耕地面积为_____亩；全村灌溉耕地面积为_____亩

本村自然生态资源①非常好；②较好；③一般；④较差；⑤极差。村庄适合生产生活情况①极适合；②较适合；③一般；④不太适合；⑤极不适合

本村人口情况统计

年份	户数（户）	其中：汉族（户）	人口（人）	其中：汉族（人）	劳动力（人）	其中：外出打工（人）
2014						
2019						
2020						

本村村民的主要收入来源为（可多选，按重要性先后顺序填写）_____

_____①种植业；②养殖业；③自主经营；④务工收入；⑤土地流转、股息、利息；⑥其他

本村主导致富产业是？①种植业；②养殖业；③务工收入；④其他

其经营组织形式为①公司＋农户；②公司＋合作社＋农户；③合作社生产；④专业大户；⑤小农户生产；⑥公司一体化经营

主导产业确定方式为①传统优势产业；②县域优势产业；③一乡一品；④专业机构推荐；⑤其他

本村人均纯收入分年度统计

指标	2014 年	2015 年	2016 年	2017 年	2018 年	2019 年	2020 年
人均纯收入（元）							

2. 村集体经济发展情况

指标	2014 年	2015 年	2016 年	2017 年	2018 年	2019 年	2020 年
村集体经济资产（万元）							
其中：村集体经济公益性资产（万元）							
村集体经济负债（万元）							
村公资金（万元）							
转移性支付（万元）							
村集体经济总收入（万元）							
其中：村集体经济经营性收入（万元）							
村集体经济财产性收入（万元）							
村集体经济组织分红（元）							
公益性支出（元）							
村集体经济组织管理费用（万元）							
村集体经营净收益（万元）							

村集体经济组织形式为①经济联合社；②股份经济合作联合社；③公司；④村委会；⑤其他

村集体经济组织主要开展了以下哪些经营性业务？（可多选）①生产性服务；②组织劳务；③经营第一产业；④旅游业；⑤其他

3. 精准扶贫工作情况

您认为本村贫困的主要原因是什么？（可多选，按重要性先后顺序填写）_____①自然条件恶劣；②基础设施薄弱；③缺乏产业支撑；④群众观念和文化知识落后；⑤村民缺少资金；⑥其他

目前本村有贫困户_____户，贫困人口_____人，2020 年及以前脱贫户_____户，脱贫人口_____人；2020 年脱贫户_____户，脱贫人口_____人

4. 帮扶方式

您村有没有驻村工作组？①有；②没有。驻村工作组是否住在村里？①是；②否。您认为驻村干部对村庄发展所起作用体现在哪些方面？（可多选）_____①解决就业问题；②引进投资企业；③提供市场销路；④提供技术支持；⑤联系政府帮扶；⑥其他

您认为政府应该在哪些方面加大投入力度以帮助本村脱贫致富？（可多选，按重要性先后顺序填写）_____①公共基础设施建设；②农业产业化发展；③促进劳动力转移就业；④教育培训；⑤生态环境保护；⑥提供资金帮扶；⑦提供市场销售渠道；⑧其他

5. 生产、生活条件变化

2014 年以来，您所在村庄的总体状况（生产生活条件）有何变化？①明显改善；②较大改善；③一般；④没有改善。若没有变化，原因是_____

本村是否有快递点（或电子商务配送点）？①是；②否。本乡是否有快递点？①是；②否

哪一年开始有硬化道路通过本村？	哪一年开始稳定供电？	哪一年开始手机网络稳定覆盖？	哪一年开始宽带网络覆盖？	哪一年开始通自来水（或安全水源）？	哪一年开始通天然气？

选项：①2014 年之前；②2014 年；③2015 年；④2016 年；⑤2017 年；⑥2018 年；⑦2019 年；⑧2020 年；⑨目前尚未开通

6. 建议

（1）您认为现有的防止返贫动态监测系统是否能快速有效地识别出脱贫不稳定户和边缘易致贫户？①是；②否

（2）您认为国家和地方政府应该在哪些方面加大投入力度以帮助本村脱贫致富？（限选三项，按重要性排序）_____①公共基础设施建设；②农业产业化发展；③促进劳动力转移就业；④教育培训；⑤生态环境保护；⑥提供资金帮扶；⑦提供市场销售渠道；⑧其他

（3）2020年全面小康后，您希望有什么样的帮扶方式？①延续现有脱贫政策；②优化现有政策，更多顾及非贫困户；③发展集体经济组织带动脱贫；④其他

（4）您认为2020年后使用哪种相对贫困标准最合适？①家庭收入水平；②家庭一般消费水平；③家庭非日常消费类重大开支（如：教育、医疗、意外事故等）；④发展能力（如：无劳动能力等）；⑤其他

（5）本村关于开展巩固拓展脱贫攻坚成果同乡村振兴有效衔接有可执行的计划了吗？①有；②暂时没有

（6）如何巩固拓展脱贫攻坚成果同乡村振兴有效衔接？（多选，请按重要性排序）_____①坚持党的领导；②稳定完善相关政策；③建立健全机制；④推动产业升级；⑤完善基础设施；⑥做好资产管理；⑦其他

（7）您认为脱贫攻坚中的哪些经验做法可以为乡村振兴所吸收和借鉴？（多选，请按重要性排序）_____①制定精准的基本方略；②凝聚全社会力量；③发挥群众积极性；④坚持党的领导；⑤其他

（8）您认为全面推进乡村振兴战略，对巩固拓展脱贫攻坚成果产生了哪些影响？（多选，请按重要性排序）_____①增强脱贫地区的发展能力；②增强脱贫人群的内生动力；③其他

（9）您认为政府促进巩固拓展脱贫攻坚成果同乡村振兴有效衔接，应注意哪些领域的问题？（多选，请按重要性排序）_____①改变思想；②培养能力；③发展产业；④完善政策；⑤其他

（10）您认为巩固拓展脱贫攻坚成果同乡村振兴有效衔接的意义有哪些？（多选，请按重要性排序）_____①有利于进一步巩固脱贫攻坚成果；②有利于构建新发展格局；③有利于实现第二个百年奋斗目标；④其他

乡镇及以上扶贫干部、主要村干部调研问卷

_____省_____市（州）_____县（区、市）_____镇（乡）

日期：　　年　　月　　日

访问员：　　　　　被访人：　　　　　　联系方式：

您工作单位是_____，工作职务（岗位）是_____，已参加工作_____年

是否有驻村帮扶经历①是；②否。如果有，该村为_____镇（乡）_____村

村属性为①贫困村；②非贫困村

一　对精准扶贫思想的实践效果评价

序号	问题	选项	评价
1	据您所知，符合标准的贫困人口是否都纳入了建档立卡户？	①是；②否	
2	据您所知，贫困户认定和退出是否经过村民民主评议和公示公告？	①是；②否	
3	据您所知，建档立卡户是否存在错退现象？	①是；②否	
4	据您所知，本地区是否建立了防止返贫动态监测机制？	①是；②否	
5	您认为贫困人口致贫原因识别准确吗？	①非常准确；②比较准确；③一般；④比较不准确；⑤非常不准确	
6	据您所知，是否对建档立卡户进行了动态调整？	①是；②否	
7	据您所知，产业扶贫是否有产业规划？	①全部都有；②大部分有；③一般；④少部分有；⑤都没有；⑥不清楚	
8	产业扶贫是否对所选项目进行了风险预估并采取防范措施？	①全部都有；②大部分有；③一般；④少部分有；⑤都没有；⑥不清楚	
9	您认为精准扶贫中项目安排精准吗？	①非常精准；②较精准；③一般；④不十分精准；⑤不精准；⑥不清楚	
10	您认为本县（区）扶贫资金使用与扶贫规划中的项目联系紧密吗？	①非常紧密；②比较紧密；③一般；④不十分紧密；⑤非常不紧密；⑥不清楚	
11	精准扶贫过程中，您认为扶贫资金闲置状况严重吗？	①非常严重；②比较严重；③一般；④不太严重；⑤不严重；⑥不清楚	
12	据您所知，扶贫资金台账是否规范？	①非常规范；②比较规范；③一般；④不十分规范；⑤非常不规范；⑥不清楚	

续表

序号	问题	选项	评价
13	您认为措施到户精准吗？	①非常精准；②较精准；③一般；④不十分精准；⑤非常不精准；⑥不清楚	
14	你认为结对帮扶精准吗？	①非常精准；②较精准；③一般；④不十分精准；⑤非常不精准；⑥不清楚	
15	精准扶贫政策在培养贫困户真正自主脱贫能力上效果怎么样？	①非常好；②比较好；③一般；④比较差；⑤非常差；⑥不清楚	
16	您认为贫困人口新增收入是否稳定可持续？	①是；②否	
17	您对"精准扶贫"政策的实施效果总体评价如何？	①非常满意；②满意；③一般；④比较不满意；⑤很不满意	
18	您觉得特色产业扶贫政策的实施效果怎么样？	①非常好；②比较好；③一般；④比较差；⑤非常差；⑥不清楚	
19	您觉得就业培训扶贫政策的实施效果怎么样？	①非常好；②比较好；③一般；④比较差；⑤非常差；⑥不清楚	
20	您觉得易地扶贫搬迁政策的实施效果怎么样？	①非常好；②比较好；③一般；④比较差；⑤非常差；⑥不清楚	
21	您觉得生态扶贫政策的实施效果怎么样？	①非常好；②比较好；③一般；④比较差；⑤非常差；⑥不清楚	
22	您觉得医疗健康扶贫政策的实施效果怎么样？	①非常好；②比较好；③一般；④比较差；⑤非常差；⑥不清楚	
23	您觉得社会兜底扶贫政策的实施效果怎么样？	①非常好；②比较好；③一般；④比较差；⑤非常差；⑥不清楚	
24	您觉得小额信贷扶贫政策的实施效果怎么样？	①非常好；②比较好；③一般；④比较差；⑤非常差；⑥不清楚	
25	您觉得教育扶贫政策的实施效果怎么样？	①非常好；②比较好；③一般；④比较差；⑤非常差；⑥不清楚	
26	您觉得科技扶贫政策的实施效果怎么样？	①非常好；②比较好；③一般；④比较差；⑤非常差；⑥不清楚	
27	您觉得电商扶贫政策的实施效果怎么样？	①非常好；②比较好；③一般；④比较差；⑤非常差；⑥不清楚	
28	您觉得结对帮扶政策的实施效果怎么样？	①非常好；②比较好；③一般；④比较差；⑤非常差；⑥不清楚	

二 脱贫攻坚同乡村振兴有效衔接

1. 您认为现有的防止返贫动态监测系统是否能快速有效地识别出脱贫不稳定户和边缘易致贫户？①是；②否

2. 您认为有必要实现巩固拓展脱贫攻坚成果同乡村振兴有效衔接吗？

①有；②没有；③可有可无

3. 您认为巩固拓展脱贫攻坚成果同乡村振兴有效衔接的原因是？

①脱贫攻坚取得了巨大胜利；②脱贫攻坚成果存在不稳定性；③脱贫攻坚实践积累了实现乡村振兴的宝贵经验；④其他

4. 您所在的区县/乡镇关于巩固拓展脱贫攻坚成果同乡村振兴有效衔接有可执行的计划了吗？①有；②暂时没有

5. 如何巩固拓展脱贫攻坚成果同乡村振兴有效衔接？（多选，请按重要性排序）＿＿＿＿＿①坚持党的领导；②稳定完善相关政策；③建立健全机制；④推动产业升级；⑤完善基础设施；⑥做好资产管理；⑦其他

6. 您认为脱贫攻坚中的哪些经验做法可以为乡村振兴所吸收和借鉴？（多选，请按重要性排序）＿＿＿＿＿①制定精准的基本方略；②凝聚全社会力量；③发挥群众积极性；④坚持党的领导；⑤其他

7. 您认为全面推进乡村振兴战略，对巩固拓展脱贫攻坚成果产生了哪些影响？（多选，请按重要性排序）＿＿＿＿＿①增强脱贫地区的发展能力；②增强脱贫人群的内生动力；③其他

8. 您认为政府促进巩固拓展脱贫攻坚成果同乡村振兴有效衔接，应注意哪些领域的问题？（多选，请按重要性排序）＿＿＿＿＿①改变思想；②培养能力；③发展产业；④完善政策；⑤其他

9. 您认为巩固拓展脱贫攻坚成果同乡村振兴有效衔接的意义有哪些？（多选，请按重要性排序）＿＿＿＿＿①有利于进一步巩固脱贫攻坚成果；②有利于构建新发展格局；③有利于实现第二个百年奋斗目标；④其他

10. 结合您的工作经历和体会，您认为巩固拓展脱贫攻坚成果同乡村振兴有效衔接的障碍有哪些？（可多选）①观念认识不到位；②实践中的"两张皮"；③衔接中的"碎片化"；④其他

XX 县脱贫攻坚进程调查表

一　脱贫进程

本县计划脱贫年度＿＿＿＿＿年，实际脱贫年度＿＿＿＿＿年。

二　本县 2013 年以来精准脱贫基本情况

指标		2013 年	2014 年	2015 年	2016 年	2017 年	2018 年	2019 年	2020 年
扶贫资金金额（万元）									
本县建档立卡总人口	人数（人）								
	户数（户）								

续表

指标		2013 年	2014 年	2015 年	2016 年	2017 年	2018 年	2019 年	2020 年
本县当年 脱贫人口	人数（人）								
	户数（户）								
本县当年 未脱贫人口	人数（人）								
	户数（户）								
贫困发生率（%）									

附录二 主要阶段性成果

序号	成果名称	成果形式	应用对策性成果的应用价值和社会效益，基础性研究成果的学术价值和社会影响
1	有关乡村振兴战略的舆情分析	研究报告	2019 年 11 月被中宣部综合采用，并获习近平总书记批示
2	人类减贫的中国逻辑："制""治"结合	研究报告	刊发于《国家社会科学基金项目成果要报》2022 年第 1 期
3	当前基层推进脱贫攻坚中消费扶贫亟待补齐的短板与对策	研究报告	2020 年 8 月被教育部采用
4	中国为什么有能力消除绝对贫困	研究报告	刊发于《理论动态》2020 年第 34 期
5	扎实推动巩固拓展脱贫攻坚成果同乡村振兴有效衔接	研究报告	刊发于《马克思主义与现实》2021 年第 5 期
6	消除绝对贫困：夯实"全面小康"的根基	优秀网络成果	2020 年 9 月发表于求是网，被光明网全文转载
7	新中国 70 年的减贫事业	学术论文	2019 年 7 月刊发于《光明日报》，被人民网、求是网、"学习强国"、人民论坛、中国社会科学网等主流媒体和理论频道全文转载
8	中国共产党对共同富裕的追求与探索	学术论文	2021 年 7 月 7 日刊发于《中国社会科学报》，被中国社会科学网全文转载
9	深化农村集体产权改革 推动农户经济健康发展	学术论文	2020 年 5 月 20 日刊发于《中国社会科学报》，被中国社会科学网全文转载
10	实现小农户与现代农业有机衔接的理与路	学术论文	2019 年 8 月 23 日刊发于《中国社会科学报》，被中国社会科学网全文转载
11	中国共产党百年推进共同富裕的重大成就和历史经验	学术论文	2022 年 3 月 14 日刊发于《四川日报》，被"学习强国"全文转载
12	减贫治理四川样本诠释马克思主义为什么"行"	学术论文	2021 年 4 月 22 日刊发于《四川日报》
13	统筹兼顾供需两侧 让扩大内需成为强力引擎	学术论文	2021 年 1 月 11 日刊发于《四川日报》，被"学习强国"全文转载
14	建设"5+1"现代工业体系 挑起四川高质量发展"大梁"	学术论文	2020 年 7 月 9 日刊发于《四川日报》，被"学习强国"、中国社会科学网全文转载

续表

序号	成果名称	成果形式	应用对策性成果的应用价值和社会效益，基础性研究成果的学术价值和社会影响
15	中国减贫奇迹的四川篇章	学术论文	2019 年 10 月 11 日刊发于《四川日报》
16	破解农业农村发展不平衡不充分的问题	学术论文	2019 年 6 月 19 日刊发于《四川日报》
17	基于政府集成的中国特色减贫道路（1978—2018）：历史进程和逻辑主线	学术论文	发表于《当代经济研究》2018 年第 12 期，在 2018 年度"中国扶贫改革 40 周年"主题征文活动中被评为获奖论文
18	习近平总书记关于扶贫工作的四大理论创新成果	学术论文	2020 年 7 月，在四川省脱贫攻坚领导小组办公室主办的"学习习近平总书记关于扶贫工作的重要论述"征文活动中获一等奖
19	消除绝对贫困的中国之能探颐	学术论文	发表于《马克思主义与现实》2020 年第 5 期
20	扎实推动巩固拓展脱贫攻坚成果同乡村振兴有效衔接	学术论文	发表于《马克思主义与现实》2021 年第 5 期
21	建立解决相对贫困的长效机制	学术论文	发表于《政治经济学评论》2020 年第 2 期
22	中国消除绝对贫困的政治经济学分析——基于马克思主义制度减贫理论	学术论文	发表于《社会科学战线》2020 年第 9 期
23	中国特色减贫思想：演进主线与动力机制	学术论文	发表于《财经科学》2019 年第 1 期
24	基于"三有"的高质量精准脱贫研究	学术论文	发表于《农村经济》2019 年第 7 期
25	中国共产党百年反贫困的历程、特征与展望	学术论文	发表于《人文杂志》2022 年第 1 期
26	西藏生态扶贫的生成逻辑、实践成效及路径优化	学术论文	发表于《西藏大学学报》（社会科学版）2020 年第 4 期
27	从"农业现代化"到"农业农村现代化"	学术论文	发表于《红旗文稿》2020 年第 5 期，被"学习强国"、中国社会科学网全文转载
28	扎实推动共同富裕指标体系构建：理论逻辑与初步设计	学术论文	发表于《东南学术》2022 年第 1 期
29	坚持人民至上 扎实推动共同富裕	学术论文	发表于《山东社会科学》2022 年第 4 期
30	农村基本经营制度多元化实现形式下的农村社会福利比较研究	学术论文	发表于《政治经济学报》2018 年第 3 期
31	小农户衔接现代农业中的价值创造与价值获取	学术论文	发表于《社会科学研究》2019 年第 4 期

序号	成果名称	成果形式	应用对策性成果的应用价值和社会效益，基础性研究成果的学术价值和社会影响
32	小农户与现代农业：衔接机理与政策选择	学术论文	发表于《求索》2019 年第 4 期
33	基于产业融合视角的现代农业产业体系机制构建研究	学术论文	发表于《学习与探索》2019 年第 8 期
34	新中国 70 年乡村治理：变迁、主线及方向	学术论文	发表于《求是学刊》2019 年第 5 期
35	新中国成立 70 年来农村合作金融：变迁、主线及方向	学术论文	发表于《政治经济学评论》2019 年第 6 期
36	新中国 70 年工业化城镇化互动发展思想演进：历程、主线及动力	学术论文	发表于《政治经济学报》2019 年第 3 期
37	农业经营主体的结构性分化——一个基于要素配置方式的分析框架	学术论文	发表于《求索》2020 年第 1 期
38	列宁晚年的农村建设思想及其价值意蕴	学术论文	发表于《求是学刊》2020 年第 3 期
39	精准扶贫研究现状与展望	学术论文	发表于《中国西部》2020 年第 4 期
40	中国共产党百年所有制理论探索和争鸣	学术论文	发表于《福建论坛》（人文社会科学版）2021 年第 7 期，被《新华文摘》2021 年第 21 期"论点摘编"栏目转载
41	中国农业竞争力提升视域下的小农户发展	学术论文	发表于《贵州财经大学学报》2021 年第 5 期
42	基于马克思分工理论的农村产业融合内在机制研究	学术论文	发表于《政治经济学报》2021 年第 2 期
43	经济发展方式内涵与实践的研究及其特点：基于学术文献视角	学术论文	发表于《上海商学院学报》2021 年第 6 期
44	中国共产党百年经济发展思想研究：回眸与展望	学术论文	发表于《社会科学辑刊》2021 年第 6 期
45	习近平新时代人民健康观：生成、内涵、价值	学术论文	发表于《攀枝花学院学报》2022 年第 2 期
46	从分离到融合：中国共产党百年正确处理城乡关系的重大成就与历史经验	学术论文	发表于《政治经济学评论》2022 年第 2 期
47	中国共产党百年中国式现代化道路探索的历史经验	学术论文	发表于《求是学刊》2022 年第 2 期
48	扎实推动共同富裕：马克思主义为什么行的生动诠释	学术论文	发表于《人民论坛》2021 年第 28 期

续表

序号	成果名称	成果形式	应用对策性成果的应用价值和社会效益，基础性研究成果的学术价值和社会影响
49	基层"好差评"制度建构的痛点与对策	学术论文	发表于《人民论坛》2020年第31期
50	数字经济促进共同富裕：内在机理、风险研判与实践要求	学术论文	发表于《经济纵横》2022年第5期
51	The Endowment Effect Accompanying Villagers' Withdrawal from Rural Homesteads: Field Evidence from Chengdu, China	学术论文	发表于《Land Use Policy》2020年，第101卷
52	Farmer Differentiation, Generational Differences and Farmers' Behaviors to Withdraw from Rural Homesteads: Evidence from Chengdu, China	学术论文	发表于《Habitat International》2020年，第103卷
53	Heterogeneous Effects of Rural-urban Migration and Migrant Earnings on Land Efficiency: Empirical Evidence From China	学术论文	发表于《Land Use Policy》2022年，第115卷
54	Extension Services and the Technical Efficiency of Crop-specific Farms in China	学术论文	发表于《Applied Economic Perspectives and Policy》2021年
55	全面建成小康社会的中国经验	著作	2022年1月光明日报出版社出版
56	反贫困的中国智慧——中国特色减贫思想论	著作	2021年4月武汉出版社出版
57	中国社会组织演化：过程、动因及政策	著作	2021年4月光明日报出版社出版
58	智慧城市发展研究	著作	2020年9月四川大学出版社出版
59	抗疫"中国经验"的一大亮点：疫情防控社区治理机制的探索、反思与优化	学术论文	发表于《人民论坛》2020年第15期
60	以模式创新推动深度贫困地区脱贫攻坚	学术论文	2019年2月25日刊发于《光明日报》，被"学习强国"全文转载
61	脱贫攻坚与乡村振兴政策实施如何有效衔接	学术论文	2019年9月16日刊发于《光明日报》，被人民网全文转载
62	聚焦重点任务 全力促进"三农"发展	学术论文	2020年4月3日刊发于《四川日报》，被"学习强国"全文转载
63	我省乡村振兴中农民工返乡面临的障碍与对策	学术论文	2019年7月4日刊发于《四川日报》

序号	成果名称	成果形式	应用对策性成果的应用价值和社会效益，基础性研究成果的学术价值和社会影响
64	贫困地区农村集体经济发展的挑战与建议	学术论文	2019 年 3 月 29 日刊发于《四川日报》，被"学习强国"、中国社会科学网全文转载
65	新冠肺炎疫情对凉山彝区脱贫攻坚的影响	研究报告	获时任四川省省长尹力同志肯定性批示
66	凉山彝区决胜脱贫攻坚需要高度关注的五大问题	研究报告	刊发于四川省社科联《重要成果专报》2020 年第 2 期，获时任四川省委常委、副省长邓小刚同志肯定性批示
67	我省深度贫困地区完成稳定脱贫和全面性小康双重任务的主要挑战及政策建议	研究报告	获时任四川省委常委、副省长邓小刚同志肯定性批示
68	脱贫攻坚应警惕和防范的几个风险	研究报告	2020 年 8 月被教育部采用
69	精准扶贫的经济学思考	学术论文	在 2018 年"习近平总书记关于扶贫工作的重要论述"主题征文活动中被评为获奖论文
70	中国历史性解决绝对贫困问题的制度分析——基于政治经济学的视角	学术论文	在 2020 年度"学习习近平总书记关于扶贫工作的重要论述"主题征文活动中被评为获奖论文
71	商业银行绿色信贷行为的经济分析	著作	2019 年 6 月经济科学出版社出版，获四川省第十九届社会科学优秀成果二等奖
72	脱贫攻坚、乡村振兴及其有效衔接：基于马克思主义政治经济学的研究	学术论文	获四川省第十九届社会科学优秀成果三等奖
73	共同富裕是新时代中国特色社会主义发展的必然要求	学术论文	2022 年 1 月 11 日刊发于《光明日报》，被求是网、"学习强国"全文转载
74	切实做好巩固拓展脱贫攻坚成果与乡村振兴有效衔接	优秀网络成果	2021 年 3 月 11 日刊发于中国日报网
75	精准扶贫是可持续发展的唯一途径	学术论文	刊发于《社会科学报》第 1733 期
76	结构视角下的深度贫困研究进展	学术论文	发表于《经济学动态》2020 年第 2 期，被引 7 次，被人大复印资料《社会主义经济理论与实践》全文转载
77	乡村振兴视角下社会资本参与宅基地盘活的减贫兴农效应——来自农房联建的案例与证据	学术论文	发表于《管理学刊》2020 年第 2 期
78	异质农户脱贫生计选择的城乡偏向——一个信息视角	学术论文	发表于《财经科学》2020 年第 5 期
79	易地搬迁农户的乡村产业可惠及性——湖南湘西的微观实证	学术论文	发表于《西北农林科技大学学报》（社会科学版）2020 年第 3 期

续表

序号	成果名称	成果形式	应用对策性成果的应用价值和社会效益，基础性研究成果的学术价值和社会影响
80	中国历史性解决绝对贫困问题的制度分析——基于政治经济学的视角	学术论文	发表于《政治经济学评论》2020 年第 5 期
81	经济发展与贫困治理的微观阐释：阿比吉特·班纳吉的研究贡献	学术论文	发表于《当代经济研究》2020 年第 11 期
82	新型职业农民培训效果评价及其影响因素——对四川省成都市 812 位参训农民的调查	学术论文	发表于《职业技术教育》2019 年第 36 期
83	新型职业农民培育政策实施效果研究——基于四川省农业与农民的双视角	学术论文	发表于《中国西部》2020 年第 1 期
84	新型职业农民培育收入效应及其差异性研究——基于四川省的调查	学术论文	发表于《农业现代化研究》2020 年第 2 期
85	产业链视角下农户标准化生产的参与程度及影响因素分析——基于四川省 300 个猕猴桃种植户的调查数据	学术论文	发表于《江苏农业科学》2020 年第 7 期
86	农业技术进步、粮食安全与农民收入——基于中国 31 个省份的面板数据分析	学术论文	发表于《农村经济》2020 年第 4 期
87	西部地区农业经济发展是否存在"人力资本陷阱"？——基于人口老龄化视角	学术论文	发表于《农村金融研究》2020 年第 6 期
88	富人治村能实现"先富带动后富"吗？——基于四川省 867 个村庄的实证分析	学术论文	发表于《农林经济管理学报》2020 年第 6 期
89	土地确权颁证减少农地撂荒的区位差异与时间效应——基于农地流转的机制分析与实证检验	学术论文	发表于《西部论坛》2021 年第 1 期
90	传统小农户融入大市场：电子商务采纳的收入效应——基于四川省柑橘种植户微观实证	学术论文	发表于《农村经济》2021 年第 10 期
91	社交平台嵌入下农产品质量安全与信任机制构建研究	学术论文	发表于《农村经济》2021 年第 12 期
92	中国共产党百年反贫困斗争史研究	学术论文	2021 年，获四川省社科界庆祝建党 100 周年理论与实践征文活动"一等奖"

序号	成果名称	成果形式	应用对策性成果的应用价值和社会效益，基础性研究成果的学术价值和社会影响
93	西双版纳、普洱澜沧县两地《精准脱贫攻坚调研报告》	研究报告	2018年，代表中组部第十八期赴滇博士服务团成员负责执笔撰写了西双版纳、普洱澜沧县两地的《精准脱贫攻坚调研报告》，其中一篇提交云南省委组织部
94	广西经济高质量发展报告	研究报告	《中国西部少数民族地区经济发展报告》，2020年10月中国经济出版社出版
95	双循环新格局下民族地区自贸区差异化试验路径选择——基于民族八省区自贸区发展现状的调研	研究报告	2021年6月，获国家民委社会科学研究成果奖（调研报告类）三等奖
96	地区差距与供给侧结构性改革——"三期叠加"下的内生增长	学术论文	发表于《经济研究》2020年第10期
97	中国农村养老服务供给：理论基础、形势判断及政策优化	学术论文	发表于《农村经济》2019年第5期
98	改革开放四十年来习近平总书记"三农"思想的演进历程及经验价值	学术论文	在2018年度"中国扶贫改革40周年"主题征文活动中被评为获奖论文

图书在版编目(CIP)数据

精准扶贫思想：生成逻辑、理论体系和实践效果 /
蒋永穆等著 . --北京：社会科学文献出版社，2025.
4. --ISBN 978-7-5228-4917-1

Ⅰ . F126

中国国家版本馆 CIP 数据核字第 2025HM1840 号

精准扶贫思想：生成逻辑、理论体系和实践效果

著　　者／蒋永穆　周宇晗 等

出 版 人／冀祥德
组稿编辑／恽　薇
责任编辑／孔庆梅
文稿编辑／程丽霞　韩亚楠
责任印制／岳　阳

出　　版／社会科学文献出版社·经济与管理分社（010）59367226
　　　　　地址：北京市北三环中路甲 29 号院华龙大厦　邮编：100029
　　　　　网址：www. ssap. com. cn
发　　行／社会科学文献出版社（010）59367028
印　　装／三河市东方印刷有限公司

规　　格／开本：787mm×1092mm　1/16
　　　　　印 张：42.25　字 数：751 千字
版　　次／2025 年 4 月第 1 版　2025 年 4 月第 1 次印刷
书　　号／ISBN 978-7-5228-4917-1
定　　价／298.00 元

读者服务电话：4008918866